La División Azul

crítica contrastes

Xavier Moreno Juliá

La División Azul

Sangre española en Rusia, 1941-1945

Crítica
Barcelona

Diseño de la cubierta: © Pedro Arjona
Ilustración de la cubierta: © Alberto Moreno Fuentes y Xavier Moreno Juliá
Realización de mapas: Estudi Farrés
Fotocomposición: Pacmer, S.A.

© 2004, Xavier Moreno Juliá
© 2005 CRÍTICA, S. L., Diagonal, 662-664, 08034 Barcelona
e-mail: editorial@ed-critica.es
http://www.ed-critica.es
ISBN: 84-8432-574-1
Depósito legal: M. 50.425-2004
Impreso en España
2005 - BROSMAC, S.L., Polígono Industrial 1, calle C, 31, 28932, Móstoles (Madrid)

A Pedro Moreno Gambí (Madrid, 1930)
y Montserrat Juliá Ferrán (Barcelona, 1936),
mis padres

Agradecimientos

Esta obra es deudora de la generosidad de muchas personas. En primer lugar, de mi familia, fundamentalmente esposa e hijas, a quien tantas horas ha robado. También, de mis colegas y amigos, repartidos entre varias universidades, los doctores Gabriel Cardona, Fernando Fernández Bastarreche, José Florit, Josep Sánchez Cervelló, Joan Maria Thomàs, Enric Ucelay-da Cal y Mercedes Vilanova. Es deudora también de la generosidad del profesor Josep Fontana, quien, sobre la base de un manuscrito previo, ha dado luz verde a su publicación. De un conjunto de personas, al margen de la Universidad, entre las que, por muchas razones, resulta obligado mentar a los señores Amparo Castellá Rosales, Francisco Fernández Esteban, Christel y Theodor Gehling (fallecido), Carmen Huber, Alberto Moreno Fuentes, Manuel Pichardo Bolaños, Miquel Puy de Capellín, Ana María Solé Ramón y Montserrat Viladot Creus. De cuantos me han abierto las puertas de sus archivos y de la memoria, y cuyo nombre figura en el apartado de Fuentes Primarias. Del personal y directivos de Editorial Crítica; así como de don Emili Rosales, de Editorial Planeta. Y, para acabar, es deudora también de todos mis alumnos —miles ya—, que a lo largo de veinte años me han regalado afecto y saber.

Introducción

E STE LIBRO COMENZÓ A GESTARSE EN EL VERANO DE 2003, pero es consecuencia de una investigación a la que por entonces había dedicado diez años. Su configuración, por tanto, ha requerido y mezclado multitud de elementos desarrollados a lo largo de tan amplio espacio de tiempo. Entre ellos y fundamentalmente, el acceso a fuentes primarias, tanto documentales como orales, repartidas entre la geografía española, alemana y británica, y la posterior sistematización, contraste y contextualización de datos, labor menos emocionante, pero necesaria.

Sin duda, la División Azul es un tema histórico relevante para la comprensión del falangismo y del franquismo, a la par que muy olvidado por la historiografía. Son más de cien los títulos existentes en torno a ella, pero casi todos desde una perspectiva autobiográfica o novelada. Este libro, sin abandonar el trasfondo de las operaciones militares, se centra en aspectos tan diversos como el contexto político en el que se gestó; el posterior choque de intereses entre la Falange y el Ejército; la actitud gubernamental ante su configuración y reacciones internacionales habidas; la ingente labor diplomática desarrollada antes, durante y después de su permanencia en el frente; su utilización ideológica y las correspondientes derivaciones en el ámbito de la comunicación; el sufrimiento de quienes fueron heridos, mutilados o quedaron internados en campos de concentración; la precariedad de medios en el frente; las aportaciones materiales de los ciudadanos para aliviar los efectos del frío; y los beneficios obtenidos por quienes regresaron, por citar algunos. Y, a pesar de sus muchas limitaciones, derivadas en parte de la complejidad —inaprehensibilidad, de hecho— del fenómeno divisionario, el libro aporta también una reflexión en torno a los factores económico y asistencial, aspecto éste prácticamente inédito hasta la fecha.

Si nos adentramos en el resbaladizo ámbito de las justificaciones, la relevancia de la División Azul como tema de análisis histórico se concreta en diversos ámbitos. El cuantitativo, porque más de 40.000 personas pasaron por ella, y porque la mitad pagó con la salud o con la vida y varios cientos con años de cautiverio; algunos aún perciben subsidio por mutilación o viudedad, de Alemania y España; y son muchas las personas que tienen algún ex divisionario entre sus familiares, vivo o muerto. También es relevante desde el punto de vista sociológico, pues vino configurada por una vasta amalgama de personas, no siempre coincidentes en sus anhelos, lo que, a la postre, generó tensiones. A nivel económico, su envío y permanencia en Rusia supuso la cancelación de parte de la deuda de guerra contraída por la *España nacional* con Alemania, a la vez que un esfuerzo suplementario de gran envergadura, para un país arruinado. Desde el punto de vista político, qué duda cabe de su importancia para el Régimen ante la Alemania virtualmente victoriosa de 1941, defraudada por las reticencias españolas a entrar en la guerra y con un haber *de sangre* obtenido de la mano de la Legión Cóndor; y de su importancia ante la Alemania peligrosamente lastrada en el Este de 1942 y 1943, cada vez más necesitada de ayuda exterior. A la vez, constituyó el principal obstáculo para la legitimación del franquismo frente a los Aliados, entre 1944 y 1946, y pieza básica justificativa del bloqueo al que se vio sometido por la comunidad internacional. Aunque, acto seguido, por el contrario, supuso una inmejorable baza *anticomunista* en el contexto de la Guerra Fría. Finalmente, desde la perspectiva estrictamente militar, la División fue la máxima aportación española a la Segunda Guerra Mundial.

Pero el libro va más allá del análisis de la División Azul en sí, como unidad, en tanto que inserta su evolución en el contexto de las interacciones germano-españolas, fundamentalmente diplomáticas, durante el período comprendido entre 1941 y 1945. Relaciones de gran importancia para el desarrollo del *primer* franquismo. Una cierta euforia combativa en pro de Alemania hasta el otoño de 1942; que dio paso a un expectante distanciamiento, acentuado a medida que el tiempo transcurría y las derrotas militares aumentaban, y desembocó en una casi total desvinculación a partir del verano de 1944, cuando Berlín abandonó los Pirineos. Y todo ello con el telón de fondo aliado de por medio, hacia cuya causa se acercó paulatina e interesadamente el Régimen, en la misma medida que decrecía su vínculo con Alemania. En todo caso, tanto en el estudio de la División Azul como en el de los vínculos generados con Berlín, el objeto de la obra constituye un vehículo de excepción para penetrar en el difícil entramado político-diplomático de los primeros años del franquismo. Y colateralmente llega hasta finales del siglo XX, pues, como ya he dicho, incide en aspectos asistenciales y económicos.[1]

En cuanto a las fuentes, la información falangista procede en gran parte del Archivo General de la Administración del Estado, sito en Alcalá de Henares, que he visitado en varias ocasiones y siempre me ha impresionado por la inmensidad de sus fondos. Además, el dato falangista procede también de algunos archivos privados, en especial el del que fue primer delegado nacional de Sindicatos, Gerardo Salvador Merino, gracias a la extrema gentileza de su viuda, ya fallecida. Y del verbo fluido de don Ramón Serrano Suñer, testimonio excepcional (e interesado) para el tema que nos ocupa.

La información castrense la obtuve en el Servicio Histórico Militar, ubicado primero en Madrid y ahora en Ávila, y también en diversas dependencias militares de Barcelona; así como en un archivo privado sito en el pueblo de Altafulla, cerca de Tarragona. A destacar, en Barcelona, los cientos de expedientes acumulados en el sótano de la Capitanía General, y los otros muchos hacinados en el Cuartel del Bruc, así como la documentación del Hospital Militar. Recuerdo con especial simpatía aquella etapa de búsqueda, que se extendió a lo largo de unos dos años, por lo especial de su desarrollo: el contacto con mandos y soldados, del que surgieron conversaciones y afectos; el acceso a papel maciliento plagado de información, sin intermediarios, en el Bruc; la paz sentida en las enormes salas del archivo del Hospital, cargadas de años y documentos. Todo un mundo del que, por bien del libro, finalmente logré sustraerme. En cuanto al archivo de Altafulla, es obra y propiedad de don Carlos Engel, quien, en labor de años, ha recogido e informatizado una ingente cantidad de datos relativos a unidades y militares que combatieron en nuestra Guerra Civil.

De carácter falangista y militar es la información escrita y oral obtenida de los veteranos de la División Azul, tanto en las dependencias de la Hermandad de Barcelona como en las de la Nacional, en Madrid. Mi gratitud a todos cuantos me han ayudado, y muy particularmente a don José Viladot Fargas (recientemente fallecido) y a don César Ibáñez Cagna, puntales, en su momento, de ambos organismos.

La documentación política no falangista la logré fundamentalmente en Madrid, en el Archivo de la Presidencia del Gobierno, con sede en el complejo de La Moncloa, y en el Ministerio de Asuntos Exteriores, en el Palacio de Santa Cruz. El primero me dio acceso a información que, vía Carrero Blanco, llegaba a Franco; el segundo, al legado de Serrano Suñer (escaso), Jordana, Lequerica, Martín Artajo y Castiella, con la División Azul y las interacciones germano-españolas como telón de fondo. Tuve también la oportunidad de visitar la Fundación Nacional Francisco Franco, donde el profesor Luis Suárez Fernández puso gentilmente a mi disposición un volumen mecanografiado de documentación recopilada por él, inédito. Ya en Barcelona consulté, entre otros, el archivo de la Diputación, el del Ayuntamiento, y el del *Centre d'Estudis d'Història Internacional* (CEHI), en el que tuve acceso a un vasto fondo bibliográfico y documental relativo a la oposición al Régimen, con significativas referencias a la División Azul.

Fuera de España, en el desarrollo de esta obra destacó la visita a los archivos alemanes, durante el verano de 1995, financiada por el *Servicio Alemán de Intercambio Académico* (el DAAD). En Bonn, mi esposa y yo trabajamos fundamentalmente en el Archivo Político del Auswärtiges Amt (Ministerio de Asuntos Exteriores). Visitamos también el Archivo Federal de Coblenza y el Militar de Friburgo, así como la Oficina de Pensiones de Karlsruhe y la Embajada española. Entre lo profesional y lo lúdico, aquella fue una experiencia inolvidable. Recuerdo especialmente la vista del Rin desde el Auswärtiges Amt, los parajes de insospechada belleza que alberga su curso, y la visita a Heidelberg y Baden-Baden. Y la gentileza del que fuera subdirector del Archivo, el doctor Theodor Gehling, quien nos abrió las puertas de su casa y del país. Imborrable también el recuerdo de la visita a la Oficina de Pensiones, el *Versorgungsamt*, de Karlsruhe. Sus funcionarios, en extremo gentiles, se esforzaron en explicarnos los mecanismos del pago de subsidios a los excombatientes alemanes, que incluía, como caso único, a los españoles de la *Blaue Division*.

Conseguida la documentación alemana, al año siguiente visité el Public Record Office, en Kew, localidad de gran belleza relativamente cercana a Londres. Carente de financiación institucional, aquélla fue una estancia corta. Aun así, pude consultar buena parte de los fondos relativos a España del Foreign Office y de la *Prime Minister's Private Office*, para el período de la Segunda Guerra Mundial, con la correspondencia entre Churchill y el embajador Samuel Hoare.

Resultado de todo este proceso es el libro que el lector tiene en sus manos; obra cuya estructura responde fundamentalmente a criterios cronológicos. Así, el capítulo primero analiza los meses previos a la formación de la División, y el segundo, los días de su gestación, con las muchas tensiones vividas. Los capítulos tercero y cuarto corresponden al período de la campaña militar, que alargan hasta mayo de 1945, final de la guerra en Europa, con la inclusión de los dos epígonos de la Unidad: la Legión Azul y la clandestinidad en el seno de la Wehrmacht y las Waffen SS. Ambos capítulos se hilvanan hasta cierto punto en paralelo (obsérvense los títulos de los apartados) y son dos caras de la misma moneda: la primera se detiene en la realidad del frente y la acción bélica; y la otra, en la *retaguardia*, entendida en sentido amplio, donde se yuxtaponen lo político, lo diplomático, lo sociológico y lo económico. Finalmente, el capítulo quinto se sustrae de la cronología y configura una realidad aparte, centrada en el quebranto humano y económico que la División generó (y sigue generando). Cinco capítulos que aportan datos y reflexiones sobre el falangismo, el Ejército, la División Azul y las relaciones hispano-alemanas derivadas de su actuación; y que inciden en aspectos hasta la fecha poco tratados o ignorados.

Debo advertir finalmente que esta obra pretende, no sin cierto optimismo, conjuntar erudición y amenidad. De ahí que, ante el lastre derivado de las muchas fuentes sobre las que descansa, haya optado por un particular tratamiento de las notas explicativas, que limita su número. Así, mayoritariamente las he concentrado al final de párrafo, con la pauta de referir cada aspecto en el orden con que aparece en el texto (salvo reiteraciones y números de página). También y en base al mismo criterio, su detalle refiere siempre las fuentes primarias (mayoritarias), en tanto que la bibliografía, algunos apartados la citan en conjunto y al principio. Dicho esto, sólo me resta ya asumir la responsabilidad de cuantas deficiencias presente el texto, reflejo involuntario de las limitaciones del intelecto (y de la condición humana).

Siglas y abreviaturas

AAB	Archivo Administrativo del Ayuntamiento de Barcelona.
Abwehr	Servicio de Información (espionaje) Militar del Ejército alemán.
ACG	Archivo de la Capitanía General de la Región Militar Pirenaica Oriental.
ADAP	*Akten zur Deutschen Auswärtigen Politik, 1918-1945* (Actas sobre la Política Exterior Alemana, 1918-1945).
ADB	Archivo de la Diputación de Barcelona.
AFDA	Archivo de la Fundación División Azul.
AGA	Archivo General de la Administración Civil del Estado.
AHM	Archivo del Hospital Militar de Barcelona.
AMAE	Archivo del Ministerio de Asuntos Exteriores.
AO	*Auslandorganisation der NSDAP* (Organización para el extranjero del Partido Nazi).
APG	Archivo del Ministerio de la Presidencia (del Gobierno).
ApAGP	Archivo particular anónimo.
ApGSM	Archivo particular de don Gerardo Salvador Merino.
ApMDC	Archivo particular de doña Montserrat Duch Cartañá.
ApMPB	Archivo particular de don Manuel Pichardo Bolaños.
ApRLLJ	Archivo particular de don Ramón Llop Juncor.
ApROS	Archivo particular de don Ricardo Oliva Segovia.
ApRRC	Archivo particular de don Ricardo Recio Cardona.
ASHM	Archivo del Servicio Histórico Militar.
BA	*Bundesarchiv Koblenz* (Archivo Federal de Coblenza).
BAMA	*Bundesarchiv Militärarchiv* (Archivo Militar Federal).

BM	*Bostchaft Madrid* (Embajada alemana en Madrid).
BOE	Boletín Oficial del Estado.
BVG	*Bundesversorgungsgesetz* (Gazeta de los *Versorgungsamts* federales).
CASE	Personal del Ejército, con el grado de suboficial, que no ejerce funciones propiamente militares.
CEHI	*Centre d'Estudis d'Història Internacional*, de Barcelona.
CNS	*Central Nacional-Sindicalista*, sindicato vertical falangista.
col.	Coronel.
DAF	*Deutsche Arbeitsfront* (Frente Alemán del Trabajo).
DC	Diario de Campaña.
DEV	División Española de Voluntarios.
DM	*Deutsche Mark* (marco alemán).
Documentos Inéditos...	*Documentos Inéditos para la Historia del Generalísimo Franco.*
Documentos secretos...	*Documentos secretos sobre España.*
DOGFP	*Documents on German Foreign Policy, 1918-1945.*
DOME	Diario Oficial del Ministerio del Ejército.
DOPS	Diario de Operaciones.
DWV	*Durchführungsbestimmung zu Wehrmachtfürsorge und Versorgungsgesetz* (Ley Orgánica de Asistencia y Previsión Social de la Wehrmacht).
EM	Estado Mayor.
EMC	Estado Mayor Central del Ejército.
FDCB	Fondo documental del Cuartel del Bruc.
FET-JONS	Falange Española Tradicionalista y de las Juntas de Ofensiva Nacional-Sindicalista.
FNFF	Fundación Nacional Francisco Franco.
FO	*Foreign Office* (Ministerio británico de Asuntos Exteriores).
FRUS	*Foreign Relations of the United States* (Colección documental sobre las relaciones exteriores de Estados Unidos de América).
GKB	*General Konsulat in Barcelona* (Consulado General alemán en Barcelona).
JE	Jefatura del Estado.
Heer	Ejército alemán de Tierra.
HISMA	Sociedad Hispano-Marroquí de Transportes Limitada.
INE	Instituto Nacional de Estadística.
INI	Instituto Nacional de Industria.

Kriegsmarine	Marina de Guerra alemana.
LEV	Legión Española de Voluntarios.
Luftwaffe	Fuerzas Aéreas alemanas.
OKH	*Oberkommando des Heeres* (Alto Mando del Ejército alemán de Tierra).
OKW	*Oberkommando der Wehrmacht* (Alto Mando de las Fuerzas Armadas alemanas; incluye el *Heer*, la *Kriegsmarine* y la *Luftwaffe*).
PAAA	*Politisches Archiv des Auswärtiges Amt* (Archivo Político del Ministerio alemán de Asuntos Exteriores).
PMO	*Prime Minister´s Private Office.*
PRO	*Public Record Office* (Oficina de Registros Públicos).
RAF	*Royal Air Force* (Fuerzas Aéreas británicas).
RM	*Reichsmark* (marco alemán del Tercer Reich).
RSHA	*Reichssicherheitshauptamt* (Central de Seguridad del Reich).
SEU	Sindicato Español Universitario.
SGM	Secretaría General del Movimiento.
Sofindus	Sociedad Financiera e Industrial Limitada.
Sonderstab F	*Sonderstab Fritz* (Plana Mayor Especial «Fritz»).
SS	*Schutzstaffel der NSDAP* (Escuadrones de protección del Partido Nazi).
tte.	teniente.
tte. col.	teniente coronel.
U-Boot	*Untersee-boot* (submarino alemán).
Waffen SS	Unidades de combate de las SS.
Wehrmacht	Fuerzas Armadas alemanas.
Wehrmachtkasse	Caja de la Wehrmacht en Madrid.
WFSt	*Wehrmachführungsstab im OKW* (Mando Supremo de las Fuerzas Armadas alemanas).
WO	*War Office.*

Nota sobre léxico

Permítaseme advertir al lector que el libro utiliza los términos alemanes *Auswärtiges Amt* (Ministerio de Asuntos Exteriores), *Wehrmacht* (Fuerzas Armadas), *Heer* (Ejército de Tierra), *Luftwaffe* (Ejército del Aire), *Kriegsmarine* (Armada), *Abwehr* (Servicio de Información del Ejército) y *Panzer* (blindado; como adjetivo) en sustitución de los españoles; y, dada su profusión en el texto, aparecen sin cursiva. Además, emplea las abreviaturas OKW (Alto Mando de la *Wehrmacht*) y OKH (Alto Mando del *Heer*) por sus equivalentes. Finalmente, para la estructura territorial de España, usa, en su ámbito regional, la terminología (y división) actual.

1

El Tercer Reich entre Franco, la Falange y el Ejército: los meses previos a la formación de la División Azul

1. A MODO DE REFLEXIÓN Y DE RECUERDO

> Anochecía tristemente. Un silencio ominoso, sólo turbado por el claxon fatídico de los automóviles de la muerte, se extendía por la ciudad... (José María Fontana, falangista.)[1]

> Estaba a veces acostado y le decía a mi mujer: «Carmen ¿sientes un auto que pasa?» En unas replacetas, un poco más allá de casa, sentía pom, pom, pom, y ya te habían liquidado a alguno. (Salvador Rubio, obrero.)[2]

Secularmente, en toda guerra civil, el bando dominante en cada una de las zonas en conflicto ha impuesto el terror sobre las personas consideradas desafectas. Hombres y mujeres han sido objeto de encarcelamientos, reclusiones en campos de concentración, torturas y asesinatos. Llegar a determinar el porqué del ejercicio de esa violencia indiscriminada en la retaguardia no es tarea sencilla. Tal vez sea consecuencia del miedo y la impotencia ante un enemigo que presiona a diario en el frente (*frustración* e *inseguridad* generan violencia); o, simplemente, manifestación del deseo de venganza que nace del odio. En todo caso, tal actitud es muestra palmaria de la degradación humana inherente a la guerra.[3]

Dicha violencia se dio también en nuestra Guerra Civil, de igual modo que empapó a la antigua Yugoslavia y hoy ensangrienta a parte del mundo. Masacres a manos del ejército sublevado en Andalucía y Extremadura, y asesinatos en la España republicana, fueron muestras de una misma realidad: la represión sin paliativos sobre *el enemigo* al alcance. Represión salvaje, con pocas concesiones, y en los dos bandos. De ahí que, cuando en 1941 se configuró la División Azul, miles de españoles tuvieran aún marcados a fuego en sus mentes, cuerpos y corazones los traumáticos sucesos de julio de 1936, estallido violento de tensiones sociales y odios acumulados, y el sufrimiento —incuantificable— que siguió. Pero se daba la circunstancia de que sólo pervivía uno de los dos bandos, el vencedor (el otro agonizaba entre el exilio y el internamiento en cárceles y campos de concentración, en muchos casos preludio de muerte). Y fue éste el que mayoritariamente nutrió a la División, tanto en hombres como en apoyos. De ahí que, acto seguido, focalicemos nuestro análisis de la acción represiva entre los adscritos al *bando nacional*, únicos españoles por aquel entonces en condiciones de «devolver la visita» a quienes los habían vejado. El resto, aunque con mayor número de asesinados en retaguardia durante la guerra, penaba en el silencio que había impuesto la derrota.[4]

A mediados de 1941 la acción hostil de la denominada *España roja* permanecía latente en el recuerdo de muchos, sobre todo si habían sufrido su dominio en retaguardia. Y de modo muy especial en las grandes urbes, donde el movimiento obrero organizado logró considerables cotas de poder y, con escasas trabas, pudo ejercer su acción represiva. En este sentido, los testimonios de quienes no marcharon (falta de medios, de reflejos o situación familiar) han reiterado ese clima impuesto por las circunstancias revolucionarias. Era miedo lo que sentían, en buena medida nacido de la posibilidad de ser objeto de delación por parte de cualquier resentido anónimo. La angustia diaria, a lo largo de meses, dejó secuelas difícilmente soslayables. Si la delación se producía, llegaba la detención y, dado el caso, el encarcelamiento, la tortura o el asesinato. Los casos de Madrid y de Barcelona ejemplifican lo acaecido, y a éste último nos atendremos a continuación.[5]

En Barcelona, la represión ejercida durante la guerra generó un mínimo de 2.328 asesinatos, con la particularidad de que la mayoría lo fueron por las ideas y tan sólo una minoría por actos. Algo similar acaeció en Madrid, donde sólo las *sacas* mataron a más de 2.000 encarcelados (a destacar las de Paracuellos y Torrejón). En todo caso, la actuación represiva en las ciudades de la zona republicana tomó dos formas posibles: la nacida de sentencias y la llevada a cabo al margen de toda legalidad. La primera corrió a cargo fundamentalmente de tribunales populares, y ofreció a los acusados cierta posibilidad de defensa en juicio público. No obstante, el mayor número de asesinatos lo perpetraron *incontrolados* que, al menos hasta septiembre, impusieron su ley en la calle (63 por ciento de los *paseos* en Madrid); y, de manera especial, en las primeras semanas reinó *el terror* (Preston). Con ello, comenzó a perderse la revolución... y la guerra (Termes).[6]

Los asesinos actuaban preferentemente durante la noche, en Montcada, Montjuïc o el Tibidabo, donde dejaban los cuerpos sin vida en las cunetas de las carreteras o en cualquier terraplén. El hecho de que ya el 19 de julio de 1936 fueran abiertas las puertas de las cárceles, con el consiguiente deambular de cientos de delincuentes comunes por las calles de la ciudad, influyó considerablemente en la magnitud de la tragedia. Militares y civiles sublevados, y religiosos, fueron las primeras víctimas del nuevo orden revolucionario. Posteriormente, todo sospechoso de ser *de derechas*, lo que imputaba a industriales, profesionales, menestrales y a millares de católicos. El mismo 19, varias personas fueron ejecutadas en la calle; en tanto que el barco *Uruguay*, anclado en el Puerto, adquiría la condición de cárcel. El 20, sofocada la rebelión, unos 30.000 fusiles quedaron en manos de civiles.[7]

De entre todas las manifestaciones de la represión, la persecución religiosa devino la más implacable (en Madrid, la que más mató en *paseos*). Templos y conventos fueron pasto de profanaciones y llamas, con la consiguiente destrucción de espacio de culto y de patrimonio artístico (en la colindante diócesis de Gerona el *martirio de las cosas* engulló 2.000 retablos y más de 6.000 tallas). Y la práctica religiosa —baja en términos relativos, pero no en cifras absolutas— quedó reducida a la clandestinidad. Todavía en julio, *Solidaridad Obrera* se expresó en los siguientes términos:

> No queda ninguna iglesia ni convento en pie, pero apenas han sido suprimidos de la circulación un dos por ciento de los curas y monjas. La hidra religiosa no ha muerto. Conviene tener esto en cuenta y no perderlo de vista para ulteriores objetos.[8]

Un mínimo de 434 religiosos fueron inmolados en Barcelona durante la guerra, entre monjes, monjas y sacerdotes (en el conjunto de Cataluña, 1.541 sacerdotes, de un total de 5.060). Pero fue el asesinato del obispo de la diócesis, doctor Manuel Irurita, tras dos días en la checa de la calle de San Elías, el que mayor eco tuvo entre la opinión pública de la ciudad.[9]

Parte de los encarcelados en el Castillo de Montjuïc, la Comisaría de Orden Público, la *Conselleria* de Gobernación, el Palacio de Justicia, los barcos *Uruguay*, *Argentina* y *Villa de Madrid*, la cárcel Modelo, los cuarteles de la Guardia Civil de Consell de Cent y de Ausiàs Marc, y algunos conventos habilitados como presidio, después de procesados, fueron fusilados. Así perecieron más de 300 personas. Según consta en un libro registro, las descargas comenzaron en agosto (generales Goded y Fernández Burriel) y, muy disminuidas a partir de 1937, no concluyeron hasta enero de 1939. Se dio también, durante las primeras semanas, la circunstancia de presos sacados de sus celdas por *patrulleros* que actuaron de verdugos. Otros reclusos fueron enviados a *campos de trabajo* del *Servicio de Inteligencia Militar* (SIM), bajo un duro régimen disciplinario que, en determinados casos (campo de Els Omells de Na-Gaia, en Lérida), no escatimó palizas ni fusilamientos.[10]

Al margen de los centros de detención dispersos por la ciudad bajo control de partidos y sindicatos, tras la instalación del Gobierno de la República en Barcelona (noviembre de 1937), el SIM proyectó y materializó varias checas, que torturaron para extraer declaraciones. Destacaron, por su actividad, la de la calle de Vallmajor, donde fueron hacinados hasta 550 reclusos, y la de la calle de Zaragoza, que concentró a unos 300 (en Madrid, sobresalió la del Círculo de Bellas Artes/calle de Fomento). En determinados casos, los presos ocupaban pequeñas celdas incomunicadas, con un camastro sobre un plano inclinado con suelo no uniforme y paredes pintadas con colores y dibujos de carácter violento, en las que focos de luces se proyectaban directamente sobre ellos y generaban sensación de movimiento. En el plano físico, soportaron también sofisticadas técnicas de tortura, traumatismos directos, y una precaria alimentación, fundamentalmente a base de pan y cocido aguado. Triste realidad que, durante y después de la guerra, sería utilizada hasta la saciedad por la propaganda franquista.[11]

En un contexto de revolución, muy pocas personas de posición acomodada, o inclusive de la clase media, se sintieron completamente a salvo. Es conocido el pánico que invadía al historiador Pere Bosch Gimpera en la calle y el temor de Pompeu Fabra a la FAI. Sabido es también que, a raíz de su continuada labor humanitaria, tuvieron que expatriarse los *consellers* Ventura Gassol y Josep Maria España. En todo caso, el miedo a la violencia y las represalias sufridas en el entorno familiar y social propiciaron que personas de extracción social media o alta rechazaran la causa republicana y desearan la victoria del ejército sublevado (actitud clara y generalizada entre la clase alta, matizada y progresiva en la media).[12]

Muchos optaron por huir; otros, los menos lúcidos, decididos o afortunados, tuvieron que sobrevivir durante meses en un contexto hostil. Los que marcharon durante los primeros compases de la guerra se dirigieron mayoritariamente a Aragón, y los que lo hicieron una vez estabilizados los frentes, al extranjero. En tal caso, atravesaron a pie los Pirineos con ayuda de redes clandestinas creadas al efecto, aunque sin garantías de éxito; y hubo quienes embarcaron en el Puerto con visados facilitados por la Generalitat y documentación obtenida de consulados extranjeros; lo que, a la postre, salvó a muchas personas (más de 13.000 sólo los barcos franceses e italianos). Consecuencia de aquel trasvase, en la *España nacional* nacieron dos unidades específicamente catalanas, que combatieron en diversos frentes, pero con muchas bajas. Así, el *Tercio de Requetés de Nuestra Señora de Montserrat* y la *Primera Centuria Catalana* quedaron inhabilitadas para luchar tras la defensa de Codo (Zaragoza) y Espinosa de los Monteros (Burgos), respectivamente. Más tarde, el *Tercio de Requetés* combatiría en la Batalla del Ebro, y el falangismo configuró dos nuevas centurias.[13]

Entre quienes se quedaron en Barcelona, los hubo que permanecieron escondidos; en tanto que otros ejercieron su actividad pública de la manera más desapercibida posible (algún que otro propietario acudió a diario a su empresa reclamado por los obreros). En cuanto a los más belicosos, se integraron en la *Quinta Columna*, conjunto de grupúsculos dedicados al espionaje y la desestabilización en la ciudad, por medio de la propalación de bulos y comentarios derrotistas. Y si bien no dependían de una cúpula dirigente única, se movieron, al igual que en Madrid, en torno al falangismo; en primer lugar bajo el influjo de Luys Santa Marina, y tras su detención, del de Carlos Carranceja y Rafael Sánchez Mazas. Éstos, juntamente con Luis Canosa, dirigieron la red *Luis de Ocharán*, quizá la más compleja. Hubo incluso quien se jugó la vida como enlace con las avanzadillas *nacionales* a través de los Pirineos (un carlista pasó 14 veces de una zona a otra). En todo caso, la acción de la *Quinta Columna* alcanzó cierto nivel de efectividad; pero no llegó, ni de lejos, a conseguir el control de la ciudad.[14]

En otro ámbito, la actitud de los trabajadores con respecto a la Revolución apenas había sido objeto de estudio riguroso hasta hace unos 20 años, cuando unos cuantos historiadores comenzaron a penetrar en la vivencia obrera con el recurso a la entrevista. De sus estudios derivó la desintegración del mito académicamente aceptado de que la clase obrera era, por influencia de las teorías libertarias, revolucionaria. Varios trabajos salidos de la Universidad de Barcelona demostraron que sólo los líderes obreristas y quienes los secundaban tenían verdaderas aspiraciones subversivas. Y que, contrariamente a lo que se creía, la mayor parte de los trabajadores simplemente aspiraban a mejorar sus condiciones laborales y de vida en general. Con unos índices de analfabetismo que afectaban aproximadamente al 40 por ciento, hubo obreros que nada supieron de la colectivización de su empresa, ni que fue dirigida por comités sindicales. Otros se apercibieron del cambio, pero no compartieron el modo de obrar de quienes integraban los comités.

> Los que llevaban el comité no sé cómo lo harían, pero yo me peleaba cada día con ellos. Porque les decía: «había un burgués y os habéis puesto siete» ... Ellos tenían que ayudar y lo que menos hacían era ayudar. (Josefina Juristo, obrera.)/ Estaba cansado de las críticas y de las murmuraciones. Nos criticaban porque no trabajábamos, porque íbamos arreglados ... Hacíamos asamblea y no entraba nadie. (Bartolomé Jiménez, obrero miembro de un comité de empresa.)[15]

En una situación de desánimo generalizado, agravada por la escasez de suministros y, a partir de 1938, por los efectos de constantes bombardeos de la aviación (más de 2.000 muertos), la mayoría anhelaba el final de la guerra. De ahí que las adhesiones que encontraron las fuerzas del general Juan Yagüe a su entrada en Barcelona no sólo fueran resultado del oportunismo: muchos fundamentalmente vieron en ellas el punto final de una pesadilla que había durado dos años y medio.[16]

En junio de 1941 los miles de españoles que habían sufrido la acción de la Revolución tenían todavía heridas por cicatrizar. Las cárceles, los campos de trabajo, las checas y los *paseos*, con o sin tiro en la nuca, estaban aún en la mente de muchos. De ahí que cuando el martes 24, bajo la impresión del ataque alemán, Serrano Suñer anatemizó voz en grito a la Unión Soviética, muchos de ellos, y sobre todo los más jóvenes, interpretaran que se abría el segundo y definitivo capítulo de nuestra guerra. La División Azul fue, pues, ante todo y sobre todo, hija de la Guerra Civil. Por otra parte, la implacable depuración ejercida sobre los empleados públicos considerados desafectos al Régimen había generado miles de plazas vacantes, que necesariamente tendrían que ser cubiertas en poco tiempo. La Ley de 25 de agosto de 1940 obligó a reservar una quinta parte para los alféreces provisionales o de complemento, otro tanto para el resto de excombatientes, una quinta parte más para mutilados de guerra, una décima parte para excautivos, e igual proporción para huérfanos de guerra. Con ello, el régimen de Franco reservó un 80 por ciento de todas las plazas disponibles para los sectores de población considerados adictos. En tales circunstancias, en las zonas que habían permanecido bajo control de la República la validación personal a nivel social de muchos pasaba, casi exclusivamente, por lograr la condición de excombatiente.[17]

En aquel contexto de privaciones y represión, pues, la incorporación a la División abrió una preciosa brecha en la impermeabilidad del sistema, al conferir la condición de excombatiente a todo aquel que regresara del frente ruso. A la vez, el alistamiento daría la oportunidad de fuga a quienes, firmes en sus convicciones igualitarias, se sentían presos de la atmósfera hostil del momento: bastaría con aprovechar una guardia o una acción de patrulla; y, ya en dominio soviético, informarían de cuanto supieran, en acto de servicio a la causa antifascista. Dos razones de peso entre los no afectos al Régimen, que se unieron a muchas otras, no menos importantes, entre el conjunto de la población. Así, el deseo de venganza por la muerte de tal o cual ser querido; el ansia de aportar algo a la causa por la que se había sufrido; la necesidad de poner un punto y aparte a un pasado oscuro; el afán de aventura; la necesidad de autoafirmación; una sensible reducción del servicio militar; ingresos añadidos; comida asegurada; la posibilidad de perder de vista a los suegros, a los padres, a la esposa o a la novia que, bajo la angustia del embarazo no deseado, anhelaba el paso definitivo... Y también, cómo no, la imposición (no sólo en los cuarteles, también en los presidios).[18]

Hubo, en fin, 45.500 razones que condujeron a la División Azul; una, como mínimo, por cada joven que, en el transcurso de dos años, se alistó, fuera en el ámbito falangista o militar. Desentrañarlas todas excede al nivel de lo posible, pues muchas, quizá las más, forman ya parte de un pasado irrecuperable que yace en nuestros cementerios o en la estepa rusa.

2. La Falange y el Ejército: tensiones acumuladas y actitudes germanófilas compartidas hasta mayo de 1941

Falange y Ejército, dos bases del Régimen de Franco, eran instituciones germanófilas: la Falange, por su ideario profascista, y el Ejército, por conservadurismo y belicismo, tenían en la Alemania de Hitler un referente importante. Al margen de ello, sobrellevaban con dificultad su convivencia. Las fricciones venían de lejos, se remontaban a los primeros días de la Guerra Civil, cuando el intento falangista de combatir de manera autónoma topó con la autoridad militar, contraria a un cuerpo armado civil. Muy pronto las milicias fueron supeditadas al Ejército y, con ello, desnaturalizadas. De hecho, en aquella larga pugna, los *camisas azules* casi siempre tuvieron las de perder: habían sido los militares los impulsores del golpe de Estado y se consideraban legitimados para ejercer el poder en régimen de monopolio. Y, de hecho, según infiere Carles Viver de una muestra significativa, la casta militar ocupó el 29 por ciento de los cargos del Régimen hasta 1945, y llegó incluso a copar 38 de cada cien *altos cargos ejecutivos* de Falange Tradicionalista y de las JONS (FET-JONS).[19]

Era mucho lo que separaba a ambas instituciones. En primer lugar, aspectos ideológicos, pues los postulados fascistas predominantes en el falangismo chocaban con la mentalidad militar, conservadora y elitista. En este sentido, la constante invocación a la *revolución nacionalsindicalista* era inaceptable para un colectivo amante y garante del orden establecido. Pero no sólo las ideas, sino también las personas, los distanciaban: Serrano Suñer era el político más odiado por la cúpula militar; en tanto que el bilaureado general Enrique Varela era denostado por los *camisas viejas*, que veían en él la mezcolanza de lo militar y lo tradicionalista. De ahí que, aunque los hubiera, fueran pocos los puntos de contacto real entre Falange y Ejército, tanto a nivel institucional como personal; y ello, a pesar de disposiciones oficiales tendentes a una cierta yuxtaposición entre los mandos.

Franco, como militar, tenía su corazón al lado del Ejército, pero su ambición lo acercaba a la Falange, por encuadradora del pueblo español y garante de supervivencia política frente al generalato. Desde el final de la Guerra Civil, había intentado reiteradamente calmar los ánimos por medio de una política de equilibrio inestable, que favorecía (y perjudicaba) a unos y a otros. Pero ello generaba tensiones constantes que, a la postre, desestabilizaban el sistema, pues desembocaban en crisis que afectaban a la gobernabilidad del país, como la de mayo de 1941, que referiremos después. Analicemos, en primer lugar, la situación del falangismo.

La Falange

A finales del año 1940, FET-JONS, partido nacido del *Decreto de Unificación* de abril de 1937, era un aparato burocrático que controlaba algunos resortes del Poder (fundamentalmente prensa, propaganda y sindicatos), acomodado a los dictados del nuevo régimen. Presentaba, sin embargo, cierta oposición por parte de algunos sectores, generadora de tensiones. En este sentido, la fragmentación era una constante: *neofalangistas* sumisos a Serrano Suñer; *camisas viejas* agradecidos a Franco (Raimundo Fernández-Cuesta); o conspiradores que entendían que se había apropiado del Partido y que Serrano lo había manipulado para convertirlo en instrumento suyo. Además, la existencia de sectores no provenientes de la primigenia Falange, hacían de FET-JONS una extraña mezcolanza. La crispación, si cabe, se veía incrementada por la escasez de recursos financieros con que contaba, unos 30 millones de pesetas, el 0,5 por ciento del presupuesto total del Estado.[20]

El primer semestre de 1941 fue decisivo para el futuro del Partido. En enero era dirigido nominalmente por Pedro Gamero del Castillo, y, de manera efectiva, por Serrano Suñer, al frente de la Junta Política. Artífice éste y colaborador aquél de la *Unificación*, ejercían su potestad en supeditación a la decisión última del jefe nacional, Franco. FET-JONS mantenía, a grandes rasgos, la correlación de fuerzas emanada del decreto unificador, aunque ya no tenían vigencia los Estatutos de 1937, sustituidos por los de 1939. Éstos habían introducido la figura del presidente de la Junta Política, con un amplio abanico de atribuciones, en detrimento del secretario, que adquirió rango de ministro. En todo caso, la representación en el Gobierno de la nación era escasa: Serrano, en Gobernación, y Gamero, ministro sin cartera, la colmaban.[21]

FET-JONS seguía dividida y el descontento entre los *camisas viejas* crecía, sobre todo respecto a la gestión de Serrano. En ese contexto, la *Vieja Guardia* de Madrid, reunida en torno a Pilar Primo de Rivera, al parecer le exigió transformarla en puntal del *Nuevo Estado* (Serrano aceptó). Pero ese estado de crisis calaba en profundidad y llegaba a la misma calle. Un informe de la Dirección General de Seguridad, de mediados de enero, apuntaba la desazón existente entre la militancia por la incapacidad de las jerarquías para hacerse con los resortes del Poder. Era deseo generalizado el proceder a una depuración profunda, e imponer severas penas a cuantos, dejados llevar por su ambición, desacreditaran el Partido.[22]

De entre todos los puntos de la geografía española, quizá fuera Barcelona donde mayores recelos levantaba la acción falangista. No poca letra impresa llegada a Madrid a lo largo de los primeros meses del año reveló una situación poco menos que insostenible, en una ciudad fuertemente castigada por la escasez. En aquellos momentos, la población se manifestaba ya desengañada ante la falta de soluciones aportadas por el Régimen. Y albergaba a amplios círculos que apostaban abiertamente por la causa aliada, bajo el influjo de la incansable labor propagandística del Consulado General británico. En Madrid, centro de la acción de los resortes del Estado, FET-JONS era menos censurada, a la vez que la propaganda alemana, centralizada en la Oficina de la calle de Alcalá, lograba mayor incidencia social.[23]

Los *camisas viejas* más exaltados, agrupados en una *Junta Política* clandestina que abogaba por el derrocamiento de Franco, habían mantenido a lo largo de 1940 repetidos contactos con el jefe del Partido Nazi en España, Hans Thomsen, en el intento de recabar la ayuda de Alemania. Esas conversaciones se interrumpieron en febrero de 1941, cuando se hizo evidente la pretensión de convertir España en un *satélite* del Reich. Entre tanto, llegó a manos de Franco una denuncia contra Yagüe, destacado conspirador; y, una vez más, obró astutamente: lo reprendió personalmente, y cuando confesó sus intenciones, le ofreció un ascenso. Parece ser que a raíz de aquel suceso la *Junta* se creyó descubierta, y planteó el asesinato a Franco, propuesta que, en votación secreta, no prosperó. Finalmente, optó por autodisolverse.[24]

Los *camisas viejas* y los elementos más jóvenes del Partido eran visceralmente germanófilos. En este sentido, en poco o en nada habían cambiado los sentimientos desde los tiempos de la Guerra Civil, y poco iban a cambiar en el futuro. La admiración por Alemania y la creencia en su triunfo militar era compartida por todos ellos. Sólo el indisimulado deseo nazi de hegemonía impidió que optaran por reclamar una acción en territorio español. En cuanto a los *camisas nuevas*, su actitud hacia Alemania era más diversificada, e iba en función del grado de adhesión real al falangismo. Serrano Suñer y su círculo se mostraban particularmente italianófilos —a la par que anglófobos— pero sentían gran admiración por Alemania. Y a pesar de que el ministro se esforzó durante muchos años en defender un hipotético desapego con respecto a su causa, lo cierto es que no le habría importado unir destinos en condiciones de relativa igualdad. Al margen de las continuas manifestaciones de Hoare sobre su belicismo y de que el general Aranda lo acusase de instar al Gobierno en dicho sentido, son bien conocidas las intenciones de Serrano y Franco con respecto a la guerra, sobre todo tras la demolición del *mito de Hendaya*. Intenciones belicistas que Serrano mantuvo mucho más allá de diciembre de 1940 (en mayo de 1941 se manifestó al menos tres veces abiertamente a favor del conflicto), cuando, frustradas definitivamente las aspiraciones de obtener el Imperio norteafricano francés de manos de Alemania, Franco dijo *no* a la entrada en guerra.[25]

El Ejército

Y llegamos al Ejército. Vencedor indiscutible de la Guerra Civil, gozaba de prestigio a nivel internacional y de unidad. En conjunto, sus mandos estaban satisfechos por los privilegios adquiridos, a pesar de lo reducido de su sueldo, y orgullosos, en el convencimiento de ser el soporte del nuevo Estado. Y rechazaban de plano cualquier intento de usurpación de dicha función, sobre todo si procedía de la Falange, su más acérrima rival.[26]

En junio de 1939 Franco reorganizó el Ejército de Tierra sobre la base de 24 divisiones integradas en 10 Cuerpos, uno por Región Militar y los dos restantes en Marruecos. Su segundo Gobierno, constituido en agosto, otorgó cinco de las 14 carteras a militares y tres a falangistas. El Ministerio de Defensa Nacional, hasta entonces en manos de Dávila, fue escindido en tres: Ejército, Marina y Aire. Su titularidad correspondió, respectivamente, a Varela, al vicealmirante Moreno y a Yagüe, primer ministro español del Arma Aérea. Asuntos Exteriores se mantuvo en manos de un militar, el coronel Juan Beigbeder, que reemplazó a Gómez-Jordana. Finalmente, Franco incorporó a otro militar, el general Agustín Muñoz Grandes, al frente de la Secretaría General del Movimiento, con lo que supeditó aún más a la Falange.[27]

Fue Varela quien, con el apoyo de su subsecretario, el general Camilo Alonso Vega, logró la total supeditación del Ejército de Tierra a Franco en el transcurso de 1940. Para ello empleó una política de mano dura, tanto con los vencedores como con los vencidos. Así, la Ley de 12 de julio facultó la separación del servicio, sin posibilidad de interposición de recurso, y la de 27 de septiembre restableció los tribunales de honor, lo que comportó la expulsión o retiro de la mayor parte de quienes habían hecho la guerra con la República. Unos meses antes, la Ley de 15 de marzo había militarizado a la Guardia Civil. Además, Varela redujo los efectivos del Ejército a la tercera parte, y el 5 de abril de 1940 restableció las Capitanías Generales, abolidas en 1931, para supeditar la estructura político-administrativa del país al control militar.[28]

La cúpula ministerial fue reestructurada el 27 de junio de 1940, al asumir la cartera del Aire el general Vigón, tras el cese de Yagüe. A principios de 1941 ocupaban, pues, la titularidad de los ministerios militares Varela, Moreno y Vigón. Era jefe del Estado Mayor del Ejército, Martínez Campos; director general de Servicios, Moreno Calderón; jefe de la Casa Militar de Franco, Moscardó; jefe de la Academia Militar, Ungría; jefe de la Academia Superior de la Guerra, Aranda; y presidente del Consejo, Gómez-Jordana, todos ellos generales. Por su parte, mandaban las Capitanías, Saliquet (I, Madrid), Dávila (II, Sevilla), Cánovas (III, Valencia), Orgaz (IV, Barcelona), Monasterio (V, Zaragoza), López Pinto (VI, Burgos), Solchaga (VII, Valladolid) y Solans (VIII, La Coruña). El mando del Campo de Gibraltar lo detentaba Muñoz Grandes;

el de las islas Baleares, Kindelán, y el de las Canarias lo compartían Serrador y García Escámez. En Marruecos, Asensio era alto comisario; Ponte, comandante de operaciones, y Barrón y García Valiño, jefes del IX y X Cuerpos de Ejército respectivamente. Controlaba Tánger el coronel Yuste e Ifni su homólogo Bermejo.[29]

Tres eran los grandes problemas detectados por aquel entonces en el seno del Ejército: lo exiguo de los sueldos de la suboficialidad, causa ya de algunos actos de protesta por parte de sargentos provisionales; la insuficiente alimentación de la tropa, falta de pan, y la escasez de tabaco destinado a ella; y un creciente descontento entre los últimos reemplazos incorporados a filas, obligados a formar parte de los piquetes de ejecución. Por su parte, la oficialidad veía con creciente preocupación la inflación y recelaba de algunas depuraciones y de determinados reingresos. Finalmente, preocupaba al Servicio de Información Militar un conjunto de indicios que apuntaban a la penetración del espionaje británico entre su filas.[30]

Desde el inicio de la guerra europea, el Ejército de Tierra manifestó reiteradamente sus simpatías por la causa alemana, tanto a nivel verbal como de sus publicaciones (un informe de mediados de 1941 a la Embajada alemana amplió la germanofilia al conjunto de las Fuerzas Armadas, aunque reconoció ciertas anglofilias, sobre todo en Aire). En todo caso, la oficialidad formada durante la Guerra Civil era claramente germanófila, y el generalato, salvo casos contados, también, aunque de forma más matizada. Los profalangistas Yagüe y Muñoz Grandes, así como Asensio, eran paradigma de germanofilia. Tres generales de peso, que a lo largo de la Segunda Guerra Mundial ostentaron carteras ministeriales, y que llegaron a abogar conjuntamente por la plena implicación de España. Yagüe sería definido por el propio Alto Mando del Heer (Ejército alemán de Tierra) como *fanático* germanófilo; Muñoz Grandes llegaría a ser para Hitler el recambio idóneo de Franco; y Asensio influyó siempre en favor de Alemania. Serían considerados también germanófilos, entre otros, Alonso Vega, Álvarez Arenas, Barrón, Bartomeu, Ben Mizzian, Dávila, De los Arcos, Esteban-Infantes, Fuentes, García Valiño, González Badía, Iruretagoyena, Monasterio, Moscardó, Ríos Capapé, Saliquet, Tamayo y Ungría.[31]

De hecho, en 1940 y 1941 ningún mando del Ejército olvidaba la trascendental ayuda recibida durante la guerra. Alemania había contribuido eficazmente a la aniquilación militar del enemigo, y eso no podía olvidarse de un día para otro. Además, la victoria alemana aseguraría el mantenimiento indefinido de la realidad política de posguerra, en tanto que su derrota podría cuestionarla y, por lo tanto, contribuir a un nuevo enfrentamiento civil. En todo caso, las publicaciones militares españolas, impresionadas por el derrumbamiento de la Europa Occidental y Nórdica, tildaban al Ejército alemán de invencible y vaticinaban la rápida derrota aliada. A su vez, la revista

Ejército no tenía reparos en magnificar algunos conceptos nazis en su vertiente militar, como el de *espacio vital*.[32]

La diferente intensidad en la germanofilia tuvo, hasta cierto punto, su reflejo en la actitud frente a la posible entrada de España en la guerra; y, aunque la mayoría de los oficiales se mostraban partidarios, sólo dos generales, Yagüe y Muñoz Grandes, se manifestaron abiertamente a favor. Aun así, todavía no se manifestaban con fuerza las tendencias anglófilas en el seno del generalato (Varela, Gómez-Jordana, Aranda, Kindelán y Martínez Campos eran una excepción). Y, por iniciativa del agregado naval en Madrid y aquiescencia de Hoare y Churchill, la anglofilia fue reforzada desde Londres con sustanciales emolumentos: hasta 13 millones de dólares entre mediados de 1940 y finales de 1941 (Ros Agudo). Tras los pertinentes ingresos en la *Swiss Bank Corporation* de Nueva York y la *Societé de Banque Suisse* de Ginebra, llegaban a manos del banquero Juan March; y eran distribuidas, entre generales y algunos jefes, sin dejar rastro de su origen, como donaciones del capital español contrario a la entrada en guerra. Aunque, salvo los casos de Orgaz y Aranda (el más beneficiado: dos millones de dólares en la primavera de 1942), persisten las dudas sobre la identidad de los sobornados, supuestamente unos 30. En todo caso, la anglofilia de Aranda, Kindelán y Martínez Campos fue paradigmática, hasta el punto de que mantuvieron repetidos contactos con la diplomacia británica en España, a la que informaron del desarrollo de algunos aspectos candentes de política interior y exterior.[33]

Antonio Aranda mantuvo varias reuniones con el agregado militar de la Embajada británica, general de brigada (*brigadier*) Windham Torr, durante los primeros meses de 1941. En ellas hizo confidencias de política interior y exterior, ciertamente comprometedoras, y comunicó la puesta en marcha de mecanismos conspiratorios contra Franco. El Foreign Office lo catalogó como líder del movimiento *antiserranista* y antigermano en el seno de las Fuerzas Armadas; pero cuestionó la capacidad de actuación del movimiento, y puso en tela de juicio las posibilidades que se desprendían de sus declaraciones. En cuanto al monárquico Alfredo Kindelán Duany, manifestó a Torr (12 de febrero) su total oposición a la entrada en guerra; también, que Hitler insistía en llevar a cabo un nuevo encuentro con Franco, quien se negaba a crear un Cuerpo de Ejército para la defensa de los Pirineos; y que varios oficiales habían viajado al Campo de Gibraltar para evaluar los posibles costes de una acción militar contra el Peñón. Y felicitó a su interlocutor por la labor de captación llevada a cabo entre la opinión pública española. Finalmente, Carlos Martínez Campos aseguró a Torr (10 de marzo) que España se defendería con las armas, con ayuda británica si fuera necesario, ante una invasión alemana; y a Arthur Yencken (5 de abril), que no había habido cambios en la disposición de las tropas en los últimos meses, salvo el envío de unidades a Asturias para neutralizar las acciones maquis.[34]

Al margen del generalato, a principios de marzo la diplomacia británica en España era de la opinión de que nueve de cada 10 españoles eran partidarios de la defensa a ultranza de su patria frente a una invasión alemana, y de que sólo los falangistas jóvenes se mostrarían satisfechos ante tal circunstancia. Los generales, en opinión de Hoare, estaban decididos a tomar las armas y sólo disentían en el modo de proceder en aquellos momentos. En este sentido se dibujaban dos posturas, defendidas respectivamente por Vigón y Martínez Campos: la de preparar la defensa, y la de mantenerse a la expectativa, con vistas a no provocar a Hitler. De hecho, el temor a la invasión alemana servía claramente a los intereses británicos, y se sumaba a los efectos de la política de sobornos seguida desde Londres. De la indiferencia u hostilidad hacia Gran Bretaña entre buena parte del generalato, se pasó a una actitud más receptiva, generadora de esperanzas entre la diplomacia británica.[35]

Pero al margen de sus tendencias políticas y de su postura frente a la guerra, los generales coincidían en su odio hacia Ramón Serrano Suñer, el civil más influyente ante Franco. Los más conservadores atacaban su hipotético falangismo y los profalangistas su oportunismo; y tanto unos como otros censuraban su desmesurada ambición. El hecho es que el acceso al cargo de ministro de Exteriores, en sustitución de Beigbeder (octubre de 1940), había acrecentado aquella aversión, grande desde la destitución de Muñoz Grandes de la Secretaría General. En febrero de 1941 la oposición era tal, que Stohrer informó de la inminencia de un ultimátum a Franco para que lo destituyera. Y en abril llegó a barajar la posibilidad de un golpe de Estado.[36]

En ese contexto de visceral oposición militar a la figura de Serrano Suñer iba a tener lugar la crisis de Estado de mayo de 1941, la más seria a la que Franco tuvo que hacer frente desde la Unificación política de abril de 1937, y la de mayor duración de entre todas las habidas a lo largo de las cuatro décadas de pervivencia de su régimen.[37]

3. La diplomacia alemana en España[38]

A principios de 1941, bajo el influjo de la guerra y de la mentalidad nazi, el Ministerio alemán de Asuntos Exteriores (el *Reichsaußenministerium* o *Auswärtiges Amt*) era una complejísima estructura, posiblemente de las más amplias de cuantas generaba la desproporcionada burocracia estatal de la Alemania de Hitler. Estaba configurado por varios departamentos, estructurados a su vez en multitud de secciones, de los que dependían miles de políticos, diplomáticos y funcionarios repartidos entre los cinco continentes.[39]

Hacía ya tres años que Joachim von Ribbentrop era el ministro de Asuntos Exteriores del Reich, desde que el 5 de febrero de 1938 relevara al barón

Constantin von Neurath. El también barón Ernst von Weizsäcker era el titular de la Secretaría de Estado, y Ernst Woermann lo era de la Subsecretaría. Otros cargos de importancia los ostentaban el embajador Karl Ritter y su agregado Ernst Eisenlohr. Paul Karl Schmidt era el portavoz de Prensa. Alexander Dörnberg era jefe de la Sección de Protocolo, el cónsul general Paul Wüster era jefe del Departamento de Información, el director general Hans Schroeder lo era del Departamento de Personal, el también director general Emil Wiehl era jefe del Departamento de Política Económica, y tenía como suplente a Carl Clodius. El Departamento de Política Comercial lo presidía Herman Friedrich Sabath; el Departamento Político, el consejero delegado Richard Haidlen y los consejeros Kurt Heinburg y Karl Schwendemann; el Departamento de Derecho, Gustav Rödiger; y el de Interior, Horst Wagner. Era jefe de intérpretes Paul Otto Schmidt. Hans Brandau controlaba el Servicio de Traducciones y Reder el de Radio. La representación del Ministerio en el OKW estaba en manos del barón Reinhold Ungern-Sternberg.

Ribbentrop, nazi convencido, tuvo mucho cuidado en establecer un férreo control sobre sus subalternos, y muy especialmente sobre los diplomáticos de carrera formados en la vieja escuela imperial o en la de Weimar. Para ello se valió de la llamada *Oficina de Servicio Ribbentrop* (*Dienstelle Ribbentrop*), vasta red funcionarial donde jóvenes nazis ambiciosos, que por extracción social posiblemente jamás hubieran accedido a la carrera diplomática, le informaban directamente (no pocas veces entraban en conflicto con los diplomáticos). La *Oficina*, que extendía sus tentáculos a todas las legaciones, ejercía un especial control sobre aquellos diplomáticos que, como era el caso del embajador en España, perdían la confianza del ministro.[40]

Dentro del Ministerio, las relaciones con España eran objeto específico de la Sección Tercera del Departamento Político (Pol III), que se ocupaba, además, de Portugal y el Vaticano; de la Sección Segunda del Departamento de Política Económica (W2), ocupada de la Europa occidental y meridional; de la Sección Tercera del Departamento de Noticias y Prensa (P IIIa), que abarcaba además Portugal, El Vaticano y Suiza; y de la Sección Octava del Departamento de Información (Inf VIII), que comprendía la Península Ibérica y Sudamérica. A la vez, España era objeto prioritario de la Secretaría y la Subsecretaría de Estado, instancias del Ministerio que mantenían un continuo trasvase de información con la Embajada en Madrid.[41]

Pero faltaba, como para tantos otros objetivos de la política del Reich, una unidad de criterios a seguir. Así, se daba el caso de que las directrices variaban sensiblemente entre Ribbentrop y el embajador Stohrer por un lado, y entre ambos y determinados órganos del Estado y del Partido por otro. De hecho, el ministro era partidario de presionar a España para hacerla entrar en la guerra, actitud no compartida por Stohrer, consciente de las limitaciones reales del país a sólo dos años de una cruenta Guerra Civil. Ambos, sin embargo, compartían una actitud de reserva respecto de los asuntos internos españoles, lo que los alejaba de la Organización para el Extranjero del Partido, de las SS y del Ministerio de Propaganda. Y aunque al inicio de la guerra Hitler confirmó a Ribbentrop como responsable único de la política exterior del Reich, llegado 1941 los órganos citados habían logrado aumentar progresivamente su nivel de independencia en España, hasta acercarse al que tenían en 1936.

Las representaciones alemanas en España

La Embajada en Madrid era la mayor representación alemana en el extranjero, tanto en número de personal como por el volumen de información gestionada. Sólo durante 1942 envió unos 7.000 telegramas, con lo que superó en mil a la Embajada en Roma, en 2.000 a la de París y en 4.000 a la de Tokio. Y, a la vez, fue la que tuvo el mayor desgaste de directores, pues en tan sólo ocho años, desde 1936 a 1945, vio el paso de cuatro embajadores y un encargado de negocios. Fueron, por orden de ocupación del cargo, Wilhem Faupel, entre noviembre de 1936 y agosto de 1937; Eberhard von Stohrer, entre agosto de 1937 y enero de 1943; Hans von Moltke, entre enero y marzo de 1943; Hans Dieckhoff, entre abril de 1943 y septiembre de 1944; y el encargado de negocios Sigismund von Bibra, entre septiembre de 1944 y mayo de 1945, momento en que la policía española selló los edificios de la Embajada y detuvo a los diplomáticos.

Parece ser que a finales de 1941 el personal de la Embajada ascendía a casi 500 colaboradores, entre alemanes y españoles, a los que había que sumar unos 180 más que prestaban sus servicios en los consulados, viceconsulados y agencias consulares establecidos en la Península, el Protectorado y Tánger. A su vez, un total de 134 agentes del contraespionaje trabajaban camuflados en empleos varios, muchas veces —quizá la mayoría— con desconocimiento del propio embajador. Por aquel entonces, configuraban el personal diplomático, además de aquél, un total de 32 personas: tres consejeros de embajada, un consejero comercial, un consejero honorario, cinco consejeros de legación, tres secretarios, y 19 agregados, nueve de ellos encargados de asuntos militares. Desde agosto de 1937, tras el cese del general Faupel, era el titular de la Embajada Stohrer.[42]

Stohrer había nacido en febrero de 1883, y a pesar de que su padre era general de Infantería, cursó estudios de Derecho y Ciencias Políticas, materias en las que se doctoró por las Universidades de Leipzig y Estrasburgo respectivamente. Ingresado en 1909 en el Auswärtiges Amt, estuvo destinado en Sofía, Londres y Bruselas hasta 1913, año en el que llegó a Madrid como secretario de embajada. Durante la Primera Guerra Mundial fue uno de los máximos artífices del mantenimiento de la neutralidad española, a pesar de la tendencia proaliada del conde de Romanones. Entre 1927 y 1936 ejerció su actividad en Egipto, con el cargo de ministro plenipotenciario en El Cairo, hasta que en agosto de 1937 le fue ofrecido el cargo de embajador en Madrid. Amante de España, Stohrer era hombre de palabra a la par que hábil negociador, lo que agradaba a Franco, con quien mantenía una estrecha relación. La amistad de Serrano Suñer le reportó más disgustos que satisfacciones, pues lo convirtió en objeto de ataque de quienes deseaban su final político. Afiliado al Partido Nazi, fue ante todo un diplomático de la vieja escuela, formado en la época imperial. Su defensa a ultranza de la neutralidad española, contraria a las tesis del Partido y de Ribbentrop, le supuso, a partir de finales de 1941, la pérdida de confianza del ministro.[43]

Los tres consejeros de embajada eran Heberlein, Heyden-Rynsch y Schroetter. El doctor Erich Heberlein era el primer consejero, y desempeñaba su labor desde su llegada a España en 1937, en época de Faupel. El doctor barón Berndotto von der Heyden-Rynsch era el segundo consejero; fue enviado a Madrid por Ribbentrop en 1940, a raíz de un contratiempo durante la campaña de Polonia. Erich Schroetter tenía a su cargo la Sección Consular; en tanto que Richard Enge era el consejero comercial y el doctor Walter Zechlin consejero honorario. Eran consejeros de legación, Eberl, Gardemann, Kempe Lazar y Stille, lista a la que se añadió poco después Likus. Y ocupaban el cargo de secretarios de legación, el doctor Rudolf Bobrik, el doctor Wilhem Petersen y Georg Graf zu Pappenheim.

El doctor Hans Lazar dirigía la sección de Prensa y era considerado la *eminencia gris* de la Embajada. Periodista de profesión, gozaba de buenas relaciones entre los diplomáticos españoles y los círculos periodísticos de la capital. Era persona de confianza de Stohrer, quien en 1939 lo había incluido entre el personal, y se mostró siempre dispuesto a ayudarle en su pugna con los representantes del Ministerio de Propaganda (creó su propio Departamento de Prensa). En todo caso, su influjo sobre la prensa española del momento, y el hábil manejo que hizo de ella, lo convirtieron en una de las *bestias negras* de Samuel Hoare. Por su parte, el doctor Otto Eberl tenía a su cargo el Departamento de Economía, mientras que Gardemann y Likus configuraban una especie de diplomacia paralela, en contacto directo con la *Oficina Ribbentrop*, de la que dependían.[44]

Erich Gardemann, llamado *el verdadero embajador*, fue nombrado por Ribbentrop en el verano de 1939, a tenor de una conversación con Otto Abetz. Debería observar la actividad de la diplomacia enemiga y valorar la realidad política española, especialmente la actividad de la Falange y de los monárquicos. Para ello, gozó del privilegio de informar directamente a la *Oficina*. Mantuvo una buena relación con Stohrer hasta finales de 1940, momento en que comenzó a oponerse a su labor, lo que derivó en animadversión personal.

De hecho, contaba con la amistad de Serrano Suñer y con frecuencia trató directamente con él, lo que invadía la jurisdicción del embajador. Con el paso del tiempo, sin embargo, esa relación también se enfrió, hasta el punto de pasar a ser de hostilidad. Con la finalidad de ampliar la influencia cultural de Alemania en España, y en colaboración con el Departamento de Cultura de la Embajada y el apoyo de Ribbentrop, gestionó la fundación de la *asociación Hispano-Germana* (agosto de 1941), con sede en Madrid.[45]

Rudolf Likus era persona de confianza de Ribbentrop, de quien había sido compañero de colegio y a quien había ayudado a ascender, merced a sus buenas relaciones. Parece ser que llegó a España en noviembre de 1941 con la misión de obtener información de la Embajada en ausencia de Stohrer, para *reactivar* las relaciones hispano-alemanas. Cuando Otto Abetz abandonó la *Oficina* para hacerse cargo de la Embajada en París, asumió la dirección de su plana mayor, y, con ello, el asesoramiento de Gardemann. Pronto sus informes y sus viajes a Berlín, hicieron de él pieza fundamental para el ministro.

De entre los 18 agregados de la Embajada, nueve eran militares y otros tantos civiles. Eran agregados militares, von Bülow, Hoffmann, Krappe, Lerek, Menzell, Meyer-Doehner, Vollhardt, Wenckstern y Willhelmi. En cuanto al coronel Günther Krappe, en 1941 había sustituido como agregado del Ejército al general Walter Bruns, en el cargo desde 1939; y disponía, al igual que éste, de la colaboración del teniente coronel Hans Willhelmi, agregado adjunto. El capitán de navío Kurt Meyer-Doehner era el agregado de la Marina (adjuntos, los capitanes de corbeta Alfred Menzell y Hans Lerek). El general de división barón Hilmer von Bülow era el agregado del Aire (ejercía sus funciones el general Eckart Krahmer), y tenía a sus órdenes al coronel Germann von Wenckstern, al comandante Hans Hoffmann y al ingeniero aeronáutico doctor Herbert Vollhardt. Y respecto a los agregados civiles, dos se ocupaban de la prensa (el doctor Herbert Stahmer, del Departamento de Información del Auswärtiges Amt, y el doctor Kurl-Friedrich Grosse); uno (doctor Josef Schoff), de la radiodifusión; otro (doctor Karl Kräntle), de cuestiones agropecuarias; tres (Otto Kamler, el barón Hans Bernhard von Welczeck y el doctor Arthur Dietrich) no tenían asignadas oficialmente funciones específicas, y los dos restantes (Alexander Bruns y Albrecht Georg von Koos), ostentaban el cargo honoríficamente.

Además del personal diplomático, en la Embajada o en estrecho contacto con ella destacaron varias personas con cometidos de importancia. Era el caso del capitán Wilhelm Leissner (constaba en las relaciones diplomáticas como agregado honorario con el nombre de Gustav Lenz), jefe del contraespionaje militar en España (la *KO —Kriegsorganisationen— Spanien*), con más de 200 subalternos y unos mil colaboradores. Y del general de las SS Paul Winzer, encargado de las funciones de policía (agregado de la Gestapo) y jefe del *Büro Winzer*, con la colaboración de sus subordinados Ernst Hammes, Heinz Singer y Georg Vey, persona de enlace con la División Azul. Winzer llegó a España a principios de marzo de 1939, y ya a mediados de 1941 había logrado configurar un sólido Servicio de Seguridad, con una oficina central en la Embajada y delegaciones en todos los consulados; y tenía, además, a varios de sus agentes infiltrados en las empresas alemanas instaladas en el país.[46]

El jefe del grupo nacional de la Organización para el Extranjero del Partido Nazi, Hans Thomsen, había establecido una estrecha colaboración con el consejero Gardemann. A finales de 1941 partió hacia el frente del Este por espacio de dos meses, posiblemente para contactar con miembros de la División Azul quejosos de la realidad política española del momento. Por su parte, el jefe de batallón de las SS Karl Arnold, *enviado especial para Latinoamérica* del Auswärtiges Amt, concentraba el servicio postal secreto con América del Sur. Su misión consistía en recoger el correo regular de Berlín y enviarlo a Buenos Aires, con el concurso de varios colaboradores a ambos lados del Atlántico.

El ex embajador alemán en España, general Wilhelm Faupel, mantenía un estrecho contacto con la Embajada como director de la *Sociedad Germano-Española*, en Berlín, donde trabajaba en colaboración con su esposa, Edith (financiaban a estudiantes españoles y organizaban actos culturales). Para el desempeño de su cometido, además de la información que recibía de la Embajada y de sus múltiples contactos en toda España, contaba con numerosos *camisas viejas* partidarios de Hedilla que, tras su detención, emigraron a Alemania. Otra importante fuente de información la constituían los embajadores y cónsules sudamericanos, sobre todo los que se establecieron en España y Alemania a raíz de la entrada de Estados Unidos en la guerra, y el consiguiente cambio de postura de sus países respecto al Eje. Desde Berlín, llevó a cabo una lucha activa contra la política de Stohrer, juntamente con Johannes Bernhardt, enviado especial de Goering en España; quien, como sabemos por las investigaciones del doctor Ángel Viñas, disfrutaba de amplios contactos entre los círculos económicos españoles y había sido pieza clave en la ayuda alemana a Franco al inicio de la Guerra Civil.[47]

Pasemos ahora a analizar la segunda gran instancia diplomática alemana en España: el Consulado General. Con la entrada de las tropas *nacionales* en Barcelona a finales de enero de 1939, el *Deutsches Generalkonsulat für Spanien* recuperó su tradicional sede en el céntrico Paseo de Gracia, después del largo paréntesis impuesto por la Guerra Civil, cuando desempeñó sus funciones en Salamanca y Burgos, al amparo del Cuartel General de Franco. Ejercía múltiples funciones, pero contaba con pocos diplomáticos en comparación con la Embajada (ocho en abril de 1939 y nueve en abril de 1945). Veamos quiénes eran.

En 1939 era cónsul general de Alemania en España el doctor Rolf Jaeger. Eran vicecónsules generales Gottfried von Waldheim y Alfons Reuschenbach; canciller, Fisher; cónsul secretario, Walter Riemer; y cónsules en prácticas Hans Bartoleit, Baumer y Paul Nagler. A las órdenes de todos ellos trabajaban tres empleados y cinco secretarias, dos de ellas españolas. Al final de la guerra (abril de 1945), era cónsul general el doctor Hans Kroll (desde junio de 1943, en sustitución de Jaeger); Reuschenbach era ya cónsul de carrera, juntamente con Emil Geiger, el doctor Karl Resenberg y Friedrich Rüggeberg. Era canciller Ernst Lässing, y cónsul secretario de primera clase Riemer, asistido en sus funciones por el secretario Nagler, también ascendido. El cargo de agregado comercial lo ejercía Hans Burandt. Pocos hombres, los diplomáticos del Consulado General, que, sin embargo, constituían un núcleo de fidelidad al régimen nazi: salvo Reuschenbach y Fisher, quienes ejercían sus funciones en 1939 eran miembros del Partido (Bartoleit era el jefe local); Bahmer, además, militaba en las SS.[48]

Hasta julio de 1942 el Consulado General dispuso sólo de tres organismos adscritos: el Departamento del cónsul Rüggeberg, quien tenía a su disposición tres personas; el *Comité de Ayuda Hispanoalemana*, con un jefe y una secretaria; y el Departamento de la Policía de Seguridad; cuyos miembros, si bien trabajaban en las dependencias del Consulado, disponían de una estancia aparte para la custodia de documentación secreta. No había un Departamento Político, y todo lo relativo a este ámbito era despachado por el cónsul Strachwitz y el propio cónsul general Jaeger. El contacto con la Embajada era muy intenso y también fluido, en parte gracias a la amistad de Jaeger y Stohrer.[49]

La vida de los diplomáticos alemanes en Barcelona transcurría en medio de actos protocolarios, puntuales visitas a los heridos de la División Azul, y también de las intrigas y dificultades del día a día; éstas, derivadas en su mayor parte de los múltiples problemas que generaba la guerra y de la complicada burocracia del Reich, así como de rivalidades personales. Sirva de ejemplo el caso del vicecónsul von Waldheim, quien tuvo que ser defendido personalmente por Jaeger ante el embajador, al objeto de suavizar un informe de Winzer dirigido directamente a Ribbentrop (lo acusaba de negligencia en el desarrollo de su actividad, con el tema judío de por medio).[50]

Dependientes de la Embajada y del Consulado General, había los diversos consulados y viceconsulados esparcidos por la geografía española, que en septiembre de 1941 ascendían aproximadamente a 30 legaciones, a las que había que sumar 11 agencias consulares. En conjunto, empleaban a unas 180 personas. Veamos, a continuación, su distribución geográfica:

— Cornisa cantábrica: En el País Vasco tenían su sede dos consulados que irradiaban su jurisdicción a Navarra, La Rioja y la franja noreste de Castilla y León: el de Bilbao, que controlaba Vizcaya, Burgos, Soria y la Rioja, y el de San Sebastián, con jurisdicción sobre Álava, Guipúzcoa y Navarra. Había también una agencia consular en Irún, dependiente del Consulado de San Sebastián. Cantabria tenía un consulado en Santander. El Consulado de Gijón tenía jurisdicción sobre Asturias y León. En Galicia había dos consulados más, el de La Coruña, con jurisdicción sobre la provincia, y el de Vigo, con jurisdicción sobre Pontevedra y Orense. Lugo quedaba bajo la jurisdicción del Viceconsulado de Monforte de Lemos. Había, además, una agencia consular en Villagarcía de Arosa, dependiente de Vigo.

— Franja mediterránea: En Cataluña, y concretamente en la ciudad de Barcelona, tenía su ubicación el Consulado General, que además disponía de jurisdicción específica sobre Barcelona, Lérida y Gerona. La ciudad de Tarragona disponía de consulado propio, para toda la provincia. Había también una agencia consular en Lérida dependiente del Consulado General. La Comunidad Valenciana tenía dos consulados, el de Valencia, con jurisdicción sobre Valencia y Castellón, y el de Alicante. Había también las agencias consulares de Castellón, dependiente del Consulado de Valencia, y de Denia y Torrevieja, subordinadas al de Alicante. En la región de Murcia había el Consulado de Cartagena, con jurisdicción sobre la provincia, y una agencia consular en Águilas.

— Andalucía, con sus cuatro consulados, dos viceconsulados y dos agencias consulares, era la región con mayor número de representaciones diplomáticas alemanas. El Consulado de Málaga tenía jurisdicción sobre Málaga y Córdoba, y los consulados de Sevilla, Cádiz y Huelva sobre sus respectivas provincias. El Viceconsulado de Granada controlaba Granada y Huelva, y el de Almería, la provincia. Había una agencia consular en Córdoba, dependiente del Consulado de Málaga, y otra en Garrucha (Almería), dependiente del Consulado de Almería.

— España interior: En Aragón había un consulado en Zaragoza, con jurisdicción sobre Zaragoza y Huesca, y probablemente Teruel. Extremadura tenía, al parecer, un viceconsulado en Badajoz. En Madrid estaba ubicada la Embajada. Castilla y León tenía dos viceconsulados; el de Salamanca, con jurisdicción sobre Salamanca y Zamora, y el de Valladolid, con jurisdicción sobre Valladolid y Ávila; y una agencia consular en León, dependiente del consulado de Gijón.

— España insular: En las Islas Baleares había un consulado en Palma de Mallorca y otro en Mahón. En las Canarias también había dos consulados, el de Las Palmas de Gran Canaria, con jurisdicción sobre la provincia; y el de Santa Cruz de Tenerife, con jurisdicción sobre Tenerife, Gomera y Hierro. Había también un viceconsulado en Santa Cruz de La Palma, con jurisdicción sobre toda la isla, y una agencia consular en Arrecife, dependiente del Consulado de Santa Cruz de Tenerife.

— Posesiones africanas: En el Protectorado, había un consulado en Larache, con jurisdicción sobre la parte occidental, y otro en Tetuán, para la oriental. Tánger tenía también un consulado (mayo de 1941) y Guinea otro (en Santa Isabel, con potestad sobre la isla y el territorio continental).[51]

El Auswärtiges Amt había optado, pues, por una gran concentración consular en Andalucía, Canarias y el Protectorado, por una mediana concentración en la cornisa cantábrica y mediterránea, y por una escasa implantación en Aragón. Prácticamente había ignorado a Castilla y León y a Extremadura, y había pasado por alto a Castilla-La Mancha. Sin duda, el paso del Estrecho era zona de vital importancia para Alemania, así como las zonas de contacto entre España y Francia. En este sentido, la ciudad de Barcelona era vital para la diplomacia alemana, de igual modo que lo era para la británica.

Actividad de la diplomacia alemana en España

A mediados de 1941 la diplomacia alemana gozaba en toda España de una situación de indudable privilegio, nacida del decidido apoyo de los sectores germanófilos del país, desde falangistas de base hasta altos funcionarios del Estado, así como de significados miembros del Gobierno. El propio Franco no disimulaba su simpatía por la causa alemana; lo que, obviamente, revertía en el trato dado a su diplomacia. De entre todos ellos, fue quizá Serrano Suñer quien más trabajó en sentido germanófilo, pues creía tener en Alemania un apoyo frente a sus muchos enemigos políticos.

Aquella era, pues, una situación de privilegio sustentada sobre los principales resortes del Estado. En tales circunstancias, múltiples canales de información convergían en el embajador Stohrer, el diplomático mejor informado de los asuntos internos españoles; hacia quien, además, miraban los sectores prototalitarios del Régimen, deseosos de decantar la balanza del poder a su favor. Y tal como ya se ha mencionado, Alemania tenía en Madrid la mayor de sus embajadas y la que generaba más volumen de información; y, en el conjunto del país, muchas comisiones para negociar sobre aspectos militares, económicos y culturales, y un gran número de agentes. España (el neutral menos neutral) era, pues, campo fundamental de actuación de la diplomacia alemana.

En un contexto tan favorable como aquél, a mediados de 1941 se repetían por toda la geografía española actos de afirmación hispano-germana, centrados fundamentalmente en rememorar la participación alemana en la Guerra Civil. Jefes falangistas y diplomáticos alemanes se reunían a menudo en actos conmemorativos, de carácter necrológico o festivo, donde intercambiaban discursos, compartían ágapes de hermandad y se repartían condecoraciones. Sirva de ejemplo la propuesta que en mayo hizo la Embajada de condecorar a 12 consejeros nacionales con la *Encomienda con Estrella de la Cruz del Mérito de la Orden del Águila Alemana*; o, ya a principios de junio, la decisión de la Sección Femenina de velar por el buen estado de las tumbas de los alemanes e italianos *caídos* en suelo español, en tanto que las Juventudes Femeninas del Reich visitaban la tumba de José Antonio. Y mientras tanto, la prensa anunciaba en grandes titulares que Alemania estaba dispuesta a contratar a 100.000 trabajadores en condiciones «ventajosísimas»; y se prodigaban donativos para la causa falangista.[52]

Serrano Suñer era pieza clave en las relaciones hispano-germanas. De hecho, actuaba como confidente de Alemania al facilitar a su amigo Stohrer información recibida del duque de Alba, que abarcaba desde los efectos de los bombardeos sobre Londres hasta la evolución de las discusiones en la Cámara de los Comunes. E incluía informes de carácter estrictamente militar, como la suposición, a principios de junio, de que el siguiente ataque alemán se iba a llevar a cabo en Siria. Y si era preciso, hacía favores poco claros, como la concesión de visados de tránsito para España a marinos griegos en Lisboa, para, de aquí, ser conducidos por avión a Berlín. En todo caso, las compensaciones que obtuvo fueron múltiples: era de los pocos españoles que podían jactarse de proponer la inclusión de tal o cual persona para determinada condecoración alemana; y, en el plano más estrictamente diplomático, recibía de manos del embajador información puntual de la evolución de la guerra, y, especialmente, de los bombardeos sobre Londres.[53]

Por otra parte, la ingente labor de la diplomacia alemana se vio también sólidamente arropada, ante la opinión pública española, por la amplia colonia ubicada en el país, muy aumentada desde la finalización de la Guerra Civil, y que el espionaje inglés cifraba, a finales de mayo, entre 80.000 y 100.000 personas. Sólo en Madrid se especulaba sobre la presencia de unos 20.000 alemanes, dedicados mayoritariamente al comercio. También consideraba especialmente elevada su presencia en Andalucía (sobre todo en Sevilla), y considerable en Galicia (sólo en Vigo habría unos 800).[54]

La colonia estaba estrechamente vinculada a las directrices del grupo nacional de la *Organización para el Extranjero del Partido Nazi* (AO); un organismo encargado de asistir a los súbditos alemanes y fomentar las relaciones con FET-JONS, ya de por sí muy estrechas, especialmente con los *camisas viejas*. La responsabilidad máxima recaía en el antiguo oficial de caballería Hans Thomsen; que tenía por sustituto al doctor Huber, y, por subordinados más directos, a Dietrich, a Garben (jefe de grupo de Madrid), y al secretario consular Hans Bartoleit (jefe de grupo de Barcelona). La organización disponía, además, de grupos locales en Bilbao, Cádiz, Málaga, Palma de Mallorca, San Sebastián, Sevilla, Valencia y Vigo, así como en Tetuán.

También fue destacable la labor del grupo nacional del *Frente Alemán del Trabajo* (DAF), centrada en aumentar los contactos con la CNS, y sensiblemente incrementada a partir de mayo, a tenor del proyectado envío de trabajadores españoles a Alemania. Ehlert era el jefe del grupo, y mantenía un estrecho contacto con el delegado nacional del *Servicio* de Sindicatos, Gerardo Salvador Merino; en tanto que Ehlers dirigía su rama juvenil.

Y por lo que al Ejército alemán respecta, estaba en contacto directo con la Embajada por medio de sus agregados, y enviaba comisiones de jefes y oficiales para estudiar sobre el terreno las condiciones de una previsible entrada española en la guerra. En mayo se calculaba en 15 las comisiones que operaban en el conjunto del territorio español. Una de ellas hizo incluso un recorrido de 30 días por diversas fábricas de material estratégico.[55]

Al margen de la Península, uno de los focos principales de penetración alemana fue el Protectorado. Las rutas Algeciras-Ceuta-Tetuán y Algeciras-Tánger eran las preferidas por el espionaje alemán, dependiente en buena parte de la Embajada, pues desde allí podía supervisar la actividad marítima británica en el Mediterráneo occidental y controlar la actividad militar francesa en el Magreb. El resultado de aquellas pesquisas a menudo era transmitido por la Embajada al Palacio de Santa Cruz, para que obrara en consecuencia. Parece ser, además, que los alemanes creían contar con el beneplácito de la población autóctona y que su presencia generaba fuertes recelos entre los españoles. De hecho, sus contactos políticos no se limitaron a las autoridades coloniales, sino que se extendieron a los jefes rifeños e incluso al propio sultán, quien no tuvo reparo en informarles sobre sus conversaciones con los españoles.[56]

Por aquel entonces, la diplomacia alemana mostraba un especial interés en la difusión de propaganda germanófila en la prensa, lo que lograba merced a Lazar y al contacto permanente con Serrano. La férrea censura gubernativa garantizaba que no hubiera en el país un sólo periódico que pudiera sustraerse a la influencia alemana. La incidencia cultural era también un tema prioritario para la diplomacia, que logró por medio del *Instituto Alemán de Cultura*, en Madrid, y su delegación en Barcelona; y con los diversos lectorados de Universidad, y la red de colegios alemanes repartidos entre las principales urbes. Eran centros que impartían docencia también a niños y jóvenes españoles, y, normalmente en régimen nocturno, clases de lengua alemana.[57]

Finalmente, apuntar que, en circunstancias extremas, la diplomacia canalizó algunas muestras de solidaridad alemana hacia España, como la ayuda masiva que proporcionó a la ciudad de Santander a raíz del incendio que la devastó en febrero. Pero a pesar de la diligencia con que generalmente actuaba, hubo aspectos que escaparon a su control, como la generalizada práctica del contrabando en las zonas fronterizas con Francia, sobre todo en Guipúzcoa, donde miembros de la Wehrmacht cambiaban habitualmente tabaco y alcohol por productos tales como ropa, chocolate y dulces.[58]

Cuando el 22 de junio la Embajada en Madrid recibió el télex que notificaba el ataque contra la Unión Soviética, y que detallaba el informe a emitir al Ministerio español de Asuntos Exteriores, un nuevo y complejo ámbito
de actuación se abrió para la diplomacia alemana en España. Un ámbito en
el que todas las legaciones, desde la Embajada a la más modesta de las agencias consulares, se iban a ver involucradas. Estaba en juego su propia pervivencia.[59]

4. ALEMANIA Y ESPAÑA ANTE LA GUERRA[60]

La toma de Gibraltar, y con ello la implicación de España en la guerra,
estaba sobre la mesa de operaciones del mando de la Wehrmacht, como mínimo, desde los primeros días de julio de 1940. Y constituyó el eje de las interacciones (y tensiones) germano-españolas durante un año, hasta que el ataque a Rusia cambió la orientación del conflicto; y ello, en el contexto de dos
marcos operacionales: *León Marino* y *Félix*.

Operación León Marino

Tras declarar la *no-beligerancia* (12 de junio) y ocupar Tánger (14), Franco había dejado entrever a Hitler la posibilidad de entrada en la guerra, por
medio de una carta que le entregó el general Vigón (16); en el deseo de obtener
el Imperio norteafricano de Francia, *lógica* expansión del Protectorado. Posibilidad que se concretó tres días después (19), cuando Beigbeder comunicó
a Stohrer la disposición de España a combatir contra Gran Bretaña, siempre
y cuando obtuviera el Marruecos francés, el Oranesado, una ampliación de
Río de Oro y la Guinea, armamento y ayuda submarina. Pero Hitler estaba
demasiado embebido en la victoria, y en la necesaria articulación de relaciones con la vencida Francia (firma del Armisticio el 22), y poco le interesaba
la ayuda de un aliado débil (Weizsäcker notificó al embajador Antonio Ma-
gaz —¡el 25!— que Berlín *había tomado nota*). Además, comenzaba a gestar
ya su *MittelAfrika-Projekt*, que garantizaría bases —navales y aéreas— y derechos preferentes en la costa atlántica norteafricana y en las Islas Canarias.
Deseaba formar un bloque euroafricano, con epicentro en Berlín, destinado
a contrarrestar a Estados Unidos; y, en el momento oportuno, luchar por la
supremacía mundial.[61]

Parece ser que ya el 7 de julio, cuatro días después de que la *Royal Air For-
ce* (RAF) hundiese la flota francesa anclada en Mazalquivir, Canaris sugirió
al jefe del Alto Estado Mayor del Heer (OKH), capitán general Franz Halder,
la toma de Gibraltar. Al día siguiente, Hitler manifestó a Ciano haber estu-

diado, con todo detalle, la posibilidad de atacar el Peñón, y que habría que
proceder desde territorio español («Un ataque a Gibraltar —dijo— sólo podría
llevarse a cabo con la ayuda de España»). Tres días después (11), expresó al
jefe de la Marina de Guerra (Kriegsmarine), almirante Erich Raeder, el deseo
de obtener una de las Canarias, a cambio del Marruecos francés. Y el 13 le dijo
que había que «meter a España en el juego» (Goda), lo que reiteró al jefe del
Heer, mariscal Walter von Brauchitsch (Proctor). Ese día Halder escribió en
su *Diario* que Hitler era contrario a luchar con Inglaterra por temor a la desintegración de su Imperio (beneficiaría a Japón y a Estados Unidos); pero el
16, firmó su *Directriz número 16*, de invasión naval, la *Operación León Marino*. Poco después, Canaris partió hacia España, con cuatro jefes y oficiales,
para valorar sobre el terreno el ataque a Gibraltar.[62]

El 19 Hitler tendió su interesada mano a Londres («me siento obligado
ante mi conciencia a dirigir, una vez más, un llamamiento a la sensatez de Inglaterra») en un discurso en el Reichstag, pero el nuevo *premier*, Winston
Churchill, se declaró dispuesto a luchar hasta el final. Entre tanto, solicitó del
almirante Raeder un informe de las posibilidades reales de invasión, que
debería concluir el 15 de septiembre, a más tardar. En Madrid, el 23 de julio
Canaris se entrevistó con Vigón y con Franco (por este orden). Al día siguiente, Hitler manifestó al último comandante de la Legión Cóndor, Wolfram von
Richthofen, la necesidad de tomar Gibraltar. Acorde con ello, el general se
desplazó hasta Biarritz (28) y discutió con Vigón (antiguo camarada) los pormenores del ataque al Peñón. Tal como ha señalado la bibliografía, su conquista era prioritaria: no sólo cerraría el Mediterráneo a la flota británica, sino
que, además, permitiría a la armada italiana tomar parte en *León Marino*.
Pero tan sólo tres días después, el 31, los planes alemanes se vinieron abajo,
cuando, en el Berghof, Raeder informó de que la Marina no estaría en condiciones de materializar la Operación hasta mediados de septiembre (mejor,
mayo de 1941). (La *Directriz número 17*, de 1 de agosto, fue su certificado de
defunción.)[63]

Operación Félix

Al margen de *León Marino*, en la reunión del 31 Hitler anunció un re-
planteamiento bélico fundamental, cuando, tras despedir a Raeder, manifestó: «La esperanza de Inglaterra está en Rusia y Estados Unidos. Si Rusia fallara,
América estaría también perdida para los ingleses... Decisión: aniquilación de
Rusia». En este punto, España adquirió a sus ojos una dimensión aún mayor: si
la Wehrmacht giraba hacia el Este, convenía, más que nunca a Alemania, un
enclave atlántico, que permitiera neutralizar un eventual ataque anglosajón.
Y aquí entró en juego el Auswärtiges Amt: el 2 de agosto, Ribbentrop tele-

grafió a Stohrer la necesidad de conseguir «la pronta entrada de España en la guerra». La Embajada, en colaboración con Canaris, se puso manos a la obra. Unos días después (el 12) tuvo lugar la primera incursión aérea en cielo británico, inicio de la Batalla de Inglaterra. Para entonces, el Alto Mando alemán tenía ya diseñado el plan para la toma de Gibraltar; cuya firma, por parte de Hitler, llegó el 24.[64]

Pero los reveses de la Luftwaffe en septiembre evidenciaron la imposibilidad de vencer a Gran Bretaña desde la perspectiva de la *guerra relámpago*; por lo que, ya en octubre, el Alto Mando abandonó la idea de invadirla y planteó la victoria desde una perspectiva a medio plazo, sobre la base del progresivo estrangulamiento de sus aprovisionamientos por mar. Ello pasaba por hundir todo mercante que, por el Atlántico, intentara acercarse a la Isla. Y comportaba que el peso de la ofensiva, en adelante, recayera en la *U-Boot-waffe*, la flota submarina del Reich. En todo caso, aquel traslado del teatro principal de operaciones, convirtió el Mediterráneo en frente de guerra, en tanto que, para hacer efectivo el bloqueo, había que cerrarlo a la navegación británica. De aquella manera, en el otoño de 1940, Gibraltar y Suez pasaron a ser, para la Wehrmacht, objetivos prioritarios.

La situación económica de España era desastrosa, hasta el punto de que su entrada en guerra iba a gravar seriamente los recursos del Reich. Hitler ordenó evaluar hasta donde podría llegar en el abastecimiento, y el 2 de septiembre manifestó a Jodl que las demandas españolas no podían ser un impedimento para el ataque a Gibraltar. En aquel contexto, el día 6 Raeder instó a Hitler a ejecutar la operación antes de que Washington interviniera, y acordaron ocupar una de las Canarias en el momento en que España entrase en la guerra. Además, éste tenía en mente ocupar Casablanca y Dakar, y la construcción de bases en su territorio (manifestaciones al alto mando de la Luftwaffe el 8), con vistas a un futuro enfrentamiento con Estados Unidos.

Consecuente con aquella nueva estrategia, el 12 de noviembre Hitler dictó, en el marco de su *Directriz número 18*, un conjunto de disposiciones destinadas a la toma del Peñón, el llamado *Plan Félix* (rebautizado *Isabella* meses después). En torno a él cabe enmarcar cinco hitos diplomáticos germano-españoles en 1940. Primero: La entrevista de Hendaya entre Franco y Hitler el 23 de octubre, primera y última entre ambos, frustrante a partes iguales; de la que surgió el llamado *Protocolo de Hendaya*, seis artículos que fijaban las condiciones en las que España entraría en guerra (el quinto refería compensaciones territoriales, pero en términos excesivamente vagos). Segundo: Las tres entrevistas que mantuvieron Serrano Suñer y Hitler (en Berlín, el 17 y 25 de septiembre, en el marco del primer viaje de Serrano a Alemania; y en el Berghof el 18 de noviembre, en su viaje para la renovación del *Pacto Antikomintern*). Tercero: Las cinco entrevistas entre Serrano Suñer y Ribbentrop (16, 17 y 24 de septiembre en Berlín, 23 de octubre en Hendaya, 19 de noviembre en Berchtesgaden). Cuarto: La entrevista de Serrano con Stohrer (25 de septiembre, en Berlín). Y quinto (fundamental): La entrevista entre Franco y Canaris del 7 de diciembre, en la que éste comunicó el plan de ataque contra Gibraltar, a efectuar el 10 de enero, y que Franco se negó a asumir, con el argumento económico («Las entregas de alimentos por parte de Alemania no ayudan mucho, porque las difíciles condiciones de transporte hacen imposible su distribución») y territorial («España podría perder las Islas Canarias y las posesiones ultramarinas»).[65]

Al margen de estos cinco referentes históricos, cabe enmarcar también en el contexto *Félix* una carta de Franco a Hitler de 4 de noviembre, una de éste del 18, y la respuesta del 22. Y, aunque al margen de la diplomacia española, las dos entrevistas entre Hitler y Mussolini de octubre —el 4 en Brennero y el 28 en Florencia—, la de Hitler y Pétain en Montoire —24 de octubre—, así como la carta de Hitler a Mussolini del 20 de noviembre, y la respuesta del 22.[66]

Pero *Félix* acabó en nada (Hitler suspendió la Operación el 10 de diciembre, al poco de recibir el telegrama de Canaris que informó de la negativa de Franco). Como ha señalado Goda, la clave del fracaso alemán radica en la imposibilidad de satisfacer las demandas territoriales españolas en África, ya mentadas. Y ello por dos motivos: el primero y fundamental, la intención de Hitler de ocupar el *hinterland* marroquí; y, en segundo término, por entender que Vichy ofrecía más garantías militares ante un eventual ataque anglosajón que Madrid, sobre todo, tras su éxito en la defensa de Dakar frente a gaullistas y británicos. Según Goda, la notificación de la negativa de Franco apenas afectó al ánimo de Hitler, que vio así sus manos libres para garantizar a Vichy la integridad de sus colonias. Pero el relajo debió de acabar pronto, pues el 31 de diciembre escribió a Mussolini:

> Temo que Franco esté cometiendo aquí el mayor error de su vida ... Estoy *muy triste* por esta decisión de Franco, que no toma en consideración la ayuda que nosotros —usted, Duce, y yo— una vez le dimos en su momento de necesidad. Sólo me queda la remota esperanza de que, en el último minuto, se dé cuenta de la naturaleza catastrófica de sus actos.[67]

Comenzó 1941. Tras unas semanas de relativo respiro, Madrid tuvo que abordar una nueva ofensiva diplomática alemana. Requerido por Hitler, un Mussolini abrumado por las derrotas frente a británicos y griegos, partió hacia Alemania el 18 de enero, en compañía de Ciano; al tiempo que Stohrer regresó a Madrid, tras una corta estancia en Salzburgo. Al día siguiente, Hitler pidió a Mussolini que tratase de convencer a Franco para que se uniese a los destinos del Eje. Un deseo que, ante la falta de entusiasmo de su interlocutor

(«El Duce accede... los alemanes insisten en la urgencia de ello...»), le reiteró el 20 («Lo que está en juego no es sólo la ocupación de Gibraltar, sino la posibilidad de establecer bases submarinas en la costa atlántica española»). De ahí que, el 22, Ciano propusiera por escrito a Serrano una reunión entre Mussolini y Franco, en Génova.[68]

Mientras que en Alemania se desarrollaban las conversaciones germano-italianas, el 20 Stohrer transmitió a Franco la exigencia de que, en el plazo de 48 horas, tomara una decisión respecto al plan de ataque transmitido por Canaris. Pero Franco se mostró asombrado y volvió a dar largas: el combate —dijo— había sido decidido en Hendaya; el comienzo era mera cuestión de tiempo (llegada de suministros). Cuando al día siguiente Ribbentrop recibió por cable la respuesta, ordenó al embajador que volviera a reunirse con él y le leyese una nota, amenaza velada de un ataque a España («A menos de que el Caudillo decida inmediatamente unirse a la guerra de las Potencias del Eje, el Gobierno del Reich no puede más que prever el final de la *España nacional*»). Acorde con ello, el 23 Stohrer dio lectura al escrito. Franco se turbó y espetó que su contenido era «de extrema gravedad y contenía falsedades». Argumentó de nuevo los males del país, y prometió responder *tan pronto como fuera posible*. Stohrer volvió a la carga el 27, pero Franco mantuvo su postura; y, para dar credibilidad a sus argumentos, solicitó de Alemania expertos económicos en cuestiones de abastecimientos y transportes, y «algún militar de alta graduación». Cuando Ribbentrop recibió la comunicación de esa tercera negativa (28), exigió al embajador que le dijera si Franco «había entendido de forma inequívoca» su mensaje de participación *inmediata* en la guerra. Stohrer respondió que lo único que había recibido de él eran «razones y objeciones», por lo que el ministro se encontró ante la evidencia del fracaso. (Varias comunicaciones más de Stohrer a Berlín pintaron un panorama muy sombrío de la realidad española.) Finalmente, el 6 de febrero Hitler remitió una carta a Franco, que recriminó su táctica dilatoria, y el alto precio que el Eje iba a pagar por su negativa a involucrarse en la toma de Gibraltar («¡Los meses perdidos a menudo no pueden recuperarse!»).[69]

Los reproches de Hitler hicieron patente su claudicación en el empeño de empujar personalmente a España en el sentido deseado. Con ellos finalizaron las presiones directas del Gobierno alemán sobre el español. En aquel punto, a la cúspide política del Tercer Reich ya sólo le quedaba la esperanza de que Mussolini lograra lo que ella no había podido conseguir. (Cuatro años más tarde, en febrero de 1945, Hitler escribiría en su búnker que la falta de respuesta de España había sido la clave de la derrota alemana.)

Franco había aceptado reunirse con Mussolini. La visita podría incluir, caso de obtener el beneplácito de Vichy, un encuentro con el mariscal Pétain. A tal efecto, el 7 de febrero el embajador Piétri fue llamado urgentemente por Serrano al Palacio de Santa Cruz. Al día siguiente, Vichy dio el plácet. (Piétri: «Tuve la buena suerte, a golpe de telegramas y de llamadas telefónicas, no sólo de poder, en las 48 horas, declarar al ministro que todo estaba organizado para el paso de los 20 coches oficiales previstos, sino incluso de decidir [sic.] el Mariscal y el almirante Darlan saludar al Caudillo».) Entre tanto, Franco dijo a Hoare que deseaba mantener a España alejada de la guerra. Iba a emprender un largo recorrido en coche por Francia, país que, en aquellos momentos, albergaba a miles de refugiados españoles; y, en previsión de contingencias, firmó un acta de transmisión provisional de plenos poderes a los ministros Varela (Ejército), Vigón (Aire) y Bilbao (Justicia).[70]

En la mañana del 11 la comitiva española entró en territorio francés, y, ya de noche, en Italia. Al día siguiente, Franco, acompañado de Serrano Suñer, se entrevistó con Mussolini en Bordighera, localidad de la Riviera italiana, al sur de Génova. Era la primera (y postrera) vez que ambos dictadores se encontraban. La marcha de la guerra para Italia era nefasta (perdidos Tobruck y Abisinia, se hundía la defensa de Libia); y en el transcurso del encuentro, que duró un día, Mussolini reflejó desmoralización. Pero manifestó comprensión por las posibilidades reales de España, mermadas tras la Guerra y la sucesión de malas cosechas, y propuso que se integrara al Eje en el momento idóneo. Franco, aliviado, enumeró la lista de dificultades por las que atravesaba el país y se explayó en quejas con respecto a Alemania (la principal, haberse sentido minusvalorado frente a Francia). En todo caso, advirtió Mussolini, convenía no descartar la posibilidad de que Hitler procediera a la invasión (Séguéla). Entre tanto, en Madrid, círculos militares restaron importancia a aquel encuentro ante la diplomacia británica, y lo valoraron como un acto simbólico de apoyo moral a Italia, en un momento difícil, en deferencia por su ayuda durante la Guerra Civil.[71]

El jueves 13 Franco y Pétain se entrevistaron en Montpellier por espacio de unos 20 minutos, después de haber compartido un almuerzo, con sus respectivos séquitos. Paralelamente parlamentaron Serrano Suñer y Darlan, en presencia de Piétri y Lequerica. En la entrevista, Franco dio a conocer a Pétain detalles del encuentro con Mussolini, y le pidió que lo apoyara ante Hitler para evitar la invasión. Pétain manifestó que Francia no cedería sus bases norteafricanas ni aceptaría una agresión contra España.[72]

Tres días después de Montpellier, el 17, el agregado militar en Berlín informó a Madrid del malestar reinante entre los medios políticos y la opinión pública de la capital, por la resistencia española a proceder contra Gibraltar, y aventuró la posibilidad de un acto de fuerza en la frontera. Entre tanto, en Madrid, el embajador norteamericano (Alexander Weddell) manifestó a Hoare que no había indicios que apuntaran hacia la entrada de España en la guerra; pero éste opinaba que sólo un sustancial incremento de los suministros podría conjurar el peligro. Por ello, el 18 pidió a Churchill que flexibilizase el bloqueo comercial. De hecho —dijo—, se podría comprar la neutralidad hispano-portuguesa por el equivalente a 20 o 30 millones de libras esterlinas en ayuda. Era un coste pequeño —concluyó— comparado con el que generaría el envío de un cuerpo expedicionario, caso de que penetraran tropas alemanas. Dos días después, reiteró su criterio ante Eden, y pidió que el embajador en Washington lo transmitiese a Roosevelt.[73]

El 22 Mussolini manifestó a Hitler su convencimiento de la imposibilidad material española de participar en la guerra, y le aconsejó esperar («Creo que podremos atraerla [a España] a nuestro lado, pero no ahora»). Fue un nuevo golpe —quizá el definitivo— a los planes de ataque a Gibraltar. El 26 Franco escribió la respuesta a la carta de Hitler (¡después de 20 días!). Había obtenido seguridades de Mussolini y Pétain, de ahí que le recriminara que, en el plano del suministro de alimentos, «no hubiera hecho ofertas concretas de ayuda efectiva hasta muy recientemente», y que argumentara que el cierre del Estrecho de Gibraltar sólo tendría efectos militares si el Canal de Suez no era «cerrado al mismo tiempo». Además, acorde con sus frustradas aspiraciones imperiales, calificó el *Protocolo de Hendaya* de *vago* (el artículo quinto establecía la entrega de territorios —no mentaba cuáles— previa compensación de Vichy), y *obsoleto* (Berlín se había decantado por Vichy, en detrimento de Madrid). Al cabo de dos días (28), Hitler, que aún no había recibido la carta de Franco, escribió a Mussolini que «la clave de los largos discursos y explicaciones escritas» del Gobierno español era su renuncia a luchar; argumentos que reiteró ante Ciano el 1 de marzo en Salzburgo («los últimos meses han mostrado que Franco no es un buen camarada»), y el 25 en Viena, ya con la carta en su poder («bajo una riada de promesas y finas frases, Franco afirma [en ella] que no piensa ir a la guerra contra Inglaterra»).[74]

Poco después, el nuevo agregado militar en Londres, Alfonso Barra, envió a Madrid un extenso informe sobre la realidad británica del momento, que puso de manifiesto el fracaso de la Luftwaffe (veía limitada su acción a bombardeos nocturnos), los escasos resultados del bloqueo submarino, el fuerte ascendiente de Churchill sobre la ciudadanía, y el optimismo generalizado en Londres por la marcha de la guerra. Alemania, según los altos mandos —concluyó—, pronto debería encajar una contundente acción aérea anglo-norteamericana, que daría el triunfo a finales de 1942 o principios de 1943.[75]

A principios de abril, ante la posible formación de un frente aliado en los Balcanes y la amenaza de ataques aéreos sobre los campos petrolíferos rumanos, Hitler dirigió su mirada hacia el flanco suroriental europeo. El 6, 26 divisiones alemanas penetraron en Yugoslavia y Grecia, y el 17 capituló Belgrado, para alegría de miles de germanófilos españoles. Pero para entonces la Embajada británica había logrado, tras seis meses de negociaciones, la firma de un *Acuerdo de Préstamo Suplementario* para Madrid (día 7), que Eden interpretó ante Churchill como una «victoria diplomática sobre los alemanes y Suñer» (Smyth). Un éxito que no pudo evitar nuevas tensiones a partir del

19, cuando el norteamericano Weddell utilizó un lenguaje desproporcionado para formular una protesta a Serrano (dos cartas a compatriotas con sello de la censura alemana, e incremento de los ataques de la prensa).[76]

El 23 de abril, día en que capituló el Ejército griego del Epiro, Churchill ordenó la preparación de una fuerza expedicionaria para tomar las Azores y Cabo Verde si el Eje invadía la Península Ibérica. Y, al día siguiente, su Estado Mayor propuso comenzar los preparativos de *Puma*, operación destinada a ocupar una de las Canarias (unidad expedicionaria de 24.000 hombres); según Denis Smyth, la mayor amenaza a la que se iba a ver sometida la *no-beligerancia* española durante la guerra. Tan sólo tres días después (27), la Wehrmacht ocupó Atenas, y el 29 concluyó la evacuación británica del Peloponeso, lo que privó a Londres de su último punto de apoyo en el Continente. Entre tanto (28), Hitler manifestó al embajador de Madrid, general Eugenio Espinosa de los Monteros, que no podía sustraerse a *la impresión* de que Gran Bretaña *tenía la intención* de invadir territorio español; y le dijo que, de haberse llevado a cabo en su momento el ataque al Peñón, «Gibraltar estaría tomado y las tropas alemanas *estarían en Marruecos*».[77]

La victoria alemana de los Balcanes supuso para el Eje el final de un período de creciente inestabilidad en la región, iniciado seis meses antes, con el fallido ataque italiano a Grecia; y reavivó sensiblemente las manifestaciones germanófilas en España, algo apagadas desde el fracaso sobre Londres. En ese contexto de euforia, muchos falangistas y militares volvieron a decantarse por la guerra. Y se dio la circunstancia de que, a instancias del Instituto de Estudios Políticos, vio la luz *Reivindicaciones de España*, libro de los jóvenes *neofalangistas* Areilza y Castiella, que justificaba el expansionismo en África y que apuntaba también a otras latitudes.

> ... nuestra generación no sabe de puertas entornadas. De par en par quiere abrirlas todas, derribando incluso el tabique de incomprensión y recelo con que alguna, antaño, fuera tapiada... A todos los horizontes y vertientes ha de atender nuestra inquietud. España no puede circunscribir su nueva política exterior al campo acotado de un paralelo y de un meridiano.[78]

Con la ocupación total de Creta por paracaidistas, el 1 de junio de 1941 finalizó con éxito la *Operación Merkur*, y todo parecía indicar que finalmente el Eje iba a controlar el Mediterráneo Oriental y Suez. El 3, Ciano escribió a Serrano que había llegado el momento de adherirse al *Pacto Tripartito* (acorde con lo convenido en el *Protocolo de Hendaya*), lo que rubricó Mussolini al pie de la carta con una nota autógrafa («España debe al menos adherirse al Tripartito, y ello antes que ninguna otra adhesión»). Pero Franco dejó la cuestión en suspenso, y la carta de respuesta (día 11) sólo enumeró pros y contras.[79]

El 15 de junio Ciano se reunió con Ribbentrop en Venecia. Le leyó las dos cartas y, no sin asombro, constató su repentina falta de interés respecto a España («por el momento cabe dejar a los españoles plena libertad de acción»). El ministro desconocía que otros planes de mucha mayor envergadura se escondían en la mente de la cúpula política y militar del Tercer Reich.[80]

5. LA CRISIS DE MAYO DE 1941 A OJOS DE LA DIPLOMACIA ALEMANA

En mayo de 1941 el Régimen vivió una grave crisis, que finalmente se saldó con la asunción de un control mucho más directo de FET-JONS por parte de Franco y el irreversible ocaso político de Serrano Suñer. Fue un episodio más del ya endémico enfrentamiento entre la Falange y el Ejército, del que a la postre resultó beneficiado Franco. Los hechos tuvieron lugar a lo largo de todo el mes, y alcanzaron su punto álgido con la detención de Miguel Primo de Rivera el lunes 12 y el amago de dimisión de Serrano un día después. Unos hechos que se desarrollaron bajo tensión creciente, ante la posibilidad de un golpe de mano militar o de una sublevación falangista.

La diplomacia alemana y las redes del espionaje que operaban en Madrid siguieron muy de cerca el desarrollo de la crisis. La Embajada estuvo pendiente de cuanto ocurría, tanto en los círculos gubernamentales como entre falangistas y militares. El embajador informó puntualmente a Ribbentrop de la evolución de los acontecimientos y, aunque con las reservas propias de un hombre que se sabía en la cuerda floja, no se abstuvo de hacer una amplia valoración de los mismos.

El desencadenamiento de la crisis

La crisis de Estado la abrió el entorno de Serrano Suñer. El jueves 1 Antonio Tovar, subsecretario de Prensa y Propaganda del Ministerio de Gobernación, con el beneplácito de aquél, firmó la orden que eliminaba de la prensa falangista toda censura que no procediera del Partido. Al día siguiente, Serrano pronunció un duro discurso en el que denunció a los enemigos internos de FET-JONS, a la vez que reclamó la asunción por parte de ésta de un mayor control de los resortes del poder. En Roma, Mussolini asintió; y Ciano también, pero con menos entusiasmo. Poco después, Serrano transmitió a Franco su deseo de aumentar la representación falangista en el Gobierno, por lo que propuso que se creara una cartera de Trabajo para José Antonio Girón de Velasco. Franco accedió, no sin reticencias, dadas las consecuencias que podría comportar un momentáneo desequilibrio de poder en favor del falangismo.[81]

En ese contexto de exaltación, Miguel y Pilar Primo de Rivera dirigieron a Franco sendas cartas de dimisión, de sus respectivos cargos de gobernador civil de Madrid y de delegada nacional de la Sección Femenina. En su carta, Miguel arremetió contra la progresiva desnaturalización de FET-JONS, observable, según él, en sus órganos de dirección, las Milicias, el Frente de Juventudes y Sindicatos. Por su parte, Pilar se hizo eco de las quejas de su hermano e imputó la desorganización imperante a la falta de un secretario general y de coordinación entre los jefes provinciales, y al control de puestos clave por *falangistas* meramente nominales; tampoco aceptaba el hostigamiento permanente por parte de otros sectores del Régimen. En todo caso, Franco recibió la misiva de Miguel el sábado 3, y Serrano leyó la de Pilar el 4, junto con otra que le dirigía personalmente, reconocimiento a la labor desarrollada durante aquellos años. Se puso en contacto con ella y le pidió que reconsiderase su decisión, pero Pilar insistió en que diera curso a la carta. Al día siguiente Serrano escribió una nota a Franco en la que manifestó su pesar y, en gesto de oportunismo político, le adjuntó las dos cartas.[82]

Nombramientos, dimisiones y recambios

Aquel lunes, 5 de mayo, Franco se adelantó a la reacción militar que previsiblemente iba a provocar la concesión de la cartera de Trabajo a un falangista, con el nombramiento como ministro de la Gobernación del coronel Valentín Galarza Morante. Con ello restituyó un cargo nominalmente vacante desde octubre de 1940, cuando Serrano Suñer pasó a Exteriores. Durante aquellos siete meses la gestión interina del Ministerio había quedado en manos del subsecretario José Lorente Sanz, hombre de confianza de Serrano, que pudo así mantener el control sobre los resortes interiores del poder y, por ende, sobre la prensa y la propaganda. Por ello, cuando Franco le comunicó su intención de nombrar a Galarza, se opuso. Pero aquél insistió, sobre la base de hacer partícipes del Gobierno a las distintas tendencias del Régimen, criterio que Serrano no compartía en lo más mínimo. Era tal la animadversión que sentía hacia Galarza, que llegó a proponer a Muñoz Grandes para el cargo, a pesar del poco afecto que le profesaba.[83]

Con el nombramiento de Galarza, Serrano Suñer perdió la posibilidad de reasumir la cartera de Gobernación, lo que le hubiera dado el control oficial de los principales resortes del Estado: Gobernación, Asuntos Exteriores, Partido y Prensa. En su mente estaba llevar a cabo una concentración gubernativa por medio de la designación de tres *macroministros*, especie de triunvirato que dirigiría el país con la aquiescencia de Franco y el apoyo de secretarios de Estado fieles y capaces. El primero (él) se ocuparía de las funciones mentadas; un segundo (Aranda), de la economía y las finanzas, y el tercero (Muñoz Grandes) tendría en sus manos el control de las Fuerzas Armadas. Serrano, a pesar de haber manifestado reiteradamente su cansancio por los sinsabores de su trayectoria de gobierno, deseaba mantenerse en el poder, y no precisamente mermado en sus funciones. Por otro lado, con la concentración reduciría el número de carteras ministeriales, y con ello el de oponentes en el seno del Gobierno, entre ellos, Galarza.[84]

Tan pronto como Galarza accedió al Ministerio, retiró la guardia falangista y colocó en su lugar a policías; aviso de sus intenciones antifalangistas, al que sucedieron varias medidas antiserranistas. Así, en el discurso de toma de posesión del cargo, criticó veladamente la gestión de Lorente y anunció su inmediata sustitución por Antonio Iturmendi. Acto seguido revocó el decreto que eximía a la prensa falangista de censura previa (inspirado por Serrano). Pronto circularon por Madrid rumores de que no iba a detenerse allí y que tenía la intención de proceder a una gradual y amplia reestructuración a nivel de gobernadores civiles y directores generales, con la sustitución de muchos de ellos por militares. La prensa se apresuró a calmar los ánimos con un artículo de *Ya* en que afirmaba que las relaciones entre Galarza y Serrano eran inmejorables. Pero la tensión persistió, hasta el punto de que varios falangistas que intentaban pegar pancartas alusivas al discurso pronunciado por Serrano el viernes anterior, después de una acalorada discusión, fueron tiroteados por la policía (uno resultó herido); y José Finat, conde de Mayalde, dimitió como director general de Seguridad.[85]

Al principio, Stohrer valoró cautamente el nombramiento de Galarza, y lo justificó en base al hecho de que contaba con la confianza directa de Franco. Sabedor de que no compartía el ideario falangista, apuntó, como dato esperanzador, que desde la jefatura de Milicias había procurado limar asperezas entre FET-JONS y el Ejército. Pero pasadas tres semanas, el juicio había cambiado por completo: había dañado las relaciones entre Franco y Serrano Suñer; y, aunque hombre muy trabajador y leal a Franco, carecía de capacidad suficiente para un cargo de tal envergadura. Además, su gestión se vería indefectiblemente lastrada por su mala prensa entre muchos de sus compañeros de armas y los odios que despertaba en el falangismo. Por su parte, el embajador italiano, conde Lequio, comunicó a Roma que el nombramiento era una manifestación más de la táctica de equilibrio permanente seguida por Franco en su labor de Gobierno, que había generado un serio disgusto tanto a los falangistas como a los militares de alta graduación.[86]

El martes 6 Stohrer notificó a Berlín que Serrano se había manifestado abiertamente en favor de la entrada de España en la guerra, como único medio para superar la situación de crisis política en la que el país estaba sumido desde hacía mucho tiempo. Entrada que, aunque condicionada a la satisfacción por parte de Alemania de determinados requisitos, se llevaría a cabo sin dilación. En ese sentido, había exclamado: «¡guerra, con o sin pan!», muestra de un cambio de criterio. Entre tanto, Aranda se congratuló ante Torr del nombramiento de Galarza, y lo valoró como una prueba de la pérdida de influencia de Serrano (informó también de próximos recambios militares, y profetizó una pronta conflagración entre Alemania y la Unión Soviética por el dominio de Ucrania y del Cáucaso, lo que alejaría el peligro de invasión alemana de España).[87]

El miércoles 7, el capitán de navío Luis Carrero Blanco ocupó el cargo de subsecretario de la Presidencia, que había dejado vacante Galarza, y el carlista Antonio Iturmendi fue nombrado subsecretario de Gobernación. Paralelamente, Franco procedió a una amplia reestructuración de la cúpula del Ejército de Tierra: Asensio, hasta entonces alto comisario en Marruecos, fue nombrado jefe del Estado Mayor, en sustitución de Martínez Campos, que devino jefe de la reserva de Artillería. La Alta Comisaría pasó al titular de la IV Región Militar, Orgaz, quien además asumió la jefatura de operaciones, hasta ese momento desempeñada por Ponte. Éste fue nombrado jefe de la II Región, en sustitución de Dávila (ascendido a jefe del Alto Estado Mayor de las Fuerzas Armadas). La Capitanía de Barcelona fue ocupada por Kindelán, hasta entonces en Baleares, donde quedó Bautista Sánchez.[88]

Resultado fundamental de ese amplio trasvase de cargos fue el control, por parte de dos generales manifiestamente monárquicos (Orgaz y Kindelán) de la frontera sur y pirenaica. Stohrer consideraba a Orgaz como bastante germanófilo, a Ponte y Dávila como germanófilos, y a Carrero Blanco como muy germanófilo; en tanto que Kindelán era más bien italianófilo. De entre todos los generales objeto de cambio, destacó a Orgaz, especialmente por su vinculación con los mandos de la Legión Cóndor durante la Guerra Civil. Pero, al margen del criterio del embajador, fue el nombramiento de Carrero Blanco el que mayor trascendencia iba a revestir para el futuro, en tanto que punto de inicio de la carrera política de quien iba a ser el hombre de confianza de Franco y uno de los más sólidos puntales del Régimen. Sagazmente, Stohrer se refirió a él con el calificativo de «eficaz».[89]

El descontento entre los *camisas viejas* por los nombramientos de Galarza y de Iturmendi, atizado por las maniobras de los sectores pronazis del Partido, se hizo patente de inmediato: se sucedieron las dimisiones de cargos, y entre ellas las de 10 jefes provinciales. Y adquirió tintes peligrosos cuando la Policía descubrió que, en contacto con ciertos miembros de la Embajada alemana que actuaban al margen de Stohrer, falangistas radicales estaban reuniendo armas.[90]

El jueves 8 *Arriba* publicó un artículo sin firma titulado «Puntos sobre las íes: el hombre y el currinche», en el que la función de principiante de periodista era implícitamente atribuida a Galarza. De inmediato, los generales pidieron la cabeza de Ridruejo, pero fue Tovar quien asumió toda la responsabilidad.[91]

Aquella mañana, Stohrer y Serrano Suñer mantuvieron su primera entrevista en el contexto de la crisis. En ella, Serrano calificó las dimisiones habidas de extremadamente graves. Nada objetó, sin embargo, ante los cambios militares, aunque dijo estar especialmente disgustado con Kindelán por un artículo publicado en *Ejército*. De desgraciado calificó el nombramiento de Galarza, resultado de las presiones de los círculos «derechistas» sobre Franco y claro triunfo de los británicos. Iba a tener consecuencias nefastas para FET-JONS, falto como estaba de liderazgo vertebrador. La dimisión de los gobernadores civiles era la lógica reacción al nombramiento. De entre todas las dimisiones, las que más lamentó fueron la de Pilar Primo de Rivera y la de Finat. No sentía, sin embargo, la menor desazón por la de Miguel Primo de Rivera, un «cabeza de chorlito». Avanzada la conversación, Serrano afirmó que tan sólo la entrada en la guerra podría evitar desestabilización interior. No era algo fácil de conseguir, dada la profunda división existente en el seno del Gobierno; pero, de no hacerlo, habría que lamentar una vez más la pérdida de una oportunidad histórica. Cabía, sin embargo, la esperanza de que Londres cayera en el error de una nueva provocación: ello excitaría los ánimos hasta el punto de soslayar las divisiones, con lo que el país se precipitaría a la guerra. En todo caso —apuntó—, convenía sobremanera que Alemania no intentara una invasión. Y ya en otro orden de cosas, Serrano manifestó su deseo de concentración gubernativa (tres macroministerios), que Stohrer valoró como un intento de garantizar la gobernabilidad del país por medio de un pacto con el Ejército. Intento viable, pero que, a su juicio, difícilmente Franco aceptaría.[92]

Ese mismo día, Serrano Suñer se manifestó en términos similares ante Lequio. Por la tarde, se reunió con Franco y le reiteró su oposición al nombramiento de Galarza. Seguidamente le propuso la reducción del número de carteras ministeriales en base a la mencionada concentración; a lo que Franco se negó, probablemente con el ya manido argumento de la necesidad de mantener la pluralidad de tendencias en el Gobierno. Serrano, en un arrebato de crispación, al parecer llegó a manifestar la renuncia a su cargo. En todo caso, manifestó a Franco con acritud que se consideraba particularmente ultrajado por la ley de censura decretada por Galarza, y condicionó su continuidad en el Gobierno a la recuperación del control de la Prensa.[93]

Franco sopesó las palabras de Serrano y decidió poner punto y final a la remodelación ministerial. Así lo manifestó, acabada la reunión, a las ocho de la tarde. Mientras tanto, por Madrid se propaló el rumor de que Serrano Suñer había dimitido. Ya de madrugada, Stohrer telegrafió a Berlín para saber si la propuesta serranista de concentración ministerial iba a contar con el apoyo de Alemania, y para aconsejar que, al objeto de decantar en favor de sus intereses el desarrollo de la crisis política, fueran concentradas al norte de los Pirineos tropas en número suficiente para intimidar a Franco.[94]

El viernes 9, Galarza, para sorpresa de Gamero y Serrano, comunicó a la Secretaría General el nombre de quienes iban a ocupar las jefaturas provinciales vacantes a raíz de las dimisiones habidas. Aquel día Franco llamó por teléfono a Serrano Suñer, posiblemente para pedirle cuentas por la actuación de algunos falangistas durante los últimos días, y concretamente de Miguel Primo de Rivera, pero no obtuvo las debidas explicaciones (Serrano posteriormente excusó su parquedad verbal con el argumento de que tenía a su lado a otras personas). Acto seguido, Serrano telefoneó a Miguel Primo de Rivera, quien afirmó que lo único que en aquellos momentos tenía en mente era despedirse de sus colaboradores.[95]

Ya de noche, Galarza manifestó a Serrano Suñer que estaba preparado para neutralizar posibles altercados por parte del SEU, y le solicitó su intervención personal para evitarlos. Éste respondió que el control del Sindicato no era competencia de Gobernación, pues recaía exclusivamente en los órganos directores de FET-JONS. Y, de inmediato, Serrano se puso en contacto con varios jefes universitarios, quienes le aseguraron que nada había preparado.[96]

Aquel día Stohrer remitió un informe a Berlín donde especuló sobre la posibilidad de que el nombramiento de Galarza fuera una maniobra de Franco dirigida contra Serrano Suñer, o bien que se tratara de un simple hecho aislado, carente de toda significación política. Fuera como fuera —concluyó—, los cambios habidos iban a comportar, indefectiblemente, una debilitación decisiva de la posición política del ministro.[97]

El sábado 10 Gamero del Castillo comunicó por escrito a Galarza que, si bien eran acatados, los nombramientos del día anterior eran competencia exclusiva de FET-JONS. Y aquella mañana, Tovar comunicó a Serrano Suñer su intención de dimitir, con el argumento de que se sentía totalmente desautorizado a raíz de la orden relativa a la censura.[98]

Serrano dirigió a Franco una nota en la que, si bien reconoció haber errado con el artículo contra Galarza, se excusó con el argumento de que él mismo y sus colaboradores habían recibido un sinfín de mayores sinsabores a lo largo de los años que habían permanecido en el poder. En todo caso, la responsabilidad de lo ocurrido era suya y no de Tovar. A su vez, manifestó a un miembro de la Embajada alemana su disgusto por la nueva ley de censura, y le desveló que había condicionado su continuidad ante Franco a la recuperación del control de la prensa. Durante los siguientes ocho días —concluyó— iba a activar todos los mecanismos a su alcance para lograr de Franco la retirada de la ley, y pasado ese plazo iba a exigirle una toma de postura definitiva.[99]

Al margen del entorno de Serrano Suñer, ese sábado tuvo lugar un hecho de relevancia en el contexto de la crisis de Estado: el amago de dimisión del ministro de Hacienda, José Larraz, que presentó una nota a Franco en la que

alegaba fatiga, si bien dejaba entrever otros motivos (gran cantidad de decisiones con incidencia directa sobre la Hacienda del país, al margen del Ministerio).[100]

El 11 de mayo era domingo. Aquel día, el escritor y periodista falangista Víctor de la Serna manifestó a un miembro de la Embajada alemana haberse ofrecido a Franco para escribir varios artículos en la prensa madrileña, con los que intentar apaciguar los ánimos. En ese sentido, con su
beneplácito y el de Galarza, publicaba uno que presentaba al Ejército como
la fuerza única de *la Nueva España*. Con respecto a Serrano Suñer, dijo haberle aconsejado en cuestiones de política exterior, e incluso en la redacción
del polémico discurso del día 2. Y respecto a FET-JONS, afirmaba que estaba en manos de Serrano, quien, al considerarse sucesor de José Antonio, se
desautorizaba aún más entre los *camisas viejas*, apartados de la dirección.
En todo caso —prosiguió—, Serrano afrontaba la crisis política desde una
angustiosa soledad, sólo rota por un pequeño núcleo de incondicionales. Su
único apoyo efectivo frente a Franco —concluyó De la Serna— sería el que
pudiera proporcionarle Alemania; ante lo cual éste contaría con el soporte
incondicional del generalato, incluidos los críticos Yagüe, Muñoz Grandes y
Aranda.[101]

El lunes 12, por encargo de Galarza, apareció en el periódico *Madrid* un
artículo, firmado por Juan Pujol, que ridiculizaba la acción política exterior
de FET-JONS e implícitamente cuestionaba la acción de Serrano Suñer al frente de Exteriores. Al mismo tiempo, *Informaciones* publicó un artículo de Víctor de la Serna, que bajo el título de «Más claro todavía» arremetía contra la
actividad desestabilizadora de los círculos anglófilos.[102]

Miguel Primo de Rivera había sido detenido, y Pilar se encontraba reunida con Franco al objeto de interceder por su hermano y aclarar los términos
de su dimisión. Serrano Suñer había enviado un telegrama a Mussolini cuya
publicación no fue autorizada. Por Madrid, en los círculos de *camisas viejas*
corrían rumores de que habían sido detenidos más camaradas, y cundía la alarma ante el supuesto advenimiento de una *dictadura militar* y la posibilidad
de que se generalizasen las detenciones. Pero ni en tales circunstancias plan-
teaban dar su apoyo a Serrano, a quien rechazaban «con cada fibra del corazón», ni emprender una acción de fuerza contra Franco.[103]

Aquel día, Serrano Suñer y Stohrer mantuvieron una segunda reunión en
el contexto de la crisis. Serrano apeló a la necesidad de neutralizar la acción
desestabilizadora de la Embajada británica, que, al parecer, estaba detrás
del reparto de unos folletos en Madrid en los que unos hipotéticos falangistas amenazaban a los militares que abogaran por la restauración monárquica. En última instancia, condicionaba el entendimiento entre las diversas
facciones del Régimen a la expulsión de los británicos de España. A su vez,
reiteró su deseo de hacer entrar en el Gobierno a militares con los que pu-

diera entenderse. El embajador notó al ministro muy dolido con Franco y bastante desconcertado sobre el posible alcance de los acontecimientos; y entendió que la posición política de Serrano se había debilitado considerablemente.[104]

Ante la adversa marcha de los acontecimientos y como medida extrema de presión ante una situación que se le escapaba de las manos, al parecer, el martes 13 Serrano Suñer finalmente hizo llegar su dimisión a Franco, por medio de una nota en la que adjuntó un recorte del artículo promovido por Galarza en las páginas de *Madrid*. Éste le respondió por escrito que no compartía su valoración del artículo; le pidió, «para bien de España», que reconsiderara su decisión, y lo emplazó para el día siguiente.[105]

Franco opinaba que aún era demasiado pronto para desprenderse de Serrano, fuera porque estaba a punto de conseguir la firma del ansiado convenio con la Santa Sede o por el vínculo familiar que los unía. Pero, aun así, Stohrer estaba preocupado. La crisis, a su juicio, se estaba agudizando rápidamente, y se manifestaba en una tensión creciente entre militares y falangistas. Convenía aclarar cuanto antes las repercusiones de política exterior que podrían derivarse de ella, para lo cual barajaba la posibilidad de solicitar una entrevista con Franco.[106]

Eran las cuatro de la tarde del miércoles 14 cuando Franco y Serrano Suñer volvieron a reunirse. Aquél insistió en que reconsiderase su postura. Serrano respondió que bajo ninguna circunstancia iba a aceptar la pérdida del control de la prensa y la propaganda, y le propuso la creación de una *Vicesecretaría de Educación Popular*, dependiente del Partido, a la que el Ministerio de Gobernación debería transferir dichas funciones. Franco cedió. Y fue posiblemente en aquella misma reunión cuando Serrano propuso el nombramiento de Muñoz Grandes como ministro del Ejército y de Asensio como jefe de las Milicias, con la finalidad, según él, de aplacar las iras falangistas; a lo que Franco se negó de plano. Finalmente, parece ser que fue también entonces cuando Serrano obtuvo la promesa de las carteras de Agricultura, Trabajo y Hacienda para falangistas.[107]

Serrano salía bastante airoso de la contienda con su concuñado, pero sólo momentáneamente, pues Franco, receloso ante sus exigencias, maduró la posibilidad de proceder a un nuevo recorte de su poder. Y encontró el campo propicio para ello en el Partido, ámbito donde Serrano se movía en la cuerda floja: definitivamente iba a cubrir la titularidad de la Secretaría General, de la que dependería directamente la nueva Vicesecretaría de Educación Popular.

El jueves 15, en Berlín, Ribbentrop ordenó a Stohrer que se abstuviera de cualquier injerencia en el desarrollo de la crisis política española, y que se limitara a observar (quedaba prohibida su proyectada visita a Franco). Entre tanto, en Madrid, *Arriba* publicó un artículo de Serrano Suñer que ridiculizaba a Hoare; y Stohrer y Lequio valoraron la evolución de la crisis española (Stohrer informó del amago de dimisión de Serrano). Posteriormente, Lequio supo de Miguel Primo de Rivera que corrían rumores sobre el acceso de Arrese a la Secretaría General. Finalmente, Franco, bajo presión militar y a instancias de Galarza, destituyó oficialmente de sus cargos de subsecretario y de delegado nacional de Prensa y Propaganda, respectivamente, a los ya dimitidos Tovar y Ridruejo.[108]

El tercer Gabinete de Franco

El equilibrio del poder, decantado en exceso a favor del Ejército, fue restablecido temporalmente por Franco con la remodelación ministerial del lunes 19 de mayo de 1941. En ella amplió a tres las carteras falangistas en el seno del Gobierno: la de secretario general del Movimiento, la de Trabajo y la de Agricultura, a manos, respectivamente, de José Luis de Arrese, José Antonio Girón y Miguel Primo de Rivera.[109]

El *camisa vieja* José Luis de Arrese acababa de dimitir de su cargo de jefe provincial de Málaga cuando le fue comunicado el nombramiento como ministro. Ante la sorpresa general de los medios políticos de la capital, Franco materializó una de las jugadas maestras de su trayectoria en el poder. Carente de toda ambición política al margen de él, Arrese estaba dispuesto a entregarle el control efectivo del Partido, algo que Serrano había intentado reservar siempre para sí. En definitiva, aquel nombramiento abrió un período de transición en la política del Régimen, entre mayo de 1941 y septiembre de 1942, marcado por la progresiva pérdida de influencia de Serrano Suñer, culminado con su defenestración. Por otra parte, la concesión de carteras a Girón y Primo de Rivera fue pactada: Franco hizo la oferta ministerial al Partido y varios jerarcas, reunidos en casa de Arrese, la estudiaron e incluyeron en ella algunas propuestas que no tuvo reparos en aceptar.[110]

El nombramiento de los tres ministros falangistas abrió el período de máxima representación de FET-JONS en el Gobierno de la nación, y paradójicamente dio un paso más en el proceso de supeditación a Franco. Por de pronto, quedaron definitivamente suspendidos los planes conspiratorios que desde hacía un tiempo se sucedían en su contra. Y Franco, consciente de la trascendencia política de los nombramientos, al parecer intentó convencerlos de que no era enemigo del falangismo.[111]

La valoración que la diplomacia alemana hizo de los nuevos ministros no fue precisamente entusiasta. Stohrer, que no tenía referencia alguna de Arrese, recabó de inmediato su historial político y comenzó a indagar sobre él. Completada la información, comunicó a Berlín que se trataba de un hombre honesto, sencillo y reservado en extremo, cuya inteligencia no pasaba de ser mediana; al igual que la de Girón, hombre corajudo de quien no tenía la certeza de si iba a estar a la altura de su nuevo cometido. En todo caso, el mayor mérito de ambos residía exclusivamente en su condición de excombatientes. Por lo que a Miguel Primo de Rivera respecta, el embajador expuso que, dados sus nulos conocimientos en materia de agricultura y su probada falta de seriedad, su nombramiento únicamente podía deberse al peso de su apellido.[112]

Por su parte, la diplomacia británica tuvo en cuenta el hecho de que, a pesar de su apariencia «extremadamente» falangista, Arrese procedía de una familia muy religiosa, tal como había evidenciado en el discurso de toma de posesión del cargo, cuando al referirse a la Falange primó el factor religioso. De Primo de Rivera destacaba su falta de capacidad, su enemistad con Serrano y su deseo de llegar a controlar la Falange. Y de Girón afirmó que era un excombatiente que en la Universidad se había manifestado como un zoquete, incapaz de superar cualquier examen mínimamente serio.[113]

El tercer Gabinete de Franco mantuvo en Exteriores a Serrano Suñer; en Justicia, a Esteban Bilbao; en Ejército, a Varela; en Marina, a Moreno; en Aire, a Vigón; en Industria y Comercio, a Carceller; en Educación, a Ibáñez Martín, y en Obras Públicas, a Peña Boeuf, por tercera vez en el cargo. Además de dar entrada a Galarza en Gobernación, a Arrese en la Secretaría General, a Girón en Trabajo, y a Primo de Rivera en Agricultura, reservó Hacienda para Joaquín Benjumea, el antiguo titular de Agricultura.[114]

La destitución de Larraz fue acogida con júbilo por Stohrer, pues su gestión se había contrapuesto repetidamente a la de Carceller, valorada por él como muy favorable a Alemania. Pero poco esperaba de la labor de Benjumea al frente de Hacienda, vistos los pobres resultados de su gestión en Agricultura. En todo caso, bastaría con que no dificultara la labor de Carceller. Su condición de terrateniente no despertaba precisamente entusiasmo en el embajador.[115]

La remodelación ministerial había sido importante, pero limitada, pues se mantenían en funciones nueve de los 11 ministros del segundo Gabinete, el formado en agosto de 1939. Habían sido separados del cargo solamente Larraz y Gamero. Stohrer vio en el nuevo Gobierno un reforzamiento de la posición de Serrano Suñer, en base a la errónea consideración de que los tres nuevos ministros falangistas se integraban en el círculo de sus amistades, y a su recuperación del control sobre la prensa; a la vez que consideró zanjada la crisis de confianza entre Serrano y Franco. En su opinión, Franco acababa de materializar una remodelación ministerial de compromiso, condenada al fracaso, pues ni tan sólo garantizaba la paz política. En este sentido, el sector de FET-JONS desafecto a Serrano había quedado de tal manera insatisfecho por las soluciones arbitradas, que era previsible una inmediata agudización del malestar. Y más —concluyó— si se tenía en cuenta que estaba en contacto con el círculo de militares descontentos, cuyos miembros, a su vez, mantenían un estrecho contacto con los círculos monárquicos.[116]

Los mentideros políticos madrileños sabían que Serrano Suñer estaba en total contraposición con Galarza, y opinaban que era la presión alemana la que lo mantenía en el poder; y valoraban negativamente a Miguel Primo de Rivera en base a la relajación de sus costumbres y a su demostrada falta de capacidad. Parece ser que, incluso entre los compañeros de Gabinete, su conceptuación dejaba bastante que desear. En este sentido, Carceller comentó jocosamente a un diplomático alemán de la Embajada que la función del nuevo ministro de Agricultura iba a ser la de beberse el vino que produjese el agro español.[117]

Resultado y valoraciones de la crisis

El lunes 19 Serrano Suñer volvió, una vez más, a manifestarse partidario de la entrada en la guerra, esta vez en la conversación que mantuvo con una persona de confianza de Stohrer, relativa a los posibles efectos de la reciente firma de varios acuerdos entre Berlín y Vichy. Al día siguiente, se dieron a conocer los nuevos nombramientos ministeriales, lo que provocó más de una sorpresa y algún que otro enfado. Por su parte, *Arriba* declaró tajantemente que en el Régimen no había crisis y que FET-JONS proseguiría su marcha hacia la *revolución nacionalsindicalista*.[118]

La transferencia de Prensa y Propaganda del Ministerio de Gobernación a la Vicesecretaría de Educación Popular se llevó a cabo por decreto publicado el miércoles 21. Con ello quedó definitivamente en manos de FET-JONS, y más específicamente de su secretario general (Arrese), el control de dos elementos clave de penetración ideológica en el tejido social de la nación. El traspaso fue valorado por el embajador alemán como una solución de compromiso que permitiría a Serrano restablecer su influencia en dicho ámbito, con lo que daba por sentado que Arrese se le sometería.[119]

Otro decreto estructuró las competencias de mando dentro del Partido, con una clara preeminencia de la figura del presidente de la Junta Política, en calidad de segundo jefe del Movimiento. A él corresponderían el control de la labor legislativa de la Junta y de la ejecución de sus disposiciones, así como el nombramiento de los altos cargos, excepción hecha del de vicesecretario, que, de esa manera, quedaba relegado a un segundo término. Para Stohrer, ese decreto significaba el reconocimiento de hecho de la dirección del Partido por parte de Serrano Suñer. De ello infería que había salido reforzado de la crisis de Gobierno, al menos en su posición ante Franco. De todas maneras, tenía muy claro que en aquel momento la Falange ya no representaba un contrapoder en España; y menos aún tras la decidida labor erosiva desarrollada por Serrano, encaminada en buena medida a privarla de activistas.[120]

El jueves 29 el general Moscardó asumió la jefatura de las milicias falangistas, vacante desde el nombramiento de Galarza como ministro de la Gobernación, si bien no se posesionaría del cargo hasta dos semanas después (11 de junio). Franco dejaba a la milicia del Partido, una vez más, bajo la tutela de un militar. El propio Moscardó dejó bien claro, en su discurso de toma de posesión del cargo, cuál iba a ser el puesto de la Milicia en el seno del Régimen y muy particularmente frente al Ejército, al definirla como «el Movimiento mismo en actitud heroica de subordinación militar».[121]

La diplomacia alemana en Madrid valoró en términos generales la crisis como resultado de una creciente insatisfacción social por la mala gestión del Gobierno, agravada por la constante inhibición de Franco ante los asuntos de Estado. Y también como resultado de la animadversión que Serrano Suñer despertaba entre amplios sectores de la opinión pública, y muy particularmente, entre los militares. En su desencadenamiento, habían intervenido eficazmente «fuerzas disgregadoras» que buscaban un debilitamiento de Franco, de modo particular los monárquicos, que se habían valido de sus apoyos entre el generalato y de la acción subversiva de la Embajada británica.[122]

Durante el transcurso de aquellos días, la diplomacia italiana en Madrid y el propio Ministerio de Exteriores desde Roma, dieron repetidas muestras de creciente intranquilidad ante la posibilidad de que Serrano perdiese poder. El asunto adquirió tal importancia para los intereses italianos, que fue tratado por el embajador en Berlín con el subsecretario de Estado Woermann.[123]

Por su parte, la diplomacia británica había mantenido a lo largo de toda la crisis una actitud expectante, y fueron bastantes los telegramas que la Embajada expidió al Foreign Office para detallar su evolución. Hoare valoró muy satisfactoriamente ante Churchill el haber sido informado por parte española, con antelación y de manera exhaustiva, de los cambios gubernamentales que habían tenido lugar. De entre todos ellos, se congratuló especialmente del relativo al Ministerio de la Gobernación, pues, a su juicio, Galarza iba a proceder a expulsar del mismo a todos «los gángsters» que había introducido Serrano Suñer. De entre los cambios militares habidos, valoró especialmente el de Orgaz para Marruecos, pues, aparte de ser el más resolutivo de los generales españoles, era alguien con quien mantenía buenas relaciones y del que estaba seguro que sabría mantener a raya a los alemanes. Pero la jugada maestra de la crisis la había llevado a cabo Franco por medio del nombramiento de los tres ministros falangistas. Nada mejor que dar paso a tres «incompetentes» para recobrar el control del Gobierno, sin por ello enfrentarse con la Falange. La crisis de mayo de 1941 se había saldado pues, en opinión de Hoare, con el triunfo sin paliativos de Franco.[124]

Acababa el mes de mayo y con él una de las crisis más agudas que había tenido que abordar Franco desde el final de la guerra. Con la restitución de la figura del secretario general, la obtención de los Ministerios de Trabajo y Agricultura, y el control de la prensa y la propaganda del país, FET-JONS parecía revitalizarse. Sin embargo, en su futura trayectoria iba a pesar mucho más el lastre acomodaticio que generó el nombramiento de Arrese, pues daría a Franco su definitivo control al margen de intermediarios.

Paralelamente al inicio del ascenso político de Carrero Blanco se inició el ocaso de Ramón Serrano Suñer, quien, con el nombramiento de Arrese y el cese de Gamero y Ridruejo, había perdido parte del control sobre el Partido, del mismo modo que con el nombramiento de Galarza y el cese de Lorente Sanz, Mayalde y Tovar, había perdido toda influencia en el Ministerio de Gobernación. La actuación claramente defensiva pero tajante de Serrano durante el desarrollo de la crisis, exacerbó aún más, si cabe, los ánimos contra su persona. El propio embajador alemán, que siguió la marcha de los acontecimientos con extremado interés, especuló con la posibilidad de un golpe de fuerza que obligara a Franco a deshacerse del ministro, y a instaurar un gobierno de generales germanófilos y *camisas viejas*. De momento, el jefe del Partido Nazi en España le había asegurado que Aranda, Asensio, Muñoz Grandes, Yagüe y Salvador Merino concretaban un plan conspiratorio.[125]

Un control mucho más directo de la FET-JONS por Franco, el ascenso de Carrero y el ocaso de Serrano Suñer fueron, pues, los tres principales resultados de la crisis del mes de mayo de 1941. Franco salió de ella reforzado, pues había podido subyugar a su díscolo concuñado. El Ejército quedó cómodamente instalado en el Régimen como la segunda instancia de poder del Estado, y vio con satisfacción la práctica culminación del proceso abierto contra el falangismo independiente en Salamanca, en abril de 1937. Y FET-JONS restó en un discreto tercer o cuarto lugar dentro del escalafón del Estado, convertida en poco más que un inmenso aparato burocrático. Aun así, y de ello eran bien conscientes los generales, quedaba un último baluarte falangista por quebrar: la Delegación Nacional de Sindicatos, con Gerardo Salvador Merino al frente.[126]

6. LA DESTITUCIÓN DE GERARDO SALVADOR MERINO, EPÍLOGO DE LA CRISIS DE MAYO DE 1941

En enero de 1936, el jonsista Gerardo Salvador Merino comenzó su carrera de notario en la localidad coruñesa de Puentes de García Rodríguez. Atrás quedaban el asesinato de su madre, a manos de miembros de la Casa del Pueblo de su localidad natal, muchas horas de estudio en el internado de

El Escorial y las oposiciones. A finales de 1933, en una tertulia que periódicamente tenía lugar en los bajos del Café Lyon, en Madrid, había conocido a José Antonio Primo de Rivera. A raíz de aquel encuentro, mantuvo con él varias conversaciones que, a la postre, determinaron su ingreso en Falange e influyeron en su posterior trayectoria política. El hecho es que, muerto José Antonio y terminada la Guerra Civil, desde la Jefatura Nacional de Sindicatos, supeditaría parte de sus energías a la materialización de la *revolución* que, a juicio de algunos, habría de convertir a España en un Estado nacionalsindicalista, del que quedaría borrada la lucha de clases.

Gerardo Salvador Merino había nacido el 8 de septiembre de 1910 en Herrera del Pisuerga, pequeña localidad palentina lindante con Burgos. Sus padres, Gerardo y Claudia, gozaban de una posición económica relativamente holgada, gracias a la explotación de un molino familiar, lo que les permitió mantener y educar a sus siete hijos. En Herrera, compartió estudios primarios con Girón, con quien no llegó a entablar una relación de amistad.[127]

De muy joven, militó en el PSOE, que abandonó bruscamente a raíz del atentado contra su padre, al parecer militante de la CEDA, perpetrado en mayo de 1933, y que costó la vida a su madre. Aquel hecho luctuoso sin duda influyó en su evolución política. Tras obtener la licenciatura en Derecho, en El Escorial, y superar la oposición correspondiente, en octubre de 1935 obtuvo la condición de notario; actividad que desarrolló en Puentes de García Rodríguez. El ejercicio de su profesión no le impidió, sin embargo, la actividad política, y en marzo de 1936 fue nombrado *jefe comarcal* de las JONS coruñesas. Iniciada la Guerra Civil, se incorporó a las columnas que partieron hacia el frente asturiano. Fue herido en dos ocasiones, y durante un período de convalecencia, en junio de 1937, fue nombrado *jefe comarcal* de FET-JONS de la Coruña por Germán Álvarez de Sotomayor; en un futuro no muy lejano, su brazo derecho. Pero la carrera política de Salvador Merino no se detuvo aquí, y en noviembre ascendió a jefe provincial, cuando aquél partió hacia el frente.[128]

Su gestión al frente de la Jefatura estuvo marcada por su credo jonsista. Al cabo de cinco meses, el domingo 24 de abril de 1938, propició una multitudinaria concentración falangista en la plaza de toros de la ciudad (entre doce y quince mil personas). Fue tal su resonancia en Burgos, que Fernández-Cuesta lo cesó del cargo. En tal tesitura, le escribió y expresó su punto de vista por lo acaecido, a la par que se disculpó ante Gamero por no haber asistido a una reunión con él y Serrano Suñer (el encuentro finalmente tuvo lugar, pero las tesis políticas chocaron frontalmente).[129]

En aquella coyuntura de crisis, en junio de 1938 Salvador Merino rechazó un nuevo nombramiento con el argumento de que iba reincorporarse a filas. Destinado al frente de Levante, combatió en Nules (Castellón), con la graduación de sargento, obtenida por méritos de guerra. En uno de sus escasos permisos, conoció, en las dependencias del Auxilio Social, a la que iba ser su esposa: una joven catalana de ascendencia nobiliaria, que, gracias a la intervención personal de Léon Blum, había logrado huir de Barcelona con su familia. Y, ya en los estertores de la guerra, embarcó en el *Castillo de Olite*, donde, tras los impactos de la artillería republicana, actuó con entereza en el intento de salvamento de víctimas.[130]

A mediados de junio de 1939 Gerardo Salvador Merino obtuvo el licenciamiento definitivo del servicio de armas. Con vistas a su reincorporación a la vida política, en Burgos, comunicó a Serrano Suñer su pesar por cómo se había manifestado en la reunión que habían mantenido, y le solicitó una nueva entrevista, ya sin las tensiones provocadas por la guerra. La reunión tuvo lugar, y a partir de entonces Serrano contó políticamente con él. Y fue su amistad con Gamero y el entendimiento con el ministro lo que, a la postre, llevó al nombramiento de delegado nacional del *Servicio de Sindicatos*, el 9 de septiembre de 1939, recién cumplidos 29 años. Dejó su despacho y se trasladó a Madrid, donde inició un período de frenética actividad político-sindical. Para ello contó con un buen plantel de colaboradores.[131]

Al principio de su mandato, consciente del poder de sus enemigos políticos, actuó de manera prudente. Y en cuestión de unos meses logró estructurar la base de lo que debería ser un sindicalismo falangista autónomo. Para ello, el 26 de enero de 1940 promulgó, en colaboración con Gamero, la *Ley de Unidad Sindical*, que entendían como medio de aproximación del Régimen a la clase trabajadora. Y, en mayo (Ley y Decreto del 3), intentó el control de las *Comisiones Reguladoras de la Producción*, que regulaban precios y mecanismos de intervención económica; y obtuvo (Decreto del día 5) los *Servicios de Colocación* del Estado. A su vez, tuvo en mente el reforzamiento de las delegaciones provinciales (futura base de *Sindicatos*), y un amplio plan de obras sociales.[132]

Salvador Merino llegó así a la cota de su poder. Los apoyos más conservadores del Régimen, especialmente empresarios y militares, recelaban de sus intenciones, que entendían como revolucionarias. Incluso en el seno del Partido su acción era enjuiciada con reservas. Un tanto desinhibido merced al éxito de su gestión, cometió varios errores, que a la postre iban a arruinar su carrera política. El primero se materializó el domingo 31 de marzo, en el marco de las celebraciones del primer aniversario del final de la Guerra Civil, al llevar a cabo un desfile de miles de obreros por el Paseo de la Castellana. Acto temerario, que provocó una airada reacción en algunos medios militares (parece ser que Varela juró públicamente acabar con su carrera). Por su parte, la Administración comenzó a poner trabas a los proyectos emanados de la Delegación. Y parece ser que Serrano decidió apartarlo de ella, para lo que le ofreció el Ministerio de Trabajo. Pero éste pidió la Secretaría General del Partido y Gobernación, puntos neurálgicos del poder político del Estado (Payne): fue su segundo gran error.[133]

Se inició, de aquella manera, un distanciamiento entre ambos políticos, abocado al conflicto cuando algunos colaboradores de Serrano pasaron a la órbita del delegado nacional. Dado ese aparente éxito, Salvador Merino barajó la posibilidad de apartarlo del poder; y, según el espionaje alemán, cometió el error (tercero) de exteriorizar su enemistad, e intentó ganar adeptos en la milicia falangista (cuarto y último error). Advertido Serrano, optó por hacerse el desentendido.[134]

En abril de 1941 el espionaje alemán informó de que Salvador Merino estaba involucrado en una conspiración (Yagüe, Aranda, Asensio y Muñoz Grandes) dirigida a formar un nuevo Gabinete, constituido por militares y falangistas, del que quedase excluido Serrano. Los conspiradores temían, sin embargo, que su derrocamiento desencadenara una acción armada alemana, por lo que decidieron obtener garantías de Berlín. Y para ello acudieron al jefe del Partido Nazi en España, Hans Thomsen.[135]

El modelo alemán a imitar

Germanófilo y admirador del DAF, la organización sindical dirigida por Robert Ley, Salvador Merino se relacionaba abiertamente con algunos representantes del Partido Nazi en España, y entabló amistad con Thomsen. Tales contactos finalmente cristalizaron en una invitación personal del doctor Ley para que una representación de la Delegación Nacional de Sindicatos visitara Alemania. La organización del viaje corrió a cargo de Thomsen, que actuó a sabiendas de Stohrer y con total desconocimento de Ribbentrop.[136]

Salvador Merino llegó a Berlín en la noche del 29 de abril con cinco de sus colaboradores y Thomsen, y fue recibido por un alto cargo del DAF, un consejero de la Embajada y el jefe de la Falange berlinesa. Al día siguiente se trasladó a Munich, donde se reunió con Ley, que lo cumplimentó con una recepción en el Hotel de las Cuatro Estaciones. Allí negoció temas de ámbito laboral y sindical con los representantes del DAF, acordó la firma de un Acuerdo para el empleo de españoles en Alemania, e inspeccionó el funcionamiento de algunas realizaciones de la Organización. La impresión que Ley obtuvo de él fue positiva, hasta el punto de que le propuso que se quedara, como colaborador.[137]

Tras visitar Nuremberg, el 5 de mayo Salvador Merino regresó a Berlín, y asistió a un almuerzo en su honor en la Embajada. A primera hora de la tarde fue recibido por Ribbentrop (quiso saber qué opinaba de Stohrer y Hoare), y, ya de noche, por Ley (ofreció *ayuda* alemana para que el falangismo vinculado a Sindicatos tomase el poder en España). Al día siguiente, se reunió con el ministro de Economía, Funk. Y el 7 se entrevistó con Goebbels, de quien, al parecer, recabó apoyo para sus planes conspiratorios. Desconocemos el desarrollo de la entrevista, pero sabemos que la impresión que obtuvo no fue buena. En la noche del jueves 8 se reunió con Rudolf Hess, en uno de los últimos actos políticos del dirigente nazi, presto a partir hacia Escocia. Una posibilidad que, según declaraciones del dirigente sindical a su círculo íntimo, dejó entrever en el transcurso de la conversación.[138]

Parece ser que mientras la comitiva española desplegaba su actividad en Berlín, Thomsen, ávido de recabar apoyos para los planes de Salvador Merino, se dirigió a Bormann. Pero éste le ordenó informar personalmente a Ribbentrop. Entre tanto, en Madrid se generó un gran revuelo y la atmósfera de un inminente pronunciamiento falangista. Stohrer manifestó a Serrano Suñer que Salvador Merino había solicitado su cese a Ribbentrop. Por su parte, la radiodifusión británica tomó cartas en el asunto y desencadenó una amplia acción propagandística contra el Delegado. Muy pronto circularon rumores sobre su pertenencia a la masonería, probablemente de la mano de la Embajada británica. Abona tal supuesto el que, en un local de tanta resonancia como el Villa Rosa, dos hombres y dos mujeres, tres de ellos británicos, se dedicaran a comentar en voz alta que había sido destituido.[139]

En la mañana del 9 de mayo la delegación sindical dio por concluida su estancia en Alemania, y emprendió vuelo de regreso a España. Antes, Salvador Merino manifestó a un redactor de la Agencia EFE su agradecimiento por las facilidades encontradas para observar los logros de «la grandiosa organización social» alemana, y afirmó que el viaje sería fructífero para las relaciones germano-españolas (pronto intercambio de mandos sindicales, con probable ampliación a técnicos y obreros especializados).[140]

El avión tomó tierra en el aeropuerto de El Prat de Llobregat por la tarde. A la mañana siguiente, Salvador Merino presidió una reunión en la Delegación Provincial de Sindicatos, a la que asistieron el gobernador civil y jefe provincial, Antonio de Correa Véglison, y los delegados de las cuatro provincias catalanas. Finalizada la reunión, informó a la prensa de que iba a permanecer varios días en Barcelona, para estudiar los problemas que aquejaban a la labor sindical en la provincia; y manifestó que los frutos de su viaje a Alemania se harían sentir «en muy breve». Ya en Madrid, hizo proselitismo en favor de Alemania, a pesar de haber sido informado de las adversas reacciones que su viaje había generado.[141]

Pero Salvador Merino estaba políticamente sentenciado. Desde su llegada a España, y a lo largo de dos meses, su figura decayó. Dada la proximidad de las tropas alemanas, Franco y Serrano optaron por desmontar progresivamente las bases de su poder. En primer lugar, actuaron contra el círculo que se agrupaba a su alrededor, y luego directamente contra su persona (Ruhl). Finalmente, planteó a sus colaboradores la posibilidad de dimitir.[142]

El 3 de junio comenzó el Segundo Consejo Nacional de Sindicatos; en el que, en base a un conjunto de propuestas dirigidas a mejorar las condiciones del depauperado campesinado español, se manifestó por postrera vez el sindicalismo falangista autónomo. En aquel momento, Salvador Merino todavía despertaba adhesiones en el seno del Partido. En este sentido, el principal órgano de prensa de la Falange barcelonesa le dedicó cálidas frases. Pero Serrano Suñer, a pesar de la animadversión que sentía hacia su antiguo protegido, presidió la sesión del 14, y pronunció el discurso de clausura (19). Previamente, éste había anunciado la redacción de una ley de arrendamientos, unas bases mínimas para elevar el nivel de vida del campesinado, la intensificación de la política de colonización agraria, y la creación de un Instituto de Crédito Sindical Agrícola. Finalmente, el 23, tras ser sometida a la aprobación del Consejo de Ministros, vio la luz la *Ley sobre la Clasificación de los Sindicatos*, la última elaborada bajo inspiración de Salvador Merino, que estructuraba la CNS en 24 sindicatos nacionales.[143]

Cuando el martes 24, desde el balcón de la Secretaría General, Serrano pronunció su discurso condenatorio de Rusia, Salvador Merino estaba allí. Pero no sintió la tentación de involucrarse en la aventura anticomunista, como tampoco la sintió cuando, a final de mes, supo que su amigo Muñoz Grandes comandaría el cuerpo expedicionario.

Un proceso inesperado

El primer día de julio, por la mañana, Salvador Merino llegó a Barcelona en viaje particular. Iba a ultimar los preparativos de su boda, a la que tanto él como su novia deseaban dar un cierto carácter íntimo. El lunes 7, al mediodía, contrajo matrimonio en la Basílica de Nuestra Señora de la Merced. En la ceremonia, oficiada por un tío suyo, actuó de testigo Correa, y asistió una representación del Partido Nazi venida de Madrid, sin Thomsen. Acto seguido, los invitados se dirigieron al Hotel Miramar, en Montjuïc, donde tuvo lugar el banquete nupcial. Finalizadas las celebraciones, los contrayentes marcharon al aeropuerto, desde donde emprendieron su viaje de luna de miel con destino a Mallorca.[144]

Desde hacía ya algún tiempo, en los círculos gubernamentales de Madrid se rumoreaba que Salvador Merino había pertenecido a la masonería. Incluso él mismo, en marzo de 1940 había sido informado por Correa Véglison, por aquel entonces comisario general de Información en la Dirección General de Seguridad, de que en el Archivo de Salamanca se conservaba una carta en la que un masón lo presentaba a otro de Alicante. Y aunque dijo no concederle la mayor importancia, Correa le manifestó que referiría el caso a Serrano Suñer. Días después, finalizado un despacho oficial de la Junta Política, Serrano aseguró a Salvador Merino que no le daba importancia al asunto. Sin embargo, pasados unos meses, los resortes del Partido se pusieron en movimiento: en enero de 1941 la Delegación Nacional de la *Vieja Guardia* solicitó informes «urgentísimos y completos» sobre su actividad en 1934, año de su permanencia en Alicante.[145]

Según testimonio de Serrano, el general Andrés Saliquet, a la sazón presidente del *Tribunal Especial para la Represión de la Masonería y del Comunismo*, había hablado del caso en más de una ocasión con Franco. Y —también según Serrano— fue él quien un día de julio obtuvo una antigua ficha de pertenencia a la masonería, que presentó a Franco. Pero la supuesta ficha nunca apareció, y se da la circunstancia de que el espionaje alemán —casi siempre bien informado— aseguró que era Serrano el instigador del proceso contra Salvador Merino.[146]

Así las cosas, transcurridos tres o cuatro días de estancia en Formentor (Mallorca), Salvador Merino recibió una llamada telefónica de la Delegación: el *Tribunal Especial* acababa de acusarlo ante la Junta Política de pertenencia a la masonería; y ésta iba a pronunciarse de un momento a otro. No había tiempo que perder: debía presentarse de inmediato en Madrid para defender su inocencia. La situación, dada la naturaleza de la acusación y del Régimen en 1941, era grave. Poco después llegó a la Isla un *Junkers*, en el que partieron Salvador Merino y su esposa. El viaje, a todas luces angustioso, podría haber acabado en tragedia de no haber sido por los reflejos del piloto, quien, ante un comentario puntual de la joven, advirtió que los barcos que se divisaban unos centenares de metros más abajo eran unidades de la *Home Fleet*, y obró en consecuencia.[147]

La imposibilidad del falangismo autónomo

El caso Salvador Merino se había convertido en centro de obligada referencia en los mentideros políticos de Madrid. El espionaje alemán entendió que se trataba de un nuevo capítulo de la lucha que Serrano mantenía para desembarazarse de sus rivales. El encausado conservaba aún el cargo de jefe de los Sindicatos, y con éste, los de miembro de la Junta Política y del Consejo Nacional; pero se hablaba ya de cese. En todo caso, el expediente remitido por el *Tribunal Especial* obraba en manos de la Junta Política, y en virtud de la Ley de 22 de febrero, relativa a jerarcas falangistas, sólo a ella competía traspasarlo o no a manos de los tribunales.[148]

Llegado ya a Madrid, en la sesión celebrada el 5 de agosto le fueron leídas a Salvador Merino dos cartas, datadas en la primavera de 1934. La primera —ya mencionada—, era un escrito de presentación firmado por un masón residente en Madrid; y en la segunda, respuesta a la anterior, otro masón, residente en Alicante, afirmaba que había prometido acudir a cuantos actos organizaran las logias de la ciudad. Al día siguiente, ante una representación de la Junta nombrada al efecto, negó aquellas imputaciones, y recordó que ya sabía de la existencia de una de las cartas. Tenía la certeza —prosiguió— de ser objeto de una conspiración (Embajada británica y españoles anglófilos); de ahí los infundios emitidos por la radiodifusión británica durante su viaje a Alemania, y su propalación por personas vinculadas al *Intelligence Service*. Acabó su exposición preguntándose sobre las consecuencias que para la propia Junta tendría el que un tribunal juzgase «en materia política» a uno de sus miembros. Oído el encausado, ésta concedió a su presidente poder decisorio. Serrano tenía en sus manos, pues, la apertura de un proceso público en toda regla, pero decidió tomarse tiempo para *reflexionar*.[149]

Salvador Merino, según manifestó a Álvarez de Sotomayor, confiaba en Serrano y en los miembros de la Junta que todavía «entendían y sentían» el Partido, y que, por ello, no iban «a abandonar sin más una posición de la Falange». Pero se equivocaba respecto a Serrano, quien entre tanto manifestó a Stohrer su determinación de relevarlo por Valdés Larrañaga. Hasta tal punto reinaba la confusión sobre el asunto, que la diplomacia británica creía que Salvador Merino había sido detenido por la policía en Mallorca, bajo la acusación de haber cometido malversación de fondos y estafas varias, y que estaba encarcelado en Madrid.[150]

Por aquel entonces había llegado a Madrid una amplia delegación interministerial alemana, presidida por el doctor Klaus Selzner, representante personal de Ley. Su finalidad era coordinar el envío de trabajadores a Alemania, tal como había acordado en Berlín Salvador Merino. La delegación española la presidía García Olay, jefe de la Sección *Europa* del Ministerio de Exteriores, y la componían tres miembros más, en representación del Ministerio del Trabajo y de Sindicatos. En las negociaciones intervinieron, además, Ehlers, y por la Embajada, Stille. La primera reunión se había celebrado el 6 de agosto en el Palacio de Santa Cruz. Y mientras las conversaciones, que duraron varias semanas, tuvieron lugar, su promotor seguía en la cuerda floja. Era un buen momento para que Alemania presionara en su favor. Al menos así lo temía la Embajada británica, que veía en él a uno de los principales satélites del Reich en España. Y a pesar de que Selzner visitó personalmente la Delegación Nacional, y que fue recibido por el propio Salvador Merino, Alemania poco o nada hizo.[151]

Llegó septiembre. El tiempo pasaba y la decisión de la Junta Política (Serrano Suñer) no se hacía pública. Nominalmente aún delegado de Sindicatos, Salvador Merino ya no ejercía las funciones de tal. Con todo el país enterado de la acusación que pendía sobre él y los correspondientes comentarios al respecto —algunos, lo daban por preso; otros, por fusilado—, confiaba aún en un fallo que le fuera favorable. Pero los nervios traicionaban. De ahí que el jueves 4 se entrevistara con Serrano para solicitarle que imprimiera la máxima urgencia a aquel asunto, y, de ser necesario, renunciaría a cualquier fuero o prerrogativa; lo que le reiteró por escrito al día siguiente.[152]

En aquel contexto, el miércoles 10 Salvador Merino y su equipo fueron objeto de ataque por parte de José Luna, que manifestó públicamente por escrito que se había abierto demasiado el *grifo de salida* (los Sindicatos) cuando todavía estaba muy cerrado el de *entrada* (FET-JONS); y concluyó: «No habrá nadie capaz de convencerme que puede haber Sindicatos de la Falange sin falangistas y que se puede hacer una España Nacional-Sindicalista con indios, zulús [*sic*] o cualquier otra especie vividora, no precisamente india o zulú». Ante aquella agresión, y dado el cariz que tomaban los acontecimientos, Salvador Merino intentó hablar con Arrese, quien, con la excusa de que una reunión iba a acabar tarde, a última hora suspendió la cita.[153]

Sindicatos, a pesar de los requerimientos de Arrese (practicaba el doble juego) en sentido de elevar la moral, vivía a mediados de septiembre horas muy bajas. Con Salvador Merino enfrascado en aquel trance y apartado de las funciones de dirección, habían tenido lugar una Junta de mandos y otra de delegados provinciales, que discutieron lo acaecido y renovaron la adhesión a su persona. Pero surgieron voces que tacharon dichos actos de conspiratorios contra el Ejército y el Gobierno. Con una acusación como aquella, iba a ser muy fácil proceder a una rápida depuración en el seno de la Delegación, tan amplia como lo fueran los apoyos de Salvador Merino, empezando por Álvarez de Sotomayor.[154]

En aquel contexto de zozobra, la gestión de la Delegación, en manos ya del nuevo *secretario en funciones de delegado*, Valdés, quedó definitivamente tocada después de las manifestaciones de Luna, avaladas por Arrese. En este sentido, uno de los allegados de Salvador Merino, Antonio Rodríguez Gimeno, manifestó a Miguel Primo de Rivera su desazón ante la destrucción de «lo único que, aparte el nombre y un poco de burocracia, iba quedando de la Falange».[155]

Y llegaron las dimisiones, como la del jefe nacional de Ordenación Económica; y, de la mano de Serrano Suñer, la depuración. Cayó Álvarez de Sotomayor, inhabilitado para cargos de mando y confianza por dos años y condenado a fijación de residencia «por grave quebrantamiento de disciplina». Y con él, y por idéntico motivo, Carlos Romero de Lecea, Augusto Motons Colomer —expulsado del Partido—, Antonio Polo Díez, Antonio Segurado Guerra y Ángel Andany Sanz. Y fueron cesados el vicesecretario nacional, Pablo Ruiz de Alda, y el inspector nacional, Joaquín Bernal.[156]

El 6 de octubre Salvador Merino tuvo notificación escrita del auto de procesamiento dictado contra él por el *Tribunal Especial para la Represión de la Masonería y del Comunismo*. La Junta Política había dado finalmente luz verde a su procesamiento. Acto seguido, recordó al fiscal del Tribunal Supremo que, al amparo de la Ley de 22 de febrero, sólo a dicho Tribunal, en su Sala Segunda, competía juzgarle. Pero no hubo respuesta.[157]

El juicio, inicialmente previsto para el 13, tuvo que ser aplazado por indisposición del encausado, aquejado de un cólico nefrítico. El domingo 19, a primera plana, la prensa anunció que, según acuerdo del Consejo de Ministros, el *Tribunal Especial* iba a ser *el único competente* en materia de pertenencia a la masonería. Ya recuperado de su dolencia, tuvo lugar el acto de la vista. Presidía el Tribunal Saliquet, y eran sus vocales González Oliveros, Ulibarri, Pradera y el general Rada. La acusación se basó en la existencia de una «relación oficial del movimiento masónico» donde aparecía el nombre del encausado, y en el contenido de las dos cartas. Ninguno de estos documentos le fue mostrado ni sometido al pertinente dictamen pericial. Saliquet se mostró en todo momento deferente con Salvador Merino, pero no admitió la prueba testifical que propuso, en las personas, entre otros, de Correa y Enrique García Tuñón, ex jefe del Servicio Secreto de Información del Cuartel General de Mola y del Ministerio de Orden Público.[158]

El 23 de octubre llegó el veredicto: Gerardo Salvador Merino era convicto de «un delito consumado de masonería, sin concurrencia de circunstancias modificativas de la responsabilidad». La pena impuesta era de 12 años y un día de reclusión, con las accesorias de inhabilitación absoluta y perpetua y separación definitiva de cualquier cargo público; si bien se elevaba a consideración del Gobierno la sugerencia de proceder a un indulto. Acorde con ello, el 31 fue oficialmente destituido de la jefatura de Sindicatos por Serrano Suñer, a propuesta de Arrese; y dado de baja de FET-JONS por éste. El cargo de delegado quedó vacante. Ese mismo día cesó también Enrique Caruncho (jefe de la Obra Sindical de Artesanía) y fueron nombrados los delegados provinciales de Baleares, Huelva, Orense y Palencia.[159]

El 1 de noviembre Salvador Merino recurrió la sentencia ante el Consejo de Ministros con el argumento de que «jamás había sido masón», y de que le suponía «canalla» (su madre había sido asesinada por «marxistas defendidos por masones») a la par que «tonto de solemnidad» (no había formulado, acorde con los términos de la Ley de 1 de marzo de 1940, una declaración-retractación en el plazo de dos meses, a sabiendas de la existencia de pruebas condenatorias).[160]

El viernes 7 se reunió el Gabinete, en la que iba a ser la última oportunidad para Salvador Merino de eludir el presidio. En el orden del día constaba la revisión de las últimas sentencias remitidas por el *Tribunal Especial*, entre las que se hallaba la suya. Llegado el momento, ante la posibilidad del indulto, Franco leyó la sentencia y se abrió el turno de palabras. De entrada, todos los ministros dieron como indiscutible la filiación masónica del encausado y, no sin ciertas reticencias, acordaron que el indulto comprendiera la pena aflictiva (reclusión) y las accesorias no comprendidas en el concepto de cargos, con el añadido de que podría mantener el ejercicio de su profesión. Realizada la votación, la propuesta fue aprobada por unanimidad. Pero, tras unos momentos de silencio, Girón, echando hacia el respaldo del asiento todo su cuerpo, dijo que la sentencia le parecía injusta. Y, tras el consiguiente requerimiento de Franco, manifestó que él *lo condenaría a muerte*, en tanto que desde la Delegación había hecho «el daño más grave a la Falange». Los ministros, estupefactos, comenzaron a reaccionar y pronto se perfilaron dos tendencias: la falangista, partidaria de soslayar la actuación al frente de la Delegación, inmediatamente rebatida por Esteban Bilbao; y la encabezada por Varela, que se sumó al parecer de Girón.

Franco tomó la palabra para manifestar que no creía que la gestión de Salvador Merino respondiera a un propósito masónico de perjudicar al Régimen. Puesta de nuevo la votación sobre el tapete, uno tras otro los ministros votaron por la confirmación de la sentencia del Tribunal, hasta llegar a Serrano Suñer, último en el orden prefijado. Éste pidió la palabra y, tras recriminar a Primo de Rivera el sentido de su voto, defendió la tesis del indulto para la pena aflictiva. Franco requirió una nueva votación —la tercera—, pero esta vez a dedo alzado. Los cuatro ministros falangistas y el de Marina votaron por el indulto y los ocho restantes por la condena.

Acordada la confirmación de la sentencia, tras una pausa, continuó el despacho ordinario hasta que, tras otra pausa, Vigón se dirigió a Franco para manifestar que acababa de saber que Salvador Merino se había casado «con una muchacha de una familia buenísima» y de que ambos estaban «muy enamorados», por lo que pidió rectificar su voto en el sentido del indulto. Franco recogió la propuesta. En la cuarta y última votación, el Consejo acordó por unanimidad sustituir la pena aflictiva de reclusión por la de confinamiento, con lo que quedó definitivamente zanjado el caso.[161]

Tan sólo tres semanas después, por Decreto de 28 de noviembre, Franco reestructuró FET-JONS y prácticamente la privó de contacto con la Administración del Estado (Payne): los 13 Servicios Nacionales fueron diluidos entre cuatro Vicesecretarías, y *Sindicatos* pasó a depender de la de Obras Sociales. Al día siguiente, Arrese dispuso una confusa remodelación de la Delegación, hasta el punto de que quedó también estructurada en cuatro *Vicesecretarías* (Ordenación Social, Ordenación Económica, Obras Sindicales y Organización Administrativa) dependientes de una *Secretaría*. El mismo 28 Serrano nombró a sus cuatro titulares: Manuel Véglison, Carlos Rein, Ramón Azaola y Antonio Durán. Y el 1 de diciembre todo quedó sancionado en el Boletín del Movimiento, lo que abrió legalmente una nueva etapa en la realidad sindical del país.[162]

Se ha dicho, con acierto, que con la caída de Gerardo Salvador Merino murió la posibilidad de sentar en España las bases de un sindicalismo autónomo de orientación falangista (Payne). En lo sucesivo, los Sindicatos quedarían en manos de funcionarios del Partido carentes de iniciativa. Valdés fue especialmente dócil a Franco, al igual que el nuevo delegado, Fermín Sanz Orrio. En todo caso, la destitución de Salvador Merino zanjó definitivamente los resortes que habían llevado a la crisis política de mayo de 1941, del todo vinculada a la génesis de la División Azul. Franco, con Arrese cubriéndole las espaldas, controlaba ya FET-JONS al margen de intermediarios incómodos. Serrano Suñer, muy tocado en el ejercicio de su poder, necesitaba, más que nunca, de un golpe de efecto. El ataque alemán contra Rusia se lo iba a proporcionar.[163]

2

La génesis de la División Azul

1. LA INVASIÓN DE LA UNIÓN SOVIÉTICA

¡En este mismo instante, soldados del frente Oriental, se efectúa un despliegue de tal amplitud y profundidad que el mundo jamás ha visto otro igual! ... ¡el destino de Europa, el futuro del Reich alemán y la existencia de nuestro pueblo quedan a partir de ahora en vuestras manos! ¡Que el Señor nos ayude a todos en esta lucha! (De la proclama de Adolf Hitler a las fuerzas armadas del frente del Este, difundida desde Berlín en la madrugada del 22 de junio de 1941.)

A las cuatro de la mañana de hoy los alemanes han atacado e invadido Rusia ... Esa terrible máquina militar que nosotros y el resto del mundo civilizado permitimos de un modo tan estúpido, tan indolente y tan insensato crear a los alemanes año tras año, no puede permanecer inactiva ... El peligro de Rusia es nuestro propio peligro. (Del discurso de Winston Churchill, radiado desde Londres en la noche del 22 de junio de 1941.)

Al comienzo de la segunda quincena de junio de 1941, los teletipos de todo el mundo centraron su atención en la frontera que separaba Alemania de la Unión Soviética. A medida que transcurrían las horas, tomaba cuerpo la posibilidad de una conflagración armada entre ambas potencias. Conquistada ya Creta por los paracaidistas alemanes, en aquellos momentos el teatro de operaciones bélico se diversificaba entre el frente Atlántico, los bombardeos sobre Malta —pasaban de 450 los ataques desde que se iniciara el año—, la contraofensiva del Eje en Libia, y el avance británico en Siria, donde las tropas de Vichy defendían las proximidades de Damasco.

El 16, Sumner Welles anunció la decisión de clausurar todas las legaciones diplomáticas alemanas en Estados Unidos, y conminó a sus funcionarios a abandonar el país. También deberían marchar los empleados de la Biblioteca alemana de Información en Nueva York, los de la Agencia turística alemana y la Agencia de ferrocarriles alemanes, así como los periodistas de dicha nacionalidad. Fue la respuesta de Roosevelt al torpedeo del mercante *Robin Hood*, acaecido unos días antes, y que ya había comportado el bloqueo de los fondos alemanes e italianos en territorio estadounidense.[1]

Al día siguiente, en Berlín, un portavoz del Auswärtiges Amt declaró desconocer la visita a Alemania de estadistas «del Este» y la posible convocatoria del Reichstag. En Moscú, los rumores sobre una movilización general no habían sido confirmados por el Gobierno, y las calles concurridas por hombres jóvenes en edad militar no hacían presagiar ningún preparativo militar especial. En Londres, la prensa se hizo eco de un gran despliegue de fuerzas armadas alemanas ante la frontera soviética, pero no acertó a ver el motivo. El redactor de *The Times* lo interpretó como un intento de Hitler de presionar a Moscú al objeto de obtener cesiones económicas y políticas. El *Daily Herald* afirmó que los rumores de un ultimátum de Hitler a Stalin carecían de fundamento, y que, en todo caso, no eran más que un globo sonda de la propaganda alemana. Por su parte, el redactor diplomático del *Daily Telegraph* fue más allá al afirmar que, según una fuente bien informada, Hitler exigía de Stalin el «control» de Ucrania, para asegurar su producción de trigo, y el derecho de paso de tropas hacia la Transcaucasia, al objeto de controlar el petróleo de Bakú y amenazar la producción petrolífera de Irak e Irán.[2]

A primera hora de la tarde del 18, el duque de Alba mantuvo una reunión con el subsecretario del Foreign Office. Éste le informó de la concentración de tropas alemanas en la frontera con la Unión Soviética, desde Finlandia hasta Rumanía, y le advirtió que no descartaba la posibilidad de una conflagración. Poco después, en Berlín, el embajador soviético, Vladimir Dekanozov, se entrevistó con Weizsäcker, en un contexto de normalidad absoluta con referencias a Hungría, Rumanía, Irak y Siria.[3]

A las 21.00 horas, Alemania y Turquía firmaron en Ankara un Acuerdo de amistad valedero por 10 años, por el que se comprometían a «respetar mutuamente la integridad e inviolabilidad de su territorio nacional y a no tomar ninguna medida que se diri[giera], directa o indirectamente, contra la otra parte». Un gran éxito del embajador von Pappen, que proporcionó a Hitler vía libre para atacar a la Unión Soviética. A la misma hora, en Berlín, la sala de conferencias del Auswärtiges Amt estaba llena a rebosar de periodistas, convocados con urgencia. Hizo su aparición el doctor Schmidt, enfundado en una chaqueta blanca, y dio lectura al documento. Allí estaba Penella de Silva, quien telegrafió a España la noticia, que valoró como una gran victoria diplomática, quizá la mayor desde el pacto con la Unión Soviética, pues anulaba, a efectos prácticos, el tratado de amistad turco-británico en un momento crucial para el Oriente Próximo y Medio.[4]

El 19, Londres intentó restar importancia al Acuerdo, con el argumento de que había estado siempre al corriente de las conversaciones y de que los turcos se reservaban el derecho a cumplir los compromisos adquiridos con otras potencias. Miles de kilómetros al oeste, en la Universidad de Harvard, Roosevelt pronunció las siguientes palabras, reveladoras de su ánimo y del de parte de la nación: «Hemos nacido en libertad y estamos dispuestos a batirnos para mantener esa libertad. Preferimos morir oponiendo resistencia que no vivir humillados».[5]

Aquel jueves, Rumanía movilizó a todos los hombres en edad militar que hubiesen recibido instrucción en regimientos de automovilismo y motorizados. Moscú dijo no haber recibido exigencia diplomática alguna de Alemania ni de Rumanía, y el diario del Ejército Rojo *Krasnaia Swejejda* anunció que se llevaban a cabo ejercicios de tiro en todos los distritos militares occidentales del país.[6]

El 20, Finlandia decretó la movilización general de los hombres menores de 44 años en disponibilidad militar, y la censura de los medios de comunicación. A pesar de los indicios existentes, Radio Moscú no aludió a peligro alguno. En Londres, el *News Cronicle* insinuó la posibilidad de ayuda británica a la Unión Soviética en caso de ataque alemán; y *The Times* afirmó que la industria estadounidense producía 1.500 aviones de guerra al mes, y que se esperaba alcanzar en 10 semanas la cifra de 2.000 o 2.500 aparatos. Desde Berlín, Penella de Silva apuntó que los círculos informativos estaban pendientes de la evolución de las relaciones con Moscú, y que había quien daba por seguro un pronto desencadenamiento de hostilidades.[7]

El 21, Roosevelt compareció ante el Congreso para aclarar la postura del Gobierno frente al hundimiento del *Robin Hood*. El mercante había sido hundido por un submarino, en una manifestación más del denodado intento alemán de interrumpir el comercio con Gran Bretaña. Iba a exigir del Gobierno del Reich «una completa indemnización», y no cedería ante sus pretensiones. Aquel mismo día, Washington ordenó el cierre de todas las representaciones diplomáticas italianas en el país.[8]

Faltaban pocas horas para el ataque alemán. Era de dominio público que habían tenido lugar movilizaciones en Rumanía y Finlandia, y la agencia EFE informó desde Ankara sobre fuertes contingentes alemanes en Polonia, Eslovaquia y Moldavia. Pero Berlín se esforzaba por transmitir al mundo una apariencia de total normalidad. En este sentido, el Auswärtiges Amt declaró que carecían de fundamento las informaciones extranjeras sobre una próxima convocatoria del Reichstag, que desconocía los motivos que habían inducido al Gobierno finlandés a movilizar su ejército. Y se negó a confirmar una supuesta entrevista entre Dekanozov y Ribbentrop.[9]

Efectivamente, la prensa británica había publicado que ambos estadistas habían mantenido una entrevista «decisiva». *The Times* especuló sobre la posibilidad de que el embajador hubiese sido llamado al Ministerio para informar de la postura de su Gobierno frente a las concentraciones de tropas alemanas en el Este. También informó de que, por vez primera, Radio Moscú se había referido a preparativos militares soviéticos, y que las colonias infantiles habían sido trasladadas de Moscú.[10]

También en Londres, la agencia Reuter publicó un despacho de Estocolmo en el sentido de que Dekanozov próximamente se entrevistaría con Hitler. Por su parte, el corresponsal en Berlín del diario *Die Tat* comunicó que circulaban rumores de una próxima convocatoria del Reichstag al objeto de emitir declaraciones «de primera magnitud». Impelido por las circunstancias, el Gobierno turco hizo públicas las declaraciones de su ministro de Exteriores al embajador británico, en el sentido de que en ningún caso se iba a autorizar el paso de tropas alemanas a través de su territorio.[11]

Todavía de noche, a las 3.15 horas del domingo 22 de junio de 1941, 119 divisiones de infantería y caballería, 19 divisiones acorazadas y 15 motorizadas, un total de 3.050.000 hombres —el 42 por ciento de los efectivos de la Wehrmacht—, a la par que 18 divisiones finlandesas y 12 rumanas, embistieron al unísono las defensas soviéticas a lo largo de un frente de unos 2.400 kilómetros, desde el Océano Ártico hasta el Mar Negro (mapa 1).[12]

En el norte, hasta el golfo de Finlandia, se lanzó una conjunción de fuerzas germano-finlandesas (mariscales Ritter von Leeb y Carl Gustav Mannerheim), a lo largo de unos mil kilómetros en línea recta, con Leningrado como objetivo. En el centro, desde Memel hasta los Cárpatos, y también a lo largo de otros mil kilómetros, se abalanzó el grueso del Ejército alemán (mariscal Fedor von Bock) con la misión de tomar Moscú. Y en el sur, desde los Cárpatos hasta el Danubio, en un frente de unos 500 kilómetros, también en línea recta, se precipitó una conjunción de fuerzas germano-rumanas (mariscales Gerd von Rundstedt e Ion Antonescu), con la misión de conquistar Rostov.[13]

Desde el día anterior, por la tarde, la Embajada soviética, por orden de su titular, había telefoneado cada dos horas al Auswärtiges Amt en el intento de contactar con Ribbentrop. A todas las llamadas se respondió, como solía hacerse la víspera de los grandes acontecimientos, que el ministro estaba ausente de Berlín. Finalmente, a las dos de la madrugada, Ribbentrop hizo saber a Dekanozov que deseaba hablarle personalmente. La espera fue tensa.

> Jamás había visto a Ribbentrop tan excitado como durante los cinco minutos que precedieron a la llegada de Dekanosov. A grandes pasos, como un animal enjaulado, medía de un lado a otro su despacho. El Führer tiene toda la razón al atacar ahora a Rusia —se decía más bien a sí mismo que a mí, como

1. El avance alemán en Rusia (de junio de 1941 a agosto de 1942).

si con tales palabras quisiera tranquilizarse de algún modo—. Seguramente los rusos nos atacarían a nosotros si nosotros no lo hiciésemos ahora. Y seguía sus paseos por la gran estancia, a grandes zancadas, sumamente excitado y repitiendo estas palabras.[14]

Finalmente, a las 4.00, el embajador compareció ante Ribbentrop, que le notificó la apertura de hostilidades. Los hechos acaecieron aproximadamente de la siguiente manera: Dekanozov, acompañado del intérprete Pavlov, fue conducido al despacho de Ribbentrop. Al parecer, nada sospechaba. Le dio la mano, tras lo cual, en nombre del Gobierno soviético manifestó su deseo de dirigirle unas preguntas que exigían inmediata explicación. Pero no pudo seguir, pues el ministro lo interrumpió. «Ahora no se trata de esto —declaró fríamente—. La actitud hostil del Gobierno soviético respecto a Alemania y la grave amenaza que ve el Reich en las concentraciones de tropas rusas en nuestra frontera del Este ha obligado al Reich a adoptar medidas militares...» Dekanozov fue seguidamente objeto de no pocos reproches. Uno de los principales, el pacto que la Unión Soviética había firmado con Yugoslavia poco antes de estallar el conflicto entre este país y Alemania. «Siento no poder añadir nada más —dijo Ribbentrop—, sobre todo porque yo mismo he llegado a la conclusión de que, a pesar de todos mis esfuerzos, no he conseguido establecer unas relaciones razonables entre los dos países». Dekanozov se había recobrado rápidamente de su sorpresa. También él «lamentaba extraordinariamente» que los acontecimientos hubieran seguido tal rumbo. «Esto se debe al proceder completamente erróneo del Gobierno alemán —tradujo Pavlov, mientras Schmidt tomaba notas—. En vista de la situación, no me queda otro remedio que adoptar con el jefe de protocolo del Auswärtiges Amt las medidas oportunas para ordenar el traslado de mi embajada a Rusia». El embajador se levantó, hizo una breve reverencia y abandonó el despacho.[15]

A las 4.25, el coche del embajador italiano se paró ante la entrada principal del Auswärtiges Amt. Acto seguido, Dino Alfieri fue conducido hasta el despacho de Ribbentrop, quien, acorde con el ceremonial de las ocasiones solemnes, llegó acompañado de sus ayudantes y secretarios. «Tengo el honor de comunicarle que esta mañana, a las tres, las tropas alemanas han atravesado la frontera rusa. Alemania no podía permanecer por más tiempo indiferente y pasiva ante la concentración de tropas rusas en la frontera alemana. Esto constituía para nosotros un serio peligro, una permanente amenaza y una grave provocación. Le ruego transmita esta comunicación al ministro Ciano para que la haga llegar en seguida al Duce en nombre del Führer.» Luego, dejó de lado el tono oficial y le dijo que antes que a él había recibido al embajador soviético, para quien el comunicado había constituido una total sorpresa. «Hoy es un día histórico para la Alemania nacionalsocialista» —dijo enfáticamente Ribbentrop, mientras Alfieri se despedía—. «Al mando del Führer, las tropas del Tercer Reich aniquilarán en poco tiempo al ejército soviético y conseguirán la victoria total.» (Una hora y media antes, a las tres, el embajador en Roma había entregado a Ciano una carta de Hitler para Mussolini, con los motivos que le habían impulsado a atacar.)[16]

A las cinco, Goebbels hizo pública la invasión y transmitió a través de las ondas de Radio Berlín la proclama de Hitler al pueblo alemán, que en muy poco difería de la transmitida a la Wehrmacht: Alemania había atacado forzada por la creciente amenaza que suponía el ansia soviética de expansión hacia el oeste en detrimento de Finlandia, Rumanía, Bulgaria y Turquía, manifestado personalmente por Molotov a Hitler; y que inclusive se había materializado en contra de la propia Alemania con la repetida violación de su espacio aéreo en el transcurso de las últimas semanas, y en el intento de penetración de patrullas militares durante la noche del 17 al 18.[17]

En Moscú, Molotov emitió un comunicado por la radio en el que acusó a Alemania de haber actuado al margen de toda provocación, pues su país había cumplido todos los compromisos derivados de los pactos de 1939 y en absoluto había violado la frontera que lo separaba de Alemania.[18]

Sobre las seis, en Berlín, un afectado Ribbentrop, flanqueado por la plana mayor del Auswärtiges Amt, se dirigió hacia la mesa del salón de actos, donde, de pie e iluminado por unos focos estratégicamente instalados, leyó la nota en la que Hitler pretendía justificar el ataque, mientras los cinematógrafos y cámaras fotográficas de la prensa acreditada perpetuaban el histórico momento. Ramón Garriga, presente en el acto junto a su inseparable colega Penella de Silva, nos ha descrito el ambiente reinante en el Ministerio antes de la aparición de Ribbentrop como poco menos que festivo. Allí recuerda haber saludado a la señorita Tan, una periodista sueca amiga de Schmidt que, como si de una celebración se tratara, acudió a tan magno acontecimiento con traje de noche. Por su parte, Penella de Silva, en su crónica inmediata a los hechos, incidió en la alegría que dominaba el ambiente, y la euforia no contenida de los periodistas lituanos, letones y estonios. Ribbentrop acabó su intervención con la afirmación de que había que «rescatar» a los millones de personas que en la Unión Soviética arrastraban una vida miserable, lo que desencadenó el aplauso de los allí presentes.[19]

Más de mil kilómetros al sur, en Roma, Mussolini se sumó a la peligrosa aventura hitleriana. Siguiendo sus dictados, Ciano comunicó al embajador soviético que Italia se consideraba en guerra con su país desde las cinco y media de la madrugada de ese día. En Presburgo, el ministro eslovaco de Interior anunció por radio la decisión gubernamental de entrar en la lucha al lado de las tropas invasoras, «para liberar a Europa y para constituir una comunidad de los pueblos europeos». En Zagreb, Ante Pavelic declaró que su país estaba dispuesto a cumplir las obligaciones derivadas del *Pacto Tripar-*

tito. En Sofía todo parecía indicar una inminente ruptura de relaciones diplomáticas con Moscú.[20]

En aquel contexto de fervor antisoviético, Londres se erigió en la única capital europea que oficialmente levantó su voz en contra de la agresión. De inmediato, el Foreign Office ofreció su pleno apoyo a Moscú tanto a nivel económico como militar. Y, ya de noche, Churchill pronunció un discurso radiado en el que condenó sin paliativos la invasión, y en el que anunció que su Gobierno tenía como único objetivo el «destruir a Hitler y a todos los vestigios del régimen nazi». Por ello, prestaría toda la ayuda posible a «Rusia» y al pueblo «ruso», y haría un llamamiento a todas las naciones del mundo simpatizantes de la causa aliada para que siguieran sus pasos.[21]

Acababa aquel domingo teñido de sangre, punto de inicio de un sinfín de sufrimientos. La plena participación de Finlandia y de Rumanía en el ataque a territorio soviético, y las favorables manifestaciones públicas de Eslovaquia y Bulgaria, iban a servir a la propaganda nazi para presentar la agresión como un movimiento paneuropeo. Movimiento que, además de pretender la recuperación de los territorios arrebatados por el Ejército Rojo a finlandeses y rumanos, devolvería la libertad a los Estados Bálticos y aniquilaría el régimen comunista soviético, ávido de expansión en el territorio europeo. Los términos *aliados* y *cruzada* comenzaron a difundirse reiteradamente en los comunicados de los órganos oficiales del Reich.

¿Qué había llevado a Hitler a tomar una decisión tan arriesgada como era el invadir un país más potente militarmente que el suyo? Al margen de su deseo de materializar los presupuestos de la teoría del *espacio vital* (expuestos en su día en el *Mein Kampf* y que hacían del Este el campo de expansión natural de Alemania), un día antes del ataque, en la carta a Mussolini, manifestó su temor a «la vieja tendencia bolchevique de expandir el Estado soviético», constatada por la «tremenda» concentración de fuerzas del Ejército Rojo en su frontera con el Reich. En todo caso, tenía decidida la invasión al menos desde el fracaso de las conversaciones con Molotov, en Berlín, siete meses antes, en noviembre de 1940: las apetencias soviéticas sobre Finlandia, la región escandinava y los Balcanes fueron determinantes en tal sentido (tras su segunda reunión, el 13, manifestó a Goering que atacaría a la Unión Soviética el 1 de mayo de 1941). Además, como ha reiterado recientemente John Lukacs, estaba el factor británico de por medio: derrotar a Rusia era, en la mente de Hitler, demostrar a Londres la inutilidad de resistir. Sin embargo, hay también constancia de que, ni en el momento de tomar la decisión ni en el de ordenar el ataque, era consciente del potencial militar de su adversario.[22]

Siguiendo con el desarrollo de los acontecimientos, en la mañana del 23 de junio vio la luz el primer parte de guerra del Alto Mando del Ejército Rojo. Afirmaba que, tras el primer ataque, había contenido a las fuerzas alemanas, y que, tras una segunda acometida, las había rechazado (derribó 65 aviones).

Ese mismo día, Penella de Silva informó que la Luftwaffe había inutilizado 1.200 aviones en el suelo, y que, de 49 que penetraron en territorio alemán y finlandés, sólo siete habían regresado a sus aeródromos.[23]

Transcurridas ya más de 24 horas desde el inicio del ataque, la postura internacional quedó definida. Así, Hungría rompió sus relaciones diplomáticas con Moscú, Bulgaria se comprometió a proteger los intereses alemanes en territorio soviético, y Madrid se congratuló de la invasión y dejó entrever una posible intervención en el conflicto. Más al norte, Suecia vivió horas de especial tensión: el Consejo de Ministros fue convocado en reunión secreta, el Ejército quedó en situación de máxima alerta, y la Marina recibió la orden de permanecer en aguas territoriales propias. Por su parte, Turquía proclamó la neutralidad.[24]

Lejos del conflicto y de Europa, en clara consonancia con la declaración de Churchill, el Gobierno estadounidense hizo pública una nota en la que reprobaba el ataque, y declaró que toda coalición de fuerzas que hiciera frente al nazismo era «ventajosa para la defensa y seguridad de Estados Unidos de América». Y, todavía más lejos, en Tokio, la comisión de enlace entre el Gobierno y el Ejército se reunió con carácter de urgencia para analizar la nueva situación generada en Europa. Una nueva etapa de la guerra acababa de comenzar.[25]

2. EL NACIMIENTO DE LA DIVISIÓN AZUL

Todavía hoy no sabemos, a ciencia cierta, de quién partió la idea de formar un contingente de voluntarios falangistas para luchar contra la Unión Soviética. Pasado más de medio siglo, nadie ha querido asumir (razones obvias) la responsabilidad histórica de la configuración de la División Azul; y, al parecer, no queda constancia documental al respecto. Sabemos, eso sí, que se gestó en la mente de un falangista o de un pequeño núcleo, y como nombres propios hay que citar dos: el de Ramón Serrano Suñer y el de Dionisio Ridruejo. (Por este orden, pues aquél tenía mucho que ganar con la iniciativa, en tanto que éste, muy poco.) En todo caso, la idea surgió antes de que la invasión tuviera lugar.[26]

Ridruejo, el 4 de julio atribuyó la paternidad de la División a Serrano. Al parecer, fue él quien, en una cena que compartieron unos días antes (21 de junio) en el Hotel Ritz, en compañía de Mora Figueroa, expuso su determinación de formar un cuerpo expedicionario tan pronto como estallaran las hostilidades entre Alemania y la Unión Soviética. En este sentido, Stohrer manifestó a Berlín el 28 de junio que, *por* [su] *iniciativa*, fueron enviados voluntarios a Rusia. Pero Ramón Garriga (no siempre tan bien informado como pretende) apunta a Ridruejo, y a Serrano, también.

> Pues mire usted, individualizar el nacimiento [de la División Azul] es casi imposible. Fue un grupo; un grupo de gentes bastante homogéneo, pero no enteramente homogéneo. Uno de los primeros que pensaron en eso fue Dionisio ... Y *pensamos* en eso. La División surgió *casi* sola.[27]

Al margen de controversias, una vez puesta la idea de la configuración de la División sobre el tapete, Serrano Suñer tomó la iniciativa para materializarla. (No ha negado su responsabilidad en este sentido.)[28]

Veamos, a continuación, cuáles fueron los principales acontecimientos de carácter político y diplomático acaecidos en nuestro país entre el domingo 22 y el jueves 26 de junio; las cruciales horas comprendidas entre el desencadenamiento de las hostilidades y el inicio de la recluta de voluntariado.

Cinco días para materializar una idea: del 22 al 26 de junio de 1941

> Pero Dios ha abierto a tiempo los ojos de los estadistas y, desde hace 48 horas, se combate contra *la bestia apocalíptica*, en la lucha más colosal que registra la Historia, para abatir la más salvaje opresión de todos los tiempos; que ya recibiera gravísimas heridas a lo largo de los 32 meses de la ruda batalla que libraron los gloriosos soldados de España, al mando de su glorioso e invicto Caudillo, primer cruzado mundial del combate sin tregua contra el Komintern y sus diabólicas maquinaciones. (Nota aparecida en la prensa española el martes 24 de junio de 1941.)

22 de junio

Eran las seis de la mañana del domingo 22, tres horas después de iniciado el ataque contra territorio soviético, cuando la Embajada en Berlín comunicó telefónicamente a Serrano Suñer la noticia. Poco después, por deseo expreso de Ribbentrop, Stohrer lo telefoneó para comunicarle la decisión alemana de invasión y los motivos que la habían motivado. Acto seguido, Serrano abandonó su domicilio para dirigirse a El Pardo, donde informó a Franco, y le expuso el deseo de FET-JONS de contribuir a la invasión con un contingente de voluntarios; a lo que éste de entrada no se opuso.[29]

A las ocho, la Embajada alemana recibió por vía telegráfica un resumen del memorándum que Ribbentrop había entregado a Dekanozov, con el encargo de que se hiciera llegar al ministro de Asuntos Exteriores. Dicho documento, después de hacer un somero e interesado repaso de la actitud mostrada por la Unión Soviética hacia Alemania desde la conclusión de los pactos de agosto y septiembre de 1939, justificó la agresión en base a la hipotética amenaza que las tropas soviéticas desplegadas a lo largo de la frontera suponían para la integridad territorial de Alemania.[30]

Finalizada la reunión con Franco, Serrano se dirigió a la Embajada alemana. Una vez allí, comunicó a Stohrer la decisión española. Aquella fue una entrevista de especial trascendencia, en la que Serrano manifestó que Franco ofrecía a Alemania el envío de algunas unidades de voluntarios, en reconocimiento a la ayuda recibida durante la Guerra Civil. Un ofrecimiento que tenía que ser interpretado únicamente como gesto de solidaridad, y no como el anuncio de la entrada en la guerra; que no se produciría hasta llegado *el momento adecuado*. Stohrer, tras entregar al ministro la traducción del resumen del memorándum, tomó nota de cuanto dijo, en el convencimiento de que la oferta sabría a poco a Ribbentrop. Finalmente, Serrano manifestó su alegría por cómo se había desarrollado el ataque, y dijo estar convencido de que pronto finalizaría la guerra con un rotundo triunfo alemán.[31]

Después de que el ministro abandonara la Embajada, Stohrer telegrafió al Auswärtiges Amt el ofrecimiento, y de paso informó de las muchas gestiones desarrolladas por aquél durante ese día en pro de la causa alemana. También desmintió el rumor de una declaración oficial del Gobierno español de apoyo al ataque, y solicitó las pautas a seguir con respecto al ofrecimiento de voluntarios.[32]

La radio se adelantó a la prensa, y pronto se extendió por las calles de Madrid y del resto de las ciudades y pueblos de España la noticia de la invasión. De inmediato, miles de españoles comenzaron a acariciar el ansiado sueño de destruir el comunismo, y dieron rienda suelta a su júbilo. Otros callaron o mostraron sigilosamente su perplejidad y desagrado ante lo acaecido, y lo valoraron como una muestra más de la codicia de Hitler.

Hacía varios días que el embajador Hoare estaba pendiente de los comunicados de prensa. Vivió con especial preocupación los acontecimientos desarrollados en Madrid, y muy especialmente la virulenta reacción de la prensa con respecto a unas declaraciones del *Daily Express*, que insinuaban una posible alianza militar entre la Gran Bretaña y la Unión Soviética. A las dos de la tarde, aconsejó al Foreign Office evitar cualquier declaración o acción que, a ojos de los españoles, permitiera asociar a Gran Bretaña con el régimen soviético, a la vez que se comprometió a hacer un seguimiento de las reacciones que tuvieran lugar. Creía que, si bien Serrano Suñer intentaría por todos los medios involucrar a España en la lucha, el Ejército se mantendría al margen de tan arriesgada empresa. Y esperaba de un momento a otro una declaración pública de aquél de solidaridad con Alemania.[33]

A lo largo de aquel domingo, en Bilbao, el cónsul alemán, Friedhelm Burbach, recibió un gran número de adhesiones telefónicas, algunas de las cuales, para sorpresa suya, procedían de significados carlistas, un colectivo que tradicionalmente mantenía una actitud de marcado distanciamiento con respecto a Alemania. Desde hacía unas horas la euforia se había extendido entre importantes círculos financieros y empresariales de la capital vizcaína; y algunos de sus representantes, en conversaciones informales mantenidas con el cónsul en algunos clubes de la ciudad, pronosticaron la derrota soviética en el plazo de unas semanas. Pero Burbach se curó en salud puntualizando que, dadas las circunstancias, la campaña se extendería a lo largo de varios meses.[34]

23 de junio

A la 1.20 de la madrugada del 23, el Foreign Office recibió la comunicación de Hoare relativa a las reacciones que había suscitado en España la invasión alemana. Con el texto delante, el funcionario Williams opinó que las relaciones con algunos países iban a ser más difíciles a raíz del ataque, y que, en el caso de España, había razones más que suficientes para comenzar a pensar en un cambio *apreciable* de su política exterior. Su compañero Roberts compartió dicho criterio, y dio por sentado que, en adelante, Alemania dispondría del trigo ucraniano para usarlo como *cebo* ante los españoles. Además, también Portugal se vería influenciado por la propaganda antisoviética. Por su parte, Marks se manifestó también en el sentido de que las relaciones con España y Portugal se complicarían.[35]

Aquella mañana, *La Hoja del Lunes*, dada su condición de único periódico que se vendía en toda España, monopolizó la información relativa al desencadenamiento de las hostilidades. En su editorial, afirmó que la Unión Soviética había sembrado el caos en Europa durante 25 años, lo que había costado a España *un millón* de muertos. Y, ante el incumplimiento de sus acuerdos con Alemania, Hitler se acababa de alzar como el defensor de los intereses de Europa, en una *cruzada* cuya primera batalla había sido librada y ganada en suelo español.[36]

En el Palacio de Santa Cruz, Serrano Suñer recibió peticiones de audiencia por parte de los embajadores de Italia, Japón y Turquía. En aquella tesitura, optó por entrevistarse con los diplomáticos del Eje, y aplazar la audiencia con el representante turco para el día siguiente. Tan sólo habían pasado unas horas desde su reunión con Stohrer, y, para su desesperación, los generales se habían opuesto ya al proyecto de envío de un contingente falangista.[37]

Además del innecesario protagonismo que daba a FET-JONS, los generales veían en el proyecto un intento de Serrano de acaparar para sí y su camarilla los futuros triunfos derivados de él. Sí a la participación española en el conflicto —pensaban—, pero no exclusivamente de la mano falangista. Todos los grupos que habían combatido contra *el comunismo* en la Guerra Civil tenían derecho por igual a tomar parte en el conflicto. Sin embargo, reconocían, no sin cierta preocupación, que Serrano había sido muy hábil al actuar rápida y convincentemente ante Franco. Por ello, era preciso acceder a éste de inmediato, y lograr su asentimiento para replantear los términos de la oferta hecha a los alemanes.[38]

Hoare estaba convencido de que Serrano Suñer iba a utilizar la invasión alemana para mostrar públicamente, una vez más, su hostilidad. Y esperaba, de un momento a otro, el desencadenamiento de una violenta campaña propagandística anglófoba. Aunque también albergaba la esperanza de que, a los pocos días, las aguas volvieran a su cauce. Era necesario, pues, informó al Foreign Office, ir con mucho tiento y usar lo menos posible la palabra *alianza* para designar la relación que se abría con Moscú. Varela —manifestó— se había mostrado contrario al envío de unidades regulares del Ejército, y era poco probable que optara por enviar en su lugar a reservistas. Tanto él como Galarza —concluyó— eran de la opinión de que la campaña, en última instancia, iba a debilitar militarmente a Alemania.[39]

Pero el principal hecho político de aquel lunes fue la reunión del Consejo de Ministros, que tuvo lugar por la tarde. Bajo la presidencia de Franco, discutió el envío de un contingente de voluntarios a Rusia, y de inmediato chocaron los intereses falangistas y militares. La propuesta, hecha por boca de Serrano Suñer, de enviar un cuerpo íntegramente falangista fue rechazada de plano por los militares, que no querían quedar al margen y entendían que competía exclusivamente al Ejército la configuración de la Unidad. Pronto el enfrentamiento se personalizó entre Serrano y Varela. Nada ha quedado a nivel documental de la discusión, dado que no se conservan las actas del Consejo. Únicamente el testimonio de Serrano Suñer permite entrever lo que sucedió.

> Porque entonces, Arrese dice: «Bueno. Y ya está. ¿Cómo se llama?: ¡División Azul!» *Varelita* dice: «¿Qué División Azul, ni qué tontería? ¡Qué tontería! ¡División... Una de las divisiones del Ejército español!». (¡Era tan bruto...!) Y yo allí mismo, sobre la marcha, dije: «Mire usted, mi general, no diga usted tonterías». (Yo me sentaba en uno de los extremos, al lado de Franco. Y no paraba de darme puntapiés para que me callara.) Y yo digo: «¿Usted sabe lo que está diciendo?». Y me dice Varela: «¿Pero es que en cosas militares también usted se va a meter?». (Franco siempre me decía que no me metiera.) Y yo: «Yo me meto en cosas de España, y en cosas de sentido común». Digo: «¡Cómo no puede llamarse, cómo no puede ser, es una de las divisiones del Ejército español! Porque si tal fuera, estábamos en guerra con Rusia. Y para mí, la gran habilidad de esta división —¡Dios nos proteja!— es que vean los alemanes que somos sinceros, y que en alguna medida, en la modesta medida de lo que podemos, entramos en vía de acción. ¡¡Pero no como nación, sino como unos españoles que tienen el derecho a ser germanófilos y a ser voluntarios!!».
>
> «¿División?, ¿una división del Ejército español? ¡De ninguna manera! ¡A eso me opongo y me levanto! ¡Me marcho! ¡Porque esto sí que es la guerra! Se necesita... —yo dije así— se necesita ser muy *ignorante* y muy *irresponsable*... (Yo ya no tenía zapatos, porque Franco...) ¡¡Pero usted no comprende que si es una división del Ejército español estamos en guerra, la nación española, el Es-

tado español está en guerra!! Y yo lo que quiero todavía es no estar en guerra. Y de esta manera, sin embargo, calmar, piropear un poco a los alemanes... ¡¡Si el problema está precisamente en que no sea esa división que usted quiere!!»

Una misión muy agria, donde yo llamé tonto a Varela y Franco me estropeó los zapatos.[40]

Franco intervino para atajar lo que podría haber derivado en altercado: calmó a Serrano e hizo ver a Varela la imposibilidad de enviar una unidad regular del Ejército. Y prosiguió el Consejo, probablemente sin dejar de lado el tema del envío de voluntarios a Rusia. Ya entrada la noche, Franco emplazó a sus ministros para el día siguiente, con vistas a tratar los temas pendientes de discusión.[41]

En el intervalo entre las dos reuniones, Serrano Suñer filtró veladamente a la opinión pública la decisión de intervenir en el conflicto germano-soviético, por boca de Felipe Ximénez de Sandoval, en rueda de prensa. El portavoz en primer lugar hizo referencia a la frenética actividad prodigada por el ministro durante las últimas 48 horas. Seguidamente, interrogado por un periodista sobre los rumores del envío de un contingente de voluntarios, afirmó que él no estaba autorizado a contestar, pero que, sin duda, aquél era el deseo de muchos españoles. E hizo pública la satisfacción del Gobierno ante el ataque, valorado como continuación de la Guerra Civil.[42]

Con aquellas manifestaciones, el Gobierno dejó entrever la pronta participación en el conflicto germano-soviético. Y de hecho, dieron luz verde a la Falange madrileña para la rápida movilización de sus efectivos, recelosos ante una probable injerencia militar. En un contexto de euforia, no exenta de nerviosismo, el SEU madrileño preparó, con el visto bueno de las altas instancias del Partido, una gran manifestación de apoyo a la propuesta de Serrano Suñer. Los ánimos de los jóvenes falangistas estaban alterados en extremo por las noticias que llegaban de Berlín. La Guerra Civil quedaba aún muy cercana en el tiempo y anidaba en el ánimo de todos. Se presentaba la ocasión, tantas veces soñada, de participar en la aniquilación del régimen comunista soviético, al que el ideario colectivo de la Falange señalaba como culpable del enfrentamiento fratricida. Convenía, pues, actuar rápida y contundentemente a fin de neutralizar cualquier intento de freno a la iniciativa por parte de los sectores *reaccionarios* del Régimen.

Pero el Ejército también se movió. En este sentido, el espionaje alemán detectó signos que apuntaban al hecho de que la reacción militar ante Franco había dado sus frutos. Lejos del planteamiento inicial, posiblemente se crearía un cuerpo mixto falangista-militar bajo la dirección de oficiales del Ejército.[43]

Entre tanto, en Barcelona, grandes altavoces colocados en las Ramblas (probablemente por falangistas) difundieron las últimas noticias del avance alemán en territorio soviético. Muchos, ávidos de noticias, se agolparon a su alrededor. Acabada la emisión, un grupo de los allí presentes empezó a vitorear a Alemania e Italia, y se dirigió en manifestación hacia la Plaza de Cataluña, sede del Consulado General alemán, frente al cual vitoreó a Hitler, Alemania y España, y tarareó acordes de los himnos alemán e italiano. Según la prensa, la magnitud de la concentración obligó a interrumpir el tráfico rodado en la zona. El personal del Consulado, en respuesta, se acercó a los ventanales, saludó a los concentrados y compartió sus manifestaciones de alegría. Entre tanto, en la sede de la Capitanía General, Kindelán redactó una nota dirigida a Stohrer, en la que le manifestó su deseo de que «la magna operación» frente al «enemigo más peligroso del continente Europeo» tuviera éxito. Y recordó, con afecto, la ayuda recibida de Alemania durante la Guerra Civil, materializada en el envío de la Legión Cóndor. En este sentido, adjuntó a la nota una carta dirigida a Richthofen, con el ruego de que le fuera remitida.[44]

En Madrid, las felicitaciones llegadas a la Embajada alemana, personalmente o por vía telefónica o telegráfica, colapsaron su actividad durante toda la jornada. Con gran satisfacción, Stohrer comunicó a Berlín el cariz popular que había tomado la invasión. A las 20.15 horas Lazar comunicó telefónicamente al Palacio de Santa Cruz que la Luftwaffe había destruido 1.775 aviones, 1.500 en los propios aeródromos; informó de la conquista de Brest-Litovsk, y manifestó que, de un momento a otro, caería Kaunas. Poco después, a las 21.00, en la Embajada británica, Hoare transmitió a Londres la traducción de un extracto de *La Hoja del Lunes* que afirmaba la inquebrantable fidelidad de los españoles a la *cruzada* anticomunista. Y a las 23.15 recomendó obtener una declaración pública del cardenal Hinsley condenatoria de la invasión y justificativa de la posición británica. Dado que comenzaba a tomar cuerpo la posibilidad del envío de una expedición al frente ruso, temía que la Iglesia española fuera impelida a declararse públicamente a favor de la *cruzada*.[45]

24 de junio

El 24 de junio fue un día particularmente intenso para la Embajada alemana, y de manera especial para Stohrer. A las 9.20 recibió un telegrama de Ribbentrop en el que manifestaba la satisfacción del Gobierno del Reich por el ofrecimiento de voluntariado falangista, y transmitía la certeza de que sería bien recibido por la Wehrmacht. Stohrer debería entrevistarse con Serrano Suñer de inmediato para transmitirle la aceptación del voluntariado, y, dado que se preveía un rápido desenlace de los acontecimientos bélicos, insinuarle la necesidad de proceder con celeridad. Seguidamente, debería intentar arrancarle el compromiso de una declaración de guerra a la Unión Soviética, hecho que reforzaría el significado político del ofrecimiento y definiría *inequívocamente* la postura de España con relación al Eje.[46]

Aquel martes España amaneció entre grandes titulares de la prensa que daban cuenta del inicio de hostilidades entre Alemania y la Unión Soviética. Los periódicos reproducían prácticamente en su totalidad la proclama de Hitler al pueblo alemán, un extracto de su proclama al Ejército, y el primer comunicado de guerra, que anunciaba que tenían lugar combates en la frontera y que había sido rechazada una tentativa soviética de incursión en la Prusia Oriental. También insertaban el primer comunicado rumano, que indicaba que los combates se extendían por todo el frente comprendido entre las montañas de la Bucovina y el Mar Negro. De forma mucho menos significada, transmitieron también una parte del texto del discurso radiado de Churchill del domingo, en el que ofreció el apoyo británico a la Unión Soviética.[47]

Siguiendo consignas, los editorialistas valoraron aquella acción bélica como una *cruzada* contra *la barbarie asiática*, un episodio más del enfrentamiento secular de la civilización occidental con los pueblos de más allá del río Dniéster. El objetivo a combatir no eran los rusos, sino la más *siniestra* de las concepciones sociopolíticas que había generado el ser humano: el comunismo. Por lo tanto, la misma *plaga* que había sido extirpada de España iba a serlo ahora de Rusia. *Arriba* dio un paso adelante en la implicación de España en el conflicto, al anunciar «el deseo de la juventud española de estar presente en [la batalla] con el mismo fusil —aún caliente— del que salieron los primeros disparos». Y *Solidaridad Nacional* anunció en grandes titulares que durante el primer día de lucha la aviación soviética había sido derrotada allí donde se había enfrentado a la alemana, y calificó sus pérdidas de enormes. La Luftwaffe, además, había infligido graves quebrantos a la infantería y a la artillería, y, en combinación con las lanchas rápidas, había hundido varios buques.[48]

Sin lugar a dudas, los elementos germanófilos barceloneses aquel día estuvieron de enhorabuena, pues a tales noticias se sumó el anuncio del nacimiento de la entidad cultural *Amigos de Alemania* (bajo inspiración de Luys Santa Marina) y con un ámbito de acción que abarcaría la totalidad de la provincia. Entre tanto, Stohrer, satisfecho por lo que acababa de leer, comunicó al Auswärtiges Amt que Alemania había obtenido de la prensa española un apoyo total en su apertura de hostilidades con la Unión Soviética, y que había aceptado pletórica las razones aducidas por el Gobierno del Reich.[49]

Parece ser que aquel martes Franco y Serrano Suñer despacharon largamente. Aquél, tras haber dado el sí a la configuración de la unidad de voluntarios, comunicó sus designios a Serrano: tal como deseaba, iría a Rusia un contingente falangista, pero necesariamente bajo mando militar. Franco había optado, pues, bajo presión de sus generales, por una opción que le era grata. Convenía, a ojos del mundo entero, que la unidad española tuviera una actuación destacada. Sólo los mandos militares serían capaces de dotar a aquellos voluntarios de un auténtico espíritu castrense, a la vez que canalizarían tácticamente su ardor combativo. Además, no olvidaba los problemas generados por la actuación de las milicias falangistas durante la Guerra Civil. El proceso de supeditación del poder civil al militar, espíritu mismo del *18 de Julio*, debería mantenerse también en Rusia. Franco impuso, pues, su criterio, aduciendo aspectos tácticos, a un desazonado Serrano, que vio cómo se le escapaba la posibilidad de instrumentalizar en beneficio exclusivamente propio y de la Falange los éxitos militares que, sin duda alguna, se avecinaban. Una vez más se veía obligado a ceder frente a las exigencias de los generales.

> Al día siguiente yo despachaba con Franco todo el día y dijo: «Mira Ramón, lo de ayer es tremendo, ¿eh? Vamos a evitar eso, que aquí no nos vamos a enzarzar... Ahora comprenderéis —«comprenderéis» dijo el hombre— que los chicos, valerosísimos, españoles de primera..., pero el Ejército es una técnica y una disciplina. De eso sabrá alguno, pero esos no saben mandar. La División Azul ya está bien azul, pero ha de estar dirigida, encuadrada, mandada por gente que sepa lo que es la guerra, ¿no?».[50]

Después de la reunión, Serrano Suñer recibió a Stohrer, presto a cumplir las órdenes de Berlín. Durante la entrevista, el ministro manifestó su satisfacción por la aceptación alemana de voluntarios, y se lamentó de la imposibilidad de enviar una unidad exclusivamente falangista, dados *los celos* de los militares. Seguidamente se comprometió a comunicar de inmediato la aceptación a Franco y a sus compañeros de Gabinete en el marco de la nueva reunión del Consejo de Ministros. También se comprometió a ponerse de acuerdo con el general Moscardó para iniciar la recluta. Stohrer sería informado al punto, con vistas a iniciar, tan pronto como fuera posible, las primeras tomas de contacto entre mandos españoles y alemanes. La afluencia de voluntarios se prometía «extraordinariamente grande». Por su parte, el embajador planteó la conveniencia de una declaración formal de guerra a la Unión Soviética. Serrano, sin duda prevenido, desplazó la responsabilidad de la decisión a Franco. Y manifestó su temor a que Gran Bretaña, y quizá Estados Unidos, decretasen un bloqueo comercial; lo que supondría el apresamiento de los buques de avituallamiento que se dirigían a España y la requisa de los barcos españoles anclados en puertos estadounidenses.[51]

Acabada la reunión, Stohrer, no sin cierta preocupación, abandonó el Palacio de Santa Cruz. Tenía que comunicar a Ribbentrop la negativa a proceder de inmediato a una declaración de guerra, lo que, dadas las tensiones existentes entre ambos, se le hacía difícil. Ya en la Embajada, telegrafió al Auswärtiges Amt. En primer lugar transmitió la satisfacción de Serrano por la aceptación de los voluntarios, y los trámites que pensaba hacer para materializar la ayuda prometida. Seguidamente, la respuesta del ministro a su sugerencia de declaración de guerra. En ese sentido, el embajador se mostró muy prudente: las razones aducidas por Serrano eran de peso; por ello, de momento era mejor dejar las cosas como estaban. Una campaña militar como la que acababa de iniciar Alemania aconsejaba, en su opinión, evitar tensiones con terceros países, en este caso España.[52]

Paulatinamente comenzaron a producirse en el centro de Madrid pequeñas aglomeraciones. Poco antes de las 12 se habían congregado ya en la plaza del Callao unos cuantos millares de afiliados al SEU, de manera que la circulación rodada se hizo imposible. Aparecieron grupos de estudiantes con carteles alusivos a la contienda, entre los que destacaba uno con la inscripción «Voluntarios falangistas contra Rusia». Gritaban fuerte y con entusiasmo a favor de España y de cada uno de los países del *Pacto Tripartito*.

Pronto comenzaron a llegar al punto de la concentración jerarcas del Partido: los delegados nacionales del SEU, de la Sección Femenina, del Frente de Juventudes, de Sanidad, y de Transportes y Administración; jefes de la milicia; un consejero nacional; altos cargos de la Secretaría General, de la Jefatura Provincial y del Frente de Juventudes; delegados de distritos universitarios, y un gran número de camisas viejas. La Universidad había suspendido los exámenes de final de curso. En poco rato, la concentración adquirió proporciones superlativas. Acto seguido, los concentrados se pusieron en marcha por la Gran Vía (entonces, Avenida de José Antonio), en dirección a la Secretaría General del Partido, sita en el punto donde esta importante arteria confluye con la calle de Alcalá. Al parecer, muchos transeúntes optaron por unirse a la manifestación; lo que le confirió un carácter todavía más multitudinario. El griterío era ensordecedor. Y, atentas a todo lo que estaba acaeciendo, las cámaras alemanas allí estaban, dispuestas a inmortalizar el histórico evento.[53]

Según se desprende de las declaraciones de Serrano Suñer y lo escrito por la historiografía, Arrese, ante aquella impresionante manifestación, al parecer dudó en la forma de proceder, y finalmente optó por telefonear a Serrano al Ministerio de Asuntos Exteriores. Éste, que iba a despachar con el general Moscardó sobre el inicio de la recluta, abandonó precipitadamente el Palacio de Santa Cruz y se dirigió hacia la Secretaría General. Una vez allí, departió brevemente con los presentes; y, al parecer a instancias de Arrese, accedió al balcón. A su lado se situaron Gamero del Castillo, los delegados nacionales de Excombatientes, Sindicatos, Sanidad y Auxilio Social; los jefes de la milicia falangista y del Gabinete Diplomático; el delegado provincial sindical y el presidente de la Diputación de Madrid. Y, a ambos lados del balcón, flanqueando a todos ellos, se apostaron varios fotógrafos prestos a captar un momento que se adivinaba histórico.[54]

Un Serrano exultante, con uniforme blanco y gafas de sol, ante la expectante multitud y sin el apoyo de micrófonos, exclamó:

> Camaradas: No es hora de discursos, pero sí de que la Falange dicte en estos momentos su sentencia condenatoria: ¡Rusia es culpable! ¡Culpable de nuestra Guerra Civil! ¡Culpable de la muerte de José Antonio, nuestro Fundador, y de la muerte de tantos camaradas y tantos soldados caídos en aquella guerra por la agresión del comunismo ruso!

La multitud prorrumpió en gritos de entusiasmo y fuertes ovaciones. Alentado por el éxito de sus palabras, el ministro pronunció la fatídica frase que, de entrada, podía ser interpretada como la conminación a aniquilar a todo un pueblo:

> ¡El exterminio de Rusia es exigencia de la Historia y del porvenir de Europa![55]

Se llegó al paroxismo; ensordecedores gritos de júbilo y odio salidos de las miles de gargantas allí concentradas se entremezclaron de manera explosiva. Definitivamente se combatiría al comunismo en su propio terreno; *la venganza*, tantas veces soñada por muchos excombatientes de la *España nacional*, se iba a materializar por fin.

Serrano, consciente de la posibilidad de que se produjeran disturbios, pidió a los manifestantes que después de cantado el *Cara al Sol* se disolvieran pacíficamente, y les ordenó que estuvieran «sólo atentos a la voz del mando y vigilantes de las voces insidiosas y pérfidas de los enemigos, para sellarles la boca». Los ánimos, sin embargo, seguían alterados entre la mayoría de los concentrados. En medio de la dispersión, varios grupos de jóvenes falangistas se dirigieron hacia la Embajada británica, sita en la cercana calle de Fernando el Santo; donde comenzaron a increpar a sus miembros con gritos en pro de la devolución de Gibraltar a España. El personal de la Embajada, lejos de amilanarse, apareció en el balcón, y al parecer exteriorizó su desprecio hacia los concentrados. Éstos, airados, lanzaron piedras contra los ventanales (con la consiguiente rotura de cristales), rasgaron banderolas de los coches oficiales aparcados frente al edificio y hendieron ruedas. Por suerte, los ánimos no se encresparon aún más y todo acabó ahí. Finalmente, los jóvenes se dirigieron hacia la Embajada alemana y prorrumpieron en gritos de adhesión a la causa del Eje.[56]

Enterado de aquellos sucesos, Stohrer informó a Ribbentrop: atribuyó la paternidad de la manifestación de la calle de Alcalá a Serrano, y justificó la acción de los jóvenes en base al comportamiento provocador de los británicos. Una actitud, ésta, que podría ser aprovechada a nivel propagandístico mediante su difusión en la prensa.[57]

Acabada la arenga, Serrano Suñer regresó al Palacio de Santa Cruz. Le dolía la garganta por el esfuerzo hecho. Fue allí donde tuvo conocimiento de los altercados ante la Embajada británica.

> Contra mi voluntad pasó lo de la Embajada. Yo no quería irritar a los ingleses. No tenía inconveniente en hablarles, pero en fin... Y fueron ellos mismos, el grupito incondicional de Arrese, los que dijeron: «Bueno, ¡pues ahora vamos a la Embajada!»[58]

Al parecer, Serrano telefoneó a Hoare.

> Entonces los ingleses inventaron aquella frase ingeniosa, pero no histórica, de que yo (¡me indignó aquello!) le llamé corriendo por teléfono a Hoare y le dije: «Mire usted, esto como usted, como diplomático, puede comprender, es lo que más me perjudica, lo que más daño me puede hacer. He dado órdenes de protección al máximo. ¿Cuándo quiere que le mande más fuerza?» Y es cuando inventaron la frase ingeniosa, pero no histórica: «No. No me mande más policía, mándeme menos estudiantes». Fue una invención de ellos.[59]

Seguidamente, reanudó su trabajo.

> Entonces el barón de las Torres, jefe de Protocolo nuestro, me dijo, todavía estando yo en el Ministerio: «El embajador inglés, que necesita hablar con usted». Yo ya le había dicho por teléfono «le mando más fuerzas». Había mucha fuerza ya, pero yo por hacer un gesto... Eran ya más de las dos de la tarde y yo aún tenía que comer, y le dije al barón: «Dígale que yo voy ahora a almorzar, seguramente hará lo mismo, dígale que voy corriendo a casa, a las cuatro puedo recibirle en mi casa» —era allí, muy cerca—. «A las cuatro le espero en mi casa.»[60]

Antes de dejar el Ministerio,

> le dije al barón de las Torres: «Esté usted allí», y a un amigo que se ocupaba de algo: «Tú estáte allí escondido, por si acaso».[61]

Dos horas después,

> a las cuatro y pico, llega sir Samuel Hoare acompañado por los tres agregados militares de gran uniforme, armas, etcétera. Llega ahí, lo recibo, con cortesía y dolor por lo... —Samuel Hoare es una de las bestias mayores que yo he conocido en este mundo—. Casi me interrumpe. No me escucha. Yo le digo que lo lamentaba: «Mi Gobierno está a su disposición, no solamente, claro está, para todas las indemnizaciones por lo material en lo que crea, y tal...». Me interrumpe —era muy nervioso: se ponía el pañuelo ahí...— Dice: «¡Bueno...!»

—detrás de él, en uniforme, los otros; en mi casa—́, dice: «¡Bueno, mire, esto no ocurre más que en un país de salvajes!». Yo, al oír esto —¿hice bien, hice mal? (luego me arrepentí por si podía haberme equivocado yo...)— hice así: señalé a la puerta. Le dije «Luis» —al barón de las Torres— «acompaña a estos señores, que se van». «¿Cómo?». «Sí, hemos terminado». Los eché de casa. El barón de las Torres abrió la puerta. Era una bestia Hoare. Me quedé muy disgustado.[62]

La manifestación de la calle de Alcalá no fue la única que tuvo lugar en España aquel martes, pues se desarrollaron otras en varias capitales de provincia. Todas respondieron a un mismo esquema de desarrollo: en un primer momento se concentraban los manifestantes, mayoritariamente miembros del SEU, en un punto céntrico de la ciudad; paulatinamente aparecían los jerarcas provinciales del Partido; a continuación comenzaba la marcha por las principales arterias de la población, y generalmente paraba frente a la Jefatura Provincial. Allí, su titular hacía una alocución de carácter anticomunista y antisoviético en términos similares a los empleados por Serrano Súñer; cuando acababa el discurso, pedía a los manifestantes que *se dispersaran en orden*; cantaban el himno de la Falange y se hacían los gritos de rigor; y finalmente, gran parte de los manifestantes se dirigían hacia el Consulado de Alemania, y en algunos casos también al de Italia, donde multiplicaban los gritos y ovaciones. En Castilla, al margen de la de Madrid, destacaron las manifestaciones de Albacete y de Valladolid; en Extremadura, la de Badajoz; y Valencia y Andalucía no fueron una excepción.[63]

Era posiblemente ya por la tarde, cuando en El Pardo se reanudó el Consejo de Ministros iniciado el día anterior, con el objetivo prioritario de dejar sentadas las directrices a seguir para configurar el contingente de voluntarios que iba a luchar a Rusia. Esta vez Franco tomó las riendas de la reunión desde un primer momento e impuso a sus ministros los criterios que ya había adoptado al respecto.

Según informes de Stohrer redactados en base a declaraciones del propio Serrano, el Consejo decidió la publicación de un manifiesto para incentivar el alistamiento de voluntarios. Y aunque debatió el volumen idóneo de la aportación a nivel de hombres, no tomó ninguna decisión definitiva al respecto. En todo caso, los voluntarios marcharían con la camisa azul, provistos de signos falangistas y de la bandera de la Falange, aunque con uniforme del Ejército. Los oficiales y suboficiales serían todos excombatientes de la Guerra Civil, y el Ejército del Aire proporcionaría una compañía de voluntarios. Serrano aseguró que el envío de voluntarios se iba a acelerar de tal manera, que sería posible llevarlo a cabo en el plazo de una semana.[64]

Y según el espionaje alemán, el Consejo también decidió que inicialmente se aportarían los efectivos de una división, y que, dado el caso, podría llegarse a la cifra de 50.000 hombres; y también que, una vez recibida la auto-

78 LA DIVISIÓN AZUL

rización alemana, se abrirían despachos de propaganda. Asimismo decidió que los puestos de mando serían ocupados por oficiales que hubieran intervenido en la Guerra Civil, y que en primer lugar tendrían que apuntarse conocidas personalidades falangistas, concretamente Girón, Salvador Merino, Mora Figueroa y Ridruejo.[65]

Informes posteriores del propio espionaje alemán señalaron que una parte del Consejo planteó la posibilidad de la entrada de España en la guerra. Pero otra parte argumentó que aproximadamente un 60 por ciento de la tropa del Ejército estaba compuesta por *rojos*; a lo que se replicó que quizá podrían ganarse para la causa *nacional* por medio de una amnistía. Llegado el debate a este punto, los ministros falangistas no aprovecharon la ocasión para resaltar la importancia numérica de sus milicias y la capacidad de recluta de la Falange, con vistas a conformar una unidad mayoritariamente falangista.[66]

25 de junio

El 25 las baterías españolas abrieron fuego contra un avión que sobrevolaba Algeciras, y al parecer llegaron a dañarlo; a lo que los británicos respondieron desde Gibraltar con dos o tres cañonazos sobre las posiciones españolas, que, a su vez, reaccionaron con varios disparos. La tensión en Algeciras había alcanzado su punto máximo a raíz de la ubicación de varias baterías de 38 milímetros procedentes de El Ferrol, lo que originó un aumento considerable de la actividad del espionaje británico y del número de vuelos de reconocimiento por la zona. El incidente, de consecuencias imprevisibles, finalmente fue resuelto por vía telefónica.[67]

En la mañana de aquel miércoles, la prensa difundió un parte alemán que manifestaba que la Wehrmacht había penetrado cien kilómetros en territorio soviético, tomado Kaunas y Vilna, destruido 1.700 aviones y numerosos carros de combate, y hecho miles de prisioneros. Además, se hizo eco de la concentración falangista del día anterior en Madrid, reprodujo las palabras de Serrano Suñer, y refirió las manifestaciones que habían tenido lugar en otros puntos de la geografía española.[68]

La prensa aventuró la participación española en la guerra al afirmar que «cualesquiera que sean las determinaciones que adopte el Gobierno ... lo que sí puede afirmarse ya es que España estará presente en la titánica lucha de alguna manera». Y recriminó a Gran Bretaña y Estados Unidos su actitud de solidaridad con la Unión Soviética («se lanzan a ciegas a brazos de Stalin y se disponen a aprovechar en beneficio propio esta nueva cruzada contra el bolchevismo ..., se oponen, ahora, a los deseos del Mundo, que espera verse liberado de la tiranía del comunismo ..., ya no podrán engañar a nadie respecto a sus verdaderos propósitos»). E informó de que en la Cámara de los Comunes había tenido lugar, con asistencia del embajador soviético, el anunciado debate sobre la política a seguir respecto a Rusia. Durante la sesión, en la que algunos diputados dirigieron preguntas a Churchill, Eden había manifestado que, a pesar de las grandes diferencias que los separaban, ambos países habían iniciado conversaciones dirigidas a derrotar a Alemania, que de momento se iban a materializar en el envío de misiones militares y económicas británicas a Rusia. Al mismo tiempo, en la Cámara de los Lores, vizconde de Cranborne había hecho una declaración parecida, que fue aprobada por unanimidad.[69]

Aquel miércoles Madrid era un hervidero de rumores, y si bien todavía no había sido designada la persona que iba dirigir la división de voluntarios, se barajaban ya los nombres de Asensio, García Valiño y Yagüe. Los dos primeros eran, a ojos de los diplomáticos alemanes, candidatos del Ejército, y Yagüe, de la Falange.[70]

La Embajada alemana seguía desarrollando una frenética actividad. Stohrer se dirigió al Palacio de Santa Cruz, donde Serrano Suñer le relató el altercado con Hoare, y le manifestó que sus relaciones con Weddell seguían siendo muy tensas, hasta el punto de que se había negado a retractarse ante el nuncio de la Santa Sede, mediador a petición de éste. También le informó del incidente de Algeciras, y de su intención de enviar una nota de protesta muy severa a Hoare. Fue en el propio Ministerio donde Stohrer fue informado —posiblemente también por Serrano— de que ese mismo día iba a reunirse la plana mayor de FET-JONS para fijar los detalles de la recluta de voluntarios. Paralelamente, el agregado aéreo de la Embajada supo, por boca de Vigón, que España estaba dispuesta a enviar entre 40 y 50 pilotos de bombarderos y cazabombarderos con el pertinente personal de tierra, aunque ni un solo avión; y que todo el cuerpo de oficiales de las fuerzas aéreas se había inscrito para tomar parte en la aventura rusa.[71]

En Barcelona fueron convocados los jefes del SEU a las nueve de la mañana en la Jefatura del Distrito Universitario, al objeto de «recibir órdenes»; los estudiantes, dos horas después en sus respectivos centros docentes; al igual que los cadetes del Frente de Juventudes, en la Delegación provincial. Consecuente con las directrices dadas, a las 11, en la plaza de la Universidad, se inició la concentración falangista; y a las 12.40, se puso en marcha. Encabezaban la manifestación el jefe provincial y el del Frente de Juventudes, y el consejero nacional y delegado del Distrito VII. Les seguían varias pancartas con proclamas contra Rusia y el comunismo, y el grueso de los manifestantes.[72]

La manifestación discurrió por la calle Balmes, la calle Pelayo y la plaza de Cataluña, y de allí bajó por las Ramblas, enfiló por el Paseo de Colón y por la Vía Layetana hasta su confluencia con la Gran Vía, desde donde se dirigió al Paseo de Gracia. Desde allí continuó, en dirección a la montaña, en medio de aplausos y vítores del público concentrado en las aceras. Llegados ante la Jefatura, Correa Véglison salió al balcón acompañado por el jefe superior de policía, el jefe local del Partido, varios delegados provinciales y otros jerarcas falangistas. Los concentrados, eufóricos, daban vivas y lanzaban los más disonantes improperios; y, voz en grito, le pidieron (seguían consignas) que tomara la palabra. Correa los arengó con una brevísima alocución, interrumpida dos veces:

> Camaradas del SEU: Después de las palabras de nuestro ministro presidente de la Junta Política, no puedo agregar más que resaltar, como él hizo, que el enemigo principal de España ha sido el marxismo comunista encarnado en la URSS.

grandes aclamaciones y gritos de «¡Abajo Rusia!»

> Ellos fueron culpables de haber destruido la unidad moral de España y de haber perseguido lo que para nosotros era más querido: los ideales de la Religión y de la Patria.

nuevas ovaciones y gritos de «¡Muera Rusia!»

> Pero nosotros estamos dispuestos en todos los terrenos a hacer una vez más de España el enemigo infranqueable de las fuerzas destructoras de la sociedad que representa la Rusia comunista.[73]

Acto seguido, todos entonaron el *Cara al Sol* y Correa lanzó los gritos de rigor. La manifestación había acabado oficialmente, pero la mayoría de los jóvenes bajaron por el Paseo de Gracia, ya sin banderas ni carteles, hasta llegar al Consulado General alemán, sito en la Plaza de Cataluña (salieron al balcón Jaeger y el resto de diplomáticos). Hubo vivas a Alemania y a Hitler; y, tras cantar el himno falangista, se dispersaron.[74]

En otro orden de cosas, aquel miércoles el falangismo estaba exultante. Algunos jefes provinciales, como el de Tarragona y el de Logroño, e incluso jefes locales, aprovecharon la oportunidad para contactar con Serrano por medio de telegramas, en los que, eufóricamente, le comunicaron que en sus respectivas jurisdicciones habían tenido lugar manifestaciones del mismo signo que la madrileña. Ramón Serrano Suñer estaba de enhorabuena.[75]

26 de junio

La prensa del 26 de junio manifestó en primera página que la velocidad del ataque alemán había rebasado todas las expectativas. Destruidos 2.000 aviones en el suelo y 400 más en combate, 81 tanques y 23 trenes, Turquía había ratificado su pacto con Alemania. Pero Roosevelt se había comprometido a ayudar en todo lo posible a la Unión Soviética, que acababa de declarar la guerra a Finlandia, y los británicos habían cogido la apertura del nuevo frente de guerra como «tregua providencial» que iba a permitir rearmar la Isla.[76]

Penella de Silva envió una crónica que hizo patente la impaciencia de los medios periodísticos destacados en Berlín por recibir del OKW un anunciado parte de guerra con «un gran triunfo». Y manifestó que había quien aventuraba ya —«con exagerada ambición»— la caída de Minsk, Kiev y Odesa. La euforia periodística llegó al punto de pronosticar que las defensas rusas serían rotas más rápidamente que la Línea Maginot, que Europa iba a liberarse «muy pronto de la vergüenza infecciosa del bolcheviquismo» y quedaría inundada de trigo ucraniano.[77]

A primera hora de la mañana, el Foreign Office comunicó al Ministerio español de Finanzas que había bloqueado el suministro de gasolina: era la respuesta de Londres a la inminente configuración de la Unidad, que dejaba al país abocado a inmediatas restricciones. Y en Berlín, Ribbentrop se molestó por la filtración en la prensa española de su posible configuración. Opinaba que debería haber esperado a que las negociaciones estuvieran más avanzadas. Ya de mañana, Stohrer se personó en el palacio de Santa Cruz; y, ante la ausencia de Serrano Suñer, expresó su disgusto al subsecretario de Estado, quien prometió trasladar la queja al ministro.[78]

Llegado el ministro, fue informado de inmediato y telefoneó a Stohrer para concertar una entrevista en su despacho. En la reunión, Serrano le informó de las decisiones acordadas en el Consejo de Ministros con relación a la División Azul, así como del envío de la circular a los jefes provinciales y de «un manifiesto» a las rotativas de los periódicos. Acto seguido, le comunicó que el Gobierno todavía no había tomado decisión alguna sobre una posible declaración de guerra a Rusia, con lo que dio largas al tema de la entrada en el conflicto. Y frente al embargo británico de petróleo, se mostró partidario de no hacer declaraciones hostiles, y le anunció que a partir del día siguiente comenzarían las restricciones de gasolina para fines privados.[79]

En Barcelona, partió hacia Irún el primer voluntario que se había presentado en el Consulado General, para incorporarse al Ejército alemán (antiguo teniente de la caballería zarista y excombatiente de la Guerra Civil). Y ya por la tarde, en Madrid, Ximénez de Sandoval ofreció una nueva rueda de prensa, en la que indicó que habían sido remitidas muchas peticiones a Serrano Suñer para ir a combatir en *la cruzada* contra la Unión Soviética. Y manifestó que «*el país entero*, consciente del veredicto de culpabilidad dado el martes por el ministro», pedía «clamorosamente la ocasión de vengar a sus caídos», lo que era del agrado del Gobierno.[80]

Llegada la noche, Arrese envió a todos los jefes provinciales la circular (número 124) que ordenaba la apertura de centros de reclutamiento de voluntariado en toda España. Redactada por Ridruejo, recogía fielmente el espíritu de la alocución de Serrano Suñer en la Secretaría General:

... Rusia quiso destruir a España y la destruyó en buena parte; quiso apropiarse de ella como palanca para hacer saltar al mundo occidental y pasan de un millón los muertos que España tuvo que entregar en el rescate. Europa entera no tendrá paz ni sosiego mientras Rusia exista, y la verdadera revolución redentora del pueblo no triunfará del todo mientras persevere en las fronteras de Europa la sombra del comunismo. Tenemos que desagraviar a nuestros Caídos y tenemos que asegurar la existencia de nuestros herederos. Tenemos que vengar a España y tenemos que estar presentes en la tarea de salvar a Europa...

Así pues, justificaba la configuración de la División; y, acto seguido, ordenaba la apertura de los centros de recluta, «de acuerdo con la Jefatura de Milicias y según las instrucciones que recibas».[81]

Acorde con lo especificado en la circular, los jefes provinciales recibieron las esperadas instrucciones para la apertura de los *banderines de enganche*: los voluntarios deberían ser falangistas o militares, tener entre 20 y 28 años de edad, y pasar un *rígido* reconocimiento médico. El 75 por ciento debería acreditar la condición de excombatiente, y el 25 por ciento restante, la de excautivo o haber «probado cumplidamente su servicio a la causa nacional». Todos tendrían derecho a conservar sus empleos y sus familias a percibir los emolumentos íntegros mientras durase la campaña. Los militares deberían inscribirse en el plazo de 48 horas, en tanto que los falangistas dispondrían de plazo hasta el 2 de julio.[82]

El jueves 26 de junio llegaba a su fin y acababa de nacer, sobre el papel, la unidad de voluntarios que combatiría contra la Unión Soviética. Unas horas antes, la ciudad de Reus había vivido la pertinente manifestación antisoviética, que congregó a unas 4.000 personas (FET-JONS notó «la falta de muchas que, tanto por su posición social como por su idealismo, debían haber concurrido», y vio a «bastantes que han pertenecido a partidos de izquierda, como Acción Catalana [*sic*].») En todo caso, después de cinco días que entremezclaron entusiasmo, crispación e intensas gestiones diplomáticas, iba a comenzar la recluta de voluntariado, monopolizada, de momento, por la Falange. Pero sólo por el momento, pues difícilmente el Ejército iba a aceptar quedar al margen. El compromiso español con Alemania, en fin, se convertiría en realidad.[83]

3. EL RECLUTAMIENTO DE VOLUNTARIOS

El 27 de junio de 1941 la prensa de toda España anunció, en grandes titulares, la constitución de una *legión de voluntarios falangistas* para combatir a la Unión Soviética, que incluiría también a militares, e insertó la circular de Arrese. Al día siguiente, el Ministerio del Ejército decretó la recluta específicamente militar, lo que fraguó definitivamente la División Azul. A continuación analizaremos cómo transcurrió la recluta (seis días), así como el entramado sociopolítico que la acompañó; y haremos un balance global, sobre la base de adhesiones, reticencias e inhibiciones al proyecto divisionario.

El desarrollo de la recluta y su contexto sociopolítico:
del 27 de junio al 2 de julio de 1941

27 de junio

El viernes 27 de junio Hungría declaró la guerra a la Unión Soviética; medida drástica, justificada en todas las radios del país, por el Gobierno de Bardossy, con el argumento de que habían tenido lugar repetidos bombardeos soviéticos sobre algunas ciudades. En Londres, Eden manifestó al embajador sueco su disgusto por la decisión de su Gobierno de permitir el paso de tropas alemanas en dirección al frente ruso. En Washington, Welles recibió del embajador soviético el anuncio oficial del ataque contra su país y le dio garantías de ayuda.[84]

Berlín anunció que las tropas alemanas en su avance eran acogidas calurosamente por la población, y que desde el día 25 el Ejército Rojo sufría los efectos de deserciones de combatientes no rusos; que, una vez en la retaguardia alemana, solicitaban ingresar en las filas de sus Fuerzas Armadas. El Auswärtiges Amt desmintió categóricamente que hubiera propuesto la paz a Inglaterra; y valoró la declaración de guerra húngara como una manifestación del progresivo estrechamiento del «frente europeo» contra «el enemigo común». Un frente compuesto por los países beligerantes (Alemania, Finlandia, Rumanía, Italia y Eslovaquia), por los que habían anunciado su deseo de participar en la contienda (España, Países Bajos, Noruega y Croacia), y por los que, simplemente, habían expresado su satisfacción (Portugal, Francia, Suecia y Bulgaria). En dicho contexto, Madrid iba a configurar «un cuerpo de voluntarios falangistas».[85]

La mañana de aquel viernes vio el comienzo de la recluta falangista para configurar la División Azul. En Madrid fue tal la afluencia de voluntarios, que la Jefatura de Milicias arbitró en la calle dos grandes colas, mayoritariamente de estudiantes. Además de falangistas, había militares; y sólo en Valladolid, entre oficiales y suboficiales, se inscribieron más de cien. La Sección Femenina empezó una frenética actividad de confección de equipamiento para el frente, hasta el punto de que en Zamora unas 300 muchachas se pusieron manos a la obra.[86]

Stohrer conversó con Muñoz Grandes, que le explicó cómo se había desarrollado el incidente de Algeciras. Por su parte, el coronel Krappe se entrevistó con Serrano Suñer y con Asensio. El ministro le comunicó que el Gobierno enviaría un contingente de unos 15.000 hombres, equiparable en efectivos a una división del Ejército alemán. Y le anunció que, dados sus antecedentes profalangistas, probablemente lo comandaría Muñoz Grandes, aunque barajaba también el nombre de García Valiño. Por su parte, con Asensio, el agregado trató de la forma en que se llevaría a cabo el desplazamiento a Alemania. Entre tanto, desde el Ministerio del Ejército Varela solicitó el urgente envío de la relación nominal de generales de brigada, jefes, oficiales, suboficiales y especialistas de cada Región Militar. Y requirió una lista del personal de tropa voluntario, que debería ofrecer plenas garantías ideológicas y físicas; prioritariamente, excombatientes.[87]

No sabemos cómo debieron de reaccionar las autoridades españolas cuando se enteraron de que, como respuesta a la configuración de la División Azul, los exiliados en Estados Unidos y México estaban dispuestos a organizar varios batallones de voluntarios para acudir en ayuda de la Unión Soviética. En el trasfondo de esta decisión pesaba, al parecer, la promesa del reconocimiento del Gobierno en el exilio. En todo caso, el espionaje alemán informó inmediatamente a Berlín.[88]

Aquella tarde continuaron las aglomeraciones para inscribirse en la División Azul. A última hora del día, en Madrid, entre las filas de voluntarios al parecer predominaban los obreros, y también se veía a hombres cuya edad rondaba los 60 años y mutilados. Era ya casi medianoche cuando el cónsul Burbach comunicó a la Embajada que, con respecto a la recluta, en Bilbao había «división de opiniones». Los 10 oficiales, 5 suboficiales y 39 soldados alistados constituían un balance escaso, con el que, de momento, no se cumplían los optimistas pronósticos de días anteriores.[89]

28 de junio

El sábado 28 de junio Penella de Silva se hizo eco de las imágenes proyectadas por los noticiarios cinematográficos alemanes de los primeros compases de la campaña de Rusia. Aquélla parecía —dijo— la ofensiva «de habitantes de la tierra contra los de otro planeta»: no había visto jamás «espectáculo más alucinante ni rostros más infrahumanos que los de algunos prisioneros que en paños menores se entregaban empavorecidos». Desde Roma, Julio Moriones transmitió la creciente incidencia en la prensa italiana de la posible participación de Japón y de Estados Unidos en el conflicto; y entendió como objetivo prioritario de los coaligados el vencer a la Unión Soviética en el menor tiempo posible, para no dar tiempo a Gran Bretaña a incrementar su potencial militar.[90]

En Nueva York la prensa anunció que el secretario de la Guerra, Stimson, había pedido al Congreso la aprobación de una *ley de crisis* que permitiera al Gobierno enviar tropas a cualquier parte del mundo; propuesta que contaba con el beneplácito de Roosevelt. Y en Washington, Sumner Welles recibió a lord Halifax, para tratar de la invasión alemana.[91]

«La juventud española acude a inscribirse en la expedición que el Partido enviará a los frentes de guerra para combatir contra el soviet». Con estas palabras, impresas en grandes titulares, la prensa anunció que había comenzado la recluta para la División Azul. Desde aquella misma mañana —informó—, se procedía ya, en las jefaturas de milicias y a lo largo y ancho de la geografía española, al reconocimiento médico de los voluntarios. Entre tanto, Madrid agotaba los boletines de inscripción, y a última hora de la tarde Mora Figueroa afirmó que había cubierto ya más del cuádruple de las inscripciones previstas, aunque Cádiz era la provincia aventajada en cuanto a recluta. En Murcia, el Sindicato de Conservas Vegetales destinó 50.000 pesetas para atender a las necesidades de equipo de los voluntarios de la provincia; y un poco más al norte, en Alicante, tuvo lugar una manifestación falangista, cifrada por la prensa en unas 40.000 personas.[92]

Además de por aquella ingente actividad falangista, el 28 de junio destacó por ser el primer día de recluta específicamente militar para la División. Aquel día, el Estado Mayor Central publicó una *Directriz* para todas las Regiones Militares y Marruecos, que abrió oficialmente la recluta entre sus filas, y legisló a nivel de los efectivos, haberes y equipo. Así, en cuanto al reclutamiento de hombres y su organización, estableció:

1. Que todos los jefes provendrían de las filas del Ejército, así como dos tercios de los suboficiales y la totalidad de la tropa especializada; que la sección de Pagaduría estaría configurada exclusivamente por oficiales del cuerpo de Intendencia. Las jefaturas de milicias facilitarían, siempre que ello fuera posible, un tercio de los suboficiales y la totalidad de la tropa no especializada; en caso contrario, sería el propio Ejército quien cubriría el contingente necesario.

2. Que la unidad geográfica de reclutamiento sería la región militar.

3. Que una vez llevada a cabo la recluta, la fuerza expedicionaria de cada provincia se concentraría en su correspondiente capital, y de allí partiría hacia nuevos puntos de concentración a partir del día 2 de julio.

4. Que el perfil del candidato debería responder a una triple exigencia: fidelidad ideológica al Régimen nacido el 18 de Julio, buenas condiciones físicas y buena presencia («Todo el personal que se designe, deberá tener una suficiente solvencia político-social, ya que una sola deserción habría de ser del peor efecto. No puede olvidarse el fondo político de la mediación tomada. En la selección se tendrán en cuenta las condiciones físicas y la presencia, tanto por el género de vida a hacer, como por lo que supone la representación de España que lleva»).

5. Que la duración del compromiso quedaba fijada en el tiempo que durase la campaña militar.

Respecto a los haberes, los voluntarios cobrarían, a la vez, del Ejército alemán y del español. Alemania los retribuiría igual que a sus combatientes, en función de la graduación. Y España pagaría sobre la base de los emolumentos de la Legión (los más elevados): los mandos recibirían la soldada vigente, y la tropa, la de la Guerra Civil (7 pesetas y 30 céntimos diarios). Finalmente, la *Directriz* ordenó:

> 1. Que conformaría el vestuario una guerrera modelo italiano con solapas y cuatro bolsillos, pantalón noruego de pana verdosa, boina roja, capote, bota alta, una muda, calcetines de lana y tres pañuelos.
> 2. Que se facilitaría, también, un par de zapatillas, dos toallas, dos tiras azules, una bolsa de costado y una de mano, vaso, tenedor, cuchillo, plato y cantimplora, y una correa para la manta.
> 3. Que jefes y oficiales llevarían bota entera sevillana, mientras que los suboficiales y el personal de CASE usarían borceguíes y leguis.[93]

El entusiasmo que embargaba a los sectores afectos al Régimen por la configuración de la División Azul se vio contrarrestado por el anuncio de su primera consecuencia negativa: la restricción de carburantes. Así, la prensa publicó íntegramente una nota de la *Comisaría de Carburantes Líquidos* que anunciaba que iba a intensificar las restricciones en toda España a partir del 1 de julio; a la vez que prohibía la circulación de vehículos de potencia superior a 18 HP, y anunciaba que los de potencia inferior no recibirían cupo de carburante en agosto. A nivel de transportes, los taxis verían reducido su suministro al 50 por ciento, y los camiones, en función de cada caso; y a nivel industrial, agrícola y pesquero, la reducción sería del 35 por ciento en todos los casos. La restricción afectaba también al consumo oficial de carburantes en un 50 por ciento. Finalmente, la Comisaría instaba a los propietarios de vehículos a que procedieran con urgencia a la colocación de gasógenos, pues se imponían «grandes restricciones» en el consumo de carburantes.[94]

Aquel sábado la Embajada alemana recibió la comunicación de que Ribbentrop había decidido dejar de presionar para la entrada de España en la guerra. Era de la opinión de que «los ánimos guerreros» de Serrano Suñer no podían ser tomados muy en serio; por tanto, era mejor esperar. Aun así, la legación mantuvo el ritmo de trabajo frenético de los último días. En un telegrama matutino, Stohrer manifestó que toda la prensa anunciaba a grandes titulares «el impresionante éxito» en el reclutamiento de voluntarios, ya «muchos miles». En un nuevo cablegrama, informó de que Muñoz Grandes había sido nombrado jefe del cuerpo expedicionario; valoró el nombramiento como particularmente idóneo, por militar y «falangista convencido»; y reveló que, antes de ser designado, le había manifestado que le entusiasmaba pensar en dicha posibilidad. Por la tarde, informó de la creciente oposición del Ejército a los planes falangistas, con el argumento de que entrañaban el riesgo de llevar a España a la guerra; y afirmó que el inspirador de la División había sido Serrano. El último telegrama del día de la Embajada iba dirigido al puesto de mando de la Luftwaffe: el general Krahmer pidió, sobre la base del «enorme» entusiasmo que el ataque había despertado entre las fuerzas aéreas españolas, que aceptase una escuadrilla completa de caza, siempre y cuando sus pilotos hubieran volado ya en *Messerschmitt 109*. Caso de que no fuera posible, podría admitir a oficiales que hablaran alemán; aunque había muy pocos. Y ya muy entrada la noche (22.45 horas), llegó un telegrama desde Bilbao: en Vizcaya se habían alistado ya 19 oficiales, 8 suboficiales y 180 civiles en la División.[95]

Samuel Hoare estaba preocupado por aquella agitación antisoviética, en tanto que germanófila y anglófoba, que dominaba a importantes sectores del país. Por el momento carecía de información suficiente para emitir un juicio detallado sobre lo que acaecía. De entrada, restó importancia a la «extravagante» campaña de la prensa; pero llegada la noche, anunció al Foreign Office que era de grandes proporciones, al igual que la acción del Partido para reclutar voluntarios. Arrese y Primo de Rivera —dijo— se habían ofrecido; y, al parecer, Solchaga y otros tres o cuatro generales. Se perseguía —concluyó— configurar una *primera* unidad de unos 20.000 hombres, y para ello se realizaban grandes esfuerzos de recluta, también en provincias.[96]

29 de junio

Y llegó el domingo 29. En tono triunfal, el undécimo comunicado del OKW proclamó que «las primeras operaciones contra la Rusia soviética han conducido, en el breve espacio de tiempo del 22 al 27 de este mes, a resultados que, aunque sea imposible detallar todavía ni aun aproximadamente, son formidables». De hecho, entre las 11 de la mañana y las cuatro de la tarde, el Alto Mando emitió 12 comunicados, que, desde la óptica alemana, hacían balance de los primeros seis días de guerra: 4.107 aviones destruidos, 2.233 tanques apresados o destruidos, más de 600 cañones capturados y más de 40.000 prisioneros, por unos 150 aviones perdidos, «cifra muy poco importante en relación con la enemiga». Sin embargo, las referencias a «la fuerte superioridad numérica», a «los furiosos contraataques» de la infantería, y a los «innumerables carros» y los «nuevos carros gigantes», introducían una cierta dosis de nerviosismo entre la opinión pública, y hacían desear una rápida conclusión del conflicto.[97]

Ese mismo día, desde Bucarest, el Alto Mando rumano emitió un comunicado en el que apuntó la cifra de 1.130 aviones soviéticos destruidos; sólo una cuarta parte de los referidos por los alemanes. En Helsinki, el mariscal Mannerheim dirigió una proclama a sus soldados en la que afirmó que la paz firmada con Moscú no era más que un armisticio que había llegado a su fin, y ello por las «eternas aspiraciones» rusas de destruir «el hogar», «la fe» y la Patria finlandesas. Se acababa de abrir, por tanto —según dijo—, una guerra «santa», «cruzada para asegurar el porvenir de Finlandia». En el Vaticano, Pío XII, en su alocución con motivo de la festividad de los santos Pedro y Pablo, no hizo alusión explícita al conflicto, aunque afirmó que «Dios permite temporalmente la maldad humana, pero el triunfo del mal no puede durar mucho», y se hizo eco de los sufrimientos del mundo.[98]

Durante aquel domingo, en España, los resultados de los dos primeros días de recluta daban pie al optimismo generalizado entre los partidarios del Régimen; y muy especialmente en Madrid, donde el editorial de *Arriba* afirmó, sin el menor reparo, que el alistamiento había ultrapasado «los límites del fervor, para llegar casi a los de arrebatada desmesura». Con un 70 por ciento de los afiliados al SEU ya inscritos en los banderines de enganche, no cabía en las mentes falangistas de la capital el menor atisbo de duda sobre el éxito de la recluta.[99]

30 de junio

El lunes 30 tuvo lugar un impresionante choque aéreo entre formaciones alemanas y soviéticas, del que, según fuentes alemanas, resultaron derribados 216 cazas y bombarderos enemigos, y 64 más fueron destruidos antes de despegar. Actividad destructiva en la que destacaron 110 victorias de las escuadrillas del teniente coronel Molders en cielo bielorruso, al este de Minsk. Mientras tanto, en el frente del Sur, donde la resistencia era superior, el Heer ocupó Lemberg; y Berlín anunció que los ucranianos acogían a las tropas calurosamente, colaboraban en la reparación de caminos y de carros de combate, y daban información.[100]

El Gobierno de Vichy rompió sus relaciones diplomáticas con Moscú, en base a una supuesta actividad desestabilizadora de «agentes» diplomáticos; lo que Darlan comunicó personalmente al embajador. De inmediato clausuró los consulados; y, ya de noche, los diplomáticos soviéticos partieron en tren especial. Pero informes del embajador Lequerica llegados a la Embajada alemana en Madrid dejaron de manifiesto que la apertura de hostilidades con la Unión Soviética había despertado en amplios círculos la esperanza de una *revancha*, caso de que Alemania resultara derrotada.[101]

Mientras tanto, Estocolmo anunció que en Moscú se desarrollaban «con febril actividad» las conversaciones anglo-soviéticas para la proyectada ayuda militar y económica británica: la misión militar se había reunido con el jefe del Estado Mayor del Ejército Rojo y el viceministro de Defensa, Zhukov; y la misión económica, con el comisario de Comercio Exterior. Ankara comunicó que en las conversaciones tomaba parte el agregado militar norteamericano, quien había anunciado que Roosevelt haría «cuanto estuviera en su mano» para asegurar el suministro de aviones; aunque ya habían surgido las primeras discrepancias sobre la naturaleza de la ayuda.[102]

En Berlín, el Auswärtiges Amt debía dar respuesta a la multitud de solicitudes extranjeras para tomar parte en la guerra contra Moscú; y para ello reunió a una Comisión presidida por el embajador Ritter, e integrada por ocho personas, además de él: los plenipotenciarios Eisenlohr y Frohwein, y el consejero de legación Kramarz, por el Auswärtiges Amt; el coronel Rudolf y el capitán de navío Bürkner por la Wehrmacht; el *sturmbannführer* Riedweg por las SS; el *stabsleiter* Leibbrandt por el Partido; y el encargado para asuntos internos en Copenhague, *oberführer* Canstein. Con respecto a España, manifestaron que organizaba «un gran cuerpo de voluntarios fomentado por el Gobierno, así como el Ejército Español y la Falange», a integrar en las tres Armas de la Wehrmacht —Tierra, Mar y Aire—. Convenía —prosiguieron— que los voluntarios llegasen a Alemania bajo un mando único; y sólo en el caso de que las fricciones entre militares y falangistas se hicieran irresolubles, se configuraría una segunda unidad, específicamente falangista. Había que informar a Stohrer sobre este punto —concluyeron—, para que, de acuerdo con el agregado militar, hiciera gestiones en este sentido caso de ser necesario.[103]

Aquel lunes, Madrid, de acuerdo con Berlín y Roma, reconoció al régimen anticomunista de Nankín, presidido por Wang Ching Wei. Y mientras continuaba en toda España la recluta, en Almería la Jefatura Provincial dedicó una emisión especial de radio a los falangistas inscritos, que, en algunas poblaciones, recorrieron las calles voz en grito; en tanto que Mérida tuvo su pertinente manifestación anticomunista.[104]

La actividad alemana en Madrid mantuvo la intensidad de días anteriores, y Serrano Suñer y Muñoz Grandes fueron objeto de prioritario interés. Así, un miembro del espionaje mantuvo un cambio de impresiones con el general, quien dijo haber tenido en su día un altercado con Serrano, causa de su cese en la Secretaría General. Por su parte, Stohrer se reunió con un distendido Serrano Suñer, que no ocultó su alegría por el anuncio del pronto levantamiento del embargo anglosajón de gasolina. La conversación giró en torno a la reciente reunión del embajador británico con Franco, en la que había estado presente el ministro. En ella —afirmó Serrano— aunque Hoare se mostró comprensivo ante la decisión de enviar voluntarios a Rusia y manifestó el deseo de reabastecimiento de gasolina, lo que perseguía era allanar el camino a Weddell, quien, desde el altercado, no había podido entrevistarse con Franco.[105]

Era ya medianoche cuando el cónsul Burbach telegrafió a Stohrer de que en Vizcaya ascendían ya a 300 los voluntarios para la División Azul, y que *rojos* y *separatistas* saboteaban la recluta; actitud que contrastaba con la del clero, que volvía a mostrarse amigable con Alemania.[106]

Horas antes, un alto mando del Ejército del Aire filtró al agregado aéreo de la Embajada británica que un 85 por ciento de los pilotos y observadores españoles, unos 2.100 hombres, se habían ofrecido como voluntarios. De entre ellos, 200 estaban dispuestos para operar en la Luftwaffe y pronto iban a partir; en tanto que el resto iría a Rusia como fuerza aérea expedicionaria española, con sus propios jefes e independencia para operar. Hoare informó a Londres, con el ruego de máxima discreción, para no comprometer al informador.[107]

1 de julio

En la mañana del 1 de julio el Grupo de Ejércitos Norte ocupó Riga, lo que Berlín anunció al mundo en un comunicado extraordinario del OKW. Entre tanto —informó Estocolmo—, en la región polaca de Bialystock, 30 divisiones, con un contingente de 300.000 a 450.000 hombres, se encontraban cercadas por las tropas del Grupo de Ejércitos Centro.[108]

Londres anunció que Radio Moscú había difundido un comunicado que daba cuenta de la constitución de un Consejo de Estado de Defensa, que concentraría todos los poderes del Gobierno. Lo presidiría Stalin, y estaría integrado por Vorochilov (comisario de Defensa), Malenkov (miembro del *Presidium*) y Beria (comisario del Interior). La capital del Reino Unido también informó de que durante aquella madrugada Moscú había sufrido su primera alarma aérea. Entre tanto, en Washington, el embajador soviético hizo llegar un conjunto de peticiones a Sumner Welles.[109]

En la Francia no ocupada, la policía detuvo a todos los súbditos rusos de más de 16 años de edad, unos 250 en total, al objeto de someterlos a «un interrogatorio detallado». Y en París, la prensa permitida expresó su satisfacción por la ruptura de relaciones diplomáticas con Moscú, e incluso *L'Ouvre* se preguntó por qué Vichy había esperado tanto a tomar aquella decisión.[110]

Mientras Croacia, Eslovaquia y Hungría reconocían al Gobierno de Nankín, Madrid hizo público su reconocimiento (según la prensa aspiraba a imponer su autoridad en toda China, incluidos los dominios de Chiang Kai-Check y la Mongolia soviética, lo que supondría un segundo frente de desestabilización para Moscú). También en Madrid, aquel día, la comisión organizadora de la *Asociación Hispano-Germana* nombró a su primera junta directiva, integrada por Moscardó (presidente), Tovar, Juan Beneyto, Pilar Primo de Rivera y el marqués de Auñón.[111]

La recluta para la División Azul llegaba a su cuarto y penúltimo día. En Orense, la cifra de inscripciones había sobrepasado los cálculos más optimistas (muchos voluntarios no falangistas) y comerciantes y particulares donaban prendas de vestir. En Segovia el entusiasmo también era tónica dominante, y habían comenzado a llegar donativos. Y en Andújar (Jaén), los banderines de enganche falangistas recibieron la visita de militares. Pero Varela no estaba dispuesto a permitir que la prensa hiciese nuevamente gala de tal circunstancia; y, acorde con la premisa de evitar en lo posible todo protagonismo FET-JONS, remitió a las Capitanías Generales la orden taxativa de prohibición de alistamiento en organismos no militares (léase falangistas). Además, según manifestó Stahmer a Stohrer, los círculos militares del entorno de Franco temían que Serrano aprovechase la configuración de la División para librarse de algunos falangistas, lo que —a juicio de éstos— daría cuerpo a muchas de sus aspiraciones políticas. Más al norte, unos 250 voluntarios bilbaínos estaban a la espera de partir hacia Burgos.[112]

2 de julio

El miércoles 2 la bolsa de Bialystock estaba a punto de cerrarse: 100.000 prisioneros, 400 tanques y 300 cañones constituían, en aquel momento, según fuentes alemanas, el balance de la lucha a su favor. En Berlín un comunicado del OKW valoró como batalla «de profundo alcance histórico» el cerco a la bolsa, y cifró las pérdidas rusas desde el inicio del conflicto en 4.725 aviones, 5.774 tanques, 1.330 piezas de artillería, cuatro trenes blindados y un «grandísimo número» de ametralladoras y fusiles; a nivel humano se llevaban contabilizados más de 160.000 prisioneros.[113]

La situación soviética, a ojos del mundo se comenzaba a presentar como desesperada. Helsinki informó de que Radio Moscú había anunciado la promulgación de un decreto por el cual toda la población masculina de entre 16 y 60 años de edad, y toda la población femenina entre 18 y 50, sería sometida a instrucción en defensa pasiva antiaérea. En Roma, el *Corriere della Sera* anunció que las columnas motorizadas alemanas estaban a 400 kilómetros de Moscú, y que el Kremlin se preparaba para evacuar la ciudad. Ankara confirmó tales preparativos, a la par que anunció que el Gobierno ucraniano se había trasladado de Kiev a Jarkov. Y en Tokio, se reunió la Conferencia Imperial para analizar la nueva situación de la guerra, y afirmó que Japón se limitaría a «observar la marcha de los acontecimientos con la mayor atención», y procedería a «redoblar sus preparativos» para garantizar «su propia seguridad».[114]

Entre tanto, España había llegado al último día de alistamiento para la División. Aquel miércoles, en Madrid, las oficinas destinadas a la recluta trabajaron febrilmente durante todo el día; y a pesar de que a las 10 de la noche terminaba el plazo de inscripción, una hora antes las colas eran la tónica dominante. En Bilbao, donde al parecer la recluta debía acabar el martes, ésta había sido prorrogada hasta esa noche, por la «considerable» afluencia de voluntarios. Y en Córdoba la mayoría de los alistados eran excombatientes, aunque tampoco faltaron menores con autorización paterna.[115]

En aquel contexto Serrano Suñer ofreció una amplia y calculada entrevista al corresponsal en Madrid del *Deutsche Allgemeine Zeitung*; de gran importancia en aquel momento, pues iba a ser leída con lupa en los círculos gubernamentales de Berlín, Londres y, cómo no, Madrid (al día siguiente fue reproducida, en muchos casos en primera plana, en toda la prensa del país). Y de no menor relieve para el presente, por cuanto permite entrever las motivaciones que le habían empujado a la División Azul.

Según se deduce de sus palabras, Serrano era ya consciente de hasta qué punto la actuación de la División condicionaría su futura trayectoria política y la de FET-JONS. En primer lugar manifestó que en ningún otro país europeo el inicio de la guerra germano-soviética había causado tanta impresión como en España. Lo probaban las *espontáneas* manifestaciones habidas y el que miles de voluntarios se hubieran ofrecido para formar parte de «la División Azul». El ataque había abierto una nueva etapa en la política exterior española —prosiguió—, pues, en el momento que comenzara a combatir la División, España debería «modificar todos sus puntos de vista en lo referente a la guerra actual». Seguidamente, contestó a cinco preguntas, concretamente: cuál era la postura del país ante la guerra germano-soviética, qué repercusiones tendría en su política exterior, en las relaciones con Alemania y España, y sobre el *Nuevo Orden* europeo, y, finalmente, cuál era «la misión ideológica y práctica» de España ante él.

Respecto a la lucha germano-soviética, dijo que la postura española era la única posible en aquellas circunstancias: la *guerra moral* al lado de la Alemania amiga contra «el más odiado de todos los enemigos del pueblo español». Y glosó las causas de tal proceder: la acción del comunismo soviético en la Guerra Civil, la ayuda recibida de Alemania, su carácter de «cruzada del orden europeo contra la barbarie asiática», y el deseo de recuperar los niños españoles «robados» por Moscú (niños expatriados a partir de 1937 por la República para evitarles peligros y sufrimientos, conocidos como los *niños de la Guerra*). En cuanto a la política exterior, manifestó que se estaba «definiendo con mayor claridad» que hasta la fecha, con el asentimiento de casi todos los españoles. Por lo que a las relaciones hispano-alemanas respecta, afirmó que el conflicto había despertado «un sentimiento creciente de simpatía por el gran pueblo alemán, su Ejército invencido y su admirable Führer»; en este sentido, la División contribuiría a profundizar *nuevamente* la amistad entre ambos pueblos y sus movimientos rectores, falangismo y nazismo. Respecto del *Nuevo Orden*, afirmó que la victoria sobre la Unión Soviética era condición indispensable para su consolidación y proyección futura. Tras ésta, Europa podría hacer frente a los bloqueos económicos norteamericanos, y el mundo estaría más cerca de la paz, pues disuadiría a Washington de la guerra, y convencería a Londres de la necesidad de entendimiento con Alemania. Respondió a la última pregunta con el argumento de que «la misión ideológica y práctica» de España ante el conflicto era la misma que había generado la Guerra Civil: contribuir a la victoria del *cristianismo* frente al comunismo, al triunfo del *espíritu* frente a la irracionalidad, y a la consecución «de la verdadera revolución social y humana» que pondría fin a la lucha de clases en Occidente.[116]

En la Embajada alemana, Heberlein envió el extracto de la entrevista al portavoz de prensa del Auswärtiges Amt (21.30 horas), y añadió que las declaraciones de Serrano arrojaban luz sobre las repercusiones del conflicto germano-soviético en España. De hecho —argumentó—, quién mejor que él, en su condición de víctima de las *cárceles rojas*, para manifestarse sobre dicha cuestión. En todo caso —concluyó—, la constatación de la participación española en el conflicto y las posibles repercusiones de éste en la lucha contra las democracias eran los principales puntos de interés de dichas declaraciones.[117]

Mientras todo aquello acaecía en España, en Londres, varios analistas del Foreign Office valoraron, a la luz de los telegramas recibidos de Madrid, la situación creada en España por el anunciado envío de la División Azul al frente ruso. El primero de ellos, Williams, opinó que aumentaría sensiblemente la influencia alemana, y no sólo en quienes fueran a combatir (futuros propagadores del ideario germano) sino en el conjunto de la población. Pero dado el carácter espontáneo de la iniciativa, quizá convendría aceptarla «con comprensión» y hasta con «simpatía», pues permitiría incidir en las futuras reacciones negativas que, con toda seguridad, generaría entre los alemanes. Por su parte, Roberts apuntó que, de ser enviados al frente todos los pilotos y asistentes voluntarios, la potencia aérea española quedaría reducida al 15 por ciento, prueba evidente de que Madrid aparcaba cualquier proyecto de resistencia a una invasión alemana. Además —concluyó—, la División difícilmente podía generar comprensión y, menos, simpatía, en tanto que ayuda al avance militar alemán y al establecimiento del *Nuevo Orden* germánico. Finalmente, Marks consideró conveniente esperar a la última palabra de Madrid antes de establecer conclusiones definitivas. No cabía la menor duda, sin embargo —apuntó—, de la llegada de dificultades añadidas en España y de que «se reavivarían las pasiones de la Guerra Civil» si iban a Rusia muchos pilotos. En consonancia con dicho punto de vista, otros dos funcionarios reafirmaron que el envío de voluntarios supondría un nuevo problema para Gran Bretaña. Con aquellos informes en la mano, Eden se inclinó por la espera: ciertamente había que catalogar la creación de aquella unidad como una «complicación añadida» para las relaciones bilaterales, pero cabía la posibilidad de que, finalmente, quedase en un mero proyecto.[118]

Llegada la medianoche, acabó oficialmente el reclutamiento de voluntariado para la División Azul en toda España, tanto civil como militar. Aun así, dada la particular idiosincrasia del país, en algunos puntos continuó el alistamiento durante varios días.[119]

El balance de la recluta (adhesiones, reticencias e inhibiciones al alistamiento)

Tal como hemos visto, la afluencia de voluntariado para la División Azul fue importante; sin duda, muy superior a la necesaria. Pero el balance que de la recluta hicieron el Gobierno, FET-JONS y el Ejército soslayó algunos elementos discordantes; actitudes que, en mayor o menor grado, evidenciaron una falta de interés —cuando no hostilidad— por la División y cuanto ella significaba. Elementos en los que prácticamente no ha incidido la bibliografía, y que más adelante referiremos.

De ser cierta la afirmación de Mora Figueroa, ya el 28 de junio, a las 24 horas de iniciada la recluta falangista, se había más que cuadruplicado el cupo de voluntarios civiles exigido. Y de ser también cierto lo publicado en la prensa, Castilla la Vieja finalmente lo sextuplicó.[120]

En todo caso, todo tipo de circunstancias se conjuntaron en su desarrollo: ocultación de enfermedades, falsificación de la edad, profusión de autorizaciones paternas para contrarrestar la minoridad... Y se dieron casos familiares sin duda extremos, como el ofrecimiento conjunto de hasta tres y cuatro hermanos, o el de un padre con todos sus hijos. La bibliografía divisionaria y afín ha hecho gran incidencia en ello, y ha expuesto con todo detalle un sinfín de anécdotas que inciden en aquel exceso de voluntariado, a todas luces veraz. En todo caso, fue una recluta mayoritariamente vinculada al falangismo; aunque también el carlismo y otras tendencias políticas conservadoras tuvieron su espacio, pero menor. Al margen de tendencias políticas, los voluntarios representaban al conjunto del espectro social, pero eran clases medias urbanas y los estudiantes el sustento sociológico de la División. Probablemente, nunca una unidad española de combate ha tenido un grado intelectual tan elevado como el que, entre 1941 y 1942, acumuló la División Azul.[121]

Durante aquellos días, Serrano Suñer recibió muchas adhesiones, fundamentalmente falangistas, aunque también militares. Ya el 25 de junio, Rafael Sánchez Mazas se declaró unido a él en sus «justas palabras» de la Secretaría General. Y desde las filas del carlismo unificado, el conde de Rodezno le rogó que transmitiera a embajadas y representaciones diplomáticas, que Navarra y su Diputación se unían, en espíritu, «con los valientes defensores de la civilización cristiana y europea». El hecho es que, durante varias semanas, Serrano, pletórico ante su resurgida popularidad, no cesó de contestar telegramas y cartas llegados de todos los puntos del país y también del extranjero.[122]

De entre las adhesiones de los jerarcas falangistas, destacaron, por su significación, las de los consejeros nacionales. El 1 de julio Arrese comunicó a Serrano la decisión de Franco de que fuera él, como presidente de la Junta Política, quien centralizase la recepción de las solicitudes de los consejeros que quisieran incorporarse a la División; y les transmitió telegramas circulares para comunicarles tal circunstancia. Finalmente, el 8, el Ministerio de Asuntos Exteriores confeccionó una lista con los nombres de los que habían solicitado alistarse; concretamente, y por este orden, recogía los de Raimundo Fernández-Cuesta, Ernesto Giménez Caballero, Manuel Valdés, Higinio París Eguilaz, José Miguel Guitarte, Aurelio Joaniquet, Mariano Romero, Jesús Muro, Dionisio Ridruejo, Eduardo Rojas (conde de Montarco), José Antonio Girón, Pedro Gamero y Leopoldo Panizo.[123]

Probablemente, el primer consejero nacional que se ofreció a Serrano Suñer fue Higinio París, el 25 de junio. El 28, Fernández-Cuesta, desde su *exilio* en Río de Janeiro, le manifestó su adhesión al proyecto, y se ofreció a participar en la «nueva cruzada». Ese mismo sábado, desde Barcelona, el teniente de alcalde Joaniquet también se sumó al proyecto, aunque dejó por sentado que ya había cumplido 45 años y que sobre sus hombros pesaban cargas familiares. El 29 Muro se ofreció «para lo que hiciese falta», aunque refirió iguales circunstancias. El 1 de julio fue Gamero quien pidió autorización para incorporarse a la División. El 3, Valdés, que reiteró una petición hecha con anterioridad. Ese día, Guitarte manifestó haber amenazado a Arrese con dimitir caso de que no le fuera concedido el permiso: su alistamiento era una cuestión de honor. Fue, al parecer, aquel mismo jueves, cuando Romero manifestó que ya se había ofrecido al ministro de Marina; y Torres López se ofreció también. El 4 le tocó el turno a Giménez Caballero. Panizo se puso en contacto con Serrano ya el 7, con la justificación de que acababa de llegar de viaje. Por su parte, Fanjul, en Santiago de Chile, el 20 anunció su deseo de alistamiento en carta a Arrese, que hizo llegar al embajador Juan Ignacio Luca de Tena.[124]

De entre los consejeros nacionales, Franco autorizó la marcha de París, Guitarte, Ridruejo y Rojas. Una decisión que el 11 de julio Serrano comunicó a los interesados por medio de una circular y a Asensio por carta, previniéndole ante posibles trabas militares. Pero, en base a una nota de la Vicesecretaría de Educación Popular, las portadas de la prensa de toda España incluyeron en la lista de admitidos a Aznar y Mora Figueroa, con lo que elevaron el número de consejeros nacionales a seis. Aun así hubo un nuevo cambio: para su disgusto, el sábado 12 Serrano retiró la autorización a París, ya concentrado en el cuartel, y puso en su lugar a Gamero.[125]

A un nivel inferior, las adhesiones de los jefes provinciales y locales al proyecto de la División originaron más de un problema en el seno de FET-JONS. Arrese no era partidario de prescindir de sus servicios, y a finales de junio les ordenó que se abstuvieran de alistarse. La orden produjo malestar entre más de un anticomunista convencido, y hubo quien la contravino. Fue el caso del jefe provincial de Teruel, Luis Julve Ceperuelo, *camisa vieja* que, al amparo de su amplio currículum falangista, solicitó directamente autorización a Serrano Suñer; del delegado de prensa de San Sebastián y director de *Unidad*, Antonio Abad; y del delegado sindical de la CNS de Alcalá de Henares, que, para mayor inri, hipotecó de palabra a toda la organización en pro de la causa divisionaria.[126]

Finalmente fueron 14 los jerarcas falangistas que quedaron incorporados a la División Azul. Cinco eran consejeros nacionales —Ridruejo, miembro de la Junta Política; Aznar, delegado nacional de Sanidad; Guitarte, jefe nacional del SEU; Mora Figueroa, jefe de Estado Mayor de Milicias; y Rojas, conde de Montarco—; uno —José María Gutiérrez—, era secretario nacional del SEU, y los restantes, a pesar del criterio de Arrese, jefes provinciales. De éstos, cinco sumaban el cargo de gobernador civil —Ramón Laporta Girón, de Albacete; Francisco Labadíe Otermín, de Zamora; Carlos Pinilla Turiño, de León; y Manuel Véglison Jornet, de Guadalajara—; y los restantes eran Alberto Martín Gamero (Toledo), Luis Julve Ceperuelo (Teruel), Vicente Navarro Vergara (Cuenca) y Antonio Arana Salvador (Palencia).[127]

Por convencimiento, por conveniencia, o por un poco de todo ello, aquellos hombres se mostraron de entrada dispuestos a cambiar una vida holgada, definida por las prebendas y el mando, por la condición de soldados en un contexto de guerra. Como contrapartida, su alistamiento les reportó una buena dosis de publicidad.[128]

En el Ejército de Tierra, saturado de mandos sin posibilidad de ascenso por méritos y con muchos oficiales de complemento en la cuerda floja, el alistamiento fue masivo. Al margen de convicciones ideológicas (que las hubo y pesaron), aquella era una oportunidad de oro que cabía no desaprovechar. En este sentido, fue paradigmático lo ocurrido en Barcelona, donde la mayor parte de la oficialidad se alistó; y en particular, la de Estado Mayor. Y se dio el caso de un regimiento en el que todos los oficiales, salvo uno, se inscribieron. O lo acaecido en la guarnición de Marruecos, donde la recluta se tuvo que resolver mediante sorteo. Y se dio el caso extremo de oficiales que, en su afán de asegurar la plaza, se alistaron como tropa; concretamente, un solo regimiento de Infantería inscribió a 40 de esta manera. Entre la tropa, la disponibilidad a la recluta no fue tanta. Las actitudes variaron en función de los parámetros ideológicos de cada soldado, pero no cabe duda de que muchos falangistas se alistaron, así como requetés y otros muchachos de ideología conservadora. En el caso opuesto, también se inscribieron algunos excombatientes del Ejército Popular —que penaban por ello— deseosos de *limpiar* su pasado o de *pasarse* al bando soviético. Y por lo que respecta a las otras dos Armas, en el Ejército del Aire ya hemos visto que la respuesta fue también masiva, y tampoco faltó el ofrecimiento de la Marina para «la lucha contra el bolchevismo».[129]

Un caso aparte es el del voluntariado extranjero. Un hecho que, aunque lógico, llama un tanto la atención, fue el intento de varios rusos, bielorrusos y ucranianos residentes en España de formar parte de la División Azul. El comunicado remitido a las legaciones alemanas en Europa por la Comisión reunida en Berlín el 30 de junio, al efecto de determinar las directrices de la recluta extranjera, especificaba que, por «razones políticas», los «rusos» no debían ser aceptados como voluntarios. Y que, salvo determinadas personalidades que, por su especial idoneidad, pudieran servir para «determinados cometidos especiales», cualquier intento en este sentido debería ser rechazado amablemente (dar largas al asunto). Y, caso de que fuera necesario, podría argumentarse que Alemania quería evitar que, de caer prisioneros, fuesen tratados como traidores a su patria. Únicamente para el caso de los voluntarios bálticos (lituanos, letones y estonios), se estudiaría en un futuro la posibilidad de aceptación.[130]

El hecho es que, al margen de las directrices alemanas, el decano de los excombatientes de origen ruso en España, coronel del Ejército zarista Nikolai Boltin, recogió los nombres de 29 voluntarios —incluido él— originarios de las nacionalidades integradas en la Unión Soviética, deseosos de incorporarse a la División. Y los hizo llegar al Estado Mayor Central del Ejército en dos listas, el 28 de junio y el 3 de julio, respectivamente. Se trataba, en su casi totalidad, de ex militares zaristas excombatientes de la Guerra Civil española; con la particularidad de que la mitad disponía de la ciudadanía española. Todos —excepción hecha de Boltin— fueron de entrada admitidos.[131]

Según se desprende de la relación de aceptados (Apéndice 1, página 399), de entre los 28 nombres, 10 iban a ser empleados como intérpretes, dos en el servicio cartográfico; y, a pesar de su graduación y experiencia militar, el resto sería tropa. Presentaban muchos elementos en común: eran acérrimos anticomunistas, y en su mayor parte habían visto truncada su carrera profesional por el estallido de la Revolución, a la que habían combatido en las filas del Ejército Blanco. Todos habían tenido que emigrar de su país tras la derrota, y ahora suspiraban por volver a él como triunfadores, aunque fuera de la mano de los alemanes. Sabemos, por ejemplo, que Alí Gurski, tan pronto como tuvo noticia de la invasión, quiso incorporarse a la Wehrmacht, y se dirigió a Varela («en este momento, cuando el Führer Hitler ha declarado la guerra a los comunistas bolchevistas y judíos que derrotaron a mi Patria de nacimiento, y ha entrado en Rusia, considero que es mi deber sagrado, como antiguo oficial ruso y patriota, ir inmediatamente allá para ayudar otra vez y con todas mis fuerzas y conocimientos a liberar a mi antigua Patria del horrible terror del comunismo»). A aquellos voluntarios aceptados, se sumó un teniente, aviador destinado en Sabadell, para la Escuadrilla Azul. Pero, las directrices alemanas eran muy claras respecto a los voluntarios de origen *ruso*, y al final se impusieron al criterio español de admisión, aunque sólo en parte.[132]

A finales de junio, el embajador en Bucarest informó al Gabinete Diplomático de Exteriores del ofrecimiento de un ruso; y a mediados de agosto, la Alta Comisaría en Marruecos informó a Serrano Suñer del de otro. Ambos fueron rechazados por el Estado Mayor Central en septiembre, con el argumento de la imposibilidad de que los *rusos*, aun teniendo nacionalidad española, formaran parte de la División Azul. Caso aparte fue el de un ruso falangista que el 23 de junio solicitó en Barcelona el pasaporte para incorporarse a «las fuerzas imperiales rusas que luchan al lado de Alemania». Las gestiones las llevó a cabo a través de la Jefatura Provincial y del Consulado General alemán; y, de entrada, fructificaron (el 26 marchó a Irún, desde donde debería de pasar a Francia para unirse al Ejército alemán).[133]

Quienes por lo general fueron admitidos sin restricciones fueron los voluntarios alemanes. De entre los 39 intérpretes de alemán con los que iba a contar la Unidad en julio de 1941, tenían al menos un apellido de dicha nacionalidad tres alféreces, un cabo artillero, un zapador y un soldado. Y al margen de éstos y de *rusos*, también se ofrecieron jóvenes de otras nacionalidades, ya fuera como combatientes o para determinados servicios. Fue el caso de un portugués de 22 años, guardia nocturno en una escuela de Braga y excombatiente con tres heridas en su cuerpo, por impactos recibidos en el Ebro y la ofensiva contra Cataluña (esperaba ser de nuevo admitido como representante que era de «la nación hermana»). De hecho, hay constancia documental de que varios portugueses, a lo largo de la historia de la División, sirvieron en sus filas. Y ello por avatares de la política exterior, que finalmente inhibieron al régimen de Oliveira Salazar de materializar una proyectada unidad voluntaria, al estilo de la española, para combatir en el frente ruso. Finalmente, un periodista italiano que trabajaba en Turín, solicitó autorización para ejercer de corresponsal de la *Gazzetta del Popolo* en las filas de la División, y un capitán de ingenieros del Ejército venezolano manifestó su deseo de alistarse a la Embajada española.[134]

En otro orden de cosas, hay que significar que no en toda España la afluencia de voluntariado civil había sido masiva. Carecemos de datos de las 50 provincias, pero sabemos que en Gerona y Lérida el número de inscripciones no llegó a cien, y que Tarragona escasamente sobrepasó dicha cifra. Cantidades a todas luces irrisorias si se las compara con las de otros puntos de España; y que, añadidas a las de Barcelona —650 voluntarios—, de entrada certifican un fracaso del reclutamiento civil en Cataluña, sobre el que más adelante nos detendremos. Pero no sólo allí hubo problemas, pues aunque en la ciudad de Madrid el número de inscritos se elevó a casi 3.000, en el resto de la provincia no llegó al centenar. Asimismo, en Navarra y el País Vasco el boicot sistemático, por el carlismo contrario a la *Unificación* y por sectores adversos al Régimen, resintió la recluta, ya de por sí escasa. En este sentido, tuvo gran importancia el posicionamiento de Fal Conde, en contra; y prueba de ello es que el Gobierno decidió tomar cartas en el asunto.[135]

Pero se da la circunstancia de que hubo también problemas en el Ejército, entre la tropa. En Barcelona fueron de tal magnitud, que el propio general gobernador, Enrique Múgica, así lo reconoció. Sirva de ejemplo, en este sentido, el hecho de que en el Regimiento de Artillería 44, con sede en la ciudad, frente a 30 oficiales sólo dijeron sí a la División ocho soldados. Y se da el caso, además, de que no todos los alistados lo fueron voluntariamente. Aunque casi nada hay documentado al respecto (la recluta forzosa escapaba a lo legislado y, por lo tanto, era ilegal), ya en el verano de 1941 hubo unidades que, al no obtener los resultados apetecidos, recurrieron al encuadramiento forzado de soldados. Una práctica que, como ya es sabido, sería sistemáticamente empleada desde finales de 1942, ante la negativa generalizada de la tropa a marchar al frente ruso.[136]

Múgica confesó a un miembro del Consulado General alemán que, dado el escaso número de inscritos en Barcelona, a última hora «varios cientos» fueron presionados y hasta «obligados» a alistarse. Por otra parte, círculos militares de Cataluña manifestaron a un colaborador de la Embajada británica que la totalidad de la guarnición de Infantería de la ciudad de Gerona había sido obligada al alistamiento, incluidos oficiales. Al parecer, el coronel del Regimiento en cuestión, se valió de un discurso de carácter coactivo para no dejar a mandos y soldados «más opción que firmar la papeleta de enganche». Además, se daba la circunstancia de que el reemplazo de 1939 gerundense en pleno debería estar dispuesto para partir; hasta el punto de que las autorizaciones de ferrocarril, debidamente firmadas por oficiales de Estado Mayor, ya habían sido distribuidas.[137]

También en el caso del falangismo hubo intentos de forzar la recluta, sobre todo a nivel de mandos, pues los hubo que ni quisieron ni aceptaron alistarse voluntariamente. La realidad personal de cada cual pesó en tal decisión, de igual modo que debió de pesar el grado de sinceridad de su militancia o la intensidad de su instinto de conservación. Y FET-JONS recurrió al chantaje y a la sanción, que en casos extremos se saldó con la destitución de cargos y, probablemente, con la expulsión del Partido. Fue el caso de dos mandos de la Delegación Nacional del Servicio Exterior, que no se habían alistado, a pesar de su edad —25 años— y su dominio del idioma alemán (uno argumentó que estaba pendiente de partir de viaje, y el otro, de cumplir el Servicio Militar). El hecho es que Ximénez de Sandoval comunicó a Arrese la circunstancia, y tres días después fueron destituidos. Aquellos casos no fueron excepción, pues al menos un mando de Sindicatos fue también sancionado.[138]

Cabría pensar que, en el caso de los militantes de base, el hecho de alistarse nació del libre albedrío. Pero hubo casos que no respondieron a dicha lógica. Al menos, esto es lo que se desprende de un informe del espionaje alemán, relativo a Madrid, de finales de julio, que afirma que «muchos» *camisas viejas* fueron inscritos sin su consentimiento. Paralelamente, según dicho informe, algunos círculos militares propalaban que «la mayoría» de los falangistas fueron obligados a alistarse, para dar a la División el mayor tono azul posible. Y al margen de confidencias militares, más o menos maliciosas, tenemos constancia de que, también a finales de julio, el secretario provincial de FET-JONS de Roma incoó un proceso contra ocho militantes que no atendieron al llamamiento de incorporación, que concluyó con la destitución de uno y siete sanciones.[139]

Resulta, pues, innegable que la no incorporación a la División Azul generó un leve proceso de depuración en el seno de FET-JONS, tanto a nivel de mandos como de la base. Y también resulta innegable que, a pesar del eco que tuvo el alistamiento en las aulas universitarias (influencia del SEU), hubo miles de estudiantes que se negaron a participar en *la cruzada anticomunista*. Un ejemplo de ello lo tenemos en la Universidad de Deusto, que no aportó ni un solo voluntario.

En las mentes de los estudiantes falangistas no cabía la enseñanza superior de carácter privado, en tanto que generadora de heterodoxia de pensamiento. En un país como España, al que querían ver encaminado hacia el totalitarismo, sólo el Estado debía facilitar los mecanismos docentes. Sin embargo, la realidad de la España de Franco era muy distinta: la Iglesia católica, y en este caso la Compañía de Jesús, mantenía, e incluso había incrementado, su presencia en las aulas, lo que generaba un fuerte recelo entre los dirigentes del SEU. En aquellas condiciones, no es de extrañar que la falta de recluta universitaria desembocase en un conflicto de intereses, tal como finalmente acaeció.

El 8 de julio la revista falangista *Haz*, en un artículo sin firma que llevaba por título «Ruta», reprendió a Deusto el no haber «aportado ni una sola inscripción» a la División y la vinculó a «ciertos prohombres separatistas». Tres días después, la Confederación Católica Nacional de Padres de Familia, por medio de la pluma de Julián P. Dodero, se quejó a Arrese (necesidad de la enseñanza no estatal; Deusto, cuna de muchos combatientes y de *mártires* por la causa *nacional*; el Movimiento, patrimonio de todos; fuera de lugar ataques a quienes habían colaborado en la construcción del nuevo Estado), y le pidió que hiciese llegar su más enérgica protesta a los censores y la dirección de *Haz*.[140]

Arrese transmitió a Dodero sus disculpas, pero *el tema Deusto* no acabó aquí. El 16, el jesuita Luis Izaga, director de *Razón y Fe*, antiguo profesor de la Universidad y amigo de un hermano de Arrese, le excusó la falta de respuesta con dos argumentos: que cuando se publicó el inicio de la recluta sus alumnos se estaban examinando en Valladolid, y que la mayoría no había cumplido 19 años. Culpó al director de *Haz*, y recordó que no era la primera vez que la revista atacaba a Deusto y a la enseñanza privada en general. Arrese deploró lo sucedido y le manifestó que había llamado al orden al autor del artículo, pero condenó la actitud del alumnado y rechazó los argumentos justificativos (había sido una mala época también para los demás estudiantes, y muchos menores habían ocultado dicha circunstancia, como el hermano de su secretario, que con 16 años se había enrolado «valiéndose de una heroica y patriótica ocultación de edad»).[141]

Controversias aparte, el hecho es que, al igual que acaeció entre las filas del Ejército y de FET-JONS, hubo miles de estudiantes universitarios en toda España —la mayoría— que quedaron al margen de una empresa que, por los motivos que fueran, no entendieron como suya. La génesis de la División Azul tuvo, pues, sus luces y sombras. Propició alegrías y generó disgustos, y no pocas tensiones. Tuvo, en fin, defensores y detractores, y dejó indiferentes a millares de personas.

4. Entre España y Alemania

Concentraciones de voluntarios en España

El 3 de julio comenzó la concentración de voluntarios en diversos acuartelamientos de la geografía española para su encuadramiento e instrucción, que se desarrolló a lo largo de 10 días. Así, el 4 se agruparon en Vitoria las compañías de Zapadores, y al día siguiente, fuerzas de Veterinaria. Cientos de kilómetros más al sur, la División lamentó su primera muerte: la de un joven murciano, instructor del Frente de Juventudes, fallecido cuando se trasladaba a Valencia. El 7, Melilla despidió al *Castillo de Peñafiel*, que, con el Batallón de Depósito al completo, enfiló rumbo a Ceuta con destino Algeciras. Mientras tanto Madrid dictó y distribuyó la segunda Orden General de la División, y las Capitanías comenzaron a equipar a sus unidades. Ya el 9, hubo jolgorio en Zaragoza, de la mano de voluntarios que recorrieron las calles cantando; y, ya de noche, una expedición partió de Cartagena a Murcia, donde fue obsequiada por la Sección Femenina. El 10 la totalidad de concentrados en Sevilla desfilaron camino de la Catedral, donde asistieron a una misa. Ese día Madrid dictó las Instrucciones Generales 4 (haberes), 5 (Información) y 6 («aspectos morales»); y el vicario general castrense designó a 24 capellanes, al mando de un comandante capellán. Finalmente, el 12 Muñoz Grandes recibió un homenaje de la Asociación de la Prensa de Madrid, y Sevilla vivió un acto multitudinario de adhesión a sus divisionarios. En el conjunto de España se dio por terminada la instrucción.[142]

Del ambiente de aquellos días, de euforia falangista, se hizo eco la prensa. Un informe entregado a la Embajada alemana refirió el *animadísimo* ambiente que presentaban los locales de la Junta Regional de Milicias de Madrid: los especialistas estaban ya concentrados en los cuarteles, a la espera de partir hacia Vitoria; y se calculaba en *un 4.000 por ciento* el exceso de voluntariado. En todo caso, 2.953 falangistas madrileños integraban una masa compacta y fuertemente ideologizada. Como en muchos otros puntos, se habían presentado a los banderines de enganche hombres de todas las edades, y los rechazados por sobrepasar el límite exigido querían desempeñar trabajos auxiliares.[143]

El lugar de concentración de aquellos voluntarios y los llegados del Sur se fijó en la Ciudad Universitaria (los del Norte, serían concentrados en Valladolid). De momento, quedó elaborada la relación de especialistas, que fueron concentrados en dos cuarteles de la capital. Y el Boletín de FET-JONS publicó que todos los funcionarios del Partido percibirían sus emolumentos íntegros. Tal como estaba previsto, a primera hora de la mañana del jueves 4, en la amplia explanada que se abría ante la Facultad de Medicina, se reunieron los falangistas que habían conseguido alistarse; y por espacio de siete horas fueron encuadrados en función de sus profesiones, en los destinos que deseaban. Acabado el acto, fueron distribuidos entre los cuarteles de Amaniel, Infante Don Juan y El Pardo. Apuntaron ya los signos de disconformidad ante el control militar; si bien el Ejército respetó las preferencias, con lo que los amigos quedaron integrados en las mismas unidades.[144]

En los cuarteles, los voluntarios recibieron los primeros rudimentos de instrucción militar. La descripción hecha por uno de ellos no es muy positiva («sucio y desagradable ..., lleno de ásperos gritos de sargentos y oficiales que aún nadie toma muy en serio»). Las marchas a pie eran frecuentes y se soportaban, en parte, con el recurso al canto: «Rusia es cuestión de un día para nuestra infantería, tómala sí un día, tómala sí, un, dos. Volveremos a empezar, tomaremos Gibraltar», rezaba la letra de una canción. Y también hubo maniobras, como las que llevó a cabo el *Regimiento Madrid número 1* en las proximidades de la Ciudad Universitaria, en los montes de la Zarzuela y en la carretera de El Pardo; acompañadas de desfiles por las calles de Madrid.[145]

Las largas horas de inactividad exasperaban a muchos de los concentrados, deseosos de acción. Desconocían la fecha de partida y los rumores, generalmente divergentes, afectaban el ánimo. Paralelamente se extendían comentarios sobre vejaciones al falangismo: por ejemplo, se dijo que, al repartir a los artilleros los distintivos de su arma, un oficial advirtió en tono despectivo que se abstuvieran de colocarse insignias falangistas, pues eran *voluntarios artilleros*; y como que tardaba en ser repartida, también se propaló que la camisa azul iba a ser prohibida, y que, en su lugar, se impondría la caqui del Ejército. Y se mentaban supuestos percances callejeros entre falangistas y mandos militares. El pesimismo se acrecentó por la ausencia de visitas de los jefes del Partido, comentada con acritud. De todo ello fue informada la Secretaria General. Tres días después, Arrese donó 2.500 cajetillas de tabaco a los concentrados en el Cuartel del Infante Don Juan; y tanto a éste como a los otros dos Cuarteles llegó la lista de jerarcas que iban a compartir destino en la División.[146]

El 12 finalizó la instrucción de los concentrados en Madrid con una marcha hasta El Pardo, donde fueron revistados. Por la tarde, Muñoz Grandes pronunció una breve alocución en la Asociación de la Prensa, en presencia de agregados de las Embajadas de Alemania e Italia: «Juro ante mis soldados —dijo— que España cumplirá con su deber, y os hacemos un ruego: que vosotros cumpláis con el vuestro». Finalmente, a las 15.45 horas del domingo 13, en medio de una multitud enardecida, partió de la Estación del Norte una primera expedición de voluntarios. Aquella misma noche, a las 23.15, marchó la segunda, también en loor de multitudes. Serrano Suñer rememoró discursos condenatorios con las siguientes palabras:

> ¡Camaradas!, ¡soldados!: En los momentos de vuestra partida, venimos a despediros con emocionada alegría y con envidia, porque vais a vengar la muerte de nuestros hermanos; porque vais a defender los destinos de una civilización que no puede morir; porque vais a destruir el sistema infrahumano, bárbaro y criminal del comunismo ruso.[147]

En Barcelona el encuadramiento y la instrucción tomaron un cariz bastante diferente. Durante los primeros días de julio hubo tres concentraciones en el Parque de la Ciudadela, otra en el Cuartel de Pedralbes, y finalmente los voluntarios partieron hacia Lérida y Gerona.

Las concentraciones en la Ciudadela notaron la acción disuasoria de algunos jefes, de modo que la segunda vio una considerable reducción de los presentes, y la tercera fue la menos concurrida de las tres. La Falange barcelonesa temía quedarse sin sus mejores cuadros en una ciudad catalogada como hostil al Régimen, y ni Correa Véglison ni Luys Santa Marina eran partidarios de la incorporación de sus subordinados. La última concentración, en la mañana del jueves 3, fue presidida por Correa, que pasó revista y pronunció un discurso. Cuando los jóvenes abandonaron el Parque, desfilaron en grupos compactos por el Paseo de Colón y las Ramblas, entonando himnos y canciones. Por la tarde, la Jefatura de Milicias les entregó la documentación. Fueron horas de optimismo, durante las cuales la animación y el bullicio se apoderaron del local. Los finalmente admitidos quedaron mayoritariamente concentrados en el Cuartel del Bruc, en Pedralbes. Allí, la disciplina brilló por su ausencia, pero los mandos no prestaron demasiada atención a tal circunstancia. En todo caso, no hubo incidentes dignos de mención. Al margen de aquéllos, unos pocos, a los que se agregaron otros procedentes de Lérida, Valencia y Murcia, fueron concentrados en el Cuartel de San Andrés, sede del Regimiento de Artillería número 44. Allí confluyeron con fuerzas del Regimiento y de otras unidades, para ser integrados en el Segundo Grupo artillero de la División.[148]

Al anochecer del viernes 4 un nutrido grupo de voluntarios enfiló por las calles de Barcelona en dirección a la Estación del Norte, de donde iba a partir un tren especial hacia Lérida. Eran los barceloneses y tarraconenses que, conjuntamente con los leridanos, formarían parte del Tercer Batallón del Regimiento Vierna. La Estación contaba con la presencia de familiares y amigos. Al final hizo su aparición Correa, quien recorrió uno a uno los vagones, saludando y departiendo con los voluntarios. Tras el *Cara al Sol*, a las 21.25 horas el tren emprendió la marcha. Unas horas después, ya en la mañana del sábado, otro grupo abandonó el Cuartel del Bruc, pero esta vez con la Estación de Francia por destino. Era la expedición que se concentraría en Gerona, y que, con los voluntarios de dicha provincia, configuraría el Segundo Batallón del Vierna. Durante el trayecto, los voluntarios marcharon a su aire, acompañados de esposas, novias y familiares. Al llegar a un determinado punto de la Avenida Diagonal, antes de su cruce con el Paseo de Gracia, enfilaron por calles de segundo orden. Ya en la Estación, se les agregaron falangistas llegados de Valencia. El tren tenía prevista su salida a las 10.30 y poco antes llegó Correa, que repitió su actuación. Finalmente, aquella tarde marchó la tercera y última expedición, en medio de una despedida más bien fría.[149]

Llegados a sus puntos de destino, los voluntarios permanecieron concentrados unos 10 días. Breve período de tiempo durante el cual recibieron la instrucción de manos de oficiales y suboficiales del Ejército, lo que, para algunos de ellos significó la primera toma de contacto con la disciplina militar. Al igual que acaeció en Madrid, en su condición de falangistas, no siempre acataron de buen grado las órdenes; por lo que recibieron algún que otro golpe de fusta. Aun así, no hubo imprecaciones contra el falangismo.[150]

En Gerona, bajo las órdenes del comandante Vicente Gimeno Arenas, jefe provincial de Milicias, quedaron instalados, con tiendas de campaña, en el Parque de la Dehesa. Las condiciones eran precarias, pues la lluvia había convertido aquella alameda en un barrizal. A última hora, recibieron la visita del gobernador militar, y al día siguiente las autoridades civiles les agasajaron con un baile en la piscina municipal. No faltaron actos de indisciplina, ni perdieron el buen humor al son de la machacona música proveniente de las instalaciones de dicha piscina. El último día llegó Correa, que pidió a algunos que renunciaran a marchar y regresaran a Barcelona, con el argumento de la precaria situación de FET-JONS allí, y tuvo cierto éxito.[151]

Paralelamente, en Lérida, los voluntarios quedaron bajo el mando del comandante Agustín Luque Molinello, ayudante del general jefe de la División con sede en la capital. Y también recibió la visita Correa, que no se abstuvo de felicitar efusivamente a los militares encargados de la instrucción. Finalmente, en la madrugada del martes 15 emprendieron la marcha en el tren que los conduciría a Irún, al igual que quienes habían recibido instrucción en Gerona; que, regresados a Barcelona, partieron en tren conjuntamente con los artilleros del Cuartel de San Andrés.[152]

Se estructura provisionalmente la División Azul

Durante la primera quincena de julio, en Madrid, el Cuartel General de la División Azul, y especialmente su Estado Mayor, estaba ávido de noticias relativas a la evolución de la lucha germano-soviética. Y también lo estaba del resultado de las negociaciones que mantenía una Comisión Aposentadora con mandos alemanes, en Berlín, con el fin de establecer las pautas a seguir para la adecuación de la Unidad a la estructura de la Wehrmacht, y que analizaremos más adelante.

En aquel contexto no exento de la lógica euforia, trajín y nerviosismo, la Segunda Sección del Estado Mayor a partir del 4 empezó a distribuir un *Boletín de Información*, elaborado a partir de los partes de guerra de los contendientes. Comenzaba con una referencia a la situación en el frente ruso, y proseguía con el resto de frentes, y normalmente acababa con una apartado en el que daba una «impresión de conjunto». Aquel viernes, concretamente, informó de que el avance alemán continuaba y que dejaba a retaguardia grandes bolsas de combatientes; pero seguidamente introdujo que el mando soviético parecía decidido a efectuar «una fuerte resistencia en la línea constituida por los ríos Dvina y Dniéper», en tanto que enviaba «considerables refuerzos de retaguardia». Al día siguiente reconoció una cierta lentitud en el avance de las fuerzas que operaban en el sector Norte. Y ya el lunes 7 hizo referencia a «una gran resistencia» en el Dvina y a «fuertes concentraciones» de efectivos soviéticos en el lago Peipus. Las noticias, aunque buenas, evidenciaban que el Ejército Rojo estaba empeñado en una resistencia a ultranza. Muñoz Grandes que, al igual que su jefe de Estado Mayor, recibía a diario un ejemplar del Boletín, no fue ajeno a tal circunstancia.[153]

Al margen de la valoración y análisis de la información llegada del exterior, los esfuerzos del alto mando divisionario se centraron en la organización provisional de la Unidad. En un primer momento, el Estado Mayor Central del Ejército había decidido estructurarla en base al modelo de división alemana facilitado por la Embajada en Madrid, tal como refleja el cuadro sinóptico número 1.[154]

CUADRO I. ESTRUCTURA PROYECTADA INICIALMENTE PARA LA DIVISIÓN AZUL, BASADA EN LAS PLANTILLAS FACILITADAS POR LA EMBAJADA ALEMANA EN MADRID

— El Cuartel General.
— 3 regimientos de Infantería (3 batallones cada uno).
— 1 regimiento de Depósito Fijo (3 batallones).
— 1 batallón de Depósito Móvil (reserva).
— 1 regimiento de Artillería (1 grupo de 150 mm y 3 de 105 mm).
— 1 batallón de Zapadores.
— 4 grupos: 1 de Transmisiones, 1 de Transportes, 1 de Intendencia y 1 de Sanidad.
— 1 compañía de Veterinaria.

FUENTE: Elaboración propia a partir de documentación de archivo.

Este esquema, de cuatro regimientos operativos y uno de reserva, aunque similar al tradicional del Ejército español, correspondía al denominado *Modelo Antiguo de División alemana de Infantería*. Fue aplicado por la Orden General número 1, dictada en Madrid el 5 de julio, que estructuró provisionalmente la División (Apéndice 2, página 402) y especificó el nombre de los mandos. También consignó que la Unidad recibiría el nombre oficial de *División Española de Voluntarios*, y que tendría por función «cooperar con el Ejército de [Alemania] en la Cruzada contra el Comunismo» (artículo 1). Que sus regimientos de Infantería se denominarían provisionalmente por el apellido de su primer jefe. Que en Madrid quedaría constituida una *Representación*, dependiente del Ministerio del Ejército, encargada de todo lo relativo a los voluntarios (artículo 7); y en Alemania, y en otro lugar a determinar, se establecería un *Depósito de Víveres y Vestuario* (artículo 8). Que todas las unidades, hasta batallón inclusive, deberían disponer de intérpretes (artículo 16). Que los capellanes irían provistos de altares portátiles y demás útiles (artículo 17). Que los mandos militares (artículo 18) tendrían el destino en comisión. Que la correspondencia (artículo 14), debería ser remitida a la Representación en Madrid. Finalmente, la Orden arbitró también sobre devengos, para los voluntarios y sus familiares (artículos 1, 18 y 20).[155]

Primeros contactos de la División Azul en Alemania

En aquel contexto organizativo, el mando de la División ordenó el nombramiento de *partidas aposentadoras*: 28 hombres (4 oficiales, 8 suboficiales y 16 soldados) que el 9 deberían partir en tren hacia el campamento bávaro de Grafenwöhr, donde prepararían el alojamiento de los divisionarios. Al margen de ellas, en la mañana del 5 marchó la comisión militar que negociaría con el mando alemán las condiciones de incorporación de la División Azul al organigrama de la Wehrmacht. Presidía aquella *Comisión Aposentadora*, de siete hombres, el teniente coronel Joaquín Romero Mazariegos, y la configuraban, además, cuatro comandantes y dos capitanes. Después de hacer escala en Barcelona, Marsella, Lyon y Munich, el avión que los llevaba llegó a Berlín. Allí trataron (días 6 a 11) fundamentalmente con el jefe de Estado Mayor del Ejército de Reserva del Reich, capitán general Friedrich Fromm; que expuso los aspectos organizativos de una división alemana de Infantería, y detalló todo lo relativo a los servicios, abastecimientos, transportes y servicios de orden y policía.[156]

Además de con sus anfitriones, la *Comisión* mantuvo contacto permanente con la Embajada española y con el Estado Mayor de la División en Madrid. Pero celebraciones y cumplidos no evitaron un arduo trabajo, como traducir las plantillas relativas al modelo de división a adoptar. La comunicación con Madrid se materializó en varias llamadas telefónicas de Romero Mazariegos al jefe del Estado Mayor divisionario, coronel José María Troncoso, a quien informó de las gestiones llevadas a cabo.[157]

El viernes 11 la *Comisión Aposentadora* se desplazó hasta Grafenwöhr, donde fue recibida por el jefe del Campamento, teniente coronel Distler, a quien correspondía la función de enlace entre los mandos alemán y español. A última hora de la tarde llegaron las *partidas aposentadoras*, y su jefe se reunió con Romero Mazariegos y Distler. Acordaron, en principio, que los divisionarios recibirían los mismos suministros que los alemanes, el horario de las comidas y la distribución de las unidades (un regimiento de Infantería, el grupo pesado de Artillería y el batallón de Zapadores se alojarían en el Campamento Sur, y el resto de la División en el Campamento Norte). Al día siguiente, decidieron que el suministro de alimentos dependiera de la Intendencia alemana hasta que la División estuviera en condiciones de hacerse cargo de él; y que la entrega de material comenzara el 14. Tras la reunión, la *Comisión Aposentadora* visitó los alojamientos de los divisionarios, y uno de sus miembros, el comandante Ángel Baldrich, fue a Nuremberg para resolver aspectos relativos al personal y al ganado, así como la configuración de una cantina para la División.[158]

El lunes 14, en Madrid, Muñoz Grandes emprendió el vuelo que lo había de llevar a Berlín. Llovía en Barajas, y, a pesar de lo intempestivo de la hora —las 7.30—, allí, además de Heberlein, estaba el generalato de la capital en pleno, con Varela y Asensio al frente. Acompañaban a Muñoz Grandes, el coronel Troncoso, el teniente coronel Fernando Cárcer, el comandante Lombana y el capitán Egea. Bajo la lluvia despegó el *Baden*, de la alemana Lufthansa, que unía Lisboa y Berlín. Hizo las obligadas escalas en Barcelona, Marsella, Lyon y Munich. Allí, para sorpresa de Muñoz Grandes y sus acompañantes, les fue requerido el pasaporte. Ninguno lo portaba, lo que desconcertó a los funcionarios, que no disponían de información oficial sobre ellos, y se negaron a aceptar sus carnets militares como documento acreditativo, tal como pretendían. Egea, único del grupo que hablaba alemán, hubo de aclarar, ante el puesto de seguridad del aeropuerto, su pertenencia a la División Azul. Finalmente, a las 19.30 horas, el *Baden* llegó a su destino.[159]

En Berlín, Muñoz Grandes se reunió en tres ocasiones con Fromm (días 15, 16 y 17), y el sábado 19 se desplazó a Grafenwöhr, donde fue informado de los preparativos para la recepción de la tropa, y tomó contacto con los mandos alemanes.[160]

La calle y la diplomacia durante la primera quincena de julio de 1941

Durante las dos primeras semanas de julio, Madrid se movió en dirección a Berlín y Londres. Así, Serrano Suñer dio publicidad a sus declaraciones a la *Deutsche Allgemeine Zeitung* y Exteriores filtró a la Embajada alemana informaciones de Londres sobre la guerra. Y en cuanto al ámbito británico, el duque de Alba manifestó al subsecretario parlamentario del Foreign Office que esperaba que Londres no exagerase la importancia de la División Azul, esencialmente un cuerpo falangista que *en modo alguno* representaba a Madrid, pero Butler ironizó al respecto.[161]

Resultaba evidente que no iba a ser fácil vender la División a Londres: habría que actuar con cautela, pues estaba en juego el abastecimiento energético. Pero, al margen de las preocupaciones del Gabinete, aquellos días las afiliadas de la Sección Femenina confeccionaban prendas y acudían puntualmente a las estaciones de ferrocarril para despedir a los divisionarios y obsequiarles (medallas, devocionarios, insignias, tabaco, golosinas, botellas de sidra, bocadillos). Por su parte, Arrese reclamó al mando divisionario a algunos miembros destacados del Frente de Juventudes, y del SEU, con la excusa de que debían finalizar la redacción de su Reglamento. Y mientras unos dejaban la División, otros falangistas se incorporaban a ella, finalizado ya el período oficial de reclutamiento.[162]

En el Ejército, los mandos que habían logrado alistarse y tenían la plaza asegurada eran vistos con cierta envidia: iban a combatir contra *el comunismo* (factor ideológico) en una guerra en la que los ascensos estaban casi garantizados (factor material). Sin embargo, la euforia inicial se trocó en enfado cuando la capital se situó ostensiblemente por delante a nivel de mandos. «Como siempre, lo importante es estar en Madrid y ser paniaguado», fue una de las frases que circularon de boca en boca. Hubiera sido preferible —se argumentaba— anunciar, desde un principio, que los jefes de batallón y de compañía serían adjudicados desde allí, a implicar a las Regiones Militares y luego revocar arbitrariamente los nombramientos (la lista de jefes de unidades revela que más de la mitad estaban destinados en la capital).[163]

En la calle, la dureza de la vida cotidiana se imponía, en un contexto de pobreza generalizada y racionamiento severo; y las aventuras militares, por

Manifestación
falangista del
24 de junio de
1941 en Madrid,
a su paso por
la calle de Alcalá.

La manifestación
falangista del
24 de junio
estacionada en
la Gran Vía.

Alistamiento
de voluntarios.
Madrid,
junio de 1941.

Instrucción en la
Casa de Campo,
antes de partir.
Madrid,
julio de 1941.

Homenaje
de despedida
a voluntarios.
Albacete,
julio de 1941.

Serrano Suñer,
Muñoz Grandes
y Arrese en
la despedida de
los voluntarios
que partieron de
la Estación
del Norte.
Madrid,
julio de 1941.

(© FDA)

Bienvenida alemana en Hendaya.
Julio de 1941.

(© FDA)

Llegada de una expedición de voluntarios al
campamento militar de Grafenwöhr (Baviera).
Julio de 1941.

(© FDA)

Grupo de Antitanques. Campamento militar
de Grafenwöhr (Baviera). Julio-agosto de 1941.

(© FDA)

(© FDA)

Ceremonia de incorporación de la División Azul a la Wehrmacht (juramento de fidelidad a
Hitler en la *lucha contra el Comunismo*). Campamento militar de Grafenwöhr (Baviera),
julio de 1941.

(© FDA)

Camino de Smolensko.
Marcha hacia el frente,
agosto-octubre de 1941.

La Compañía de Teléfonos
marcha hacia el frente.
Agosto-octubre de 1941.

(© FDA)

(© FDA)

Tanque destruido.
Marcha hacia el frente,
agosto-octubre de 1941.

Una sonrisa para la cámara.
Marcha hacia el frente,
agosto-octubre de 1941.

(© FDA)

Pieza de artillería pesada.
Frente del Voljov,
otoño de 1941.

(© FDA)

(© FDA)

Espera. Frente del Voljov,
invierno de 1941 a 1942.

Aldea rusa. Frente
del Voljov, invierno
de 1941 a 1942.

(© FDA)

Prisioneros rusos limpian
la línea férrea. Frente del
Voljov, invierno
de 1941 a 1942.

(© FDA)

Paso del río Voljov en barcazas. Frente del Voljov, otoño de 1941.

En la trinchera. Frente del Voljov, invierno de 1941 a 1942.

De guardia en la trinchera. Frente del Voljov, invierno de 1941 a 1942.

Patrulla de reconocimiento. Frente del Voljov, invierno de 1941 a 1942.

En motocicleta.
Frente del Voljov,
invierno de 1941
a 1942.

(© FDA)

Dos voluntarios
de la Legión flamenca
visitan una posición
artillera. Frente del
Voljov, invierno de
1941 a 1942.

(© FDA)

(© FDA)

En una aldea cercana
al lago Ilmen. Frente
del Voljov, invierno de
1941 a 1942.

Dificultades en el barro. Frente del Voljov, primavera de 1942.

Camino de rollizos. Frente del Voljov, primavera de 1942.

En la *Operación Predador*. Frente del Voljov, verano de 1942.

El general Agustín Muñoz Grandes condecorado con las *Hojas de Roble* de la Cruz de Caballero de la Cruz de Hierro. Alemania, otoño de 1942.

muy ideologizadas que estuvieran, quedaban en un segundo plano. A grandes rasgos, podemos afirmar que los sectores sociales altos y medios veían a la División Azul con simpatía. A ellos iba dirigida la prensa, que reiteraba titulares triunfalistas y el *¡Rusia es culpable!* Y para todos, fueran ricos o pobres, la radio completaba aquella acción propagandística a gran escala. Pero hubo zonas, como Barcelona, con amplios sectores de población inmunes a las consignas. En este sentido, el cónsul general alemán reconoció, el día 10, que la clase obrera era mayoritariamente hostil a la División, y que propalaba que fueran los alemanes residentes en España quienes se alistasen. Aunque hubo trabajadores urbanos que simpatizaron con ella (muchos, católicos practicantes) y llegaron incluso a servir en sus filas. De hecho, en algunas ciudades, como Zaragoza, el ambiente era de júbilo, y la propia Barcelona comenzó pronto a recoger donativos. Exponente, hasta cierto punto, del nivel de adscripción de la población a la causa divisionaria fue el grado de asistencia de público a los actos de homenaje que se le tributaron, y a las estaciones de ferrocarril. En todo caso, hubo en la calle española, una vez más, fractura social, que, hasta cierto punto, se correspondía con la que separaba *derechas* de *izquierdas*, tan resentidas después de la Guerra Civil.[164]

Durante aquellos días, Berlín y Londres estuvieron pendientes de España. Y a pesar de que la mayor parte de las fuentes de información estaban del lado alemán, la diplomacia británica contó también con colaboradores, sobre todo en el Ejército y, de modo particular, en Cataluña. Veamos, seguidamente, cómo se desarrolló la actuación del Auswärtiges Amt, el Foreign Office y las respectivas Embajadas.

En el ámbito alemán, Weizsäcker reiteró a la Embajada que Berlín había aceptado el envío de voluntarios, e indicó que era preferible una unidad bajo mando unificado, a dos unidades, una militar y otra falangista. Se integraría en la Wehrmacht, quedaría supeditada al mando alemán, y recibiría armamento y uniformes, para que, caso de caer prisioneros, sus miembros fueran tratados como combatientes regulares. Salvo para «finalidades muy específicas al margen del combate», no debería admitirse a refugiados *rusos*.[165]

Entre tanto, Heberlein comunicó a Berlín que el número de inscritos había cuadruplicado el exigido, que serían concentrados en las cercanías de Irún, la partida de la *Comisión Aposentadora*, el número de divisionarios y su distribución por unidades. Además, la Embajada solicitó del Consulado General que, caso de que hubiera amarrados en el puerto de Barcelona barcos lituanos, letones o estonios, manifestase a los capitanes que sus pueblos serían *liberados* por Alemania. Era de vital importancia —informó— que los barcos no regresaran a la Unión Soviética y evitar que cayeran en poder británico. Heberlein comunicó también a Berlín el nombre de los altos mandos de la División: eran «material inmejorable», hombres «poseedores de las más altas condecoraciones de guerra». Desde Tetuán, Richter informó de que el

Protectorado *no* había admitido a voluntarios indígenas (celos por la simpatía que Alemania despertaba en Marruecos, y temor a que pudiera aumentar), aunque el sultán le había manifestado el deseo de que sus súbditos tomaran parte en el conflicto.[166]

El 7 la Embajada informó al Consulado General de las directrices de Berlín respecto a los *rusos*, y le ordenó que se atuviera a ellas ante las consultas de las legaciones. Al día siguiente, Heberlein sugirió al Auswärtiges Amt, con vistas a que no decayera el ánimo, iniciar lo antes posible el transporte de los voluntarios a Alemania. Ya el 9, el general Krahmer informó de que Goering había aceptado el envío de pilotos, y que serían concentrados para su adiestramiento. Ese mismo día, Berlín exigió de Madrid que la División tuviera 17.736 hombres (frente a 18.946 reclutados) y que aportara 300 camiones y 400 motocicletas: más de mil hombres deberían ser licenciados (tras una semana de concentración en cuarteles) y faltaban vehículos. La Embajada valoró la primera exigencia como «una complicación muy lamentable», «que podría afectar muy negativamente en el ambiente». Respecto de la segunda, manifestó que España carecía de vehículos en condiciones; y que mantenerla ponía en peligro la pervivencia de la División, pues Madrid podía interpretarla como un desprecio a la ayuda ofrecida, materializada exclusivamente en hombres. Era necesario —concluyó Heberlein— retirar ambas exigencias.[167]

El 10 la Embajada recibió más información de Barcelona, Bilbao y Tetuán (en Barcelona la recluta falangista había fracasado, Kindelán se había desentendido y faltaban botas). Y una noticia esperanzadora de Berlín: el Ejército alemán estudiaba ya el transporte de los voluntarios. Una primera alegría a la que siguió otra mayor al día siguiente: el Ejército había dejado de lado la exigencia de vehículos y buscaría una solución satisfactoria para España en cuanto al número de voluntarios. Por otra parte, había acordado ya con la *Comisión Aposentadora* el primer transporte hacia Alemania, al cual seguirían diariamente tres trenes; de modo que concluiría en una semana. El Alto Mando —concluyó el cable— procuraría tranquilizar al Gobierno español, y la Embajada debería hacer lo mismo. Por su parte, la Embajada notificó la lista de los jerarcas falangistas que se encuadrarían: la mayoría había tomado parte en la Guerra Civil (destacaba la actuación de Mora Figueroa), pero su alistamiento debía ser entendido como una concesión arrancada a los militares. El 13 informó, por fin, de la inminente marcha de los voluntarios madrileños, en cuya despedida tomaría parte Heberlein.[168]

Cambiemos, seguidamente, de bando. El día 3, Hoare transmitió el contenido de las declaraciones de Serrano Suñer a la *Deutsche Allgemeine Zeitung*: a su juicio, nada nuevo añadían y como tal deberían ser tratadas por la prensa y la BBC. Ya con el texto delante, el Foreign Office las entendió como una declaración de *solidaridad moral* con Alemania en su lucha contra Moscú, pero no contra Gran Bretaña, y como una advertencia a Washington para que no entrase en la guerra. En todo caso —concluyó—, aunque eran muestra fehaciente de las dificultades que la ampliación de la guerra había traído a las relaciones anglo-españolas, convenía seguir el consejo del embajador y no darles importancia.[169]

Al día siguiente, un miembro de la Embajada se entrevistó con Galarza, que calificó de mísera la recluta civil, informó de que Muñoz Grandes —que no quería *soldados de juguete*— comandaría la División, y manifestó que Serrano y FET-JONS, deseosos de una unidad exclusivamente falangista, estaban muy decepcionados. Y aunque concluyó que el envío de la División no afectaría a la situación interior de España, sus declaraciones produjeron un cierto desasosiego en el Foreign Office: en vez de una multitud de desorganizados falangistas, los españoles enviarían a Rusia una formación militar bajo el mando de «uno de sus mejores y más resueltos generales».[170]

El 8, Hoare remitió a Eden un informe sobre la recluta en Cataluña que, sobre la base de irregularidades detectadas en Gerona y en Barcelona (Kindelán había declarado voluntarias *todas* las unidades), la calificó de «ignominioso fracaso» en el que el Ejército iba a «sacar las castañas del fuego» a la Falange. Y, con respecto a Navarra, el embajador manifestó que, por acción del carlismo no unificado, sólo se habían alistado 40 voluntarios y no había habido manifestaciones de apoyo. Pero el Foreign Office cuestionó la información de Cataluña, pues, de ser cierta, la frontera habría quedado desguarnecida; y calificó la de Navarra de *curiosa*, reflejo de las discrepancias entre partidos unidos nominalmente bajo las siglas de FET-JONS.[171]

El viaje hacia Baviera

El domingo 13 de julio la División Azul había quedado definitivamente configurada. Ese mismo día, comenzó el transporte escalonado de sus hombres hacia Alemania, en 19 expediciones, a lo largo de 10 días (el Apéndice 3 —página 403— refleja la ciudad de embarque de cada expedición y el volumen de sus efectivos). En todo caso, aquellos días de viaje vieron una mezcolanza de adhesiones y rechazos hacia los divisionarios, y la aparición de las primeras tensiones internas.

La despedida tuvo diferentes matices, en función de cada localidad. Así, la que rindió Madrid a sus voluntarios fue multitudinaria (dan testimonio cientos de metros de película y un gran número de fotografías), al igual que la que tributó Zaragoza a los suyos, que en la víspera acudieron a la Basílica del Pilar entre una muchedumbre que los ovacionó repetidamente. También Lérida ofreció una entusiasta despedida en la estación, a pesar de que el tren partió a las dos de la madrugada. En cambio, la de Barcelona fue poco cálida, con la particularidad de que no acudió Kindelán (el tren partió a las 3). Acudieron, eso sí, varios militares y «algún público», en su mayoría familiares. El jefe de la expedición, comandante Del Prado, la calificó de «más bien fría», y se dio la circunstancia de que tuvo que atender, en el mismo andén, dos reclamaciones de madres: una, con el argumento de que su hijo era inútil para las armas, y la otra, con el de que el suyo era menor de edad y que se había escapado de casa sin consentimiento paterno. Todo ello, unido a una serie de cambios de última hora, crearon una sensación general de desorganización.[172]

Por lo que respecta al ambiente existente en las estaciones del trayecto en suelo español, un informe redactado por la Sección de Información de la División en Grafenwöhr afirma que mayoritariamente fue cálido. El informe, concerniente a las expediciones números 1, 2, 3, 8, 11, 12, 13 y 18, procedentes de Madrid (1, 2 y 3), Zaragoza (8), Burgos (11 y 12), Valladolid (13) y Vitoria (18), manifiesta que «en las estaciones eran despedidas por las autoridades y numeroso público, que les hacían objeto de múltiples atenciones». Tal descripción no concuerda, en su globalidad, con lo acaecido a la expedición número 6 (Valencia), que disfrutó de ambiente festivo únicamente en suelo navarro. Lo mismo ocurrió con la 10 (Barcelona): «Agasajos y entusiasmo, ninguno» escribió Del Prado para el paso por tierras aragonesas (en Caspe sólo había en la estación un alférez de intendencia y en Zaragoza únicamente el oficial de vigilancia). Pero a partir de Pamplona el ambiente mejoró, con público que vitoreaba el paso del tren, lanzamiento de cohetes en algunos puntos del trayecto, y aparición de bandas de música en las estaciones. Y lo mismo acaeció a la expedición 9 (Lérida): «Es de notar que, lo mismo en Caspe que en Zaragoza, la expedición fue fríamente recibida por sólo los oficiales de vigilancia y de intendencia de servicio ... Desde Pamplona a San Sebastián fueron las tropas entusiásticamente aclamadas en todas las estaciones del trayecto», escribió su comandante en jefe.[173]

El hecho es que el grado de complicidad externa de la población española para con los divisionarios varió en función de las regiones, e incluso, de las localidades. Y, al margen de las voluntades, a la hora de manifestarse pesó considerablemente el horario de llegada a cada una de las estaciones. Así, por ejemplo, la expedición número 1 fue entusiásticamente recibida en su recorrido hasta Ávila, pero de allí al País Vasco, en que viajó principalmente de noche, «las estaciones estaban vacías», y se dio el caso de que en Miranda de Ebro (Burgos) a la falta de público se sumó la ausencia de representantes del Ejército. No puede decirse, tampoco, que regiones tan tibias con el Régimen como Cataluña y el País Vasco ignoraran a los expedicionarios. En Barcelona, efectivamente, la despedida fue fría, pero en Lérida no; y en contra de lo que pudiera imaginarse, la expedición número 1 fue recibida festivamente en las localidades guipuzcoanas de Noain, Tolosa y Zumárraga. Al margen de todo ello, el viaje por tierras de España se vio enturbiado por la muerte de un divisionario que, por causas desconocidas, cayó del tren en marcha. También hubo algunos otros incidentes, como contusiones y heridas producidas por movimientos bruscos o frenadas. El hecho es que, por motivos diversos, varios divisionarios quedaron hospitalizados en suelo español.[174]

Al entrar en territorio francés, los pagadores fueron provistos de moneda del país, a razón de 80 francos por jefe y oficial, y de 20 por suboficial, cabo y soldado. Por imperativo de la organización alemana, en Hendaya hubo que ducharse. Los oficiales lo hicieron individualmente y la tropa por compañías, al tiempo que sus equipos eran desinfectados. Al parecer, también se practicaron algunas revisiones médicas, pues se dio el caso de un muchacho a quien le fue detectada una enfermedad venérea, por cuyo motivo fue repatriado. Por su parte, las autoridades alemanas se mostraron en todo momento solícitas, hasta el punto de que la expedición número 8 fue obsequiada con caramelos, queso, galletas, pan y tabaco. Hubo ya, sin embargo, un primer incidente desgraciado a reseñar en territorio francés: un soldado de la expedición 14 (La Coruña) oyó a unas españolas aconsejar a algunos camaradas que, una vez en el frente, se pasaran «a los rusos», y las denunció; a resultas de ello, fueron entregadas a los alemanes, en presencia del cónsul español.[175]

Respecto al trayecto por Francia, «en casi todas partes acogían [a las expediciones] con marcada frialdad o indiferencia, siendo objeto de muestras de antipatía e incluso de gestos de insulto». Así, por ejemplo, la número 3 en las cercanías de Poitiers fue objeto de manifestaciones hostiles por parte de un grupo de campesinos, a lo que, desde el tren, se respondió con un disparo, de consecuencias desconocidas; y lo mismo ocurrió en los alrededores de Orleans, con la particularidad de que el tiro hirió a un francés. Incidentes similares tuvieron las expediciones números 11, 13 y 18; y, de resultas de uno de ellos, también cerca de Orleans, se hirió a otro francés, esta vez de un botellazo. Se dio también el caso de divisionarios que pararon el tren mediante el freno de alarma, y saltaron a tierra para resolver las afrentas recibidas a tortazos; o que, ya prestos a saltar, fueron frenados en última instancia por los mandos. En este sentido, quizá el incidente más desagradable tuvo lugar a la salida de Tours, a menos de 500 metros de la estación, cuando el tren que transportaba a la expedición 10 todavía no había alcanzado su velocidad normal. Un grupo de unas 30 personas, «en su mayoría jóvenes y niños», lo apedreó, rompiendo el cristal de un vagón y lastimando a un voluntario en el hombro. De inmediato, varios hombres se arrojaron de los vagones, emprendieron la persecución de los agresores y propinaron una sonada paliza a uno de ellos. En medio del tumulto, de una ventanilla salieron disparos de pistola, que, por suerte, no tuvieron consecuencias. Al día siguiente de aquellos hechos, a pocos metros de distancia, el tren de la expedición número 14 fue apedreado por el propio personal de la estación.[176]

De hecho, los enfrentamientos en los que se vieron envueltos los divisionarios en territorio francés tuvieron dos direcciones: una contra franceses y la otra contra españoles exiliados. En una investigación llevada a cabo en Grafenwöhr, el oficial jefe de las fuerzas de gendarmería de la División justificó el disparo de un divisionario sobre un español con el argumento de que, momentos antes, éste se había dirigido a él con un «me cago en tu madre compañero». Informó también de disparos sobre cuatro hombres —no sabemos si españoles o franceses—, sobre la base de que, éstos, después de levantar el puño, hicieron indicaciones de que les iban a cortar el cuello. En todo caso, tiros, puñetazos, botellazos y pedradas por parte española, e insultos, puños en alto y pedradas por parte francesa y/o española exiliada, marcaron la tónica de un viaje por territorio marcadamente hostil. Se dio el caso —casi cómico— de una expedición que llegó a detener al maquinista y al fogonero de su propio tren, por levantar el puño y sumarse a las manifestaciones de hostilidad. Aunque no siempre las provocaciones fueron respondidas con violencia. El informe de la expedición número 5 (Sevilla) hace mención a una actitud de voluntaria contención por parte de la tropa; y el de la 19 (Vitoria) especifica que, a pesar de haber resultado contusionados cuatro divisionarios por pedradas, «la corrección de las fuerzas y su obediencia al mando» evitaron nuevos incidentes.[177]

No todo fueron experiencias negativas en Francia, pues, aunque escasas, no faltaron muestras de simpatía. Así, la expedición 14 en algunos puntos del recorrido fue saludada por la población civil brazo en alto, y se dio incluso el caso de una mujer que gritó «¡Arriba España!». Por su parte, la 10 fue agasajada por miembros de la colonia española en Nancy, «compuesta, en su mayoría, por mallorquines negociantes en fruta».[178]

Tan pronto como las expediciones atravesaron la frontera franco-alemana, los pagadores recibieron moneda alemana, a razón de cuatro *Reichsmarks* (en adelante, RM) por jefe y oficial, y de dos para el resto. Contrariamente a lo sucedido en suelo francés, en Alemania el ambiente general fue «magnífico», pues «lo mismo el elemento oficial que los particulares, recibían con entusiasmo y colmaban de atenciones» (expedición 6). Y el informe de la expedición número 7 (Valencia) resalta que «durante todo el trayecto, el pueblo, con gran entusiasmo, aclama a la expedición»; y el de la 8, algo más explícito, que «se desbordó el entusiasmo de la población, manifestándose en vítores y agasajos continuos, en los que tomaban parte cuantas personas presenciaban el paso del convoy, solicitando a los oficiales y soldados autógrafos, gorros y boinas como recuerdo». De entre todas las localidades del trayecto, fue la capital de Baden, Karlsruhe, la que se llevó la palma en cuanto a atenciones prodigadas y muestras de entusiasmo popular. En este sentido, el comandante Del Prado, que valoró la acogida de entusiasta, supo que las autoridades habían tenido que prohibir el acceso a la estación a cerca de «diez a doce mil» personas; y el jefe de la número 3, que habían sido vendidos más de 8.000 billetes de andén, por lo que, finalmente, la policía hubo de intervenir. De hecho, no hay ni un solo informe de los emitidos por los jefes de las expediciones que no haga mención al excelente trato recibido de parte de la población civil alemana. Nada parece contradecir la sensación de que tales manifestaciones nacieron de la espontaneidad de una colectividad agradecida; aunque, uno de los jefes españoles, el teniente coronel Fernández Cuevas, manifestó que debía ser mesurada «con las limitaciones que sean precisas, dada la psicología del país».[179]

Esta fue, en términos generales, la evolución del viaje que llevó a los divisionarios de España a Baviera. La moral era alta y había alegría general entre hombres jóvenes con un fuerte componente ideológico. No faltaron tensiones, generalmente provocadas por elementos exógenos, ni alguna que otra manifestación de la pugna entre Falange y Ejército. Así, en la expedición número 10, por dos veces, en estaciones francesas, «algunos vagones» entonaron el *Cara al Sol* en el momento en que sonaba el himno nacional («síntoma de un posible espíritu equivocado en parte del personal reclutado por FET», según su jefe). También en dicha expedición, los sargentos —en parte falangistas— «no obstante las reiteradas órdenes y amonestaciones, no sólo no demostraron celo en hacer cumplir a la tropa con aquellas, sino que eran los primeros en contravenir dichas órdenes». Como epílogo, cabe apuntar aquí un aspecto curioso: en algunas expediciones se infiltraron polizones (menores de edad y algún que otro hombre que excedía la máxima establecida), que, a pesar de los numerosos recuentos habidos, no fueron descubiertos hasta el final del trayecto, en Grafenwöhr.[180]

3

La campaña militar de la División Azul

1. ANTES DEL COMBATE (DE JULIO A OCTUBRE DE 1941)

El desarrollo de la guerra[1]

Minsk había sido conquistada el 30 de junio. Durante las dos primeras semanas de julio el avance alemán prosiguió con fuerza, aunque ya se perfilaron las primeras dificultades, tanto climáticas como estratégicas. Así, las lluvias convirtieron el suelo en un lodazal, que dificultó las maniobras tácticas en el campo de batalla y los movimientos por carretera, pues eran muy pocas las vías asfaltadas. Con ello aumentó el grado de resistencia de las múltiples bolsas soviéticas, y pudieron huir cientos de miles de soldados que, acto seguido, engrosaron la línea defensiva a ambos lados del río Dniéper. Y en cuanto a la estrategia, se vio seriamente alterada ante la inesperada aparición de tanques de 52 toneladas y, tras la lucha al sur de Dubno, de otros que pesaban cien. El 4 de julio, un cronista del OKW afirmó que el Ejército Rojo había perdido 4.600 (los tanques alemanes eran unos 3.500), y a mediados de mes, el número de tanques destruidos ascendía a 8.000. Pero Stalin estaba dispuesto a resistir: en su primer discurso, pronunciado el jueves 3 y emitido por Radio Moscú, así lo hizo constar («El Ejército Rojo y la Armada, y todo el pueblo soviético, tendrán que batirse por cada pulgada de suelo soviético, verter hasta la última gota de sangre por nuestras ciudades y pueblos»).

Sin embargo, por parte alemana había seguridad en la victoria. El 2 de julio llegó a manos de Hitler un informe turco que afirmaba que Stalin y Timoshenko habían manifestado su renuncia a Leningrado, Minsk, Kiev y Moscú; y otro de la Embajada norteamericana en Moscú especificó que el Kremlin trasladaba sus reservas de oro al este. Sobre aquellas bases, el sábado 5 afirmó que pasaría a la Historia como «el destructor del bolchevismo», y tres días después ordenó a Brauchitsch que no enviara más tanques al frente. Y en su afán de asegurar la administración de los territorios conquistados, el 16 se reunió con Goering, Bormann, Rosenberg, Keitel y Lammers, en su Cuartel General: Galitzia y Crimea serían anexionadas, y el resto del territorio, hasta los Urales, dividido, para optimizar su explotación. Tales decisiones vieron la luz en forma de decreto y la administración de aquel vasto imperio quedó en manos del *ministro del Reich para los territorios ocupados del Este*, el ideólogo nazi Alfred Rosenberg.[2]

Las operaciones proseguían. El 12 de julio la Wehrmacht rompió la *Línea Stalin* en un amplio frente entre Rogachev y Vitebsk. En el centro del ataque, el Grupo Panzer de Guderian siguió la autopista de Minsk a Moscú y penetró en Smolensko el 16; pero, en el ala norte, el de Hoth quedó detenido por los pantanos y las lluvias, lo que malbarató el proyectado cerco de más de medio millón de combatientes. Entre tanto, en el plano de lo diplomático se fraguó la alianza anglo-soviética contra Alemania. Así, el 7, Churchill prometió a Stalin hacer todo lo que «el tiempo», «la geografía» y los «recursos británicos» permitieran para ayudar a Moscú. Acorde con ello, el 10 sugirió al Almirantazgo enviar una flotilla al Ártico, «para establecer contacto y operar con las fuerzas navales rusas». Entre tanto, Stalin propuso al embajador sir Stafford Crips una declaración conjunta, basada en dos puntos: ayuda mutua y negativa a concertar la paz por separado. Enterado, Churchill reunió al *Gabinete de Guerra*, que votó a favor. Acto seguido, hubo un intercambio de notas oficiales entre los Ministerios de Exteriores, y la alianza quedó definitivamente concertada.

Pactos al margen, a mediados de julio la situación militar era la siguiente: el Grupo Centro estaba en disposición de lanzarse sobre Moscú; en el Norte, von Leeb desplegaba sus fuerzas en torno a Leningrado, al tiempo que hacía frente a impetuosos ataques; y en el Sur, von Rundstedt había quedado rezagado. En tal situación, Hitler se inclinó por un imprevisto cambio de planes (*Directriz número 33*, del 19): Guderian se desplazaría a Ucrania, para ayudar a von Rundstedt a cercar los ejércitos soviéticos al oeste del Dniéper; y Hoth marcharía al Norte, para apoyar el ataque a Leningrado. Con ello, privó a von Bock de sus tanques, por lo que el ataque a Moscú quedó limitado a la acción de la Infantería y la Artillería. Por su parte, Halder anotó que la diseminación de fuerzas llevaría a la paralización del ataque; pero el Estado Mayor fue incapaz de reorientar la situación: Brauchitsch hizo valer su condición de jefe del Heer, y únicamente logró un descanso para las unidades blindadas. En todo caso, en el Cuartel General imperaba el nerviosismo, y el 20 Canaris manifestó a su círculo que se multiplicaban los signos de que no se produciría el esperado colapso enemigo. Ese mismo día, Hitler escribió a Mussolini: «Considero fuera de toda duda que el Mando ruso logrará volver a traer fuerzas considerables a través del Volga o incluso detrás de los Urales. En cualquier caso, estoy determinado a perseguir al Ejército ruso hasta su entera destrucción y aniquilación».[3]

En el Cuartel General siguieron varias semanas de indecisión. Brauchitsch y Halder insistían en la necesidad de retomar el ataque contra Moscú, para ocuparla antes de la llegada del invierno. Quizá para desembarazarse de aquella presión, Hitler visitó a los jefes de los tres Grupos de Ejércitos en sus cuarteles generales: a von Leeb el 21 de julio, a von Bock el 4 de agosto, y a von Rundstedt (lo acompañaba Antonescu) el 6. De la reunión con von Bock, escribió Guderian:

> Todos los generales dictaminaron coincidentes que era decisiva la continuación de la ofensiva sobre Moscú. Hoth señaló la fecha del 20 de agosto como la más adelantada para su comienzo; yo señalé la del 15 de agosto. Luego empezó a hablar Hitler en presencia de todos. Señaló como su primer objetivo la comarca industrial alrededor de *Leningrado*.

Halder estaba harto: «La constante interferencia del Führer se está convirtiendo en una molestia crónica», anotó el 14; y «vuelve a jugar al señor de la guerra, y nos importuna con unas ideas tan absurdas que nos hacen correr el riesgo de perder todo lo que nuestras operaciones han conseguido hasta el momento», escribió días después, en una carta privada. Mientras tanto, tenía lugar una cruenta batalla al este de Smolensko, y en la noche del 21 de julio la Luftwaffe bombardeó Moscú por vez primera (los paralelismos con Londres se hicieron inevitables). Pero de un total de 200 aviones, menos de 20 lograron pasar las defensas antiaéreas, estructuradas a manera de tres anillos concéntricos, y arrojar su carga sobre el centro de la ciudad. En la noche siguiente, repitió el bombardeo, y las incursiones, con su vómito de bombas incendiarias y explosivas, se sucedieron hasta principios de agosto. Aquella acción destructora se sumó a una alarmante falta de suministros, que forzó a un drástico racionamiento de alimentos en toda la ciudad.

En el Norte la situación no era menos dramática. Las tropas alemanas irrumpieron a través de Kunda sobre el golfo de Finlandia, el 7 de agosto llegaron al este de Tallin (quedó cortada la retirada), y el 19 desencadenaron su ataque final contra la ciudad, defendida por unos 20.000 infantes y 25.000 civiles movilizados. Mientras tanto, la industria pesada era velozmente desmantelada y evacuada hacia el este, pero escaseaba el caucho, necesario para la guerra. Stalin lo solicitó a Churchill, quien le prometió el pronto envío de 10.000 toneladas. Paulatinamente, las materias primas fueron llegando a Murmansk y a Arkángel en buques británicos, que debían burlar la presencia submarina alemana.

El 4 de agosto Churchill partió hacia Estados Unidos para entrevistarse con Roosevelt, y el 12 vio la luz la *Carta del Atlántico*, por la que, de hecho, quedó sellada la alianza. Su artículo sexto comenzaba así: «Una vez destruida definitivamente la tiranía nazi...», y el octavo establecía la necesidad de desarmar a cuantas naciones amenazaran o pudieran llegar a amenazar la paz mundial. Al día siguiente, ambos mandatarios redactaron un mensaje para Stalin que sugería el envío de representantes a Moscú para discutir los términos de la cooperación entre los tres países.

Entre tanto, la guerra se complicaba para Alemania: el incremento de la resistencia soviética exigió, a finales de julio, un primer retraso en el calendario de operaciones; que, a su vez, obligó a renunciar a las proyectadas ofensivas sobre Egipto y el resto de posiciones británicas en el Próximo Oriente. Y la lentitud del avance durante agosto forzó a extender la renuncia a la toma de Gibraltar y de un bastión en el noroeste de África (Hillgruber). Halder, obsesionado por la toma de Moscú, logró que Brauchitsch reuniera todos sus argumentos en favor de un rápido ataque en un memorándum (día 18), pero Hitler, tras leerlo, respondió (el 21) que no concordaba con sus *intenciones* (Trevor Roper). Ese día reconoció ante Mussolini que su servicio de Información había fallado, al no detectar que «Rusia disponía de un ejército excelentemente armado y equipado, y formado en su mayoría por fanáticos que, a pesar de su heterogeneidad, se baten con ciego encarnizamiento».

En aquellas condiciones, a partir de septiembre la lucha en Rusia iba a embrutecerse hasta extremos inimaginables: cuando el jueves 4 Brauchitsch y Halder visitaron a von Leeb en su cuartel general, le informaron de que Hitler había decidido sitiar Leningrado y reducirla por el hambre. Leeb, partidario de tomarla al asalto y de permitir que los civiles la abandonaran por el pasillo de Schlüsselburg, manifestó que era un gran error no proceder a su conquista. Ese día, la artillería abrió fuego por vez primera: se inició, para los leningradeses, una pesadilla de más de dos años. Casi tres millones de civiles y tres ejércitos completos y parte de un cuarto, se hallaban prestos para resistir: 550 kilómetros de fosos antitanque, unas 25.000 trincheras y 5.000 nidos de ametralladoras constituían una colosal defensa, estructurada en varias líneas, a modo de anillo. Pero el fantasma del hambre amenazaba (se había decretado un primer racionamiento, al que pronto iban a seguir cuatro más) y el frío, sin reservas de carbón y de petróleo, también.

El 6 de septiembre Hitler dictó su *Directriz número 35*: el Grupo Centro debería, finalmente, lanzarse contra las fuerzas de Timoshenko al este de Smolensko (*Operación Tifón*) y, acto seguido, atacar Moscú. Para ello contaría con el apoyo de parte de los tanques de los Grupos Norte y Sur, y de aviones del Grupo Norte. Allí, en el Norte, la toma de Schlüsselburg (el 8) completó el bloqueo por tierra de Leningrado; que, gracias a fuertes contraataques, logró conservar incólume el acceso al lago Ladoga. Paralelamente, la Luftwaffe recrudeció los bombardeos, de manera que ya el 10 había destruido los principales sistemas de suministro de agua. Ante la gravedad de la situación, el 11 el general Grigori Zhukov tomó en sus manos la defensa a ultranza de la ciudad. El lado alemán confiaba en la acción de los tanques, pero el 12 fueron reclamados por Halder para proceder contra Moscú, acorde con la Directriz de Hitler.[4]

El gran éxito alemán de septiembre llegó el 17, con la toma de Kiev, pero a costa de ralentizar el avance hacia Moscú. Reemprendido el 30, el frío comenzó a hacer mella entre soldados sin equipo de invierno. En una lucha contra reloj, tomaron Glukhov y Orel (2 de octubre) y emprendieron batallas de aniquilación contra grandes bolsas en Briansk y Viazma, al oeste de Moscú. Pero cientos de kilómetros al sur, tras una campaña de tres días y al precio de 22 muertos y 42 heridos, a finales de agosto fuerzas británicas habían obtenido la rendición del Ejército iraní. La ocupación conjunta anglo-soviética de Teherán a mediados de septiembre y la abdicación forzada del Sha en su hijo dieron el control del inmenso país a Londres. Ello, a la postre —escribió Churchill a Stalin—, permitió «formar una barrera contra la penetración alemana en Oriente, y dejar expedita la ruta directa para los suministros destinados a la cuenca del Caspio».

A nivel de suministros, el 4 de septiembre Stalin solicitó 30.000 toneladas de aluminio y un socorro mínimo mensual de 400 aviones y 500 tanques. El *Premier* telegrafió la petición a Roosevelt, y se comprometió a satisfacer la mitad del armamento y a suministrar materias primas (aluminio, caucho y tejidos, entre otras). El 28 llegó una misión anglo-norteamericana a Moscú, presidida por lord Beaverbrook y Averell Harriman, dispuesta al compromiso de proveer los tanques y aviones restantes entre octubre de 1941 y junio de 1942, y a incrementar el suministro a partir de julio. Además, llegarían miles de toneladas de aluminio canadiense. A pesar de la frialdad y hermetismo con que fue recibida, el 3 de octubre se firmó el protocolo anglo-soviético, para satisfacción de Moscú, que vio elevada su moral en un momento crítico. A mayor abundamiento, Churchill prometió una cadena ininterrumpida de convoyes que, cada 10 días, partirían de puertos británicos con destino al de Arkángel.

Los medios oficiales del Reich todavía a finales de agosto respiraban triunfalismo: el 26 Ribbentrop afirmó, en circular emitida a casi todas las legaciones, que cuatro quintas partes del Ejército Rojo habían sido destruidas, y cifró sus pérdidas en unos seis millones de hombres. Y les ordenó rechazar cualquier ofrecimiento de ayuda proveniente de emigrados del Este, inclusive bálticos, con vistas a establecer un *nuevo orden* en Rusia. Pero cuando finalmente Berlín vislumbró la situación militar en términos de realidad, optó por la crueldad sin paliativos: la victoria llegaría aun a costa de ejecutar entre 50 y cien comisarios por cada soldado muerto (orden de Keitel del 16 de septiembre); y no aceptaría la capitulación de Leningrado ni de Moscú, con orden de disparar contra quien se acercara a las líneas alemanas (decisión de Hitler, rubricada por el teniente general Alfred Jodl el 7 de octubre).[5]

La División Azul en el campamento militar de Grafenwöhr

Un campamento militar instalado al lado del pueblecito bávaro de Grafenwöhr, a pocos kilómetros de Nuremberg, fue el centro asignado por el alto mando alemán para la instrucción de la División Azul. Un periodista, enviado especial en Berlín, lo describió como uno de los mejores de Alemania. Un inmenso recinto de unos 70 u 80 kilómetros de perímetro rodeado de bosque, que disponía de teatro y cine, de campos de deporte, un lago y grandes campos de tiro. Oficiales y tropa —proseguía el corresponsal— estaban instalados en pabellones diseminados, de dos plantas. Los de oficiales albergaban a 12 hombres, en cómodas habitaciones individuales, y en los de la tropa, cada habitación acogía a otros tantos soldados en literas de dos plazas, con una amplia mesa en torno a la cual podían sentarse todos ellos.[6]

En términos generales, ésta era la realidad de Grafenwöhr. Sabemos bien cuál era la estructura del Campamento-ciudad porque disponemos de fotografías y de innumerables descripciones en biografías de antiguos divisionarios. Destacan su grandiosidad, sus asfaltadas avenidas, su estructura reticular y los modernos pabellones rodeados de jardines y bosquecillos, que le conferían un aspecto idílico y funcional a la vez; así como sus cuidados servicios. El teatro, sin embargo, al parecer no pasaba de ser un local de representación de variedades.[7]

Estaba comunicado con el exterior, además de por carretera, por la estación de ferrocarril del pueblo. Era aquél el punto de llegada de las expediciones militares, y donde, ya soldados, sus miembros partían rumbo al frente. Cuando los divisionarios llegaron, la estación estaba atestada de material de guerra. A la salida, se abría un camino, perfectamente cuidado, que se adentraba en el bosque lindante, y llegaba al Campamento tras varios minutos de marcha entre pinares.[8]

El pueblo de Grafenwöhr ha sido objeto de, al menos, igual número de descripciones que el Campamento. Uno y otro estaban conectados por un camino, que se iniciaba tras una barrera de centinelas apostados cerca de la torre de entrada. Fuera de la barrera había una especie de cantina y fonda que servía cerveza y ensaladillas de patata, de manos de «unas cuantas camareras feas, fornidas y brutales como sargentos». Luego seguía el camino. A ambos lados había campos o rastrojeras y edificaciones de labranza tales como graneros y almacenes. El pueblo tenía una zona nueva, una doble hilera de casas a los lados del camino principal, y una más vieja, el pueblo propiamente dicho; separadas ambas por un puente de piedra «desbordado de hiedras», bajo el cual transcurría un riachuelo entre dos remansos de agua «que por la tarde son de rosa y plata, y sobre la que nadan cisnes y patos blancos». En la zona nueva se alzaba un hotel «de confort insólito para una aldea tan pequeña», un cine y un conjunto de tiendas y cervecerías, donde la cerveza era acompañada por tartas de manzana. A la zona vieja se accedía por una puerta gótica flanqueada por dos torres. El conjunto era «un verdadero primor», con su monumento de bronce, su ayuntamiento pintado de color rosa, sus casas altas y estrechas de tejados a dos aguas. Las gentes del pueblo daban, por su apariencia, «una impresión de vida bien llevada, de limpieza y de bienestar material». Algunos hombres iban ataviados al modo bávaro, con pantalones cortos de cuero y sombreros de fieltro adornados con plumas.[9]

La organización del Campamento era, necesariamente, de una gran complejidad. El recinto estaba bajo las órdenes del general de división Heberlein, que operaba desde la Comandancia (*Komandatur*). Órganos administrativos aparte eran el Departamento de Administración, la Sección de Abastecimientos, el Depósito de Municiones y la Enfermería. Y regía una amplia normativa, que, en términos generales, se concretaba en siete puntos: necesidad de respetar al horario marcado, prohibición tácita de cambiar de alojamiento sin previo permiso de la *Komandatur*, limpieza estricta de las dependencias, obligatoriedad de la tropa de efectuar sus compras en las cantinas asignadas a los respectivos pabellones, control estricto del material y del combustible (delimitación del acceso a las duchas de agua caliente a días y horarios prefijados), límite de velocidad máxima de todo vehículo en 30 kilómetros a la hora, y demarcación estricta de los límites del campo militar de instrucción y tiro (terminantemente prohibido recoger del suelo proyectiles y piezas sueltas de los mismos). Ni que decir tiene que estaba prohibido fumar en determinados lugares, encender hogueras, modificar la instalación eléctrica, o pescar y bañarse en los arroyos, lagunas y estanques. Asimismo, los soldados deberían respeto a las mujeres que regentaban las cantinas, esposas de combatientes y, por lo tanto, «en situación difícil».[10]

Siguiendo el plan establecido, las expediciones de la División llegaron escalonadamente, de tres en tres, a partir del 17 de julio (el primer tren del día arribaba a las seis de la madrugada, el segundo a las ocho y el tercero a las tres de la tarde), y el 23 llegó el último convoy, la expedición número 15 (Madrid). Todas las expediciones fueron recibidas de forma muy parecida. Cuando el tren llegaba a la estación, el primero en bajar era el jefe, quien informaba de las incidencias a los jefes que esperaban en el largo andén. Acto seguido, ordenaba que se apease la tropa; que, con la manta en bandolera y el macuto al costado, formaba y era revistada por el coronel jefe del regimiento al que la expedición pertenecía. A continuación, los recién llegados marchaban a pie hacia el Campamento; a veces desfilando al son de la música que interpretaba la banda militar alemana. Las primeras expediciones apenas vieron público en los andenes, y las que llegaron al final fueron recibidas con jolgorio por los propios divisionarios, que, de alguna manera, se consideraban ya veteranos, a pesar de no llevar más de dos o tres días en Grafenwöhr.[11]

La mayor parte de la División Azul quedó alojada en el Campamento Norte; mientras que el Regimiento Vierna, el Grupo de Artillería Pesada y el Batallón de Zapadores, ocuparon el Campamento Sur, a unos 12 kilómetros de distancia. Ya en los barracones, los divisionarios recibieron una especie de sábana en forma de saco: es conocida la anécdota de que en la primera noche prácticamente todos se metieron dentro de ella, sin darse cuenta de que se trataba de la funda de la manta, que, una vez doblada, se colocaba en su interior, y que debía ser utilizada a modo de edredón.[12]

Días antes de que la primera expedición llegara, el lunes 14, las *comisiones aposentadoras* recibieron las primeras piezas de artillería. Fue el punto de inicio de la entrega del material alemán pactado, que siguió llegando a diario, y no cesó hasta que la División estuvo plenamente equipada. Una semana después, cuando aún no había llegado la última expedición comenzó el equipamiento de los divisionarios con el uniforme, armamento y material del Heer; un total de 52 elementos que en parte resultaban extraños a los españoles, hasta el punto de que, tal como nos narra Tomás Salvador, generaron escenas no exentas de humor:

> El aposento del pelotón resultaba pequeño para albergar a la manada de locos que alborozaban ante cada objeto debidamente identificado. Había algunos, desde luego, que no se necesitaba tener los sesos de un Einaudi para sacarles el jugo, tales como el casco, el gorro, la guerrera y el pantalón, la mochila con su tapa peluda de piel de cabra, las botas, el capote... Pero existían infinidad de objetos pequeños que nadie sabía por dónde agarrar: cepillos para parar un tren, cajas redondas de plástico anaranjado, trinchas, tirillas ... Los calzoncillos y camisetas estuvieron a punto de provocar la deserción de todo el pelotón. Eran, exactamente, los mismos modelos que Serrano había visto utilizar a un abuelo suyo. Pero mucho más grandes, desde luego. La camiseta podría haber rodeado el perímetro torácico de un atlante y puesta sobre barriga voluntaria llegaba hasta las rodillas, amén de tener que recoger las mangas hasta alcanzar las muñecas. Los calzones... Bueno, los calzones puestos por encima del uniforme se ataban exactamente debajo de los sobacos, y eso sin estirar mucho...[13]

El único distintivo diferenciador respecto a los alemanes era una pequeña pegatina con los colores nacionales adherida al casco y un escudo de seda, también rojo y gualda, sobre el brazo derecho. El equipamiento, sin embargo, se llevó a cabo muy lentamente, y no finalizó hasta pasado el 8 de agosto. Entre tanto, el equipo de algunos fue una curiosa mezcolanza de prendas alemanas y españolas.[14]

El 23 de julio vio la luz el horario que iba a regir para la División: la jornada se desarrollaría a lo largo de casi 18 horas, entre las 5.45 y las 23.30. En todo caso, se ajustaba bastante al régimen habitual de cuartel, con todas sus ventajas e inconvenientes. Con su peculiar sentido crítico, Ridruejo se quejó de la incongruencia que suponía el madrugar tanto si después el tiempo moría en «formaciones inacabables y sin objeto» (una Orden reconoció implícitamente problemas de disciplina en las formaciones, provocados por su excesiva duración). Sólo quedaban fuera de reglamentación el reparto de la correspondencia y los necesarios 30 minutos diarios para la instrucción de batallón; en tanto que los festivos vieron cierta alteración, pues el *toque de marcha* se adelantaba a después del almuerzo, lo que, de entrada, daba la tarde libre.[15]

En Grafenwöhr, la *Orden General de Operaciones número 1*, de 25 de julio, transformó la organización provisional de la División Azul en definitiva. Una orden que vino a dar respuesta a la necesidad de adaptación al modelo alemán de tres regimientos, el que combatía en aquellos momentos en el frente ruso. De hecho, fue el Alto Mando quien a principios de mes impuso a la Comisión desplazada a Berlín la disolución del Regimiento destinado a Depósito Fijo (no tenía sentido mantenerlo en Alemania, dado los miles de voluntarios que habían quedado en España). En todo caso, la desaparición de un Regimiento generó no pocos problemas de índole organizativa.[16]

Recayó en Muñoz Grandes la responsabilidad de eliminar uno de los cuatro Regimientos de Infantería. El escogido fue el comandado por Rodrigo; quien, en compensación, fue nombrado jefe segundo de la División. Los efectivos del Regimiento fueron repartidos en parte entre los tres restantes y en parte añadidos al Batallón de Depósito Móvil, que se convirtió así en el *Batallón de Depósito 250*. Concretamente, la distribución se realizó de la siguiente manera: los hombres del Primer Batallón pasaron al Tercero del Regimiento Pimentel (a partir de entonces, 262); los del Segundo Batallón, al Primero del Regimiento Esparza (269), y los del Tercer Batallón, al Tercero del Regimiento Vierna (263). En cuanto a los sobrantes (Sección de Artillería de 150 mm, Secciones de 75 mm y Compañía Anticarros), pasaron al Batallón de Depósito, que contó también con los hombres desplazados tras la inclusión en sus batallones de los procedentes del Regimiento disuelto. Esquemáticamente, la redistribución queda plasmada en el cuadro sinóptico número 2.

CUADRO 2. REESTRUCTURACIÓN DE LAS FUERZAS DE INFANTERÍA DE LA DIVISIÓN AZUL A TENOR DE LA ORDEN DE 25-7-1941

Reg. Rodrigo (desaparece)		
Reg. Pimentel	→	Reg. 262 (anterior + I Bat. Rodrigo)
Reg. Vierna	→	Reg. 263 (anterior + III Bat. Rodrigo)
Reg. Esparza	→	Reg. 269 (anterior + II Bat. Rodrigo)
Bat. Depósito Móvil	→	Bat. Depósito 250 (resto fuerzas Reg. Rodrigo + fuerzas desplazadas Rgtos. Pimentel, Vierna y Esparza)

FUENTE: Elaboración propia a partir de documentación de archivo.

NOTA: En su conversión, los tres regimientos pierden fuerzas propias que pasan a engrosar el Batallón de Depósito 250.

Por la Orden de 25 de julio, además, la División Azul quedó oficialmente convertida en la *250 División de Infantería de la Wehrmacht*; con la siguiente estructura definitiva: el Cuartel General, tres regimientos de Infantería (262, 263 y 269), el Batallón de Depósito (mixto), un regimiento de Artillería, cuatro Unidades Independientes y los Servicios.

El *Cuartel General* constaba de Mando, Estado Mayor, Servicios y Tropas adscritos, y Jefaturas de Armas y Servicios. El Mando tenía en su cúspide al general en jefe, que disponía de tres ayudantes, varios oficiales directamente a sus órdenes (uno del Ejército del Aire y otro intérprete) y una Oficina. Y en cuanto al Estado Mayor, a cuyo frente había un coronel (jefe) y un teniente coronel (subjefe), lo configuraban cuatro Secciones: la Primera, de Personal; la Segunda, de Información; la Tercera, de Operaciones; y la Cuarta, de Servicios. *Personal* controlaba todo el movimiento interno de la División (destinos, altas, bajas, ascensos, estadísticas, listados, relaciones nominales, información del personal, expedientes, solicitudes y permisos), tenía integrada la Sección de Justicia, y a partir de 1942 se encargó de los Batallones de Relevo y de Repatriación (en 1943 dispuso de unas 36.000 fichas y tramitó unos 60 asuntos diarios). *Información* recababa cuanto al mando le fuera útil del enemigo, la fuerza propia y la población civil. *Operaciones* planificaba la lucha, redactaba o traducía las órdenes e instrucciones, elaboraba el Diario de Operaciones a partir de los partes de fin de jornada, y se ocupaba de la instrucción. Finalmente, *Servicios* se ocupaba de las necesidades de los hombres y el ganado.[17]

Los *Regimientos de Infantería 262, 263 y 269* contaban con plana mayor regimental, tres batallones de Infantería y dos compañías complementarias (*Cañones* y *Antitanques*). A su vez, cada batallón, tenía una plana mayor y cuatro compañías; por lo que el total de éstas se elevaba a 12, que, sumadas a las complementarias, incrementaban su número a 14. Así, cada Regimiento se estructuraba en: la plana mayor regimental; un primer batallón, con plana mayor y las compañías 1ª, 2ª, 3ª y 4ª; un segundo batallón, con plana mayor y las compañías 5ª, 6ª, 7ª y 8ª; un tercer batallón, con plana mayor y las compañías 9ª, 10ª, 11ª y 12ª; una 13ª compañía de Cañones, y una 14ª compañía de Antitanques.

El *Batallón de Depósito 250* era una unidad mixta, que constaba de Plana Mayor y de tres compañías, dos de Infantería y una con personal de Artillería, Ingenieros, Transmisiones y Sanidad.[18]

Las Unidades Independientes (*No Regimentales*), de rango inferior al regimiento, eran un grupo de Exploración, uno de Transmisiones, otro de Antitanques y un batallón de Zapadores; con igual designación numérica que la División. El *Grupo de Exploración 250* constaba de plana mayor, dos escuadrones Ciclistas, sección de Antitanques, sección de Transmisiones y tren de combate; y en Grafenwöhr se hizo cargo del armamento portátil y de 17 coches, 25 motocicletas y 338 bicicletas, así como del equipo antigás completo de la División. El *Grupo de Transmisiones 250* tenía plana mayor, compañía de Teléfonos, de Radio, y columna artillera ligera; el *Grupo Antitanque Divisionario 250* constaba de plana mayor, sección de Transportes y tres compañías; y el *Batallón de Zapadores 250* tenía una estructura muy similar: plana mayor, tres compañías y columna artillera ligera.[19]

La Orden de 25 de julio apuntaba también la existencia de catorce Servicios en la División: los de Sanidad, Farmacia, Veterinaria, Armamento-Municionamiento-Equipo, Intendencia, Transportes, Intervención, Pagaduría, Información interna, Correos, Guardia y Vigilancia, Justicia (Secciones de Auditoría y Fiscalía), Defensa Pasiva y Servicio Eclesiástico. La estructura y funcionamiento de algunos de ellos fueron posteriormente desarrollados por órdenes e instrucciones específicas dictadas en el propio campamento de Grafenwöhr.

Sanidad, configurado inicialmente en Madrid por una plana mayor y dos compañías, en Grafenwöhr se le sumaron dos secciones de Ambulancias y un Hospital de Campaña con plana mayor y dos secciones. Allí llevó a cabo una revista general (varios casos de enfermedades venéreas), extracciones para determinar el grupo sanguíneo, y la vacunación antivariólica y antitífica.[20]

Farmacia proveía a Sanidad y Veterinaria, y a los botiquines de las diversas unidades.[21]

Veterinaria lo formaba una compañía compuesta de plana mayor y cuatro secciones (Evacuación, Parque y Remonta, Enfermería y Aprovisionamiento). Su objeto principal era la salud del caballo, animal que, en el ánimo del mando, constituía el «ser o no ser de la División en la campaña».[22]

Armamento, Municionamiento y Equipamiento disponía de un Depósito Central de almacenaje y de un Taller de Campaña, y estaba en proyecto configurar un Servicio de Recuperación de Armas. Todas las reposiciones importantes de armamento o equipos se llevarían a cabo exclusivamente previa petición de las unidades al mando superior divisionario. Compañías y batallones dispondrían de «pequeños depósitos reglamentarios» de repuestos de equipamiento. Cada soldado era individualmente responsable de la conservación de las prendas que configuraban su equipo; su pérdida o deterioro injustificado daría lugar a la necesaria indemnización al Reich.[23]

Intendencia estaba organizado como Grupo, con Jefatura de Abastecimientos, Compañía de Carnización y Compañía Panificadora. En Grafenwöhr los suministros procedían directamente de la Intendencia alemana y eran almacenados en un Depósito bajo control español.[24]

Transportes nació en Grafenwöhr. Constaba de plana mayor, tres columnas de camiones de 30 toneladas de carga cada uno, tres columnas hipomóviles, tres columnas hipomóviles de Infantería ligera, una sección de combustibles, una sección de talleres, y una compañía de mano de obra con plana mayor, tres secciones y un tren regimental. Las reparaciones de duración inferior a dos horas corrían a cargo de los Talleres Móviles, y el resto, del Parque de Automóviles. Era obligación de las unidades reparar averías menores.[25]

Intervención debía verificar las cantidades para proveer de fondos a las distintas unidades con los que pagar a los divisionarios. En Grafenwöhr recibió una relación nominal del personal de cada una, justificante de revista al que, en los meses sucesivos, siguió otra de bajas y altas. Con ellas confeccionaba un estado numérico de los presentes en filas antes del día 10 de cada mes.[26]

Pagaduría se organizó en Madrid y quedó adscrito al Cuartel General. Disponía de 25.000 pesetas de entrada para material y gastos de organización, más 6.000 pesetas-oro hasta fin de año para los gastos de representación de Muñoz Grandes. En Grafenwöhr, los oficiales pagadores abonaban el plus de campaña y todos los pagos necesarios, y repartían la ración de tabaco diaria, las pastillas de jabón y el material de escritorio; además, vigilaban la correcta distribución de alimentos.[27]

Información (Servicio de Información —SII—) fue creación de Muñoz Grandes. Debía localizar y actuar contra «desafectos, murmuradores, derrotistas», dependía de la Segunda Sección, y se organizaba fundamentalmente por el sistema de *células abiertas* (individuos *seleccionados* que se desconocían entre sí). Cada regimiento disponía de un fichero con los antecedentes de los sospechosos, y emitía informes «con la rapidez y urgencia necesarias». La información circulaba de la base a la cúspide (capitán de la Compañía, comandante del Batallón, coronel del Regimiento, Estado Mayor y general en jefe), o en sentido contrario.[28]

Correos fue organizado en sus líneas generales también en Madrid. Disponía de una Estafeta y de gabinete de censura. En Grafenwöhr arbitró la necesidad de franquicia, y que por el momento sólo expediría cartas (máximo 100 gramos), tarjetas postales, y certificados para el Cuartel General. Preveía, eso sí, la creación de un servicio de pequeños paquetes de hasta un kilogramo, y de los servicios de giro postal y telegramas. Y reiteró la obligación de hacer constar únicamente el nombre del divisionario, su categoría militar y el *feldpost* (número de estafeta de la unidad). La censura prohibía mentar toda información de carácter militar y de la organización de la División y unidades alemanas, y se desarrolló en el seno de batallones y regimientos con el concurso de capellanes y oficiales de *Información* (escribían una C en rojo en las cartas sin materia a censurar); tras cuya intervención, la correspondencia pasaba a la Oficina de Censura, en el Cuartel General.[29]

Guardia y Vigilancia se materializó bajo la supervisión directa de un jefe de vigilancia, oficial nombrado a diario. Las guardias (para la custodia del armamento y del material) afectaban a todas las unidades, en puestos de cuatro hombres, uno de los cuales ejercía las funciones de guardia principal. En cuanto a la vigilancia, funcionaba tanto a nivel de campamento como del pueblo, por patrullas (en el Campamento tres, una para cada sector en que estaba dividido, con un suboficial y dos soldados; y en el pueblo, varias, pertrechadas con pistola y con un sargento y un intérprete alemanes agregados). En apoyo del Servicio estaba la Guardia Civil, apostada a la salida del Campamento.[30]

Justicia tuvo sus particularidades. La División, a diferencia del resto de unidades extranjeras de la Wehrmacht, gozó de autonomía plena en materia jurídica, y se rigió por el Código de Justicia Militar español, con la única obligación de comunicar los fallos emitidos al mando alemán. La máxima autoridad fue su general en jefe, asesorado por un oficial fiscal. Los delitos graves eran constitutivos de Consejo de Guerra (en uno que tenemos documentado ostentó la presidencia un teniente coronel, en tanto que vocales, secretario, fiscal y defensor eran oficiales). El Consejo era anunciado en la Orden del Día y tenía carácter público para jefes y oficiales. Ya en el frente, el Servicio sentenció y aplicó penas de muerte por intentos de deserción y automutilaciones.[31]

Defensa Pasiva quedó configurado en Grafenwöhr, y se encargó de velar por el cumplimiento de las normas relativas a la protección en caso de ataque aéreo (en manos de tres oficiales, uno por cada sector del Campamento). Así, vigilar el oscurecimiento de los pabellones y la actuación en caso de alarma centraban un cometido que comenzaba a las 21.00 horas y finalizaba a las 6.00 del día siguiente.[32]

El Servicio *Eclesiástico* debió constreñirse a las directivas de Hitler sobre la actuación de la Wehrmacht en la Unión Soviética. Por ello los capellanes limitaron su acción a las fuerzas propias y celebraron los oficios exclusivamente en forma de misas de campaña, fuera de los templos. Partieron de España provistos de altares portátiles, y ya en Grafenwöhr, por ser norma del Ejército alemán, dejaron de ostentar hombreras en el uniforme, aunque conservaron el espejo en el cuello, y las consideraciones derivadas de su empleo (vestuario y equipo de jefes y oficiales, saludo y muestras de subordinación, y «deferencias y atenciones» propias de su ministerio).[33]

La vida en el Grafenwöhr vino marcada por multitud de acontecimientos. Un contingente de miles de hombres venidos de otro país, con unos parámetros culturales muy distintos, no pudo, como mínimo, más que generar una gran variedad de situaciones, ni siempre amables ni siempre desgraciadas. Hubo, ciertamente, de todo: problemas por resolver, necesidad de adaptación, deseo de superación, esfuerzo, incidentes desagradables, amistad... En todo caso, un mundo nuevo se abrió a los ojos de aquellos jóvenes, que en su mayoría jamás habían viajado al extranjero; y que muy pronto hicieron gala de un derroche de vitalidad típicamente latina, algo no siempre entendido por sus anfitriones.

Dos de los principales problemas a los que, desde el principio, la División tuvo que hacer frente fueron la alimentación y el suministro de tabaco, insuficientes e insatisfactorios. Una comida a base de sopas, hortalizas y fiambres, cocinada con manteca o grasas vegetales, era difícilmente soportable; como lo era el tabaco rubio y su racionamiento —dos cigarros o seis cigarrillos diarios—. La adecuación de ambos elementos se convirtió muy pronto en una necesidad perentoria, pues las quejas iban en aumento, tanto entre la tropa como entre la oficialidad. Muñoz Grandes tomó cartas en el asunto, y solicitó de España el envío de suministros para la constitución de un Depósito exclusivo para la División (fundamentalmente, de aceite, garbanzos, judías, chorizo y vino), además de tabaco negro, en cantidad suficiente para que, al menos «un par de veces por semana» complementase las raciones alemanas.[34]

Tal como fijaba la normativa, correspondía a la tropa y a los ordenanzas de los oficiales efectuar la limpieza de los pabellones y las zonas adyacentes. En cuanto a la ropa sucia, cada compañía entregaba semanalmente la suya al servicio de lavandería en un paquete, acompañado de una relación numérica de las prendas que contenía; y los oficiales la dejaban en paquetes individuales, con su nombre y la relación de prendas. Una vez lavada y seca, era recogida en la oficina de una empresa sita en el pueblo.[35]

En otro orden de cosas, cada unidad celebraba una misa a diario a primera hora de la mañana, antes del desayuno; y tras la comida, rezaba el Rosario, prácticas, ambas, potestativas. Únicamente tenía carácter obligatorio la asistencia a misa los días festivos.[36]

A nivel de mando, la División desarrolló bastantes aspectos legislativos y jurídicos. Aspectos fundamentales, relacionados con su funcionamiento y las interacciones con el Ejército y el elemento civil alemán, así como con la futura marcha hacia el Este, encontraron respuesta en forma de orden o instrucción emanada de Muñoz Grandes o de su Estado Mayor. Ello, añadido a la cantidad y diversidad de situaciones sobre las que hubo que actuar, generó una legislación y jurisprudencia divisionaria; que, además de yuxtaponer al derecho militar español el alemán, creó normas de derecho exclusivas. De entre la normativa, quizá destacó la *Instrucción General 3005*, sobre «aplicación de normas jurídicas internas y de Derecho Internacional». Básicamente dictaminaba la obediencia absoluta al mando, máxima discreción en todo tipo de comunicaciones, la alerta permanente frente a posibles espías, y el silencio caso de caer prisionero; además de, la inviolabilidad de la Cruz Roja, y el respeto a los habitantes de los territorios ocupados y a sus haciendas, y a los prisioneros.[37]

Uno de los párrafos de la Orden de 25 de julio rezaba así: «Todos los componentes de la División Española de Voluntarios deben tener en cuenta que individual y colectivamente representamos a España, y que para el buen nombre de nuestra Patria debemos extremar las medidas de corrección, cultura y disciplina, respetando, especialmente, a las mujeres y personas civiles de la Gran Nación Alemana, recordando la ejemplaridad con que procedieron durante nuestra Guerra de Liberación». Y acto seguido, sentenciaba: «A este efecto, se procederá con dureza contra las faltas de embriaguez y contra todas aquellas que puedan producir desdoro del uniforme». Ésta era la norma a seguir; pero la realidad no siempre se ajustó a ella, y algunos divisionarios tuvieron percances con los alemanes, tanto militares como civiles. Enumerar aquí todos los conflictos habidos posiblemente excedería el número de páginas de este libro. Quedan documentados algunos, sin duda una minoría; los demás permanecen en la mente de quienes los vivieron o yacen ya en el olvido. Valga, sin embargo y a modo de ejemplo, la exposición de algunos.[38]

Una noche de julio había en un bar un grupo de sargentos españoles. Junto a ellos estaban sentadas varias alemanas, acompañadas de sus familiares. El hecho es que, bajo los efectos del alcohol, comenzaron a acosarlas y llegaron a besarlas, lo que provocó un altercado. Gracias a la intervención de la Guardia Civil, no hubo que lamentar desgracias personales, pero a las pocas horas el Campamento en pleno y la totalidad de los habitantes de Grafenwöhr comentaban lo ocurrido. Días después, *Información* notificó a Muñoz Grandes que los soldados continuaban dando «espectáculos de mal gusto en relación con las mujeres». Ilustra el estado de ánimo alemán frente a los españoles un hecho acaecido en el Casino de Oficiales: una noche de agosto estaban allí reunidos tres tenientes españoles, cuando entró un soldado que, sin saludarles, se dirigió directamente a las camareras y se ofreció a acompañarlas a sus casas, con el argumento de que los españoles «perseguían a las mujeres como perros». Sea como fuere, la necesidad de contacto femenino llevó incluso a algunos a contravenir las órdenes expresas del mando alemán que prohibían aproximarse al campo de prisioneras polacas: no sólo se aproximaron, sino que hicieron cuanto estuvo en su mano por mantener relaciones íntimas con ellas. En otro orden de cosas, cabe señalar que no faltó algún que otro hecho delictivo perpetrado por españoles, lo que contribuyó a enturbiar, aún más, su imagen. En este sentido, debió de causar un gran revuelo el robo de una parte de la recaudación del cine del Campamento por parte de un soldado, aunque fue una patrulla de vigilancia española la que de inmediato atendió al taquillero y recuperó parte del botín sustraído.[39]

A mediados de agosto el ambiente se había enrarecido hasta el punto que, en pocos días, hubo varios choques directos entre españoles y alemanes, que, por lo general, se dirimieron a puñetazos y jarrazos. Pero la situación llegó al extremo a final de mes, cuando fueron hechos varios disparos sobre divisionarios; por suerte, sin consecuencias.[40]

Pero no sólo hubo problemas con los alemanes, pues la pugna entre Falange y Ejército se mantuvo en Grafenwöhr, hasta el punto de que han quedado documentados varios enfrentamientos, algunos en torno al ámbito de la disciplina. Aunque las dificultades no acababan aquí, y se veían agravadas por la actividad disolvente de los *desafectos*, que propalaron rumores de tipo derrotista, como que los ingleses habían bombardeado Málaga, Almería y Valencia, y que los norteamericanos habían desembarcado en Portugal y en las Canarias. Preocupaba al mando la posibilidad de que estuvieran a sueldo del *Intelligence Service*, pues sabía que dos agentes británicos se habían intentado alistar en la División, y que los consulados en Andalucía mostraban un especial interés en recabar información sobre la oficialidad y los pilotos de la Escuadrilla. Y vio su acción invisible detrás de los bulos, los incidentes habidos con los alemanes y los actos de pillaje detectados.[41]

En íntima relación con ello, y bajo los condicionantes de la propaganda nazi entre los medios castrenses del Campamento, Muñoz Grandes ordenó que nadie mantuviera contacto con polacos y judíos, con el argumento de que algunos eran agentes del enemigo (varios soldados alemanes se habían confiado y fueron asesinados). En aquel contexto racista, se dieron también casos de xenofobia en la División, pero únicamente orientados hacia sus sargentos marroquíes, en más de una ocasión obligados a formar con la tropa antes de entrar al comedor, públicamente recriminados y arrestados por protestar. Ante tales hechos, cundió el descontento y pidieron ser repatriados o, en su defecto, traspasados al Ejército alemán como soldados. Tal circunstancia tampoco escapó al Estado Mayor ni a Muñoz Grandes, que temieron que, de seguir así las cosas, pronto comenzarían las deserciones.[42]

Una semana de permanencia en Grafenwöhr bastó para que la División Azul jurara fidelidad a Hitler, lo que la integró en la Wehrmacht. El jueves 31 de julio amaneció nublado. Tras desayunar, a las 8.00 los divisionarios se dirigieron a pie al campo de instrucción de Kramerberg, adonde llegaron al cabo de una hora, y donde cada unidad ocupó el lugar asignado. En las tribunas, entre otras, había representaciones de la prensa y de FET-JONS en Berlín, y micrófonos, cuyos cables iban a parar a un camión de radiodifusión de una compañía alemana de propaganda. Al pie estaba Muñoz Grandes, con su Estado Mayor, y el general Cochenhausen. Una vez ubicados los españoles, una compañía de honor alemana desfiló y se colocó también en posición de firmes. Un segundo toque de corneta sacó al abanderado y lo puso al lado derecho de la tribuna presidencial, a cuya derecha se situó, acto seguido, el abanderado español. Las dos banderas, una al lado de la otra, iban a presidir el acto del juramento. La música cesó e hizo su aparición el capitán general Fromm, representante de Hitler en el acto, al que la compañía alemana rindió honores. A las 10.00 se ofició una misa de campaña.

Acabada la misa, en medio de un silencio absoluto, Cochenhausen pronunció la fórmula del juramento en alemán; que, acto seguido, repitió en español el coronel Troncoso: «¿Juráis ante Dios y por vuestro honor de españoles absoluta obediencia al jefe del Ejército alemán Adolf Hitler en la lucha contra el comunismo, y juráis combatir como valientes soldados, dispuestos a dar vuestra vida en cada instante por cumplir este juramento?». Un grito de «¡sí, juro!», salido al unísono de más de 16.000 gargantas, resonó en las tribunas y en todos los rincones de Alemania donde había conectado un receptor de radio. Juramento que, de inmediato, fue rubricado por Muñoz Grandes y sus jefes de regimiento ante Cochenhausen, con la mano derecha extendida sobre la espada que, en posición horizontal, les fue presentada a cada uno por instructores alemanes. Pero allí no acabó la cosa, pues hubo dos nuevas ceremonias de juramento (domingo 3 de agosto) en las que tomaron parte todos aquellos que, por razones diversas, no asistieron a la principal; la primera en la explanada de instrucción próxima al cementerio, y la segunda en el Campamento Sur. La División Azul se convirtió, de este modo, en la 250 División de Infantería de la Wehrmacht. Por lo tanto, se debería a las órdenes de Hitler y de los altos mandos alemanes.[43]

Tras aquellas ceremonias, dos semanas de instrucción intensiva bastaron a la División para ser considerada apta para el combate. Fueron días muy intensos (Muñoz Grandes tenía prisa), en los que a la asimilación de conocimientos teóricos se sumó la adquisición de la necesaria destreza en los ejercicios prácticos, sobre todo el manejo de las armas. A este efecto, unos días antes, *Operaciones* había publicado unas «Normas para la Instrucción de las Tropas», suficientemente reveladoras:

> La División ha de instruirse a un ritmo acelerado; en este sentido el plan a seguir ha de ser intensivo y eminentemente práctico, descartando todo aquello que no sea básico y fundamental para lograr que todos los soldados, en sus distintas especialidades, alcancen el grado de eficiencia adecuado al cumplimiento de su cometido en el plazo de dos semanas.[44]

Finalizada prácticamente la instrucción, el 17 de agosto partió hacia Koenisberg la comisión española que debería fijar, con el Primer Cuerpo alemán de Ejército, las directrices de la marcha al frente. Y al día siguiente, marchó ya hacia el primer punto de concentración (Treuburg) la correspondiente *comisión aposentadora*. Pero poco antes del mediodía llegó Robert Ley al Campamento, en visita protocolaria a la División. Tras inspeccionar sus instalaciones, le dedicó una arenga, en la que dijo que, gracias al nacionalsocialismo, Alemania era la primera potencia militar europea, triunfante en la guerra por el esfuerzo del Ejército, el pueblo y el Partido. También manifestó que el país vivía ya el último acto de la lucha contra Rusia, y más particularmente contra el comunismo, justificación casi exclusiva del nacimiento del Partido Nazi. Respecto a la División Azul, dijo tener el convencimiento de que, si por el número no se podía considerar como una representación muy nutrida del *Ejército* español, por el rendimiento habría de cubrir el lugar de muchas divisiones. Finalizado el parlamento, tuvo lugar un almuerzo en su honor, al que fueron invitados los jerarcas falangistas encuadrados, lo que, dada su condición de suboficiales o tropa, dio algún que otro quebradero de cabeza al protocolo. Un ágape que, de alguna manera, simbolizó el final de la estancia de la División Azul en Grafenwöhr. Pocas horas de permanencia restaban ya.[45]

Cincuenta y tres días de camino

Aproximadamente nueve días en tren, 31 de marcha a pie y 13 de nuevo en tren fueron necesarios para que la División Azul llegara al frente de guerra. Fue un trayecto cargado de incidencias, sólo superadas por el buen ánimo de una tropa marcadamente ideologizada y de una oficialidad ilusionada. Murieron hombres y caballos, hubo sufrimiento físico y cansancio, así como incomprensión y nuevos conflictos con los alemanes. Y en el ánimo de muchos pesó la sinrazón de haber sido adiestrados en el uso de las armas en un tiempo récord para después haber de emplear más del doble en un viaje inacabable.

El 19 de agosto comenzó en Grafenwöhr la carga de vehículos en los vagones del ferrocarril que los habrían de transportar al Este, y al día siguiente, el embarque progresivo de hombres, artillería y caballos. Un total de 66 expediciones iban a emprender viaje escalonadamente, a razón de 12 trenes diarios. El *cuadro de marcha* señalaba como primeros puntos de estacionamiento las localidades de Treuburg (Prusia Oriental), Reuss (Polonia), Suwalki (Polonia) y Grodno (Bielorrusia). Pero no todos los divisionarios iban a embarcar: 42, calificados de *no aptos* para las armas, permanecieron en el Campamento unos días en espera de ser repatriados.[46]

En la estación de Grafenwöhr hubo quien comprobó hasta qué punto tenían autoridad los empleados de ferrocarriles del Reich. Cuando todo parecía preparado, uno de ellos exigió sustituir por cuerda el alambre utilizado para sujetar los carros a los vagones; entonces el coronel que mandaba la expedición le replicó, en base a normas establecidas en las prácticas de embarque, pero el alemán respondió que el tren no iba a partir: no quedó más remedio que utilizar cuerda. Y, al margen de algún que otro incidente aislado, no faltaron despedidas efusivas por parte de militares alemanes.[47]

Los trenes que transportaban a los divisionarios corrían en dirección al Este. Algunos pasaron por Berlín y otros, dada la congestión del tránsito, se desviaron un tanto hacia el sur, para unirse posteriormente al resto. Hubo frecuentes —y a veces largas— paradas, generalmente para dar fluidez al tránsito, más denso a partir de Berlín. Llamaba nuevamente la atención que la mayor parte de los empleados de los ferrocarriles fueran mujeres. Pasadas las estaciones de Elsterverde, Berlín, Konits y Laskowitz, atravesaron el corredor polaco por el sur de Danzig y, tras cruzar el Vístula, entraron en la Prusia Oriental. Siguieron las estaciones de Grandeuz, Strasburg, Gandewe, y el pase de la frontera germano-soviética nacida del pacto de agosto de 1939. Fueron tres días de relativo descanso en los que las obligaciones de la tropa quedaron reducidas al cuidado del ganado.[48]

El 22 cuatro expediciones llegaron a sus puntos de destino; dos a Suwalki, en el extremo oriental de Polonia, y la otras dos a Grodno, ya en territorio bielorruso. Y a última hora del 23 llegó a Treuburg, en el extremo oriental de Prusia, el Cuartel General de la División. Durante varios días continuaron llegando expediciones, hasta completarlas todas. Con la llegada a Suwalki de la quinta columna hipomóvil (madrugada del 28), quedó cubierto el primer tramo del viaje.[49]

Muñoz Grandes, consciente de la dificultad de la marcha y deseoso de que sus soldados llegaran al frente en condiciones de combatir, ordenó vigilar en extremo su comida y su higiene en general (muy particularmente la de los pies), cuidar de los caballos «a pesar de su lamentable estado», hacer acopio de prudencia en la carga de carros y camiones, velar por la disciplina durante la marcha, proceder al inmediato auxilio de todo vehículo que dejara de funcionar, limitar la velocidad a 30 kilómetros por hora, y mantener en permanente estado de alerta a los medios de enlace.[50]

Llegadas todas las expediciones a sus acantonamientos, comenzó la parte más dura del viaje hacia el frente: por falta de transporte motorizado, los españoles deberían cubrir casi 900 kilómetros a pie, la distancia que separaba Suwalki de Smolensko. El trayecto había sido estructurado a partir de varios puntos de concentración: Grodno (Bielorrusia), Lida (Bielorrusia), Vilna (Lituania), Molodezno (Bielorrusia), Minsk (Bielorrusia), Orscha (Rusia), Smolensko (Rusia) y las proximidades de Moscú. Los cálculos estimaban en unos 40 los días necesarios para llegar hasta allí, donde los divisionarios embarcarían nuevamente en ferrocarril, hasta Dno, en las proximidades del frente.

La marcha a pie, físicamente extenuante, constituye uno de los hitos de la mística divisionaria. Dada la prisa del general por llegar al frente, la División anduvo a diario, por término medio, entre 30 y 40 kilómetros (a menudo por caminos secundarios, a veces bruscamente interrumpidos, y por itinerarios paralelos). Distancia repartida en tramos de unos seis kilómetros, a los que seguía un breve descanso de cinco a diez minutos, en jornadas de siete u ocho horas. El calzado, por duro, molestaba sobremanera.

Eso de marchar tiene mucha miga, sí señor. Porque empieza uno el día andando y lo termina de la misma manera ... Estéticamente... ni una palabra más: es precioso. Se lleva el fusil terciado, se canta, se pisa fuerte en terreno conquistado, se siente uno fuerte y todo eso... Pero cuarenta kilómetros son muchos kilómetros [... y] la marcha no es tan sencilla. Resulta que muchos cuartos de hora se nos pasan esperando... Esperando a que un carro volcado vuelva a su vertical, a que se reorganice una compañía; a que pase una batería de cañones que se había despistado, etc. Y resulta que tienes luego que correr ... Los soldados sólo vemos las espaldas del compañero. Y sentimos la tremenda dureza del calzado llenando de llagas nuestros pies.[51]

Los divisionarios, pues, avanzaban como podían, entre cantos, sudor y alguna que otra queja, por el lado derecho de los caminos y, para evitar los surcos dejados por quienes habían pasado con anterioridad, a veces por la derecha de la cuneta. Una vez en movimiento, cada regimiento se extendía a lo largo de unos ocho kilómetros, por lo que, en conjunto, la División configuraba una columna de marcha de unos 30 de longitud. Entre la cabeza y el final acostumbraba a haber una separación física de tres días de marcha, lo que condicionaba totalmente la labor de la Intendencia. La grava mal apisonada dificultaba la marcha de hombres, caballos y acémilas, que sufrían los efectos de las nubes de polvo abrasador que se levantaban frente a ellos. Las pérdidas de animales iban en aumento, y las dolencias de pies y hombros, despellejados por el porte del bagaje, se extendían entre los hombres. Generalmente la jornada finalizaba antes de que el sol desapareciera. Si había granjas, dormían en ellas; si no, armaban a desgana las tiendas de campaña o vivaqueaban.

Hubo algunos días de descanso, aprovechados para limpiar el armamento y hacer algo de instrucción. Entonces los divisionarios tomaban algún baño en las saunas colectivas de las poblaciones, que, para su alegría, eran de uso mixto masculino-femenino (a la postre, ello produjo algún que otro caso de semi-asfixia); se avituallaban de huevos y gallinas con los que complementar la dieta (hubo quien compró una vaca), que, una vez peladas, durante la marcha introducían en las cocinas de campaña, atadas con un alambre en las patas y un cartelito con el nombre del propietario; y confraternizaban con las muchachas del país, el gran aliciente para la mayoría, con resultados, a decir de ellos, generalmente satisfactorios. El hecho es que, al parecer, no faltaban mujeres que se entregaban a cambio de comida.[52]

Por suerte, la Intendencia funcionó bien. Aunque poco apreciada, la comida alemana llegaba puntualmente. Y mientras una parte de la Intendencia repostaba en los depósitos del Cuerpo de Ejército, la otra se encargaba del reparto a las unidades en plena marcha, mediante entrega de las raciones a los oficiales de cocina, que se acercaban al punto de reparto con sus furgonetas. Bloques de mantequilla de cinco kilogramos, macarrones, arroz, patatas, salchichas, foie-gras, sardinas noruegas en tomate, queso, azúcar, caramelos, tabaco, miel artificial en bloques y latas de mermelada configuraban el repertorio alimenticio repartido. El pan (450 gramos por soldado al día) era suministrado en barras de 900 gramos por las panificadoras alemanas, donde eran cargadas en camiones, a razón de unas 3.000 por vehículo.[53]

A medida que la División se acercaba al frente, aumentó el peligro de ataque de la aviación. De hecho, no faltaron ametrallamientos nocturnos, a pesar de la práctica de enterrar las fogatas. Para prevenir sus fatales consecuencias, se construyeron trincheras en las proximidades de los alojamientos. También aumentó el frío: ya en Vitebsk, a finales de septiembre y principios de octubre, se dejó sentir de manera preocupante. Y empeoró el racionamiento: los caldos se aguaron y las raciones empequeñecieron.[54]

Aquella salvaje marcha se cobró 11 vidas humanas (sólo la explosión de una mina mató a cuatro soldados e hirió a 34), y dejó fuera de juego a 3.013 hombres más, mayoritariamente en la condición de *aspeados*; mató también a 44 caballos e inutilizó a otros 957, así como a 77 vehículos, algunos perdidos para siempre (fuentes alemanas elevaban el número de bajas de caballos a 1.205 y el de vehículos a 100). En todo caso, las causas de las muertes humanas señaladas fueron: disparos fortuitos (un teniente, un sargento y un soldado), estallido de minas (cuatro soldados), actividad de la aviación soviética (un soldado), accidentes de circulación (un motorista), operaciones quirúrgicas (un soldado), e incluso «muerte natural» (un soldado). Durante la marcha no faltaron tampoco accidentes aparatosos que, por suerte, se saldaron sin víctimas mortales, como el arrollamiento de una camioneta del Servicio de Sanidad por un tren, del que resultaron sus tres ocupantes heridos, dos de ellos con conmoción cerebral.[55]

En cuanto a los *aspeados*, algunos optaron por subir a cualquier vehículo que pasara; otros, tras el descanso, no reemprendieron el camino y esperaron a ser recogidos por ambulancias y trasladados a los hospitales de campaña ubicados en puntos del trayecto (los casos extremos fueron evacuados a la retaguardia, con España como destino final). También marcharon a España los oficiales provisionales que debían incorporarse a las Academias militares de Transformación. Pero el número de divisionarios no varió sustancialmente, pues durante aquellos días se incorporaron a la columna de marcha mandos y tropa venidos de España.[56]

La dureza física del viaje vino acompañada de los efectos que en el estado anímico produjo la visión de un paisaje desolado por la acción de la guerra. Muertos sin enterrar; tumbas alemanas, con una cruz en la cabecera, y, sobre ella, generalmente, un casco; ruinas y más ruinas; tanques incendiados y armamento convertido en poco menos que chatarra; columnas de judíos hacia el trabajo forzado y de prisioneros hacia el cautiverio... se presentaban a los ojos españoles como la antesala de lo que iba a venir. Otro aspecto sombrío era la pobreza: «La pobreza es grande —diría Ridruejo—. Hasta ahora nunca yo había contemplado un medio general de vida tan extraordinariamente bajo ... Las gentes no parecen ciertamente desgraciadas. Solamente se las ve sumidas en una especie de estupor vegetal, acostumbrados, resignados. Sobre el ambiente se ensaña una terrible soledad». Como aspecto positivo de aquellos días, cabe apuntar que la gastritis y diarrea (habían hecho estragos en Grafenwöhr) remitieron sensiblemente, al atenuar la dieta alemana con los alimentos que se obtuvieron de los campesinos a lo largo del trayecto. La marcha, en fin, tuvo sus luces y sus sombras. En todo caso, en el recuerdo de los divisionarios iba a ocupar, a partir de entonces, un lugar preferente.[57]

En cuanto a las escalas hechas, destaca Grodno (27 de agosto a 3 de septiembre), la ciudad bielorrusa abierta a ambos lados del Niemen. A diferencia de otras poblaciones que la División encontró en su recorrido, tenía la mayor parte de sus edificaciones de mampostería, y abundaban las iglesias y los edificios monumentales. Muy castigada por los combates, de 60.000 habitantes sólo permanecían en ella una décima parte. Aun así, había miles de judíos: se les podía distinguir fácilmente por la estrella de paño que llevaban prendida en el pecho. Su aspecto depauperado apesadumbró a la mayoría de los españoles, testigos, por vez primera, del trato que el nazismo les daba; y afirman que tuvieron altercados con la policía alemana al intentar darles bebida y cigarrillos. En otro orden de cosas, algunos hicieron gala de su particular idiosincrasia: circulaban por las calles con la guerrera desabrochada, fumaban en las guardias, iban en bicicleta por donde no debían, organizaban algún que otro escándalo, iban del brazo de muchachas de la ciudad, practicaban el trueque e intentaban charlar con sus habitantes. De ahí que el comandante militar de la plaza se quejara por escrito al mando de la División.[58]

Durante los tres días que duró el trayecto de Grodno a Vilna arreció la lluvia, y la marcha resultó especialmente dura. De entre las localidades que se abrieron ante los ojos de los divisionarios destacó Lida, con su alta torre maciza coronada por un chapitel piramidal y sus chimeneas, delatoras de una pretérita actividad fabril. Los arrabales, intactos, poblados de casas de madera, con adornos labrados, algunas de dos pisos, daban paso a la estación de ferrocarril, prácticamente destruida. A partir de allí casi nada seguía en pie: era desolador.[59]

Vilna (8 a 11 de septiembre), capital de Lituania y último reducto de la civilización según los alemanes, ofrecía una animación poco usual, con teatros y cines en funcionamiento, y restaurantes que servían comida al margen del racionamiento. Amplias avenidas asfaltadas, carreteras en confluencia, estaciones de ferrocarril, puerto fluvial, iglesias, monasterios y castillo, le daban un aspecto amable. Pero las columnas de judíos formados, que a determinadas horas aparecían por el centro de las calles, custodiados por soldados, ofrecían el obligado contraste negativo. Corría el rumor de que algunos habían vertido sangre alemana.[60]

El trayecto entre Vilna y Minsk no presentó mayores dificultades hasta pasada Oszmiana, donde la carretera estaba a intervalos interrumpida por obras de reparación a manos de brigadas de trabajo de la *Organización Todt*, por lo que hubo que recurrir a algunos desvíos, generalmente de difícil tránsito. En Molodezno, núcleo ferroviario y pequeño centro industrial, se instaló un hospital de campaña para atender a los *aspeados*, y se dio orden de dejar cuanto no fuera indispensable: la tendencia general fue de abandonar en los vagones todo lo posible, hasta el punto de que hubo que llamar al orden a la tropa para que no se desprendiera de armamento.[61]

Minsk (14 a 19 de septiembre) había resultado muy dañada por la metralla y los bombardeos. No tenía restaurantes abiertos, y quienes decidieron comer por su cuenta al final tuvieron que recurrir al plato de sopa que repartía un puesto de la Cruz Roja. Los cines no funcionaban. El centro, asfaltado y con edificaciones modernas, contrastaba con el resto de la ciudad, «muy ruso», con casas de madera separadas entre sí. Y en uno de sus extremos daba comienzo la autopista que, pasando por Smolensko, la unía con Moscú. Pero la División no iba a llegar ni a la una ni a la otra.[62]

El 1 de septiembre, segundo aniversario del ataque alemán a Polonia, Muñoz Grandes se había reunido con Hitler en *La Guarida del Lobo*, su cuartel general en Rastenburg, Prusia Oriental. Fue la primera entrevista entre ambos. Le anunció que la División estaba preparada para combatir, y que todos sus hombres ansiaban contribuir a la aniquilación del bolchevismo. Hitler se refirió al desarrollo de la guerra en términos técnicos que impresionaron a su interlocutor, y en cuanto a la campaña de Rusia, afirmó que esperaba una larga y dura resistencia (aunque con mandos de escasa capacidad, el Ejército Rojo —dijo— era superior en medios, fundamentalmente soldados), seguida de un rápido derrumbamiento. Y respecto de la División, hicieron especial énfasis en el esfuerzo que suponía una marcha de tantos kilómetros. Pero, a pesar de aquella favorable predisposición, un cúmulo de circunstancias adversas decidieron a Hitler a no dejar que participara en el ataque a Moscú.[63]

Tras un fuerte contraataque soviético en Leningrado, el 24 Hitler voló a Smolensko para reestructurar los preparativos de su *Operación Tifón*. Von Leeb necesitaba refuerzos, por lo que le transfirió un regimiento paracaidista, la 227 División y la División Azul. Con aquella decisión, la trasladó del 9º (Adolf Strauss) al 16º Ejército (Ernst Busch), que operaba en el norte. Una decisión meditada, en la que pesó su mala prensa entre el Alto Mando del Grupo de Ejércitos Centro, basada en los informes del jefe de su Plana Mayor de Enlace (pequeña unidad alemana en la División), llegados incluso al OKH. De hecho, hacía tan sólo unos días que había sido rechazada por el jefe del 4º Ejército, capitán general Günther von Kluge. Un informe de finales de mes puede orientarnos respecto al origen de las críticas:

> No se atiende bien a las señales durante la marcha, casi todos los coches tienen la parte posterior abollada por los coches siguientes ... Se presta todavía muy poca atención al cuidado de las armas. Se cuida mal a los caballos: es total la incapacidad para hacerlo ... En toda la División se ha perdido el treinta por ciento de las bicicletas ... Se han extraviado también casi todos los vehículos de clase V y de clase II ... Se ha informado hasta ahora de cien vehículos perdidos, en total.[64]

Por aquel entonces, la División transitaba por la autopista que la llevaría a Smolensko, única carretera asfaltada del sector Central del frente ruso, por lo que la densidad del tráfico, en ambos sentidos, era elevada. Los vehículos rodaban sobre la recta y ancha calzada (tres carriles por dirección), mientras que hombres y caballos se desplazaban por los arcenes de tierra, provistos también de elementos de camuflaje, pues la aviación era ya una amenaza constante. Después de Borisovo, al lado del río Beresina, la autopista abandonaba la estepa y se desenvolvía entre bosques («bosque espeso, cerrado, encharcado, de hondo perfume; oscuro»). Monotonía del paisaje y constantes lluvias, en un trayecto que discurría alejado de las poblaciones, sin el nivel de contacto humano mantenido hasta entonces.[65]

En ese contexto, el viernes 26 Muñoz Grandes recibió la orden de variar la marcha hacia el norte, lo que esfumó, de golpe, el sueño largamente acariciado de luchar por la toma de Moscú. Una orden que, además, vino tan solo dos días después de que Strauss le hubiese manifestado que tenía reservada una posición de honor a la División en el ataque definitivo. Además, para atajar ciertos vicios, había endurecido el régimen disciplinario, hasta el punto de que cualquier orden suya incumplida sería juzgada según los artículos 266 y 267 del Código de Justicia Militar (pena de muerte y presidio, respectivamente), y todo ataque contra personas o propiedades, así como toda requisa no autorizada, con el 233 (pena de muerte). Y había creado la *Sección Especial*, unidad donde permanecerían *corregidos* y *penados* mientras durara la sanción. Pero no tuvo más remedio que ceder: ante una decisión de Hitler no cabían las protestas. Aquella misma tarde dictó, a las unidades motorizadas, una orden de variación de marcha hacia Vitebsk, punto de concentración de donde partirían en ferrocarril para el nuevo frente (mapa 2). Una orden que al día siguiente afectó a toda la División, cuando el desánimo se había apoderado ya de la oficialidad y de la tropa, deseosas de desfilar en Moscú. El caso es que esa misma mañana, a regañadientes, comenzó una nueva marcha por la autopista, si bien en sentido contrario y con un destino mucho más prosaico: el cruce con la carretera que enlazaba Orsha y Vitebsk, unos cien kilómetros al oeste.[66]

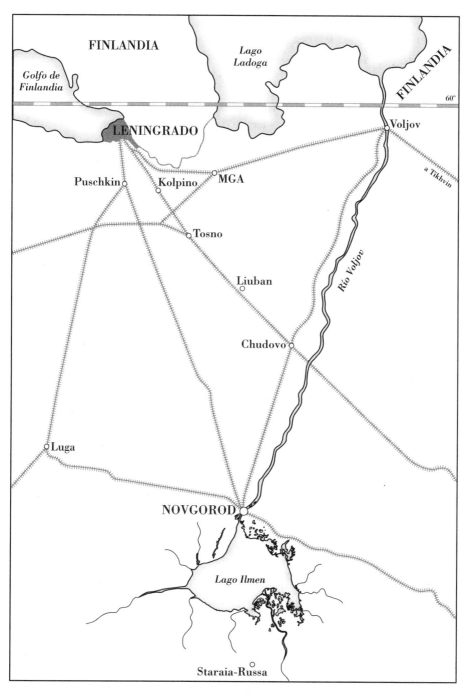

2. Zona de acción de la División Azul (octubre de 1941 - octubre de 1943),
entre Novgorod y Leningrado.

El domingo 28, parte del Cuartel General llegó a Vitebsk. En la tarde del lunes embarcaron en ferrocarril los primeros efectivos de la División (en su totalidad, del Regimiento de Artillería); y al día siguiente, mientras lo hacía la 5ª Batería, un rápido ataque de la aviación hirió de muerte a un soldado y lesionó a dos caballos.[67]

A partir de aquel martes, el mando inició las necesarias tomas de contacto con sus jefes alemanes y con el frente de combate. Ese día, Muñoz Grandes se dirigió a Pskov, sede del cuartel general del Grupo de Ejércitos Norte; y el teniente coronel Ruiz de la Serna, jefe del Servicio de Información, se dirigió a Korosten, sede del cuartel general del 16º Ejército, en cuyas filas había quedado encuadrada la División. Allí fue informado de que, por decisión de Busch, la División quedaba destinada a su I Cuerpo, desplegado a lo largo de la orilla occidental del lago Ilmen y la margen, también oeste, del río Voljov. Acorde con ello, al mediodía se dirigió en avión a Podberesje, sede del Cuerpo de Ejército. Allí, el teniente general Kuno von Both le comunicó que había asignado a la División un sector de frente al norte de Novgorod, de Podberesje a Chudovo, donde reemplazaría a dos regimientos de la 126 División. Por su parte, Muñoz Grandes, en Pskov, fue presentado al día siguiente al mariscal von Leeb, y estudió los mapas de situación del sector asignado al 16º Ejército (el flanco derecho del Grupo de Ejércitos, entre el lago Ladoga, al norte, y el Seliger, al sur).[68]

En medio de todo aquel ajetreo, en el último día de septiembre vio la luz la instrucción general que preparó a la División para el combate. Especificaba que disponía de munición para la infantería y la artillería, y de elementos para la lucha cuerpo a cuerpo, explosivos, fulminantes, minas, mecanismos luminosos, señales y medios de niebla artificial. Y advertía que el cuidado de la munición era vital, ya que de ello dependería, en gran parte, el resultado de la campaña que iba a comenzar. Para su control, cada unidad llevaría un libro registro de existencias, donde, además, anotaría las remesas parciales no consumidas y los embalajes que sería revisado periódicamente por los mandos. Pero nada, absolutamente nada, decía de tanques ni de aviones, elementos de guerra fundamentales que quedaron totalmente al margen del control español.[69]

El 2 de octubre Muñoz Grandes se trasladó a Korosten, donde Busch le informó de lo que ya sabía por boca de Ruiz de la Serna. El 3, en el *Sportpalast* de Berlín, Hitler pronunció un frenético discurso, que, radiado, llegó en directo hasta las posiciones del 16º Ejército. Una gran ovación siguió al anuncio de que la División Azul iba a entrar en combate. Al día siguiente, Muñoz Grandes sobrevoló el frente, y vio que, con excepción del Kremlin y algunos otros puntos, Novgorod había sido pasto de las llamas. La avioneta tomó tierra en Podberesje, donde se entrevistó con von Both y recibió una detallada explicación del despliegue de sus fuerzas. El domingo, se trasladó en coche a

Miasnoj Bor, sede del cuartel general de la 126 División, donde departió con su jefe, el general Paul Laux. En dicha localidad se hallaba ya una columna motorizada, y hacia allí también se dirigió la jefatura del Estado Mayor el lunes 6, desde Dno, donde seguían llegando ferrocarriles con divisionarios.[70]

El 7 de octubre la sección motorizada de la plana mayor del Regimiento de Artillería se trasladó a Kopzy, donde relevó a la unidad homónima de la 126 División. Mientras tanto, el resto de unidades artilleras prosiguió su trayecto a pie hacia el frente. En un punto de la marcha, en campo abierto al norte de Novgorod, el Primer Grupo fue cañoneado, con el resultado de 12 heridos y tres caballos muertos. Al día siguiente, una orden «muy secreta» estableció los códigos de las señales luminosas a emplear durante los combates, pero todavía aquella madrugada habían partido de Vitebsk varios trenes, que en Novo-Solonik quedaron obligados a una parada de dos días, por la voladura de un puente.[71]

En Novo-Solonik hubo incidentes importantes: grupos de divisionarios, ateridos y con el estómago poco lleno, practicaron el saqueo entre la población civil, y arrancaron puertas y ventanas de las casas y de la propia estación de ferrocarril, al tiempo que otros tiraban de los vagones a los caballos muertos y agonizantes. La policía militar alemana, desbordada por los acontecimientos, exigió del mando español el confinamiento de los saqueadores en el patio de mercancías, donde quedaron apostados centinelas españoles. Pero ello no evitó nuevos altercados, pues éstos hicieron dejación de sus funciones e inclusive alentaron a sus camaradas. Finalmente, los divisionarios hicieron fogatas con la madera obtenida, asaron la carne de caballo y cenaron.[72]

El jueves 9 embarcaron en ferrocarril efectivos del Regimiento 263, los últimos que quedaban en Vitebsk, excepción hecha del Cuartel General. En tales circunstancias, hubo cambio de órdenes: la *Blaue* no relevaría a la 126 entre Podberesje y Chudovo, sino que se desplazaría unos kilómetros al sur, para reemplazar a sus unidades meridionales, en Podberesje, y a toda la 18 División Motorizada, en Novgorod. Iba a ocupar, por lo tanto, un sector comprendido entre el extremo septentrional del lago Ilmen (sur) y Udarnik —posteriormente Borissovo— (norte), a lo largo de la margen occidental del Voljov, y tendría en la milenaria Novgorod y la pequeña Grigorovo los núcleos fundamentales de asentamiento. Sus flancos quedarían cubiertos por dos divisiones alemanas.[73]

En la madrugada del viernes 10, el segundo escalón del Cuartel General partió de Vitebsk en vehículos hipomóviles, en dirección a Grigorovo. En Dno —un poblado destruido— ese día desembarcaron zapadores y efectivos del Batallón de Reserva y del Regimiento 269. Y, acorde con la *Orden General de Operaciones D.1*, emprendieron la marcha a pie, hacia Novgorod, varias unidades de los Regimientos 262 y 269, así como zapadores ciclistas y la compañía de Sanidad, con el hospital de campaña a cuestas. Finalmente, el 11 de octubre el Cuartel General partió de Miasnoj Bor por carretera, y a las 17.40 horas llegó a Grigorovo, su sede definitiva por espacio de 10 meses. Y aunque todavía una parte de la División seguía desplazándose, oficialmente *la gran marcha* había terminado.[74]

2. El combate

La guerra a partir de octubre de 1941[75]

A nivel bélico, el último trimestre de 1941 quedó marcado por dos hitos: el agotamiento del avance alemán en Rusia, anuncio de su decadencia militar, y la entrada de Estados Unidos en la guerra.

El 7 de diciembre Japón bombardeó la flota estadounidense anclada en Pearl Harbor, en la isla Oahu, del archipiélago de las Hawai. En dos horas, la flota del Pacífico fue virtualmente puesta fuera de combate, y la superioridad naval en la zona pasó al Japón. Con aquel acto de fuerza, la guerra devino mundial, pues los Aliados anglosajones declararon la guerra a Japón, y Alemania e Italia a Estados Unidos. Entre tanto, los frentes Atlántico, Mediterráneo y Norteafricano se vieron sensiblemente afectados por la campaña de Rusia, pues Alemania estaba cada vez más comprometida en dicho frente en detrimento de los restantes. Así, en el Atlántico, a partir de octubre hubo un vertiginoso descenso del tonelaje de buques hundidos por los submarinos alemanes; en el Mediterráneo, la acción combinada de la escuadra británica y la RAF logró hasta un 80 por ciento de hundimientos de convoyes italianos; y en África, el 8º Ejército fue sensiblemente incrementado y reequipado, y comenzó la segunda ofensiva británica en Libia, que obtuvo Bengasi.

Pero el principal marco de la lucha europea seguía siendo Rusia. En octubre Hitler anunció una *ofensiva gigantesca*, prohibió aceptar la capitulación de Moscú, impuso el cerco a la ciudad, y declaró que *en pocas semanas* caería el Ejército Rojo. Todo parecía indicar que no se equivocaba: conquistó Kaluga (día 13), 160 kilómetros al suroeste, y Kalinin (14), 150 kilómetros al noroeste, con lo que interrumpió la línea ferroviaria que unía Moscú y Leningrado. El Gobierno soviético y el cuerpo diplomático abandonaron la capital en dirección a Kuibychev, a orillas del Volga. Y finalizó la doble Batalla de Viazma y Briansk (17), que aniquiló a nueve ejércitos y apresó a 663.000 hombres, casi tantos como en Kiev. Quedó, así, expedito el camino hacia Moscú. Pero aquella fue la última gran victoria alemana en el Este, y el avance quedó ralentizado durante varias semanas por acción del barro. Un buen respiro para las fuerzas soviéticas, que se aprestaron a organizar la defensa, en manos de Zhukov. En aquel contexto, la mayoría de los generales alemanes deseaban suspender la ofensiva y establecer una sólida línea de invierno. Entre tanto, en el sector Sur, Odesa había sido evacuada, se rindió Jarkov (25) y von Manstein inició el cerco de Sebastopol, que iba a durar nueve meses.

Y llegó noviembre. En el extremo meridional del sector Central, cayó Kursk (el 3); y cuatro días después tuvo lugar en la Plaza Roja de Moscú un gran desfile militar, conmemorativo del vigésimo cuarto aniversario de la Revolución, en el que Stalin profetizó el hundimiento del Ejército alemán. Al norte, von Leeb conquistó Tikhvin (9), con lo que el cerco de Leningrado quedó definitivamente completado. Todo parecía indicar que la lucha iba a acabar con victoria alemana. Pero el desgaste sufrido había sido mucho: las divisiones de infantería se encontraban a un 75 por ciento de su capacidad y las acorazadas a un 65. Hitler había manifestado a Ciano que la resistencia al avance no era debida a los hombres, sino «al tiempo y a la configuración del terreno». En el Sur, había conquistado Kerch (el 16), en el extremo oriental de la península de Crimea, y el avance culminó con la toma de Rostov (21). Pero los contraataques recuperaron la ciudad el 29, lo que dinamitó la mística de victoria continuada del Heer. Entre tanto, en el Norte, Leningrado resistía.

Reemprendido el avance sobre Moscú el 15 de noviembre, tras las primeras heladas, quedó frenado por una fuerte resistencia. Pero el 1 de diciembre, el IV Ejército, de von Kluge, avanzó entre los bosques y tierras pantanosas del oeste, al tiempo que Hoepner y Guderian intentaron con sus blindados la operación envolvente. Y un batallón de reconocimiento llegó a Khimki (2), pequeño suburbio fluvial. Pero el 4, a 37 grados centígrados bajo cero, tanques e infantería quedaron inmóviles: en una extensión de frente de unos 300 kilómetros que se extendía en semicírculo en torno a la ciudad, el Ejército alemán estaba definitivamente atascado.

El viernes 5 de diciembre marcó un hito en los anales de la campaña de Rusia, al invertirse los términos en que hasta el momento se había desarrollado. Zhukov, al frente de cuatro potentes ejércitos, inició una contraofensiva general al norte de Moscú, con tropas llegadas de las regiones orientales y el apoyo de tanques. Al día siguiente, 10 ejércitos más (cien divisiones) se abalanzaron sobre las fuerzas de von Bock en toda la línea de frente a ambos lados de la capital. Un oficial alemán escribió:

> Oleada tras oleada, densas formaciones de soldados avanzaban hacia nosotros sobre el paisaje nevado, en la ofensiva enemiga. Nuestras ametralladoras disparaban sin cesar sobre ellos, de tal manera que uno ni siquiera oía la propia voz al hablar. Como una oscura y siniestra alfombra, una capa de muertos y agonizantes se extendía sobre la nieve ante nosotros, pero las masas de humanidad seguían avanzando hacia nuestras líneas, llegando más y más cerca de ellas, en cantidades que parecían inagotables. Solamente cuando llegaron al alcance de nuestras granadas de mano cayeron los últimos rusos que nos atacaban bajo el fuego de nuestras ametralladoras. Y entonces, cuando los tiradores

comenzaban a respirar de nuevo, se percibió a lo lejos un leve temblor de aire, apareció una gruesa línea negra en el horizonte, y todo volvía a comenzar de nuevo.

Desbordado por la situación, Halder propuso la retirada general a posiciones de invierno, en tanto que Brauchitsch, enfermo del corazón, presentó su dimisión; pero ambas peticiones recibieron un *no* por respuesta. El 8 Hitler emitió su *Directriz número 39* («La sorprendente llegada de un severo tiempo invernal en el Este y las dificultades adicionales resultantes de ello, obligan al cese inmediato de todas las grandes operaciones ofensivas y a un cambio a la defensiva»), que no impidió la perdida de Tikhvin (9) en el Norte, y de Klin e Istra (15) en el Centro.[76]

El 11, en Berlín, el embajador Morris recibió de Ribbentrop una nota oficial de declaración de guerra, y la manifestación verbal de que era la respuesta a la política beligerante que Roosevelt mantenía contra Alemania. Y tan sólo una semana después, Hitler cesó a Brauchitsch (19) y tomó en sus manos el Heer: de él iban a depender, a partir de entonces, todas las operaciones terrestres que se llevaran a cabo en Rusia. A su juicio, no había ningún general capaz de transmitir el espíritu nacionalsocialista al Ejército (depuso a von Rundsted y von Bock). Ya sin Brauchitsch, el 21 ordenó la resistencia a ultranza en todo el frente: una defensa del terreno con «voluntad fanática» —*fanatische wille*—, que estructuró en base a *sistemas erizo*, núcleos fortificados, en oposición frontal al concepto de defensa elástica, con fuerzas reducidas, propuesta por el Estado Mayor (permitiría retiradas a gran escala que propiciarían ofensivas inmediatas).[77]

El tránsito de 1941 a 1942 encontró a Hitler discutiendo por teléfono con el nuevo jefe del Grupo de Ejércitos Centro, Günther von Kluge. El mariscal le pedía «en nombre de cientos de miles de soldados alemanes, la ansiada orden de retroceder». Hitler se negó de plano. Pero un hecho era innegable: había llegado el fin de año, y el Heer no había alcanzado ni uno solo de los objetivos previstos en Rusia.

1942

Durante el primer semestre de 1942 la guerra llegó a su punto álgido. Indefinida su resolución para ambos bandos, la lucha se desarrolló con una crudeza excepcional. En el Atlántico, los submarinos alemanes comenzaron a operar frente a las costas norteamericanas (enero) y alcanzaron el cenit en tonelaje aliado hundido (700.000 toneladas, junio). En el Mediterráneo, a partir de abril los aviones italo-germanos bombardearon Malta con particular ensañamiento. En el Pacífico, Japón continuó su expansión (Birmania, Rabaul, Islas Salomon, Malaca, Singapur, Indonesia, Filipinas, Aleutianas) pero entrevió ya la potencia estadounidense tras el bombardeo de su capital (abril) y la derrota naval en Midway (junio). Y en el norte de África, la segunda ofensiva británica fue seguida de la tercera ofensiva del Eje (reconquista de Bengasi), detenida a principios de febrero en la línea de Gazala, pero reemprendida en mayo, conquistó Tobruk (junio) y llegó cerca de Alejandría.

Entre tanto, proseguía la acción aliada encaminada a la coordinación de esfuerzos. En el marco de la *Primera Conferencia de Washington* (diciembre de 1941 y enero de 1942), Roosevelt y Churchill, adoptaron un plan de desembarco en el norte de África y formularon el eslogan «¡Primero batir a Alemania». En aquel contexto, el *Pacto de Washington* proclamó que las naciones en guerra contra el Eje se comprometían a no firmar ningún armisticio por separado. Ya en febrero, Sumner Welles abogó por el desmembramiento de Alemania. Y en mayo, Moscú y Londres firmaron un tratado de alianza, por el que Stalin renunció a todas sus reivindicaciones territoriales; de ahí que, en la *Segunda Conferencia de Washington* (junio) Roosevelt y Churchill decidieran la apertura del segundo frente. En cuanto a la guerra aérea, una directriz del mariscal Arthur Harris (febrero) dispuso que debería centrarse «en la moral de la población civil enemiga y en particular de los obreros industriales». Y proclamó la necesidad de proceder a incursiones de *mil bombarderos* sobre las ciudades alemanas (Colonia y Essen, mayo; Bremen, junio). Pero las pérdidas de aparatos en Bremen, supuso su aplazamiento.

En Rusia proseguía la guerra sin cuartel. En los albores de enero Stalin ordenó una ofensiva general, que progresó en poco tiempo. En el Cuartel General alemán los nervios estaban a flor de piel, hasta el punto de que expulsó del Ejército al capitán general Hoepner por haber ordenado un repliegue de tropas. En abril, el Ejército Rojo había avanzado más de 240 kilómetros en algunos sectores (recuperó Tikhvin, amenazó Novgorod y embolsó grandes contingentes en Demiansk y Cholm; en el Centro, recuperó Klin, Rzhev y Kaluga, estaba a las puertas de Viazma y amenazaba Smolensko; y en el Sur Timoshenko atravesó la cuenca del bajo Donetz por Izyum). Pero la Wehrmacht mantenía sus bastiones de invierno. De norte a sur, ciudades como Schlüsselburg, Novgorod, Viazma, Briansk, Orel, Kursk, Jarkov y Taganrog, se mantenían incólumes, a pesar de que el avance soviético había sobrepasado algunas de ellas en muchos kilómetros. Tal como indica Liddell Hart, «constituían obstáculos formidables desde el punto de vista táctico; estratégicamente tendían a dominar la situación, porque eran puntos focales en la complicada trama de las comunicaciones». Pero el coste de su mantenimiento fue elevado, sobre todo para la Luftwaffe, obligada a aprovisionarlas en condiciones precarias.

Entrado abril, la contraofensiva soviética se ralentizó y finalmente paró. Para entonces el Heer estaba muy mermado: según Halder, las 900.000 bajas habidas sólo se habían podido cubrir parcialmente con 450.000 hombres. (Un informe llegado a manos del general Warlimont, establecía en 625.000 el déficit de hombres a 1 de mayo). Parte de las 158 divisiones (10 eran motorizadas) habían quedado prácticamente reducidas a un tercio de efectivos y nunca volverían a ser completadas; algunas, sólo nominales, contaban con dos o tres batallones. Tal circunstancia obligó a una reorganización (2 de mayo): todas, excepción hecha de la División Azul, sufrieron una reducción del 30 por ciento, y pasaron de nueve a seis batallones. En cuanto a la aviación, Hitler sólo disponía de 2.000 a 2.500 aviones, únicamente renovados con el caza *Focke Wulf*. Por el contrario, la aviación soviética había sustituido a casi todos sus aparatos anticuados y recibido *Hurricanes*, y contaba con el eficaz *Stormovik*. En material rodado las cosas estaban aún peor para Alemania: 74.000 vehículos inutilizados habían sido sustituidos con 7.400, y 2.300 tanques con 1.800. Y la gasolina escaseaba.

En aquellas desventajosas circunstancias, el 15 de marzo Hitler hizo su tradicional discurso conmemorativo del *Heldengedenktag* (*Día de la Conmemoración de los Héroes*), en que aseguró que durante el verano llegaría la victoria en el Este. Pero, consciente de la precariedad militar, su *Directriz número 41* (5 de abril) decidió limitar la ofensiva e hizo del petróleo del Cáucaso su principal objetivo. El ataque se llevaría a cabo entre los ríos Don y Donetz, con la ayuda de tropas húngaras, rumanas e italianas; cruzado el Don, por el sur se dirigiría a Bakú, y se extendería al este, hacia Stalingrado y el Volga, con vistas a proseguir, en un futuro, hacia Moscú. En el resto del frente, la Wehrmacht permanecería a la defensiva, excepción hecha del Norte, donde retomaría el ataque a Leningrado. Pero, a pesar de sus limitaciones, era un proyecto ambicioso en exceso y elaborado sobre bases poco sólidas: un avance profundo sobre un flanco, sin presión simultánea sobre el centro del enemigo, iba contra todo principio estratégico; más si se tiene en cuenta que su protección (defensa de la línea del Don y del Volga) iba a quedar en manos de tropas aliadas, menos dispuestas a asumir sacrificios.[78]

En mayo la Wehrmacht desencadenó en Crimea un primer ataque preliminar, para tomar la península de Kerch, cuya capital cayó. Y para concluirlo, von Manstein se lanzó contra Sebastopol (junio), cuya guarnición resistió tenazmente. Entre tanto, fracasó una ofensiva soviética en Jarkov (248.000 prisioneros). Un segundo ataque preliminar tuvo lugar mucho más cerca del punto de inicio de la futura ofensiva: a partir de Izyum, la Wehrmacht forzó el paso del Donetz y logró una posición en su orilla norte; seguidamente, atacaron los tanques y en dos días llegaron al empalme de Kupiansk. Este éxito facilitó en mucho el inicio de la ofensiva, el 28.

Durante el segundo semestre del año la guerra continuó en su punto álgido, pero paulatinamente se decantó por las armas aliadas, tanto en Europa como en el Pacífico. Frenado el avance japonés, los marines desembarcaron en Guadalcanal (agosto) y MacArthur concentró fuerzas en Nueva Guinea, lo que obligó al Japón a pasar a la defensiva (septiembre). Alemania siguió sufriendo el bombardeo aéreo británico de sus ciudades (Hamburgo, julio; Frankfurt, septiembre), y Hitler abandonó las esperanza de victoria mediante ofensivas y optó por una «estrategia de resistencia» (grandes dificultades en el Cáucaso y en Stalingrado). Dicha estrategia, aplicada *a ultranza* a partir de noviembre, no tenía sentido militar: para Hillgruber respondía a la concepción política de «potencia mundial o hundimiento». De hecho, noviembre evidenció el declive de la potencia militar del Eje, incapaz de conjurar tres hechos fundamentales: la ruptura de las defensas de El Alamein; el desembarco en Marruecos y Argelia (*Operación Torch*) y el cerco al 6º Ejército en Stalingrado. Para contener una infiltración en el Mediterráneo, Hitler ocupó la Francia de Vichy y Córcega, y pensó en atacar Gibraltar; y para frenar el avance en el Norte de África, estableció una cabeza de puente en Túnez. Medidas que, tras su contundencia, escondían la incapacidad para restablecer la situación militar anterior. Y para romper el cerco de Stalingrado, envió a un ejército blindado, que fracasó en el intento. Para entender cómo se había podido llegar a una situación tan precaria, en tan sólo seis meses, conviene que nos detengamos en lo acaecido en el Este.

En julio de 1942 la lucha continuaba con toda su intensidad en el sector Sur del frente, con los otros dos relativamente estabilizados, aunque en detrimento de Alemania. En el Sur, el 4 Sebastopol se rindió, con lo que finalizó la Batalla de Crimea; sin embargo, el marco principal de la lucha se situó entre el Donetz y el Volga, y en el Cáucaso. Una lucha que recayó en los Grupos de Ejércitos A y B, de reciente creación: el A (17º Ejército de Infantería y 1º Panzer), del mariscal Wilhelm List, operaría en el Cáucaso, para conquistar Bakú; y el B (2º y 6º Ejércitos de Infantería; Ejércitos húngaro, rumano e italiano; y 4º Panzer), de von Bock (sustituido el 15 de julio por el capitán general Maximilian von Weichs), tomaría Stalingrado, para proteger el flanco oriental del avance, y obtener una plataforma con vistas a un asalto sobre la retaguardia de Moscú.

Acorde con lo planificado, el Grupo A atravesó el Donetz, y se dividió en dos alas: la izquierda retomó Rostov (23 de julio), y la derecha llegó al Cáucaso, donde conquistó Maikop (9 de agosto). Pero el avance quedó frenado por la escasez de carburante, las montañas y la resistencia de tropas locales, familiarizadas con la naturaleza de aquel inhóspito terreno. En cuanto al Grupo B, el 4º Panzer atravesó el Donetz por Izyum, irrumpió por Kursk y avanzó casi 200 kilómetros hasta el Don, cerca de Voronezh. Cruzado el río por Kalatsch (21 de agosto), el 6º Ejército podía iniciar la ofensiva contra Stalingrado. El ataque estaba proyectado en pinza: se lanzaría sobre la ciudad desde el noroeste, en tanto que el 4º Panzer lo haría desde el suroeste. Pero, con el Volga a cuatro kilómetros a sus espaldas, las tropas soviéticas ofrecieron tal resistencia, que resultó imposible cerrarla. Los ataques se repitieron, uno tras otro, pero la penetración —cuando la hubo— sólo provocó alguna que otra retirada parcial. Aquellas dificultades incrementaron sobremanera la importancia psicológica de Stalingrado, hasta el punto de que Hitler perdió la visión de la estrategia e hipotecó el destino de sus Ejércitos en la toma de la ciudad.

Stalingrado (punta de un ala extendida casi 750 kilómetros, desde Voronezh, a lo largo del Don) encerraba un grave peligro para el Ejército alemán a medida que se acercaba el invierno. Aquel extenso flanco, carente de posiciones fortificadas y cuya defensa dependía principalmente de los aliados, entró en tensión a partir de agosto a tenor de pequeños ataques exploratorios. Los generales argumentaron ante Hitler la imposibilidad de mantener la línea del Don como elemento de contención durante el invierno, pero de nada valieron las advertencias. Así las cosas, a mediados de septiembre el 6º Ejército penetró en los suburbios de la ciudad, y después en su sector industrial. Pero quedó embarrancado en una lucha callejera sin cuartel frente al Ejército de Chuikov y parte del de Shumilov, que contaban con el apoyo de unidades de trabajadores, que luchaban por la defensa de sus hogares. Por parte alemana escaseaban los tanques y la aviación. Tras la toma del arrabal de Orlovski (2 de octubre), el ataque consiguió la fábrica *Octubre Rojo* (17), pero prácticamente había quedado paralizado. El elevado número de bajas habidas, la creciente sensación de frustración y la llegada del invierno minaron paulatinamente la moral alemana.

Entre el 19 y el 20 de noviembre se inició el contraataque, de manos de Vatutin (*Frente Suroeste*), Rokossovski (*Frente Don*) y Eremenko (*Frente Stalingrado*). La ofensiva, sabiamente ideada desde Moscú, comenzó en el intervalo comprendido entre las primeras heladas fuertes —endurecedoras del terreno— y las espesas nieves. Un par de pinzas, colocadas en los puntos defendidos por las tropas rumanas, buscaron aislar el 6º Ejército del 4º Panzer. Y el 23 lograron el cerco de aquél y un Cuerpo del Panzer sobre un área de unos 40 kilómetros de anchura y unos 20 de profundidad. Todo era una estepa, en la que apenas se veía un árbol o un matorral. En el cerco se encontraban algunos pueblos y la mayor parte de la ciudad (algunos distritos estaban todavía en manos soviéticas). La bolsa contenía la mayor parte de 20 divisiones alemanas y dos divisiones rumanas íntegras; el Cuartel General del 6º Ejército y parte del de Hitler, y los estados mayores de cinco Cuerpos de Ejército. El número de cercados ascendía a 250.000. Los víveres y municiones eran escasos, así como el combustible, y los únicos medios de comunicación con el mundo exterior eran la aviación (cuatro aeródromos) y la radio. Hitler prometió abastecer Stalingrado por aire, hasta que fuera posible socorrerla militarmente. Vanas palabras, pues se necesitaban 750 toneladas de provisiones diarias, y eso quedaba fuera de la capacidad de la Luftwaffe. Por aquel entonces, la invasión de la Unión Soviética había costado ya 371.000 vidas a la Wehrmacht. Von Manstein lanzó sus tanques, pero a 50 kilómetros de su objetivo, fueron detenidos y rechazados. Tras aquel fracaso, no había fuerzas suficientes para llevar a cabo ningún otro intento de romper el cerco.

En diciembre se consumó el desastre para el Grupo B: el 16, el *Frente Don* atravesó numerosos puntos del Don medio en el área defendida por el Ejército italiano, que en parte huyó; y el *Frente Suroeste* penetró hacia el río Donetz. En una semana quedó prácticamente barrida la penetración alemana entre el Don y el Donetz, y a finales de año eran 60.000 los prisioneros. Más al sur, en el Cáucaso, todo el Grupo A corría también el peligro de ser cercado. En la noche del 27, el nuevo jefe del Estado Mayor del Heer, capitán general Kurt Zeitzler, llegó a *La Guarida del Lobo* sin previo aviso, abordó a Hitler y argumentó con vehemencia la necesidad de proceder a la retirada inmediata, a fin de evitar «un segundo Stalingrado». Éste aceptó, y con ello miles de hombres salvaron la vida.

1943

Tras el cambio de signo de la guerra, 1943 fue de decadencia manifiesta para las armas del Eje. No cabe duda de que parte del éxito de los Aliados se debió a la labor de coordinación. En Casablanca (enero) decidieron el desembarco en Sicilia y exigieron públicamente «capitulación sin condiciones»; en Washington (mayo), el desembarco en la Europa atlántica; en Quebec (agosto), la invasión de Francia; en Londres (octubre), la creación de una *Comisión Consultiva Europea* para el final de la guerra; en El Cairo (noviembre), trataron del Pacífico y el apoyo a China; y en Teherán (noviembre-diciembre), eligieron el norte de Francia para el desembarco anglosajón y fijaron la *Línea Curzon* como frontera entre la Unión Soviética y Polonia.

Tras la evacuación de Guadalcanal, el Pacífico vio la gran ofensiva norteamericana en el sector suroccidental (Islas Salomon), y antes de finalizar el año, en el sector central (Islas Gilbert). Entre tanto, comenzó para Alemania una fase defensiva en todos los frentes, que se prolongaría hasta mayo de 1945, momento del colapso definitivo. De no haber sido por el fanatismo nazi, aquél hubiera sido el momento idóneo para pedir la paz. La maquinaria militar alemana, aunque limitada a nivel de aviación, seguía siendo potente (flota submarina, incremento en la producción y diversificación de cañones y tanques, levas forzadas e incremento de efectivos de las SS), pero la ambición y falta de perspectivas de Hitler impidieron un acuerdo con Moscú que, de haberse materializado, hubiera contribuido a salvar a Alemania del desastre. Y respecto a los Aliados anglosajones, difícilmente Hitler hubiera tendido la mano a quienes masacraban las principales ciudades del país (el Rhur, en mayo; Hamburgo, en julio y agosto; Berlín, en noviembre, ampliado a Stuttgart, Frankfurt y Leipzig). Tanta destrucción, únicamente paliada mediante la potenciación del arma antiaérea y la introducción (diciembre) de cazas nocturnos de largo alcance, no produjo los efectos deseados sobre la población, que, en términos generales, mantuvo la serenidad.

En cuanto al frente norteafricano, el Eje desalojó Trípoli (enero), y resistió tenazmente en Túnez hasta mayo. A partir de ese momento el flanco sur del Continente quedó a merced del avance aliado, y Sicilia se convirtió en el objetivo previo a la penetración. El 22 de julio cayó Palermo, y tres días después, el fascismo se desmoronó. En agosto Sicilia quedó totalmente en manos aliadas, y comenzó la invasión de la Italia continental. Pero lo que se presumía una campaña sencilla, se convirtió en un lento avance que se prolongaría hasta el final de la guerra. Mussolini fue liberado de su confinamiento (septiembre) y, forzado por Hitler, asumió la dirección de la *República Social Italiana*, lo que precipitó al país a la Guerra Civil. Como culminación del proceso, Badoglio declaró la guerra a Alemania (13 de octubre).

De todos los frentes de batalla, el ruso siguió siendo el más duro para la Wehrmacht a lo largo de 1943, y en él se concentraron los mayores esfuerzos bélicos (mapa 3). En Stalingrado la parte soviética pidió formalmente la rendición. Hitler se negó y el 10 de enero comenzó el ataque. Entre tanto, en el Sur, el *Frente Voronezh*, de Golikov, atacó las posiciones del Ejército húngaro (el 12) y penetró casi 200 kilómetros, entre el Don y Jarkov; y, más al norte, llegó a medio camino de Kursk. El 24 la bolsa de Stalingrado quedó rota en dos partes, que se comunicaron sólo por radio. Y partió el último avión de la Luftwaffe, con heridos y sacas postales. A las pocas horas se perdió el aeródromo. Los defensores quedaron, desde aquel momento, completamente aislados del mundo, y toda esperanza de salvación desapareció. En aquellas circunstancias, el mando soviético volvió a exigir la rendición, que Hitler negó de nuevo. Millones de personas estaban pendientes de Stalingrado. En la bolsa, el fin se acercaba: algunos jefes y oficiales se suicidaron, la tropa moría de frío y de hambre, y muchos hombres desertaron. En Berlín, el 30, Goering pronunció un discurso dirigido a la Wehrmacht en el que comparó a los defensores de Stalingrado con los griegos que lucharon, hasta el último hombre, en el paso de las Termópilas. Paulus felicitó a Hitler en el décimo aniversario de su acceso al poder; quien entrevió un rápido desenlace, por lo que lo elevó al empleo de mariscal y redactó una proclama al 6º Ejército, radiada a la nación. En la tarde del 31 Paulus emitió el último parte: a los pocos minutos, las principales fuerzas de la bolsa se rindieron, ejemplo que siguieron el 2 de febrero los últimos reductos de resistencia. En total, cayeron prisioneros 108.000 hombres, pero las bajas casi duplicaban dicha cifra. Berlín ordenó luto nacional de cuatro días.

Justo cuando caía Stalingrado, las tropas procedentes del Cáucaso (Grupo A) cruzaron el Don por Rostov, tras escapar milagrosamente a un intento

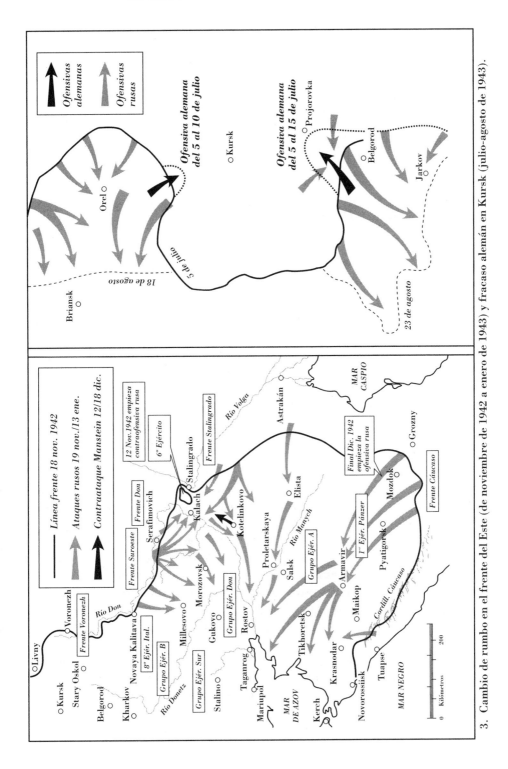

3. Cambio de rumbo en el frente del Este (de noviembre de 1942 a enero de 1943) y fracaso alemán en Kursk (julio-agosto de 1943).

de cerco: la larga agonía de Stalingrado las había salvado. Hitler tenía, pues, un argumento justificador del holocausto de su 6º Ejército. Entre tanto, proseguía el ataque soviético al oeste del Don, que perforó una profunda cuña entre Kursk y Orel, y, más al sur, entre Kursk y Belgorod; y el 7 de febrero liberó Kursk. Paralelamente, el avance sobre Jarkov había virado hacia el suroeste y, tras tomar Izyum, atravesó el Donetz. Finalmente, reconquistó Jarkov el 16 y siguió avanzando. Pero un hecho inesperado, el deshielo anticipado, obstaculizó el avance al oeste del Donetz. Las fuerzas soviéticas, lejos de sus cabeceras de ferrocarril y faltas de sistemas de transporte, quedaron en una situación embarazosa a pocos kilómetros del Dniéper. Allí fueron barridas por un contraataque general alemán durante la primera semana de marzo, que llegó de nuevo al Donetz en un amplio frente alrededor de Izyum. Incapaz, sin embargo, de cruzar el río, se desvió al noroeste y reconquistó Jarkov el 15 y Belgorod el 19. Mientras tanto, en el sector Central la Wehrmacht abandonó sus posiciones frente a Moscú, incluida Viazma; y en el Norte, había evacuado el saliente de Demiansk.

Hitler seguía mirando al Sur. Con Belgorod y Orel en su poder, estaba en condiciones de intentar el ataque en pinza sobre Kursk y sus alrededores: romper aquel gran saliente se convirtió en el objetivo central de la ofensiva del verano, que debería ser complementado con el ataque a Leningrado. La ofensiva, a cargo de 33 divisiones y 1.900 tanques —el 70 por ciento de los disponibles en el Este— (Seaton), se desplegó contra los dos flancos del saliente. La pinza norte estaba comandada por von Kluge y la sur por von Manstein, frente a las cuales estaban apostadas las tropas de Rokossovski y Vatutin, protegidas por campos de minas y todo tipo de barreras protectoras. El avance fue desalentador y sólo alcanzó unos 40 kilómetros de profundidad. A la semana de iniciado, Sokolovski contraatacó en el flanco norte y el extremo de Orel, y en sólo tres días penetró más de 50 kilómetros. De aquella manera concluyó la última iniciativa de consideración del Ejército alemán en el frente del Este.

Tras aquel éxito, el Ejército Rojo reconquistó Orel (agosto), principal bastión del sector Central y punto estratégico neurálgico. En el Sur Vatutin tomó Belgorod el 5 de agosto y en una semana avanzó 150 kilómetros. Con las vanguardias soviéticas acercándose a Jarkov y Kiev, se tambaleó todo el sector Sur, y la situación se agravó cuando Koniev cruzó el Donetz y tomó Jarkov el 23. Entre tanto, Eremenko se dirigía hacia Smolensko y Popov hacia Briansk; y de nuevo en el Sur, Rokossovski avanzó hacia el Dniéper y Tolbukhin cruzó el Mius y tomó Taganrog. Antes de finalizar septiembre el Ejército Rojo cruzó el Dniéper. El Heer carecía de tropa suficiente, y no tuvo más alternativa que articular la defensa por medio de contraataques puntuales sobre las vanguardias. Abandonó Smolensko el 25 de septiembre y una semana después Briansk; y en el Sur evacuó la cabeza de puente del río Kuban (octubre) y se retiró a través del estrecho de Kerch hasta la península de Crimea. El Ejército Rojo reemprendió su ofensiva al despuntar noviembre. En la primera semana penetró hasta las zonas bajas del Dniéper, y tomó Kiev (día 6). Las fuerzas blindadas alcanzaron Fastov, al suroeste, y tomaron el empalme de Zhitomir. Llegado hasta allí, el ataque se desvió hacia el norte y conquistó Korosten el 16. En aquel punto, la defensa alemana estaba pronta al derrumbamiento. Sin embargo, una acción en zigzag de los tanques de Manteuffel reconquistó Zhitomir y se lanzó sobre Korosten. Entonces von Manstein intentó una contraofensiva general blindada, que se desvaneció a principios de diciembre. Siguieron unas semanas de tregua, durante las cuales el Ejército Rojo se preparó para un ulterior y demoledor ataque. Mientras tanto, en el Centro, las tropas alemanas resistieron ante el curso del Dniéper superior. Nuevamente en el Sur, Vatutin inició su ofensiva de invierno el 24, y en una semana reconquistó Zhitomir y Korosten.

Al finalizar 1943 la Wehrmacht había sufrido innumerables derrotas y había quedado seriamente debilitada. Ilustra su situación el que Hitler manifestara a Manteuffel que como regalo de Navidad le daría ¡50 tanques! En aquellos momentos la mejor de las divisiones Panzer sólo contaba con 180 unidades, y la mayoría disponían de la mitad. En el frente ruso, para contener a 860 divisiones, Alemania sólo contaba con 174. Pero a la brecha soviética, ya de por sí peligrosa, había que sumar la italiana, donde los anglosajones eran contenidos al precio de ingentes sumas de hombres y material; y a ambas, la aérea, que incidía directamente sobre la retaguardia.

1944

Y llegó 1944. En el Pacífico, Estados Unidos progresaban en su ofensiva en la zona central. En junio las *fortalezas volantes* atacaron por primera vez territorio japonés, los marines desembarcaron en Saipán (Marianas) y tuvo lugar la Batalla aeronaval del Mar de Filipinas. En julio dimitió el Gobierno Tojo y hubo nuevo desembarco, esta vez en la isla de Guam (Marianas). Seguidamente fueron bombardeadas Iwo Jima, las Islas Bonin, las Carolinas occidentales, y Palaos, Mindanao y las Bisayas en Filipinas (agosto a septiembre). En octubre MacArthur comenzó la reconquista de Filipinas y se desarrolló la Batalla Naval de la bahía de Leyte, la mayor de todos los tiempos en número de unidades combatientes.

En Rusia la victoria sonreía al Ejército Rojo. En el sector Sur Vatutin avanzó hacia los ríos Pripet y Bug (enero), pero von Manstein lo paró en Vinnitsa. Tomó el mando Zhukov, quien estableció con Koniev el plan para un gran ataque conjunto en dirección a los Cárpatos, que se inició el 15 de marzo. Entre tanto, más al sur, Malinovski había tomado Khersen, en la desembocadura del Dniéper. Ante ello, la Wehrmacht ocupó Hungría (19) en el intento de asegurar el control de los Cárpatos y frenar la penetración en la Europa Central. En cuanto al sector Norte, la Wehrmacht mantenía el cerco de Leningrado y descendían al sur a lo largo del río Voljov, hasta el lago Ilmen, a cuyos lados se alzaban Novgorod y Staraia-Russa. Govorov y Meretskov el 14 de enero desencadenaron la tan esperada ofensiva destinada a romper el cerco de la capital, lo que lograron el 27; pero la labor de *limpieza* se prolongó hasta febrero. A finales de mes, Govorov llegó al río Narva y Meretskov al lago Peipus, donde fueron detenidos.

En abril el desenlace de la guerra era inevitable. El Ejército Rojo reconquistó Odesa, Yalta y el 17 rompió el frente en dos. En mayo, cayeron las defensas de Monte Cassino y las tropas de Kesselring se retiraron de Anzio. Y los Aliados fijaron la fecha del desembarco en Francia. El *Muro Atlántico*, obra de la Organización Todt, según Henri Michel era «una línea de defensa alargada sobre 4.000 kilómetros, poderosa sólo en algunos puntos gracias a su artillería pesada, debilitada por la distancia que la separaba de sus puntos de apoyo». El 6 de junio se produjo el desembarco, en las playas normandas: la superioridad aérea aliada fue total, hasta el punto de que, a 10.500 salidas la Luftwaffe sólo respondió con 319. En aquellas condiciones, al finalizar la jornada habían sido desembarcados 200.000 hombres, con 11.000 bajas, el coste humano de perforar 50 kilómetros de defensas. Pero los Aliados lograron unir todas las zonas del desembarco entre sí, y dos semanas después, ocuparon Cherburgo.

Entre tanto, había dado comienzo la ofensiva soviética en el frente finlandés y en Bielorrusia. Al finalizar julio el Ejército Rojo se encontraba a 15 kilómetros de Varsovia, y hacía ya dos semanas que, en el sur, habían atravesado el río Bug. Sin embargo, un hecho centraba la atención de la opinión pública alemana: el atentado contra Hitler en Rastenburg (20 de julio), con la aquiescencia de buena parte de los generales. De haber triunfado, hubiera supuesto la rendición y la vida de millones de personas; pero su fracaso comportó deportaciones y la muerte, entre otros, de los mariscales von Kluge, Rommel y von Witzleben, del capitán general Ludwig Beck y del almirante Canaris. Hubo unas 5.000 ejecuciones, sumarias o por razón de sentencias dictadas por tribunales populares, en lo que Goerlitz ha interpretado como la gran venganza de Hitler contra el cuerpo de oficiales y el Estado Mayor.

Tras la cruenta insurrección de Varsovia, el 14 de agosto se desencadenó la gran ofensiva soviética desde el Vístula; y, al cabo de dos semanas, la Wehrmacht abandonó Bulgaria y Bucarest. En el Oeste, ese mes la situación militar progresó también rápidamente a favor de los Aliados, que desembarcaron en las costas mediterráneas de Francia, y liberaron París, Marsella y Tolón. Ya en septiembre, llegó la defección y cambio de bando de Finlandia, y la ocupación de Bulgaria y Estonia por el Ejército Rojo; a la vez que, en el oeste, los Aliados cruzaron el Mosa, liberaron Amberes y Bruselas, y penetraron en suelo alemán. Finalmente, en octubre, ocupada Varsovia y liberada Belgrado, el Ejército soviético penetró, por vez primera, en Prusia Oriental; en tanto que, en el flanco sur, fuerzas británicas desembarcaron en Grecia; que, ya en noviembre, quedó libre de tropas alemanas (mapa 4).

En aquel punto, la guerra en Europa quedó parcialmente frenada. Anglosajones y soviéticos habían hecho un gran esfuerzo bélico y requerían de descanso; en tanto que los alemanes vieron incrementada su potencialidad, pues el territorio a defender se había reducido drásticamente en poco tiempo y el nivel de producción de armamento llegó a su cenit. Entre tanto, se perfilaba lo que iba a ser la posguerra: en Dumbarton Oaks (septiembre) el secretario de Estado de Finanzas propuso el desmembramiento y desmantelamiento industrial de Alemania (*Plan Morgenthau*), discutido posteriormente en Quebec; y en Moscú (octubre) las *zonas de operaciones* para el sur de Europa se transformaron en *esferas de influencia* (soviética, en Rumanía, Bulgaria, Yugoslavia y Hungría; británica, en Grecia). Pero desde septiembre Hitler preparaba una contraofensiva para separar a británicos y norteamericanos, y arrojarlos de Francia: el ataque de las Ardenas comenzó el 16 de diciembre, con el lanzamiento previo de cohetes *V-2* sobre Lieja y Amberes. El éxito favoreció a los atacantes (34 divisiones y unos 500 tanques), al conjugarse el factor sorpresa y el mal tiempo, que imposibilitó la reacción aérea. Pero faltos de combustible y de aviación, pasaron a la defensiva y fueron forzados a la retirada. Con el fracaso de aquella operación a gran escala, la Wehrmacht perdió su último material de calidad y sus reservas, al tiempo que quedó abierto el acceso al Rin.

1945

A principios de 1945 la superioridad del Ejército Rojo era aplastante. Según Henri Michel, podía lanzar cinco millones de hombres entre Curlandia y el río Drave contra 1.800.000 alemanes, y disponía de 7.000 tanques y 5.000 cañones frente a 3.500 y 4.000 respectivamente; tomados éstos en parte a la defensa antiaérea (DCA), que protegía, cada vez peor, las ciudades alemanas. El 12 de enero comenzó la gran ofensiva sobre Europa Central, en la que Zhukov tomó Varsovia; Koniev, Cracovia, y Rokossovski asaltó Prusia Oriental (violaciones y asesinatos masivos). Unos días después el avance llegó hasta Vístula, al tiempo que Berlín procedía a la evacuación desesperada de civiles y soldados del Este (según Beevor, entre enero y febrero abandonaron sus casas casi 8,5 millones de personas).

Ya en febrero, Yalta dibujó la frontera polaca oriental con acuerdo a la *Línea Curzon* y la occidental con territorio alemán hasta el Oder; y dividió Alemania en zonas de ocupación. Poco después (noche del 13 al 14), aviones anglosajones atacaron Dresde, centro de refugiados civiles, con bombas incendiarias, y la redujeron a escombros, en la que fue la mayor masacre aérea de la guerra (40.000 muertos según Friedrich; 135.000, según Michel).

4. El hundimiento alemán en el frente del Este (1944).

Y dio comienzo la *Operación Clairon* (22), la más nutrida, con 10.000 aviones, que lanzaron 55.000 toneladas de bombas sobre las líneas férreas alemanas. Llegado marzo, Tito formó gobierno en Yugoslavia, y el 7 cayó Colonia, al tiempo que los tanques de Patton llegaron al Rin, cerca de Coblenza. Un poco más al norte, una punta de lanza de Bradley alcanzó el puente de Remagen, cerca de Bonn, antes de que pudiera ser volado; y dos semanas después, Patton atravesó el río en Oppenheim. En el Este, el 30 cayó Danzig.

En abril la situación para Alemania se tornó desesperada (mapa 5), y ello a pesar de sus *armas de represalia* (cohetes *V-1* y *V-2* y aviones a reacción *ME-162* y *ME-163*). En el Frente Occidental, el 1 quedaron cercadas las divisiones que defendían el Rhur; finalmente, la bolsa fue rota en dos partes y sus defensores, más de 300.000 hombres, se entregaron a los estadounidenses (18). Días antes había caído Hannover y poco después se rindió Nuremberg. En el Este fue conquistada Viena, y el 16 Zhukov cruzó el Oder y Koniev el Niesse, en lo que fue el inicio de la gran ofensiva soviética sobre Berlín. Más al sur, tras un fallido intento de fuga, el 28 fue ejecutado Mussolini (su cuerpo, junto con los de otros fascistas, quedó expuesto al furor de las masas en Milán). Finalmente, Hitler se suicidó, de un tiro en la sien, junto con Eva Braun, en su búnker (30 de abril). Unas horas antes, había legado la jefatura del Reich al almirante Doenitz.

El 2 de mayo Berlín se rindió. Dos días después capitularon las fuerzas que controlaban los Países Bajos, Dinamarca y el noroeste de Alemania, incluidas todas las islas, de la mano del almirante von Friedeburg, en el Cuartel General de Montgomery, en Lüneburg. El Cuartel General de Eisenhower, en Reims, vio el 7 la firma de la *capitulación incondicional* ante los anglosajones, por parte de Jodl. Al día siguiente llegó la capitulación frente a los soviéticos en el Cuartel General de Zhukov, en Berlín-Karlshorst, de manos de Keitel, el capitán general Stumpff y von Friedeburg. El 9 entró en vigor la capitulación general. Dos semanas después (23), fue destituido y encarcelado el Gobierno de Doenitz, con lo que el Tercer Reich dejó de existir.

Entre tanto, en el Pacífico, los británicos habían desembarcado en el golfo de Bengala (enero); y los marines habían penetrado en la península de Batán, desembarcado en Iwo Jima y conquistado Manila (febrero). El desembarco en Okinawa llegó en marzo, pero los combates para su conquista se prolongarían hasta julio, acabada ya la guerra en Europa. Fueron de tal intensidad, que, a la postre, propiciaron la masacre nuclear de Hiroshima y Nagasaki (agosto); y la ulterior rendición incondicional de Japón (2 de septiembre), a bordo del acorazado *Missouri*. De aquella manera acabó una guerra atroz, una sangría que costó la vida a 50 o 60 millones de personas, y que generó unos niveles de destrucción y sufrimiento imposibles de ser cuantificados, como nunca antes había padecido la Humanidad.

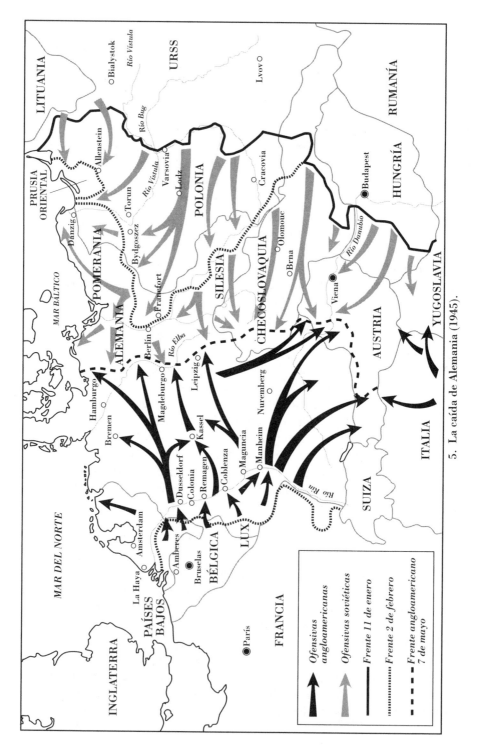

5. La caída de Alemania (1945).

La División Azul entra en combate: lucha ofensiva al este del Voljov

El primer frente asignado a la División Azul (mapa 6) se abría a lo largo de unos 40 kilómetros de terreno pantanoso, interrumpido por algunos bosques y núcleos de población. Caminos en mal estado, en su mayor parte inundados, resultaban difícilmente transitables para los vehículos de tracción mecánica. La principal vía de comunicaciones la constituía la carretera de Schimsk a Leningrado, a espaldas de la vanguardia divisionaria; y más al oeste, en trazado paralelo, la línea férrea que, al norte, enlazaba con la que unía Leningrado y Moscú.[79]

El río Voljov, al sur de cuyo margen occidental quedaba emplazada la División, discurría de norte a sur entre los lagos Ladoga e Ilmen. Con una anchura que en el sector divisionario oscilaba entre los 200 y los 250 metros, atravesaba Novgorod; y poco antes de fluir en el Ilmen formaba un delta surcado por varios ramales, el principal de los cuales recibía el nombre de Pequeño Voljov, que a un kilómetro escaso de la desembocadura formaba una isla con el cauce principal del río. Por el este, el Voljov recibía las aguas de un importante afluente, el Msta, que pronto se convertiría en objetivo final de avance para la División.[80]

Una vez establecida en su emplazamiento, procedió a la necesaria estructuración de los 40 kilómetros de frente en sectores. El Sur estaría guarnecido por dos batallones del Regimiento 262, el Central por el 263, y el Norte por el 269. La Artillería quedó organizada en tres agrupaciones de apoyo —una por sector—, y una de acción de conjunto, en reserva. Configuraban la reserva de Infantería cuatro unidades, también por sectores: el Sur, lo guarnecían el Primer Batallón del 262 y el de Zapadores; el Central, el Grupo de Antitanques; y el Norte, el Batallón de Reserva Móvil.[81]

La milenaria Novgorod era capital departamental e importante núcleo de comunicaciones. Prácticamente destruida por los combates, mantenía en pie el Kremlin, con importantes fondos artísticos. Grigorovo, a menos de un kilómetro, era un pequeño poblado, donde se instaló el puesto de mando de la División y el de la *Agrupación von Roques*, del que dependía. Frente a la División, al otro lado del Voljov, se encontraban la 3 Acorazada y la 305 de Fusileros y el regimiento 848. Eran fuerzas mal armadas, disminuidas a nivel de artillería y faltas de carros de combate; parapetadas detrás de una compleja línea de fortificaciones que seguía el trazado del río. La actividad partisana generaba un clima de constante inseguridad y dificultaba el contacto con la retaguardia. El problema era de tal magnitud, que se prohibió circular por carreteras y caminos después de la puesta de sol.[82]

Muñoz Grandes se entrevistó con el teniente general Franz von Roques, jefe de la zona de retaguardia del Grupo Norte y de la *Agrupación* que llevaba su nombre, de quien supo hasta qué punto era débil la fuerza aérea alemana en el sector y la identidad de las fuerzas con las que la División se tendría que enfrentar. Tras la entrevista, se trasladó a Grigorovo, donde se instaló con su Estado Mayor. El 12 era domingo y festividad de la Hispanidad, y marcó el bautismo de fuego de la División: un hostigamiento artillero, seguido de un ataque de la infantería, fue rechazado al precio de tres muertos y 23 heridos. Como contrapartida, causó un número indeterminado de bajas e hizo sus primeros prisioneros.[83]

Aunque la aviación soviética era dueña del sector, dado el tiempo imperante su efectividad era reducida. Una orden secreta informó a la oficialidad de los códigos a establecer frente a la aviación, ya fuera propia o enemiga. Y se redactaron las normas para el trato e interrogatorio de prisioneros, magnífico exponente de lo que hoy se entiende por guerra psicológica. Y vio la luz una orden general de Servicios relativa a aspectos fundamentales para la vida en el frente.[84]

Las bajas temperaturas comenzaron a hacer mella en los soldados, anuncio de un invierno especialmente riguroso. El Alto Mando dictó dos instrucciones sobre las medidas a adoptar contra el frío, que informaban de que los equipamientos llegarían escalonadamente, lo que revelaba que no había para todos. Al igual que los alemanes, los divisionarios deberían recurrir a todas las estrategias a su alcance. El mercurio del termómetro se situaba ya por debajo de los cero grados centígrados. Disponían de una manta y de ropa interior nueva, pero de poco más. Por suerte, los alojamientos estaban en condiciones bastante aceptables, tanto en Novgorod como en Grigorovo.[85]

Además del frío, la División tenía que hacer frente a otras dificultades. Si bien la alimentación había dejado de constituir un problema, en tanto que complementada desde España, echaba en falta bebidas alcohólicas con las que combatir el frío, y ni tan sólo disponía de vodka. Generalmente servía a la tropa té hirviendo, y también café, aunque en menor grado. Por otra parte, faltaban caballos tras la inacabable marcha desde Polonia (el Regimiento de Artillería había perdido más de 600 de 2.300), lo que ocasionaba un sinfín de complicaciones, sobre todo a nivel de transporte de munición y de víveres. Faltaban también camiones, que los alemanes se negaban a facilitar. Resultado de todo ello, la División carecía de la autonomía deseable.[86]

A nivel bélico, los preparativos de un *golpe de mano* que debía realizar el Regimiento 269 al otro lado del río fueron descubiertos y tuvieron que suspenderse. Mientras tanto, la artillería enemiga disparaba con intensidad y acierto: un proyectil cayó sobre un refugio y segó la vida de cinco hombres, hirió a siete más y dejó sepultados a otros cuatro. Entre ellos estaba Javier García Noblejas, miembro emblemático de la *Vieja Guardia* madrileña, y el capitán Isidoro Navarro Fraile.[87]

La Orden número 24 del OKH (14) dispuso que la División cruzase el Pequeño Voljov, y ocupara la isla que se abría entre éste y el Voljov. Mientras

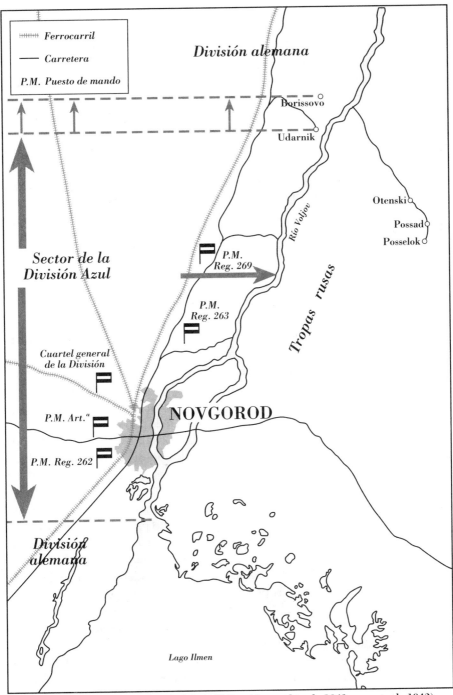

6. La División Azul en el frente del río Voljov (de octubre de 1941 a agosto de 1942).

tanto, la 126 División atravesaría el río más al norte, en Kuzino. Ambas se reunirían en la orilla oriental y, conjuntamente, profundizarían hacia las colinas Valdai (mapa 7). El 17 concluyó la entrada en línea de fuego de las unidades divisionarias: todas estaban ya en posición de combate. Ese día, algunas patrullas cruzaron en botes de goma por vez primera el Voljov, pero ante la intensidad del fuego enemigo, se retiraron. Al mismo tiempo, otras patrullas llevaron a cabo una batida contra francotiradores, que, agazapados entre los árboles, hostigaban sin cesar. El 18, al tiempo que la artillería y los morteros barrían el frente divisionario, fracasaron nuevos intentos de cruce del Voljov. Pero el 19, una sección de 36 hombres del Segundo Batallón del 269, al mando del teniente José Escobedo, cruzó el río sin apoyo artillero y ocupó la curva cerrada situada al norte de Smeisko. El 20 cruzó el Voljov el Batallón al completo, con otras unidades de apoyo, avanzó sin resistencia en dirección sur, y ocupó Smeisko. El avance prosiguió: el 21 los españoles dominaron ya una estrecha franja, de tres a cinco kilómetros de ancho y 10 de largo, entre el río y los bosques, y el 22 ocuparon Sitno. Según cómputos propios, la División perdió 48 hombres y las fuerzas soviéticas 247 (mínimos). El mando alemán premió la acción nominando a Muñoz Grandes y a varios de sus hombres para la Cruz de Hierro de Segunda Clase.[88]

Estabilizada la cabeza de puente y con dos localidades en poder de sus fuerzas avanzadas, el éxito parecía sonreír a la División Azul. El 23 von Roques calificó por escrito su actuación de admirable en la Orden del Día. Pero aquella madrugada tres batallones habían atacado Sitno y sólo pudieron ser rechazados tras el combate cuerpo a cuerpo, con arma blanca. El Regimiento 269 perdió a 80 hombres y los atacantes dejaron 250 muertos e igual número de prisioneros. Aquella había sido una mala señal; tras el ataque, más de un español debió de preguntarse si sería posible continuar avanzando. El 24, un comunicado del OKW informó de tales hazañas, y fue reproducido al día siguiente en el nazi *Völkisher Beobachter*.[89]

Ese día la División recibió la visita del embajador en Berlín y del agregado militar de la Embajada. Su llegada a Grigorovo vino precedida de un accidentado viaje, de tres días. Les había impresionado sobremanera las columnas de prisioneros camino del cautiverio. En Grigorovo, Finat y Roca de Togores fueron recibidos por Muñoz Grandes, quien informó del despliegue de la División y de las necesidades más perentorias a cubrir, tanto en productos para el consumo como de material (ropa de abrigo, café, bebidas alcohólicas, caballos, 40 o 50 camiones). Y les comunicó su intención de organizar un servicio de propaganda militar análogo al del Heer.[90]

La visita fue breve, duró tan sólo cuatro horas, pero intensa. Tras parlamentar con el general, embajador y agregado se dirigieron al hospital de campaña, en Porchov. Al paso por el cuartel general del 16º Ejército, departieron con Busch, quien felicitó a Finat «por el comportamiento de la tropa». Al pa-

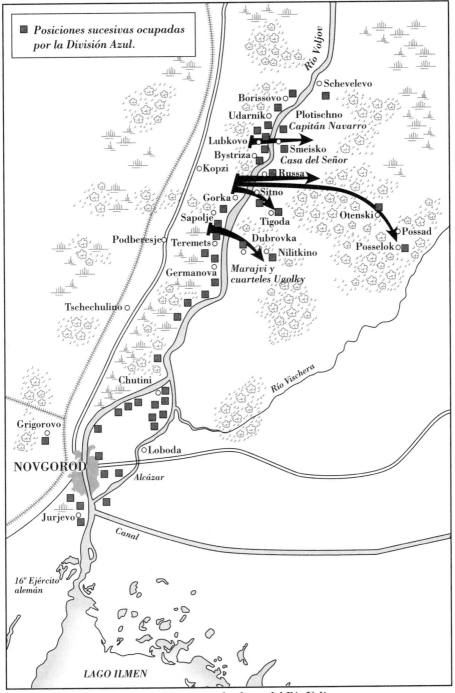

7. La ofensiva española al este del Río Voljov.

recer, Roca de Togores le solicitó la transmisión telegráfica de un parte diario, y que la documentación llegara por correo oficial, a ser posible, en avión. Ya en el hospital, Finat impuso las Cruces de Hierro a los distinguidos, y con cierta solemnidad prendió en el pecho de Escobedo la Medalla Militar Individual.[91]

Tras unos días de relativa tranquilidad, el 27 Sitno volvió a ser escenario de cruentos combates: tres ataques fueron rechazados al precio de ocho muertos y 54 heridos, pero con un botín humano de 126 prisioneros. Al día siguiente, el Primer Batallón del 269 y la Primera Compañía del de Reserva desencadenaron un ataque en dirección sur, en el que ocuparon Tigoda y Dubrovka, y obtuvieron 300 prisioneros y 20 desertores, así como el parapetamiento de los defensores en unos cuarteles próximos. El 29 el Tercer Batallón del 263 ocupó Nilitkino. Posteriormente, el Primero del 269 y una compañía del de Reserva trataron de envolver los cuarteles, pero fracasaron por la fuerte resistencia de los defensores, quienes, en un rápido contraataque recuperaron Tigoda. Fueron de nuevo desalojados, aunque al precio de cinco muertos y ¡104 heridos! El 30 vio otro ataque soviético, sobre Nilitkino, finalmente repelido a un coste humano menor.[92]

Desde el inicio de la ofensiva, las fuerzas divisionarias habían ocupado las pequeñas localidades de Sitno, Tigoda, Dubrovka y Nilitkino. Lo que podía ser valorado como un indudable éxito, quedaba empañado por la dureza creciente de los contraataques soviéticos. El 1 de noviembre vio la luz la Orden número 8 de la *Agrupación von Roques*, que rezaba así: «Avance hasta el [río] Msta pasando al sector del [río] Vishera; arrollar la defensa enemiga en la margen este del Voljov; abrir la cabeza de puente de Novgorod y aniquilar las divisiones enemigas desplegadas entre el Voljov y el Msta». Pero el fuego de la artillería sobre las posiciones españolas aumentaba cada día que pasaba, y en la mañana del 2 unos dos batallones, apoyados por baterías y morteros, atacaron de nuevo Nilitkino (murieron un mínimo de 221 atacantes). Al día siguiente, la División registró sus 13 primeros casos de congelación, todos ellos de pies. El fuego artillero soviético, salpicado de mortero, proseguía el 4, tras tres días sin interrupción. Bombardeo al que el 5 se sumó, al otro lado del Voljov, el llevado a cabo por la aviación sobre Sitno. Ante una situación tan adversa, Von Roques aplazó indefinidamente el ataque, y ordenó que un batallón de la División relevara al 30 Regimiento de Infantería Motorizada, en Possad y sus inmediaciones, y cubriera el sector del río Vishera. Muñoz Grandes cruzó el Voljov para inspeccionar la situación de las tropas que combatían a las órdenes de Esparza, mientras Sitno volvía a ser pasto de las bombas.[93]

En cumplimiento de lo ordenado, el Primer Batallón del 269 entró en Possad. Aquél iba a convertirse en nombre fatídico para los anales de la División, sobre el que se han escrito cientos de páginas, algunas memorables. Al despuntar el 12 comenzó un ataque, que se prolongó a lo largo de todo el día, y las bajas no pudieron ser evacuadas por hallarse cortado el camino de Otenski, más al oeste. Un nuevo embate, sobre Tigoda, logró ser rechazado. El 13, los ataques a Possad se prolongaron también a Otenski y Sitno, y las fuerzas destacadas en Posselok se retiraron a Possad; en total, la División perdió a 119 hombres. El 14 cesó, por fin, la acometida soviética, y los servicios sanitarios pudieron evacuar las bajas. Entre tanto, fue disuelta la *Agrupación* y todas sus unidades pasaron al XXXVIII Cuerpo de Ejército, del teniente general Friedrich-Wilhelm von Chappuis, quien mantendría una actitud de reserva hacia la División.[94]

La tregua duró poco. El 16, nuevo ataque a Possad, que, con apoyo aéreo, se prolongó, con intensidad creciente, hasta el 19. Fueron tres días de bombardeos y ametrallamientos constantes. Entre tanto, Grigorovo había recibido una orden del Cuerpo de Ejército: debería configurar una compañía de esquiadores, que se encargara de la vigilancia del lago Ilmen. Muñoz Grandes dictó su orden de creación: tendría 228 hombres (siete eran oficiales), pertenecientes a diferentes unidades; y al día siguiente su Primera Sección entró en línea e hizo frente a un intento de infiltración. Grigorovo recibió también la visita del general José Moscardó: Muñoz Grandes le mostró la realidad del frente sobre un mapa y le informó ampliamente. El 1 de diciembre el termómetro marcaba 28 grados negativos, a pesar de lo cual, Moscardó cruzó el río y se adentró hasta Sitno, donde presidió un acto de homenaje a los fallecidos de la División, que ya eran muchos.[95]

Prácticamente rodeadas y continuamente bombardeadas, soportando un frío glacial, las posiciones de Possad y Otenski se encontraban, desde hacía unos días, en situación crítica. Sólo una carretera, de unos 14 kilómetros de longitud, conectaba ambas localidades con el Voljov, a través de un bosque. En él, a partir de la puesta de sol, pululaban partidas de guerrilleros que la sembraban de minas. Se daba el caso, además, de que entre Possad y Sitno se abría un gran corredor desguarnecido, que en cualquier momento podría ser copado por el enemigo. Possad y Otenski no eran una excepción, en tanto que la situación bélica acababa de sufrir un giro en la totalidad del frente ruso. El Grupo de Ejércitos Norte estaba exhausto y, a excepción de algunas unidades avanzadas, como las españolas, se mantenía parapetado al oeste del río Voljov.[96]

En aquel contexto, el 3 el Ejército Rojo lanzó una fuerte ofensiva sobre el saliente de Tikhvin, que al este del Voljov se materializó en un ataque contra Nilitkino, y en el Ilmen, en otro sobre Babki. Tras una intensa preparación artillera y bombardeo de la aviación, en la madrugada del 4 fuerzas de la 305 División de Infantería desencadenaron un ataque en masa sobre Possad y Otenski; comenzó un intenso bombardeo artillero sobre Tigoda, Nilitkino y Dubrovka, con posterior asalto de la infantería; y fue atacada Schevelevo. A las 8.00 quedó restablecida la situación, pero una hora después hubo un intento de envolver Nilitkino, únicamente abortado tras seis horas de cruentos combates. Paralelamente, a orillas del Ilmen, efectivos del Ejército Rojo intentaron infiltrarse en Babki y Mariny, siendo, también, rechazados. Aquel día la División tuvo 113 bajas.[97]

El ataque hizo retroceder a la 126 División, ante lo cual von Chappuis propuso el establecimiento de un frente defensivo invernal, que quedó fijado entre Novgorod y Kostilevo: la División Azul debería retirarse al oeste del Voljov. Mientras tanto, se reanudó el ataque contra Possad con un fuerte bombardeo de aviación, y, tras la acción de morteros y de antitanques, fuerzas soviéticas atacaron al sur de Nilitkino. Ambos ataques, de una duración inusual, no cesaron hasta bien entrada la tarde. El 6 recomenzó el ataque sobre ambas posiciones; los altavoces, una vez más, invitaron a la rendición. Muñoz Grandes se desplazó hasta el puesto de mando de Esparza y le manifestó que el mando había autorizado la retirada, por lo que debería estar preparado. Por la noche fue bombardeada Otenski, y resultó casi completamente destruido su monasterio, principal baluarte defensivo español.[98]

El 7 Muñoz Grandes supo que Possad vivía una situación límite. Mientras en Grigorovo el termómetro marcaba −40 grados, los defensores de Possad resistían dos nuevos embates de la infantería, y ametrallamientos y bombardeos de la aviación (30 muertos). De desfallecer, la División podría perder la mitad de sus hombres. El general ordenó iniciar la retirada a las 21.00 horas. Dos horas antes, von Chappuis había recibido permiso de Busch, pero no lo comunicó hasta las 22.15. Para entonces, los hombres de Possad habían rebasado ya Otenski y, conjuntamente con su guarnición, se dirigían hacia el Voljov.[99]

El 8 partieron los defensores de Sitno. Aquella misma tarde, von Chappuis convocó a Muñoz Grandes en su Cuartel General y sondeó su moral de combate. Aquél, tras informar de que el Regimiento 269 y el Batallón de Reserva estaban diezmados, concluyó que sus soldados lucharían hasta la muerte. Sin embargo, en su informe, von Chappuis recomendó que la División fuera retirada, y su general, reemplazado. Pero Busch no podía prescindir de su *Spanische Division*, por mermada que estuviera, pues la 126 de Laux no estaba en mejores condiciones. Era hasta tal punto crítica la situación del 16º Ejército, que sus informes consternaron a von Leeb.[100]

Parapetamiento en la orilla occidental del río Voljov

A las 14.40 horas del 9 los últimos destacamentos que operaban al este del Voljov, tras incendiar las localidades de Russa y Smeisko, se retiraron a la otra orilla. Con ello, la totalidad de la División quedó definitivamente parapetada al oeste del Voljov. Aquel día, una orden del Cuerpo de Ejército señaló el nuevo límite con la 126 División (quedó definitivamente fijado el 17). Por su parte, el 10 Muñoz Grandes reorganizó el sector norte divisionario, y retiró al muy castigado Primer Batallón del 269 a Miasnoj Bor. Cuatro días después, dispuso la fortificación, a base de observatorios, abrigos y otros elementos defensivos, de la línea comprendida entre Kotovizy y Plotischno.[101]

En el ecuador de diciembre, el termómetro volvió a descender hasta los 40 grados bajo cero. Durante las dos primeras semanas del mes, las posiciones de la División al oeste del Voljov habían sufrido la acción constante de la artillería y la aviación, y algunos ataques menores de la infantería; a la par que contabilizaron un preocupante aumento de las congelaciones. Tal situación no privó de llevar a cabo durante la segunda mitad de mes algunas acciones ofensivas, como el *golpe de mano* del 20 sobre un molino, que hizo 20 muertos. Se acercaba la Navidad de 1941, la primera en el frente ruso para los españoles, y que difícilmente iban a olvidar. En la madrugada del 24 aumentó el fuego artillero soviético y se desencadenaron simultáneamente varios *golpes de mano* de inusual intensidad, para penetrar al oeste del Voljov, lo que lograron en Gorka y Teremets. El día de Navidad tres ataques de cierta intensidad amargaron la festividad a miles de divisionarios.[102]

El 27 tuvo lugar otro de los combates que jalonan los anales de la División Azul: el llevado a cabo por la *Posición Intermedia*. Los hechos acontecieron, aproximadamente, de la siguiente manera: a las 2.30 horas fuerzas soviéticas atacaron la posición (intermedia) que enlazaba Udarnik y Lobkovo, defendida por un pelotón al mando del alférez Rubio Moscoso. Grigorovo calculó que aguantaba la embestida de tres batallones, y envió refuerzos al mando del comandante Tomás García Rebull. Entre tanto, los atacantes aniquilaron la defensa española y se precipitaron sobre la retaguardia, acantonada en Udarnik y Lobkovo; momento en que más efectivos se precipitaron sobre *La Ermita*, al sureste de Staraia. Cuando García Rebull llegó, desencadenó un feroz contraataque, recuperó la Posición Intermedia, y contempló estupefacto los cadáveres de sus defensores clavados al suelo con picos para hielo. Resultado de la defensa y el contraataque, murieron, según cómputos divisionarios, un mínimo de 1.080 atacantes. No hubo prisioneros. Muñoz Grandes quedó impresionado.[103]

Acababa 1941 y los muertos de la División ascendían ya a 1.400, mientras que los del Ejército Alemán se acercaban a los 250.000. El frío era indescriptible. Con temperaturas que rondaban los 30 y hasta 40 grados bajo cero, los divisionarios aguantaban, como podían, el inicio del invierno más crudo del siglo en Rusia. Circunstancia adversa a la que sumaban, entre otras, una alimentación no sobrada (unas 3.000 kilocalorías diarias), el fracaso de la ofensiva al este del Voljov, y los crecientes y crecidos ataques soviéticos, a menudo acompañados de actividad partisana en la retaguardia. La División, arrinconada muy a su pesar en un sector del norte de Rusia, sabía que Moscú no había sido tomada y que Leningrado resistía. Bajo tales circunstancias, 1942 se abría con malos presagios.

En la noche del 4 al 5 de enero, en *La Guarida del Lobo*, Hitler calificó a los divisionarios de «banda de andrajosos», hombres impávidos que desafiaban a la muerte, valientes, duros para las privaciones, e indisciplinados. Y reconoció que sus hombres se alegraban de tenerlos cerca. Acorde con ello, la División llevó a cabo su primera acción ofensiva del año, un *golpe de mano* en las inmediaciones de Novo Nikolajevskaja, y su jefe recibió la Cruz de Hierro de Primera Clase de manos de von Chappuis, y un telegrama de Hitler:

> Le agradezco sus saludos para el próximo Año. Estoy seguro que la lucha, a pesar de todo, seguirá desarrollándose a nuestro favor como hasta ahora, y que la victoria final es nuestra. Con el pensamiento en vuestra Patria, la cual puede estar orgullosa de los hechos de su División Azul, envío a usted y a sus soldados mis mejores votos.[104]

Tan sólo unas horas después, el Ejército Rojo desencadenó la gran ofensiva de invierno, que iba a propiciar otra de las gestas que jalonan los anales de la División Azul. Ofensiva que, proyectada sobre la totalidad del frente, pretendía, como mínimo, restablecer las comunicaciones con Leningrado, eliminar la amenaza que pendía sobre Moscú y taponar el acceso al Cáucaso. En cuanto al sector Norte, en primer lugar Stalin ordenó un ataque al sur del Ilmen, a cargo del *Frente Noroeste* de Kurotschkin, para caer sobre el 9º Ejército (Grupo Centro) y tomar Smolensko. Seguidamente, ordenó atacar las defensas del Voljov, con Leningrado como objetivo, para lo que se valió del recién creado *Frente Voljov* (Ejércitos 4º, 52º, 59º y 2º de Choque), de Meretskov. La ruptura principal correría a cargo del 2º de Choque y el 59º, al sur de Chudovo: abrirían brecha en el centro del 16º Ejército y se dirigirían hacia Leningrado. La acción sería apoyada en sus dos flancos: al norte, el 54º atacaría las defensas del Ladoga; y al sur, el 52º atacaría Novgorod. En aquella tesitura, las 27 divisiones de von Leeb, aunque reforzadas a finales de mes con algunas unidades procedentes de diferentes puntos del mapa europeo, tenían ante sí a 75, a lo largo de 600 kilómetros.[105]

Al sur del Ilmen, el ataque del *Frente Noroeste* se cebó en el flanco meridional del 16º Ejército. Su empuje fue tal, que rompió la línea del río Lovat y progresó 50 kilómetros hacia el oeste, hasta Staraia-Russa, y cortó la vía de ferrocarril que la unía a Shimsk, al suroeste del lago. Busch lanzó urgentemente hacia allí a su 18 División, que no tardó en ser cercada. Y para taponar cualquier penetración hacia el norte, envió a la 81 a la orilla meridional. Pero 543 de sus hombres quedaron cercados en Vsvad, en la desembocadura del Lovat. El 8 ordenó a von Chappuis que fuese la División Azul la unidad encargada de socorrerlos, y Muñoz Grandes decidió enviar a la Compañía de Esquiadores. En cuanto a Meretskov, atacó con tres de sus cuatro Ejércitos: la artillería del *Frente Voljov* lanzó una lluvia de proyectiles sobre la 126 División y la infantería irrumpió a través del río. En medio del caos, sucumbió Teremets, defendido por el 424 Regimiento (coronel Harry Hoppe), que se retiró cinco kilómetros al oeste, a Podberesje. En aquella tesitura, el mando alemán pidió refuerzos para reconquistar Teremets. Muñoz Grandes decidió ceder el Segundo Batallón del Regimiento 269, al mando del comandante José Román.[106]

Fue así como quedaron abiertos los dos ámbitos de lucha invernal de la División Azul: contra el *Frente Noroeste*, con el cruce del Ilmen y la lucha por Vsvad (enero); y contra el *Frente Voljov*, en las batallas por Teremets (enero) y Mal Samoschje (febrero). Pero ya no combatió a las órdenes últimas del mariscal von Leeb (el 15 de enero presentó su renuncia), sino del capitán general Georg von Küchler, jefe del 18° Ejército, a cuya cabeza quedó, a partir de entonces, su homólogo Georg Lindemann.

En el Sur tuvo lugar la gesta suicida de la *Compañía de Esquiadores* (mapa 8), quizá la más mentada de cuantas vivió la División Azul (cientos de páginas y algún que otro libro), y de la que, como más adelante veremos, Muñoz Grandes supo sacar provecho propagandístico. Con provisiones para tres días y gran impedimenta, la Compañía al mando del capitán José Ordás, atravesó el lago en condiciones dantescas: grandes brechas la obligaron a avanzar en zigzag, y las temperaturas llegaron hasta los 52 grados negativos. Se valió de trineos, y un pequeño equipo de radio de cinco vatios le permitió estar en permanente contacto con Grigorovo. El avance fue muy lento, pues a la orografía y el clima añadió los constantes combates (conquistó seis aldeas), en parte con apoyo alemán y letón. Tras 11 días de penalidades encontró a los alemanes de Vsvad (miércoles 21), pero había quedado reducida a 12 hombres; los restantes, hasta 228, habían muerto o padecían los efectos de la congelación (a 18 les fueron amputadas ambas piernas). El sacrificio de aquellos españoles, en una operación destinada a rescatar a soldados alemanes, incrementó sensiblemente el prestigio de la División en el seno de la Wehrmacht y del pueblo alemán. En torno a ella comenzó a gestarse una cierta aureola de inexpugnabilidad, lo que difícilmente casaba con los postulados raciales del nazismo y con el tradicional orgullo del OKH. En este sentido, un boletín de información del 16° Ejército fue retirado por manifestar que un ataque previsto seguramente se llevaría a cabo sobre las unidades que la flanqueaban, por considerar el mando soviético sus posiciones inexpugnables. Por su parte, Grigorovo reprodujo un despacho de Busch y otro del jefe de la 81 División, que expresaban su «agradecimiento y admiración por el valor temerario y heroico» de aquellos hombres; y un telegrama de Muñoz Grandes a Ordás que le notificaba la concesión de la

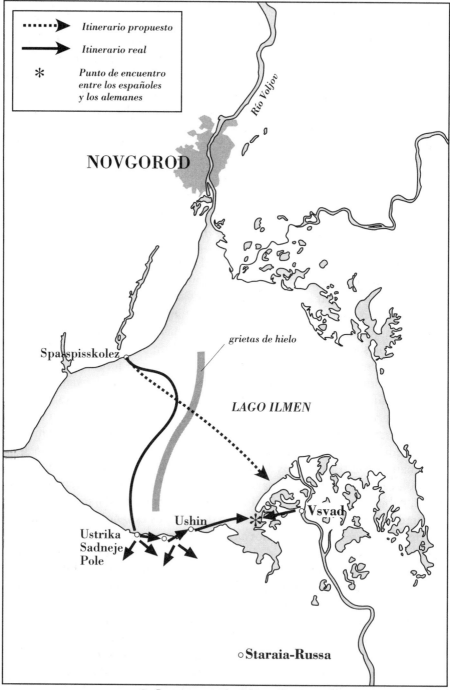

8. La gesta suicida del lago Ilmen.

Medalla Militar Individual, y de la Colectiva al conjunto de la Compañía. Varela confirmó las recompensas concedidas.[107]

En las acciones contra el *Frente Voljov* tomó parte fundamentalmente el *Batallón Román*, que quedó bastante mermado de efectivos. En Teremets, actuó en conjunción con las fuerzas de Hoppe, y durante dos días (14 y 15 de enero) entabló una cruenta lucha, casa por casa y cuerpo a cuerpo, que cesó con la llegada de refuerzos soviéticos. Y en cuanto a la que llamaremos *Batalla de Bol y Mal Samoschje* (13, 14 y 15 de febrero), fue una acción de rescate destinada a romper el cerco a los 140 hombres de la 126 División que guarnecían Mal Samoschje. En ella, el Batallón, reforzado con una compañía del Regimiento 263, logró su objetivo y, según sus cómputos, hizo más de 300 muertos. El general Laux ensalzó la operación por escrito, y Muñoz Grandes le concedió la Medalla Militar Colectiva e informó a Madrid en términos de gesta.[108]

Hasta aquí la lucha española para contener la ofensiva invernal del Ejército Rojo. Febrero vio aún durante sus primeros días (entre 20 y 7 grados negativos) varios casos de congelación en el seno de la División y una orden del Cuerpo de Ejército que fijó un nuevo límite con la 126, que la obligó a reorganizar el sector de frente. A medida que el invierno avanzaba, progresivamente se reavivaba el espíritu ofensivo en la División. Así, varias patrullas cruzaron el Voljov (días 26 y 27) para efectuar «reconocimientos ofensivos», y otras comprobaron el estado de la capa de hielo. Entre tanto, la artillería y aviación soviéticas no cesaban en su continuo acoso, aunque con resultados más bien discretos. Y aunque se comenzaba a hablar con insistencia del desencadenamiento de la ofensiva alemana de primavera, la iniciativa en el frente Norte corría a manos del Ejército Rojo.[109]

La Operación Predador *y su incidencia en la División Azul*

El 2 de marzo von Küchler, Lindemann y von Chappuis se desplazaron hasta Rastenburg para entrevistarse con Hitler. Iban a ultimar los preparativos de la *Operación Predador (Raubtier)*, destinada a cercar y destruir la bolsa soviética situada al oeste del río Voljov. Ese era el único objetivo en el Norte para la tan esperada ofensiva de primavera. Para el verano se intentaría la toma de Leningrado. Unos días antes, von Küchler había transferido su XXXVIII Cuerpo de Ejército del 16º al 18º Ejército, con vistas al ataque. Toda la circunferencia alrededor de la gran bolsa soviética del Voljov quedó, así, bajo el mando único de Lindemann. Von Küchler había decidido cortarla por el cuello. De acuerdo con su plan, el XXXVIII Cuerpo (126 División y División Azul), reforzado con la 58 División, penetraría desde Bol Samoschje hasta las proximidades de Kretshno; donde enlazaría con el I Cuerpo (215 División y División *Polizei* de las SS), que iría a su encuentro desde el norte. Pero Hitler rechazó el primer movimiento, y ordenó ejecutar la maniobra hacia el norte, siguiendo la carretera y la línea férrea que unía Novgorod a Chudovo, con apoyo de la Luftwaffe y la artillería. El ataque quedó fijado para el 7.[110]

El día en que tuvo lugar la reunión, el Batallón de Reserva de la División fue utilizado por la 126 para descongestionar la preocupante penetración al oeste del Voljov. Atacó posiciones cercanas a Krutik y Kopzky, tomó por envolvimiento las situadas en la vía férrea, y prosiguió su avance hasta contactar con la Legión Flamenca, a la que ayudó en su cometido. La operación se llevó a cabo «a plena satisfacción y con asombro de los alemanes», que reiteraron sus felicitaciones «por el arrojo y valentía» demostrados. En contraste, las tropas flamencas no estuvieron a la altura de las circunstancias. Llegar hasta allí no fue tarea sencilla, pues la noche anterior había nevado y se había levantado una gran ventisca de nieve, lo que generaba en algunos puntos espesores de más de medio metro. Aquella noche vivaqueó el Batallón en el bosque situado al oeste de Krutik, sobre las mismas posiciones tomadas a los rusos. Paralelamente, el *Batallón Román*, todavía de guarnición en Bol Samoschje (Ilmen), fue relevado por fuerzas alemanas. Se trasladó a Vestki, teatro sur de operaciones de la 126 División contra las fuerzas infiltradas al oeste del río, desde donde debería enlazar con el Batallón de Reserva, en lucha más al norte. Para lograr la convergencia, ambos batallones se enzarzaron en cruentas luchas, en las que perdieron 235 hombres. El resto de la División proseguía con *golpes de mano* y expediciones de tanteo al otro lado del Voljov. En todo caso, resultaba alentador ver las formaciones de aviones alemanes sobrevolar el frente.[111]

El mal tiempo impidió el desencadenamiento de *Predador* el día previsto. Pero el 13, el Cuartel General de Hitler hizo público el siguiente comunicado (inmediatamente publicado por la agencia de Prensa DNB):

> El Führer ha concedido al comandante de la División de voluntarios españoles, general de División Muñoz Grandes, la Cruz de Caballero de la Cruz de Hierro. Los voluntarios españoles, agrupados en una división, combaten en uno de los puntos más álgidos de nuestro frente. Los valientes combatientes españoles han rechazado a los atacantes soviéticos, causándoles grandes pérdidas. El alma de resistencia de la División es su comandante, el general de División Muñoz Grandes. La defensa del sector, gracias al mando especialmente intrépido y resuelto del comandante, así como el valor de nuestros camaradas españoles, tuvo una importancia decisiva. La División española ha honrado de nuevo a su patria en la lucha contra el bolchevismo.[112]

Y por fin dio inicio la *Operación Predador* (madrugada del 15); en la que, por parte española, inicialmente tomaron parte la Plana Mayor de un grupo artillero, tres baterías y el *Batallón Román*, todos ellos en la 58 División, y una cuarta batería, en la 126 (mapa 9). El *Batallón Román* avanzó con ímpetu, pero fuerzas soviéticas penetraron por la brecha que dejó su paso e hicieron cuantiosas bajas a los alemanes, que pasaron la noche al descubierto a 29 grados centígrados bajo cero y a merced de un viento atroz. Pronto se hizo evidente que el XXXVIII Cuerpo de Ejército estaba abocado al fracaso, pero el I Cuerpo, encabezado por la División *Polizei* de las SS, logró avanzar hacia el sur, tal como estaba previsto. Von Chappuis solicitó de Lindemann permiso para suspender la operación, lo que éste le negó de plano. Finalmente, la *Polizei* convergió con la 58 División (día 20), con lo que cerró la pinza sobre los ejércitos de la Bolsa —130.000 hombres— que, en respuesta, intentaron romper el cerco a golpe de artillería. Entre tanto, la División Azul seguía comprometida en sus reconocimientos ofensivos al este del Voljov, no exentos de combates.[113]

El general Andreyevich Vlasov se hizo cargo del 2º Ejército de Choque, cercado en la Bolsa. Lanzó cuantas fuerzas tenía sobre las líneas alemanas, logró abrir una brecha y pidió permiso para atravesar el Voljov, pero Stalin se lo negó. Ataques desesperados se sucedieron a lo largo de 10 días. Cabía la posibilidad de que sus fuerzas se precipitasen sobre el *Batallón Román*, de guarnición en Krutik, tal como finalmente sucedió (2 de abril): la infantería atacó con tanques T-34, que, aunque arrollaron las secciones de morteros, recibieron el impacto de un sinfín de granadas de mano, lo que desconcertó a sus tripulaciones, incapaces de oír las campanillas con que se comunicaban entre sí. Cuando más T-34 se dirigían hacia Krutik, fuerzas alemanas socorrieron a los españoles: varios tanques y cañones antiaéreos de 88 milímetros salvaron la situación y restablecieron la línea de frente.[114]

Lindemann visitó Grigorovo, y Muñoz Grandes le impresionó con las hazañas del *Batallón Román*, y dijo que, tan pronto como llegaran los 3.000 hombres de relevo que esperaba, la División en pleno estaría en condiciones de colaborar en el cierre de la Bolsa. En cuanto a desertores, había muy pocos, y los capturados habían sido fusilados. Lindemann se mostró complacido por cuanto escuchó, y empezó a interesarse por *su* División española. En Krutik, los mermados efectivos del Batallón recibieron la orden de regresar a Novgorod, donde, por tercera vez, fueron cubiertas sus bajas. Un escrito del general Friedrich Altrichter dio cuenta de su contribución en «duras luchas libradas por la 58 División en importantes puntos» y mentó que impidió «una ruptura del frente en la carretera general». De Román manifestó que era «un enérgico y bravo jefe».[115]

Durante lo que restaba de abril y en mayo, mientras al norte proseguía *Predador* y las aguas del Voljov volvían a fluir, la División practicó varias acciones ofensivas en ambas orillas; generalmente, operaciones de reconocimiento y *golpes de mano* que mataban, destruían material y hacían prisione-

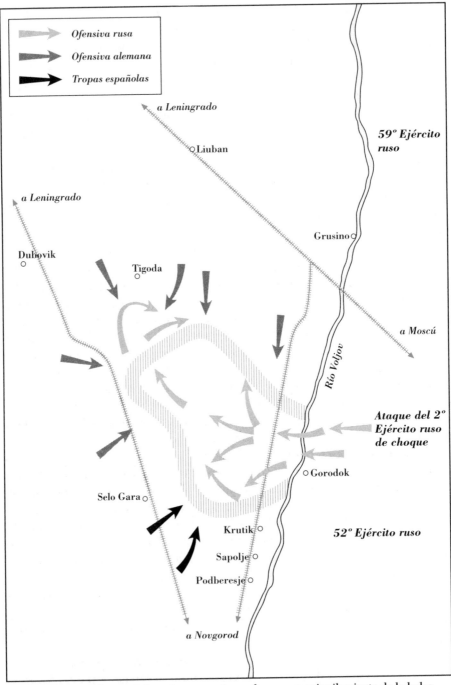

9. Participación española en las operaciones de cerco y aniquilamiento de la bolsa soviética al oeste del río Voljov (la *Operación Predador*)

ros. Operaciones de pequeña envergadura que buscaban causar el desconcierto y provocar el mayor daño posible. Su frente había sido modificado por enésima vez y gestó una *Agrupación de Maniobra* (Plana Mayor y Primer Batallón del 263, Tercero del 269, y dos compañías del 262) bajo el mando de Vierna. Hitler volvió a telegrafiar, en agradecimiento por la felicitación cursada con motivo de su cumpleaños: «Estoy plenamente convencido —escribió— de que, en el aniquilamiento de nuestro común enemigo, esa División seguirá dando pruebas de su inquebrantable espíritu combativo, tantas veces manifestado». Poco después (26 de abril), en la Opera Kroll de Berlín, manifestó que los españoles «han hecho todo lo que pedimos a nuestros soldados ... ellos y su general conocen el significado de la lealtad y el valor hasta la muerte»; palabras, que, vía radiofónica, llegaron a todos los rincones de Europa y al frente. Entre tanto, la División seguía bajo los impactos de la artillería y, muy particularmente, de la aviación (destrucción de los garajes del Grupo de Exploración y de las instalaciones del Equipo Quirúrgico).[116]

La inexorable disminución del volumen del Heer quedó evidenciada cuando el OKH dictó (2 de mayo) que todos los regimientos pasaban a tener dos batallones; con lo que las divisiones, pasaron de nueve a seis. Tal medida suponía una reducción del 30 por ciento de los efectivos de todas las unidades, excepción hecha de la División Azul; a partir de entonces, la de mayores dimensiones del Ejército alemán. Y llegó la hora del relevo. Ocho meses ininterrumpidos de frente pesaban en el ánimo de muchos. Una orden de Grigorovo reguló la forma de proceder. Entre tanto, nació la *Jefatura de Servicios de Retaguardia*, en Berlín: contaría con representaciones en el Reich y los territorios bajo su dominio, y entre sus funciones estaba el control del tránsito de divisionarios. Pero Muñoz Grandes tenía falta de alféreces y de tenientes, y sólo llegaban capitanes recién nombrados. A nivel de unidades, el 262 quedó bajo las órdenes del coronel Manuel Sagrado y el Grupo de Exploración, del comandante Nemesio Fernández-Cuesta. Y aunque proseguía *Predador*, la División fortificó el frente y minó el río. Finalmente, llegó la hora de la despedida: los 1.303 hombres del 1er *Batallón de Repatriación*, al mando de Pimentel, embarcaron en los trenes que lo transportarían a Alemania (antes, habló Muñoz Grandes, en una arenga encendida, preñada de política). Poco después, se despidió Castiella y Stalin dio permiso a Vlasov para la retirada. Hubo una nueva organización del frente, esta vez en cinco sectores: *Vierna* (Tjutjitzy), *Canillejas* (Sapolje), *Rodrigo* (Tschetschulino), *Sagrado* (Novgorod) y *Pérez* (lago Ilmen). La Artillería quedó en manos del teniente coronel Manuel Fernández Landa; el Estado Mayor, de su homólogo Gómez de Salazar; y Zapadores, Exploración y parte de Antitanques quedaron como Reserva *divisionaria*.[117]

En junio partieron los 1.435 hombres del 2º *Batallón de Repatriación* al mando del teniente coronel Gómez Zamalloa. El coronel Vierna se despidió de sus hombres, y Rodrigo fue ascendido a general de brigada, por lo que automáticamente quedó relevado del mando. Entre tanto, Esteban-Infantes llegó al campamento de Hof, en su proyectado intento de sustituir a Muñoz Grandes: tras revistar los servicios de retaguardia, se puso el uniforme de la Wehrmacht y juró fidelidad a Hitler.[118]

Predador estaba a punto de concluir. El Grupo de Exploración se desplazó a Bol Samoschje, donde relevó a efectivos de las Waffen SS. Conjuntamente con zapadores y fuerzas alemanas, avanzó hacia Mal Samoschje. Tras romper varias líneas defensivas, llegó, a través de campos de minas, a las posiciones soviéticas, pero la defensa fue hasta tal punto fuerte, que el mando dio la orden de repliegue. Por otra parte, fuerzas enemigas atacaron las posiciones del Tercer Batallón del 262 e intentaron envolverlo por el bosque; y, tras matar a 16 de sus hombres y herir a 176, forzaron su retirada. Vlasov y Galanin hicieron un último y desesperado esfuerzo por romper el cerco; finalmente aquél dio la orden de escapar: unos 16.000 hombres lo lograron, otros 14.000, no. Pero los españoles seguían empeñados en concluir *Predador*: el disminuido Tercer Batallón del 262 prosiguió su avance combinado con fuerzas alemanas, y el Grupo de Exploración colaboró en la captura de prisioneros y material. Además, una sección del 269 cruzó el río en lanchas rápidas y llegó hasta Loshitovo. Grigorovo pudo informar a Madrid: «Fuerzas españolas compuestas de tres batallones han actuado con éxito en limpieza bolsa río Voljov».[119]

Tras un invierno de sinsabores y una primavera difícil, Radio Berlín difundió el anuncio del OKW de la victoria en el Voljov (día 28). En el frente, Lindemann dirigió una proclama especial a sus soldados («vuestro heroísmo y tenacidad han hecho fracasar las intenciones del enemigo»), y en Rastenburg Hitler ascendió a von Küchler a mariscal de campo. Era el merecido premio a una victoria que había costado sobremanera, y que muy pronto se revelaría efímera. En el campo de las efemérides, se cumplió el primer aniversario del inicio de la campaña: debería haber concluido hacía ya ocho meses, pero se encontraba en un momento álgido, contra un enemigo que mostraba reservas inacabables de hombres y material. Según recuentos del Alto Mando, a mediados de abril las bajas ascendían ya a 1.214.827 hombres, con un 21 por ciento de muertos y un 5 por ciento de desaparecidos.[120]

Últimos compases en el frente del Voljov

Acabada *Predador*, el frente del Norte quedó relativamente estabilizado. Pronto, sin embargo, los preparativos para la ansiada toma de Leningrado movilizaron ingentes cantidades de hombres y material. La *Directriz 45* de Hitler anunció la preparación para el asalto definitivo: *Magia de Fuego* (rebautizada *Luz del Norte*) tendría lugar a principios de septiembre. De hecho, julio y los primeros días de agosto fueron de relativa tranquilidad para la División. En el Voljov, sus patrullas recorrieron constantemente la retaguardia en busca de huidos de la Bolsa, e incluso se movieron por el Ilmen. Las batidas eran especialmente duras, pues avanzaban en bosques repletos de ciénagas y mosquitos, y entre el olor de cadáveres en descomposición. No faltaron, tampoco, acciones ofensivas de corto alcance.[121]

Pero el Ejército Rojo, que conservaba (seguiría conservando hasta el final) una extensa *cabeza de puente* entre Bystritsa y Arefino, siguió presionando con intensidad sobre la orilla occidental (el 20 de julio desencadenó un sonado ataque contra Kirishi, que abrió una batalla de seis días; y un mes después volvió a atacar). En aquel contexto, las posiciones de la División fueron también objeto de frecuentes ataques de la Infantería (fundamentalmente Sapolje), la aviación (una noche lanzó 45 bombas sobre Grigorovo) y la artillería (el 7 de agosto, 276 disparos). Y la acción de las minas también se cobró vidas: la explosión de una sola mató a seis zapadores e hirió a otros 12.[122]

Como era costumbre, la División volvió a sufrir reajustes: ampliado su frente, Muñoz Grandes creó la *Agrupación Robles* (julio) para guarnecer el nuevo sector. La configuraban, el Tercer Batallón del 262; el Grupo de Exploración; una compañía de Zapadores, otra de Antitanques y una flamenca de morteros, y una Sección de Artillería. Pero uno de los principales eventos del período tuvo lugar lejos de allí, en Rastenburg (12 de julio): la recepción de Muñoz Grandes por Hitler; segundo y penúltimo encuentro entre ambos. De las escasas fuentes conservadas, se desprende que estuvo presente Ribbentrop, que actuó de intérprete el *sonderführer* Hoffmann (no tradujo en su totalidad lo dicho), y que conversaron principalmente sobre aspectos políticos. Duró más de dos horas y proyectó nuevos encuentros entre ambos.[123]

Entre tanto, proseguía el trasiego de personal. En julio, al tiempo que llegó el 6º *Batallón de Relevo*, partieron de Alemania 35 enfermeras falangistas, con Aurelia Segovia al frente. Ya en agosto, arribó a Auerbach el 5º *Batallón de Repatriación*, 1.213 hombres al mando del teniente coronel Fernández Landa. Ante aquella rotación de efectivos, Muñoz Grandes solicitó a Berlín la partida de Esteban-Infantes hacia Grigorovo, como jefe segundo. El Alto Mando accedió dos semanas después. De inmediato, el agregado militar lo comunicó a Madrid: el general iría en calidad de jefe de la Infantería divisionaria.[124]

Aquellos días varios soldados soviéticos y algunos campesinos pasaron a las líneas divisionarias (cuatro atravesaron el Voljov en barca, y en el interrogatorio argumentaron querer zafarse del dominio soviético). Y a nivel interno, la División se manifestó como una plataforma de promoción personal: 1.116 de sus sargentos provisionales presentaron instancias para el curso de Transformación a la condición de profesionales. Todos, sin excepción, podrían alegar en la solicitud sus meses de permanencia en el frente ruso como mérito.[125]

Leningrado, nuevo frente de la División Azul

A principios de agosto comenzó una nueva etapa para la División, pues abandonó la región del Voljov, donde había combatido durante 10 largos meses, con destino a un nuevo frente. Un traslado que respondía a la estrategia del Alto Mando respecto al proyecto de asalto a Leningrado; pues, mientras se llevara a cabo, la *Blaue* debería guarnecer el flanco suroeste de la ciudad. La marcha se llevó a cabo escalonadamente, mediante el progresivo abandono de las seis zonas en las que estaba acantonada desde principios de julio, previo relevo; y posterior embarque en ferrocarril en dirección a Novo-Lissino. Cubrió la práctica totalidad de lo que restaba de agosto, y el 28 prácticamente había concluido. Aun así, siguió operando allí el *Batallón Román*, en calidad de fuerza agregada.[126]

Entre tanto, los Ejércitos soviéticos 2° (reconstituido) y 8° de Choque habían desencadenado una ofensiva a gran escala en el borde oriental de Schlüsselburg para socorrer Leningrado. El 4 de septiembre, cuando los alemanes intentaban por noveno día consecutivo frenarla, la División *Polizei* fue atacada en la desembocadura del Tosna (afluente meridional del Neva), cerca de Kolpino, el nuevo sector asignado a la División Azul. Previendo un desastre, Hitler (por entonces en su Cuartel General de Vinnitsa, Ucrania) ordenó a von Manstein hacerse cargo de los Cuerpos XXVI y L de Ejército. Y al día siguiente manifestó que uno de los principales aciertos en la campaña había sido permitir la participación española, el deseo de condecorar a Muñoz Grandes con la «Cruz de Hierro con Hojas de Roble y Diamantes», y que la División regresaría a España con «un montón de botín y un puñado de generales rusos como trofeos».[127]

Transcurrido casi un mes del inicio de la marcha del Voljov, finalmente la División asumió el control del nuevo frente e instaló su Cuartel General en el palacete de los zares en Pokrovskaja, al sureste. Una orden de operaciones estableció la forma en que procedería al relevo de la 121 División, y dictaminó su inserción en el LIV Cuerpo, del teniente general Erik Hansen. Dos días después, von Manstein logró desarticular la ofensiva sobre Schlüsselburg, prolongada durante dos semanas.[128]

El frente (mapa 10) cubría 29 kilómetros del suroeste de Leningrado y se abría ante Kolpino, un arrabal industrial con una importante fábrica de carros de combate. Atravesado de norte a sur por el río Ishora, afluente meridional del Neva al este. Era muy diferente del anterior: al paisaje rural y pantanoso, rigurosamente pobre, sucedía otro urbano, con mejores comunicaciones, te-

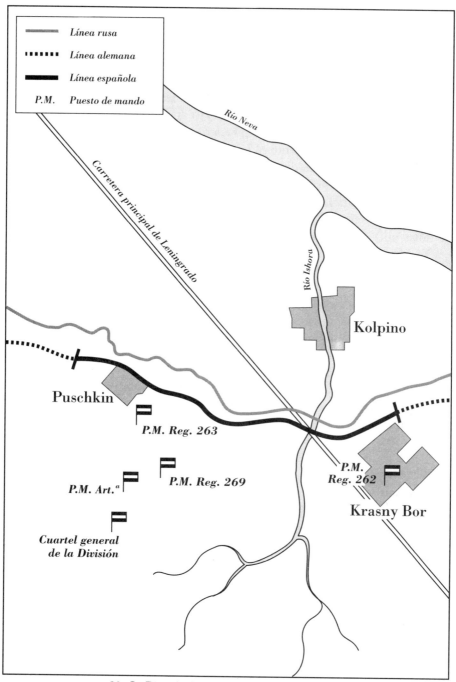

10. La División Azul en el frente de Leningrado
(de septiembre de 1942 a octubre de 1943).

rreno llano, clima menos riguroso (influencia del *Gulf Stream*) y un poderoso enemigo a batir. Sus límites quedaban definidos, al este, por el emplazamiento del Regimiento 262, en contacto con la *Polizei*, y al oeste por el del 263, colindante con la Segunda Brigada de las SS. (Seguiría combatiendo en el seno de la Wehrmacht aunque, a diferencia del Voljov, flanqueada por dos unidades de las SS.)[129]

El Estado Mayor divisionario dividió el frente en cuatro sectores (9 de septiembre); de este a oeste, Krasny Bor, Federovskoje, Pavlovsk y Puschkin. Los Servicios quedaron básicamente en retaguardia, para evitar el alcance de la artillería. A nivel asistencial, disponía de tres puestos de primeros auxilios: uno en Raikolovo, que cubría Krasny Bor y Federovskoje; otro en Pavlovsk, y el tercero en Puschkin. El Hospital de Campaña sería instalado en Mestelevo, y de momento las evacuaciones de heridos graves se harían al de la 121 División (también allí), y las de heridos leves al Hospital de Krasnovadeisk.[130]

Ya Muñoz Grandes advirtió que la gran diferencia entre Leningrado y el Voljov radicaba en la potencia artillera soviética. La División quedaba dentro del radio de acción de dos de las tres grandes concentraciones que defendían los accesos meridionales a la ciudad: 13 baterías en Pulkovo y un mínimo de 40 en Kolpino la amenazaban directamente. La artillería española, aunque considerable en número de piezas, no lo era en alcance. Mayoritariamente de obuses y morteros, los disparos no llegaban a las posiciones contrarias, que sólo en tres semanas de septiembre efectuaron unos 4.000 disparos (media de 208, con un máximo de 914). Y en dos de octubre su número ascendió a 2.730 (210 diarios, con una punta de 480). Eran cifras muy elevadas, máxime si tenemos en cuenta que el único registro divisionario hasta final de año anotó 204 disparos.[131]

Fuerte capacidad ofensiva soviética, que, sumada a unas férreas defensas, elevó las bajas de manera sensible: en 115 días (de la entrada en combate a final de año) encajó 257 muertos, 1.051 heridos y un congelado; esto es, la pérdida del siete por ciento de sus efectivos, 11 hombres por día. Y tuvo que frenar intentos de penetración en Federovskoje, Krasny Bor y Puschkin (mediados de septiembre), y nuevamente en Federovskoje (octubre; un batallón contra una compañía del 262, con empleo de arma blanca). Entre tanto, los observatorios fijaban su atención en Kolpino: trasiego de hombres, vehículos y trenes, elevación de globos aerostáticos, aviones..., eran la dinámica habitual. Pero Muñoz Grandes, en su deseo de mejorar las posiciones, sugirió atacar Putrolovo y Jam-Ishora (26 de septiembre), si bien Hansen se mostró reacio, ante la posibilidad de alertar del inicio de *Luz del Norte*. La División recibió planos de Leningrado con los principales objetivos a batir, pero el proyectado asalto comenzaba a agonizar. Prueba de ello es que, cuatro días después, el 30, von Manstein solicitó una demora para su inicio. Aún así, Muñoz Grandes, a quien Franco acababa de conceder la *Gran Cruz de la*

Gran Orden Imperial de las Flechas Rojas, recibió al mariscal, en Pokrovskaja el 13 de octubre.[132]

El fracaso del ataque principal sobre Stalingrado, obligó a Hitler a anular *Luz del Norte* (16 de octubre). En medio del desánimo, a partir de entonces la División limitó sus acciones ofensivas a breves incursiones de patrulla, mayoritariamente para observar los movimientos del enemigo y desactivar minas (una encontró a Clodo Pérez, joven asturiano expatriado en 1937), a los clásicos *golpes de mano*, y a un pequeño ataque sobre una compañía avanzada en Krasny Bor (29 de diciembre), que ocupó la posición y pasó a cuchillo a todos sus defensores (70 hombres). Tampoco le faltó ingenio en la defensa: varias emboscadas desbarataron intentos de penetración.[133]

Al margen del factor militar, había malestar por deficiencias en el correo, subsanadas sólo en parte por la *Jefatura de Servicios de Retaguardia* ante las autoridades postales del Reich (aun así el volumen de correspondencia acumulada alcanzó los 600 kilogramos de peso). Y también Muñoz Grandes estaba molesto: el 25 de noviembre negó ante García Valiño haber solicitado que se suspendieran las expediciones de relevo; y dos días después manifestó a Hansen su preocupación por «la deficiente» representación diplomática en Madrid: a su juicio, Stohrer quedaba muy por debajo de Hoare. Temía que España acabara pasándose al campo aliado.[134]

Aquí acabaron las preocupaciones de Muñoz Grandes como jefe de la División. Según la diplomacia paralela en Madrid, hacía ya un tiempo que Yagüe y Asensio tejían la urdimbre en torno a Arrese para que solicitara su cese a Franco. Tal hipótesis, aunque plausible, es poco fiable; por la fuente (tendente a la fantasía) y porque implícitamente atribuye a Arrese predisposición a perder su poltrona. Resulta más convincente atribuir el relevo al deseo de Franco de alejar, de una vez por todas, al general de la órbita hitleriana, poco recomendable (desembarco anglosajón en el norte de África). Y para ello aprovechó el cambio de titularidad en Exteriores y el recambio de embajador en Berlín.[135]

Muñoz Grandes sabía que iba a ser relevado, pues Vidal había obtenido el sí de Hitler, y eran muchas las fuentes de información que convergían en él. Pero nada dijo a su sucesor, convencido de que se ausentaba temporalmente a Alemania. Nada sabían a ciencia cierta tampoco Lindemann y Hansen. El 12 de diciembre era sábado. En Pokrovskaja hubo comida de despedida, pero nadie habló de relevo. Mientras, en Madrid, Franco firmó su ascenso al empleo de teniente general; y con él, su pase a la disponibilidad forzosa. El último comunicado que emitió desde el frente se centró en necesidades perentorias de la Intendencia (aceite, arroz y legumbres). A primera hora del 13 se despidió de su sucesor con un protocolario abrazo. Tras un año y medio en el frente ruso, lo iba a abandonar para siempre; allí quedaban los restos de muchos de sus mejores hombres y parte de sus ilusiones. Eran las 7.30 cuando penetró en su *Opel Admiral*. Por fangosas carreteras se dirigió a Siverskaja, en cuyo aeropuerto, en medio de una copiosa lluvia, esperaba un *Junkers* con los motores encendidos. El vuelo, en dirección oeste, tenía por meta Rastenburg.[136]

La lucha durante 1943

El año 1943 fue el tercero y último de existencia de la División, ya bajo el mando de Emilio Esteban-Infantes. Los grandes hechos de armas que enmarcaron su trayectoria fueron la lucha del Segundo Regimiento del 269 al sur del lago Ladoga (enero) y la Batalla de Krasny Bor (10 de febrero), con los posteriores combates ante el río Ishora (hasta el 19 de marzo). Tal como indica Esteban-Infantes, Krasny Bor e Ishora configuran dos fases de una misma batalla de contención: la primera, en la carretera y ferrocarril a Moscú, frenó el intento de abrir brecha y penetrar hasta Sablino; y la segunda, de ensancharla y aumentar la penetración con envolvimientos sucesivos. Al margen de aquellos tres hitos, la contienda quedó prácticamente limitada al parapetamiento en trincheras (ratas y piojos) frente a una actividad artillera en crecimiento, y a la consiguiente respuesta. Podemos afirmar que, a diferencia de los años anteriores, en 1943 la lucha fue más artillera que de infantería. Y como acontecimiento ciertamente significativo, destacó el bombardeo del Cuartel General, el 18 de julio, durante las celebraciones del *Alzamiento Nacional*.[137]

Analicemos en primer lugar los combates del Ladoga, en el contexto de los preparativos de la *Operación Iskra*, destinada a liberar Leningrado. Govorov y Meretskov unirían los frentes del Neva y del Voljov; para ello, Dukanov (77º Ejército) rompería la barrera del río Neva y Romanovski irrumpiría sobre el Voljov con el 2º Ejército de Choque. El 12 de enero desencadenaron el ataque. En el Voljov, 4.500 bocas de fuego dispararon al unísono sobre el 18º Ejército, y la infantería comenzó el avance. Pronto la situación devino desesperada. Para apuntalar a su XXVI Cuerpo de Ejército, Lindemann retiró a la *Polizei* de sus posiciones y puso en su lugar a la División Azul; que, de esa manera, se encontró ante un frente de 34 kilómetros de longitud. Y el LIV Cuerpo requirió fuerzas al sur del lago Ladoga: Esteban-Infantes eligió al *Batallón Román*, de descanso en Slutz.[138]

Al mando del capitán Manuel Patiño Montes, el sábado 16, 550 hombres partieron en camiones, y quedaron directamente a disposición del Cuerpo de Ejército, en Sablino. Tras unos días de descanso, reemprendieron la marcha en dirección noreste, hasta Mga, donde se integraron en el Regimiento 162, de guardia en la región boscosa que se abría al sureste de Posselok, a la espera de un inminente ataque. Llegados a la zona, se adentraron en el bosque (madrugada del 22). El termómetro rondaba los 40 grados negativos.

Como que había que cubrir el espacio asignado sin perder contacto por los flancos con las fuerzas alemanas, Patiño abrió el Batallón a manera de abanico. Una vez distribuidas, las unidades se parapetaron con troncos y ramas, que cubrieron con nieve. Y llegó la acometida: fuego artillero, de morteros y de *organillos de Stalin*, y después, varios regimientos de Infantería. En aquella lucha sin cuartel, destacó la actuación de la Compañía del capitán Salvador Massip (herido sucesivamente en una ceja, en un ojo y en la pierna, tomó un fusil ametrallador y luchó hasta morir). Entre tanto, Lindemann había transferido la División al L Cuerpo de Ejército, bajo el mando de Philipp Kleffel (hasta septiembre) y de Wilhelm Wegener, en el que iba a permanecer hasta el final de sus días. La lucha continuaba en los bosques de Posselok: los hombres de Patiño contraatacaron, «luchando con granadas de mano y arma blanca». El Batallón quedó tan mermado, que Esteban-Infantes solicitó su regreso, pero el mando alemán no accedió hasta el 30 de enero, tras su práctica aniquilación (418 bajas, 124 por muerte). Luego vinieron las felicitaciones (Lindemann, Hühner) y las condecoraciones.[139]

La División Azul acababa de finalizar una operación de envergadura, y a los pocos días tuvo que hacer frente a otra de calibre todavía mayor: nos referimos a la Batalla de Krasny Bor (mapa 11). Por su intensidad, ha pasado a los anales como una de las más cruentas que libró, comparable tan sólo a la desarrollada un año antes al este del Voljov. Si Possad fue lenta agonía, Krasny Bor fue masacre fulminante (duró tan sólo unas horas). Pero no fue un ataque inesperado: una semana antes, el 2 de febrero, el mando español supo de la concentración de fuerzas en Kolpino, y previó un pronto ataque sobre aquella meseta, extremo oriental de dichas posiciones. Numerosos síntomas la avalaban: circulación de trenes, camiones y convoyes superior a la normal, tendido de líneas telefónicas y reconocimientos topográficos, y entrada de piezas de artillería y movimientos de tropas. Había el peligro de ruptura del frente y posterior envolvimiento de la totalidad de la División. Krasny Bor fue minada en los bordes, y reforzada con hombres y artillería. Y comenzó la espera...

A las 6.45 horas del 10 de febrero vino el ataque, demoledor. A media mañana,

> la primera línea estaba casi machacada; los carros rusos, primero rechazados, habían vuelto a dirigirse a Krasny-Bor, abriendo una brecha en el Ferrocarril de Octubre; nada se sabía del Primer Batallón al mando del comandante Rubio; y se desconocía la situación del Batallón 250, aunque se suponía muy delicada.

La situación, más que delicada, era desesperada; y no sólo para el Batallón de Reserva. En menos de 24 horas de combate, 2.252 españoles resulta-

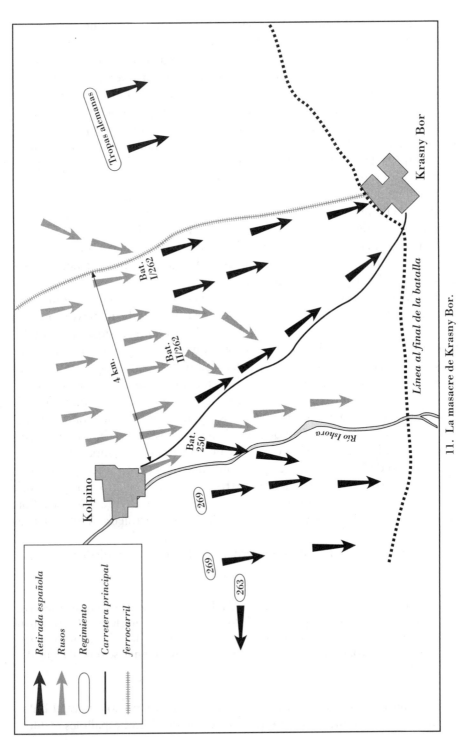

11. La masacre de Krasny Bor.

ron muertos, heridos o desaparecidos, en una embestida como nunca antes había sufrido la División y como nunca volvería a padecer (tres batallones y algunas unidades de refuerzo, apoyadas por cinco baterías, ante 38 batallones y 80 tanques, respaldados por unas 150 baterías y un número indeterminado de *organillos de Stalin*). Los infantes alemanes socorrieron a los españoles a las 16.30, tras 9 horas y 45 minutos de combate en solitario. Ello a pesar de que el mando había pedido refuerzos a las 11.30, y de que fuerzas de Infantería presenciaban el combate desde las 11.00. La Plana Mayor de Enlace no se presentó en Pokrovskaja, y no hubo Luftwaffe hasta las 15.30, una hora antes de la entrada en escena de la Infantería. Tras el abandono de las posiciones y el repliegue hasta Sablino, un Grupo de Artillería, al mando del comandante Guillermo Reinlein, aguantó en sus posiciones hasta la mañana del 12, en que fue relevado.[140]

Resultado de la batalla fue la pérdida del sector Krasny Bor, extensión de frente de tres a seis kilómetros de longitud, que pasó a ampliar el área de protección a Kolpino. Escasa ganancia a tenor del quebranto sufrido por las defensas, que difícilmente hubieran logrado impedir el cruce del Ishora (los ataques que se iban a suceder durante más de un mes lo intentaron). Fue una masacre por ambas partes: un oficial declaró que al salir de las trincheras la artillería les causó gran número de bajas, que las armas automáticas diezmaron las primeras olas de asalto, y que la lucha cuerpo a cuerpo quebró definitivamente el empuje de su unidad. Las pérdidas soviéticas, según la parte española, oscilaron entre el 65 y el 85 por ciento; y según cálculo alemán, entre 7.000 y 9.000 hombres. Las bajas divisionarias ascendieron a 1.125 muertos (casi una cuarta parte de los habidos durante los dos años de permanencia en el frente), 1.036 heridos y 91 desaparecidos. Sólo con los muertos habidos en aquel día, la *deuda de sangre* con el Tercer Reich quedó saldada e invertida.[141]

Y aquí se abre el tercer hito de la lucha en 1943: los combates por la orilla occidental del río Ishora. La División reforzó las posiciones, y a pesar de los constantes ataques, pudo mantenerlas en su poder, aunque al precio de unas 30 bajas diarias. El último asalto de importancia se registró el 19 de marzo, y costó 80 bajas más.[142]

Los últimos seis meses de frente

Desde mediados de marzo la situación del frente defendido por la División quedó definitivamente estabilizado; y se sucedieron acciones ofensivas de infantería por ambas partes. Las españolas, de corto alcance, solían durar de 30 a 40 minutos, y pretendían únicamente hostigar y mantener el espíritu ofensivo. Tras unos cuatro o cinco minutos de fuego artillero y de mortero, infantes y zapadores se lanzaban al asalto de trincheras, y regresaban a sus posiciones al amparo de humos o nieblas artificiales. Según Esteban-Infantes, las acciones soviéticas buscaban fundamentalmente apresar a centinelas, para someterlos a interrogatorio. Si se sucedían durante la noche, causaban gran quebranto, por el factor sorpresa; durante el día generalmente fracasaban y costaban un elevado precio en vidas humanas. Tal fue el caso de ataques realizados por compañías de castigo, de 200 a 300 hombres que asaltaban furiosamente las trincheras tras ingerir vodka, lo que elevaba las bajas hasta un 90 por ciento (paradigmático el ataque a *El Alcázar* y *El Dedo* —mediados de junio—: murieron unos 130, y 300 resultaron heridos). En cuanto a la artillería, continuó el dominio soviético y atacó el Cuartel General en plena celebración festiva del *18 de Julio*, con Lindemann a la cabeza: 38 españoles resultaron heridos; entre ellos, el comandante José Alemany Vich, que murió (recibió sepultura en el *Cementerio de los Héroes* de Nikolskoje).[143]

A tenor de las circunstancias, cierta psicosis de muerte se extendió en la División: los jefes cuidarían de que sus soldados llevaran constantemente su medalla de identificación, hasta el punto de pasar un mínimo de dos revistas mensuales. Por aquel entonces, la situación militar general era difícil. Con el 13º *Batallón de Repatriación*, al acabar julio habían sido repatriados ya la mayor parte de los incorporados hasta marzo del año anterior. Pero llegó el 24º *Batallón de Relevo*, y en los meses siguientes arribaron dos más.[144]

Tras el cañoneo del Cuartel General, la situación pareció volver a la normalidad, pero en agosto la artillería incrementó su actividad, esta vez sobre sus caminos de acceso y el que unía Antropshino con Mestelevo, sede de los Servicios de la División. El mando español dedujo que el espionaje operaba en la zona con el encargo de señalar los principales objetivos a batir, y fiscalizó las conversaciones telefónicas. Pero en septiembre retornó el fuego, y durante tres días obuses de todos los calibres cayeron durante las 24 horas, con breves pausas. Siguieron dos semanas de hostigamiento menor, pero volvió a reavivarse. Aquella acción artillera se vio apoyada por puntuales acciones de la aviación, algunas de intensidad. Pero mayor importancia tuvieron los *golpes de mano* y algún que otro ataque de la infantería: sólo el Regimiento 269, en agosto y septiembre recibió un mínimo de 14 ataques; y ya en octubre, una de sus compañías sufrió la acometida de un batallón, que propició el feroz contraataque de un grupo de asalto al mando del alférez Antonio de Palma, que mató a 25 hombres.[145]

A nivel de operaciones, sólo la intensificación de los bombardeos de la Luftwaffe sobre Kolpino y Leningrado elevó un tanto al ánimo de los divisionarios. Y, al margen del combate, generó gran alegría la noticia de la liberación de Mussolini. Tan sólo unos días antes, la defección de Italia había provocado una cierta complacencia maliciosa entre los divisionarios, que recordaba actitudes habidas en el bando *nacional* durante los ya lejanos días de la Guerra Civil. Entre tanto, la Artillería dio prioridad de uso a las piezas capturadas, aunque su calibre fuera inferior a las propias; y, en la medida de sus posibilidades, se empleó a fondo. No faltaron tampoco *golpes de mano* relevantes, como el que efectuaron hombres del 263 y zapadores sobre Kusmino (volaron varios búnkers y lucharon cuerpo a cuerpo), acción en la que murió el teniente Recaredo Garay, falangista destacado, detentor de la Medalla Militar Individual y la Cruz de Hierro de Primera Clase. Pero las principales actuaciones ofensivas se concretaron en patrullas de reconocimiento, generalmente para dar alcance a fuerzas agresoras en retirada y recoger material abandonado en su marcha. A pesar de la época del año, especialmente propicia para la ofensiva, el Cuerpo de Ejército ordenó fortificar una segunda línea, de resistencia, y una tercera, de contención, a base de búnkers y trincheras. Ello evidenció la escasez de fuerzas desplegadas y alertó sobre posibles ataques de envergadura, lo que incidió negativamente en la moral, ya de por sí baja.[146]

Pasado el susto del *18 de Julio*, la vida del mando se desarrolló bastante plácidamente. A finales de mes, Esteban-Infantes se trasladó hasta Taizy, y entregó a von Küchler la *Estrella para la Gran Cruz de Guerra* española, en el interior de su vagón de ferrocarril. Ya en agosto, varios mandos partieron hacia España; entre ellos, el coronel Bandín, con permiso para visitar a su madre, en estado grave (el coronel, que la encontró de cuerpo presente, supo al término del permiso que había sido destituido). Esteban-Infantes partió hacia Reval, en viaje turístico que incluyó una visita a la imprenta de la *Hoja de Campaña*.[147]

Entre tanto, la División Azul no andaba sobrada de personal: de ahí que advirtiera a la *Representación* en Berlín que no prorrogase los permisos a dos capitanes médicos (otros dos tenían que repatriarse); que Madrid negase la repatriación de un divisionario; y que Esteban-Infantes reiterase la petición del inmediato envío del relevo de un teniente coronel auditor, y solicitase la incorporación *urgente* de los oficiales nombrados en España. En todo caso, bastantes solicitaron destinos o promovieron gestiones para participar en tal o cual concurso, o para ingresar en las academias de transformación. Pero entre el mando había dudas sobre antecedentes, y recurrió a declaraciones juradas. Entre tanto, en lúgubre sucesión, la División daba cuenta a Madrid, uno a uno, de los desaparecidos en Krasny Bor, en respuesta a las peticiones que el Estado Mayor Central recibía casi a diario de familias que, desde hacía ya meses, nada sabían de los suyos. Pero las restricciones no sólo eran humanas. Hubo que reducir los racionados de avena y ordenar que las unidades la almacenasen para el invierno. Y dosificar el empleo de papel. Escaseaban los suministros procedentes de España (a finales de julio las reservas iban a agotarse) y fueron detectadas serias irregularidades en su transporte (en agosto, una expedición de víveres se hallaba retenida en Hendaya *por falta de control*). Pero la alimentación no disminuyó ni cuantitativa ni cualitativamente. Hubo, eso sí, un sensible incremento del trueque de alimentos con la población civil (no privativo de la División), que finalmente atajó el mando alemán.[148]

El día en que llegó al frente el último *Batallón de Relevo* (20 de septiembre), Pokrovskaja recibió la visita de despedida del jefe del Cuerpo de Ejército. El teniente general Kleffel, que tantas reticencias había generado por Krasny Bor, pasaba a la reserva. Tomó su lugar un hombre joven, el general Wegener. El cambio fue oficialmente comunicado, pero iba a tener poca incidencia en la División, pues en Berlín el embajador había sugerido ya retirarla temporalmente del frente, primer paso para su deseada repatriación.[149]

El 5 de octubre llegaron a Pokrovskaja Lindemann y Wegener. En una austera ceremonia, aquél impuso la *Cruz de Caballero de la Cruz de Hierro* a Esteban-Infantes. Ya con la distinción prendida del cuello, manifestó que la moral de la Unidad era buena y que en tres meses sólo había sufrido 300 bajas, lo que no era verdad. Lindemann sabía, por el OKH, que la División iba a ser repatriada, pero le dijo que sería retirada del frente para descansar y recibir instrucción; y un tanto preocupado, comunicó a Berlín que el general ignoraba la repatriación.[150]

En los primeros compases del miércoles 6 un enlace alemán entregó la orden de traslado de la División Azul a Nikolajeska, al oeste de Gatschina. La relevaría la 81 División. La marcha comenzaría al día siguiente y debería hacerse con los medios de transporte propios, ciertamente escasos. Entre tanto, Esteban-Infantes prendió las insignias de general a Santiago Amado Lóriga, que pasó a jefe de la Infantería y segundo en el mando. En la noche del 7 las primeras unidades iniciaron la marcha, que prosiguió durante los días siguientes, sin hostigamiento de la artillería y la aviación. El 11, Pokrovskaja redactó el último parte de guerra.[151]

El 12 de octubre de 1943 era martes: se cumplían dos años de la entrada en combate de la División. Fuerzas soviéticas atacaron al Segundo Batallón del 262; última acción de guerra divisionaria, concluida satisfactoriamente. Más de la mitad de los hombres estaban ya camino de la retaguardia, cuando Esteban-Infantes telefoneó a Schopper para entregarle el mando sobre el sector de frente. Habían sido necesarios dos meses y medio de diplomacia para llegar a aquel fin (un mínimo de 750 bajas, 126 por muerte). El general quiso dar un último adiós a los *caídos*: las gestiones para trasladar sus restos a las proximidades de Tallin, conjuntamente con los del Voljov, no habían fructificado, porque el hielo imposibilitó perforar el terreno en toda la superficie requerida. Ya en el cementerio de Mestelevo, permaneció un rato en silencio: ¡eran tantos los que no iban a volver! Ese mismo día, el OKW emitió la orden de disolución de su *Spanische Blaue Division*.[152]

La División Azul entrega el relevo: nace la Legión Azul

Una vez Esteban-Infantes en Nikolajeska, Lindemann le comunicó que la División iba a ser repatriada, y que quedaría una Legión (mapa 12), de efectivos y estructura indeterminados. Entre tanto, en Berlín, el nuevo agregado militar, teniente coronel Carlos Marín de Bernardo estaba a la espera de la autorización alemana para viajar a Rusia, cuando recibió un nuevo telegrama, esta vez del Ministerio del Ejército. Llegado a Nikolajeska, entregó a Esteban-Infantes los dos cablegramas, de criterios opuestos: Ejército no limitaba el número de hombres y, por recluta forzosa, aseguraba un mínimo de 4.000 (de cinco a seis batallones); en tanto que Exteriores pretendía como máximo tres batallones y que fueran voluntarios. En aquellas circunstancias, el agregado apuntó la imposibilidad de unificar directrices. Era preciso que ambos Ministerios llegaran a un acuerdo: Esteban-Infantes se trasladaría a Berlín y se pondría en comunicación con García Valiño, quien debería aclararle los criterios a seguir.[153]

Antes de abandonar Nikolajeska, Esteban-Infantes hizo entrega del mando provisional de la División a Amado Lóriga: a él correspondió, por tanto, reclutar tropa para la Legión (de entrada, según las directrices del Ejército). Ordenó que los llegados entre los *Batallones 8º* y *21º*, ambos incluidos, fueran consultados con miras a su voluntaria permanencia. Y que quienes llevaran menos de seis meses de frente (a partir del *Batallón 22º*) quedaran automáticamente integrados. Y transmitió una nota a los jefes de unidades, con las condiciones de la recluta: los voluntarios serían acoplados a la nueva plantilla respetando en lo posible su destino y repatriados conforme llegaran nuevos *batallones de relevo*. Los jefes de las unidades transmitieron la orden, y exigieron relaciones nominales, una por *batallón de relevo*.[154]

La voluntariedad en la recluta no agradó a los mandos, poco acostumbrados a recabar opiniones. Pero las órdenes eran claras: cada jefe u oficial se encargaría del reclutamiento entre sus hombres; para ello les informaría de la constitución de la Unidad y les invitaría a apuntarse en las listas. Sencillo procedimiento que cada cual interpretó según sus deseos. Así, un comandante se limitó a colgar una nota en cada pabellón, con un espacio en blanco para apuntarse; y, en sentido opuesto, un capitán convirtió a todos sus hombres en *voluntarios*. Entre estos extremos se dieron multiplicidad de situaciones, quizá tantas como mandos. Y a pesar de que hubo unidades, como *Zapadores*, que prácticamente no dieron voluntarios, la cuota fijada se cubrió (incluso en exceso). Pero quienes obligaron al encuadramiento hipotecaron en parte el futuro de la Legión: abundaban los desertores en potencia y los desmotivados. Con respecto a la tropa sobrante, García Navarro pensó inicialmente en repatriar a *los peores*, pero optó por retenerlos, en la idea de que el combate acabaría por nivelar el contingente; y en cuanto a los mandos, configuró una pequeña dotación de reserva. Una vez alistados, los hombres

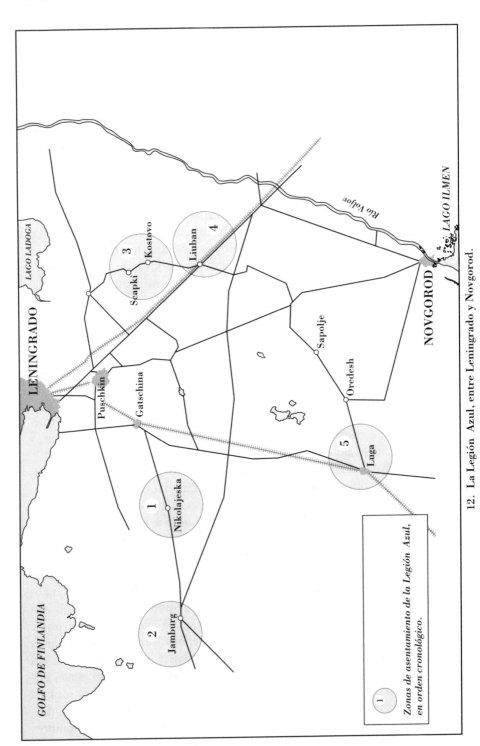

12. La Legión Azul, entre Leningrado y Novgorod.

fueron separados de los *batallones de repatriación*, y quedaron a la espera de comenzar la instrucción.[155]

Esteban-Infantes partió hacia Berlín, y en Madrid García Valiño firmó la *Instrucción General L.V.1* —LV1—, en base a los criterios fijados, aunque sensiblemente ampliados, pues la recluta forzosa exigió hasta 10 meses de frente, lo que casi duplicó el contingente mínimo (entre 7.500 y 8.000 hombres). En aquellas condiciones, la Legión podría sumar 10.000 o más hombres. Y se le adjuntó la plantilla calculada de efectivos por batallón y regimiento, con indicación de la graduación. La *Instrucción* constituía «la orientación a seguir» en la transformación de la División Azul en Legión. Correspondería a Esteban-Infantes «dirigir, aplicar y dictar» las normas para su materialización, de acuerdo con las autoridades alemanas, y previa consulta al Estado Mayor Central cuando surgieran dificultades.[156]

Ya en Berlín, Esteban-Infantes manifestó a Vidal que podría configurar «no de dos o tres batallones, sino por lo menos dos regimientos». El embajador no ocultó su contrariedad, y le recriminó que ello se apartaba diametralmente de los criterios de Exteriores, pero el general hizo caso omiso a tales argumentos. Seguidamente, telefoneó a García Valiño, y tras algunas gestiones más, partió en tren hacia Rastenburg, donde se entrevistó con Hitler (26 de octubre); que, sin entusiasmo, le entregó un pergamino con el nombramiento de *Caballero de la Cruz de Hierro*. Su testimonio y las fotografías conservadas coinciden en el estado demacrado del dictador. Durante el monólogo, Hitler no hizo alusión a la retirada de la División Azul ni a su conversión, tema que delegó en Keitel, que quiso saber detalles sobre la configuración de la Legión. Pero Esteban-Infantes no pudo responder con concreción; y, al final, la conversación derivó hacia el tema de los enterramientos (Keitel se comprometió a reunir todos los restos cuando se encontrase un lugar propicio para enterrarlos, del cual daría planos detallados, con indicación de la tumba de cada cual).[157]

Regresado a Berlín, Esteban-Infantes visitó nuevamente la Agregaduría y la *Representación*; y, en el contexto de un programa de actos en su honor, por iniciativa del Auswärtiges Amt, almorzó con Faupel y asistió a la recepción que ofreció con motivo de su septuagésimo aniversario, visitó la Cancillería, el palacio de Sanssouci y el castillo Wilkendorf, en Stasberg. Al margen de ello, fue invitado a comer por Vidal; aunque, con particular falta de tacto, en la mesa dijo querer transformar la División en Legión «sin prisa, con calma y sin tacañería», lo que molestó al embajador sobremanera. Pero los proyectos del general se fueron al traste cuando en Madrid finalmente se impusieron los criterios defendidos por el Gobierno (Ministerio de Exteriores) a lo legislado por el Ejército (instrucciones del 13 y el 21/23 de octubre). Defraudado, requirió la presencia en Berlín del subjefe del Estado Mayor de la División, teniente coronel José Díaz de Villegas, a quien entregó una carta para Franco, que exponía lo que a su juicio debería ser la Legión.[158]

De nuevo en Nikolajeska, al cabo de unos días Esteban-Infantes supo, por Díaz de Villegas —retornado de Madrid—, los dictados de Franco (contrarios a sus deseos). En base a ellos, entregó a García Navarro el escrito *Organización Provisional de la Legión Española* (1.620 hombres en tres batallones, al mando del coronel García Navarro). También inspeccionó la Legión, compartió un almuerzo de despedida con sus colaboradores más cercanos, y despidió a un *batallón de repatriación*, acto al que acudió Lindemann, que impuso la Cruz de Hierro de Primera Clase al teniente coronel Morato. Finalmente, el 17 de noviembre promulgó la *Orden General número 69*: la Legión se concentraría en Jamburg (cerca de Narva, en la frontera de Estonia), donde seguiría un plan intensivo de instrucción, tras el cual quedaría incorporada al L Cuerpo Ejército. En cuanto a la División (artículo 2), sería comandada por Amado Lóriga; quedaría acuartelada lo más cerca posible, para el progresivo embarque de sus hombres; mantendría la Primera y Cuarta Secciones de Estado Mayor, al mando de Díaz de Villegas (sustituía a García Navarro); y la documentación y archivos serían remitidos a Hof y de allí a Berlín. Ambas unidades quedaban provisionalmente bajo la jurisdicción de Esteban-Infantes (artículo 3).[159]

Tras la firma de aquella orden, el general abandonó Nikolajeska definitivamente. Hizo escala en Riga, y ya en Berlín, emprendió una nueva tanda de contactos. En la capital, aquellos fueron días especialmente trágicos, con bombardeos aéreos de gran intensidad (el hotel donde se hospedaba quedó medio destruido). E hizo entrega a su hermano de una nota para Asensio, cuyo texto, tras su aprobación por el Ministerio y la sanción de Franco, constituyó la base definitiva sobre la que oficialmente se configuró la Legión (fue aprobada el 25).[160]

Pero en Rusia, García Navarro ajustó al alza los dictados de Madrid (posteriormente argumentó que tuvo que adaptarse «a las necesidades reales de la fuerza», y atender «al deseo expresado por los jefes y oficiales» de representación de sus respectivas unidades). Así, la Legión quedó alterada con un incremento del 26 por ciento de efectivos y la modificación de algunas unidades y el añadido de otras, resultando así:

> Plana Mayor, con 174 miembros; dos *Banderas*, de 650 hombres cada una, y una *Bandera Mixta de Plana Mayor* (*Tercera Bandera*), de 795. La Plana Mayor constaba de una plana mayor Táctica y otra Administrativa, una sección de Enlace y Destinos, Gendarmería y un cuadro eventual. Las dos Banderas mantenían sus tres compañías y la de Ametralladoras y Morteros, así como su plana mayor. Finalmente, la Bandera Mixta tenía cuatro compañías (Cañones, Antitanques, Zapadores y Transmisiones), dos *unidades* (Exploración y Sanidad, con equipo quirúrgico), dos secciones (Intendencia y Reparaciones) de Automóviles, y Gendarmería. De sus 2.269 hombres, 110 eran jefes y oficiales (Apéndice número 6, página 408); 114, suboficiales, y 2.045, tropa.

En cuanto a los Servicios de Retaguardia, desaparecieron las Dependencias de Reval (conservó la rotativa de la *Hoja de Campaña*), Vilna y Hof, y la de Berlín fue reducida a su mínima expresión. Quedaron, pues, concentrados en Riga, salvo la Jefatura y la Representación, en Koenisberg (facilitaba el contacto telefónico con Berlín y Madrid). Paralelamente, funcionó en Berlín una *Comisión Liquidadora* de la División, en la que trabajaron 20 hombres.[161]

Tras un periplo turístico por Praga y Viena a cargo de las arcas alemanas, y el preceptivo retorno a Berlín, Esteban-Infantes tomó el tren con destino a París; donde, tras más turismo, partió hacia España. Transbordó en Irún, y llegó a Madrid poco antes del mediodía del 18 de diciembre. Le esperaban una nutrida representación militar (incluido Muñoz Grandes) y una no tan amplia delegación falangista, encabezada por Arrese. Ex oficiales de la División le rindieron honores. Por parte alemana, el embajador delegó en el consejero von Bibra, al que acompañaba el agregado militar. El público era escaso. ¡Qué diferente aquella recepción de la tributada tan sólo un año antes a Muñoz Grandes! La comparación para muchos de los allí presentes resultó inevitable. En medio quedaban los nombres de Stalingrado, Kursk, Mussolini, Italia, Kiev... Ya en el hotel, el general coincidió con varios jerarcas falangistas que asistían al *Primer Consejo Nacional de Jefes Provinciales*, y pronunció un inflamado discurso en favor de Alemania y la lucha en el frente del Este. Los ánimos se elevaron un tanto, pero por poco tiempo. Al cabo de unas horas, el lunes 20, en el acto de clausura del Consejo, Arrese y Franco anunciaron al mundo la supresión de las Milicias (Arrese: «la Falange no necesita contra nadie, ni para su defensa, una milicia exclusivamente propia». Franco: «Nuestro Movimiento no necesita —decía muy bien el ministro secretario— de Milicias armadas»).[162]

La repatriación de la División Azul se llevaba a cabo en *batallones* que partían del acantonamiento al ritmo de uno cada tres o cuatro días. Entre tanto, Alemania vivía el trasiego originado por dichas expediciones, con la preceptiva escala en el Campamento de Hof, donde permutaban el uniforme alemán por el español, y descansaban unos días. En el patio del cuartel alemán eran objeto de un acto de despedida, con imposición de condecoraciones a los heridos, desfile de tropas y una comida extraordinaria. La marcha se hacía en trenes con calefacción y aprovisionamiento para dos días. Cada vagón estaba a cargo de un suboficial. El responsable máximo de la expedición era un jefe alemán, ayudado por dos intérpretes de su misma nacionalidad; en tanto que el comandante español respondía de la disciplina de la tropa. Durante el trayecto, estaba prohibido exhibir banderas españolas ni cualquier otra señal que pudiera aportar datos al enemigo.[163]

En Nikolajeska la vida divisionaria quedó fundamentalmente marcada por el trasiego. El número de hombres disminuía por horas, al ritmo que imponía la partida, lo que imprimía en el ánimo un sentimiento de provisionalidad. Tras la marcha de Amado Lóriga a finales de noviembre, Díaz de Vi-llegas quedó encargado de la repatriación. A principios de diciembre el ter-mómetro bajó hasta 8 grados negativos. Nevó, y el frío convirtió la nieve en hielo. Se podían ver ya pequeños trineos arrastrados por caballos. La situa-ción del frente había intensificado la evacuación de civiles, con el consiguien-te incremento del tránsito rodado y del trueque: gallinas y huevos a cambio de vodka.[164]

El 6 Villegas dictaminó la repatriación de los últimos divisionarios y la previa entrega de material. Dos días después, festividad de la Inmaculada Concepción, invitó a comer al jefe de la Plana Mayor de Enlace alemana, co-ronel Knüppel, y al del Estado Mayor del Cuerpo de Ejército, Spitzer; y, en su discurso de despedida, sentenció:

> Nos vamos orgullosos de haber convivido con la Wehrmacht las duras jor-nadas de lucha contra el comunismo; pero no nos vamos del todo, queda aquí la Legión para continuar nuestro historial y millares de muertos atestiguando la lealtad de nuestra colaboración.

Siguieron fuertes aplausos y una confidencia que calmó un tanto el ánimo español: los rusos que habían acompañado voluntariamente a la División, «por gracia especial», serían enviados a Alemania e incorpora-dos al DAF; aunque, de preferirlo, serían empleados como mano de obra allí mismo.[165]

Al cabo de unos días, se concentró en Nikolajeska la Gendarmería, y quedó a disposición del comandante Mariano Fernández Gabarrón, jefe del *31º* (y postrer) *Batallón de Repatriación*, que integraría a los detenidos y pro-cesados. La expedición tenía prevista la partida para el 16 de diciembre, y el 24, una nota en la prensa informó de su llegada a territorio español. Quizá algunos no lo advirtieron, pero la División Azul, como unidad militar, era ya historia.[166]

La Legión Azul

Entre el 19 y el 22 de noviembre de 1943 la Legión Azul emprendió la marcha hacia Jamburg (Kingissep), en camiones, por la carretera general que unía Leningrado a Narva. Distante 130 kilómetros de Leningrado, Jamburg lindaba con la carretera y ferrocarril que conducían a Reval, y en sus aleda-ños discurrían las aguas del río Koskolo. La Legión ocupó unos cuarteles de ladrillo rojo, sobre cuyo portón principal figuraba un letrero con la inscrip-ción *Spanische Legion*. Una vez instaladas, las unidades acondicionaron sus locales y las oficinas de cada Bandera. Pronto hubo la deserción de un soldado, por cuyas declaraciones Moscú supo de la existencia de la Unidad, y lo anunció al mundo. La instrucción duró tres semanas, a razón de cinco horas y media diarias, y fue generosa en adoctrinamiento y divulgación del ordenamiento penal. Sólo en los festivos algunos hombres pudieron visitar Narva; el resto se conformó con sesiones de cine en el acantonamiento.[167]

De aquel período destaca la visita de Lindemann, el 28 de noviembre («Es un honor para vosotros, legionarios, heredar la gloria imperecedera de la División Azul, cuyas extraordinarias proezas son ya tema de historia militar ... A vosotros, os corresponde ahora velar por esa paz luchando contra el comunismo»), lo que aprovechó García Navarro para pronunciar la primera de sus encendidas arengas, preñadas de alusiones políticas y de alguna que otra referencia pseudohistórica.[168]

Otro aspecto a destacar fueron las deserciones y las automutilaciones. Las primeras se elevaron a 14, proporción inaudita en los anales divisionarios, agravadas por el hecho de que algunos huidos tenían cargos de responsabilidad, caso del chofer del coronel y de un enlace. (Una cierta alarma, combinada con un creciente escepticismo, cundió entre los mandos.) Creaban una pobre impresión entre los alemanes, que comenzaban a recelar; y podían desmoralizar a la tropa, pues los desertores eran conminados a hablar por la radio y los altavoces en el frente. En este sentido, Radio Moscú y Radio Londres aquellos días emitieron informaciones sobre la Legión, en base a sus declaraciones. En cuanto a las automutilaciones, fueron el recurso elegido por seis soldados para eludir los servicios.[169]

En la mente de muchos estaba que una mala actuación oscurecería el recuerdo de la División Azul. García Navarro, falto de autoridad para ordenar consejos de guerra, retuvo a los automutilados y a un soldado que había intentado desertar, y repatrió a 75 hombres que no ofrecían garantías suficientes. También creó un pelotón de castigo e impuso un férreo sistema disciplinario, dirigido contra «el mal soldado»; esto es, quien atentase contra el «cumplimiento exacto» del servicio, diera lugar a incidentes con la población civil o le faltase al respeto; y, sobre todo, hurtase, «esa fea costumbre tan arraigada en la vida del cuartel» («es vergonzoso, en el corto tiempo que llevamos en este acuartelamiento, el continuo afán de robar las lámparas y otros efectos eléctricos»). El arrestado sólo recibiría pan. Pero los problemas de la Legión se multiplicaban: los últimos reemplazos llegados adolecían de falta de instrucción, sobre todo los suboficiales provisionales; y le faltaba material (en parte deteriorado), sobre todo medios de transporte. Aun así, en un ataque contra una fuerte partida de partisanos, actuó con eficacia, y fue felicitada.[170]

En la mañana del 14 de diciembre la Legión Azul recibió el vestuario adicional de invierno y munición, y los presuntos inútiles comparecieron, en el hospital, ante un tribunal médico español. El teniente coronel Sáez de Cabezón se trasladó al Cuartel General del Cuerpo de Ejército al que iba a quedar agregada, para preparar la entrada en combate. Ya de noche, las unidades remitieron al mando relaciones numéricas de personal, material, armamento y munición. Finalmente, un comunicado alemán detalló la composición de los cuatro trenes que la transportarían y los horarios en que iban a estar preparados para partir.[171]

Llegada en ferrocarril hasta Scapki, la Legión recorrió a pie los 50 kilómetros que la separaban del frente, en Kostovo. Y en el transcurso de tres días, del 17 al 20 de diciembre, sus unidades relevaron a las tropas alemanas. A medida que procedían al reemplazo, los españoles quedaban colocados, por secciones, en nidos para fusiles ametralladores y les eran distribuidos los búnkers donde alojarse. De inmediato organizaron servicios de patrulla y de vigilancia (dos centinelas por sección, a cargo de dos fusiles ametralladores), e iniciaron trabajos de fortificación y colocación de alambradas en diversos puntos, que se prolongaron durante prácticamente toda la permanencia en el frente. En Kostovo quedaron las dependencias de Intendencia y Sanidad, con una enfermería con 40 camas y equipo quirúrgico, y en Scapki el taller de reparaciones de automóviles y el *Hogar del Soldado*.[172]

La Legión Azul quedó adscrita a la 121 División (general Hellmuth Priest), integrada en el XXVIII Cuerpo de Ejército (teniente general Herbert Locht). La 121 cubría 40 kilómetros entre Liuban y Tesno, separados del enemigo por pantanos, entre los que se abrían pasillos de terreno firme. Tierra insalubre, era conocida como *el orinal de los frentes*. El terreno, únicamente protegido por parapetos de rollizos y pequeñas zanjas (poco profundas por temor a que fluyera el agua), era ondulado, repleto de matorral alto y bosques de abetos con frecuentes claros, desprovisto de caminos y prácticamente intransitable a campo traviesa. Las únicas vías de comunicación entre unidades eran pasarelas y trochas de rollizos. Bajo aquellas circunstancias, hubo que extremar la vigilancia, ante los frecuentes ataques de grupos de esquiadores. A la Legión correspondía la defensa de 12 kilómetros, entre las posiciones del Regimiento 407 y el llamado *Grupo Regimental Bochentin* (dos batallones, uno de fusileros y el otro de zapadores). A vanguardia quedaban los pantanos de Maloksinski y a retaguardia (con el campamento Westfalia, sede del puesto de mando) el camino que conducía a Kostovo. La Primera Bandera quedó al norte, a lo largo de cinco kilómetros; la Segunda, cubrió los siete restantes; y la Tercera, con su artillería, quedó en retaguardia, con *Zapadores* como reserva.[173]

A pesar de aquellas condiciones, la vida se desarrolló con una relativa normalidad. Así, la alimentación continuó sobre la base de suministros alemanes y complementarios españoles, con el añadido del *suministro de pantanos* (chocolate, galletas y alcohol); y a nivel monetario, cada hombre podía girar a España sus devengos. Suboficiales y tropa tuvieron a su disposición el

Hogar del Soldado, con biblioteca, bar, dormitorio y comedor, con capacidad para 20 hombres. Eran trasladados en camión a primera hora de la mañana, con sus mantas, vasos y cubiertos, para retornar al día siguiente. En Scapki, además, disponían de baño turco, servicio de lavado y desinsectación del uniforme, y la posibilidad de contacto físico con mujeres. Y se proyectó que cada semana ocho hombres pudieran acceder a la *Casa de Reposo*, en Riga. Y hubo también Aguinaldo, de manos de comisionados procedentes de Madrid, capitaneados por el presidente de la Junta Central de Recompensas de FET-JONS, el ex divisionario Alfredo Jiménez Millas.[174]

En Kostovo, la Legión Azul no sufrió muchas bajas, a pesar de que hubo quien no llevaba puesto el casco en primera línea de combate. Hasta el 13 de enero, las fuerzas soviéticas llevaron a cabo pocas incursiones en la zona, y fue infrecuente el hostigamiento por morteros y casi nulas las acciones artilleras. Pero no sólo mataba la metralla: dada la insalubridad del terreno, el tifus hizo estragos. Además, los legionarios tuvieron que soportar los comunicados que, con el acostumbrado aire «pendenciero» de los últimos tiempos, emitían las posiciones enemigas. Y continuaron las deserciones (tres en un solo día).[175]

Las acciones de patrulla, no siempre afortunadas, y el impacto espaciado de morteros y proyectiles de artillería, definieron la realidad de aquellos días. El 7 de enero varios proyectiles impactaron en el sector de la Segunda Bandera, y destrozaron parte de las defensas. Fue el inicio de la fase previa, de preparación artillera, al desencadenamiento de la gran ofensiva que Govorov y Meretskov iban a lanzar contra el Grupo de Ejércitos Norte, todavía comandado por von Küchler. En un contexto de creciente actividad bélica, tres legionarios que patrullaban fueron sorprendidos y recibieron el impacto de granadas de mano; y desertaron dos hombres: uno logró su objetivo y el otro fue capturado. La 121 División (y con ella, la Legión) quedó en estado de alerta a la espera de un ataque, previsto para la madrugada. Y aunque finalmente no se produjo, la alarma se mantuvo. En aquel contexto de máxima tensión, Locht y Priest inspeccionaron el sector defendido por la Legión.[176]

El viernes 14 de enero de 1944 ha pasado a los anales de la Wehrmacht como un día aciago, de consecuencias nefastas: Govorov y Meretskov lanzaron a 1.241.000 hombres, apoyados por una ingente cantidad de material (21.600 cañones, 1.500 lanzadoras de cohetes, 1.475 tanques y cañones autopropulsados, y 1.500 aviones), contra las posiciones de los 741.000 hombres del Grupo Norte (10.000 cañones, 385 tanques y 370 aviones). El empuje del ataque fue tal, que abrió tres brechas: una en la región de Puschkin, otra al sur de Petevhot, y una tercera en Novgorod. Por suerte para la Legión, en el sector del XXVIII Cuerpo, Govorov sólo había planeado ataques de sostenimiento.[177]

Había que frenar la penetración de esquiadores en el lago Gladkij y en Liuban, importante centro ferroviario y de abastecimiento para la Wehrmacht.

Ello forzó a la Legión a una marcha infernal, en dirección oeste, de más de 24 horas (falta de luz, hielo y nieve, hostigamiento de mortero), por un angosto camino de rollizos. Liuban era un caos: trineos volcados, vehículos abandonados y depósitos de suministros ardiendo se entremezclaban con las tropas en retirada, mientras que, en las afueras, los partisanos actuaban contra caminos y vías férreas. Siguió una cruenta lucha en el lago (había que cubrir la retirada general) y en Liuban, en conjunción con el resto de la 121, que se prolongó cuatro días.[178]

El 26 de enero la Legión recibió la orden de retirada: dejaba de formar parte de la 121 División, restaba a disposición de Lindemann, y debería emprender la marcha hacia el cruce de la carretera de Liuban con el ferrocarril, y allí embarcar en tren para Luga. Priest impuso a García Navarro la Cruz de Hierro de Primera Clase, y le manifestó, a modo de despedida, que «la Legión había sido desde su entrada en línea el alma de su División, que al cubrir [los] 12 kilómetros de frente que tuvo a su cargo, permitió al 18º Ejército retirar del frente una División completa, [y] que había demostrado en todo momento su espíritu militar, su valor y su sentido de cooperación».[179]

Pero la línea de ferrocarril acababa de ser cortada, y no quedó más remedio que cubrir los 140 kilómetros hasta Luga a pie, en medio del hostigamiento partisano y del caos de toda retirada general. Y también del desánimo. (La Wehrmacht acababa de levantar el sitio de Leningrado ante la presión de las fuerzas de Govorov, que sólo en el primer día de ataque habían lanzado no menos de 500.000 disparos. Atrás quedaron, de golpe, 900 días de asedio y tres intentos frustrados de conquista.) Del desarrollo de la retirada existen dos versiones contrapuestas: la que dio García Navarro narra una marcha no exenta de problemas, pero ordenada; en tanto que la que transmitió Marín de Bernardo (sin duda más fiable), en base al informe de aquél y a noticias llegadas por conductos complementarios, relata poco menos que un desastre. En todo caso, un combate contra guerrilleros en Oredesch costó la vida a dos españoles, y sólo la Segunda Bandera tuvo 10 bajas, todas por acción partisana.[180]

La Legión Azul llegó a Luga de manera gradual, a lo largo de cinco días. Quedó concentrada en unos cuarteles a seis kilómetros de Luga, en espera de su traslado a Estonia. Y el 30 de enero recibió la orden de entregar el armamento pesado (morteros y ametralladoras), el material, los vehículos hipomóviles y el ganado, salvo 60 cabezas.[181]

El viaje a Estonia, en el contexto del éxodo masivo hacia el Oeste en busca de refugio tras la *Línea Panther*, constituyó una odisea; tanto para el grueso de la Legión, que viajaba en tren, como para los hombres que lo hacían por carretera. La acción partisana, los ataques de la aviación y la confusión general entorpecieron la marcha. Y ello hasta el punto de que los trenes tardaron tres días en cubrir los 145 kilómetros que separaban Luga de Pleskau, en tanto que la columna motorizada tuvo que repeler un ataque partisano. Finalmente, los dos trenes llegaron a Taps el 9 de febrero, y la columna dos días después. Tras desembarcar, la Legión quedó acantonada de forma fraccionada, de la siguiente manera: la Plana Mayor y la Primera Bandera, en Jäneda; la Segunda Bandera, en Pruna; la Tercera, en Taps; la Intendencia, en Aegvüdu (Aeglidu según las fuentes), y la Plana Mayor alemana de Enlace, en Ambla.[182]

En aquel contexto de asentamiento, García Navarro recibió la tan esperada autoridad judicial sobre la Unidad. Con ella de la mano, pudo por fin incoar consejos de guerra. En dos que tenemos documentados, actuaron como presidentes el comandante Ibarra y Sáez de Cabezón, respectivamente. De las nueve causas vistas, tres lo fueron por homicidio; dos, por deserción; otras dos, por insulto a un superior; una, por proposición a cometer traición, y otra, por hurto. Las sesiones, matutinas, eran públicas para los oficiales francos de servicio, y su celebración se anunciaba públicamente por escrito el día antes.[183]

En otro orden de cosas, durante las semanas de permanencia en Estonia (hasta la segunda quincena de marzo) la Legión Azul fue rearmada y sometida a un intensivo programa de instrucción, que la mantuvo ocupada durante la mayor parte del día. Periódicamente desinfectaban la ropa y limpiaban los locales y el armamento, bajo la presión de constantes revistas. Los domingos regía horario especial, se celebraba misa, y quienes no tenían servicio disponían de día libre.[184]

Estonia se pretendía un paréntesis de descanso y reorganización en retaguardia, de existencia tranquila. En aquellas circunstancias, el mando alemán, consciente de su valor simbólico, pensó dedicar la Legión a la defensa de costas; pero el nuevo jefe del Grupo Norte, Walter Model, se inclinó por trasladarla nuevamente a primera línea; si bien el jefe de la Plana Mayor de Enlace, capitán Edwin Haxel, le apuntó el peligro inherente a tal medida, y las repercusiones diplomáticas que generaría su previsible aniquilación.[185]

Aquellos planes pronto fueron dejados de lado. Informado de las reticencias españolas, el 20 de febrero Hitler manifestó a Hewel que consideraba necesario retirar la Legión y la Escuadrilla Azul del frente, e iniciar los trámites para su repatriación antes de que llegara una petición oficial. Advertido Vidal de tal circunstancia por Steengracht, cuando recibió la orden de repatriación, ordenó a Marín de Bernardo que volara a Reval para entregarla en mano a García Navarro. Pero el coronel fue informado antes por parte alemana. Ya en Estonia, él y García Navarro visitaron a Model en su cuartel general de Segevold, y justificaron la repatriación con el argumento de que Franco quería disponer de la Legión en los momentos de peligro que se avecinaban. El mariscal lamentó la decisión, pues, según dijo, «ha[bía] heredado el brío, el coraje y la lealtad de la División Azul, una de las unidades más prestigiosas que ha[bía] tenido la Wehrmacht».[186]

El 5 de marzo, Keitel comunicó oficialmente a la Wehrmacht la repatriación, y ordenó que la despedida corriera a cargo de generales, con la pretensión de que la marcha no erosionara «la estrecha unión de Alemania con España». La partida debería comenzar enseguida, sin la menor publicidad.[187]

Ese día, García Navarro regresó a Taps y ordenó para el día siguiente la concentración de la Legión en Perge. Allí, montado a caballo, ante todos los hombres formados, pronunció una arenga (tono de costumbre, acrecentado en amargura) en la que anunció la repatriación. Los legionarios regresaron aquella misma tarde a sus acuartelamientos. El trayecto se vio empañado por un asesinato: el homicida confesó su crimen y quedó a disposición de la autoridad judicial. La vida prosiguió en medio de la monotonía impuesta por las circunstancias, entre la obligada instrucción y alguna que otra diversión. Y fueron fusilados dos desertores, tras un Consejo de Guerra que juzgó también al homicida.[188]

El 14 la Legión en pleno se concentró en Pruna para recibir la despedida oficial del 18° Ejército. Formada, presentó armas. Lindemann revistó la tropa rápidamente y se acercó al micrófono:

> Más de dos años hemos compartido todo lo que une a los soldados: alegría y pena, lucha y victoria, sentimiento y muerte. Así ya nadie puede separarnos. Nunca olvidaréis Novgorod, ni el Voljov, Puschkin y Krasny Bor [ni] los pantanos y bosques al sur del lago Ladoga ... Como jefe supremo del 18° Ejército os doy las gracias, al igual que a todos aquellos que estuvieron dentro de vuestras filas, por la fraternidad de armas demostrada.

Terminada la arenga, condecoró a unos cuantos oficiales y soldados. García Navarro pidió la venia y también habló (esta vez mentó Lepanto).[189]

El 16 los legionarios entregaron su armamento, salvo pistolas y revólveres, y partió en tren el primer contingente con destino a Koenisberg. El traslado del resto de la Legión se llevó a cabo en dos transportes más, a razón de uno por semana. El viaje en ferrocarril por territorio estonio, letón, lituano y prusiano se alargó por espacio de unos tres días. Entre tanto, la *Hoja de Campaña* expresó en su último número un velado reproche al Gobierno por su alejamiento de la causa alemana, y arremetió contra los partidarios de la aproximación a los Aliados. Pero no se atrevió a cuestionar públicamente a Franco, responsable último de aquel trasvase de afectos, ni a ministro alguno. Por el contrario, reivindicó un *frente interior* en torno al *Caudillo*.[190]

Los cuarteles de Stablack-Süd, cerca de Koenisberg, fueron el último punto de concentración, en tanto que la capital prusiana concentraba la mayor parte de los Servicios de Retaguardia de la Legión. Allí sus hombres permutaron el uniforme y permanecieron unos cinco días. Advertido por el discurso de su coronel jefe en Perge, el primer contingente llegado observó una actitud catalogada de «sorprendentemente buena y elevada» por parte alemana, que sondeó a sus hombres sobre si deseaban proseguir la lucha en el Frente del Este.[191]

El 24 la Tercera Bandera embarcó en tren con destino a España. Ese día emprendieron también viaje de regreso los miembros de la Quinta y última Escuadrilla. Una semana después, embarcó la Primera Bandera, y el 9 de abril, la Segunda. Previamente se tributó a cada expedición de la Legión Azul una despedida oficial, al parecer, a cargo del jefe del Cuerpo de Ejército de Koenisberg, teniente general Albert Wodrig. Fueron actos celebrados en el propio acuartelamiento, en los que no faltaron parlamentos, paradas y desfiles, así como la entrega de condecoraciones.[192]

Cuando el último tren dejó atrás la estación de Stablack-Süd, un vago sentimiento de tristeza impregnó el ánimo de más de un alemán allí presente. A nadie escapaba que en él marchaba la postrera representación de la *Blaue Division*, la unidad que tanto y tan bien había luchado frente a un enemigo que se acercaba ya peligrosamente a las fronteras del Reich. Pero los españoles, además del recuerdo, dejaban trabajo, cuya ejecución se prolongaría aproximadamente durante un mes; fundamentalmente, repatriar a los ingresados en el hospital español y al destacamento de la Guardia Civil en Riga, y hacerse cargo de los hombres dispersos por hospitales de Alemania.[193]

Los tres trenes cubrieron la distancia que separaba Koenisberg de Irún en cuatro días, siempre con las máximas precauciones ante posibles ataques aéreos. El tercero y último, con García Navarro y su Estado Mayor, llegó el 11 de abril, dos semanas después del primero (la prensa anunció su llegada, pero sólo mentó el nombre del capitán-jefe de la expedición). Ya en territorio español, los legionarios no ahorraron gritos antibritánicos, ni saludos brazo en alto, ni ondear de banderas. Dio la casualidad de que la llegada de un convoy a la estación de San Sebastián coincidió con la presencia del agregado naval británico. Los legionarios vestían uniformes españoles, aunque no faltaban gorros y chaquetas alemanes. La banda de música interpretó por dos veces la *Marcha Real*, que escucharon brazo en alto. El público se mostraba apático, y unos pocos aplausos fueron el máximo tributo que les rindió. Desde las ventanillas lanzaron cigarrillos y ejemplares de la *Hoja de Campaña*, bien recibidos. Ya en el interior de su tren, con la mente ocupada en lo que acababa de presenciar, el agregado oyó a un español decir a su acompañante: «¡Si hace tres años hubiéramos sido algo más fuertes, hubiéramos obtenido Gibraltar y el Norte de África!». Fijó en él su mirada y entendió que estaba ante alguien realista, que sabía definitivamente pasado *su* momento.[194]

Ya en Madrid, García Navarro fue recibido por Franco, que, tras estrechar su mano, le espetó un «¡Vaya!, ¡por fin retorna el último *criminal de gue-*

rra!». Al parecer, habían llegado ya rumores de que Moscú quería insertar en la lista de proscritos el nombre de Muñoz Grandes. La situación internacional era tan delicada, que el Gobierno decretó que quienes optaran por seguir luchando deberían «renunciar a su nacionalidad, adquirir la alemana e incorporarse a la Wehrmacht».[195]

La lucha clandestina

A partir de abril de 1944, la Legión Azul —y, por extensión, la División Azul— eran, para el Gobierno español, temas solucionados. El suministro de wolframio a Alemania había tomado el relevo como el gran problema a afrontar en política exterior. España había conseguido, por fin, apartarse de la línea de combate. Pero sólo oficialmente, pues muy pronto las peticiones de veteranos que deseaban volver al frente colapsaron en parte la actividad de la Embajada alemana. Con ello se abrió un nuevo capítulo de la participación española en la guerra: el de los voluntarios clandestinos.

Muy poco se ha dicho sobre quienes, guiados por motivos diversos, se alistaron en la Wehrmacht o en las Waffen SS sin la aquiescencia del Gobierno. Algunos artículos y las memorias de varios excombatientes configuran el aporte bibliográfico sobre el tema; un conjunto que suele adolecer de las suficientes garantías de objetividad y contextualización. La historiografía académica apenas se ha referido a este aspecto.[196]

Varios cientos de hombres encuadrados en distintas unidades y al margen del control de Madrid, suponen un campo de trabajo de difícil concreción, y más dada la escasez y fragmentación de fuentes que documenten su actuación. A todas luces, la lucha española en el frente del Este tiene un nombre: la División Azul; y, a mucho estirar, dos apellidos: la Legión y la Escuadrilla Azul (de hecho, cinco escuadrillas). Hubo también quienes lucharon con las armas por la Unión Soviética, pero probablemente no más de 500 hombres (pocos, como pocos fueron los que lucharon clandestinamente por Alemania).[197]

Hay, sin embargo, un hecho que requiere de atención: el contexto en el que aquel fenómeno se desarrolló. Con la guerra en un estadio avanzado, Alemania se encontraba falta de efectivos materiales y humanos para hacer frente a sus enemigos, ciertamente poderosos. Bajo un régimen de terror, nadie podía siquiera mentar lo más lógico en aquellos momentos: pedir la paz. Quienes lo pensaron, y en julio de 1944 obraron en consecuencia, pagaron con su vida. El caso es que, para proseguir la guerra, el país requería wolframio, y *la España oficial* se lo proporcionó; y requería hombres, que *la España no oficial* dio. Y se da la circunstancia añadida, ciertamente compleja, de que una parte de los clandestinos era de procedencia republicana; aunque la mayoría eran ex divisionarios y jóvenes falangistas radicales, que no dudaron en jugarse la vida por una causa en la que creían (hubo bastantes muchachos del Frente de Juventudes que abandonaron su domicilio y se dirigieron a Alemania por medio de redes clandestinas). En todo caso, fue gente que combatió mientras la organización alemana se mantuvo en pie. Todos ellos, sin distinción, fueron objeto de censura por parte de las instancias oficiales: ya no eran los *héroes* del Voljov o de Krasny Bor, sino unos apátridas que hacían la guerra por su cuenta, en contra de los intereses de España. Hombres, en suma, que, con su actuación, escribieron una de las páginas más confusas y soslayables de nuestra historia reciente. Una página en la que los datos se cruzan y mezclan, y la memoria falla. Analicémosla brevemente, primero en el ámbito de la Wehrmacht, y acto seguido, en el de las Waffen SS.[198]

Cuando las últimas unidades de la Legión Azul fueron repatriadas, algunos de sus componentes hicieron caso omiso de las órdenes de sus superiores y optaron por quedarse: fueron el núcleo inicial de una nueva unidad de combate, la llamada *Legión Española de Voluntarios*, encuadrada en la Wehrmacht, y de varias partidas de ingresados en las Waffen SS. Y hubo hombres, de ideología contrapuesta a la de aquellos, que, a tenor de los avatares de la vida, también se enrolaron en unidades alemanas.[199]

Por aquel entonces la mayor parte del colectivo de obreros españoles que trabajaba en Alemania no era adicto a Franco. Meses atrás, entre junio y septiembre de 1942, miles de refugiados en Francia habían sido contratados por la *Organización Todt* para la Zona Ocupada y Alemania. En la recluta pesaron las condiciones contractuales y dos promesas: un indulto que los exoneraría de su condición de prófugos por no haber cumplido el servicio militar en el Ejército de Franco, y la entrega de un pasaporte especial alemán que les habilitaría para viajar libremente por España. El hecho es que, en su nueva condición de trabajadores al servicio del Reich, quedaron concentrados en Burdeos. Allí se arbitró quiénes quedarían en Francia y quiénes irían a Alemania. La recluta se hizo prácticamente al margen de las autoridades españolas, pues los refugiados se negaron a quedar mediatizados por representantes de un régimen al que odiaban. Y a pesar de sus múltiples esfuerzos, éstas ni tan sólo llegaron a saber el número de empleados, que cifraban en varias decenas de miles (la *Organización Todt* contrató a internados en el campo de concentración de Le Vernet d'Ariège). El caso es que marcharon a Alemania con un contrato por seis meses. Acabado el plazo, algunos regresaron a Francia y otros se quedaron.[200]

Pero no todos los refugiados que fueron a Alemania lo hicieron por propia voluntad: en febrero de 1944 cientos, quizá miles, fueron materialmente sacados de sus domicilios y talleres por la Gestapo y obligados a partir. Tal atropello alarmó a la colonia española, que requirió la intervención del cónsul general. Fiscowich informó a los embajadores en París y Vichy, y manifestó a Otto Abetz *su extrañeza* por el hecho de que Alemania *sacrificara* a españoles en favor de franceses. El embajador justificó la actuación sobre la base de su especial situación legal, pero el cónsul manifestó que muchos se habían inscrito en los consulados, lo que implicaba su reconocimiento al Gobierno *nacional*. El argumento pesó, pues al cabo de unos días las autoridades de ocupación decretaron el respeto de quienes tuviesen cédulas de identidad, que fueron sacados de los campos de concentración y pudieron regresar a sus hogares.[201]

Llegados a Alemania, los indocumentados fueron forzados a trabajar en la industria, y con su actitud se convirtieron en constante fuente de conflictos para las autoridades y para la Embajada española. El hecho es que la parte alemana acusó a algunos de la práctica de estraperlo, falsificación de documentos, robos y demás tropelías. En cuanto a quienes habían marchado voluntariamente, estaban desengañados por las bajas retribuciones y la escasez de alimentos; de ahí que algunos decidieran abandonar su puesto de trabajo y, ya a principios de 1944, adherirse a la *Legión Española de Voluntarios*.[202]

Entre tanto, los Pirineos veían el paso clandestino de partidas de ex divisionarios y de falangistas dispuestos a ayudar a Alemania en su esfuerzo de guerra, mediante el trabajo o con las armas. Habían solicitado apoyo a la Embajada, que de entrada les denegó por temor a generar tensiones con el Gobierno español. Pero a mediados de enero eran ya 130 quienes se habían presentado para combatir, fuera en la Wehrmacht o en las Waffen-SS (Apéndice número 7, página 410). De ahí que el agregado militar propusiera a Berlín que en territorio francés fuesen bien acogidos y recibiesen facilidades. El cruce clandestino de la frontera no era cosa fácil, y el fracaso de la empresa podía terminar de forma trágica o con la cárcel. En aquellas circunstancias, Irún se convirtió en centro de planificación de operaciones para el pase, con la actuación de enlaces en conexión con Hendaya. Finalmente, cada cual se las ingenió como mejor supo y pudo. Pronto la cúpula del Reich pasó a la acción. Ribbentrop ordenó que, en la medida de lo posible, la Embajada les prestase apoyo, y Hitler manifestó el deseo de formar una *legión extranjera* con españoles y voluntarios de otras nacionalidades. A finales de febrero el comandante militar de Francia ordenó crear un puesto de concentración provisional en Versalles, Cuartel de la Reina. Una plana mayor especial (*Sonderstab*) debería reglamentar su manutención y soldada, y serían sometidos al examen médico de rigor.[203]

En territorio francés, los clandestinos se presentaban a los aduaneros militares alemanes, que tomaban sus datos, les facilitaban un *fremdenpass* y gestionaban su alojamiento. Finalmente se dirigían en tren a París, donde se presentaban al puesto de control alemán, o, caso de querer trabajar, proseguían su viaje hacia Alemania. Pero el mando no tenía las ideas claras con respecto a cómo proceder con ellos (compromiso a exigir, uniformes, retribuciones y subsidios familiares, reglamentación del correo, creación o no de una reserva), y se daba el caso de que no todo el mundo en Berlín veía con buenos ojos el nacimiento de una nueva unidad española en el seno de la Wehrmacht (Walter Schellenberg, jefe del Departamento VI del Servicio de Seguridad del Reich, manifestó sus reservas).[204]

La nueva *Legión Española* nació a finales de abril o principios de mayo en el campo de maniobras de Stablack-Süd, el mismo que despidió a la Legión Azul. La Wehrmacht hizo hincapié en la necesidad de que quedara bajo mando alemán, con el argumento de camuflarla, tanto a ojos de los Aliados como del Gobierno español. Acorde con ello, anuló las graduaciones y condecoraciones pretéritas, y todos los voluntarios fueron encuadrados como simples *granaderos*. El mando lo ejercieron 11 oficiales y suboficiales de la antigua Plana Mayor de Enlace alemana en la División y la Legión, y contó inicialmente con 243 hombres, repartidos en tres compañías. Su plan de instrucción fue muy completo, e incluyó lecciones de alemán. Y fue dotada de una gran diversidad de armamento.[205]

En junio la *Legión* estaba ya configurada y dispuesta para el combate. Y, a pesar del desembarco anglosajón en Normandía, siguió recibiendo voluntarios de España (entre el 8 de junio y el 20 de julio llegaron unos 150). Fue acantonada cerca de Insbruck y fundamentalmente participó en acciones antipartisanas, en Yugoslavia (agosto a septiembre), Hungría (enero a marzo de 1945) y Eslovaquia (probablemente, abril de 1945, aunque Proctor refiere finales de enero), hasta que sus miembros pasaron a Italia, con la pretensión de embarcar rumbo a España. Hay quien sostiene que luchó en Rumanía, en los Cárpatos Orientales.[206]

Interesa, finalmente, resaltar varios aspectos documentados de la Unidad. En primer lugar, que destacó en la lucha (varias propuestas para condecoraciones). También, que tuvo problemas de cohesión: la parte española acusó a la alemana de trato denigrativo y se negó a obedecer, lo que obligó al Alto Mando a permitirle el acceso a la suboficialidad; un español asesinó a un alemán; en la retirada, los alemanes llegaron a entorpecer los movimientos de los españoles. En tercer lugar, que perdió a parte de sus hombres por deserción, en beneficio de la División SS *Wallonie*, y, en menor medida, de unidades partisanas italianas y el Ejército Rojo. Y, por último, que trató bien a la población civil, que compensó a los españoles con ropas, que les permitieron llegar hasta Roma, donde se acogieron a la protección diplomática.

Si poco es lo que sabemos de quienes lucharon clandestinamente en la Wehrmacht, todavía menos conocemos de los que se encuadraron en las Waffen SS. La destrucción de fuentes y la dispersión de las todavía existentes, unido al mutismo que rodeó a aquellas captaciones, únicamente permiten una vaga aproximación a la actividad que desarrollaron durante los últimos meses de la guerra.[207]

Entre agosto y octubre de 1944 se formaron en Viena, con trabajadores y ex divisionarios dispersos por Austria, varias unidades españolas integradas en las SS, que quedaron al mando de un teniente. Y hubo también quienes se integraron en la brigada (después división) de Léon Degrelle.[208]

De los combatientes de las unidades configuradas en Viena sabemos algunas cosas. Por ejemplo, que se negaron al tatuado del brazo con el grupo sanguíneo, como era obligación. Que engrosaron la fuerza de choque antipartisana en Yugoslavia y el norte de Italia. Y que su actuación representa uno de los episodios más sombríos de la participación española en la guerra, pues algunos, cercano el final, se abandonaron al saqueo y la violación. Parece ser que, finalmente, se entregaron a las vanguardias norteamericanas. Muchos fueron encarcelados y otros internados en campos de concentración. En los juicios que finalmente les incoaron tribunales italianos, se declararon trabajadores contratados por el Tercer Reich enrolados por la fuerza en *el Ejército*, no en las SS (la falta de tatuaje jugó en su favor). En cuanto a la inserción en la brigada belga de las SS, al parecer nació de la iniciativa de un belga nacionalizado español que se enroló en ella; y contó con el beneplácito de Degrelle. El proyecto tomó cuerpo gracias a la captación de compatriotas en la *Legión*, hartos de roces con sus mandos, y llegó a sumar unos 300 hombres (entre 260 y 400, según las fuentes), que fueron integrados en un Regimiento. Lucharon en Pomerania (febrero de 1945) contra las vanguardias soviéticas, al parecer con gran quebranto, y finalmente fueron trasladados a Potsdam.[209]

Al margen de los dos contextos mencionados, el representante en Madrid del Gobierno Provisional de la República Francesa, manifestó a las Embajadas estadounidense y británica (y se quejó al Palacio de Santa Cruz) que en julio varios españoles quedaron incorporados a la Gestapo en San Juan de Luz, y participaron *en la represión contra las tropas francesas*. Madrid argumentó que eran apátridas, y finalmente los generales Eisenhower y Koenig acordaron «dejar de lado el asunto». Al parecer, hay testimonios y documentación parcial que avalan que hasta septiembre hubo españoles en las SS que operaron contra la Resistencia, y cabe la posibilidad de que algunos participasen en la Batalla de Normandía.[210]

Volvamos a Alemania. Allí, el capitán Miguel Ezquerra recibió de Faupel el encargo de formar una unidad exclusivamente española. Y se encargó de la recluta, que incluyó a combatientes de la *Wallonie*, de la *Legión*, trabajadores, estudiantes, miembros de la *Organización Todt* y gente con problemas con la justicia. La llamada *Unidad Ezquerra* quedó configurada en dos com-

pañías y fue integrada en las Waffen SS. Acuartelada en Potsdam, recibió instrucción hasta abril, y reforzada con letones, belgas y franceses, tomó parte
en la defensa de Berlín. Al parecer, participó en la reconquista de la Moritz
Platz, ayudó a taponar penetraciones en el Barrio Ministerial, y tomó parte
en un desesperado ataque en Spandau. Pero, a la postre, de nada sirvió todo
aquello. En última instancia, los que no perecieron en combate pagaron
aquella lucha con años de presidio en la Unión Soviética. Y entre los afortunados que regresaron, hubo quien fue sometido a Consejo de Guerra.[211]

4

La *retaguardia* de la División Azul

1. Antes del combate (de julio a octubre de 1941)

La División Azul en el campamento militar de Grafenwöhr

Durante el período de permanencia de la División en Alemania (17 de julio a 19 de agosto de 1941), fueron muchas las circunstancias de carácter sociopolítico que la tuvieron como referente. Así, mientras que Finat cumplimentaba a los divisionarios en el Campamento, agasajaba a los oficiales de la Escuadrilla, profería discursos laudatorios en la sede de Falange, y asistía a la jura de bandera de la División y la Escuadrilla, en España el ambiente político seguía enrarecido. Y ello hasta el punto de que Carceller no tuvo reparos en calificar, ante un consejero de la Embajada estadounidense, a Serrano Suñer de hombre perverso y desmesuradamente ambicioso, que se valía del Eje para incrementar su poder; ni en afirmar que el Gabinete en pleno estaba contra él y deseaba su cese.[1]

Sólo en la Embajada alemana parecía reinar el sosiego. En su habitual cable a Berlín, Heberlein calificó la despedida tributada a los voluntarios de entusiasta, y comunicó que no habían faltado *manifestaciones espontáneas* de simpatía por el Reich y Hitler. Respecto de Madrid, la describió en términos de apoteosis, y se congratuló de que el generalato en pleno hubiera acompañado a Muñoz Grandes a Barajas. Dado que el embajador estaba en Alemania, había asistido él a ambas despedidas, del mismo modo que iba a acudir al antiguo Palacio de las Cortes a escuchar el discurso que Franco pronunciaría con motivo de la celebración del *18 de Julio*.[2]

Aquella tarde, Francisco Franco dio un paso más en favor del Eje y en contra de los Aliados. Ante el Gobierno en pleno y el cuerpo diplomático, y flanqueado por Serrano Suñer y Arrese, manifestó al Consejo Nacional del Movimiento:

> La suerte ya está echada. En nuestros campos se dieron y ganaron las primeras batallas. En los diversos escenarios de la guerra de Europa tuvieron lugar las decisivas de nuestro Continente. Y la terrible pesadilla de nuestra generación [*sic*], la destrucción del comunismo, es ya de todo punto inevitable.
>
> Ni el Continente americano puede soñar en intervenciones en Europa sin sujetarse a una catástrofe, ni decir, sin detrimento de la verdad, que pueden las costas americanas peligrar por ataques de las potencias europeas ... Se ha planteado mal la guerra y los Aliados la han perdido ... La Cruzada emprendida contra la dictadura comunista ha destruido de un golpe la artificiosa campaña contra los países totalitarios. ¡Stalin, el criminal dictador, es ya el aliado de la democracia![3]

Arriba se congratuló del discurso, a la par que lo impregnó de falangismo. Pero la reacción de los medios diplomáticos no se hizo esperar. Hoare lo interpretó como una provocación («sería difícil imaginar un discurso más provocativo; tan provocativo que yo no alcanzaba a explicarme cómo este gallego, por lo regular tan prudente, pudo pronunciarlo»), y sus ecos pronto llegaron al Parlamento británico, donde, ante una interpelación, Eden amenazó a Madrid con cortar toda ayuda económica. En cuanto a Weddell, expresó su enfado a Hull («Franco se dirigió al Consejo Nacional de la Falange en términos extraordinariamente violentos, enfatizando más duramente que nunca su desprecio hacia las *democracias plutocráticas*, su convencimiento de que Alemania ha ganado ya la guerra y que la intervención de Estados Unidos puede únicamente llevar a una inútil prolongación del conflicto»). Al día siguiente solicitó instrucciones para una protesta formal, a concretar en una nota a difundir en Estados Unidos y en España.[4]

A pesar de la euforia existente, no había sosiego entre los medios gubernamentales españoles. A nadie escapaba que Franco había sido poco prudente. Nada estaba decidido todavía, y España estaba demasiado inserta en la órbita de intereses anglosajones y era dependiente en materia económica. La sombra de un desembarco en el Continente crecía amenazadora tras las reciente ocupación, por parte de Estados Unidos, de Islandia y la previa inclusión de las Azores en su zona de seguridad.[5]

El 18 Heberlein dio cuenta a Berlín del contenido del discurso, sin hacer comentario alguno: la agencia de noticias DNB ampliaría posteriormente la información. Tras su regreso a España, el 26 Stohrer se desplazó hasta Segovia para visitar a Serrano Suñer en su finca de La Granja, quien calificó el discurso de precipitado y constató la fuerte impresión que había causado entre las medios diplomáticos aliados. Temía un desembarco anglosajón en las Azores y en África noroccidental, o en el Marruecos español, Tánger, las Canarias y Portugal. Stohrer se manifestó escéptico ante la posibilidad de un desembarco en Portugal, pues provocaría un ataque combinado hispano-alemán. Serrano dijo que, obviamente, España *atacaría* de inmediato y quiso saber el volumen de tropas estacionadas al otro lado de los Pirineos.[6]

Los temores de Serrano Suñer no carecían de fundamento. El 4 de agosto su embajador en Ankara le manifestó que había sido informado por su colega yugoslavo de los planes británicos respecto de España (recogidos después por von Pappen): tras un desembarco anglosajón en las Azores y Portugal, le sería emitido un ultimátum para que rompiera relaciones con el Eje. Caso de no aceptación, serían ocupadas las Canarias y las colonias norteafricanas, donde instauraría un Gobierno español paralelo, de signo republicano. Pocos días después, el espionaje alemán informó a Berlín de que Hoare había manifestado a un pequeño círculo de catalanes que Gran Bretaña estaba dispuesta a ocupar las Baleares y, desde allí, perpetrar un desembarco en territorio francés próximo a la frontera con España, y otro en la desembocadura del Ebro; y que esperaba contar con la ayuda de la población francesa y catalana para desarrollar nuevas acciones bélicas ya en tierra firme. Las noticias que llegaban de Londres, de la mano del duque de Alba, tampoco eran tranquilizadoras: a finales de julio habían tenido lugar unas grandes maniobras militares, con algunos simulacros de desembarco, para los que se utilizaron gran número de barcazas de reciente construcción. Al parecer, el Gabinete y el Alto Estado Mayor estudiaban invadir varios puntos del Continente. Por otra parte, Eden le había dibujado una situación bélica poco optimista para Alemania a medio plazo, en base a las pérdidas en la Unión Soviética, la destrucción ocasionada por la RAF en Colonia y Hamburgo, las operaciones en Libia y el Atlántico, y la producción de la industria británica, que, unida a la norteamericana, permitiría la superioridad en el aire. Y, en cuanto a la guerra germano-soviética, Butler le había manifestado que lo que importaba a su país era el previsible desgaste de la Wehrmacht, y que Churchill estaba convencido de que Moscú iba a resistir.[7]

El 2 de agosto se ensombrecieron los ánimos en el Palacio de Santa Cruz: el duque de Alba telegrafió que la resistencia soviética iba en aumento, y que el Ejército Rojo disponía de mayor y mejor material de guerra del que se suponía, pues la capacidad de producción de la industria instalada en la zona asiática era muy superior a la conocida. Londres comenzaba a vislumbrar la posibilidad de que la Unión Soviética resistiera hasta el invierno, o, incluso, hasta que Londres pudiera desembarcar en el Continente o activar la lucha en el norte de África. A mayor abundamiento, se estaban organizando varias divisiones polacas en territorio soviético para hacer frente a la Wehrmacht. El 6 cundió nuevamente el nerviosismo en el Ministerio: el ya ex embajador de Vichy en Moscú acababa de manifestar que un régimen con 40 millones de funcionarios policíacos difícilmente iba a hundirse, y menos si estaba apoyado por 200 divisiones, 7.500 aviones y 14.000 tanques. Pero la tensión llegó a su punto culminante unos días después, cuando el *Washington Post* y el británico *Sunday Express* publicaron que fuerzas alemanas estaban atravesando España en dirección a Marruecos. A las pocas horas, Ximénez de Sandoval se precipitó a desmentir la noticia en rueda de prensa.[8]

La lucha contra la Unión Soviética despertaba simpatías entre amplios círculos españoles, algunos, ansiosos por influir sobre la opinión pública con el recurso a la propaganda. En Barcelona, el secretario del *Comité de Información y Actuación Social* solicitó al agregado de Prensa del Consulado General alemán la remisión periódica de informaciones anticomunistas procedentes del frente, al objeto de insertarlas en el semanario *Destino* y en el boletín de la organización, y metraje filmado en el frente y prensa soviética. También en Barcelona, comenzó su andadura la entidad *Amigos de Alemania* (29 de julio), al objeto de «encauzar las corrientes de simpatía existentes hacia la gran Alemania de Adolfo Hitler». Recayó su presidencia efectiva en el general Múgica, y la honoraria en Kindelán y Correa. Y en Madrid, con los mismos objetivos, quedó oficialmente constituida la *Asociación Hispano Germana* (5 de agosto).[9]

En aquel contexto de germanofilia, pronto se desencadenó una intensa actividad propagandística británica en contra de la División: había sido reclutada para «sacar las castañas del fuego» a Alemania, a costa de cientos de falangistas, en su mayor parte obligados a alistarse por sus mandos. Y, tan pronto como llegó a España la primera expedición de repatriados por inutilidad en el servicio, fue objeto de atención preferente por parte de británicos y norteamericanos. Muchos fueron abordados en un intento de obtener información de primera mano sobre lo que acaecía en Grafenwöhr. Dada su condición de rechazados, eran terreno abonado para la confidencia: algunas críticas a la División y a su estancia en Alemania fueron ampliamente propaladas, lo que no pasó desapercibido a la Embajada alemana.[10]

Y, mientras tanto, los compromisos del Régimen para con Alemania continuaban materializándose. Tras haberse decidido que la unidad de Tierra y la de Aire lucharían en frentes diferentes, el 27 de julio llegaron a la estación de Anhaltar los 81 hombres que configurarían la Escuadrilla Azul. Y, acto seguido, con aires marciales desfilaron por Berlín al mando de su jefe, el comandante Ángel Salas Larrazábal. Aquellos pilotos y sus ayudantes iban a iniciar su período de entrenamiento en la Escuela de Caza de Werneuchen, a pocos kilómetros de la capital. Tres semanas después, el 16 de agosto, tendría lugar su jura de bandera, en el campo de ejercicios de la Escuela, con asistencia del embajador español y representantes de la Falange berlinesa y de la División.[11]

La División estaba en Alemania. Su carga falangista podía ser explotada en beneficio del Partido o de un sector del mismo. En este sentido, Serrano Suñer manifestó a Stohrer (8 de agosto) que lamentaba que sus jerarcas no hubieran entrado todavía en contacto con personalidades del Partido Nazi. Mora Figueroa, Dionisio Ridruejo y el conde de Montarco, consejeros nacionales

de confianza, eran especialmente idóneos para expresar las inquietudes y aspiraciones del falangismo a sus camaradas alemanes. Stohrer valoró la propuesta
como acertada y la apoyó ante Berlín aquella misma noche. Pero Hitler la aparcó,
y ordenó que el doctor Ley visitara la División. No convenía a los intereses
alemanes dar excesiva publicidad a FET-JONS, pues la Unidad estaba comandada por militares. Fuentes alemanas calculaban que nueve de cada 10 de sus
oficiales eran hostiles al falangismo. Tal circunstancia, aunque exagerada, había sido tenida muy en cuenta desde el primer momento, hasta el punto de
que fue incorporada a la Wehrmacht y no a las Waffen-SS, como le hubiera co-
rrespondido por su componente civil. El propio Stohrer tuvo la precaución
de informar de que Muñoz Grandes, en Grafenwöhr, se sentía incómodo entre tanto «comisario» del Partido. De ahí que las reuniones solicitadas fueran
sustituidas por una visita protocolaria, carente de proyección política.[12]

Entre tanto, a principios de agosto fue divulgado en Madrid un escrito de
Fal Conde que, a modo de manifiesto, expresaba la postura oficial tradicionalista frente a la guerra germano-soviética: ni los argumentos de Londres ni los
de Berlín convencían a la plana mayor del Tradicionalismo, en una guerra en la
que, como mínimo, había quedado patente el oportunismo de Hitler al pactar con Stalin dos años atrás. Y mientras un cierto desasosiego se apoderaba
de determinados sectores del Poder con relación al desarrollo de la campaña de
Rusia y de la actuación de la División en particular, en la calle la realidad era
otra. La prensa y la radio no cesaban de transmitir las victorias del Ejército
alemán y de resaltar, hasta extremos inverosímiles, la perfidia del régimen soviético; titulares que, ante todo, generaban la impresión de que la campaña
iba a ser extraordinariamente corta. Pero en el lector crítico, el exceso de pa-
labrería, unido a la escasez de logros de primer orden desde hacía ya algunas
semanas —sobre todo, la no caída de Leningrado, tan cercana a Finlandia—,
generaba la sospecha de que las cosas no marchaban del todo bien. También
debió de resultarle extraño, en Barcelona, que la prensa anunciara la reaper-
tura de la inscripción para la División a quienes, por circunstancias diversas,
no marcharon en la primera expedición, y a cuantos excombatientes, excautivos y afiliados a FET-JONS quisieran inscribirse por vez primera.[13]

El caso es que muy pronto tuvo lugar una nueva recluta para la División Azul: el 2 de agosto fueron alistados 180 falangistas en Madrid, al tiempo que la Delegación Provincial de Milicias comunicó disponer de más de
12.000 fichas de camaradas deseosos de ir al frente. Y, al cabo de una semana, Varela solicitó de Kindelán una relación nominal de voluntarios militares, comprendidos en diversas categorías, que hubieran observado una conducta político-social «intachable».[14]

De entre las primeras noticias de prensa que se recibieron sobre la estancia de la División Azul en Grafenwöhr destacó la de la jura de bandera, defi-

nida por «actos brillantísimos que produjeron una viva impresión a cuantos los presenciaron», en los que «los voluntarios falangistas juraron por Dios, por su honor y por España luchar hasta la muerte contra el comunismo» (obsérvese que la fórmula del juramento añadía el nombre de España y silenciaba el de Hitler, a la vez que uniformaba a todos los voluntarios en torno al falangismo). Otra noticia destacada fue la que dio cuenta de la visita de Ley. También hubo descripciones del Campamento; anécdotas diversas, como la de un campesino que el día de la marcha se perdió por Madrid y que había llegado por sus propios medios a Baviera; e informaciones de carácter práctico dirigidas a los familiares, como la forma de proceder para el envío de correspondencia. Todo ello fue ofrecido conjuntamente con manifestaciones destinadas a plasmar la moral de victoria y el deseo de lucha de los divisionarios.[15]

El mismo día de la llegada de la primera expedición a Grafenwöhr se iniciaron los boletines radiados a cargo de la jefa de la Sección Femenina en dicha capital, Celia Giménez. Las emisiones, vespertinas, se llevarían a cabo a diario por Radio Berlín en onda corta, Radio París en onda media y Radio Burdeos en onda larga. Conectaban con el Campamento y recogían las opiniones de algunos voluntarios, generalmente destacados. Así, Ridruejo replicó algunas afirmaciones hechas desde la BBC, y Aznar manifestó su seguridad en la victoria.[16]

Además de difusión, la División iba a contar en España con dinero. Así la prensa comunicó que el Banco de España transfería 50.000 pesetas al Ministerio del Ejército con destino a ella. Tres días después, anunció la percepción de un subsidio para los familiares de los divisionarios en paro, previa presentación de la documentación exigida. No faltaron tampoco, iniciativas más o menos oficiales, como la del Sindicato de Agua y Fuerza de Barcelona, que organizó una suscripción para ayudar económicamente a los familiares de los divisionarios afiliados, que al finalizar julio había repartido 800 pesetas por familia; o la iniciativa de la Delegación Nacional de la CNS de destinar un día de los haberes de todos sus funcionarios a la División.[17]

Sólo la Sección Femenina mantenía una actitud prudente respecto de la campaña de Rusia, en previsión de que pudiera extenderse más allá del verano. En este sentido, hizo un llamamiento a *todas* las españolas para que contribuyeran a la realización de prendas de lana: no era necesario obligarse a hacer equipos completos, bastaría con elaborar una prenda (jersey con o sin mangas, pasamontañas, guantes o calcetines). Una vez realizadas, serían recogidas, contra entrega de recibo, en todas las Jefaturas, fueran provinciales, locales o de distrito. Una petición material a la que se sumó la de una plegaria al inicio del día para el triunfo de la *causa antibolchevique*. Y Madrid remitió una nueva circular, que instaba, una vez más, a todas las afiliadas a elaborar prendas de abrigo. Aunque hubo delegaciones que fijaron normas que excedían en bastante lo decretado; como la de Madrid, que obligó a trabajar a todas las afiliadas, con excepción de las casadas, que redimirían el trabajo con una aportación monetaria. Acorde con todo ello, la prensa de la Sección Femenina insertó en sus páginas frecuentes referencias al frío en Rusia y a la imperiosa necesidad de tejer ropas de abrigo, por medio de proclamas efectistas; y dio consejos prácticos para elaborar las prendas. En otro orden de cosas, hizo orgullosa referencia a sus enfermeras; si bien, un tanto en guardia ante ciertas actitudes, recogió la puntualización de una de ellas a un periodista en el sentido de que no eran mujeres «desesperadas».[18]

Cincuenta y tres días de camino

Ni que decir tiene que, durante la marcha de la División de Alemania al frente ruso (20 de agosto a 11 de octubre), fueron muchas las circunstancias que, con ella como referente, se desarrollaron a sus espaldas. En España la situación política seguía enrarecida, fundamentalmente en torno a la animadversión que el sector monárquico y aliadófilo de la cúpula militar sentía hacia Serrano Suñer. Orgaz exigió de Franco su destitución. Éste, que pidió tiempo para reflexionar, se vio de nuevo presionado días después, por parte de Aranda, y a finales de mes Hoare dio por sentado la inmediata destitución. Sin embargo, el Foreign Office era escéptico respecto a la acción de los generales: muchos informes (cada uno en apariencia más contundente que el anterior) desde hacía 12 meses en este sentido, y los resultados, hasta la fecha, eran nulos.[19]

Pero la situación de Serrano no debía de ser demasiado holgada, cuando comentó a Lequio, con una sonrisa, que podía encontrarse ante una buena ocasión para materializar su antiguo sueño de marchar a Roma como embajador. Por su parte, Stohrer comunicó a Berlín que los militares deseaban su caída para configurar un gobierno a su medida, pero que carecían de soluciones para los problemas que machaconamente denunciaban (caos económico y corrupción). Finalmente, Serrano le confió que también la mayoría de sus compañeros de Gabinete habían intentado desacreditarlo ante Franco; y —prosiguió— estaba convencido de que únicamente el triunfo de Alemania podía «salvar» a España. Por el contrario —concluyó—, una hipotética victoria británica, anhelada por quienes intrigaban en su contra, supondría el nacimiento de una república vasca y otra catalana.[20]

Al margen de los manejos en torno a Serrano Suñer, aunque con incidencia directa sobre su cota de poder, entre los acontecimientos políticos de aquel período destacó el acceso de Gabriel Arias Salgado al cargo de vicesecretario de Cultura Popular. Mientras tanto, buena parte de la información transmitida por los embajadores sobre la marcha de la guerra seguía acabando en el despacho de Stohrer, tras pasar por las manos de Serrano y de Ximénez de Sandoval. Aquél seguía con la costumbre de informarle personalmente de lo tratado con los embajadores aliados.[21]

La aparente buena marcha de las relaciones hispano-alemanas quedó de manifiesto en el viaje que Pilar Primo de Rivera realizó a Alemania, invitada por la jefa de las Juventudes Femeninas del Reich. Por su parte, *Informaciones* publicó las siguientes palabras de Goebbels: «El pueblo español es uno de los más queridos por el pueblo alemán ... su simpatía es aún mayor después de ese gesto caballeresco que ha tenido al enviar su legión de voluntarios». Un *gesto* que sabía a poco después de la negativa de diciembre a dejar paso a las tropas en su proyectado intento de conquista de Gibraltar. De hecho, Hitler manifestó a Mussolini su profunda desazón con respecto a Franco y su Gobierno: si en enero o febrero se hubiese dejado las manos libres a Alemania para actuar, Gibraltar sería español y el Mediterráneo estaría en manos del Eje.[22]

En un contexto de alegría generalizada partieron de Madrid las enfermeras falangistas (22 de agosto). Un día antes Arrese fue a despedirlas a la *Escuela del Hogar*, donde se habían preparado durante casi dos meses. Veteranas de la Guerra Civil, todas lucían condecoraciones obtenidas en el frente. Accedieron al expreso de Irún tras abrirse paso a duras penas entre el gentío concentrado en los andenes. Las acompañaba la jefa de las enfermeras militares, Mercedes Milá; los jefes y oficiales militares de la Sanidad divisionaria, y un capellán del hospital militar de Carabanchel. Ya en Vitoria, se añadieron a la expedición algunas enfermeras más y sanitarios. De momento, todo era alegría.[23]

En Berlín, el nuevo embajador, José Finat y Escrivá de Romaní (conde de Mayalde), obsequió a Muñoz Grandes con un almuerzo de despedida. Estaba preocupado porque había transcurrido un mes desde que obtuviera el plácet, y todavía no había sido llamado a la Cancillería para presentar sus acreditaciones a Hitler. Por lo que a las autoridades alemanas respecta, Faupel agasajó a la Sanidad divisionaria en la Escuela de Pilotaje donde se instruía la Escuadrilla, ante una representación de la colonia española y del Auswärtiges Amt, la Luftwaffe, la Kriegsmarine y el Partido. Y, ya en un terreno más práctico, la Sanidad militar alemana cedió un local que se habilitó como hospital y casa de reposo para los divisionarios convalecientes: 100 camas, en total, en una zona privilegiada de la capital, al lado de un lago donde otrora se practicaban deportes náuticos. La inauguración contó con la asistencia del general jefe de la Sanidad militar de Berlín y de Finat, quien agradeció públicamente la donación.[24]

En aquel contexto positivo, la Falange también fue agasajada en territorio del Reich: Faupel presidió un acto de homenaje de Pilar Primo de Rivera en Berlín; en tanto que, en Bratislava, 14 atletas falangistas que participaron en la Olimpiada Juvenil Europea, recibieron un trato de favor de parte de sus camaradas alemanes. Y fue en los despachos del Ministerio de Propaganda donde comenzó a desplegarse una campaña de promoción internacional de la División, por medio de un monográfico del semanario *Aspa*. Y para el consumo interior, el *Völkischer Beobachter* publicó una fotografía de divisionarios atravesando una ciudad soviética, con la inscripción «La División Azul, camino del frente oriental» a su pie.[25]

Pero el falangismo exultante por su participación en la campaña de Rusia comenzaba a ser socavado ante Franco por la acción de Luis Carrero Blanco. En su primer informe sobre la situación de España, había acusado a FET-JONS de haber duplicado la organización del Estado, y de ser un partido de ideología y credo definidos al margen de su voluntad. Por todo ello —concluyó—, requería de una depuración y de la incorporación de 200 hombres «perfectamente compenetrados con la idea del Caudillo, fanáticos de él». Además, el optimismo falangista derivado de la División era en cierta medida compensado por el pragmatismo del Ejército, ocupado en asegurar la cobertura de las plazas vacantes que entre la oficialidad divisionaria generaría la asistencia a los cursos de la Academia Militar.[26]

A nivel económico era Carceller quien marcaba las directrices a seguir, y se mostraba maestro en la práctica del doble juego político (manifestó al consejero de la Embajada estadounidense Willard Beaulac que España daba a Alemania la impresión de cooperación, cuando lo que en realidad buscaba era el apoyo de las democracias, por las que Franco se decantaba claramente). Y propuso en el Consejo de Ministros comerciar con Estados Unidos y Alemania directamente, al margen de intermediarios. Acto seguido, viajó a Alemania para presidir la inauguración del pabellón español en la Feria de Muestras de Leipzig, donde reclamó un lugar para España en el Nuevo Orden y la intensificación de las relaciones hispano-alemanas. Y en Berlín, conversó con Weizsäcker y con Emil Wiehl, jefe del Departamento de Economía del Auswärtiges Amt, y visitó el Ministerio de Economía. Ante Wiehl, defendió la necesidad de que España atenuara su actitud hostil hacia los anglosajones, al objeto de obtener fertilizantes, carbón, cobre, estaño y fibras textiles, sin los cuales —a su juicio— su industria se hundiría en dos o tres meses. De hecho —argumentó— tal provisión sería beneficiosa para Alemania, pues con ella España estaría en óptimas condiciones para un futuro inmediato. Poco podían importar —concluyó— algunas concesiones, si con ello España recuperaba las licencias de exportación norteamericanas y los *navicerts*.[27]

Al margen de los manejos del poder político, del falangismo y del Ejército, una parte de los españoles tenía muy presente a la División en su quehacer cotidiano. Iniciativas privadas se sucedían a diario; algunas con finalidad propagandística, otras, impelidas por el corazón. El dinero se movía con destino a ella por medio de donaciones a veces sustanciosas (5.000 pesetas de la

Compañía *Plus Ultra*, 4.000 de Rigoberto P.B., mil de «una amiga de los voluntarios»...), que complementaban el obtenido por suscripciones populares, como la que abrió el toledano pueblo de Cavalcán, o fiestas benéficas, como la organizada por la Peña de San Lorenzo de El Escorial. De entre todas las aportaciones materiales, la más importante vino de la mano de la industria lanera de Sabadell, Tarrasa y Barcelona: medio millón de pesetas en hilo donado a la Sección Femenina para la elaboración de prendas, por iniciativa de Carceller. De hecho, las muchachas falangistas seguían dedicando buena parte de su tiempo a tejer. Y, al margen del dinero y del trabajo, no faltaban prácticas religiosas colectivas para los hombres de la División, como la misa oficiada los sábados en la Basílica de Nuestra Señora del Pilar, o los jueves en el Santuario de los Padres Carmelitas de Barcelona, así como el rezo de la Salve en la Basílica de Nuestra Señora de la Merced. Los familiares también vieron un tanto alteradas sus vidas: mientras la prensa daba cuenta de los trámites a llevar a cabo para cobrar sus devengos o para enviar correspondencia y paquetes postales, las instancias oficiales les organizaban actividades, como el viaje a la Basílica del Pilar desde Barcelona, a un precio especial. Y la iniciativa privada les dispensaba atenciones, como la concesión de 18 becas a hijos de voluntarios por parte del Colegio San José de Calasanz, en Madrid, o las clases gratuitas ofrecidas por la Academia de corte y confección del Corte Parisiense, también en Madrid.[28]

Pero la partida de Grafenwöhr comportó, a la vez, un cierto alejamiento de la División de los hogares españoles, en tanto que la radio dejó de emitir los saludos y comentarios que, desde el Campamento y a lo largo de un mes, trasladaron los voluntarios a sus familiares y conocidos. Como contrapartida, se emitieron actos grabados, como el de la jura de bandera, a cargo de Radio Nacional. Emisiones que, en modo alguno, pudieron soslayar el vacío provocado por la ausencia de las voces en directo; por lo que, a finales de agosto, la labor de entrevista se centró en la Escuadrilla Azul, todavía presente, por aquel entonces, en Alemania.[29]

La prensa seguía con su tono altisonante, no exento de paralelismos con la Guerra Civil, como cuando *Arriba* afirmó que San Petersburgo se había convertido en «el Madrid de Rusia». Sin embargo, a la falta de titulares que anunciaran logros espectaculares se sumaba la aparición de noticias en sí preocupantes (paracaidistas soviéticos aniquilados en Helsinki, unidades del Ejército Rojo rechazadas en Luga, inicio de la conferencia anglo-soviética de Moscú...). Todo ello intentaba contrarrestarse, en parte, con referencias a declaraciones o actos de determinados líderes políticos o militares, como la visita que Hitler y Mussolini hicieron al frente a finales de agosto, o las manifestaciones de Kerenski a la revista *Life*, que aventuraban la derrota de Moscú. Además, fueron muy pocas las noticias de primera mano que la prensa pudo obtener de la División durante aquel período; y de un evento como la entrevista de Muñoz Grandes con Hitler, sólo dijo que el general había manifestado que estaba preparada para el combate. Y aunque se hizo eco del cruce de la frontera polaco-soviética y recogió un infundio de Berlín que afirmaba que había tomado parte en el cerco a cuatro ejércitos soviéticos, de la marcha apenas dijo nada.[30]

Entre tanto, Ximénez de Sandoval hizo una rueda de prensa en la que desmintió la noticia de que la División iba a ser repatriada, propalada por agencias anglosajonas; y afirmó que permanecería en Rusia hasta que hubiera logrado sus objetivos, entre ellos, «rescatar» a los niños expatriados durante la Guerra Civil. De momento —prosiguió— habían sido localizados dos entre los prisioneros hechos por el Ejército finlandés, e iban a ser repatriados. Y ya a principios de octubre, disminuyó la sequía informativa de la mano de las primeras muertes en acción de guerra: el 4 el país supo la muerte del piloto Luis Alcocer Moreno, hijo del alcalde de Madrid y primer *caído* español en el frente del Este, y dio cuenta de su sepelio en el cementerio católico de Werneuchen. Ese día, Ximénez de Sandoval, en nueva rueda de prensa, declaró que la Escuadrilla había llevado a cabo «actuaciones brillantísimas».[31]

Mucho antes del inicio de octubre, ya a finales de agosto, el Ayuntamiento de Zaragoza anunció públicamente que enviaría un equipo de invierno a los voluntarios aragoneses (primera iniciativa de carácter oficial en este sentido, al margen de la Sección Femenina). Y a finales de septiembre, el cónsul de España en Orán abrió una suscripción para obsequiar a la División en las fiestas de Navidad y Año Nuevo.[32]

Y proseguían las manifestaciones germanófilas: el consistorio de Sabadell recibió del jefe de las Juventudes Hitlerianas en España un retrato de Hitler, y su alcalde y tres delegados falangistas la insignia de honor de la organización. Pocos días después, en Mollet del Vallés, tuvo lugar un acto de confraternización hispano-alemana con motivo de la colocación de una lápida en memoria de un aviador muerto cuando sobrevolaba la localidad (asistieron Kindelán y Jaeger, y Goering envió una corona de flores). El propio Hitler hizo entregar un álbum con fotografías de la Legión Cóndor a la Falange ovetense, como contrapartida a un regalo que ésta le había hecho tiempo atrás. Y las autoridades barcelonesas homenajearon durante varios días a miembros de la Sección Femenina del Partido Nazi. Al margen de celebraciones, la germanofilia de los medios gubernamentales, unida a la precariedad de la economía y el problema del paro, cristalizó en las gestiones para el envío de trabajadores a Alemania: el 22 de agosto, día en que partió el equipo sanitario de la División, se firmó en Madrid el convenio regulador; y el 3 de septiembre nació la *Comisión Interministerial para el envío de trabajadores a Alemania* (CIPETA).[33]

La germanofilia tampoco solucionó un primer grave problema de carácter técnico en la División: su abastecimiento alimenticio desde España. Sabemos, por ejemplo, que los 20.000 kilogramos de garbanzos y los más de

5.000 de aceite que atravesaron la frontera de Irún el 8 de agosto generaron considerables quebraderos de cabeza a la Representación en Madrid y a la agregaduría militar en Berlín, organismos encargados de controlar su envío y recepción. Y también causaron problemas otras remesas enviadas a lo largo del mes y de septiembre, que sufrieron retrasos en el transporte y siguieron rutas diferentes a las inicialmente consignadas, y quedaron diseminados por varios puntos de la geografía alemana. Y no fue hasta mediados de octubre que la Embajada española comenzó a localizarlos, y, tras los pertinentes trámites burocráticos, pudo reexpedirlos con destino a Rusia.[34]

A tenor de las dificultades de transporte y, hasta cierto punto, del desconcierto reinante, a mediados de septiembre se canceló el envío de *Arriba* a la División. Y, a finales de mes, el jefe de su Representación, coronel Manuel Estada, retuvo un cargamento de tabaco negro valorado en medio millón de pesetas, y destinado a constituir un depósito en Alemania, a pesar de la imperiosa necesidad del mismo. Un día antes, había solicitado al agregado militar en Berlín que averiguara el paradero de las remesas hechas hasta la fecha. A su interés personal por el buen funcionamiento del servicio, añadía la angustia derivada de no tener respuesta para los constantes requerimientos de familiares y de entidades donantes en el sentido de si habían sido recibidos sus paquetes.[35]

En otro orden de cosas, la propaganda británica comenzó a actuar eficazmente en España en contra de Alemania a través de la División. Para ello se valió de dos elementos: las emisiones radiofónicas y la transmisión oral.

Desde principios de septiembre la BBC emitía sobre territorio español y en castellano la serie *Azulejos*. El segundo programa de la serie relató algunas irregularidades habidas en la recluta, y dijo que San Sebastián, Pamplona y Zaragoza habían incorporado reclusos a la División, 1.300 en total. Tres días después, *Informaciones* imputó a aquella emisión el haber atribuido la condición de presidiario a todos los divisionarios; noticia que Radio Valladolid emitió al día siguiente. La indignación se extendió por tierras castellanas, hasta el punto de que algunos familiares protestaron ante la Embajada, y de que reconocidos simpatizantes de la causa británica remitieron cartas de desaprobación al embajador. Hoare pidió a Londres elementos para desmentir todo aquello, y exigió una investigación para llegar a determinar responsabilidades. Pero el Foreign Office valoró sus apreciaciones como exageradas, y le informó de que las afirmaciones vertidas se basaban en fuentes fidedignas; si bien se manifestó dispuesto a radiar que fueron objeto de malinterpretación. Sin embargo, Hoare seguía pensando que se había cometido un craso error, y optó por atribuir la emisión a supuestas emisoras piratas enmascaradas como oficiales, y propaló que su Gobierno jamás habría autorizado tales manifestaciones. Para el embajador, una línea de actuación como aquella podría malbaratar los avances en materia de propaganda, tras meses de arduo

LA *RETAGUARDIA* DE LA DIVISIÓN AZUL

trabajo. Prefería que cesaran las emisiones de la BBC dirigidas a España a que se consolidaran así. Finalmente, *Azulejos* dedicó una emisión a puntualizar las afirmaciones hechas y arremetió contra *Informaciones Zeitung*: ni había dicho que los divisionarios fueran ex-presidiarios ni pretendía insultarlos. Pero, aun así —concluyó—, su carácter voluntario era discutible, y era un hecho cierto que fueron alistados presos.[36]

En cuanto a la transmisión oral, los servicios secretos británicos utilizaron profusamente las críticas vertidas públicamente por algunos de los repatriados, sobre supuestas dejaciones alemanas. Críticas fomentadas por el propio espionaje y que llegaron a constituir un serio problema para los medios diplomáticos alemanes en un momento delicado, de gestiones encaminadas al pacto para el envío de trabajadores y con la inminente apertura del proceso contra Salvador Merino como trasfondo político. Y comenzó a ocuparse del asunto: podrían explicar las quejas las noticias procedentes de Berlín que afirmaban que en la *Légion des Volontaires Français contre le Bolchevisme* y la División se habían infiltrado numerosos *comunistas*, sobre todo en Marruecos y muy particularmente entre el elemento indígena. Corrían rumores por Madrid que confirmaban tales apreciaciones en cuanto a la División. Stohrer hizo averiguaciones y sugirió a Berlín que los servicios de contraespionaje actuaran sobre el terreno, para, dado el caso, informar de inmediato al Gobierno español. Otra posible explicación llegó también de Berlín y apuntaba hacia el probable resentimiento de quienes los propalaron, pues se daba la circunstancia de que *todos* los repatriados padecían enfermedades venéreas. Mientras tanto, en Barcelona había disparidad de criterios: algunos manifestaron que en Grafenwöhr las discusiones entre mandos alemanes y los voluntarios españoles eran continuas, que la alimentación era insuficiente, que ni una sola vez habían recibido comida caliente por la noche, y que en aquellos momentos la División soportaba temperaturas en torno a 20 grados bajo cero. Otros, sin embargo, se mostraron complacidos por el trato recibido, y manifestaron públicamente su deseo de reintegrarse a la Unidad tan pronto como se restablecieran.[37]

Ante aquella situación, un tanto confusa y seriamente preocupante, Krahmer se entrevistó con el coronel Troncoso, ya regresado a España, quien le dijo que tales críticas únicamente respondían al enfado de quienes habían sido repatriados en contra de su voluntad. Tras la entrevista, el agregado aconsejó a Heberlein remitir al Estado Mayor Central del Ejército español un comunicado sobre el asunto, al objeto de que fueran silenciadas por vía militar, pues aquellos 376 hombres todavía estaban sometidos a tal jurisdicción. Heberlein, por su parte, ordenó a sus subordinados negarlas con toda contundencia.[38]

Pero lejos de atajarse, las habladurías en torno a las penalidades de los divisionarios crecieron. Rumores de todo tipo se propalaron, y a finales de septiembre Sevilla y San Sebastián se habían añadido a Barcelona como focos de transmisión. No cabía la menor duda a la diplomacia alemana de que detrás de todo aquello estaba la mano del *Intelligence Service*. Al parecer, en Sevilla se había captado a los repatriados por medio de agasajos y entregas de dinero. El hecho es que algunos de ellos merodeaban por locales diciendo que en Alemania no había qué comer, que no se encontraba tabaco y que la población estaba muy descontenta con la evolución de los acontecimientos. Tal acción desestabilizadora se había extendido también a las mujeres que semanalmente acudían a los oficios religiosos para la División: algunas de ellas afirmaron que varios voluntarios habían sido acusados de espionaje y ejecutados; que la División combatía cerca de San Petersburgo, en una zona muy expuesta al fuego enemigo; que había tenido enormes pérdidas, y que «en Kiev» habían muerto 600 divisionarios. Ante tal cantidad de despropósitos, Stahmer propuso una acción paralela contundente: publicar en la prensa las cartas de los divisionarios a sus familiares, y emitir su contenido por la radio. Stohrer dio luz verde para que el Palacio de Santa Cruz fuese informado en detalle de todo lo acaecido.[39]

Entre tanto, en Londres, el duque de Alba sondeó a Eden sobre la posibilidad de que una victoria soviética supusiera la expansión del comunismo por toda Europa. Y en Madrid, ya a finales de agosto el espionaje alemán detectó una honda impresión entre los medios políticos por la ocupación británica de Irán. España —anunció a Berlín— esperaba que la campaña contra la Unión Soviética estuviera resuelta antes de dos meses; y, caso de prolongarse, que por lo menos Alemania obtuviera los pozos petrolíferos del Cáucaso. Aumentaba la preocupación de Madrid el hecho de que, desde su inicio, hubiera descendido sensiblemente la producción minera, particularmente orientada hacia Alemania; lo que podría responder a una actitud de sabotaje por parte de los mineros, hombres de marcadas simpatías por la causa soviética.[40]

Algo estaba cambiando en España, pensó Hoare el 24 de septiembre al entrar en el coche oficial enviado por Serrano Suñer para trasladarlo a El Pardo. Algo estaba cambiando, efectivamente, para ser tratado con tanta deferencia por Franco en presencia de Serrano. La conferencia la había solicitado con la excusa de despedirse antes de partir hacia Londres por espacio de varias semanas. Fue una buena oportunidad para exponer su visión de la marcha de la guerra. En su opinión, Hitler había fracasado en tres objetivos estratégicos: la invasión de Gran Bretaña, la toma de Suez y la batalla del Atlántico. Su país —prosiguió— estaba en una óptima situación táctica al haberse abierto, en Rusia, un nuevo frente; y, además, gozaba de considerables simpatías en Hispanoamérica. Franco se mostró, no obstante, confiado en la capacidad ofensiva de la Wehrmacht y en el nivel de recursos de Alemania. La entrevista terminó con unas amables palabras de Franco, lo que satisfizo a Hoare, que vio en ellas el anuncio de posibilidades futuras de acercamiento.[41]

Seis días después, Weddell fue recibido por Serrano Suñer en el Palacio de Santa Cruz durante casi una hora; entrevista que calificó de cordial ante el secretario de Estado. Y el 6 de octubre se reunió con Franco en El Pardo, también en presencia de Serrano. El contenido de ambas conversaciones, eminentemente económico, versó sobre la posibilidad de incrementar las relaciones comerciales entre ambos países, y tuvo como eje fundamental el aprovisionamiento de gasolina a España. Serrano Suñer no se abstuvo de referir una velada amenaza de decantación política hacia el Eje si no veía satisfechas las expectativas en materia de suministros.[42]

Por aquel entonces el ánimo de Franco y de Serrano Suñer con respecto a la División hacía ya días que estaba un tanto alterado. La propalación de rumores inquietantes sobre la situación de los divisionarios, la falta de noticias oficiales sobre el desarrollo de la marcha hacia el frente, y la evidente prolongación de la guerra, les inquietaban. Además, había presión exterior: cada vez llegaban más cartas al Palacio de Santa Cruz de familiares solicitando noticias, muestra patente de preocupación.[43]

El 23 de septiembre, Finat, que ya había presentado sus credenciales a Hitler, acorde con las instrucciones recibidas, había solicitado a Weizsäcker permiso para visitar a los heridos en el Hospital de Grodno (unos 20); que le fue denegado por los servicios sanitarios de la Wehrmacht con el argumento de que aquél no era un centro destinado a la División. Al cabo de unos días, emprendió vuelo hacia Madrid para informar a Serrano Suñer de sus primeras impresiones en el cargo. Ya en la capital, dijo a Stohrer que estaba muy satisfecho por haber sido recibido por Hitler; pero luego éste supo que se había manifestado en términos negativos respecto a su estancia en Berlín. De nuevo allí, se presentó ante Weizsäcker y le manifestó el descontento de su Gobierno por la falta de comunicación con la División: en tales circunstancias, estaba desarmado frente a la intensa actividad desestabilizadora de la propaganda británica. Por toda respuesta, Weizsäcker sólo le pudo referir lo dicho por Hitler el día anterior, esto es, que la División acababa de entrar en combate; lo que no era cierto. A su juicio, podría pensarse en un encuentro con Muñoz Grandes a mitad de camino del frente o en alguna solución parecida, condicionada a una consulta previa con el Alto Mando. Finat dijo entender los problemas existentes, pero, pese a ello, solicitó una rápida solución en el sentido pedido. Aquel mismo día la petición llegó a Ribbentrop, quien, a pesar de opinar que la visita no podría materializarse, elevó la consulta al Alto Mando. La respuesta llegó por vía telefónica: el embajador debería estar en primera línea del frente al cabo de seis días. Mejor informado tras su protesta, Finat pudo telegrafiar a Serrano Suñer que pronto la División entraría en línea con las fuerzas de Busch en las proximidades del lago Ilmen.[44]

Acababa de dar comienzo una nueva etapa de la historia de la División Azul, la de su estancia en el frente; que, para sorpresa de la mayoría, iba a prolongarse por espacio de dos largos años. Pero, por el momento, la reflexión en la calle era otra: la lectura de los titulares de la prensa del sábado 11 de octubre («El Ejército Rojo ha dejado de existir», «Llamamientos angustiosos a la población civil para la defensa de Moscú», «Los ejércitos soviéticos irremisiblemente perdidos»...) llevó a más de un español a preguntarse si, dadas las circunstancias, la División finalmente llegaría a entrar en combate.[45]

2. EL COMBATE EN 1941

La primera notificación pública sobre la entrada en combate de la División llegó el 15 de octubre, de la mano de una nota del Ministerio de Exteriores reproducida en la prensa: había rechazado un ataque soviético, y uno de sus oficiales había recibido la Cruz de Hierro de Segunda Clase, primera condecoración de guerra otorgada a un divisionario. No fue hasta el 18 que España entera pudo por fin saber que combatía en el sector Norte del frente. Y hubo que esperar otro día para tener constancia de que ocupaba las posiciones de una división alemana, a la que había relevado. Una semana después, un primer comunicado emitido por el Ministerio del Ejército, dio pie al optimismo, al afirmar que «continua[ba] brillantemente desarrollando la misión confiada en el frente de batalla, habiendo capturado varios centenares de prisioneros durante la última jornada».[46]

En Berlín, el Auswärtiges Amt no entendía la recriminación española de escasez informativa, dado que los agregados militares de los países combatientes eran informados a diario de las vicisitudes de sus respectivas unidades por Berlín. Algo debía de fallar en la Embajada española. De hecho, el OKW había manifestado saber que el agregado español se interesaba más «por otras cosas» que por cumplir con su labor, lo que explicaría su deficiente nivel de información. Pero Serrano Suñer siguió presionando a Stohrer en aquel sentido, hasta el punto de solicitarle que gestionara la emisión de un informe diario de la actividad de la División. Heberlein consultó a Krahmer, quien manifestó dudas al respecto. Tras reflexionar sobre el asunto, Heberlein llegó a la conclusión de que probablemente Ejército se negaba a informar a Exteriores; pues, según sus informaciones, Muñoz Grandes telegrafiaba a diario al Estado Mayor Central.[47]

Finat todavía no había partido para visitar a la División, pues el Alto Mando había dado marcha atrás con el argumento de que se encontraba ya en el frente, en un punto en el que, por el momento, no era posible la visita. Pero las presiones españolas dieron fruto gracias a la labor de Weizsäcker, y finalmente pudo emprender su viaje. De nuevo en Berlín, el embajador alabó el trato recibido, y le comunicó que la División había perdido unos 3.000 caballos y que su Gobierno esperaba recibir los nombres de los muertos. Weizsäcker valoró como justa la demanda y se comprometió a gestionarla.[48]

Ya en noviembre, Stahmer solicitó de Serrano Suñer la regulación urgente de las transferencias de las pagas de los divisionarios, quien respondió que, a demanda suya, Benjumea haría la correspondiente petición al Consejo de Ministros. Al cabo de pocos días, Stohrer supo de la intención del general Moscardó de visitar la División, y que el Gobierno español estaba dispuesto a adherirse a la prórroga del *Pacto Antikomintern*.[49]

Entre tanto, en Berlín reinaba la prudencia respecto a la deseada entrada de España en la guerra. Keitel había impartido órdenes estrictas a sus subordinados de las tres Armas, en el sentido de que se abstuvieran de llevar a cabo averiguaciones por su cuenta en España e, inclusive, de propiciar conversaciones de índole militar con españoles. De ahí que, en parte, los medios de difusión alemanes optaran por volcarse en la División: «Estimo que hoy día se da más importancia a nuestra participación en la guerra de Rusia que a la de otras fuerzas más numerosas», telegrafió Finat a Serrano Suñer. Quizá como contrapartida, Alemania solicitó de Madrid una campaña de prensa en apoyo de Finlandia en su lucha contra Moscú, en la que subrayara su concepción anticomunista.[50]

Serrano Suñer partió hacia Berlín acompañado de seis colaboradores, entre ellos Tovar, y fue recibido en el andén de la estación de Anhalt por un sonriente Ribbentrop. En la mañana del 25 tuvo lugar, en la Cancillería del Reich, la ceremonia oficial de renovación del Pacto al que el Gobierno de Franco se había adherido en marzo de 1939. En la mesa presidencial estaban sentados, de izquierda a derecha, Antonescu, Serrano, Bardossy, Ciano, Ribbentrop, Oshima, Lü-I-Wen, Tuka, Popov y Lorkovic. Detrás de ellos, de pie, los miembros de las respectivas delegaciones, y en frente, sentados, los corresponsales de prensa autorizados. Previamente a la firma, hubo varios parlamentos. Serrano manifestó:

> Como consecuencia natural de esta fraternidad, España no podía ante el gran conflicto europeo presente permanecer en la actitud indiferente y ajena de un país puramente neutral. Por eso se declaró «no beligerante». Cuando el Ejército alemán atravesó la frontera del Este y emprendió la gigantesca lucha contra el bolchevismo, ni nuestras dificultades interiores ni la enorme distancia que separaba a España del nuevo frente pudieron impedir que nuestros camaradas de la División Azul hiciesen acto de presencia en el suelo soviético, dando así prueba fehaciente del entusiasmo del soldado español, que se siente orgulloso de marchar entre las filas de los Ejércitos de Europa, con sus antiguos y nuevos hermanos de armas, para participar en la heroica cruzada ante el mayor enemigo de la humanidad.[51]

Entre los actos protocolarios programados, figuraba una visita a la mansión de Goering y una recepción en el *Kaiserhof*, donde Serrano departió con el doctor Funk, y escuchó un interminable discurso de Ribbentrop en el que afirmó que «ha[bía] sido quebrantada la fuerza estatal del comunismo y del bolchevismo», pero dejó traslucir que era «un adversario tenaz», que solía luchar «con un arrojo increíble» y con «un material de guerra incalculable». A nadie de los allí presentes debió de escapar el trasfondo de tales afirmaciones.[52]

La estancia de Serrano en Berlín se prolongó hasta el 29, día en que se reunió con Hitler por postrera vez. En aquella entrevista, manifestó que la dependencia económica española era «un gran obstáculo» con vistas a una política exterior *audaz*. Ante una pregunta de su interlocutor, se mostró dispuesto a defender las Azores ante un eventual ataque y manifestó que los españoles eran plenamente conscientes de su obligación «de construir su política exterior sobre la base de una *sincera amistad* hacia Alemania». Y le solicitó la repatriación de varios falangistas de renombre, con el argumento de que tenían cometidos importantes que desarrollar en España, sobre todo con vistas «promocionar la amistad por Alemania» y a «fortalecer el Gobierno». Y acordaron proceder a *un cierto* relevo de efectivos con voluntarios llegados de España. Días antes, Serrano había manifestado a Ribbentrop el deseo de visitar a la División, lo que le reiteró, con la indicación de que confiaba poder llevar a cabo el viaje a principios de enero. Ribbentrop se limitó a responder que comunicara con antelación suficiente la fecha prevista, con vistas a tenerlo todo preparado. Ya en Hendaya, fue objeto de un ampuloso recibimiento oficial y le fueron tributados honores por fuerzas alemanas y españolas en el Puente Internacional. Serrano tenía motivos para el optimismo, pues todo en Alemania había funcionado «con arreglo al plan trazado».[53]

Sucedió a Serrano en Berlín el general Moscardó. Tras su regreso del frente, se trasladó hasta Rastenburg, donde fue recibido por Hitler, que difícilmente pudo disimular la preocupación que le embargaba ante la crítica situación de sus tropas frente a Moscú. Personalmente le informó de la situación en la que se encontraba la División y de sus previsibles actuaciones, pero nada dijo sobre la evolución general de la lucha en Rusia. Cuando el general introdujo el tema de Gibraltar y manifestó que España estaba muy interesada en eliminar el enclave británico, Hitler le respondió que lamentaba no poder hacer nada por el momento y que Franco en la primavera no hubiese aprovechado la ocasión. Seguidamente almorzaron, en medio de una conversación anodina. Ya en España, Moscardó manifestó haber hablado con Hitler «durante más de dos horas, acerca de los problemas generales de la guerra y de la lucha que sostienen los soldados españoles». De la entrevista y de las mantenidas previamente había inferido que era unánime «la impresión de valor militar, de audacia y de adaptación al medio guerrero» de los divisionarios. Y se sentía especialmente orgulloso de que en los hospitales que había visitado no hubiera enfermos; en la División —dijo— nadie ocupaba una cama «por dolencia de paisano».[54]

Entre tanto, en Madrid, Stohrer recogió el deseo de Serrano de visitar la División y contactó con Weizsäcker. Pasados unos días, a principios de diciembre, retomó el tema y quiso saber si, de llevarse finalmente a cabo el viaje, él debería acompañarlo. Por otra parte, le preocupaba que el nuevo agregado militar, coronel Günther Krappe, no hablase español, y que su ayudante, el teniente coronel Hans Willhelmi, no fuera persona grata a Serrano. Weizsäcker, de entrada, consideró positiva la inclusión del embajador en el proyectado viaje y trasladó la cuestión a Ribbentrop. Éste hizo gestiones ante los mandos militares, quienes, a tenor del cariz que tomaba la lucha, se mostraron por el momento contrarios. Quedó finalmente en manos de Stohrer transmitir la negativa. Entonces Serrano presionó a Finat para que, al menos, obtuviera el traslado a Alemania de Ridruejo (y Aznar), ingresados en un hospital militar, aquél con un cuadro agudo de agotamiento y descalcificación (a su decir, pesaba unos 40 kilogramos) y Aznar con un tobillo fracturado. La petición fue escuchada, y finalmente ambos pudieron recuperarse en Berlín en un contexto de privilegio, entre charlas, recepciones y paseos.[55]

Durante aquel otoño hubo en España profusión de homenajes para la División, cargados de significación anticomunista. En un contexto de euforia combativa, la *España nacional* se aunó en recordarla: el falangismo, las instituciones, la empresa privada y la cultura rivalizaron en exteriorizarle su adhesión. Paralelamente, al compás que marcaba su entrada en combate, retornó la efervescencia germanófila, sobre todo a nivel institucional: la colonia alemana en Barcelona celebró el *Día de los Caídos* por el nacionalsocialismo, efeméride que engalanó el Palacio de la Prensa de Madrid. Unos días antes, la Residencia de Oficiales de Barcelona inauguró una *Sala Alemana*, decorada con una pintura mural donada por Berlín, que, con la esvástica en primer plano, representaba la unión de armas germano-española. Asistieron a la recepción Kindelán, Múgica, Willhelmi y Jaeger; y ya en el Hotel Ritz, Willhelmi encomió públicamente la actuación de la División. Y en el ámbito exclusivamente español, la revista *Escorial* tributó un encendido homenaje a la División en Madrid. En su disertación, Laín Entralgo leyó párrafos de una carta de Ridruejo; seguidamente, se explayaron Gerardo Diego, Luis Rosales y Manuel Machado, entre otros, y el acto concluyó con unas palabras en memoria de Javier García Noblejas. A un nivel más modesto, en Barcelona, la Asociación de Propietarios y Vecinos «Mas Guinardó» descubrió un pergamino con fotografías y nombres de muchachos del barrio enrolados. Y en el acto de apertura de curso del Colegio Alemán de Barcelona, Martín de Riquer hizo mención a la sangre derramada conjuntamente por nazis y falangistas en el frente ruso, en el marco de un discurso historicista relativo a la comunidad de intereses entre Alemania y España.[56]

Pero la lucha muy pronto se cobró las primeras vidas, y de ello tuvo noticia España. De ahí que el factor religioso quedara definitivamente entroncado con el hecho divisionario. Un día después de que *Arriba* anunciara la muerte de García Noblejas, la Sección Femenina convocó una peregrinación, de ámbito nacional, a la Basílica de Nuestra Señora del Pilar, «por el triunfo de la División», en diciembre. Pero para entonces era ya pública la muerte de Alcocer, García Matamoros, Ruiz Vernacci, Sánchez Isasi, Navarro Fraile, Suárez Vázquez, Fernández Calderón, Galiana Garmilla, Aragoneses Alonso, Gómez Agüeyo, Cerceda Lazcano... Y así una larga lista de nombres, que ya no se interrumpiría, hasta el punto de que raro sería el día en que la prensa no consignara alguna que otra defunción. Un goteo de muertes que impregnó a la geografía española de funerales y de homenajes póstumos institucionales; actuaciones generalmente yuxtapuestas, pues raramente un sepelio estaba exento de duelo institucional. El dolor y desconcierto intentó ser paliado, ante la opinión pública, con el argumento de que aquella sangre era el precio ineludible de la victoria española sobre *el comunismo*, que honraba a quienes la habían derramado y los convertía en héroes de la Patria. La mística de la muerte se impuso así, en un contexto fuertemente ideologizado, con el amparo de una prensa férreamente controlada. En todo caso, la División era símbolo de sacrificio, y sus muertos paradigma de éste. Como elemento mitigador, el Poder utilizó también el recuerdo de las muertes alemanas e italianas (por este orden) habidas durante la Guerra Civil: aquellos fueron días de homenajes necrológicos en diversos puntos, como Villanueva del Pardillo (Madrid), y el cementerio de Zaragoza inauguró un recinto exclusivo para alemanes. Por otra parte, artículos de verbo inflamado en pro de la lucha seguían apareciendo casi a diario en la prensa; acompañados, a veces, de textos de cartas o telegramas, de tono exaltado, enviados al frente.[57]

Pero la prosaica realidad se imponía a la retórica propagandística, y el hecho es que la angustia atenazaba a muchas esposas y padres. Y ello, al margen de ideologías. Así, la esposa de un comandante, militante falangista, no dudó en recurrir a Serrano Suñer para que le permitiera formar parte de la expedición que iba a portar el Aguinaldo. Según manifestó el sacerdote que intermedió, le había «suplicado encarecidamente» la gestión, con el argumento de que sufría mucho por la ausencia de su marido y corría el peligro de «volverse loca», máxime cuando una hermana suya había padecido ya trastornos mentales.[58]

En otro orden de cosas, un sector significativo de la población española tomó parte durante aquel otoño en la provisión de fondos y suministros para la División. Y el hecho es que, desde Franco hasta miles de sus súbditos más humildes, hicieron su aportación material, ya fuera en metálico o en especie, al Aguinaldo. Fue aquélla una importante manifestación colectiva, fuertemente inducida por la propaganda falangista y del Régimen en conjunto, que los medios de comunicación no cesaron de alentar. Grandes titulares y efectistas consignas de prensa impelían a diario a la aportación personal. La campaña, prevista hasta el 19 de noviembre, finalmente se alargó hasta finales de año, y vio algún que otro epígono en enero de 1942.[59]

Destacó el falangismo, y en concreto, la Sección Femenina, que se encargó de centralizar la recepción de donativos (en metálico o en especie, en mano o por correo) a través de su red de delegaciones provinciales. Una circular decretó cómo deberían proceder las delegadas: los jefes provinciales les entregarían los donativos y ellas, a su vez, intentarían obtener cuantos pudieran. Comunicarían a la Delegación Nacional las cantidades acumuladas, y especificarían el tipo y cantidad de comestibles disponibles, al objeto de completar lo que faltara desde Madrid. Prioritariamente solicitarían tabaco, vino embotellado o en barriles, turrón, mazapán, jamón, embutidos tales como chorizo o salchichón, almendras, pasas, higos secos y similares, latas de conservas y chocolate. Productos que, de no obtenerlos de donativos, deberían comprarlos con el dinero entregado por los jefes provinciales. Serían *de primera calidad*, tanto por el fin a que se destinaban como por el largo viaje que deberían emprender. También deberían conseguir medallas «baratas» de la patrona de la provincia «o de cualquier otra Virgen». Todo ello, más las prendas de lana confeccionadas, deberían enviarlo a Madrid en cajones, «con todo el cuidado» posible, pues la labor de empaquetado correspondería a la Delegación Nacional.[60]

A principios de noviembre la Sección Femenina había preparado ya 18.000 equipos de invierno; 10.000 de los cuales los había expedido a Rusia. Sólo Barcelona aportó 400, lo que induce a pensar que éste debió de ser el cupo exigido a cada delegación. Estaban configurados por dos jerseys —con y sin mangas—, un par de calcetines, un par de guantes y un pasamontañas, prendas todas ellas de lana. Además, la Delegación Nacional encargó la confección de 18.000 chalecos de piel de borrego. Y en Barcelona, una empresa privada confeccionó unos tubulares de lana especiales, de gran abrigo, destinados a las enfermeras. Siguiendo en el ámbito falangista, la Vicesecretaría General celebró un festival en el Teatro Español de Madrid, con asistencia de Serrano Suñer, Arrese, Pilar Primo de Rivera, Luna y Valdés, y de representaciones de las Embajadas de los países del Eje, así como delegaciones de los partidos Nazi y Fascista. La Delegación Nacional de Sindicatos aportó más de 100.000 pesetas, y Excautivos unas 10.000, un día de los haberes de su personal. En cuanto al SEU, hizo un llamamiento efectista a profesores y estudiantes para reclamar su contribución en dinero:

> Contribuye al aguinaldo que el S.E.U. organiza para los universitarios que, bajo las inclemencias del frío y de la nieve, luchan y mueren en Rusia. Olvida, por un día, tu cine o tu café, y recuerda que con tu participación ayudarás

a que este aguinaldo lleve el calor de la Patria a los que, conscientes de su misión, participan en la exterminación del comunismo.[61]

Al margen de la Falange, hubo también sustanciales contribuciones por parte de organismos oficiales. Así, el Ayuntamiento de Barcelona acordó obsequiar a los divisionarios barceloneses con un aguinaldo, que se materializó en 835 cajas, que costaron más de 75.000 pesetas. En Madrid, la Diputación Provincial contribuyó con 100.000 pesetas, y destinó otras mil a sus gestores y funcionarios incorporados a la División. Por su parte, el Ayuntamiento donó 30.000, y el alcalde, mil más, en concepto de aportación personal. En el ámbito del sector público, destacó también la donación de 50.000 pesetas por la Dirección General de Ferrocarriles.[62]

A nivel de donaciones, cada región y provincia hizo gala de sus mejores productos, y, por lo general, actuó con generosidad. Murcia, por ejemplo, despachó 10.000 kilos de mermelada, 3.000 litros de vino de Jumilla, 3.000 kilos de higos secos, 500 kilos de almendras y 500 libras de chocolate; y, en Alicante, Jijona cedió 10.000 kilos de turrón, Alcoy, 11.000 kilos de peladillas, Elche, 13.000 kilos de mazapán, Villena sus vinos y Orihuela sus frutas. De hecho, la propia dinámica de la colecta acabó por generar una especie de competición interprovincial, en el deseo de alcanzar el volumen máximo de donativos. Y, por ejemplo, se dio el caso de que cuando Asturias había recogido 150.000 pesetas, Barcelona computaba en su haber tan sólo 97.000 (10.000 donadas por Correa), y el pueblo toledano de Corral de Almaguer (8.000 habitantes), 14.000. Por aquel entonces, habían pasado ya dos semanas desde el inicio de la colecta, y en sólo un día Bilbao había generado 100.000 pesetas; de ahí que la prensa barcelonesa advirtiera del peligro de «sufrir el bochorno de quedarse demasiado atrás» en aquella peculiar competición. Y a nivel local se dieron todo tipo de iniciativas, fundamentalmente falangistas, para lograr niveles de aportación sustanciales (Mora de Ebro organizó un festival cuya recaudación la delegada local entregó a Kindelán). Y en el ámbito de lo particular, hubo donativos de todo tipo, al margen de las casi 900.000 pesetas atribuidas a Franco. Sirva decir que la provincia de Barcelona recogió desde una peseta hasta 11.000, cifra astronómica para la época. El mundo empresarial también entró en la rueda, con cifras que generalmente oscilaron entre las 500 y las 2.500 pesetas, y abundó en las cuestaciones entre empleados. En el ámbito gremial, destacaron las 10.000 pesetas de los Fabricantes de Harina de Barcelona; cifra importante, aunque muy por debajo de la donada por el sector textil, ya referida.[63]

El mundo de la literatura y el periodismo hizo también su aportación. Así, la Asociación de la Prensa de Madrid organizó una velada teatral en el Palacio de la Zarzuela, con un ensayo general de una nueva comedia de Jacinto Benavente, que dedicó el acto a la División. A nivel personal, Azorín le tributó un relato en la prensa, acabado, de forma repentina, con el siguiente requerimiento: «¿Y por qué todos no engrosáis cuanto os sea dable [de] vuestro óbolo para el aguinaldo de la División Azul, ya que esos voluntarios, nobles y esforzados, luchan, entre otras cosas, para que nosotros y nuestros descendientes pasemos tranquilos las Nochebuenas... y todas las noches?». Y el ámbito de los Deportes también se sumó a la campaña. Siguiendo en Cataluña, la Federación Regional de Pelota Vasca acordó contribuir con mil pesetas por frontón, a la vez que los presidentes de todos los clubes de aficionados se comprometieron a hacer donativos. Y en el Teatro Olimpia de Barcelona tuvo lugar una velada de boxeo extraordinaria, organizada por el Sindicato Local de Espectáculos, que contó con la colaboración de tres campeones de España.[64]

A finales de 1941 el Aguinaldo para la División había implicado a parte de la sociedad española. Al margen de posibles apropiaciones indebidas (no documentadas), lo recogido quedó finalmente concentrado en el almacén de la Delegación Nacional de la Sección Femenina, a la espera de ser expedido por ferrocarril a Alemania, por mediación del Ejército. Cada paquete individual constaba de dos prendas de lana, un par de gafas de cristales ahumados, cuatro botes de conservas (tres de pescado y uno de frutas), chocolate, galletas, tres cajetillas de tabaco rubio (sustituidas, para las enfermeras, por colonia y bombones), una botella de vino, un botellín de coñac; turrón, mazapán, peladillas y almendras en paquetes de medio kilo; jabón, peine, emblema falangista, medalla de la Virgen, misal con estampa, un retrato de José Antonio y otro de Franco.[65]

Correspondía a la *Representación* el control del convoy hasta Irún; una vez allí, la Comandancia Militar gestionaba su reexpedición en ferrocarriles alemanes; y, ya en territorio francés y hasta la llegada a Rusia, la supervisión correspondía a la Agregaduría militar en Berlín. Pero hasta entonces había habido serios problemas de coordinación entre aquellas tres instancias. En cada tren iba una comisión de cinco falangistas designados por Arrese y escolta militar. Hubo tres envíos: el primero partió el 1 de septiembre, a cargo de Estada, con los 18.280 paquetes individuales, en cajas de cartón (cada 15, en una de madera); el segundo, de 8 de diciembre, portaba 300.000 cajetillas de tabaco (¡rubio!), 37.000 barriles de vino, 19.000 pares de calcetines, 6.000 chalecos de piel de borrego, 331 cajas de vinos y licores, y otras con jamones, chorizo, arroz, galletas, chocolate y mermelada, entre otros productos; finalmente, el tercero, a cargo de Muñoz Calero, recogió los restantes chalecos de piel (más de 12.000), jerséis de lana, pasamontañas, guantes-manoplas, calcetines, más tabaco rubio y víveres.[66]

El tren con el donativo de Franco (1.171 cajas de botellas de coñac, 189 cajas de puros, 147 de cigarrillos y 19 de librillos) llegó a las posiciones de la División a finales de diciembre y su reparto finalizó el 1 de enero. Pero hubo que esperar hasta el 28 para ver llegar el primero de los que portaban el preciado Aguinaldo de FET-JONS. Sus 23 vagones, previas extracciones para proveer a la Escuadrilla, los hospitales y servicios de retaguardia, descargaron 16.298 paquetes individuales, así como toneladas de alimentos y cientos de prendas de abrigo. Pero la fuerza de la División ascendía a unos 17.000 hombres, por lo que hubo divisionarios que no recibieron paquete alguno (hay confirmación oral). Todo apunta al hecho de que parte del Aguinaldo quedó en Madrid o en algún que otro punto del trayecto hasta el frente.[67]

3. EL COMBATE EN 1942

Petición de descanso y de relevos para la División Azul

El tránsito de 1941 a 1942 coincidió con el parapetamiento de la Wehrmacht en toda la longitud del frente, bajo el acoso constante de un Ejército Rojo crecido en moral. En España, tal circunstancia no era ajena a la opinión pública partidaria del Eje, que había pasado del optimismo a una creciente desazón, no exenta de nerviosismo. El día de Año Nuevo Radio Nacional emitió un breve discurso de Muñoz Grandes, que, aunque preñado de la retórica del momento, permitió a miles de españoles intuir la gravedad de la situación.

> En estos tiempos tan críticos y difíciles, en que con la suerte del Mundo se ventila el porvenir de nuestra Patria, yo me dirijo a vosotros, para, con todo entusiasmo y mucho calor en mi corazón, enviaros el saludo de mis soldados ... Duro es el enemigo, y muy duro es también el invierno ruso. Pero no importa: más dura es mi raza, asistida por la razón y la valentía de sus hijos.[68]

El año se abrió con nuevos funerales: en la madrileña iglesia de Santa Bárbara se celebraron las exequias por Enrique Sotomayor, con asistencia de Juan Aparicio, Lazar y los directores de todos los periódicos madrileños; y en la de San Juan de Sahagún, el doctor Pla y Deniel ofició un funeral por ocho divisionarios salmantinos. El 2, la prensa dio a conocer la muerte de Enrique Ruiz Vernacci, segundo de tres hermanos que perdieron la vida en Rusia. Al día siguiente, los periódicos publicaron un parte del OKW, y difundieron un comunicado que comenzaba así:

> Día tras día y noche tras noche, los bolcheviques realizan los mayores esfuerzos con fuerzas sumamente importantes y grandes reservas para romper las líneas alemanas del frente oriental.[69]

Tras el estreno de *Raza*, de José Luis Sáenz de Heredia, en el día de la Epifanía la prensa hizo pública la siguiente nota:

> La División Española de Voluntarios, después de tres días de actividad de patrullas, se ha lanzado en contraataque contra efectivos rusos superiores en número que trataron de forzar el paso de un río que cubría el frente de la División ... dejando sobre el campo más de 1.100 muertos.

La complementó con dos noticias transmitidas por un corresponsal de guerra alemán: que en *los días de Navidad* «grandes contingentes de tropas de asalto» habían irrumpido en el frente donde se encontraba la División, y fueron rechazadas; y que ocho batallones habían atacado una localidad defendida por dos compañías españolas.[70]

Por aquel entonces Serrano Suñer estaba particularmente interesado en obtener la repatriación del cadáver de Javier García Noblejas; en parte por la rentabilidad política derivada de un sepelio multitudinario. Para llevar a cabo el traslado a Alemania, y posteriormente a España, dispuso la marcha al frente del único de los García-Noblejas aún vivo, recientemente repatriado. Y expuso su deseo a Stohrer (por escrito y también personalmente) con el argumento de que no podía negarse «a los requerimientos de su pobre madre y al deseo de la misma Falange madrileña», y de que, como *primer caído*, el traslado tendría *un valor simbólico*. El embajador sugirió a Berlín la concesión de la *Cruz de Hierro* a título póstumo; recomendó satisfacer a la mayor brevedad la petición, y, caso de consultar a Muñoz Grandes, tener en cuenta «las conocidas diferencias entre la Falange y el Ejército». Diez días después, Serrano reiteró la solicitud, y Stohrer volvió a telegrafiar. El 29 llegó un primer comunicado de Berlín: el OKW había informado positivamente, pero «la posibilidad técnica» de traslado era dudosa y no sabía si podría ser encontrada la tumba. Pero el embajador insistió: «En vista de que por parte española se pretende una propaganda política, recomiendo, si es posible, llevar a cabo el traslado» (eliminó la frase «incluso si se tienen dudas en cuanto a la tumba del caído»). Serrano y Ramón García Noblejas reiteraron la petición, con el añadido de que la División conocía perfectamente el emplazamiento de la tumba, adornada, en un punto de la retaguardia. Finalmente, a mediados de febrero el OKW aclaró la situación: Muñoz Grandes, *después de haberlo considerado detenidamente*, dijo no. Serrano fácilmente pudo interpretar aquella negativa como una venganza.[71]

La División llevaba casi tres meses combatiendo en el frente ruso en unas condiciones cada vez más difíciles. Los informes que llegaban a Madrid pintaban una situación muy sombría, y en El Pardo había preocupación: Franco recibía los informes del agregado militar en Berlín al Estado Mayor Central y había sido informado personalmente por Moscardó y Finat, en Madrid, durante los días de Navidad. De continuar defendiendo aquellas posiciones, cabía la posibilidad de que la División Azul quedara inservible para el combate, con las subsiguientes repercusiones entre la opinión pública. Bajo aquellas circunstancias, consideró que había que sacarla del atolladero en el que se encontraba: para ello, nada mejor que conseguir su pase a retaguardia.[72]

Aquel deseo llegó gradualmente a oídos alemanes. El 2 de enero Gardemann manifestó a Stohrer que, siguiendo la forma de proceder con la Legión Cóndor, Franco quería una rotación regular de efectivos; lo que, según Moscardó, afectaría a un contingente de entre 2.000 y 2.500 hombres cada tres o cuatro meses. Al cabo de una semana, en Berlín, Finat dijo a Weizsäcker que, «por razones políticas y morales», Franco deseaba que fuera retirada «durante algún tiempo» a retaguardia, a fin de «airearse y reorganizarse con la llegada de nuevos voluntarios», y caso de no ser posible, que fuera reforzada con tropas alemanas de reserva. El embajador dio a entender que tales medidas contrarrestarían a la propaganda aliada, que afirmaba que la División había sido diezmada, sobre todo en el ánimo de los sectores germanófilos del país; y solicitó que la petición fuera trasladada a Hitler. Y, efectivamente, cuatro días después Hewel le informó en Rastenburg. Tras consultar con sus generales, Hitler manifestó que la situación militar imposibilitaba su retirada del frente en aquellos momentos, pero que procedería en tal sentido tan pronto como fuera posible. La negativa llegó a Finat de boca de Weizsäcker el 16, con el añadido de que la nieve dificultaba en gran medida la movilidad en el frente; y fue telegrafiada a Stohrer.[73]

En cuanto a la petición de Serrano Suñer de repatriar a varios jerarcas falangistas, su concesión había quedado bloqueada, al parecer, también por acción de Muñoz Grandes. Entre tanto, Franco no se conformaba con la negativa alemana. El 5 de febrero, un mes después de llevado a cabo el primer intento, Finat preguntó a Weizsäcker si era ya posible pasarla a retaguardia, «para proceder a su reorganización». Manifestó que las bajas alcanzaban ya a un tercio del contingente total, que faltaban oficiales, y que en España estaban ya preparados para la marcha de refuerzos. El Gobierno —prosiguió— concedía gran importancia al traslado a retaguardia y reorganización de la División porque deseaba que, para la ofensiva de primavera, estuviera al completo. Y concluyó con una argumentación de tipo político: la División había encuadrado a la mayor parte de los estudiantes falangistas de la Universidad de Barcelona, y preocupaba al Gobierno que en aquellos momentos los estudiantes *rojos* controlasen su «atmósfera». Tras escuchar la exposición y contraargumentar, Weizsäcker envió un comunicado a Ribbentrop, de viaje en tren especial, en el que se mostró partidario de dar una respuesta por vía diplomática.[74]

El 13 Finat volvió a la carga, aunque sin mencionar explícitamente la petición. Dijo disponer de informaciones que apuntaban que en el sector Norte del frente ruso, «cerca de la División», todavía se llevaban a cabo potentes ataques por parte soviética. A la pregunta de qué había de cierto en tales afirmaciones, Weizsäcker manifestó no tener noticia alguna «de que en el frente ruso hubiese ninguna dificultad», y acto seguido manifestó que nada sabía todavía sobre la petición de pase a retaguardia.[75]

La segunda negativa alemana llegó el 18, por boca del Departamento de Extranjero del OKW. En un comunicado telefónico al Auswärtiges Amt, manifestó la imposibilidad de sustraerla de sus posiciones, y puntualizó que su «situación general no podía calificarse en modo alguno de difícil» y que podía relevarse a sí misma por disponer de un batallón de reserva. Por otra parte —concluyó—, desde su entrada en combate había dispuesto «de posiciones muy bien guarnecidas y se encontraba en un emplazamiento bastante tranquilo», y sus alojamientos podían ser calificados de «buenos» al disponer de posibilidades de acantonamiento en Novgorod, una ciudad. Un tanto azorado, Weizsäcker notificó a Ribbentrop el comunicado, con el añadido de que pensaba informar a Stohrer, a lo que el ministro dio su beneplácito. El 21 llamó a su despacho a Finat, y tras manifestarle la negativa, éste se puso sensiblemente nervioso: Madrid le había ordenado que resaltara que había políticos imprescindibles en la Patria —dijo—, y temía la reacción de Franco. Repitió argumentos ya manifestados el día en que presentó la petición, y manifestó el temor español a que siguiera en el mismo frente, y, por ello, no pudiera tomar parte en «el asalto» previsto para la primavera.[76]

Finat marchó muy preocupado. También lo estaba Weizsäcker: nunca el embajador se había mostrado tan acuciante en un asunto, lo que convenía tener muy presente. Dadas las circunstancias, parecía prudente informar detalladamente al OKW para ver si, por lo menos, se podía hallar una «solución satisfactoria» por vía militar. Pero Ribbentrop quiso saber si la petición se limitaba al pase a retaguardia o si lo que pretendía era la repatriación: sólo sobre la base de la respuesta podría continuar discutiéndose el asunto con el OKW. Weizsäcker respondió que, de las palabras del embajador, deducía que las pretensiones españolas se referían, exclusivamente, al pase a retaguardia. Acorde con ello, tres días después Ritter se dirigió por escrito a Jodl y le manifestó la necesidad de que el OKW reconsiderase su postura, sobre la base de lo convenido entre Hitler y Serrano. Las posibilidades de solución —prosiguió— eran dos: retirarla durante algún tiempo a unos 100 o 200 kilómetros del frente (descansaría, recibiría relevos y quedaría dispuesta para entrar en combate en primavera «en el punto decisivo», tal como deseaba el Gobierno español); o, en su defecto, permitir el paulatino relevo de tropas en el seno de su batallón de reserva. La primera —concluyó— era la óptima desde el punto de vista político.[77]

Había que dar soluciones. En aquel sentido, el 26 Finat manifestó que el Gobierno español había quedado «muy desalentado» por la negativa y que «exigía» que se satisficieran sus peticiones. El agregado aún no había recibido instrucciones, pero —concluyó— podría trasladarse de inmediato a Berlín cualquier mando con potestad para mantener conversaciones al más alto nivel (Weizsäcker infirió que no iba a ser fácil que el Gobierno español «diera su brazo a torcer»). Efectivamente, en Madrid el ambiente estaba crispado. Según dijo Serrano Suñer a Stohrer, las familias de los divisionarios, las más germanófilas del país, «estaban muy molestas»; máxime cuando, en su día, los miembros de la Legión Cóndor fueron relevados (muy pronto, lo serían también los de la Escuadrilla). Stohrer sabía que también Asensio se había manifestado partidario de la renovación, y que ya había enviado al agregado militar las órdenes pertinentes al respecto. En su comunicado al Auswärtiges Amt, manifestó que «el estado de ánimo» de las familias de los voluntarios era de suma importancia para Alemania, y que, al margen de ello, los españoles tenían un gran interés en que la División «aguantase con valentía».[78]

Hubo que esperar hasta el 4 de marzo para que Keitel diera una respuesta definitiva a las reiteradas peticiones españolas relativas a la División: el pase a la retaguardia seguía siendo imposible, pero sería autorizado tan pronto como lo permitiera la situación en el frente. En cuanto al relevo parcial, podría llevarse a cabo de inmediato, para lo cual sería debidamente informado el jefe de transportes de la Wehrmacht. En todo caso, sería preferible que el asunto fuera trasladado a la esfera militar, mejor preparada para «enjuiciar la situación en términos objetivos» que la política (convenía que el agregado militar español se trasladase al Cuartel General). Y no había inconveniente en repatriar a determinados dirigentes falangistas a la llegada de los relevos, siempre y cuando Muñoz Grandes lo autorizara. El hecho es que, de las tres peticiones españolas (pase a retaguardia, relevo y repatriación de jerarcas), la primera y principal quedó desestimada; y sólo la segunda, colateral, obtuvo la luz verde. En todo caso, Serrano Suñer vio nuevamente condicionado su deseo de repatriación de colaboradores al hostil criterio de Muñoz Grandes; y, de prosperar el deseo alemán de trasladar las negociaciones al ámbito militar, iba a quedar, además, apartado de todo control con respecto al relevo.[79]

Dos días antes, Ritter había acordado con el OKW aceptar la propuesta española de enviar al Cuartel General a un mando militar desde Madrid al objeto de negociar el relevo, aunque mejor sería que no fuera el jefe del Estado Mayor Central, pues su rango era en exceso elevado. Recibida la comunicación de Keitel, manifestó a Weizsäcker que dejara a la libre elección del embajador español la persona a enviar, y que el OKW incluso estaría de acuerdo en que fuera González Gallarza, quien a los pocos días debería trasladarse a Berlín por otros asuntos. En todo caso, convendría que el agregado mantuviera contactos previos con el Cuartel General para «preparar y acelerar» las negociaciones, y aconsejar a Stohrer que Madrid tuviera todo preparado para la partida de los primeros contingentes de relevo. Weizsäcker comunicó a Finat las decisiones alemanas (incluida la negativa de retirada a retaguardia) y éste, al parecer, se mostró «muy agradecido». En cuanto a González Gallarza, respondió que se trataba del jefe del Estado Mayor del Aire, y quedó la cuestión en suspenso. Antes de despedirse, el embajador reiteró «el ardiente deseo de su Gobierno» de que la División tomara parte «en las batallas del frente del Este», en indisimulada alusión al núcleo central de la ofensiva de primavera.[80]

A pesar de las reticencias alemanas, finalmente recayó en Asensio la responsabilidad de negociar. Desplazado a Berlín, el 14 de marzo se entrevistó con Keitel, quien le informó de que el OKW estaba dispuesto a un relevo progresivo en tres etapas: la primera cubriría las bajas, la segunda reemplazaría a unos mil hombres (entre ellos, los jefes falangistas), y la tercera sustituiría a casi un tercio de la División. Y señaló los plazos previstos para ello, que Asensio consideró excesivos. Al final llegaron a un acuerdo: la primera etapa comenzaría de inmediato, y para ello se desplazarían al frente unos 3.000 hombres en un único transporte; las dos etapas siguientes se cubrirían entre abril, mayo y junio. Se había llegado, finalmente, a la deseada entente. Acorde con ello, Asensio se desplazó hasta Koenisberg para informar a Muñoz Grandes. Éste le confesó no estar al corriente de las gestiones para el pase a retaguardia (Franco podía desearlo, pero él personalmente prefería permanecer donde estaba y combatir); y manifestó que esperaba recibir entre 3.000 y 4.000 hombres, no una renovación total de los efectivos; que sus soldados eran buenos, y prueba de ello era su Cruz de Caballero; y que agradecía el envío de camiones, a pesar de que sólo 14 habían llegado en condición de ser usados. Tras la entrevista, Asensio regresó a Berlín, donde ultimó los detalles del relevo con Fromm. Cumplido ya su cometido en Alemania, el 25 retornó a España en tren.[81]

Reconocimiento alemán para la Blaue Division

Fue durante la noche del 4 al 5 de enero, que, en uno de sus habituales monólogos, Hitler hizo una primera valoración semipública de los divisionarios: eran andrajosos, sucios, incumplidores de su deber e indisciplinados, pero impávidos, «duros para las privaciones» y «extremadamente valientes», hasta el punto de desafiar a la muerte; hombres que, por su temple, generaban confianza entre sus hombres, siempre contentos de tenerlos como vecinos en el frente.[82]

Dos meses después, tras varias semanas de marcada tensión, llegó por fin una dosis de aire fresco a las diplomacias española y alemana: el 13 de marzo Hitler prendió del pecho de Muñoz Grandes la *Cruz de Caballero de la Cruz de Hierro*, condecoración militar alemana que muy pocos extranjeros llegaron a poseer a lo largo de la guerra. En su comunicado, el Cuartel General hizo el siguiente elogio:

> Los voluntarios españoles, agrupados en una división, combaten en uno de los puntos más álgidos de nuestro frente. Los valientes combatientes españoles han rechazado a los atacantes soviéticos, causándoles grandes pérdidas. El alma de resistencia de la División es su comandante, el general Muñoz Grandes. La defensa del sector, gracias al mando especialmente intrépido y resuelto del comandante, así como el valor de nuestros camaradas españoles, tuvo una importancia decisiva.[83]

Era aquella la primera muestra de público reconocimiento a la labor de la División en el frente. Elemento irrelevante con vistas a la inmediata evolución militar, que, sin embargo, se reveló de valor incalculable en el ámbito propagandístico; y que dio a la Unidad una aureola de prestigio en Alemania y entre los medios germanófilos del resto de Europa, como nunca antes había tenido. Al día siguiente, la prensa española en bloque, de la mano de la Agencia EFE, inundó al país con la noticia (*ABC* encabezó su edición de Madrid con el título «El Führer concede una alta distinción al general Muñoz Grandes», y el subtítulo «La brillante y decisiva intervención de los voluntarios españoles»; e insertó, en letra destacada y en su totalidad, el comunicado del Cuartel General).[84]

Era un desbordamiento de euforia tras un invierno de silencios, salpicado por un inacabable goteo de muertes. Al entusiasmo inicial, había seguido un progresivo languidecimiento informativo, propiciado por el hermetismo germano ante una campaña desfavorable. Retomando la línea informativa del verano, en su crónica desde Berlín, Ernesto del Campo, hizo el siguiente canto a la División, significativo del sentir del momento:

> Día llegará en que, con todo detalle, se puedan cantar las hazañas de los infantes de España en uno de los puntos más importantes y de mayor responsabilidad de todo el frente del Este. Porque, a pesar de las muy buenas informaciones de la Compañía de propaganda alemana, y de lo que el secreto militar ha cabido revelar al público nacional, todavía no se tiene por éste una idea clara del derroche de heroísmo y de la espartana manera con que nuestros soldados han vivido, donde toda vida parecía imposible, y han luchado como leones contra un enemigo feroz, muy superior en número ... «Los españoles, más que soldados son guerreros», nos decía hace poco admirativamente un oficial alemán, comentando el brillantísimo comportamiento militar de nuestra brava gente ... Los soldados españoles, que desde los tiempos del marqués de la Romana no pisaban los campos europeos de lucha, donde antaño se impusieron con tanto honor y tanta gloria, pueden sentirse orgullosos de haber puesto tan alto el nombre de la Patria.[85]

Bajo el influjo de aquella tónica triunfalista, muy pronto un alud de felicitaciones inundó Grigorovo. Militares y políticos españoles y alemanes rivalizaron en su afán de significarse ante Muñoz Grandes (Stohrer, Varela, Asensio, Camilo Alonso Vega, Roca de Togores...), nombre que acababa de entrar en la galería de personajes ilustres de la *Nueva Europa*, y con el que España enlazaba por vía directa con Alemania, su cabeza rectora. Más al este, Muñoz Grandes escribió a Franco:

> Como reconocimiento al valor de nuestros soldados, me ha sido concedida por el Führer la Encomienda Caballero Cruz de Hierro. Una vez más, y al comunicarle esta noticia, que con seguridad le alegrará al igual que a mí, le participo la decisión absoluta de toda la División de alcanzar la victoria y seguir luchando donde, cuando y siempre que sea necesario. Conocemos perfectamente a aquellos que concediéndome esta Cruz honran al mismo tiempo a España, del mismo modo que conocemos a aquellos que, desde hace siglos, son los enemigos de nuestra Patria.[86]

Palabras reveladoras de un sentir: desde su recién estrenada posición de fuerza, el general se sentía ya autorizado para atacar a Gran Bretaña ante Franco. Dos días después, el teletipo de la Agregaduría militar en Berlín recibió su contestación («Constantemente presentes en mis inquietudes, os envío, con el entusiasmo de toda España por vuestra gloriosa gesta, mi felicitación personal»), a todas luces más prosaica.[87]

Cambios en la División Azul

El invierno de 1941 a 1942 había costado a la División Azul 1.032 muertos, 2.200 heridos (800 de ellos, graves), 1.200 congelados (300, graves) y 160 desaparecidos. En total, pues, había perdido definitivamente a 2.292 hombres y temporalmente a 2.300 más de un contingente inicial de unos 18.000, que había que reponer. A lo largo de tres meses había estado expuesta a combates de gran dureza y había soportado temperaturas gélidas. No era de extrañar, pues, que en la primavera de 1942 diera síntomas de cansancio.[88]

Desde finales de 1941, con suerte diversa, el Ministerio del Ejército sondeaba a los diferentes acuartelamientos para cubrir las demandas de personal que llegaban de Rusia. En términos generales, la recluta había sido decepcionante, pues pesaba como una losa que la campaña se alargase tanto, y circulaban insistentes rumores de que en el frente las cosas no marchaban precisamente bien. Ya a finales de enero envió una circular que informaba de que los alistados serían relevados «sin esperar a la terminación de la campaña». Además, se dio la circunstancia de que la Falange había quedado definitivamente relegada en el control de la recluta (a finales de febrero fue Varela, y no Arrese, quien dio la orden de enviar a 50 falangistas voluntarios de Cataluña a la División).[89]

Cuando a principios de marzo Madrid supo que Berlín aceptaba la propuesta de relevo, Ejército designó al general de brigada Emilio Esteban-Infantes Martín sucesor de Muñoz Grandes, y le asignó el encargo de organizarlo. Al parecer, pesó la amistad que lo unía a Varela y el deseo de éste de rebajar el gradiente falangista de la Unidad. Esteban-Infantes, un monárquico implicado en la *Sanjurjada*, era en el momento de su designación jefe del Estado Mayor de la IV Región Militar. En opinión del cónsul general alemán, «no se había destacado mucho» en el ejercicio de sus funciones, pero se le consideraba «un oficial eficiente, con extraordinario talento para la organización». Su vida social en Barcelona quedaba lastrada por el hecho de que su esposa «gozara de pocas simpatías», pese a lo cual había sido invitado por el cónsul a su casa. Nada se dijo de su nombramiento en los medios de comunicación, por lo que prácticamente pasó desapercibido.[90]

Muy ilusionado por su designación (la había solicitado varias veces), comenzó de inmediato la labor de captación entre los medios militares. De los sondeos hechos, sabía que disponía de suficientes oficiales, pero que faltaban suboficiales y, muy especialmente, tropa. Deseaba conseguir hombres para proceder a un relevo total de la División. Informó por escrito a los jefes de los acuartelamientos de que las gestiones para conseguir tropa habían tenido «poco éxito», y que el número de voluntarios era «reducido»; necesitaba, pues, «una activa labor de captación entre los reemplazos que les quede más tiempo para cumplir su servicio en filas»; para lo cual, además de «las obligadas consideraciones de orden patriótico y moral», se les haría otras «de orden humano y práctico». Aquellas condiciones, importantes dadas las circunstancias, se concretaban en dos puntos: compromiso limitado a unos seis meses de frente y exención del servicio militar activo (añadía que era aquella la mejor época del año «para disminuir las penalidades de la guerra»).[91]

El 30 de marzo señaló el punto de partida del relevo: a las 19 horas partió de la estación de Irún, en dirección a Hof, una expedición compuesta de 471 hombres de Infantería. El 4 de abril marchó una segunda expedición, de 995 hombres (798 infantes y 197 zapadores). El 6 partió la tercera: 1.032 hombres más (588 artilleros, 254 para Transmisiones y 162 para Anticarros; y 28 oficiales para relevar a los 36 que se presentaban a la convocatoria de la Academia General Militar, que ya habían partido de Grigorovo). Finalmente, el 8 había proyectada la partida de Irún de una cuarta expedición, con la que completar el contingente inicial pactado entre Asensio y Keitel. Todos quedaron finalmente concentrados en el campamento bávaro de Hof, donde recibieron el equipo alemán y, tal como hicieran sus antecesores, prestaron juramento de fidelidad a Hitler «en su lucha contra el comunismo». Pero, dada la premura de tiempo para materializar la permuta, no recibieron instrucción militar.[92]

Entre tanto, Muñoz Grandes estaba preocupado por el tipo de voluntariado que recibiría de España. No acababa de comprender todo aquel «barullo del relevo», cuando lo único que precisaba eran 2.500 hombres para cubrir bajas «y deshacerse de holgazanes»; y valoraba muy negativamente el repatriar a gente con experiencia en el combate y entusiasmo, precisamente antes del comienzo de la ofensiva de primavera. En la División corría el rumor de que todo respondía a una maniobra propiciada por algunos jerarcas falangistas (el conde de Montarco y Ridruejo entre ellos), en su anhelo de regresar a España sin tener que solicitar personalmente su repatriación. En todo caso, el general deseaba recibir hombres «en perfecto estado sanitario y de instrucción», y estaba a la espera de un nuevo tren de víveres con suministros para un mes. Pero su pesimismo pronto se vio justificado: de los primeros 700 llegados, descartó a cien por «inútiles». En la correspondiente queja, solicitó exclusivamente personal «seleccionado en cuanto a instrucción, condiciones físicas y estado sanitario».[93]

Pero la situación en España no era precisamente boyante en cuanto a número de hombres disponibles, lo que dificultaba una selección previa. Varela acababa de comunicar a Berlín que, «por escasez de personal disponible», le fuera solicitado el «número mínimo» por cada especialidad. De ahí que, lejos de remitir, el problema de la inadecuación del voluntariado llegado fuera en aumento, hasta el punto de que el *Heeresministerium* se quejó a Roca de Togores del «número elevado» de devueltos «por inútiles, menores de 18 años y mayores de 40». Y de ahí también la necesidad de culpables: Stohrer apuntó al «anglófilo» Varela, quien, a su entender, se había opuesto a la División desde un primer momento y como ministro acababa de boicotear la recluta. Una opinión compartida con algunos sectores militares españoles, que utilizaban ya la palabra *sabotaje*. Pero el hecho es que, con él al frente, el Ministerio procuraba potenciar la recluta voluntaria al máximo; al menos, en cuanto a efectivos (decretó que toda la tropa alistada recibiera en mano, desde el inicio de su concentración hasta el pase de la frontera, las 7,30 pesetas que le correspondía). Y había intentado el alistamiento de oficiales provisionales y de complemento con una normativa para el cómputo de méritos y servicios prestados en la División, con vistas a facilitar su ingreso en las Academias Militares de Transformación.[94]

Acorde con aquella dinámica, a finales de mayo el Ministerio emprendió un estricto control sobre la ubicación de los voluntarios militares: ordenó a las Capitanías que en todo momento tuvieran constancia del cuerpo en el que estaban encuadrados y su destino; y exigió a las unidades una relación nominal de todo el personal pendiente de incorporación a la División. Y exigió que los voluntarios —incluidos falangistas— dispusieran de la media filiación al completo. En consonancia con todo ello, cada unidad elaboró su relación de voluntarios; con la fecha de alistamiento y un apartado de observaciones, en el que, emprendida la marcha, les era anotada la fecha de partida y el punto de concentración. Ya en junio, Varela dispuso aprovechar la incorporación a filas del reemplazo de 1942 para sondearlo, previa intensificación de la propaganda (más de seis meses de frente implicaría la licencia, y menos tiempo, su cómputo como doble a efectos del servicio): los alistados quedarían integrados en las expediciones proyectadas para agosto. Y sobre la base del mismo argumento, deberían ser sondeados nuevamente los reemplazos anteriores, con vistas a las expediciones de julio. Paralelamente, en el plano económico, decretó que el cuerpo de procedencia debería formalizar un extracto con el que reclamar los devengos a la Intendencia Regional; obtenido el dinero, lo transferiría al cuerpo de destino, que podría así soslayar la petición de anticipos. Y en cuanto al ámbito sanitario, decretó hospitalizar a quienes les fuera detectada blenorragia, y que, tan pronto como estuviesen curados, fueran incorporados a la primera expedición que partiera de España.[95]

Por aquel entonces habían llegado ya muchos repatriados. En enero los primeros, a los que siguieron otros, entre ellos varios jefes falangistas, que se reincorporaron a sus quehaceres con el prestigio de haber formado parte de la División. Tan o más germanófilos que antes, hicieron proselitismo en favor de Alemania y su causa en el frente del Este. Y hubo incluso quien plasmó por escrito la experiencia vivida. Uno de los principales regresados fue Ridruejo, que, en el transcurso de una comida a la que fue invitado, hizo unas declaraciones que fueron recogidas por la Embajada alemana y llegaron hasta Berlín. Cuando la División llegó a Alemania —dijo— se le consideraba como «cosa sin importancia»; pero tras el invierno, los alemanes habían comprobado «el heroísmo» de los españoles, a quienes ya admiraban y querían. Por su parte, éstos estaban «contentísimos de las atenciones» que les prodigaban. En otro orden de cosas, dijo que en Alemania se vivía «relativamente bien» (racionamiento muy bien organizado) y que Hitler era «respetado y querido de la masa del pueblo», que estaba a su lado «como un solo hombre». En cuanto a la realidad bélica, afirmó que en el Este se habían vivido «días trágicos» (resistencia y potencialidad del Ejército Rojo), si bien —concluyó— tenía *la convicción firme* de que «en seis o siete semanas» concluiría *virtualmente* la guerra.[96]

Pero no a todos los repatriados les iba bien. Los primeros llegados, ya en enero, en parte presentaban un aspecto deprimente: el uniforme de dril y una manta era todo el bagaje que traían consigo, en una época en la que el frío arreciaba. Y para los enfermos y heridos la situación se complicaba, pues los hospitales militares se negaban a atenderlos pretextando su condición de falangistas. Informado de la situación, Arrese encargó a la Delegación Nacional de Sanidad un proyecto para la inmediata construcción de un centro hospitalario específico para ellos. Por el momento, no tuvo más opción que ingresarlos donde pudo, sobre todo en los sanatorios de la Obra Sindical

18 de Julio (meses atrás habían llevado a cabo los reconocimientos médicos a los trabajadores que debían marchar a Alemania). Y decretó la obligatoria entrega de un día del salario de la totalidad del personal del Movimiento, al objeto de paliar aquella situación.[97]

Pero, entrada la primavera, próximo ya el verano, poco o nada había cambiado para los repatriados. En la frontera de Irún, muchos se encontraban con el mayor de los abandonos. A mediados de mayo el Auswärtiges Amt escribió:

> En el informe que disponemos aquí se dice que prácticamente es imposible recibir a los heridos de la División Azul y hacerse cargo de ellos ... después de haber pasado la frontera española. Los heridos no disponen de alojamiento ni de alimentación alguna. Además, están obligados durante días a permanecer en las salas de espera de las estaciones, sin alimentación ni ayuda médica.[98]

De ser aquello cierto, la situación de aquellos hombres era, como mínimo, preocupante. Y, al parecer, los primeros intentos del jefe regional de Milicias para remediarla resultaron infructuosos. El origen del marasmo apuntaba hacia el jefe militar de la frontera, considerado por los observadores alemanes como hombre de tendencias marcadamente anglófilas (sobre uno de sus subordinados pesaba la sospecha de haber retenido correspondencia de la División). Sin embargo, las dificultades no eran privativas de enfermos y heridos. Al parecer, todos se encontraron ante la más absoluta indiferencia de los organismos oficiales en Irún. Y se les dijo que acudieran al Consulado alemán en San Sebastián, a fin de que fueran los alemanes quienes se encargaran del cambio de moneda y de prestarles el apoyo necesario. El cónsul entregó pequeños subsidios a los primeros enfermos y heridos que se presentaron, pero ante la multiplicación de las demandas, finalmente se inhibió. Tampoco el problema monetario tuvo fácil solución; y cuando finalmente se creó un puesto de cambio en Irún, se les exigió un certificado que acreditara que aquél era dinero militar, del que mayoritariamente carecían.[99]

Pero el caos se apoderó también de los puestos fronterizos alemanes debido a la falta de aviso previo, por parte de la Comandancia española, de la llegada de los transportes de repatriados. Como solían llegar de noche y faltaban alojamientos adecuados donde instalarlos, acababan por pernoctar en la sala de espera de la estación, e inclusive, dada la insuficiencia de espacio, a la intemperie. Burbach manifestó que la recepción y asistencia a los repatriados competía exclusivamente a los españoles, fuera el Ejército o la Falange. Y, caso de no poder enviar a los heridos directamente a Madrid, cabría organizar una residencia en Irún o en San Sebastián, donde atenderlos y, de ser preciso, socorrerlos económicamente para que pudieran regresar a sus hogares (la Falange intentó habilitar el antiguo Casino de San Sebastián a este efecto, pero le faltó dinero).[100]

Así las cosas, el 23 de mayo la prensa anunció la pronta llegada a Irún de los voluntarios que, dos días antes, habían partido de Hof; e informó de su condición de casados y padres. El ambiente en San Sebastián era de expectativa «entusiasta», pero algún que otro local transpiraba una marcada animadversión. Llegado a la ciudad, Ridruejo había visitado a los divisionarios internados en el Hospital Militar, y se había desplazado hasta el cuartel de Irún, que concentraban a las fuerzas de relevo. Celia Giménez llegó también a San Sebastián, tras visitar a los hospitalizados en Burgos y Vitoria.[101]

En la mañana del 24 arribaron a Hendaya los dos trenes especiales con los 1.321 hombres del 1er *Batallón de Repatriación* —primeros regresados «oficiales»—; una amalgama que mezclaba a mayores de 35 años, casados con hijos, quienes tenían algún familiar muerto en combate y los que habían sido heridos de gravedad (esperaban Ridruejo, el jefe de fronteras y una representación de las autoridades alemanas de ocupación). A las 11.35 el primero de los trenes hizo entrada en la Estación de Irún, atestada de público, entre el que figuraban niños que habían hecho un paréntesis en su actividad escolar, y fuerzas militares con banda de música. El reloj marcaba las 11.40 cuando llegó el segundo tren, formado también por ocho vagones. Y, en tanto que las autoridades subían a las plataformas para conversar con los divisionarios, las falangistas repartieron bolsas de comida. Anécdotas, comentarios, conversaciones varias, en fin, llenaron el ambiente durante dos horas, hasta que los dos trenes partieron hacia San Sebastián. Entre tanto, allí, la Estación del Norte se abarrotó de público, hasta el punto de que algunos se ubicaron en las vías. A las 13.45 entró el primer tren, y, al igual que en Irún, cinco minutos después, el segundo. Las escenas de entusiasmo se repitieron, hasta que se hizo el silencio para escuchar los diversos parlamentos; el último, a cargo de Ridruejo:

> Camaradas: En nombre de la Falange, que define y representa la voluntad histórica del pueblo español, os doy la bienvenida a la Patria. En representación suya, la Falange envió a Rusia a sus mejores hombres. Gracias, a los soldados, general, jefes y oficiales, que nos han dado la oportunidad de realizar al servicio de España un gran acto glorioso. A vosotros no os hablo en representación de nadie, sino como un soldado más de vuestras filas. En la bienvenida a la Patria os esperan primero los elogios y las satisfacciones del encuentro, pero esto no sirva para tentaros en el descanso. Os esperan desilusiones y tristezas. Yo os digo que en vosotros debe arraigar todo menos la desilusión. Conservad los corazones de combatientes, con las armas en la mano, ya que no podéis dejar sin cumplir el destino inmortal de España. ¡Arriba España![102]

Tras la interpretación y canto de himnos, los dos trenes enfilaron hacia el interior de la Península, con parada en Vitoria y Burgos, en cuyos andenes prácticamente concluyó el día. Eran las dos de la madrugada del 25 cuando pararon en Valladolid, y las 4.45 cuando lo hicieron en Ávila, último estacionamiento antes de San Lorenzo del Escorial, donde, tras una noche de ajetreado insomnio, hubo desayuno y descanso.[103]

En Madrid, ese lunes amaneció nublado, pero progresivamente las nubes escamparon. Los edificios oficiales y muchos balcones de casas particulares aparecían engalanados, y algunos puntos céntricos de la ciudad erigían obeliscos con emblemas de la Falange (juntamente con otros de salutación al jalifa Muley Hassan, de visita oficial). Progresivamente, la Estación del Norte, profusamente engalanada en su fachada exterior y en los andenes, se llenó de público (a las 9.30 prácticamente estaba repleta). Las autoridades también llegaron, de modo que, poco antes del mediodía, allí se encontraron Serrano Suñer, Arrese, Galarza, Varela, Vigón, Primo de Rivera, Ibáñez Martín y Girón; subsecretarios varios; la plana mayor del Ejército (14 generales) y la Falange, así como representantes de las diplomacias del Eje y Portugal. A las 12 en punto apareció el primer tren (seis minutos después, el segundo). Los gritos inundaron el recinto, «se rompieron todas las formaciones y el convoy fue materialmente asaltado», lo que hizo la marcha extremadamente lenta. Los divisionarios, con camisa azul y boina roja, agitaban banderas y sus voces «se entremezclaban con los vítores, las exclamaciones de los familiares y los gritos de alegría». Por fin, el tren se detuvo, se entonó el *Cara al sol*, y Serrano profirió los gritos de ritual. Ya en el exterior de la estación, muchachos del Frente de Juventudes y los soldados a duras penas lograban evitar que el público se entremezclase con los miembros del Gobierno. Fuerzas de montaña, maceros del Ayuntamiento, y las bandas de trompetas y tambores, con sus correspondientes guiones, banderas y estandartes, daban colorido a la escena.[104]

Transcurrió una hora antes de que los repatriados pudiesen subir a los camiones que les esperaban. Al descubierto, dio comienzo un largo desfile motorizado, entre un público enfervorizado, por el Paseo de Onésimo Redondo, Bailén, Calle Mayor, Puerta del Sol, Carrera de San Jerónimo, Plaza de Canalejas, Sevilla y Alcalá, hasta el cruce de la Secretaría General (en cuyo balcón permanecían apostados Serrano, Arrese y Luna) con la calle del Barquillo; donde dieron la vuelta y retomaron Alcalá, para seguir por la Gran Vía, la Plaza de España y la calle de Ferraz, hasta llegar al Cuartel del Infante Don Juan. El Cuartel, con varios pabellones preparados para su alojamiento, apareció a sus ojos engalanado con banderas y con varias pancartas de bienvenida. En la mañana 26, el Parque del Retiro vio un tedéum en acción de gracias por el regreso: los divisionarios (uniforme militar, camisa azul y boina roja) se colocaron frente al altar. Arrese y los titulares de las tres Armas, juntamente con Saliquet y Orgaz, formaron la presidencia de honor. Mandos militares, jerarcas falangistas y los agregados militares alemán e italiano, quedaron en segundo lugar. Ofició la misa un capellán mutilado de la División.[105]

Después de un invierno cargado de malos presagios, el optimismo retornaba a los españoles germanófilos. El 29 la prensa reprodujo el comunicado del Cuartel General de Hitler del día anterior, que dio por concluida, con victoria alemana, la Batalla del sur de Jarkov. Sobre la base de dicho comunicado y de las expectativas de una ofensiva de Rommel, Ramón Garriga envió una crónica de Berlín con el significativo título de «Todo respira optimismo». Bajo aquellas circunstancias, en la ceremonia de entrega del Castillo de la Mota a la Sección Femenina, Franco (el gran ausente) volvió a cargar tintas contra el parlamentarismo («Hay que elevar el concepto mezquino que tienen muchas gentes españolas de la política, pues cuando se habla de política están viendo la liberal con sus grupos de lucha, en la que los partidos no fueron más que la máscara de los apetitos, de los intereses, de las ambiciones bastardas»). Entre tanto, el Teatro María Guerrero ofreció una función «de gran gala» en homenaje a los repatriados, bajo presidencia de Carmen Polo y con la asistencia de miembros del Gobierno y del Cuerpo Diplomático. Tras un concierto de música, otro de canto y una representación de danzas clásicas españolas, Manuel Machado leyó unos poemas.[106]

Pero, en medio del triunfalismo, a muchos no escapó que mal iba la recluta para la División cuando la prensa anunciaba la reducción del servicio militar, o inclusive su cancelación, para quienes se alistasen (30 de mayo). Al cabo de una semana, mientras que en El Escorial era clausurado un curso dirigido a las 21 enfermeras falangistas de relevo, la Jefatura de Milicias de Barcelona requirió la presentación de todos los inscritos en la reserva falangista. Por otra parte, un nuevo comunicado del OKW, relativo al Voljov, reflejó una situación militar ni de lejos parecida a la de Jarkov: continuaba la defensa frente a un enemigo capaz de desencadenar ataques de gran envergadura. Entre tanto, a los homenajes colectivos tributados a los repatriados, se sumaron otros de carácter individual, fundamentalmente misas en acción de gracias y ágapes; y la prensa local publicaba el nombre de muchos de ellos. Y el mismo día en que el nuevo embajador estadounidense, Carlton Hayes, presentó sus cartas credenciales a Franco (9 de junio), llegó Agustín Aznar a Madrid. Lo esperaban en Barajas su esposa (Dolores Primo de Rivera) y su padre, así como Arrese, Girón, Ridruejo y Celia Giménez. Dos días después, Arrese visitó a los heridos y convalecientes acogidos en el *Hogar de la División*, donde entregó un sustancioso donativo.[107]

Muñoz Grandes y Serrano Suñer en la cuerda floja

Concluido su trabajo en Madrid y en el resto de España, Esteban-Infantes se despidió de Franco y de Varela (3 de junio): partía hacia Hof, donde iba a ser equipado y prestaría juramento de fidelidad a Hitler, paso previo al frente, donde tomaría el mando de la División. Pero Hitler tenía sobrados motivos para estar satisfecho de la labor de Muñoz Grandes: durante el invierno había arriesgado temerariamente la vida de cientos de sus hombres en repetidas ocasiones, y en todo momento los había inducido a una lucha sin cuartel. No es de extrañar, pues, que cuando recibió un informe (día 15) que afirmaba que el general se había pronunciado en favor de la entrada de España en la guerra, presionara a Madrid para que no fuera relevado en el mando de la División.

Fue el almirante Canaris el encargado de comunicar al Ministerio del Ejército (y, dado el caso, a Franco) el deseo de Hitler. Llegado a Madrid con nombre falso, finalmente hizo la petición a Franco (el 25), y recibió la esperada aprobación. Con ello quedó aplazada, por espacio de unos cuantos meses, la repatriación de Muñoz Grandes, deseada por Franco, molesto por los rumores sobre críticas respecto a la situación interior española. Y, aún más a partir de julio, tras la entrevista que el general mantendría con Hitler (de las filtraciones habidas, y sus connotaciones políticas, se ocupó la Embajada en Madrid, hasta el punto de que Ribbentrop se vio obligado a *notificar* a Stohrer que habían discutido únicamente «temas militares»).[108]

Pero no sólo Muñoz Grandes estaba en la cuerda floja. Como ya hemos visto, mayo de 1941 había socavado el poder de Serrano Suñer. Pero los odios a su persona, lejos de remitir, aumentaron; y una de las principales peticiones que en diciembre el Ejército dejó entrever por boca de Kindelán (discurso ante el Consejo Superior) fue su destitución. Un mes después, Stohrer apuntó que «los ataques» de los generales se habían vuelto de nuevo «especialmente duros», y que el ministro se reservaba el puesto de embajador en Roma para el caso de que «no pudiera mantenerse». Posteriormente, se refirió a la *crisis de enero* como el resultado de un intento británico de propiciar su caída, y lograr así «la formación de un Gobierno más proclive» a sus intereses, en el que la política exterior se orientara en sentido aliadófilo. El propio Serrano se había referido a ella como «puramente inglesa», instigada por Hoare. En todo caso, en opinión de Stohrer, sus enemigos «estuvieron cerca de lograr dicho objetivo» (al parecer, el duque de Alba llegó a retrasar unos días su retorno a Londres, en espera de su *inminente* caída).[109]

Tras aquella difícil coyuntura, la posición de Serrano Suñer se afianzó un tanto, aunque siempre en un contexto general de declive. El embajador la entendió «reforzada y asegurada» tras el descubrimiento y neutralización de una supuesta trama «anglo-comunista» en Portugal, con ramificaciones en España; y sobre la base de que el encuentro en Sevilla entre Franco y Oliveira Salazar había sido propiciado por él. Y ya a finales de marzo, creyó muy difícil el desencadenamiento de una nueva ofensiva británica en su contra, aunque sus antagonistas españoles no le concedían tregua. En todo caso —concluyó—, el hecho más relevante de aquella pugna era que, con el tema del relevo como excusa, los militares acababan de convertir a la División Azul en «el campo de batalla» contra Serrano: propalaban que era totalmente contrario a él, pues perdería «un instrumento político muy fiel, mediante el cual podía hacer propaganda de sí mismo y de la Falange» (la División pensaba lo contrario: que era precisamente una *maniobra* suya o de la Falange «para ocultar el deseo [de repatriación] de algunos altos cargos del Partido, hartos de la lucha»).[110]

En junio, Serrano Suñer pasó 11 días en Italia. Según su testimonio posterior, iba a buscar allí «descanso moral y político» (se entrevistó con el Rey y con Mussolini, por postrera vez); pero los informes de Lequio lo relacionaban con la cuestión monárquica. Importa destacar aquí que, también según Ciano, habló en tono despectivo de Franco («usaba el lenguaje que puede emplearse refiriéndose a un criado cretino. Y sin la menor prudencia; delante de todo el mundo»). En declaraciones muy posteriores, Serrano se lamentó de que en el escenario político español habían aparecido «gángsters, logreros, aduladores y oportunistas», y que, cuando se lo señalaba a Franco, «empezaba a no parecer comprender la situación ni las consecuencias». Además, había ya una marcada «reciprocidad en nuestro distanciamiento». Evidentemente, algo no funcionaba entre ambos.[111]

Problemas para los divisionarios repatriados en Cataluña y el País Vasco

Los divisionarios repatriados que no estaban enfermos ni heridos pudieron abandonar Irún y trasladarse a sus respectivas localidades; donde no siempre fueron recibidos a bombo y platillo, como ocurrió en Madrid y, en menor grado, en Zaragoza. Hubo cientos de ellos que se encontraron ante la indiferencia de la mayor parte de sus convecinos, sobre todo en Cataluña y, muy particularmente, en el País Vasco. Allí la frialdad dio paso a hostilidad apenas disimulada, a la que poco después se añadió el rechazo laboral.

En las provincias vascas la mayor parte de los inscritos en la División Azul en julio de 1941 eran personas de extracción social humilde y escasa o nula formación profesional, que en el momento del alistamiento estaban en situación de paro laboral. Cuando, meses después, regresaron a sus hogares, se encontraron ante la necesidad perentoria de encontrar empleo. Acudieron para ello a fábricas y minas; pero, una vez admitidos, la hostilidad manifiesta de parte de sus compañeros finalmente decantó a los empresarios a prescindir de sus servicios y a negar nuevas contrataciones. Fue así como se generó una amplia bolsa de paro, que afectó a la mayor parte de ellos. Dada la situación de precariedad, día tras día llamaban a la puerta del Consulado alemán para lamentarse de su suerte y solicitar que se les permitiera ir a trabajar a Alemania. Por las calles de San Sebastián se les veía, con su uniforme caqui y sus condecoraciones, pidiendo limosna. Triste imagen que se repetía en los cafés.[112]

Azorado por la gravedad de la situación, Burbach se puso en contacto con el jefe provincial de Excombatientes y el de la Milicia (el anglófilo comandante Churruca); al objeto de, por lo menos, conseguirles un techo bajo el que dormir. Pero ambos le manifestaron que la solución al problema pasaba por su marcha a Alemania, y Churruca incluso quiso obligarlos a desprenderse del uniforme alemán (el cónsul objetó que la mayoría sólo disponían de aquella prenda y que en Milicias no había trajes para todos). Finalmente, acordaron solicitar de la Jefatura de Burgos su inscripción como trabajadores para Alemania. Pero, a los pocos días, por presiones oficiales fueron aceptados como peones para la construcción de una carretera cerca de Bilbao, aunque la reducida cuantía del jornal (nueve pesetas), dio al traste con aquella solución.[113]

Unos cientos de kilómetros más al este, en Barcelona, los regresados se encontraron también en situación precaria. Mientras buscaban trabajo (vanamente) ni la Falange ni organismo oficial alguno se preocupó de su manutención y alojamiento. En conversaciones con la diplomacia alemana, manifestaron su hartazgo y el deseo de regresar a Alemania, para reingresar en la División o como trabajadores. A dicha tesitura se sumó la frialdad —cuando no animadversión— de la calle (cuando el *Diario de Barcelona* publicó una crónica que detallaba algunos éxitos soviéticos, se agotó en pocas horas), reconocida por el propio Consulado (Jaeger a Stohrer).[114]

Para paliar tan desagradable realidad, el Consulado General instó a completar la lista de los repatriados y a que le fuera entregada la de ingresados en el Hospital Militar, en la intención de llevar a cabo algunas actuaciones en favor de todos ellos. Concretamente, organizaría una velada en el *Círculo de Mujeres Alemanas* orientada a recaudar fondos para la construcción de una proyectada residencia de la División; los invitaría a pases de películas del grupo local del Partido Nazi y de documentales bélico-políticos y culturales; los proveería de propaganda impresa, sobre todo de *Aspa*; y organizaría visitas periódicas del grupo de la Sección Femenina alemana al Hospital, con cigarrillos y flores. Para materializar aquella labor, el Consulado esperaba recabar el apoyo de la *Hermandad de Familiares de Voluntarios de la División Azul*, y, en especial, de su presidente, Ricardo Llorens; quien debería asumir el papel de mediador con los repatriados. Pero por aquel entonces el ambiente en los círculos proaliados de Barcelona estaba cada vez más caldeado, ante la expectativa de un posible desembarco en el Continente. Cuando en julio tuvo lugar el frustrado intento de Dieppe, cientos de barceloneses manifestaron su júbilo en las Ramblas sin un excesivo recato, que el propio cónsul secretario Riemer presenció a la salida de un edificio. Además, circulaba por las calles una hoja clandestina del PSUC que animaba a la juventud catalana a sublevarse contra «los militares sin honor que os manden ir a la guerra hitleriana, como exactamente han hecho tantos voluntarios de la División Azul», y la instaba a asesinar «como a perros» a los oficiales regresados. Consciente de la débil posición de la diplomacia alemana y de que los repatriados constituían una de las bazas más preciadas en su haber, Jaeger decidió dar su decidido apoyo personal a todo lo proyectado en su favor; y no dudó en acudir, en varias ocasiones, al Hospital Militar, con el jefe local del Partido y la de la Sección Femenina.[115]

Durante el otoño, tras el desembarco en el noroeste de África, algunos de los regresados se sumaron al Frente de Juventudes y la exigua Falange en la represión —a veces violenta— de manifestaciones aliadófilas. Hubo incidentes de envergadura, como el acaecido en los cines Capitol y Metropol con ocasión de la proyección de la película *Women in War*, con destrozos valorados en 16.000 pesetas y la rotura de dos costillas a un acomodador; o la soberana paliza a un súbdito británico por haber dado vivas a Inglaterra, el Rey y España públicamente. Aquellas acciones fueron lamentadas por Jaeger: aunque valoraba en mucho su germanofilia, aquellos barceloneses prestaban un flaco servicio a la causa alemana ante la opinión pública. De momento, ya había quien se atrevía a manifestar abiertamente a los diplomáticos que llegaría el día en que se haría astillas de los cines que exhibieran el semanario de la UFA.[116]

Desde julio Stohrer sabía de las penosas incidencias vividas en Guipúzcoa por muchos repatriados y de su deseo de retornar a Alemania, así como de la opinión favorable de Burbach a su empleo como trabajadores. Se entrevistó con Serrano Suñer el 25, y le preguntó si había hablado ya con García Olay, como le había prometido. Éste respondió que había contactado con Carceller y le había urgido en el asunto. Entonces Stohrer manifestó que acababa de saber que en Barcelona se habían inscrito 54 trabajadores, pero que la Comisión había rechazado su envío, y que una serie de repatriados de la División andaban «por ahí sin trabajo» y deseaban regresar a Alemania. Serrano se turbó, y dijo que, en su opinión, no habría dificultad alguna para que pudieran materializar su deseo.[117]

Guiada por la típica diligencia alemana, aquel mismo día la Embajada redactó la propuesta para contratar a los divisionarios (nota verbal dirigida a Exteriores): los licenciados recibirían en Hof una hoja informativa sobre las posibilidades y las condiciones previas para su empleo. Acto seguido, el Ministerio de Trabajo, de conformidad con la *Comisión Reguladora para el Empleo de Productores Españoles en Alemania* (agregada a la Embajada), adoptaría las medidas necesarias para la contratación, conforme a lo estipulado en el Convenio de agosto de 1941. Los ya nuevos trabajadores partirían de inmediato a los campamentos asignados (caso de querer visitar a sus familias, podrían agregarse a las expediciones de repatriados, y volver por su cuenta o incorporados en los transportes regulares de trabajadores). Cabría también la posibilidad de que materializar contractos directamente en España, para lo cual deberían dirigirse al delegado del Ministerio de Trabajo del Reich en Madrid. Exteriores se dio por enterado el 7 de agosto, y comunicó que ya había trasladado su contenido «a las autoridades competentes»: tan pronto como recibiera la contestación, se lo notificaría. Pero a 1 de septiembre la respuesta no había llegado todavía, lo que obligó a una nota recordatoria. Dos días después, sin embargo, Serrano Suñer fue reemplazado por Gómez-Jordana, lo que malogró el proyecto.[118]

Asensio y Keitel habían acordado llevar a cabo entre abril y junio el grueso del relevo proyectado para la División; de manera que a finales de dicho mes hubiera sido sustituido casi un tercio de sus efectivos. Pero el trasvase de hombres procedentes de España se mantuvo a lo largo del verano, de modo que en julio y agosto continuaron partiendo expediciones de relevo. Muy pronto el Ministerio del Ejército comenzó a controlar a permisionarios y hospitalizados. Así, a finales de julio ordenó a las Capitanías que pasaportaran para Logroño a cuantos tuvieran el permiso o licencia finalizado, o estuviesen ya recuperados de sus dolencias, donde quedarían concentrados para su inmediata marcha a Alemania. A partir de septiembre, además, comenzó la recluta obligatoria de mandos. En tal caso, el jefe del Estado Mayor Central telegrafiaba (por orden del ministro) el nombre del escogido al titular de la Región Militar; quien, a su vez, lo telegrafiaba al jefe de su unidad. Recibida la notificación, le era comunicada personalmente, y en unos tres días debía marchar a Logroño o directamente a San Sebastián. En cuanto a la tropa, el Ministerio reclamó, también de forma individualizada, a los inscritos en las listas de enganche (aunque ya hubiese finalizado su servicio militar), y cuyo nombre constaba en la lista de reserva de la unidad, a medida que las necesidades del frente lo exigían. Y para evitar la filtración de enemigos del Régimen, exigió de las Capitanías la ficha completa de sus antecedentes político-sociales, con la indicación del lugar al que marchaban concentrados.[119]

A pesar de aquellas medidas, el verano acabó con serias dificultades para la continuidad de la recluta, al menos en base a las exigencias del frente. A mediados de septiembre, la imperiosa necesidad de voluntariado obligó al Ministerio a distribuir una normativa sobre *Propaganda para intensificar la recluta* entre la tropa, con varios ámbitos fundamentales de actuación: lecturas de prensa que exaltase la actuación de la División (supresión de «detalles depresivos o poco agradables»); organización de charlas y conferencias de carácter anticomunista; toma de contacto ostensible con ex divisionarios de la unidad, para transmitir la idea de que se les tenía presentes; y utilización propagandística de murales (noticias y fotografías de «devastaciones y crímenes» comunistas, de distinciones obtenidas por la División, la relación de ventajas materiales del alistamiento, fotografías de condecorados o distinguidos de la unidad, o de la localidad o comarca). Todo un conjunto de medidas, en fin, encaminadas a un objetivo cada vez más difícil.[120]

Reacción alemana frente a la propaganda británica en contra de la División Azul

A mediados de julio la diplomacia alemana detectó en Madrid a varios individuos, vestidos de divisionarios, «de aspecto enfermizo, en uniformes desgarrados y sucios», que en bares y mercados frecuentados por personas de condición social humilde relataban «historias de horror sobre Alemania». Decían, por ejemplo, que allí eran maltratados y pasaban hambre, y que su aspecto era «la mejor prueba» de lo que decían. Alertados de aquella extraña circunstancia, varios falangistas investigaron y descubrieron que aquellos hombres trabajaban para el *Intelligence Service*. La policía practicó varias detenciones, a la par que fue alertado Exteriores. Informado Stohrer, aconsejó al Auswärtiges Amt «evaluar propagandísticamente» dicha circunstancia en los medios de comunicación, e informar a la División.[121]

Berlín estudió el hecho con detenimiento y solicitó de la Embajada el envío de varias manifestaciones «de carácter positivo» hechas por repatriados. En el informe deberían constar sus nombres y el tiempo de permanencia en el frente, una evaluación del valor adquisitivo de la soldada y una valoración del criterio imperante entre la opinión pública sobre la División. Recibida la petición, Gardemann requirió telefónicamente del Consulado en Zaragoza que obtuviera testimonios positivos de unos 10 repatriados y algunos ciudadanos.[122]

El 14 de agosto llegó a la capital aragonesa un contingente de repatriados, y el cónsul abordó a varios de ellos. Uno, al parecer, afirmó textualmente: «Ahora, después de que hemos conocido a los soldados alemanes y sabemos lo que pueden rendir, la victoria de Alemania es para nosotros una certeza irrefutable», y otro manifestó: «Desearía que todos los españoles que hoy día todavía creen en el paraíso comunista pudiesen ver con sus propios ojos la indescriptible miseria de la Rusia soviética». Todos alabaron la comida y la ecuanimidad en su reparto. Estaban contentos del trato recibido por los soldados alemanes, y de las muestras de afecto de la población civil en el viaje de regreso («ninguno abandonó hambriento un local, ya que siempre había un alemán que lo invitaba e incluso compartía con él sus marcos»). Sin embargo, les hubiese gustado ver algo más de Alemania y poder hacer compras (como hizo en su día la Legión Cóndor), lo que les fue negado con el argumento de la escasez general y del racionamiento imperante. Y en cuanto a la población zaragozana, quedó *sorprendida* de su buen aspecto» y *admirada* de sus condecoraciones. Para el cónsul, aquellos hombres eran garantía de «la mejor propaganda» para Alemania en España.[123]

Tan pronto como el informe llegó a la Embajada, Heberlein envió una copia a Berlín. Era buen material para divulgar, como lo era también, en opinión de Ribbentrop, un hecho de índole tan distinta como fue la entrega a la División de un banderín realizado por una asociación de mujeres españolas en Argentina; un «símbolo de su unión en la lucha contra el bolchevismo». Banderín que fue llevado hasta Europa por el embajador alemán en dicho país, y ello a pesar de que el buque en el que viajaba fue abordado por los británicos y registrado detenidamente. Un acto, el de su entrega, en el que Muñoz Grandes prometió «plantarlo allí donde lo ordenara el Führer»; y que debería divulgarse en la prensa alemana, española y argentina, y también por la radio en el extranjero, especialmente en las emisoras de lengua española.[124]

El final político de Ramón Serrano Suñer

Parece ser que poco antes de que Franco marchara de vacaciones estivales, Arrese le manifestó que consideraba necesaria una pronta reestructuración del Gobierno, con vistas a perfilar «una clara evolución política a nivel interior y exterior». Una conversación «inusitadamente agitada», que propició que Franco lo invitara a pasar 10 días con él en Galicia. Días después, Valdés manifestó a Likus que el Gobierno había perdido todo contacto con el pueblo, que Serrano carecía de apoyos políticos y continuaba «rodeándose de jovencitos sin importancia», y que estaba conchabado con Varela para quitar de en medio a Muñoz Grandes. En aquellas circunstancias —prosiguió—, Arrese y quienes lo apoyaban estaban «decididos a propiciar un cambio político, por las buenas o por las malas, para conducir a España a una clara orientación interior —apoyo incondicional a Alemania e Italia— y exterior —Estado autoritario—».[125]

Todo parece indicar, pues, que a finales de julio y principios de agosto Arrese preparaba cuidadosamente la caída de Serrano Suñer, y que su estancia en Galicia con Franco iba a ser una buena oportunidad para actuar a fondo en tal sentido. Un primer paso había sido exponerle la conveniencia de preceder a su relevo, y el segundo, ofrecer garantías a los alemanes (Hitler recibió el informe el 21 de agosto).[126]

Franco llegó al Pazo de Meirás, acompañado de los jefes de sus Casas Civil y Militar. Allí fue recibido por su esposa e hija, y las principales autoridades de la región. Nueve días después, el 11 de agosto, llegó José Luis de Arrese, acompañado de su esposa. La asistencia a una corrida de toros en la Coruña, una visita al Ferrol y la presidencia de unas regatas en el Club Náutico de La Coruña, habían constituido los actos públicos más destacados antes de la llegada del ministro. Entre tanto, Varela había inaugurado la VI Feria de Muestras de Bilbao; y el 15 llegó a Algorta, con la intención de permanecer durante varios días. Una estancia que, a la postre, iba a propiciar la sentencia de muerte para la continuidad política de Serrano Suñer.[127]

El domingo 16 se celebraba la festividad de la Virgen de Begoña, patrona de Bilbao, con una misa solemne en la Basílica, plena de remembranzas carlistas. Desde días antes estaba anunciada la presencia en el oficio de Varela y Esteban Bilbao. El ambiente estaba agitado. El día anterior, el jefe provincial de Milicias había advertido al jefe regional que nacionalistas vascos estaban repartiendo armas de pequeño calibre y boinas rojas entre sus partidarios para camuflarse de carlistas; y en parecidos términos se expresó el gobernador militar al capitán general esa mañana.[128]

La misa estaba anunciada para las 11.30 y en ella se iba a recordar a los 150 muertos del Tercio de Begoña durante la Guerra Civil. Tras el oficio, hubo gritos hostiles a la Falange, vivas al Pretendiente carlista y a los Fueros. Unos falangistas —entre ellos, seis divisionarios repatriados (dos llegaron de Valladolid, con la aquiescencia de Luna)— replicaron a aquellas consignas voz en grito y se enzarzaron en una pelea con los jóvenes tradicionalistas. Durante la refriega, el divisionario Juan José Domínguez Muñoz arrojó dos bombas de mano que llevaba en el bolsillo, lo que provocó heridas a más de 30 personas («un centenar» según un informe carlista llegado a las Embajadas británica y alemana, «familiares todos ellos de los requetés muertos»). Segundos después, Varela salió del templo. A medida que pasaban las horas y llegaban a su conocimiento las declaraciones de los detenidos y se hacían extensivas las quejas de carlistas y militares, se autoconvenció de que había sido objeto de un atentado. Solicitó a Galarza la entrega de los detenidos a la jurisdicción militar y remitió una nota a los capitanes generales afirmando que aquel suceso era «un ataque al Ejército» en cuanto institución.[129]

Informado, Franco intentó paliar las consecuencias políticas de aquellos sucesos, por medio de discursos multitudinarios y actos de pública supeditación de ambas instituciones a su persona. El primer discurso lo llevó a cabo, el 20, en Vigo. Pero mayor significación tuvo el del 23, en La Coruña; un discurso pleno de retórica y parafernalia, que hizo mención expresa a la deseada unidad de Ejército y Falange. Siguiendo consignas, fue profusamente difundido por la prensa, que lo anunció el mismo día en el que iba a tener lugar, con el revelador título de «Homenaje del Ejército y la Falange a S.E. el Jefe del Estado». Al día siguiente, Varela regresó a Madrid. Franco, no hizo otro tanto hasta la tarde del 26. Al parecer, había convocado un Consejo de Ministros, que anuló «en el último momento».[130]

Cuando tuvo lugar el altercado de Bilbao, Serrano Suñer estaba vera-neando, como ya era costumbre en él, en Benicásim. Tras recibir la noticia, regresó a Madrid y se entrevistó con Franco.

> Al llegar a su despacho le encontré muy montado y le dije: «Pero, ¿qué pasa aquí?». Y me contesta: «Esto es una faenita de Varela, que está hinchado».[131]

El 29 recibió a los embajadores de Alemania, Estados Unidos y Portugal. Entre tanto, en el propio Madrid, Domínguez era objeto de un Consejo de Guerra. A nadie escapaba la posibilidad de que le fuera impuesta la pena ca-pital. Ante tal tesitura, el jefe provincial de León y *camisa vieja* Narciso Pe-rales intentó infructuosamente hablar con Franco y presionó a Serrano para que intercediera. En aquellas circunstancias, éste volvió a El Pardo.

> Llego allí y le digo: «A este chico no se le puede matar» ... Noté que Fran-co había cambiado. Los falangistas —Arrese, Valdés y otros— le habían dicho ya que Domínguez era espía de los ingleses.[132]

Efectivamente, uno de los informes que Franco había recibido de la Delega-ción Nacional de Información del Partido afirmaba que «todas las impresiones», en base a «los frecuentes viajes que hacía a Marruecos a alrededores de Gi-braltar», apuntaban al hecho de que «era un agente al servicio de Inglaterra». Sobre aquel fundamento se pidió su ejecución, con el argumento de que era «una razón de Estado». De inmediato, los sectores falangistas que defendían la ino-cencia del encausado calificaron la acusación de calumnia, y replicaron que ha-bía actuado «en repetidas ocasiones» en favor de la causa alemana. Y, en su afán de demostrarlo, recabaron de la Embajada pruebas en tal sentido. Stohrer hizo averiguaciones, y pudo saber que había colaborado en emisiones de radio, lo que comunicó a diversas instancias españolas, con el firme propósito de salvarle la vida. El hecho es que Serrano abandonó El Pardo «con mala impresión».[133]

Al amanecer del 1 de septiembre Juan José Domínguez fue ejecutado. Hubo algunas quejas falangistas y Perales dimitió. Entre tanto, en El Pardo, Carrero Blanco pasó a la acción. Franco había decidido cesar a Varela y a Galarza por haberse extralimitado en sus funciones. Según dio a entender en su día López Rodó, en el momento de la entrega de los decretos de cese a Franco, Carrero dejó caer si no había también el de Serrano. Franco le in-quirió el porqué. Carrero respondió que, de no cesarlo, «habría vencedores y vencidos» en la pugna entre Falange y Ejército. Franco hizo un gesto de de-sacuerdo, pero su interlocutor espetó: «Si después de lo sucedido no sale del Gobierno Serrano Suñer, los españoles dirán que quien manda en este país es él y no Vuestra Excelencia». Finalmente, tocado en su fibra más sensible, Fran-co extendió entonces el decreto de cese de Serrano. Quizá fuera así, pero se dan varias circunstancias a considerar: primero, que Franco era hombre de decisiones lentas, segundo, que la relación con Serrano estaba muy deteriorada, después de su amago de dimisión de mayo de 1941 y su reciente paternidad extramatrimonial; y tercero, que la guerra comenzaba a manifestarse en contra del Eje (ante Stalingrado y en Egipto; en el Continente, con el intento de invasión de Dieppe; en el aire, con la Luftwaffe en regresión y el bombardeo de ciudades alemanas; y en el Pacífico, con Midway y Guadalcanal). Todo ello propiciaba un relevo en Exteriores, y máxime si tenemos en cuenta la psicología y talante del recambio elegido por Franco.[134]

Serrano había celebrado su onomástica en La Granja, y se sintió complacido al recibir la felicitación de Franco. De nuevo en Madrid, en la mañana del 1 supo que lo esperaba en El Pardo al mediodía, para despachar (forma de convocatoria que se salía de lo habitual). Ya ante él, lo encontró «un tanto nervioso, con sus movimientos de ojos característicos, constantemente lanzados hacia los lados». Acto seguido, le oyó decir: «Mira Ramón, te llamo para hablarte de un asunto muy grave, de una decisión grave que he tomado». Y después de una pausa, añadió: «Voy a sustituirte». Serrano pidió hablar sobre el asunto, pero Franco le atajó con que su sustituto esperaba en la antesala.[135]

De aquella abrupta manera llegaron a su punto y final los cuatro años y siete meses de trayectoria política de Ramón Serrano Suñer junto a Franco. Habían transcurrido meses de tensiones y recelos entre ambos, agudizados por la reciente paternidad de aquél. Pero Serrano tenía en su haber el haberle entregado la Falange, el principal instrumento de adscripción de la sociedad civil a su Régimen —militar—, con el que contó ininterrumpidamente a lo largo de su dilatada trayectoria al frente del Estado. Sin duda, el *Decreto de Unificación* fue uno de los principales servicios —sino el principal— que Franco recibió con vistas a la consolidación de su poder personal.

En la tarde del 3 la Embajada alemana comunicó al Auswärtiges Amt la destitución y el nombre del sucesor, el teniente general Francisco Gómez-Jordana Souza. A las 21 horas telegrafió que Franco había asumido la presidencia de la Junta Política, y que la Vicesecretaría de FET-JONS había pasado a manos de Mora Figueroa. Y, antes de la medianoche, relacionó la caída de Serrano con Begoña; y valoró como «enteramente satisfactoria» la llegada de Asensio, y de «no desagradable» la de Jordana. Tras varios telegramas más, el 5 Stohrer recomendó a Berlín que la prensa hiciera «algunos comentarios amables» a la actuación de Serrano en Exteriores, en tanto que era improbable que desapareciera de la escena política (posiblemente se haría cargo de la Embajada en Roma). Convendría referir discursos y entrevistas en los que se hubiera posicionado claramente en favor del Eje; los «duros y continuados» ataques británicos contra su persona (incluso le habían acusado de ser agente alemán); y «su iniciativa» de ofrecer a Alemania la División, tan sólo cuatro horas después del inicio de la lucha, y «cuya formación y envío *se obsti-*

nó en sacar adelante» a pesar de la oposición militar. A todas luces Stohrer era consciente de que la pérdida de Serrano Suñer difícilmente iba a poder ser compensada.[136]

Nuevo embajador de España en Berlín

El mismo día en que Stohrer recomendó a Berlín comentarios amables a la actuación de Serrano Suñer (5 de septiembre), comunicó que Exteriores daba por segura la pronta dimisión de Finat («hombre de confianza de Serrano Suñer»). Pero el embajador estaba dispuesto a mantenerse en el cargo. Así, en el transcurso de una entrevista con Weizsäcker el 16, no hizo alusión alguna al respecto; y, por el contrario, manifestó que la situación política en España continuaba «inalterada». Entre tanto, Stohrer barajó el nombre de Muñoz Grandes como posible sustituto. Finalmente, el Consejo de Ministros del 14 de octubre nombró para el cargo al director del Departamento Político del Ministerio, don Ginés Vidal y Saura.[137]

Vidal, el hombre que en consonancia con Jordana iba a arrancar la División del frente, en el marco de un premeditado giro en la política exterior en sentido aliadófilo, había nacido en Cartagena en marzo de 1890. Tenía, pues, 52 años en el momento de acceder al cargo, y acumulaba más de 30 en la carrera diplomática (Berlín, Copenhague, La Haya y, de nuevo, Berlín). Era culto, amante de la música y del arte, y dominaba el idioma alemán, aspecto muy apreciado por las autoridades del Reich. Además, su soltería le ofrecía la posibilidad de una plena dedicación al trabajo, en un contexto de dificultades en aumento.[138]

Finat solicitó el plácet y una rápida respuesta al Auswärtiges Amt. Pero hubo que esperar hasta el 17 de noviembre para que Vidal pudiera tomar posesión de la Embajada. Durante el ínterin había tenido lugar el desembarco anglosajón en el noroeste de África, que tanto conmocionó al Gobierno y a un sector de la población españoles. Y, aunque con la calle alterada (Bilbao vio detenciones y Barcelona vivió las *Jornadas del 8 de Noviembre* —profusión de rumores, distribución de propaganda británica, conatos de manifestaciones, peleas con falangistas y carlistas, grupos pululando puño en alto, canto de *La Internacional* en algunas fábricas...—), Franco había podido relajarse un tanto tras recibir garantías de Roosevelt y Churchill. Todo lo contrario de Hitler, que, en un contexto de tensión creciente, tuvo que hacer frente a una crisis de grandes proporciones, aumentada por la defección gala, que lo llevó a ocupar la Francia de Vichy, Córcega y Túnez.[139]

En Berlín, la División ocupó un lugar preferente en la cartera de trabajo de Vidal desde el primer momento. Dos días después de hacerse cargo de la Embajada, telegrafió a Muñoz Grandes.

Al llegar a este país, aún antes de iniciar oficialmente mi honrosa misión, quiero dirigir mi primer saludo a V.E. y a la heroica División Azul de su mando, que tan gloriosamente nos representa en la lucha contra el comunismo. Toda España sigue con inefable emoción la suerte de esos bravos soldados que mantienen tan alto el prestigio y el nombre de nuestra Patria junto a las inmejorables tropas alemanas. Sírvase pues, mi general, aceptar y transmitir a las fuerzas de su mando el cálido testimonio de mi admiración y la de España entera, llena de gratitud hacia sus soldados tan acertadamente dirigidos y mandados.[140]

El 23 de noviembre llevó a cabo su primera visita oficial. Weizsäcker, que lo recibió «muy afectuosamente», se refirió al desembarco anglosajón «esforzándole en no darle demasiada importancia». Al tratar de la situación generada en España, Vidal introdujo el tema del suministro de armamento, y lo hizo con un argumento tan poco sólido como efectista:

> Aproveché la ocasión para lamentar que Alemania no hubiese suministrado el material de guerra que hace tiempo pedimos, pues si los anglosajones hubieran tenido la certeza de que estábamos bien armados quizá no habrían realizado este desembarco.

Añadió que preocupaba a su Gobierno el dotar al Ejército de todos los medios necesarios para «su completa eficiencia», por lo que «más que nunca» era «necesario y urgente» obtener el armamento. Weizsäcker, impresionado por la energía de su interlocutor, respondió que tal circunstancia era sobradamente conocida por parte alemana y que lo transmitiría a «las altas esferas», para ser examinada «del modo más benévolo». Terminó manifestando que, aun sin haber presentado las cartas credenciales, se considerara «plenamente acreditado» para cualquier gestión que requiriese su intervención personal. Ello satisfizo grandemente al embajador, quien expresó su optimismo a Jordana por «la excelente acogida» recibida en Alemania.[141]

El miércoles 25 Vidal transmitió a Madrid el primero de sus certeros y detallados informes sobre la evolución de la guerra, ya en términos muy poco halagüeños para Alemania:

> Aunque [los] círculos oficiales mantienen gran reserva, se sabe que [la] ofensiva rusa actual es de gran envergadura, con fuerte presión y numerosos elementos, admitiéndose [la] posibilidad de abandonar Stalingrado, aunque es prematuro cualquier pronóstico, tratándose de operaciones en curso. En África parece muy comprometida [la] situación de Rommel, mereciendo profunda atención Túnez, donde se concentran elementos a fin de realizar [el] máximo esfuerzo para su defensa, por considerar que ahí se decidirá [la] suerte [del] África Septentrional.[142]

Al margen de la Embajada, Castiella (nuevo jefe de la Falange Exterior) manifestó a Woermann que Serrano era «persona digna de odio» y un «ministro de Asuntos Exteriores incompetente», y que sobre él pesaba el agravante de que la acción diplomática en Berlín —en clara referencia a Finat— había sido «prácticamente yerma». De Jordana dijo que era «un funcionario tenaz», pero que carecía de especiales dotes políticas; y puntualizó que daba que pensar el que hubiera nombrado a un subsecretario anglófilo. Y con respecto a Muñoz Grandes manifestó que era la «personalidad cumbre» del Ejército, y que esperaba que Franco lo hiciera volver a España para llevar a cabo «grandes cometidos».[143]

Entre tanto, en Rastenburg, ese día (2 de diciembre) Vidal hizo finalmente entrega de sus credenciales a Hitler. En conversación subsiguiente, éste le expuso la situación general de la guerra «en tono de serenidad y de confianza» y se extendió en el frente ruso, del que subrayó «la trascendencia histórica de la lucha a vida o muerte» contra el bolchevismo. Tuvo, seguidamente, frases «de sincera y profunda admiración» para la División, cuyos hombres estaban, junto con los finlandeses, «en el primer lugar» de entre todos los combatientes extranjeros, en cuanto a «arrojo y valor ... sencillez y resistencia». En cuanto a los desembarcos en el norte de África, se expresó «en términos duros» contra los franceses, y aseguró que la nueva situación presentaba la ventaja «de aclarar muchas cosas que estaban turbias». En ese contexto hizo referencia «sin acritud, pero con tono doliente» al frustrado proyecto de toma de Gibraltar, que, de haberse llevado a cabo, habría podido evitar los desembarcos.[144]

En aquel punto intervino Vidal:

> Aproveché este momento para intervenir y exponerle ampliamente nuestra situación, el interés con que sigue el Gobierno español desde un principio los sucesos que se desarrollan tan próximos a nuestros territorios, el alcance y significación de nuestra movilización como testimonio de actitud vigilante, y la necesidad imperiosa que tenemos de armas y material de guerra, desarrollando [la] argumentación conocida y pidiéndole su personal intervención para facilitarnos lo que pedimos.

Hitler respondió que haría cuanto fuese posible para suministrar armamento a España, en un tono que, aunque denotaba sinceridad, traslucía preocupación frente a las necesidades de su Ejército en aquellos momentos. Acto seguido, Vidal desvió el carácter protocolario de la entrevista para cumplir las instrucciones relativas a la repatriación de Muñoz Grandes, lo que hizo con el argumento de que el general era esperado en España «para llevar a cabo un importante cometido». Hitler respondió que accedía a la repatriación «de muy mala gana», puesto que «los méritos del general en cuanto a valentía y cualidades de mando» eran «tan extraordinarios», que veía difícil la llegada de un sustituto equiparable a él. Vidal replicó que en España había «muchos generales» con cualidades similares; pero que, independientemente de ello, respecto a él pesaban, además, tres factores: que en aquellos «difíciles momentos» su colaboración con Franco se había vuelto «imprescindible»; que Franco temía que le pudiera «pasar algo» en el frente y perderlo, y que su esposa estaba seriamente enferma. Hitler, dada ya su conformidad, únicamente solicitó tener al frente de la División a un general «tan valiente, decidido y prudente» como él. En aquel punto, y tras las frases habituales de cortesía, concluyó una entrevista «quizás demasiado nutrida para ser la primera» (Vidal), en la que el embajador insistió en la amistad de España y Hitler repitió que Alemania no tenía ningún interés político particular en ella, y que lo único que deseaba era «verla robustecida» en todos los ámbitos.[145]

Resultado de aquel trascendental encuentro iba a ser el inicio de contactos bilaterales sobre armamento, con el envío a Berlín de una Comisión española, y el relevo de Muñoz Grandes al frente de la División Azul.

Alemania se esfuerza en dinamizar las interacciones con España

Tan sólo dos días después de la presentación de credenciales, el 4 de diciembre de 1942, el agregado militar en Madrid, el coronel Otzen visitó a Vidal: había conferenciado con el Alto Estado Mayor sobre la urgencia del suministro de armamento, y encontró «la mejor disposición»; pero resultaba imprescindible «conocer con exactitud» las necesidades españolas, por lo que requería una relación de material solicitado. Vidal acogió de buen grado la comunicación y urgió a Jordana su envío, «a fin de aprovechar» aquella «aparente buena disposición». Y ya el 7 supo que Hitler había decidido recibir en Berlín a una Comisión española para tratar de la cesión de armamento. Sin embargo, la situación militar era ciertamente precaria (hacía ya dos semanas que el 6º Ejército estaba cercado en Stalingrado), lo que limitaba en mucho las posibilidades. En Madrid, ese mismo día Stohrer transmitió a Arrese una invitación para una visita a Alemania y remitió copia a Jordana.[146]

Aquél era un viaje largamente aplazado, que había tenido su origen en unas supuestas manifestaciones de Arrese a Gardemann tras la caída de Serrano. De hecho, la diplomacia paralela, deseosa de forzar la entrada de España en la guerra, había reactivado su actividad sirviéndose de los círculos falangistas de provincias, y pronto se aferró a aquel proyectado viaje. Era una magnífica oportunidad —pensaron Likus, Hoffmann y Gardemann— para que Arrese entrara en contacto con Muñoz Grandes, con vistas a presionar a Franco, «desde fuera, por medio de la División Azul, y, desde dentro, con la oposición de la Falange». Se pusieron manos a la obra, y consiguieron convencer a Ribbentrop y a Hitler, que dio su plácet (7 de octubre).[147]

Pasadas dos semanas (26 de octubre) llegó la invitación oficial a la Embajada en Madrid, y Stohrer tuvo conocimiento de ella. El texto había sido redactado de tal manera, que de entrada no receló, y encargó la gestión a Heberlein. Pero muy pronto le asaltaron las dudas y, tras descubrir la actuación perpetrada a sus espaldas, hizo cuanto estuvo en su mano para impedir el viaje (argumentó que las tesis de Arrese chocaban con las de Jordana y Franco, y que el Ejército interpretaría la invitación como una clara toma de partido por la Falange). Pero Ribbentrop le ordenó que la tramitara sin demora. Enterado Jordana, sólo logró aplazarlo hasta después de que Vidal entregase sus credenciales (2 de diciembre). Finalmente Stohrer cursó la invitación y cumplimentó a Arrese personalmente, quien se mostró muy complacido; pero, dada su participación en el Consejo de la Falange y la inminencia de las fiestas navideñas, solicitó partir en enero de 1943. Aunque por aquel entonces Stohrer ya no iba a ser el encargado de gestionarlo. [148]

Eberhard von Stohrer fue fulminantemente cesado de su cargo de embajador en Madrid, tras cinco años de ejercicio. Ribbentrop, en su pugna por mantener el control de la política alemana en España frente a las crecientes actividades del Partido Nazi, no pudo soslayar las trabas al viaje de Arrese si no quería arriesgarse a perderlo definitivamente. Hasta entonces lo había mantenido en el puesto porque supo eliminar las injerencias de otras instancias del Reich en Madrid (se limitó a tejer a su alrededor una diplomacia paralela, que generó no pocas tensiones entre ambos). Pero las crecientes tensiones políticas en España, paralelas a la evolución de la guerra, propiciaron un rearme del Partido. Así, por ejemplo, cuando a finales de octubre Stohrer negó a Thomsen la autorización para invitar a repatriados de la División a visionar un noticiario con los funcionarios nazis y la colonia alemana (valoró el acto como «propaganda exterior»), éste le replicó agriamente.[149]

A las 4.40 horas del viernes 18 de diciembre la Embajada recibió el telegrama en el que Ribbentrop, con fecha 16, cesaba a Stohrer: «En el marco de un traslado ordenado por el Führer en base a mi sugerencia —rezaba el texto— hay que volver a ocupar el puesto de embajador en Madrid. Tengo la intención de convocarlo para un nuevo cometido en el Auswärtiges Amt. Como sucesor suyo está previsto el embajador von Moltke. Le ruego que recoja las credenciales para el señor von Moltke». Escuetas palabras que ponían punto y final a la labor en España de un hombre que conocía bien la realidad del país y la idiosincrasia de sus gentes. Un hombre que, por su capacidad y habilidad negociadora, tenía un especial predicamento ante Franco, como lo había tenido ante Serrano Suñer, hecho que contribuyó a su desgaste político.[150]

Stohrer partió hacia Berlín a principios de enero de 1943. El 4 asistió a una cena que le ofreció Jordana, con varios ministros, jerarcas falangistas y Muñoz Grandes. Al día siguiente remitió una carta de despedida a Jaeger, en la que recordó «aquellos movidos días de marzo de 1939», cuando hubo que crear «de la nada» el Consulado y, de aquella manera, «salvar *in situ* lo que se pudiera salvar para la germanidad». En la respuesta, fechada el 9 y remitida ya a Berlín, el cónsul manifestó el deseo de que «se curase completamente»; lo que da pie a pensar que Stohrer presentó su cese como una retirada voluntaria por motivos de salud. Sea como fuere, quedó apartado de la escena política española el mismo día en que, entre vítores, Muñoz Grandes llegó a Madrid, tras haber cedido el mando de la División.[151]

El relevo de Muñoz Grandes

Diciembre de 1942 ha pasado a los anales divisionarios fundamentalmente como el punto final del mando de Muñoz Grandes sobre la División. Muy probablemente, su sustitución había sido decidida en el marco del proyectado relevo de efectivos de la primavera. Y ya estaba tomada cuando el 4 de marzo Asensio telegrafió a Esteban-Infantes que se presentara en Madrid al objeto de organizar la «*segunda* División Azul». A finales de octubre, Stohrer había informado de que Asensio llevaba a cabo gestiones para lograr su relevo, con el argumento de que Franco quería encomendarle «un importante cometido de política interna». Pero el primer toque de atención serio lo recibió el embajador el 14 de noviembre de boca de Jordana, al dejar caer que Franco estaba muy preocupado por *la salud del general* y de su esposa, enferma desde hacía tiempo, y que *sólo por ello* deseaba su pronto regreso. Además, a tenor de su demostrada valía, deseaba asignarle «un papel relevante» en España.[152]

El 13 Muñoz Grandes se encontró ante Hitler por tercera y última vez. En la entrevista estuvieron presentes los generales Jodl y Schmundt (ayudante de Hitler), Hewel y Hoffmann, que actuó de intérprete. Hitler le dio las gracias por sus servicios, expresó su reconocimiento por la labor de la División («equiparable a las mejores divisiones alemanas»), y le hizo entrega de las *Hojas de Roble* para su Cruz de Caballero de la Cruz de Hierro, condecoración alemana de guerra, que, al margen de militares del Reich, al parecer sólo ostentaba un extranjero. Seguidamente, dio inicio una extensa conversación, en que abordó siete grandes temas. Primero: la compleja situación en Marruecos y Argelia tras la «desvergonzada y amplia traición» francesa (Hitler), y la preocupación con que España había vivido los desembarcos (Muñoz Grandes). Segundo: la organización de una división de republicanos españoles en México. Tercero: la influencia anglosajona en España (en opinión de Muñoz Grandes, España todavía «no estaba perdida», pero para *salvarla* se la tenía que «manejar muy duramente»). Cuarto: la operación de Túnez (según Hitler, dependía exclusivamente del transporte; Muñoz Grandes aseguró la intervención española). Quinto: el posicionamiento alemán frente a Francia (Hitler se mostró partidario de mantener al Gobierno de Vichy, pero desconfiaba). Sexto: la actitud de Portugal (convinieron que existía el peligro de pase al bando aliado). Y séptimo: la entrega de armas alemanas a España y la *neutralidad* española, los dos puntos en los que Hitler mostró un mayor interés.[153]

Respecto a la *neutralidad*, Hitler se mostró satisfecho («la neutralidad de España tiene su valor»), y en cuanto a las armas, pidió a Muñoz Grandes que recabara de Madrid seguridades sobre su empleo contra los anglosajones, fuera en territorio español o portugués. Una vez obtenidas, «daría a España todas las armas que pudiera darle, no solamente en cantidad, sino lo mejor y superior del mundo». Tenía la garantía de que el soldado español *lucharía* con ellas bien («si España atacase, los anglosajones perderían el Mediterráneo y casi no podrían mantener sus tropas en el Norte de África»), y pedía una respuesta en el plazo de una o dos semanas. Muñoz Grandes dijo haber comprendido y que había que actuar «muy rápidamente», pues Washington tenía «intenciones muy concretas». Puntualizó que la lucha debería ser *exclusivamente* española (con apoyo alemán), algo «de inmensa importancia desde el punto de vista propagandístico», pues los anglosajones afirmaban que, una vez en España, las tropas alemanas ya no saldrían de ella. Hitler manifestó que no podía enviar «grandes masas» (estaban «atadas en el Este»), pero sí «tropas especiales altamente cualificadas con las mejores y más modernas armas». En la despedida, Muñoz Grandes prometió que informaría a Franco y que transmitiría la respuesta solicitada.[154]

En la mañana del 14 Muñoz Grandes llegó a Berlín, y se instaló en el Hotel Adlon, donde aguardaba Castiella. Al cabo de unas horas, por mediación de Hoffmann, Ribbentrop lo recibió: convinieron que, en el pasado, Madrid y Berlín habían cometido *muchos errores* y habían desaprovechado *muchas oportunidades*; pero que, en el presente, Europa debía mantener fuera de sus fronteras a rusos y norteamericanos. Ribbentrop dijo que España tenía, desde el desembarco, la guerra más cerca (Muñoz Grandes manifestó ser consciente de la gravedad de la situación y de la necesidad de «no perder un momento»). El ministro afirmó que la victoria estaba asegurada (renovaría su ofensiva en el verano) y que Alemania no estaba dispuesta a dejar el norte de África a los anglosajones, en tanto que «esfera de influencia de Italia y España». Correspondía a España —concluyó— «la misión histórica» de acortar la guerra con la defensa de su territorio. Muñoz Grandes aseguró que, por todos los medios, influiría en tal sentido ante Franco y su pueblo; y, antes de despedirse, propuso mantener contacto permanente con Hitler por medio de Hoffmann, Likus y el propio Ribbentrop, a lo que éste accedió de buen grado.[155]

Curiosamente, ese mismo día y también en Berlín, Vidal recriminó a Weizsäcker que, de haber fructificado las conversaciones germano-españolas habidas tras la victoria sobre Francia, Berlín y Madrid no estarían bajo la amenaza de un desembarco anglosajón en Gibraltar. Habían sido demasiadas —a su juicio— las consideraciones hacia París por parte alemana. Por la tarde, Muñoz Grandes acudió a una recepción en la Embajada, que, con unos 600 invitados, fue la más concurrida de cuantas había hecho. Indiscutible centro de atención, vio como «todos, alemanes y extranjeros, se desvivían por estrecharle la mano». Fue entonces o al día siguiente, que Vidal se mostró especialmente interesado en conocer los temas que había tratado con Hitler, a lo que respondió que sólo cuestiones militares.[156]

En la tarde del 15 Muñoz Grandes embarcó en un coche-cama del tren que se dirigiría a la frontera española. Tras su partida, Vidal quedó muy satisfecho: tenía sobradas razones para ello, pues veía finalmente cumplido uno de los principales encargos que Franco le había conferido. En la mañana del 17 el tren llegó a la frontera; esperaban Mora Figueroa y Aznar por parte falangista, y Castejón por el Ejército. Allí transcurrió el día: leyó en la prensa la noticia de su ascenso al empleo de teniente general y cenó con Martín Alonso. En Irún y San Sebastián la recepción fue multitudinaria, y Muñoz Grandes se mostró particularmente *elocuente* (al grito de «¡Viva la División Azul!» contestó con un «!Vivan las madres que engendraron los más valientes soldados del mundo!», lo que provocó una reacción rayana en la histeria), e incluso firmó autógrafos.[157]

Ya el 18, el tren paró en San Lorenzo de El Escorial, donde embarcó la esposa del general. A las 11.00 hizo su entrada en la Estación del Norte de Madrid. Multitud de banderas, y la música de varias bandas acompañaron el momento. Al descender del vagón, una compañía del Ejército y una escuadra falangista elevaron las espadas que portaban y dibujaron con ellas un pasillo de honor, por el que se encaminó. Era tal el gentío, que le resultó imposible pronunciar unas palabras. Allí lo esperaban, además de siete ministros, la hija de Franco, el obispo de Madrid, el cuerpo de generales, cientos de jefes y oficiales (el Ministerio del Ejército había decretado fiesta), los jerarcas falangistas, y una nutrida representación de los países del Eje (incluido Stohrer). Tras la bienvenida por parte de las personalidades, el entusiasmo y los apretujones se desbordaron, y únicamente con gran esfuerzo Muñoz Grandes y su esposa alcanzaron la salida y subieron al coche que les esperaba, que emprendió la marcha flanqueado por un escuadrón de Caballería. Poco después, una parte del público se encaminó, voz en grito, por las principales arterias de Madrid hasta la Secretaría General. Y, tal como ocurrió en junio de 1941, tras disolverse el grueso de la concentración, un grupo de jóvenes falangistas se encaminó hacia la Embajada británica, frente a la que coreó reiteradamente la españolidad de Gibraltar y todo tipo de consignas hostiles a la causa aliada. Pero, a diferencia de entonces, un contingente policial puso punto y final al acto contundentemente.[158]

Horas antes, Franco había firmado el decreto de concesión de la *Palma de Plata* al general, la primera entregada desde la muerte de José Antonio. Llegado Muñoz Grandes a El Pardo, le expuso el deseo de Hitler de que la entrega de armas quedara condicionada a su uso contra los Aliados. Franco se declaró conforme y manifestó que pronto daría una respuesta concreta. Aquel mismo día, en un discurso que dirigió a los cadetes de la Escuela Superior del Ejército, dijo que la suerte y el futuro de España estaban estrechamente ligados a la victoria alemana; lo que Muñoz Grandes interpretó como el primer resultado de la entrevista.[159]

La diplomacia acreditada en Madrid estaba pendiente de Muñoz Grandes, consciente de sus ansias de protagonismo político en favor de Alemania. El embajador turco lo calificó de «joven y atrevido» general, resuelto a atacar Gibraltar; y el brasileño, de «hombre mediocre, imprudente y superficial», «especie de Boulanger español» regresado por orden de Hitler. No menos crítico fue Hoare, que, tras prevenir a Londres de anticipar acontecimientos ante su llegada, lo definió como un «calculador y violento pequeño general». Pero, de entre todos los representantes extranjeros, fueron los alemanes quienes más se le aproximaron. Pero él, a pesar de tanto cortejo y en base a lo acordado con Ribbentrop, únicamente mantuvo contacto permanente con Hoffmann, a quien prácticamente vio a diario hasta final de año, e informó de sus conversaciones con Franco y otras personalidades del Régimen, encaminadas a decantar radicalmente la política exterior española.[160]

Muñoz Grandes era hombre de palabra: en virtud de su compromiso con Hitler, anhelaba conseguir la promesa de Franco relativa al armamento. Antes de final de año, se reunió varias veces con Asensio, con quien le unía amistad y germanofilia. Y, a la vez, ambos mantuvieron repetidos contactos con Yagüe (ya rehabilitado), desplazado ex profeso desde Melilla. Reuniones que giraron en torno a los grandes temas del momento, y que la historiografía ha interpretado como encaminadas a la conspiración (*triunvirato* conspirador), sin parar a reflexionar que las fuentes documentales que las refieren provienen del fantasioso *Dienstelle Ribbentrop*. Dadas las circunstancias, parece más factible que buscaran únicamente influir en el ánimo de Franco. Además, en el marco de una de ellas Asensio manifestó a Muñoz Grandes que Franco pensaba enviarlo en breve a presencia de Hitler con una respuesta concreta a su petición (falso), lo que, como mínimo, da que pensar.[161]

Entre tanto, en Berlín comenzaba a cundir el nerviosismo. Hitler conferenció con Raeder sobre la posibilidad de invasión aliada de la Península Ibérica y sus consecuencias. El almirante propuso tomar medidas militares urgentes, a lo que respondió que estaba en espera de la respuesta de Muñoz Grandes. Cuatro días después, el 26, Ribbentrop encargó a Likus que solicitara más informes de Hoffmann sobre las gestiones del general. Seguidamente, Hitler acució a Keitel en este asunto; quien, aprovechó la estancia de Canaris en España, para traspasarle el encargo. Los días pasaban y la respuesta de Franco no llegaba. El 27, en el marco de una charla, Muñoz Grandes dejó traslucir su malestar a Otzen. Concretamente, manifestó no sentirse impresionado por las condecoraciones y nombramientos recibidos: era consciente —dijo— de que perseguían «contentarle, al objeto de lograr con ello que no siguiera empeñado en obtener más éxitos», y afirmó que priorizaría los intereses de España a los de su persona. Con respecto a la guerra, manifestó que el país «se había dormido» en la confianza de una hipotética superioridad alemana, propiciada por la propaganda y abonada por «un Gobierno ineficaz». Momento era ya de *despertarlo*, pues peligraba su integridad territorial. En este sentido, «sería mejor que cayesen un millón de soldados españoles» a que España se doblegase ante los Aliados. Alemania debería enviar inmediatamente armas. Estaba decidido a ser leal a Hitler.[162]

Muñoz Grandes pudo finalmente plantear la cuestión del armamento a Franco el 29 (estuvo presente Asensio), quien le dijo que «España se defendería con todos los medios» ante un eventual ataque aliado y que Hitler «podía estar tranquilo en este sentido». Aliviado, el general al parecer le manifestó que, en tal caso, convendría que le enviara una carta personal. Pasadas unas horas, asistió a una recepción que en su honor dio Heberlein, en su casa. Durante la velada, le explicó, a grandes rasgos, los términos de la entrevista. Y manifestó haberle dicho a Franco que, en caso de un ataque, él se lanzaría contra los agresores «por orden del Jefe del Estado o sin tal orden», a lo que aquél le había contestado con un «¡yo voy contigo!». Pero ante un velado sondeo por parte de su interlocutor, dijo no saber nada de una hipotética carta de Franco a Hitler, aunque consideró tal extremo posible.[163]

Habían transcurrido 11 días ya desde su llegada a Madrid y Muñoz Grandes únicamente había recibido de Franco palabras; y, de hecho, no disponía de seguridad alguna que ofrecer a Hitler. Y, a pesar de la firmeza con que se había expresado ante Otzen y Heberlein, comenzaba a dudar de las verdaderas intenciones del jefe del Estado. Por su parte, la diplomacia paralela alemana tampoco veía las cosas desde una perspectiva optimista. Hoffmann había estado en contacto diario con el general, y lo que en un principio se aventuraba como una gestión exitosa, en aquel momento había quedado enturbiada por la actividad aliada ante Franco (todo parecía indicar que le habían ofrecido armamento y ayuda de índole económica). Por otra parte, la popularidad y el recibimiento tributado a Muñoz Grandes resultaban «incómodos» para Franco. Ello lo sabía el general; que, aunque todavía decidido «a conseguir su objetivo», estaba «algo apesadumbrado». Por el momento, estaba a la espera de la llegada a Madrid de Likus, a quien informaría; tras lo cual enviaría a Berlín a Hoffmann con una nota para Hitler.[164]

El año 1942 llegaba a su fin. El 31 Muñoz Grandes y Asensio volvieron a encontrarse con Franco, esta vez invitados a una cena en El Pardo. Después del brindis, Franco y el general hicieron un aparte. Éste volvió a presionar en sentido progermano, en tanto que aquél renovó sus promesas (afirmó que escribiría a Hitler) y manifestó que urgía el armamento. Pero muy pronto Muñoz Grandes tendría que plegarse a la evidencia de que Franco jugaba con doble baraja. De hecho, el mismo día en que llegó a Madrid, Jordana inició una estancia de cuatro días en Portugal, que tornó bilateral la promesa española de ayuda militar, y dejó sentado el deseo mutuo de mantenerse al margen de la guerra. Además, ya no disponía del mando sobre la División Azul, y en España, por su nueva condición de teniente general, carecía de mando sobre tropa alguna. Por ello, todo intento de presión sobre Franco quedaba en el ámbito de las meras intenciones.[165]

4. EL COMBATE EN 1943

Berlín espera una respuesta a su oferta de armamento

El 3 de enero de 1943 la Embajada notificó al Auswärtiges Amt el pase de Muñoz Grandes a la situación de disponibilidad. Ello, a juicio de Heyden-Rynsch, «concordaba» con una práctica habitual en España respecto a los mandos relevados de un determinado servicio, cuando no era posible destinarlos a otro del mismo nivel. Pero tal circunstancia extrañó a Berlín, que daba por sentado que Franco le tenía asignada «una importante misión». Al día siguiente, el general se entrevistó con Canaris, y le manifestó que Franco iba a posicionarse por escrito sobre las preguntas de Hitler. En cuanto a un posible ataque aliado, dijo que España se defendería «con todos los medios, incluso en el caso de no recibir por el momento armamento»; y aventuró que la comisión oficial enviada a Berlín tendría escaso éxito: mejor sería gestionar el asunto «de modo no oficial» y con «la máxima discreción». Y, en discrepancia con lo propalado hasta entonces, manifestó que la entrada de España en la guerra sería *una carga* para Alemania, dada la «falta de carbón y gasolina» y «el problema del transporte».[166]

Poco después, Muñoz Grandes supo por Arrese que Franco desconfiaba de él, y dijo a Hoffmann que, de no lograr convencerlo, «saltaría a la brecha». Éste, de inmediato telegrafió a Berlín, y Ribbentrop, a su vez, a Rastenburg. (Hitler comentó que, a su juicio, Madrid creía que había relevado a Muñoz Grandes «para causar dificultades a Franco» o inclusive «para sustituirlo»; cuando, en realidad, había procedido «ante las continuas demandas españolas y muy en contra de sus propios deseos».) Entre tanto, la diplomacia alemana iniciaba una nueva etapa.[167]

El 11 de enero Hans Adolf von Moltke llegó a Madrid en el expreso de Irún, y se hizo cargo de la Embajada. Tenía 58 años y estaba casado con una duquesa. Había iniciado su carrera diplomática en 1913, y la había ejercido en Atenas, Constantinopla y Varsovia. Precisamente, ello generó reticencias entre algunos sectores, que entendían que contribuyó a un empeoramiento en las relaciones germano-polacas. Aun así, días antes, Vidal había telegrafiado:

> [El] Señor von Moltke pertenece a antigua carrera diplomática. Se le caracteriza por ser ajeno a tendencia política determinada y únicamente profesional carrera. Hombre de gran fortuna personal y elevada posición social. Goza de merecido prestigio en el Ministerio de Negocios Extranjeros por su inteligencia y dotes diplomáticas...[168]

En Berlín, su designación se consideró como un triunfo del elemento técnico-profesional del Auswärtiges Amt, que logró imponer para Madrid a una persona que consideró especialmente adecuada. El hecho es que el nombramiento causó una cierta sorpresa entre la opinión pública, que esperaba que recayera en algún miembro del Partido, un general o alguien cercano a Ribbentrop.[169]

Ya en Madrid, Moltke invitó a desayunar a Arrese, dispuesto a partir hacia Alemania, quien le dejó entrever la necesidad de proceder a una reforma de FET-JONS. Y mantuvo su primera entrevista con Jordana, de quien quiso saber si Arrese estaba capacitado para tratar de «asuntos diplomáticos» (Jordana contestó que no), si la carta que portaría era la respuesta de Franco a las cuestiones planteadas por Hitler (Jordana respondió con un sí), y «si dicha contestación era satisfactoria»; pregunta ante la que el ministro manifestó que «las armas no se emplearían más que para la defensa del pueblo español contra *cualquier* ataque», y apostilló que «era salvaguardia para Alemania el que España pudiera disponer de *tres millones* de soldados bien armados». Moltke se dio por satisfecho.[170]

El 15 Moltke se reunió con Muñoz Grandes, quien manifestó que Franco tenía celos de él, entre otras cosas, por su relación de confianza con Hitler; prueba de ello era que no le había encargado transmitir personalmente la respuesta a sus preguntas sobre el uso del armamento. Nada sabía del tema, pero dudaba que se resolviera favorablemente. En su opinión, «lo quería eliminar políticamente». En este sentido, dijo que su ascenso debía ser valorado «como un medio de tenerlo provisionalmente en activo». Se manifestó dispuesto a colaborar con él («una buena persona») siempre y cuando se mostrara dispuesto a llevar a cabo «modificaciones importantes en la vida política española, en especial limpiar a la Falange de los elementos inadecuados e inadmisibles». En caso contrario, se vería obligado a «levantarse contra él», con sus propios medios, *sin ayuda alemana*, pues «cada pueblo debía solucionar por sí mismo sus cuestiones de política interna». Tuvo también palabras para Arrese, «hombre insignificante» que, al igual que en su día hiciera Serrano, pretendía fortalecer su posición mediante su «gran viaje» a Alemania. Manifestó que la juventud, y sobre todo los oficiales jóvenes, estaban con Alemania; todo lo contrario que la generación adulta, partidaria de Gran Bretaña. Personalmente, agradecería un ataque aliado, pues ello uniría a los españoles en la defensa de la Patria, pero era una posibilidad lejana. Moltke escuchó aquellas manifestaciones y mayoritariamente las consideró «correctas», sobre todo la afirmación de que FET-JONS debía ser reformada (coincidía con Arrese). Sin embargo, le faltaban todavía elementos de juicio para discernir si las valoraciones hechas sobre personas y circunstancias se ajustaban a la realidad, o si, por el contrario, estaban influenciadas «por su disgusto personal».[171]

El viaje de Arrese constituyó para Berlín un fiasco. En él se mostró inseguro, desconfiado y obediente a Franco. Importa señalar aquí que la carta que entregó a Hitler únicamente afirmaba que, con el armamento, el Ejército español vería aumentado su poder defensivo; y que ni éste ni Ribbentrop lograron arrancar de él ninguna afirmación significativa (en su frustración, lo calificaron de políticamente insignificante). Finalmente, el viaje no pasó de ser un mero periplo turístico para Arrese y sus acompañantes (en Berlín, Hotel Adlon, recepción en la Embajada, visita a fábricas de armamento y al Estadio Olímpico, recepción en el Ayuntamiento, sesión de ópera y emisión piloto de televisión; y, en Munich, visita a la *Casa Parda*). Apuntar aquí un hecho hasta cierto punto revelador de la forma de ser y proceder de Arrese: en cumplimiento de sus funciones, Vidal concertó la entrevista con Hitler en el Auswärtiges Amt, donde, tras tomar nota, la parte alemana preguntó si acompañaría al ministro. Cuando Vidal lo expuso a Arrese, éste le preguntó si tenía la intención de estar presente en la conversación (Vidal le espetó que, si iba, *era para entrar*). Retornado de Rastenburg, ya tranquilo, Arrese le dijo que, de haber sabido cómo se iba a desarrollar, lo habría llevado con él («pero que iba poseído de un gran temor por lo que en ella pudieran decirle, ya que en España le habían asegurado que le iban a plantear cuestiones gravísimas»). Vidal se molestó aún más, pues acababa de revelar que la imagen que Madrid tenía de Alemania en modo alguno concordaba con la que él transmitía en sus detallados informes. El hecho es que, a partir de entonces, Arrese lo colmó de elogios, y llegó al punto de decirle que «solamente ahora empezaba a haber un embajador de España en Berlín».[172]

El mismo día en que Arrese abandonó Alemania, Moltke presentó sus credenciales a Franco; quien, en el discurso subsiguiente, dijo:

> El pueblo español, en estos momentos en que libráis la batalla más grande de la Historia contra la barbarie comunista del Este, hace justicia al heroísmo y a los sacrificios del sufrido pueblo alemán y al providencial designio de su Führer de enfrentarse con el poderío bolchevique para destruirlo inexorable-

mente. España, que sufrió en su propia carne los zarpazos de la ferocidad comunista, es quien mejor puede comprender el valor que para el porvenir de la civilización y de la cultura europeas tiene la dura y victoriosa lucha que en la inmensidad de las estepas rusas se sostiene. Por ello, nuestra nación se enorgullece de que sangre española se derrame junto a la nuestra en esta noble empresa, segura de la justicia de la victoria. Por todo esto, la alta misión que recibisteis en estos momentos críticos para el porvenir del mundo, ha de encontrar entre nosotros la más sincera y cordial de las acogidas.[173]

Tras la entrega de credenciales, Franco y Moltke mantuvieron un relajado cambio de impresiones que se alargó durante casi una hora —frente a los 15 minutos habituales—, y sin presencia de terceras personas. Franco manifestó «de modo muy nítido» que Alemania era considerada como «amiga» por España, en tanto que Gran Bretaña, Estados Unidos y «el bolchevismo» eran «los enemigos»; y que, dado que, a medida que avanzaba la guerra, la victoria se hacía «cada vez más insegura», «habría que ir pensando ya en la posibilidad de un *cese de hostilidades*».[174]

En Berlín, lejos de culpar a Likus, Hoffmann y Gardemann, Ribbentrop atribuyó el fracaso del viaje de Arrese a la táctica dilatoria de Stohrer. En aquellas circunstancias, encargó a Moltke que recabara de Franco una respuesta *precisa* sobre el tema del armamento. El embajador, a quien Jordana acababa de sugerir el cese de las actividades de la diplomacia paralela, creyó prudente esperar unos días. Y aprovechó la presentación al ministro del nuevo primer consejero, Andor Hencke (sustituto de Heberlein, llamado a Berlín con Stohrer), para solicitar la audiencia. Franco lo recibió al día siguiente, en El Pardo. Allí intentó una vez más soslayar las requisitorias alemanas, pero, ante la insistencia del embajador, encomendó el tema a Jordana. En consecuencia, éste entregó a Moltke un proyecto de intercambio de cartas, y recibió de él uno de protocolo secreto. Como el documento español no hacía referencia al sujeto contra quién iría dirigida la posible defensa, Moltke abogó por el protocolo (argumentó que Hitler sólo entregaría las armas sobre la base de «una garantía»). Jordana aceptó: el *Protocolo Secreto Germano-Español* fue firmado el 12 de febrero en el Palacio de Santa Cruz, y dejó claramente fijado el alcance del compromiso español.

> En el momento en que se lleve a la práctica la intención del Gobierno alemán con respecto al suministro de armas, municiones y armamento en general, moderno y en cantidad suficiente, al Ejército español, el Gobierno de España, en respuesta a la cuestión planteada por el Gobierno del Reich, manifiesta su firme decisión de hacer frente con todos los medios a su disposición a cualquier ataque de las tropas angloamericanas contra la Península Ibérica —es decir, por el Mediterráneo, el Atlántico o en África— o contra el Protectorado español de Marruecos.[175]

A partir de aquel momento las relaciones entre ambos países entraron en una nueva fase, pues Hitler y Ribbentrop dejaron de especular con la participación de España en la guerra y se resignaron a una «*neutralidad* bien intencionada». Alemania, bajo el efecto de Stalingrado, recibió con el Protocolo un soplo de aire fresco en el flanco suroccidental del Continente, que le permitiría centrar sus esfuerzos en la «guerra total» en el Este, preconizada vehementemente, seis días más tarde, por Goebbels en el *Sportpalast* de Berlín. Hitler, por fin, había conseguido de Franco la «garantía» española, que había esperado recibir de la mano de Muñoz Grandes primero y de Arrese después. Moltke no podía comenzar con mejor pie su difícil singladura en España. Y aunque las negociaciones sobre el armamento fueron arduas, él había cubierto satisfactoriamente su vertiente diplomática.[176]

El proyectado segundo gran relevo para la División Azul

Tras 15 meses de lucha en el Este, en los albores de 1943 Hitler seguía satisfecho de su *Blaue Division*: así se lo remarcó Moltke a Franco, en la conversación que siguió a la entrega de credenciales. Es más: pensaba en organizar, en el sur de Francia, «una especie de segunda División Azul», al margen del Gobierno español, presta, «en cualquier momento, a entrar en acción».[177]

A finales de enero, la Secretaría General había iniciado una amplia labor de captación de voluntariado para nutrir el gran relevo de efectivos de la División previsto para el otoño. Poco después, el Ejército disponía ya de 5.000 hombres, y por boca de García Valiño manifestaba deseos de adelantar su partida a principios de junio. Por su parte, Arrese hizo «un fuerte y llamativo» discurso en Sevilla en pro de una recluta masiva. Iba a emprender una campaña propagandística «de grandes proporciones» en la prensa, paralela a la que llevaba a cabo en el Partido, que lo presentara, una vez más, como abanderado en la lucha contra el comunismo. Pero la acción fue abortada por Franco, a instancias de Jordana.[178]

Informado, Ribbentrop urgió a Moltke a investigar la razón de tal proceder. Firmado el Protocolo, en su mente sólo cabían dos explicaciones: el temor a que la marcha de aquellos hombres «redujera el equilibrio contra los rojos», o a represalias anglosajonas. En Madrid, Moltke se entrevistó con «una fuente fidedigna» y con Jordana. Aquélla le manifestó que, tras el discurso, el ministro protestó ante Franco con el argumento de que cualquier acción propagandística para una nueva recluta «podría afectar muy gravemente a la situación de España a nivel de política exterior». Moltke interpretó que Jordana temía una acción aliada contra el Protectorado y que actuaba lastrado por sus divergencias con Arrese, pero en el Palacio de Santa Cruz el propio ministro le criticó «con palabras muy duras» la preparación «poco afortunada y diletante» de una acción propagandística que, como titular de Exteriores, sólo a él pertenecía. Sería, por lo tanto, él —prosiguió— quien, «a su debido tiempo», llevaría a cabo una campaña guiado por su anticomunismo «y su amor a la División Azul». Moltke creyó en las argumentaciones del ministro, deseoso de «no ofrecer a los Aliados excusas para conflictos de importancia».[179]

Anulada la iniciativa falangista, una vez más el Ejército ejerció su monopolio respecto a la División. Así, el Estado Mayor Central emitió a las Capitanías las instrucciones de recluta para el relevo, que debería comenzar a finales de abril. Y advirtió que era de «gran importancia el mantenimiento de dicha Gran Unidad con personal de carácter voluntario y, en consecuencia, la especial y constante atención que habr[ía] de dedicarse a ello» por parte de los mandos. Por lo tanto, era precisa «una intensa, eficaz y bien orientada» labor de propaganda durante el resto del año, que, por medio de sucesivas expediciones, debería completar la totalidad del relevo. La acción se llevaría a cabo sobre la base de los parámetros ya conocidos. En cuanto a la tropa, habría que volver a demandar solvencia político-social (nadie de los disueltos *batallones de trabajadores*) y buen estado físico y de salud, para evitar hospitalizaciones; por su parte, los mandos tendrían «sentido técnico y profesional», y no podrían estar admitidos a la nueva convocatoria de la Academia General Militar (oficiales) ni insertos en cursos de transformación (suboficiales). Era absolutamente necesario evitar la devolución de voluntarios, tanto desde sus puntos de concentración en España, como («más aún») desde Alemania, por «el mal efecto» provocado.[180]

Pero la recluta fue exigua (todo un Regimiento de Infantería de Barcelona sólo obtuvo un voluntario, y no de tropa). A nadie escapaba ya, entrada la primavera, que las cosas no marchaban bien en Rusia. Como tampoco acababan de funcionar para Muñoz Grandes, que, por fin, tras dos meses en situación de disponibilidad, supo de su nombramiento como jefe de la Casa Militar de Franco (3 de marzo); así como el de Orgaz como titular de la IV Región Militar, en sustitución del problemático Kindelán, y el ascenso de Vigón al grado de teniente general. Un nombramiento, el de Muñoz Grandes, que no causó sorpresa entre los medios políticos y militares, ni tampoco entre los diplomáticos, pues tal posibilidad había sido reiteradamente mentada desde su regreso a España. Y si en un primer momento el general se manifestó renuente a aceptar el cargo, al cabo de unas semanas dejó entrever a la diplomacia alemana lo contrario, en tanto que lo entendió como plataforma para «ganar sobre Franco influencia política y militar». En todo caso, durante el transcurso de una recepción en el domicilio de Moltke, dijo que esperaba hacer «un gran trabajo», y «estar con Franco a diario, especialmente en el sentido de lograr una más estrecha colaboración entre España y Alemania»; aunque —puntualizó—, convendría ver hasta qué punto se dejaría influir por él.[181]

Ya en su nuevo puesto, Muñoz Grandes reiteró sus contactos con los medios diplomáticos alemanes, conscientes de que sería un error prescindir de él, a pesar de su escaso éxito en el tema del armamento; y máxime cuando, a su condición de persona de total confianza, unía la circunstancia de moverse muy cerca de Franco (por aquel entonces ya insustituible a ojos alemanes). En aquel contexto, el 20 mantuvo una entrevista con Hoffmann preñada de alusiones políticas: convenía —a su juicio— una pronta reunión entre Franco y Hitler con vistas a una reactivación de las relaciones bilaterales, secreta, para eludir cualquier reacción anglosajona; era necesario, además, que Alemania entregara «urgentemente» el armamento; y, si aspiraba a un mayor compromiso de España en la guerra, que centrara sus esfuerzos bélicos en el área mediterránea (léase Túnez) tan pronto como *concluyera* en el Este.[182]

El 22 de marzo los medios diplomáticos y políticos de Madrid y Berlín quedaron consternados por la repentina muerte del embajador Moltke, a consecuencia de un ataque de apendicitis. Al día siguiente, Muñoz Grandes manifestó a Willhelmi su pesar por tan «gran pérdida», pues era persona «amable, objetiva e inteligente, que se había granjeado grandes simpatías en breve tiempo». Acto seguido, propuso como sustituto al conde Johannes von Welczeck, pues —a su juicio— con él Alemania lograría ganar adeptos entre una aristocracia decantada hacia Gran Bretaña; país que, «con tranquilidad, reflexión y seguridad», sacaba el máximo provecho de sus relaciones personales, de una manera que le asombraba. En cuanto a las relaciones germano-españolas, manifestó tener la sensación de que últimamente se habían enfriado, y la percepción de que cuando la lucha en Rusia se decantaba en su contra, Alemania se acercaba a España, y que cuando le era favorable, se mostraba fría y esquiva. Y respecto a Túnez, dijo que, si el Eje lo abandonaba, «vendrían días críticos para España». (La Embajada valoró aquellas manifestaciones como «considerablemente pesimistas», y las atribuyó a la impresión producida en su ánimo por la muerte de Moltke.) Ya el 24, Muñoz Grandes acudió al velatorio y depositó una corona de flores ante el catafalco. Aprovechó la circunstancia para hacer un aparte con Krahmer y solicitarle que, de ir a Rastenburg, comunicara a Hitler que podía «estar tranquilo», pues *España* sabía qué había de hacer en caso de un ataque aliado; y que no había generales anglófilos, pues todos estaban dispuestos a luchar «hasta el límite por su país».[183]

Comienza la Era Dieckhoff

La súbita muerte del embajador Moltke dejó en España un vacío difícil de cubrir por parte alemana. En el poco tiempo que estuvo en Madrid, supo generar una inmejorable impresión entre sus interlocutores españoles, a la vez que neutralizó los manejos de la diplomacia paralela en la Embajada. No en vano era un hombre sumamente cultivado, suficientemente alejado de los doctrinarismos nazis, y buen conocedor de la psicología humana. Prueba de todo ello fue el impresionante duelo oficial que, bajo los dictados de Franco, Madrid tributó a su memoria.

Tras las condolencias de Vidal (Berlín) y Jordana (Madrid), Franco envió una nota a la Embajada, en la que incluyó el texto de un decreto por el que, como «último honor», ordenaba tributar al finado las exequias propias de un capitán general, y que en el traslado del cadáver tomasen parte todos los ministros y una delegación de personalidades civiles y militares. El hecho es que, entre 6.000 y 7.000 personas, mayoritariamente diplomáticos, hombres de negocios, falangistas, ex miembros de la División Azul y militares, se desplazaron hasta la Embajada, y una multitud se concentró frente al domicilio del embajador, donde quedó apostado un batallón de honor del Ejército. (La Embajada valoró todo ello como una «prueba demostrativa de amistad hacia Alemania».)[184]

El Auswärtiges Amt, cuya Secretaría de Estado vio por aquellos días el relevo de Weizsäcker por el barón Gustav Adolf Steengracht, a la par que el de Woermann por Andor Hencke, necesitaba de un sustituto a la altura de las circunstancias. Y creyó hallarlo en la persona de su ex embajador en Washington, Hans Heinrich Dieckhoff (un año mayor que Moltke, formado en Oxford e ingresado también en 1913 en el Auswärtiges Amt).[185]

Dieckhoff vino a Madrid «dispuesto a ganarse todas las voluntades y a ser el von Papen de España». Para su elección se tuvo muy en cuenta la versatilidad adquirida en Londres y Washington; y, en todo caso, la presencia norteamericana en el Mediterráneo hacía necesario un especialista en España. La impresión que reinaba en Berlín era la de continuidad: todo parecía indicar que extremaría la complacencia y amabilidad, con la política de ofrecer cuanto pudiera y pedir lo menos posible; y, sobre todo, intentaría contrarrestar la ingente labor de Hoare. Dieckhoff presentó sus cartas credenciales el 30 de abril. En la entrevista que siguió, Franco se mostró escéptico ante la posibilidad de una victoria en el Este e impresionado por el potencial del Ejército Rojo. Los argumentos del embajador no dieron la impresión de hacerle cambiar de opinión. Además, remarcó la dependencia económica de los Aliados, especialmente de carbón y de petróleo, y la presencia de importantes contingentes anglosajones en el norte de África y el Mediterráneo. Por el momento no creía amenazada la integridad territorial de España, pero consideraba imprescindible reforzar las defensas, por lo que se mostró satisfecho ante los próximos suministros de armas, y subrayó «la especial necesidad de aviones, piezas de defensa antiaérea y carros de combate». Al día siguiente, Franco emprendió un viaje por Andalucía, acompañado por Muñoz Grandes, quien, quizá sin saberlo, hizo un servicio a la causa alemana al transmitir a Likus unas imprudentes manifestaciones del embajador rumano, en el sentido de que su país deseaba la paz y dudaba de una posible victoria alemana; información que, contrastada, sirvió de base para la posterior queja de Hitler y Ribbentrop a Antonescu.[186]

Pero poco después, y también sin tener constancia de ello, Muñoz Grandes provocó un impresionante quebradero de cabeza en Berlín, que afectó a varias instancias de poder. Había pedido a Otzen que antes de partir hacia allí lo visitara, puesto que tenía que «hablarle, de soldado a soldado, de las relaciones hispano-alemanas». En la entrevista, dijo que Franco tenía la impresión de que no reinaba «la deseada relación de confianza», y que creía que Berlín recelaba de él y su Gobierno. Seguidamente, manifestó que la confianza podría ser restablecida por medio de una reunión entre Franco y Hitler, o, en su defecto, «de personas de confianza» de ambos (él se ofrecía); evitando, eso sí, que se inmiscuyeran las Embajadas. Otzen tuvo la impresión de que la propuesta había nacido de Franco, y, el 27, unas horas antes de emprender su viaje, informó al embajador. Dieckhoff pasó el encargo a Ribbentrop, con el añadido de que no quedaba claro si Muñoz Grandes se refería solamente a cuestiones militares o también a aspectos políticos, ni si hablaba por encargo de Franco. En todo caso, él coincidía con Hencke en que se trataba de una iniciativa personal del general, que acostumbraba a «tocar diferentes teclas». Ya en Berlín, Otzen se dirigió a Rastenburg, donde transmitió un informe de la conversación al jefe del Estado Mayor del Ejército; quien, a su vez, informó a Hitler. Éste escuchó atentamente a Zeitzler y se interesó por la propuesta. Mandó llamar a Otzen, y le pidió que comunicara a Muñoz Grandes que «estaba muy interesado en recibir a una persona de confianza de Franco, ya fuera el ministro del Ejército, general Asensio, o a su viejo amigo Muñoz Grandes», y que «estaba también dispuesto a encontrarse con Franco en la frontera».[187]

Entre tanto, Ribbentrop ordenó a Dieckhoff que recabara una clarificación sobre la naturaleza de la propuesta, pero el general acababa de partir hacia Andalucía. Entonces Hencke habló con Otzen y redactó una nota detallada de todo el proceso. Cuando Ribbentrop la leyó, se sintió herido en su amor propio (Zeitzler había comunicado a Hitler algo que sólo a él competía, y con resultado positivo), y telegrafió a Dieckhoff, en tono muy severo, que no había gestionado correctamente *el asunto Muñoz Grandes*. El embajador se tomó un día para contestar: Otzen —remarcó— no tenía la culpa de lo sucedido, y él se autolimitó en su información porque no había dado «ninguna especial importancia a la parte política de las manifestaciones de Muñoz Grandes», como tampoco se la daba ahora. Tajante respuesta que dejó en evidencia a Ribbentrop, quien finalmente manifestó a Hitler que «le parecía bastante dudoso» que Muñoz Grandes hubiera procedido con conocimiento previo de Franco; por lo que, si Otzen le comunicaba la predisposición a materializarla, «podrían extraerse falsas consideraciones». Hitler concluyó que sólo se entrevistaría con Franco si la iniciativa partía de éste, y que convenía aclarar el asunto. Y se aclaró cuando, en el marco de una conversación meticulosamente preparada por parte alemana, Muñoz Grandes dijo a Otzen que «*a él le gustaría* que los dos jefes de Estado se reuniesen».[188]

Entre tanto, la guerra proseguía. Para Alemania, la primavera y el verano vinieron marcados por los hechos de Túnez, Kursk e Italia (insular y continental), graves reveses político-militares que intentó contrarrestar por medio de una intensificación de la propaganda; lo que, para la Península Ibérica, dio lugar a la creación de un *Comité de España-Portugal*, en el seno del Auswärtiges Amt.

El *Comité* fue inaugurado a principios de julio por Heberlein (su presidente), y planteó celebrar sesiones monográficas de discusión sobre temas candentes de las interacciones germano-españolas. Interesa aquí la que tuvo lugar el 4 de agosto, en torno a la División Azul, que Heberlein valoró como uno de los principales temas, en España, del Servicio de Información del Auswärtiges Amt. Había llegado a Berlín —informó— la noticia de que Miaja había propuesto a Roosevelt la organización de una *División Española Republicana*, finalmente no materializada porque su radio de acción se había marcado «en el Este, en vez de en España». Acto seguido se expusieron los principales logros y proyectos respecto a la División, por ministerios y departamentos:

1) Auswärtiges Amt: El Departamento de Radiodifusión se quejó de que, en las emisiones en directo, los informes de acciones de combate de la División habían sido censurados por el Alto Mando, *por razones militares*. Hizo varias propuestas: que la Prensa alemana tuviera acceso a las muchas cartas de campaña que llegaban a la Radio; que el OKW avisara a los divisionarios de permiso para que contactaran con la Radio; publicar un cancionero con melodías y textos de la División; y crear una residencia para permisionarios en Berlín, al objeto de evitar que «ca[yeran] en un entorno no apropiado». En cuanto al Departamento de Cultura, se vanaglorió de haber firmado un acuerdo con la *Sociedad Germano-Española* para asistir a los divisionarios en los hospitales militares; haber impreso folletos y material cultural; haber pasado las películas *El pobre rico*, *Escuadrilla* y *Raza* a heridos; haber realizado el documental *División Azul* (ya había sido estrenado en España y en Alemania); haber creado una insignia de la División; haber suministrado regularmente las revistas *Mundo* y *Semana* a los divisionarios; y haber repartido 10.000 fotografías de Hitler con una alocución suya impresa sobre la División. En cuanto a proyectos en fase de realización, preparaba la elaboración de un libro sobre la División por parte de la editorial Max Bachhausen y una película sobre todas las legiones de voluntarios extranjeros, incluida la española. Y, como propuestas, planteó aumentar la tirada de la *Hoja de Campaña* a 50.000 ejemplares (en España se distribuían 25.000); la publicación de un libro de cartas de los divisionarios, semejante a las *Cartas de guerra de estudiantes caídos*, y

de un libro de poesías de Dionisio Ridruejo; y la creación de bibliotecas itinerantes. 2) Ministerio de Propaganda: Informó de que continuamente organizaba viajes por Alemania para divisionarios licenciados. Y 3) OKW: Dijo ser la principal fuente asistencial de la División; y comunicó que también organizaba viajes, que tenía un periódico mural, que publicaba cartas de campaña, que imprimía propaganda en un calendario, que había editado el opúsculo *Balance de Heroísmo*, y que se encargaba de la asistencia general a los divisionarios y puesta a su disposición de folletos, películas, y otro material. Al margen de aquellas tres instancias (Exteriores, Propaganda y OKW), hubo una propuesta para, en la medida de lo posible, gestionar a los repatriados la obtención de empleo.[189]

El 25, Benito Mussolini fue destituido. Un hecho que conmocionó a las cancillerías europeas y cuyo impacto en España fue sólo comparable al que meses antes había causado los desembarcos aliados en Marruecos y Argelia: se hundía el principal referente exterior del Régimen, a la vez que el control del Mediterráneo parecía quedar, definitivamente, perdido para el Eje. Durante los días anteriores, el Palacio de Santa Cruz había seguido con máximo interés la evolución de los acontecimientos en Sicilia, con los informes de Vidal en la mano; y Franco había pronunciado su tradicional discurso conmemorativo del *Alzamiento* en tono sorprendentemente falangista (produjo «excelente impresión» en Berlín), probable reacción a un reciente manifiesto monárquico firmado por 37 personalidades del Régimen.[190]

Caído Mussolini, Vidal se entrevistó con Steengracht (26), quien quiso quitarle hierro al asunto y lo valoró como «un episodio de la política interior italiana», que no iba a tener «gran influencia» en el curso de la guerra. En todo caso —concluyó—, su eventual retirada sería «una pérdida de carácter moral más que material». No obstante aquellas palabras, reflejo de la postura oficial del Gobierno del Reich, el hecho había causado «estupor y profunda sensación, por inesperada» entre la población berlinesa, y probablemente también entre las autoridades, «poco preparadas para un cambio tan radical de los acontecimientos». Al día siguiente (27), Vidal redundó en aquel sentido al manifestar que «los acontecimientos de Italia s[eguían] siendo el único tema de conversación de todos los sectores de opinión alemana, pudiendo apreciarse, cada vez más, la enorme impresión causada y la desorientación reinante». Y a pesar de las garantías dadas por Badoglio, Berlín desconfiaba: veía en el nuevo Gabinete «un régimen de transición hacia otras soluciones difíciles de determinar», y temía «derivaciones de tipo interior de alcance imprevisible en toda Europa». En aquellas circunstancias, el 30 Vidal especuló sobre la posibilidad de una intervención militar, «para prevenir un ataque aliado a través de dicho país», e intensificó sus contactos con la Embajada italiana, de la que finalmente recibió la noticia de que tropas alemanas acababan de ocupar Bolzano y Trento.[191]

Horas después, llegó al Palacio de Santa Cruz el siguiente informe:

> En el campo de política exterior se teme en Berlín que los acontecimientos italianos provoquen alguna que otra situación complicada. Italia —se argumenta en Berlín— acaba de dar un ejemplo que pueden seguir algunas de las naciones que están actualmente en guerra y luchan al lado del Reich. En Rumanía se sabe positivamente que existe una fuerte oposición al Gobierno Antonescu y unos grandes deseos de abandonar la lucha, que cuesta tantas vidas y tantos sacrificios. Italia, que entró en la guerra cuando se creía que sólo era cuestión de un par de campañas militares fáciles para alcanzar la victoria, se quiere apartar ahora de los campos de batalla porque no dispone de fuerzas ni de moral para seguir en la lucha ... ¿Quién podrá evitar que el ejemplo italiano no sea seguido en Rumanía, Hungría, etc., donde se nota un gran cansancio provocado por la guerra y las dificultades que ésta ha creado? ... Los acontecimientos de Italia vienen a agravar la situación interior de Alemania. Recuerdan ahora los alemanes que también fueron engañados en la guerra pasada, y que si los italianos se han deshecho de Mussolini será principalmente porque no creen en la posibilidad de victoria del Eje...[192]

Difícilmente aquel escrito no hizo mella en ánimo de Jordana; y, muy probablemente, llegó hasta El Pardo.

5. El final de la División Azul

Entrada la segunda quincena de noviembre de 1942, la filtración de que Hoare pensaba exigir una declaración de estricta neutralidad y la repatriación inmediata de la División Azul, bajo la velada amenaza de ocupación militar del Protectorado, halló eco en Jordana. El ministro ordenó al duque de Alba que «con toda discreción y prudencia» discerniera «si éstos pudieran ser, en efecto, propósitos tomados en firme o sólo quizás un vago proyecto». Además, convendría que expresara de nuevo —y «con toda la insistencia»— que España no combatía «contra Rusia en cuanto aliada de los países anglosajones», sino contra *el comunismo*, del que era enemiga acérrima. Y excluyó, de raíz, la repatriación de la División («luchar contra el comunismo en todos los terrenos, contribuir a su desaparición, si fuera posible, de la superficie del planeta, es para España una cuestión tan fundamental, un problema tan sustantivo y de una importancia tan superior a cualquiera de los otros que se debaten en el mundo, que no podríamos admitir ninguna intervención extraña en asunto que consideramos nuestro, y cuya solución es esencial para la vida del país»).[193]

Después de aquella nota, pasaron ocho meses sin que en el Palacio de Santa Cruz se volviera a plantear —al menos, de manera significativa— la repatriación de la División. Durante aquel lapso de tiempo, sólo el recambio de Muñoz Grandes (diciembre) generó gestiones al más alto nivel relacionadas con ella. Sin embargo, el ocaso del Eje se hizo claramente perceptible a ojos de la diplomacia española. Así, la valoración indecisa que de la marcha de la guerra hizo a finales de noviembre Vidal (el «ambiente, en general es muy mediano, habiendo desaparecido aquella moral elevada y firme, forjada en la victoria, de los primeros tiempos; pero no conviene exagerar esta impresión») contrasta con la que hizo a mediados de junio de 1943: «es posible darse cuenta de la preocupación que existe sobre los acontecimientos que se irán desarrollando en el Mediterráneo. Se da como hecho cierto que Turquía marchará, más tarde o más temprano, al lado de los Aliados ... Se considera en estos mismos círculos que en agosto ... estarán los Aliados en condiciones de intentar la apertura de un segundo frente ... Aquí sólo se confía en la guerra submarina».[194]

A finales de junio, Exteriores consideraba ya la posibilidad de solicitar la retirada temporal de la División, para un descanso en retaguardia. Y el 1 de julio, un sucinto informe concluyó que, dado que Alemania había anunciado oficialmente que el frente se había estabilizado, quedaba justificada la solicitud. Abonaba esa petición, según el informe, el que Italia, Hungría y Eslovaquia hubieran retirado temporalmente sus tropas y que Rumanía sólo mantuviera efectivos en la cabeza de puente del río Kuban. Descontados los voluntarios reclutados «un poco coactivamente» en los países ocupados, no quedaba en el frente más que la División (aparte de las tropas alemanas y finlandesas), que no había tenido un solo día de descanso. En todo caso —concluyó el informe— Italia parecía resuelta a no enviar ni un solo soldado más a Rusia, y tenía en mente retirar a más de 100.000 hombres de la industria alemana.[195]

El discurso de Franco del 17 había molestado a los diplomáticos aliados. El lunes 19, Jordana recibió a Hayes (hizo sólo una breve referencia a él) y a Hoare, quien se quejó agriamente y le entregó un memorándum de quejas, con la mirada puesta en Franco. Uno de sus 20 puntos decía:

> Durante este tiempo, la División Azul permanece en Rusia, y todo hace pensar, a menos que sea tomada una rápida decisión, que será la última fuerza no alemana combatiendo por Alemania. En realidad los hechos se desarrollan muy velozmente y España corre el riesgo de ser sobrepasada por ellos.[196]

El 23, Hayes manifestó a Jordana que interesaba a su Gobierno «una neutralidad real y verdadera»; en tanto que, en Londres, Churchill invitó a almorzar al duque de Alba, y fundamentó la «grandeza pasada y actual fortaleza» de su país en su «Monarquía limitada y permanente», sutil propuesta que el duque recogió. Dos días después, la caída de Mussolini produjo una fuerte impresión en el ánimo de Franco, por mucho que Lequio manifestase (26) que Roma mantendría «con inmutable voluntad» su posición en la guerra. En aquel contexto, el miércoles 28 Hayes le hizo tres peticiones: la retirada de la División Azul del frente, el abandono de la *no-beligerancia*, y el final de las campañas propagandísticas de prensa a favor del Eje. Sólo si se avenía a ellas, España sería considerada por los Aliados como estrictamente neutral. Veamos, a continuación, lo dicho sobre la División, tema «espinoso y difícil».[197]

El embajador manifestó tener el encargo expreso de su Gobierno de referirse a la División Azul «con toda claridad». En este sentido, dijo que compartía con las autoridades españolas el odio hacia el comunismo «tanto por anticatólico como por destructor de la humanidad», pero que, dado el cambio de signo de la guerra, el mantenimiento de la División en el frente situaba a España en una situación internacional «difícil». Hayes argumentó que cuando Finlandia y Polonia fueron agredidas por la Unión Soviética, España se inhibió, y que únicamente intervino cuando fue Alemania la que atacó a Rusia. Seguidamente afirmó que «sería muy conveniente [su] retirada cuanto antes» para que, cuando Moscú planteara represalias, Londres y Washington pudieran argüir a favor de España que hacía ya tiempo que se había retirado de la guerra; y también sería positivo para aplacar a la prensa y la opinión pública de los países Aliados, que la entendían como un elemento de «ayuda a Alemania». Franco arguyó contra la acusación de no haber ayudado militarmente ni a Finlandia ni a Polonia, y justificó la existencia de la División Azul con cuatro argumentos: 1) Que, por decisión de su Gobierno, no se trataba de «una división española», sino de «un contingente de *voluntarios* españoles»; por ello —dijo—, era «más bien un acto simbólico». 2) Que su mantenimiento respondía «al deseo de tener una especie de *centinela* en el Este». 3) Que permitía conocer la situación en Alemania «por lo que se refiere a sus reservas de armamentos y demás». Y 4) Que la potencia militar alemana era el único *dique* contra «la victoria del comunismo». Hayes respondió que compartía «en cierto modo, algunas de las afirmaciones», pero que, por los motivos ya expuestos, «sugería la conveniencia de retirar cuanto antes la División». Así concluyó, tras una hora y 40 minutos, una reunión decisiva para la pervivencia de la División Azul, que Hayes valoró ante su Gobierno como «agradable e inusualmente amigable».[198]

Tras la solicitud de Hayes, Franco reunió al *Consejo Supremo de Guerra* (los tres ministros militares, el de Exteriores, y los jefes de Estado Mayor de los tres Ejércitos), que, al parecer, aprobó por unanimidad la propuesta de gradual retirada. Con ello, el Ejército dio luz verde a los resortes políticos encaminados a satisfacer la demanda norteamericana, que quedarían bajo la competencia de Jordana. Franco ordenó también la neutralidad informativa de la prensa, la radio y las agencias, lo que la Vicesecretaría de Educación Popular (aún en manos de FET-JONS) comunicó al agregado de prensa de la Embajada estadounidense.[199]

La labor sería ardua, y bien lo sabía Jordana: a Alemania la guerra se le había torcido, y en aquellos momentos toda ayuda militar le era poca. Difícilmente iba aceptar de buen grado la retirada y repatriación de varios millares de hombres del peor de sus frentes de combate. Sin embargo, el ministro no estaba sólo ante el reto, pues contaba con la ayuda del sagaz Vidal, con quien, a partir de aquel momento, mantendría un estrecho contacto, fundamentalmente epistolar. Serían importantes, también, los buenos oficios del duque de Alba (Londres) y de Juan Francisco de Cárdenas (Washington), para atemperar exigencias o calmar impaciencias.

En aquella tesitura, el 2 de agosto Jornada comunicó a Vidal que el Gobierno estudiaba «la manera de plantear en general todo el problema de la División española de Voluntarios frente al Gobierno alemán». De momento, era conveniente fomentar en Berlín «un cierto ambiente» de asombro «alrededor de la diferencia de trato de la División en comparación con el que reciben otras divisiones que luchan en aquel frente», al no haber sido apartada de él un solo día desde que comenzó la campaña. Sería tarea del embajador y sus subordinados la propalación de aquel estado de ánimo y la observación de las reacciones a que diera lugar.[200]

Desde Londres, el duque de Alba advirtió (4) que era de esperar que Londres se sumara a las exigencias norteamericanas sobre la retirada de la División Azul del frente y la declaración de neutralidad; sobre la base que Eden, en su última entrevista, dijera «que *no éramos neutrales*, sino no beligerantes». Tras leer el telegrama, Jordana se convenció de que «habría que tomar una decisión».[201]

Jordana, deseoso de obtener, tan pronto como fuera posible, la retirada y repatriación de la División, había elaborado una estrategia coherente. Para emprender en Berlín la ofensiva diplomática proyectada, quiso obtener el mayor número de complicidades en el seno del Gabinete, y muy especialmente la del germanófilo Asensio, que, por su cargo, tenía en sus manos muchos resortes. Y se puso manos a la obra: le remitió una carta (día 6), en la que le planteó claramente su deseo de conseguir la retirada, por medio de «una preparación de ambiente [y] de una delicada negociación que ha[bría] de desenvolverse paulatinamente y con mucha cautela». El primer objetivo —prosiguió— lo lograría con el argumento de la injusticia que suponían los dos años ininterrumpidos de frente, que «da[ba] aparentemente [a los divisionarios] un trato de soldados coloniales que se emplean como *carne de cañón*». Conseguido el descanso, pasaría a la segunda fase del plan: nuevas conversaciones, para obtener la definitiva retirada. En todo caso —concluyó Jordana—, de momento le recababa libertad de acción para obtener el descanso de la Unidad.[202]

Asensio recibió la carta el 9, y la contestó de inmediato. De entrada, aceptó el inicio de las gestiones para obtener un descanso; de hecho, los relevos se llevaban a cabo «con forzada lentitud», y el reposo «habr[í]a de mejorar la moral y la instrucción de aquellos combatientes». «Soy, pues, de la opinión que la primera fase puede y debe ser empezada», sentenció. Pero no compartió el objetivo de fondo: la retirada definitiva y repatriación. Ello «encierra, según mi modo de ver, una tal complejidad, que debe ser grandemente meditada», afirmó. Y dio varios argumentos. En todo caso —prosiguió—, Franco «ha[bía] dicho siempre que España se pondr[ía] en pie de guerra contra el comunismo, y que si éste llegase a Berlín, tres millones de españoles correrían a engrosar los esfuerzos de nuestra simbólica División»; por tanto, proceder, en aquellas circunstancias a retirarla, «produciría gran mella en su máxima autoridad», lo que podría llevar a «cosas peores». Y afirmó:

> Tal vez nosotros mismos pudiéramos reducir el tono de nuestro esfuerzo, apoyándonos en dificultades de recluta, y convertir en Legión lo que hoy es una División. Siempre la cosa será delicada, pero daremos mayor vuelo a nuestra postura que retirando cuanto tenemos allí.[203]

Resultaba evidente que Asensio se escudaba en Franco. Así lo entendió Jordana tras leer la carta. Pero al menos tenía vía libre para desencadenar la primera fase de su plan. En cuanto al inicio de la segunda, todo era cuestión de tiempo: tarde o temprano Asensio debería plegarse a la evidencia. Convenía, pues, no rivalizar con su colega, y mucho menos por escrito.[204]

El 20 de agosto Hoare se desplazó hasta el Pazo de Meirás y, entre otras cosas, manifestó a Franco el deseo de su Gobierno de que la División fuera retirada del frente. El tono de la exposición fue suave, y Franco intervino poco. Ya en la despedida, manifestó el propósito de satisfacer las peticiones hechas. Jordana valoró la entrevista como «francamente cordial», y vio en Franco la intención «de procurar complacer los deseos expuestos por el embajador, dentro de los límites que en tiempo y procedimientos imp[usieran] las circunstancias». Y manifestó también, al duque de Alba, el «decidido propósito de mantener la más leal neutralidad».[205]

Un hecho, sin embargo, vino a enturbiar los buenos propósitos españoles: al contrario que Hayes, que había mantenido un absoluto mutismo, Hoare dio publicidad a sus demandas, que fueron difundidas por la BBC, la prensa internacional y la propia Embajada, en un tono que desvirtuaba la realidad. De ser cierto lo manifestado por el embajador norteamericano (molesto por el protagonismo que indebidamente se otorgó), la Embajada habría anunciado y hecho publicidad de la entrevista antes de que tuviera lugar. El caso es que, a las pocas horas, el *New York Times* afirmó que Hoare había visitado a Franco con instrucciones de «amonestarlo duramente». Con posteridad, Hoare dijo haber actuado como reacción a *un comunicado* de la Embajada española en Washington, «afirmando que la entrevista había sido amistosa y satisfactoria en todos sus puntos, al tiempo que daba a entender que las relaciones entre Gran Bretaña y España eran excelentes». En todo caso, el Foreign Office vio con malos ojos la filtración, y Jordana sumó un nuevo factor de preocupación, ya de por sí grande ante la campaña monárquica desatada por Don Juan y sus partidarios.[206]

Al margen de controversias, el hecho es que las presiones de Hoare y de Londres, sumadas a las de Hayes y Washington, fructificaron muy pronto: el 23, Jordana se reunió con Vidal en San Sebastián para perfilar las directrices a seguir ante Alemania para conseguir la repatriación de la División Azul. Le expuso que debería obrar cautelosamente, por medio de una política de materialización progresiva de concesiones, en las dos fases referidas a Asensio. Vidal discrepó: a su juicio, era preferible presentar la cuestión desde un principio tal como en realidad era. Entendía que obrar como Jordana indicaba comportaría, como mínimo, dos negociaciones, y con ello un «desgaste un poco innecesario» de los argumentos a emplear. En todo caso —prosiguió— razones no faltaban para solicitar la repatriación: los sacrificios realizados, las bajas tenidas, la falta de voluntarios, las dificultades de política internacional generadas, y otros aspectos. Obviamente —concluyó Vidal— todo aquello no iba a agradar al Gobierno alemán y cabía la posibilidad de generar «una situación un poco embarazosa».[207].

Y así fue: el 26 Hayes recriminó a Jordana los esfuerzos de FET-JONS para reclutar voluntarios, asunto «muy serio» que podría «ir a peor». Jordana respondió, en tono circunspecto, que valoraba como un error la existencia de la División y deseaba su repatriación, y que Franco compartía su criterio; pero las filtraciones de Hoare —concluyó— ponían en tela de juicio, a ojos alemanes, las continuas afirmaciones en el sentido de que España había actuado espontáneamente (Dieckhoff y Lequio ya habían protestado), lo que provocaría más dificultades e innecesarios retrasos.[208]

Vidal llegó a Berlín el 6 de septiembre con la orden de proceder en dos fases. El primer movimiento tenía por objetivo a Steengracht. Pero éste se había ausentado por unos días, que se vieron aumentados en algunos más a tenor de la defección de Italia. Entre tanto, el discurso de Arrese en favor de la lucha ponía un escollo más a una gestión que, de entrada, se presentaba difícil (el 10, carta a Jordana, que denotó un marcado nerviosismo). Finalmente, el 20 logró entrevistarse con el secretario de Estado, y tras los prolegómenos, Vidal, en tono de confidencia, dijo: «En España se puede oír por todos lados que la División Azul está luchando en el frente desde hace más de dos años, sin haber tenido en este período ningún descanso algo largo. Si se me puede permitir dar un consejo en calidad de amigo de Alemania, yo propondría retirar a la División del frente por un breve período de tiempo, a fin de que la gente esté tranquila, y se pueda decir a los españoles que se ha dado a la División la posibilidad de refrescarse en reconocimiento de su valiente lucha. Un gesto de este tipo ejercería un efecto muy positivo sobre el ambiente existente en España». Sorprendido, Steengracht preguntó si la propuesta tenía que interpretarla como un intento de repatriación, pues sabía que los Aliados presionaban en esa dirección. Vidal negó tal posibilidad (hubiera preferido no mentir), y dijo que «un español como debe no piensa en ello, porque el país es consciente de lo que ha hecho Alemania por España en la Guerra Civil contra el bolchevismo, y es un deber de honor para los españoles tomar parte en la lucha europea contra el bolchevismo»; además —prosiguió— «el Caudillo rechazaría estas propuestas». En todo caso —concluyó—, la División «no puede apuntarse ninguna victoria extraordinaria», lo que podría cambiar de combatir con fuerzas de refresco. Por su parte, Steengracht manifestó que, por ser una cuestión militar, desconocía la mecánica a seguir para dar descanso a las divisiones, aunque sabía que la *Blaue* periódicamente relevaba efectivos.[209]

Finalizada la reunión, el secretario de Estado transmitió un informe a Ribbentrop, en aquellos momentos de viaje. En él apuntó que una retirada temporal, a efectos de descanso, «podría tener efectos positivos desde el punto de vista propagandístico». Por su parte, Vidal estaba satisfecho: «la semilla está echada», escribió a su ministro. Y le refirió cómo había procedido:

> Me extendí lo necesario sobre el asunto, con la cautela y circunspección que requería lo delicado del tema, observando cuidadosamente sus reacciones fisionómicas ... Procuré tranquilizarle, sin excederme, haciendo protestas de nuestra admiración y cariño hacia Alemania, y añadí que si hacía esta sugestión personal, era llevado por mi constante deseo de desvanecer toda sombra de dificultad entre nuestros Gobiernos.

Pero Ribbentrop, que desconfiaba de Vidal, se mostró disconforme con la opinión vertida por Steengracht y tuvo malos presagios. Seguidamente, ordenó notificarle su criterio y solicitarle un informe sobre cómo conseguir los previsibles efectos propagandísticos positivos.[210]

Entre tanto, el ámbito aliado se movía. Ya el 1 Yencken había telegrafiado al Foreign Office que circulaban persistentes rumores sobre una retirada gradual de la División Azul, lo que entraba en contradicción con el hecho de que hubiera partido una expedición de 1.500 hombres (el *Daily Express* manifestó que unos mil habían llegado a la frontera francesa). En Londres, el 18, Eden manifestó al duque de Alba que la División, juntamente con el espionaje alemán en Tánger y Marruecos, era la cuestión más importante para la normalización de las relaciones entre ambos países (así se lo había manifestado Churchill desde Washington). Por su parte, el 20, Hayes se refirió a la División en el contexto de una petición de armamento: su Gobierno —manifestó a Jordana— «se consider[aba] imposibilitado de adoptar una decisión afirmativa mientras se mant[uviera] en el frente», pues el suministro supondría «facilitar armas a los bandos contrarios en la misma lucha». Sin embargo —apostilló—, como que «siempre abriga[ba] la certeza de que no se halla[ba] lejano el momento en que el Gobierno español decid[iría] retirar a sus voluntarios», había informado a los agregados militar, naval y aéreo para iniciar conversaciones preliminares de carácter oficioso: era una forma de «adelantar» la labor. Y ya el 23, Torr supo que, en lo que se llevaba de mes, no habían traspasado la frontera de Irún más contingentes y habían retornado muchos enfermos y heridos; y que en el frente quedaban unos 14.000 hombres.[211]

En El Pardo, Franco daba vueltas a la idea de repatriación. La marcha de la guerra, la caída de Mussolini y los informes de agosto pesaban en su ánimo. La situación en el frente ruso era particularmente difícil para Alemania y sus aliados:

> La cuestión de Rusia sigue preocupando de manera inquietante [en Berlín], principalmente después de la caída del bastión de Orel. Se dice aquí, por las personas bien informadas, que Stalin aprovechará ahora Orel, formidable centro de comunicaciones ferroviarias, para lanzar su temida ofensiva de invierno. (Vidal.)

Y no menos complicada lo era en Italia:

> Según las noticias recibidas aquí [Londres], la oposición por parte de los naturales a las fuerzas anglo-americanas fue casi nula y en muchas ocasiones su actitud fue de gran simpatía a los invasores; si hubo lucha por parte de algunas unidades italianas, fue esporádica y breve, y terminó en numerosas capitulaciones cuando no estaban encuadradas por tropas alemanas. (Duque de Alba.)[212]

Ambos informes —y otros de naturaleza similar— obraban en poder de Franco cuando, finalmente, decidió abordar el tema de la repatriación de la División Azul en Consejo de Ministros. Redactó dos notas manuscritas, muestra patente de su postura ante la guerra, los Aliados, Alemania y la División. Una de ellas resultó una declaración de buenas intenciones sobre las futuras relaciones con los Aliados anglosajones, y de manera especial con Gran Bretaña: aunque la guerra aún sería larga y el anticomunismo se mantenía incólume, el deseo de entendimiento superaba ambas circunstancias. La segunda nota, con letra rápida y cargada de tachaduras, informó de su intención de repatriar a la División y de los motivos que lo habían inducido a ello. Una vez mecanografiada, con varios añadidos y alguna supresión, la entregó a los ministros, reunidos en Consejo el 24 de septiembre. El texto denotaba que Franco era consciente de la situación bélica: Alemania no ganaría la guerra —escribió—, y, a lo sumo, podía aspirar a ponerle punto final; por ello era imprescindible repatriar a la División, aunque de manera gradual y con prudencia. Tras las consiguientes deliberaciones y alguna que otra reticencia, el Consejo acordó que «e[ra] indispensable retirar de línea la División, y hacerlo cuanto antes pues el cambio de estación esta[ba] inmediato». Aunque, para desagrado de Jordana, también decidió (iniciativa de Asensio) su transformación en una Legión «muy reducida y exclusivamente de voluntarios».[213]

El 24 Dieckhoff supo las decisiones del Consejo. Y, por medio de «una persona de confianza», preguntó a Muñoz Grandes qué había de cierto en ello. El general afirmó no saber nada, y con escepticismo dijo que, dado el caso, tampoco se le habría consultado, pues era sabido que «él opinaría de inmediato en contra de tales intenciones». Se mostró preocupado por la situación general en España, e hizo hincapié en la creciente presión de los anglosajones, ante los que el Gobierno no debería dar el brazo a torcer ilimitadamente. En todo caso —concluyó—, cuando se hiciera insoportable para los círculos germanófilos, «tendr[ía] importancia la respuesta a la pregunta de si Alemania estaría, en un momento dado, en situación de ayudar a España con rapidez y con fuerzas potentes». En Berlín, el Auswärtiges Amt consideró necesario informar al Ejército.[214]

El 25 Jordana comunicó al duque de Alba las decisiones del Consejo de Ministros, le informó de que ya había dado instrucciones al embajador en Berlín, y le pidió que intentase lograr silencio respecto a la configuración de la Legión. Madrid, sin embargo, todavía generaba noticias contradictorias: el 29 Yencken telegrafió que el Gobierno no tenía «intención inmediata alguna de reducir o retirar la División» (900 hombres estaban preparados para partir, y Asensio había comprado coñac para proveerla durante el invierno); pero, al día siguiente, el agregado militar italiano le manifestó la certeza de que los españoles pronto intentarían la retirada definitiva, y recibió en el Estado Mayor Central seguridades en aquel sentido.[215]

En Berlín, el 1 de octubre Vidal comunicó oficialmente la decisión de repatriar a la División, lo que justificó con el argumento de la falta creciente de voluntarios, que «en los últimos meses» había obligado al reclutamiento forzado de tropa. Tras una desagradable —aunque cortés— conversación, en la que Steengracht no ahorró recriminaciones, Vidal le entregó un memorándum de Exteriores, que, sobre la base de los servicios prestados al Ejército alemán, exponía la decisión de repatriación. Argumentaba causas (recluta y situación de España), y atenuaba psicológicamente las consecuencias al proponer el mantenimiento de una pequeña unidad. (Un contrasentido, en tanto que España se desvinculaba del destino militar de Alemania, pero no del todo, y temerariamente dejaba la puerta abierta a futuras reclutas.) Y pedía su silenciamiento por parte de la prensa. (Ingenuo intento de soslayar lo insoslayable: la continuación de la lucha en el frente ruso.)[216]

Vidal abandonó el Auswärtiges Amt convencido de que la repatriación «traería cola», pero satisfecho de haber cumplido un encargo delicado, con el que dejaba abierta la puerta a la resolución de un problema de envergadura. Había representado su papel en la función, y ahora le tocaba a Jordana entrar en escena ante el embajador alemán. Por su parte, Steengracht envió un télex a Ribbentrop, en el que detalló el desarrollo de la entrevista y reprodujo el memorándum. El ministro, que seguía de viaje en el tren especial, decidió telegrafiar el despacho a Hitler. Cuando el comunicado llegó a Rastenburg, éste se hallaba reunido con Zeitzler y Jodl. Los comentarios fueron escuetos: «Los españoles han pedido el regreso de la División Azul», exclamó. «Sí, lo he oído», contestó Zeitzler. «Manejaremos a la gente con el mayor respeto», manifestó Hitler. «Pero las armas se quedan aquí», sentenció Jodl.[217]

El 1 de octubre Franco ofreció en el Palacio de Oriente el tradicional banquete anual en honor del Cuerpo Diplomático y de los altos funcionarios de los Ministerios, conmemorativo de su acceso a la Jefatura del Estado. A diferencia de años anteriores, ni recibió a una representación de FET-JONS ni llevaba puesto el uniforme falangista. En el momento de los saludos, comenzó a dar la mano a los respectivos embajadores de manera anodina (Dieckhoff y Lequio recibieron una mero gesto protocolario), pero cuando el barón de las Torres se paró frente a Yencken, Franco se detuvo, le miró a los ojos y exclamó: «¡Ah!, ¡Gran Bretaña!». Y cuando, acto seguido, estrechó la mano del embajador de Perú, volvió a murmurar «...¡Gran Bretaña!...». (Yencken interpretó aquel suceso como la señal de un cambio de posicionamiento de Franco hacia su país: tras un período de dudas, por fin iba a apostar decididamente por la causa aliada.) En el discurso que seguidamente pronunció, Franco utilizó la palabra *neutralidad* para definir la posición internacional de España: fue el anuncio oficial del abandono de la ya embarazosa *no-beligerancia*. Seguidamente reiteró su convicción de que el comunismo era una amenaza para Europa, pero no hizo la más mínima alusión al Eje ni a la guerra.[218]

Ese mismo día, en Londres, el duque de Alba solicitó al subsecretario permanente del Foreign Office, sir Alexander Cadogan, que informara confidencialmente a Eden de que la División sería lentamente retirada del frente; y le rogó no hacer declaraciones, pues dificultarían la acción de Madrid. Cadogan rechazó la petición sobre la base de «las acciones españolas y el interés público» británico, si bien manifestó que su Gobierno procedería muy cuidadosamente y con moderación, y que no tenía la intención de declarar que el español había actuado bajo presión. Acto seguido, pasó una breve nota al Consejo de seguimiento del Foreign Office, y uno de sus miembros, tras leerla, manuscribió: «Será interesante ver si esto se confirma en la práctica».[219]

El sábado 2 Yencken telegrafió al Foreign Office un compendio de las últimas noticias sobre la División recibidas de Torr, no siempre coincidentes; de cuya lectura se desprendía un elevado índice de probabilidades de que, efectivamente, la División fuera retirada del frente y repatriada en breve. Sin embargo, la duda persistía, y más cuando Torr manifestó (4) que 650 hombres habían traspasado la frontera; cifra que, cuatro días después, elevó a mil.[220]

El mismo día 2, Jordana comunicó a Dieckhoff que había encargado a Vidal informar de que la División debería transformarse en una Legión y solicitar el consentimiento. Según el ministro, justificaban la repatriación de la División el nimio reclutamiento de voluntarios, la posibilidad de que disminuyera su efectividad, y las presiones británicas y norteamericanas [de soslayo]. En todo caso —apuntó— la decisión había sido tomada «con gran pesar», «pensada con mucho detenimiento» y «acordada por el Consejo de Ministros». Pero Dieckhoff fue taxativo en su respuesta:

> Indiqué al ministro la gran importancia política de esta decisión extremadamente lamentable del Gobierno español, que me parece también poco lógica, ya que apenas se tendrán suficientes voluntarios para una Legión, cuando no existen prácticamente ninguno para la División.[221]

La Wehrmacht recibió la petición española el 3, día en que, en el *Sportpalast* berlinés, Goebbels cargó tintas contra los países neutrales, y afirmó que para las futuras generaciones sería una gran vergüenza el que sólo Alemania y sus pequeños aliados pusieran un dique al peligro comunista que amenazaba a Europa. Ya el 6, Ribbentrop dictó tres órdenes para Steengracht: [Primera] Entregar a Vidal una nota con el siguiente texto:

> El Gobierno del Reich ha tomado nota del deseo del Gobierno español de que se retire la División Azul. Como consecuencia de ello, el Führer ha decidido que la División sea retirada inmediatamente del frente, y que, a continuación, sea transportada a España lo más pronto posible. En lo referente la constitución de una Legión de Voluntarios españoles, esta cuestión deberá ser objeto de posterior clarificación entre los mandos alemanes y españoles.

[Segunda] Transmitir a Schmidt que la demanda no fuese publicada por la prensa (lo que recogía la propuesta española). [Y tercera] Ordenar a Dieckhoff que informase a Jordana y le entregara una nota idéntica a la que recibiría Vidal. Órdenes de Ribbentrop que, inexplicablemente, no se telegrafiaron al Auswärtiges Amt hasta la madrugada del 9.[222]

Steengracht procedió de inmediato. En primer lugar llamó a Vidal, y seguidamente telegrafió a Dieckhoff, que entregó la nota a Jordana el 11. En la entrevista, un azorado Jordana intentó exponer nuevamente cuánto lamentaba el Gobierno haber dado aquel paso, pero Dieckhoff desvió la conversación. El tono fue, de todas maneras, afable; no hubo recriminaciones por parte alemana y sí agradecimiento por parte española, que el embajador aprovechó para pedir facilidades de índole económica. Ya de noche, Dieckhoff telegrafió a Steengracht que había podido apreciar «un sentimiento generalizado de vergüenza» entre los círculos falangistas y germanófilos.[223]

Concluyó así, para Jordana y sus colaboradores, un arduo e incierto proceso de más de tres meses; y, tal como Vidal había previsto, pronto pasó al primer plano de la palestra la configuración de la Legión. Tema prioritario para Berlín que Madrid enfocó con falta de ganas, con la impresión de que se trataba de un paso en falso. Por parte alemana, Lazar solicitó al jefe de Transocean que averiguase en Berlín si finalmente se materializaría, pero allí reinaba el desconcierto, y no poco temor respecto a la posición de Madrid ante la causa alemana; inquietudes que se hacían extensivas también al Ejército, que, finalmente, dio la orden de disolver la División.[224]

Las dudas británicas se disiparon el mismo 11 de octubre, cuando Hoare, de nuevo en España, se reunió con el embajador portugués, quien le filtró —con el ruego de total confidencialidad— que la División había abandonado ya el frente. A las 23.40 horas Hoare telegrafió al Foreign Office la noticia, con la petición de que la prensa y la BBC guardasen silencio y de dejar a los españoles «hacer el trabajo por sí mismos». Londres valoró el anuncio como «un gran paso en la política española de neutralidad».[225]

El 12, Jordana telegrafió a Vidal los términos de su entrevista con Dieckhoff, y su esperanza de que la materialización de tan «delicado asunto» se desarrollara en Berlín sin problemas adicionales. El telegrama posiblemente se cruzó con el que, a su vez, le remitió el embajador: la División acababa de iniciar su retirada del frente. Lo que en su momento se había previsto como una labor muy difícil llegaba, así, al final deseado, para alivio del ministro y de muchos otros. La *Blaue Division* entraba a formar parte de la Historia: Berlín y la España germanófila estaban de duelo.[226]

6. LA LEGIÓN AZUL

Nace la Legión Azul

Ya hemos visto en el capítulo anterior hasta qué punto fue compleja la transformación en Legión de la División, y cómo llegó a enfrentar a dos Ministerios. De hecho, tan pronto como acabó el Consejo de Ministros del 24 de septiembre, Jordana se aprestó a comunicar al duque de Alba que la Legión nacía predestinada a extinguirse por falta de relevos; lo que, de una vez por todas, pondría punto y final a la lucha española en el frente ruso, aunque «sin estridencias». En este sentido, al cabo de tres semanas sugirió a García

Valiño que los nombramientos de los jefes que habrían de dirigirla no fuesen publicados en el Diario Oficial del Ministerio. Pero Asensio y García Valiño querían que perdurara y hacer de ella una unidad operativa, de efectivos considerables. De entrada, se vieron forzados a suspender las concentraciones de relevos, pero mantuvieron la recluta voluntaria en acuartelamientos y jefaturas de Milicias, y exigieron que guardasen los listados de inscritos.[227]

Jordana estaba al tanto de los tejemanejes del Ministerio del Ejército en torno a la Legión, por lo que recabó de Asensio que se supeditara a lo acordado por el Gobierno, y estar permanentemente informado de la retirada y repatriación de la División («el asunto necesita llevarse con tanto tacto y cuidado, que se hace preciso evitar toda doble vía que pudiere originar instrucciones contradictorias o no coincidentes»). Pero Asensio y García Valiño firmaron la *Instrucción General L.V.1* (LV1), y Jordana no dio crédito a lo que leyó: ¡recluta obligatoria de 8.000 hombres, cuando lo acordado era que fuese voluntaria y de unos 3.000! Se dirigió a El Pardo, donde Franco le manifestó que ya había ordenado su anulación, lo que le tranquilizó. Desde el Palacio de Santa Cruz, informó de sus gestiones a Vidal (el 22) y le pidió que minimizara la publicidad a las emisiones radiofónicas que Berlín dirigía a los divisionarios (el 29), cara a su supresión definitiva. También se opuso ante Arrese a una entrega pública de diplomas alemanes a exdivisionarios en Sevilla; y no tuvo reparo en manifestar a Asensio que había hablado con Franco sobre la inoportunidad de la *Instrucción*, a la par que le reiteró que se supeditara a los dictados del Gobierno.[228]

El 22, desde Berlín, Vidal calificó a la Legión de «especie de parche [que] iba a echar agua al vino en el resultado tan rápido y favorable» de las gestiones llevadas a cabo para la repatriación de la División. Y recibió a Esteban-Infantes, de quien, como ya hemos apuntado, escuchó el deseo de configurar una unidad muy superior en efectivos a la proyectada. La reunión fue, a todas luces, mal (Vidal a Jordana: «tendría poca gracia que desnaturalice la eficacia de una gestión que con tanta fortuna hemos llevado a cabo»); como fue también mal la comida que compartieron al cabo de una semana («me parece que sería conveniente que le llamasen a Madrid cuanto antes»). Además, el embajador estaba preocupado porque la repatriación se materializaba con lentitud, y porque el mando había dejado a la libre determinación de los divisionarios la opción, «pueril y un tanto peligrosa», de repatriación o permanencia, que podía disparar fácilmente la recluta.[229]

La parte alemana vivió con desasosiego aquellos días. Desde que a finales de septiembre la Embajada en Madrid tuvo conocimiento de la intención de sustituir la División por «una especie de Legión», las altas instancias del Reich, en especial del Auswärtiges Amt y del *Heeresministerium*, se ocuparon activamente de que se llevara a cabo; lo que, dada la falta de resolución española, les costó no pocos sinsabores. De hecho, muy pronto la incertidumbre se apoderó de los medios alemanes, y no sólo en Berlín. Así, el 11 de octubre Lazar recabó del jefe de Transocean que averiguara si la Legión iba finalmente a materializarse. Para mayor desconcierto, el 15 la propia División manifestó que todavía no había sido informada de su disolución; y el 20 comunicó que la transformación en Legión requería de la autorización previa de Asensio, en aquellos momentos fuera de Madrid.[230]

Ya a finales de octubre la repatriación era un hecho consumado, y a pesar de los malos presagios que auguraba, los responsables de propaganda en el Auswärtiges Amt se propusieron sacar partido. Dentro de esta lógica de actuación, el director del Departamento de Cultura Política manifestó que los organismos encargados de asistir a los divisionarios no debían manifestar el «ligero disgusto» existente; y abogó por una «asistencia modélica», que los convirtiese en «defensores convencidos de nuestra causa». Además, propuso varios actos de despedida para Esteban-Infantes en Berlín (patrocinados por la *Sociedad Germano-Española* y debidamente filmados para utilizarlos propagandísticamente en España) y un viaje de turismo. De momento —concluyó— ya se proyectaba allí la película hecha clandestinamente sobre la División, y había dado instrucciones para hacer pases especiales para los regresados.[231]

En Madrid, después de que el agregado militar comunicara la anulación de la orden de permanencia en Rusia de quienes acumulasen menos de 10 meses de frente (día 26), Dieckhoff supo de Arrese (28) que FET-JONS había ordenado a todos los divisionarios afiliados ingresar en la Legión, e informó a Ribbentrop. Pero en Berlín dominaba la impresión de que los españoles no querían configurarla. Entrado noviembre, el agregado notificó (día 4) que la División todavía carecía de instrucciones («la situación es insostenible»), y Zeitzler se quejó (5) al Auswärtiges Amt de que aún esperaba respuesta a su consulta sobre su formación y entrada en combate. Al día siguiente (sábado 6) tuvo lugar, en la sede del Abwehr, una esperada reunión bilateral (Canaris, Buhle y Bürckner; Marín de Bernardo, Esteban-Infantes, García Navarro y Reinlein) que Berlín esperaba decisiva, pero que, por falta de instrucciones de Madrid, quedó en nada.[232]

A diferencia de los alemanes, los Aliados vivieron el nacimiento de la Legión con fastidio. El 14 de octubre Hoare telegrafió a Londres que García Valiño había comunicado oficialmente que todos los divisionarios no voluntarios iban a ser repatriados, y que un pequeño contingente sería organizado en una *Legión*. La información le fue reiterada a Torr por Asensio, con el añadido de que la nueva unidad quedaría bajo mando exclusivamente alemán. El Foreign Office telegrafió de inmediato a Eden, de viaje en El Cairo:

> Hemos recibido la confirmación oficial del Gobierno español de que la División Azul está siendo retirada ... Todo el personal no voluntario será repatriado, y se espera que los voluntarios sean muy pocos. Por el momento nos abstenemos de cualquier publicidad.[233]

Pese a estar informado de su repatriación, Hoare manifestó a Jordana que su Gobierno estaba irritado ante «la permanencia de la División Azul en el frente del Este», y dijo que podría desencadenarse una «seria crisis». Visiblemente contrariado, el ministro le manifestó, a su vez, su disgusto por la rapidez con que se propalaban los asuntos más secretos tratados con él (referencia a sus filtraciones), y replicó haber llevado a cabo gestiones «sumamente hábiles» ante el Gobierno alemán para proceder a la retirada, sin dejar entrever en momento alguno el peso de las presiones aliadas. La retirada —prosiguió— iba a concluir el 25, tras lo cual se repatriaría paulatinamente, quedando en el frente únicamente una unidad legionaria «de exiguo contingente», que acabaría por extinguirse. Hoare no pudo por menos que felicitar a Jordana, pero afirmó que lo que «suprimiría toda clase de fricción entre los dos países» sería la repatriación *total*, y que sería conveniente la difusión de una nota sobre la retirada. Jordana contestó que tal publicidad causaría «un daño irreparable» y que la prudencia aconsejaba proceder paulatinamente, por medio de aquella «pequeñísima unidad de voluntarios», que no afectaría a la *neutralidad* española, pues no transgredía las normas del Derecho Internacional. Y la justificó por su función de válvula de escape «para ciertos elementos aventureros afectados de incurable belicismo», que aseguraba el éxito de la retirada. Pero Hoare insistió en que constituía una innecesaria dilatación del proceso de supresión de la División, a lo que el ministro arguyó que no había más remedio que aceptarla «como un pequeño mal inevitable». Entonces el embajador preguntó: «Por tanto, ¿no podrá considerarse tal unidad como integrante del Ejército español?», a lo que Jordana respondió *no*.[234]

Hoare informó a Londres, y Hayes pronto estuvo al corriente. De hecho, fue él quien el 22 manifestó a Jordana que estimaba útil dar publicidad a la retirada. Pero Jordana replicó que podría dar al traste con todo lo logrado. Y le dijo saber que, por «la indiscreción de la prensa y demás medios de publicidad extranjeros», la noticia era ya de dominio público; aunque —concluyó— existía una gran diferencia entre una filtración y la publicación de una nota oficial (produciría la impresión de que el Gobierno había actuado por presiones exteriores).[235]

Hoare quiso cerciorarse de lo manifestado por Jordana, y el 3 de noviembre se dirigió a la sede del Estado Mayor Central del Ejército, donde supo que la repatriación se llevaba a cabo por batallones (uno había llegado a España el domingo, otro iba a llegar aquel día, y el resto antes de final de mes) y que el número de voluntarios «para permanecer en Alemania» era «extremadamente bajo». El embajador quedó satisfecho: en la entrevista que al día siguiente mantuvo con Jordana, no hizo referencia alguna a la División. Y, ya de noche, telegrafió al Foreign Office; que recibió con satisfacción el comunicado, y el 8 transmitió a la Embajada en Moscú la noticia, con el encargo de informar al Kremlin. Una semana después, Hoare pudo, finalmente, notificar el final de la División Azul.[236]

La campaña de la Legión Azul

Los dos meses y medio que duró la campaña militar de la Legión (mediados de noviembre de 1943 a finales de enero de 1944) vinieron marcados por un recrudecimiento de las presiones británicas y norteamericanas sobre Madrid para que dejara, de una vez por todas, a Alemania abandonada a su suerte y se plegara a sus exigencias.

Muy preocupado por la evolución de los acontecimientos, el 17 de noviembre Jordana había ordenado a sus embajadores en Washington y Londres indagar si la Conferencia de Moscú había tratado sobre España y si había el propósito de hacerlo en la de Teherán. Unos días después, Berlín fue bombardeada intensamente. Vidal telegrafió:

> Bombardeos noches veintidós y veintitrés han sido terribles y los más violentos experimentados por esta capital. Daños cuantiosos habiendo desaparecido centro Berlín. Esta Embajada ha quedado inutilizada. Consulado destruido. Casi todas embajadas y legaciones han ardido.

Allí los problemas se veían agravados por el hecho de que muchos trabajadores se habían dirigido al embajador para expresarle su deseo de regresar a España. Vidal entendió que aquella «quizás sería una magnífica oportunidad para ir viendo el modo de retirarlos».[237]

A finales de mes la situación para los países colaboradores de Alemania se complicaba a pasos agigantados. El 28 Roosevelt, Churchill y Stalin se reunieron en Teherán. En Madrid, Jordana, además de defender «la muerte natural» de la Legión, quería retardar tanto como fuera posible su marcha al frente, aun a costa de todo tipo de pretextos. El mismo día en que concluyó la Conferencia (1 de diciembre), mantuvo una larga entrevista con Hayes. Éste, una vez más, hizo referencia a las demandas de su Gobierno pendientes de resolución (espionaje y sabotaje alemán, suministro de wolframio a Alemania, y retención de barcos italianos en las Baleares). Pero en aquellos momentos preocupaba particularmente a Jordana la suerte de los trabajadores en Alemania (varios habían muerto por efecto de los bombardeos sobre zonas industriales), y solicitó a Vidal recomendarles que aprovechasen sus vacaciones de Navidad para retornar definitivamente.[238]

El 18 de diciembre Esteban-Infantes llegó a Madrid, y seis días después entraron en territorio español los últimos repatriados de la División. Una circunstancia que hubiera significado un gran éxito para el Gobierno y la diplomacia españoles de no haber sido por la Legión, cuya existencia Jordana no había mantenido en secreto; pero sí su verdadera naturaleza, pues declaró a Hoare y a Hayes que su actuación no dependía orgánicamente de Madrid. Aquella versión, sin embargo, no evitó el recelo de los medios diplomáticos y políticos aliados, que tendieron a verla como fruto del deseo de mantener la ayuda abierta a Alemania. Y finalmente se quebró a tenor de un conato de recluta falangista a espaldas de Jordana, cuando la Embajada británica interceptó una copia de una circular del delegado nacional de Provincias (reproducía una orden de Arrese que afirmaba que había que relevar efectivos cada 10 meses).[239]

La reacción aliada llegó pronto. El 31 Hoare remitió una nota a Jordana:

> V.E. recordará que cuando me comunicó la decisión del Gobierno español de ordenar el regreso de la División Azul, hizo mención de la posibilidad de autorizar la permanencia de una Legión. Pero al mismo tiempo manifestó claramente que esta Legión se compondría de aquellos miembros de la División que voluntariamente quisieran quedarse, que serían incorporados al Ejército Alemán, y que no habría reclutamiento en España con objeto de aumentar o de mantener sus efectivos. En vista de esta conversación no puedo ocultar la preocupación con que he leído las instrucciones dirigidas, con fecha 28 de diciembre, a los jefes provinciales del Movimiento por orden del ministro Secretario General ... No es posible exagerar la importancia que mi Gobierno atribuye a este asunto y ruego a V.E. le dedique su pronta y profunda atención. Si al Gobierno español no le es posible impedir que la Falange recluta gente para una Legión Española —cosa que a mí me es difícil de concebir— por lo menos podrá impedir la salida de España de tales reclutas.

Cuando llegó a sus manos, el ministro encargó las directrices del texto de respuesta al jefe del Gabinete Diplomático del Ministerio, José María Doussinague:

> ... quiero reiterar la garantía que le formulé verbalmente, que, a pesar de los documentos que acompaña a su citada carta, no se hace ni se hará en España recluta alguna para la denominada Legión España, pues se han tomado a tal fin las medidas convenientes.[240]

Pero el 14 de enero de 1944 Hayes pasó a la acción: recriminó agriamente a Jordana (en inglés y mucho más explícitamente que Hoare) que le hubiese escondido la verdadera naturaleza de la Legión y le exigió una exhaustiva información al respecto. Días antes, el ministro había tenido noticia de que la *Associated Press* difundió que soldados españoles seguían luchando en el frente del Voljov (escribió: «Esta Legión nos dará que hacer»), y que el *Daily Telegraph* publicó que el Gobierno español había optado por el mantenimiento de voluntarios. Además, Vidal le había comunicado que en el Este las divisiones alemanas estaban en franca retirada (disponía de información privilegiada del periodista Octavio Alcázar, quien gozaba de la confianza del comentarista Sartorius, «uno de los hombres con visión más clara, y, naturalmente negativa, de todo el Reich»). En este sentido, el reiterado término *movimiento elástico* pretendía esconder la realidad. En Berlín —le informó Vidal— los medios oficiales no hacían pronósticos de futuro, y los oficiosos pintaban la situación con tintes muy negros.[241]

El 11 de enero Radio Moscú denunció al mundo la existencia de la Legión. Jordana no sabía cómo cortar la campaña contra el Régimen que comenzaron los medios aliados con ella como punta de lanza. De entrada, ordenó al duque de Alba mantener la versión de que era voluntad del Gobierno repatriar a la totalidad de los combatientes en Rusia, pero que había tenido que hacer frente a graves dificultades dadas las reticencias de muchos a volver. Reticencias que en parte provenían de la sensación generalizada de que, dada la «actitud intransigente» de los Aliados ante los esfuerzos diplomáticos españoles, de bien poco serviría su repatriación. Era difícil —concluyó— tratar con *patriotas* que se sentían heridos en su orgullo. Entre tanto, y para más inri, Celia Giménez proseguía sus emisiones desde Berlín, por lo que el 10 Vidal manifestó a Jordana la conveniencia de que Arrese ordenase su finalización a través de la Embajada. Tres días después, Jordana, abrumado por los muchos quebraderos de cabeza que le generaba el mantenimiento de vínculos con Alemania («estoy más necesitado que nunca de serenidad para no saltar y reaccionar violentamente contra tanta campaña inicua de prensa y radio de los países aliados», escribió al cabo de una semana), supo por Vidal del fusilamiento del conde Ciano.[242]

En cuanto a Franco, también tenía sobradas razones para estar preocupado. A las crecientes exigencias aliadas y el descontento de los sectores germanófilos ante las paulatinas concesiones del Régimen, sumaba ahora la agudización de la cuestión monárquica, con la ruptura definitiva con Don Juan (carta del 25, en respuesta a la de Franco del 6 —«Yo os encarezco que no os divorciéis de España ni os desliguéis de nuestra Cruzada, en la que quisisteis combatir»—). Además, tuvo un serio tropezón con Hayes durante la recepción al cuerpo diplomático con motivo de la Pascua Militar, cuando, a una objeción, respondió que él no divulgaba propaganda alemana.[243]

Tal como ya hemos visto, el 14 de enero se desencadenó la gran ofensiva soviética en el sector Norte del frente ruso, en el marco de la ofensiva general de invierno. Aquel mismo día, Vidal informó:

> El avance rápido que se ha registrado en las dos últimas semanas no se debe, como se puntualiza por las personas bien informadas, al hecho de que los alemanes no disponen de numerosas fuerzas y material en Rusia; han logrado avanzar los rusos porque atacan en número más elevado que el que se encuen-

tra defendiendo las líneas alemanas y porque disponen de mayor cantidad de material y, además, porque el Alto Mando ruso no se ve precisado a operar pensando siempre en la necesidad de ahorrar gasolina.[244]

El 15 la prensa de Washington caldeó más el ambiente al publicar la noticia, procedente de Londres, de la explosión de varias bombas de relojería en un cargamento de naranjas españolas, así como el incidente verbal entre Franco y Hayes. Y reiteró la acusación de que seguía combatiendo la Legión, causa de irritación en Gran Bretaña y la Unión Soviética. Ya el 19, Eden informó al Parlamento de que un contingente de voluntarios permanecía en Rusia; y manifestó que había advertido a Madrid de las graves consecuencias que podrían derivarse de ello, y que Hoare tenía nuevas instrucciones para presionar con más fuerza. Al día siguiente, la prensa londinense se hizo eco de lo tratado. Y el 21 Jordana supo que Radio Londres emitía constantes comunicados que denunciaban la existencia de la Legión, y se quejó agriamente por escrito a Asensio:

He creído siempre que decididos a dar el paso de retirar la División de Voluntarios y vencidas las grandes dificultades que ofreció esta negociación, el dejar en el frente ruso esos símbolos [Legión y Escuadrilla Azul] sólo crearía serias complicaciones; lo he anunciado de antemano y, desgraciadamente, no me equivoco en mis vaticinios, pero indudablemente se han considerado exagerados mis juicios y se ha seguido un sistema distinto al que yo proponía y ahora tendremos que pasar por nuevas dificultades, sobre todo si no nos enmendamos a tiempo.[245]

El 22 Jordana supo que Cárdenas había intentado infructuosamente arrancar de Welles el compromiso de erradicar las campañas contra España, que, a su juicio, nacían de la existencia de la Legión. Y el 27 supo que la prensa norteamericana publicaba unas declaraciones de Eden contrarias a la política exterior española, especialmente con relación a varios temas, entre los que se encontraba la Legión; y que había exigido del duque de Alba explicaciones por el mantenimiento en Rusia de la Escuadrilla, después del *acuerdo* con Madrid de suministrar 300 toneladas mensuales de gasolina para aviones (Jordana nada sabía. Vigón, tampoco). Esa misma tarde, la Radiodifusión aliada anunció que Washington, previa consulta con Londres, había decidido suspender los suministros de petróleo a España durante el mes de febrero.[246]

El 28 Franco recibió a Hoare en El Pardo, a petición de éste y en presencia de Jordana. En la última reunión que mantuvieron, en el Pazo de Meirás, habían tratado sobre la División; pero de ello hacía ya varios meses. La entrevista giró en gran parte sobre la Legión y la Escuadrilla, que obligaban «a no considerar a España como plenamente neutral», por lo que deberían ser eliminadas. Franco habló de «deuda de honor» con Alemania, dejó caer que la Escuadrilla sólo estaba en prácticas, y se quejó de que las fuerzas francesas en Italia tuvieran «el *sesenta por ciento* de sus efectivos formado por españoles y oficiales rojos»; pero se comprometió a una solución, sobre la base de «la dignidad y caballerosidad» españolas (extinción paulatina de ambas unidades por falta de relevos).[247]

La práctica totalidad del petróleo que consumía España procedía de Estados Unidos de América. En el programa de suministro concertado ambos países preveían tres embarques mensuales de crudo (para febrero se concretarían de la siguiente forma: uno entre los días 1 y 2; un segundo, entre los días 11 y 12, y el tercero entre el 21 y el 22). Jordana estaba al corriente de la decisión de embargo. A lo largo de la mañana del 29, la radiodifusión británica y la norteamericana habían propalado que los respectivos Gobiernos no creían en las promesas del Gobierno español respecto a su propósito de cumplir con sus deberes de neutralidad; y que, en vista de que no parecía entender más argumentos que los contundentes, el Gobierno de Estados Unidos, por indicación del de Londres, había suspendido el suministro. La alarma generada entre la opinión pública fue extraordinaria, pues quienes escuchaban la BBC divulgaron la noticia, que pasó de boca en boca. De inmediato, las autoridades encargadas de los servicios de distribución de petróleo decretaron restricciones, que pronto habrían de hacerse públicas. En cuanto a Jordana, achacó lo acaecido a *la falta de unidad* gubernamental en materia de política internacional («¿Qué dirá ahora de su balanza Carceller? ¿Se pasa de listo?»), y manifestó a Hayes su «preocupación y grave disgusto» por unas medidas y una forma de proceder (anuncio al mundo antes que a Madrid) que complicarían «extraordinariamente» las negociaciones bilaterales en curso.[248]

El 31 de enero fue un día especialmente complicado para Jordana. Al llegar al Ministerio, encontró un telegrama de Lequerica que informaba de que el último Consejo de Ministros de Vichy había comentado un rumor sobre un posible ataque aliado a España. También halló un telegrama de Londres que confirmaba el embargo de petróleo. Pero la noticia que más impactó en su ánimo procedía de Washington: una nota oficiosa del Departamento de Estado afirmaba que, bajo el cambio operado en la situación militar en Europa, los jefes de los Estados Mayores combinados habían manifestado que «podían imponerse sanciones contra España sin ningún peligro». El ministro sacó la conclusión de que las contemplaciones dispensadas por los Aliados durante cinco años habían respondido únicamente a la posibilidad de que España supusiera un peligro para sus planes militares: conjurado el peligro, podría ser tratada a baqueta. En aquella tesitura, ordenó a Vidal que preparara el terreno para una pronta repatriación de cuantos, en la Legión, no quisieran «alistarse por su cuenta en el Ejército alemán, sin organización alguna de carácter español»; y le dijo que convenía evolucionar en una política de concesiones hasta dejar a los Aliados sin argumentos para mantener sus presiones, a la par que armarse «hasta los dientes» para «inspirar el respeto absolutamente indispensable». De aquella manera, a partir de febrero, la diplomacia española quedó particularmente orientada a conseguir de Alemania la disolución de la Legión, la retirada de la Escuadrilla, el cierre del Consulado en Tánger, la evacuación de la delegación militar en Marruecos, el desmantelamiento de «todo el tinglado de espionaje», y armas. Tarea sin duda ardua, pero no imposible para el Palacio de Santa Cruz, dada la situación precaria de Alemania, que requería, más que nunca, de una España amiga.[249]

El pase a retaguardia y repatriación de la Legión Azul

La retirada del frente de la Legión Azul, su disolución y posterior repatriación tuvieron lugar en un momento especialmente delicado para Alemania respecto a España; pues, frente a las presiones aliadas a las que ésta se veia sometida, intentaba, por todos los medios, mantener el suministro de wolframio, imprescindible para su esfuerzo bélico.

Enterado Jordana de que la Legión acababa de quedar acantonada en Luga para su traslado a Estonia, anticipó acontecimientos y el 3 de febrero entregó una nota a Hayes que afirmaba «la completa y total retirada de los restos de fuerzas que integraban la División» del frente (nada había dicho todavía a los alemanes al respecto). Enterado de la llegada a Estonia (Taps) el 9, la oportunidad para Jordana llegó dos días después, en el contexto de una entrevista con Dieckhoff, cuando éste solicitó repasar las negociaciones en curso con los Aliados y llegó al punto de la exigencia de disolución de la Legión. Entonces el ministro manifestó que en aquél punto «no se podía cerrar demasiado» y que todo se había desarrollado «de modo poco feliz» (no se había «acreditado demasiado»: peligraba «el extraordinario recuerdo de la División»). Y dado que ya había sido retirada del frente —concluyó—, su *total desaparición* carecería de especial significado para Alemania.[250]

De nuevo en Berlín, el 14, Marín de Bernardo redactó un extenso informe (Jordana recibió una copia), que, sobre la base de la probable conjunción de varios factores, por vez primera aventuró la derrota total —«el aniquilamiento»— de Alemania. Al día siguiente, Jordana y Hayes se reunieron de nuevo; esta vez por espacio de cuatro horas y media, repartidas entre mediodía y noche. Durante la entrevista, el embajador manifestó que el Departamento de Estado había leído «con la mayor simpatía» la nota que informaba de la retirada de la Legión del frente (y el resto de medidas antialemanas previstas), y expuso las causas del embargo petrolífero, que en modo alguno implicaba el deseo de esgrimir una amenaza «contra el Gobierno español», ni humillar a la nación española.[251]

Retorno a España
de un Batallón de
Repatriación.

Cruce de caminos.
Frente de Leningrado,
invierno de
1942 a 1943.

El general Emilio
Esteban-Infantes
condecora a un soldado
distinguido en un *golpe
de mano* contra
posiciones soviéticas.
Frente de Leningrado,
invierno de 1942 a
1943.

Descarga de víveres. Frente de Leningrado, primavera de 1943.

Misa de campaña. Frente de Leningrado, primavera de 1943.

Descanso. Frente de Leningrado, primavera de 1943.

Un oficial da instrucciones de tiro a un grupo de artilleros. Frente de Leningrado, invierno de 1942 a 1943.

(© FDA)

Munición para la artillería. Frente de Leningrado, verano de 1943.

(© FDA)

(© FDA)

Posición artillera. Frente de Leningrado, verano de 1943.

Zapadores ante la cámara alemana: cruce de un río.

Zapadores ante la cámara alemana: marcha.

Zapadores ante la cámara alemana: ataque.

Mandos de
la Legión Azul. Rusia,
otoño de 1943.

(© FDA)

La Legión Azul en
formación. Estonia,
primavera de 1944.

(© FDA)

(© FDA)

Pilotos de
la Escuadrilla Azul.

Llegada a Barcelona
del buque *Semíramis*
con ex prisioneros
de la División Azul
(2 de abril de 1954).

Recepción en Barcelona
del buque *Semíramis*
con ex prisioneros
de la División Azul
(2 de abril de 1954).

Paz a los muertos: cementerio español en Rusia.

A petición de Jordana, durante las tres primeras semanas de febrero Vidal permaneció en Madrid, con la misión de gestionar ante Dieckhoff el beneplácito alemán a la materialización de las principales exigencias aliadas. La reunión entre ambos embajadores tuvo lugar el 16, y en ella Vidal comunicó el interés de su Gobierno por obtener de Alemania la repatriación de la Legión y la Escuadrilla al margen de trámites oficiales (los combatientes podrían ser licenciados por el Alto Mando). Llegada a Berlín, la petición produjo contrariedad: España había enviado voluntariamente ambas unidades a Rusia, y, por lo tanto, no competía a Alemania proceder a licenciamiento alguno. Además, parecía extraño que se desprendiera de uno de «sus principios básicos», la lucha armada contra el bolchevismo. Entre tanto, en Madrid, el 17 Jordana requirió oficialmente el cierre del Consulado General en Tánger. Decretó también la expulsión de un espía apellidado Fock, por «actividades incompatibles con las obligaciones que tienen que asumir los súbditos de países extranjeros en un país neutral»; con lo que la organización falangista clandestina *Camisas Cruzadas* perdió a uno de sus principales mentores. E hizo otro tanto con seis espías más.[252]

Tal como ya se ha dicho, el 20 de febrero Hitler manifestó su intención de retirar a la Legión y la Escuadrilla Azul del frente y repatriarlas, con vistas a adelantarse a cualquier solicitud oficial. De inmediato Hewel telegrafió a Ribbentrop, quien ordenó que Steengracht lo comunicase a Madrid, lo que hizo el 21. Y por parte militar, Keitel justificó la decisión como una concesión a España para fortalecer su posición frente a los Aliados, y solicitó del Auswärtiges Amt que destacara «la meritosa actividad de la Legión en la lucha activa contra el comunismo» ante Madrid, con vistas a fortalecer la unión germano-española.[253]

En Berlín, el 22 Vidal manifestó a Steengracht que España había retornado a la neutralidad forzada por la evolución de la guerra, pero que los sentimientos de amistad se mantenían incólumes, y reiteró la petición de repatriación. Steengracht dijo que la Legión y la Escuadrilla habían prestado «una valiosa aportación para documentar la unión germano-española en la lucha contra el comunismo», y que «el valor heroico de mandos y tropa había aumentado la admiración del pueblo alemán ante la valiente nación española». Vidal —según Steengracht— dio las gracias «conmovido por la generosidad» de Hitler, y dijo que aquel gesto sería tenido en gran consideración (en tono de confidencia desveló que la iniciativa había partido de Franco y el Gobierno, frente a la oposición del Ejército, con Asensio al frente). Unos días más tarde, en Madrid, Jordana se reunió con los embajadores de Estados Unidos y de Alemania: la entrevista con Hayes transcurrió en un clima de relajada cordialidad; en tanto que Dieckhoff, si bien correcto, no ocultó sus recelos ante la actitud pactista de España con los Aliados. Pero la guerra seguía su curso, y no sólo España se distanciaba de Alemania: a las pocas horas de aquella recriminación, el 29, el embajador en Helsinky informó que Finlandia se retiraba de la guerra.[254]

En su afán de control de una situación cada vez más difícil, el 6 de marzo Dieckhoff recibió en su domicilio a Muñoz Grandes, quien criticó que Franco hubiese permitido a Jordana entrar en negociaciones con los anglosajones. El embajador interpretó que Franco pretendía ganar tiempo, pero que comenzaba a percatarse de que su actitud conciliadora le reportaba muy poco de manos aliadas y que, por el contrario, podía dar al traste con la aquiescencia «de sus más firmes partidarios en el interior del país», el cuerpo de oficiales y la juventud.[255]

El 9 Marín de Bernardo informó al Estado Mayor Central de que el Alto Mando alemán pretendía retrasar al máximo la repatriación de la Legión Azul: todo parecía indicar que temía la difusión de la lamentable retirada del Grupo de Ejércitos Norte. Pero dos días después Vidal comunicó la pronta llegada a Koenisberg del primer contingente de legionarios, lo que Jordana ordenó transmitir inmediatamente al duque de Alba y a Cárdenas. Y ya el 16, el ministro supo de Asensio que la Legión recibiría una despedida militar oficial de alto rango; que sería repatriada por vía de transporte de permiso, el más rápido, y que la noticia no sería difundida por los medios de comunicación. Al día siguiente, Franco recibió a Dieckhoff, quien manifestó que su Gobierno comprendía la neutralidad española y por ello había cedido a la retirada de la División y de la Escuadrilla; pero que no entendía por qué no mantenía el volumen de los envíos de wolframio, mineral vital para continuar la lucha. España —concluyó— pagaba su apoyo a Alemania en términos de petróleo, aunque mucho más alto sería el precio de una virtual derrota. Pero Franco le respondió fundamentalmente con una recriminación: a pesar de haber salido deshecha de la Guerra Civil, España ayudó a Alemania tanto como pudo, y en 1940 no se habría inhibido de entrar en la guerra si Hitler se hubiese avenido a las peticiones de armamento y *territorios*.[256]

A finales de mes los acontecimientos en torno a la repatriación de la Legión y la Escuadrilla Azul se precipitaron: el 21, en Madrid, Hoare reconoció a Jordana los esfuerzos llevados a cabo por el Gobierno en dicho sentido; y desde Berlín, el 23 Vidal telegrafió las fechas de partida de cada Bandera de la Legión y la previsible de la Escuadrilla. Y, al día siguiente Jordana lo notificó a Hayes (recibida la nota, el embajador transmitió su satisfacción, y no ocultó su impaciencia por informar a su Gobierno), y el 25 a Hoare, en idénticos términos (la respuesta, también muy afable, llegó el mismo día). El 30 Vidal comunicó a Jordana que todos los legionarios se encontraban de camino hacia España; y, «por si podía interesarle», le adjuntó el último ejemplar de la *Hoja de Campaña*, con el texto íntegro del discurso de García Navarro en Perge. Al día siguiente, Jordana escribió a Hoare:

Este asunto ha quedado definitivamente resuelto de acuerdo en todo con los deseos del Gobierno británico, y a pesar de las considerables dificultades que ha sido necesario vencer para ello.[257]

En Londres, la prensa del 2 de abril hizo referencia a las concesiones hechas por España en detrimento de los intereses alemanes, y señaló que quedaba todavía por resolver la suspensión de la exportación de wolframio (al día siguiente Vidal presentó al Auswärtiges Amt la nota oficial para la supresión del Consulado General en Tánger). Finalmente, el 4, el Departamento de Estado norteamericano designó a un representante para intervenir sobre el terreno en las negociaciones todavía pendientes. Todo parecía encarrilarse en el sentido anhelado por Franco y Jordana.[258]

Efectivamente, el 8 Vidal emitió el último cable sobre la Legión: la tercera y última expedición iba a partir de Koenisberg al día siguiente, y su llegada a la frontera española sería el 11, con lo que quedaría definitivamente repatriada.[259]

Así, a mediados de abril, la Legión Azul (y con ella la División) pasó a formar parte de la Historia. Había acabado, pues, hasta cierto punto felizmente, la implicación militar del Régimen en la guerra contra la Unión Soviética, en tanto que no había ninguna catástrofe de última hora que lamentar. A partir de aquel momento, quienes lucharan al lado de Alemania lo harían por su propia cuenta y riesgo, totalmente desvinculados del Estado. Hasta el falangismo radical (fuertemente vigilado por el Ministerio de la Gobernación), que calificaba a Arrese de «criado de Franco» y abominaba de Jordana, tuvo que plegarse a la evidencia de los hechos, a pesar de sus intrigas y de algunos conatos de violencia, severamente reprimidos. Pero la tranquilidad en los medios oficiales no era absoluta: se dibujaba en más de un rostro ya el temor a posibles represalias. La guerra se encaminaba inexorablemente hacia la derrota total de Alemania, con lo que, tarde o temprano, habría que dar explicaciones por la colaboración con el vencido. Además, pesaban como una losa los cientos de prisioneros en poder de Moscú. Los efectos derivados de la actuación española en Rusia no iban a finalizar, pues, con la repatriación de la Legión.

7. LA LUCHA CLANDESTINA

Los últimos meses de la Segunda Guerra Mundial generaron grandes tensiones en España. A la euforia de los sectores aliadófilos se contraponía la desazón y creciente nerviosismo de los germanófilos, y, muy especialmente, del falangismo radical. En este sentido, la velada llamada alemana a ingresar en las filas del Ejército o de las SS fue acogida con entusiasmo por miles de españoles, parte de los cuales optó por pasar la frontera y asumir riesgos. Aquella circunstancia no escapó al Palacio de Santa Cruz, que, con fastidio, siguió la evolución de los acontecimientos. Por suerte para el Régimen, aquellos hombres actuaban por su cuenta, al margen de los canales oficiales, y entre ellos había refugiados republicanos.

Ya en mayo, Jordana supo del paso clandestino por los Pirineos de «muchos» ex divisionarios. Y el Ministerio del Ejército planteó al de Exteriores la posibilidad de que la Embajada alemana estuviese involucrada. A mayor abundamiento, a principios de junio se presentaron en el Consulado en Berlín dos españoles vestidos con el uniforme de las SS, que dijeron haber pertenecido a la División Azul. Entre tanto, llegaban noticias a la Dirección General de Seguridad sobre *numerosos* españoles en Berlín, que habían salido subrepticiamente de España, y manifestaban haber recibido dinero de la oficina dedicada anteriormente al reclutamiento para la Unidad, sita en Madrid.[260]

Poco antes del desembarco anglosajón en Normandía, Alemania había estudiado la posibilidad de incrementar la recluta, sobre la base de una acción propagandística clandestina en territorio español. A tal efecto, el capitán Haxel mantuvo conversaciones con representantes del OKW en Berlín y del Grupo de Ejércitos Norte en Koenisberg. Fruto de ellas nació el *Sonderstab Fritz*, organismo sucesor de las antiguas Planas Mayores de Enlace en la División y la Legión, al que correspondería activar la recluta, facilitar el paso de la frontera (Hendaya, Andorra, Puigcerdá o Portbou) y el traslado hasta los puestos militares alemanes. Por su parte, Haxel se estableció en Madrid como ayudante del agregado militar, con la misión de contactar con antiguos oficiales de la División, y evaluar la posibilidad de estructurar una red clandestina de propaganda y recluta. Pero en la Embajada no encontró el apoyo del agregado militar ni del agregado policial, reacios a tentativas que pudieran enturbiar las relaciones germano-españolas, ya de por sí tensas tras la firma de un importante tratado económico entre Madrid y los Aliados. Pero, por aquel entonces, el Palacio de Santa Cruz ya sabía que los ingresados en las SS combatían con los emblemas de España en el uniforme, y que eran ya varios los fallecidos en combate, en diversos frentes.[261]

Entre tanto, la sede del *Sonderstab* fue ubicada en Caterets, cerca de Lourdes, con delegaciones en San Juan de Luz y Perpiñán. En un principio contó con 52 miembros, que en agosto quedaron reducidos a 29, tras constatar que el flujo de hombres era limitado. En todo caso, el paso se organizó en connivencia con el Frente de Juventudes: los voluntarios marchaban «de excursión» desde un campamento de verano cercano a la frontera, y, ya en pleno Pirineo, eran ayudados por dos contrabandistas. Además, el *Sonderstab* fracasó en su intento de incrementar la recluta (un *sonderführer* pasó a San Sebastián y se entrevistó con un militar portavoz de voluntariado, que, bajo amenaza, exigió luchar bajo mando y leyes propios; lo que el OKH rechazó).[262]

A otro nivel, Dieckhoff supo que la incorporación clandestina a la Wehrmacht era valorada como algo muy serio por el Gobierno español. Solicitó informes, de los que pudo saber que, efectivamente, uno de los cometidos del *Sonderstab Fritz* era fomentar la recluta y facilitar el paso de la frontera de los voluntarios. Con la información en la mano, a finales de julio solicitó de Berlín que frenara de inmediato toda aquella actividad, pues la Embajada tenía «un interés político» en que las relaciones germano-españolas (muy tensas tras el secuestro, en Madrid, del matrimonio Heberlein por la Gestapo) no se deteriorasen adicionalmente con «cosas de ese tipo». La solicitud fue acompañada, al día siguiente, por un severo informe del agregado militar. Llegada la información, el Auswärtiges Amt solicitó del OKW y del OKH la constatación de su veracidad y la pertinente actuación que más tarde llegó: el 11 de agosto ordenaron al *Sonderstab* evitar cualquier propaganda «más allá de la frontera», así como toda acción destinada a facilitar el paso de los voluntarios clandestinos. Por su parte, Ribbentrop ordenó a la Embajada negar toda actividad de reclutamiento en España, y afirmar que quienes habían atravesado los Pirineos lo único que pretendían era trabajar.[263]

En Madrid, Jordana no estaba dispuesto a reconocer ante la diplomacia aliada relación alguna de la División Azul —y con ella, del Régimen— con el voluntariado clandestino en la Wehrmacht y en las Waffen SS. Por ello, en uno de sus últimos actos al frente de Exteriores, telegrafió a Cárdenas:

> Si hay algunos españoles residentes fuera territorio nacional que se hayan alistado voluntariamente en ejército alemán consta al Gobierno español, aunque ello parezca inverosímil, que se trata en gran parte de rojos expatriados que, por espíritu aventurero y necesidades económicas, se han alistado como voluntarios; tratándose de enemigos Gobierno, y no puede su número compararse, ni aún de lejos, con numerosísimos españoles alistados individualmente en filas aliadas de que se tiene noticia, especialmente en Italia.[264]

A primera hora de la tarde del jueves 3 de agosto Jordana falleció de forma repentina, en San Sebastián, a consecuencia de una hemorragia interna. Poco después, Vidal recibió la noticia por vía telegráfica, y quedó consternado. Contra todo pronóstico, el cargo recayó en el embajador en Vichy, José Félix de Lequerica y Erquiza. En Berlín, el nombramiento fue bien recibido, en tanto que generó serias reticencias entre los medios aliados, dada su fama de germanófilo. Pero éstos pronto modificaron un tanto sus criterios: en su primera reunión, Hayes sacó la impresión de que «se ajustaría a las circunstancias pronta y tenazmente», y Hoare se percató de que «se trataba de un hombre de mundo que conocía bien Inglaterra». En todo caso, hablaba correctamente el inglés, lo que, al menos para el caso del embajador estadounidense, agilizó las entrevistas y evitó la presencia de un intérprete.[265]

Entre tanto, durante aquellos días de agosto el Palacio de Santa Cruz recibió notas de protesta del Gobierno Provisional de Francia, y de las Embajadas británica y estadounidense, por la presencia de españoles en unidades armadas alemanas. Pero no pretendían llegar demasiado lejos: ninguna dejaba entrever posibles acciones de represalia contra el Régimen, y a lo único que aspiraban era a forzar la inmediata repatriación de aquellos hombres. Quizá por ello, Exteriores no se molestó en modificar los argumentos utilizados por el finado Jordana. Todo ello a pesar del cambio de la situación militar, pues los Aliados desembarcaron en la costa mediterránea francesa, y tres días después, el 18, la Wehrmacht se retiró de la frontera pirenaica. Con ello, Alemania dejó de ser, definitivamente, una amenaza, y, dadas las circunstancias, quedó relegada a un segundo plano.[266]

En aquella tesitura tan desfavorable, el 2 de septiembre Dieckhoff fue llamado a Berlín para emitir informes. La llamada debió de ser perentoria, pues partió de Madrid con tanta precipitación, que, al parecer, ni se despidió de Franco ni de Lequerica. En todo caso, emprendió un viaje del que ya no iba a regresar. De ser ciertas las manifestaciones de los representantes aliados en Madrid, por aquel entonces la situación de la Embajada alemana era harto precaria. El control conseguido en su día por Moltke sobre sus subordinados se había roto, en perjuicio de Dieckhoff. Al parecer, un sector de los diplomáticos y funcionarios, afín al nacionalsocialismo, con el primer consejero al frente, se le había enfrentado abiertamente (de ahí, quizá, la llamada de Berlín). En la conjura, además del himmleriano Bibra, había intervenido el otrora todopoderoso Lazar, el hombre de Goebbels en Madrid. El hecho es que, tras la marcha de Dieckhoff, la diplomacia alemana en España quedó en manos de Bibra, que hizo las funciones de embajador durante ocho meses, hasta el final de la guerra. (Lejos quedaban ya los días en que la Embajada podía hacer gala de una mal disimulada prepotencia.)[267]

A partir de entonces, al margen de las gestiones para el pago de pensiones derivadas de la División Azul, las interacciones germano-españolas giraron en torno al eventual traslado de las legaciones y la colonia en Alemania a territorio suizo, y a determinadas quejas por el tratamiento informativo dado a sucesos relativos al otro país.

La guerra proseguía: tras la defección de Bulgaria y Rumanía, la penetración en suelo húngaro y el avance en Polonia, en septiembre la llegada del Ejército Rojo a Berlín era sólo cuestión de tiempo. En la Embajada española cundía el nerviosismo, hasta el punto de que Vidal envió su testamento al Palacio de Santa Cruz. Al margen de los sistemáticos bombardeos aéreos, se daba la circunstancia de que por sus calles circulaban cientos de compatriotas republicanos.

Hay bastantes rojos españoles, entre los trabajadores que en mal hora trajimos a Alemania y los que han venido de Francia, que le tienen puesta la proa a la Embajada y, según los informes de nuestro agregado de policía, abrigan las peores intenciones con respecto a nosotros.[268]

Jordana había autorizado el traslado de la Embajada a «otro sitio menos peligroso», y cuantas gestiones fueran necesarias ante las autoridades del Reich a tal efecto. En su mente estaban las zonas próximas a la frontera con Suiza, para, dado el caso, evacuar a sus miembros y a la totalidad de la colonia. Pero la vida oficial, poca o mucha, todavía se concentraba en Berlín, y se daba la circunstancia de que el Auswärtiges Amt se manifestaba totalmente contrario a cualquier eventual abandono de la capital. Vidal había hecho gestiones a tal efecto, al margen de las autoridades alemanas, que resultaron infructuosas. Y, a principios de septiembre, se dio la circunstancia añadida de que el embajador de Suiza recibió instrucciones terminantes de no visar pasaporte alguno, aun diplomático, sin autorización expresa de Berna.[269]

Así las cosas, a finales de octubre la prensa alemana inició, a instancias de Goebbels, una campaña alarmista sobre la situación en España, en base a las acciones armadas de maquis para derribar el régimen de Franco; pero Vidal logró detenerla *in extremis*. Cuando todo parecía retornar a la normalidad, unas manifestaciones de Franco a periodistas anglosajones, en el sentido de que España nunca fue fascista ni estuvo aliada con el Eje, sentaron muy mal a Berlín, hasta el punto de que el secretario de Estado convocó al embajador, y los rotativos se prepararon para una nueva escalada verbal contra el Régimen. En la reunión (8 de noviembre), Steengracht se lamentó de la retirada de la División y la Legión Azul, y del resto de cesiones a los Aliados; en tanto que Vidal respondió que España no había abandonado «su posición anticomunista», que iba a mantener «por las armas», si ello fuera necesario, «dentro de su territorio». Concluyó que «sería sensible y delicado cualquier comentario de prensa o radio que tradujese enojo o mal humor y que pudiera provocar una réplica de Madrid, originando [una] polémica que no dejaría de regocijar a los Aliados».[270]

Aquella entrevista, en última instancia, redundó en el mantenimiento de relaciones aceptables, entre ambos países, hasta el final del conflicto. Y ya en 1945, hubo momentos de cierta calidez por parte alemana, como el aplauso unánime que mereció, a principios de enero, un artículo de *ABC* contra Hoare. Cierto es que la negativa de Madrid a aceptar el candidato propuesto para asumir la titularidad de la Embajada no debió de sentar demasiado bien a Berlín. Pero en contra de von Thermann concurrían dos elementos de peso: ser oficial de las SS, y la acusación argentina de haber intentado envenenar las relaciones con Estados Unidos por medio de la actividad de grupos nazis.[271]

Por aquel entonces preocupaba cada vez más a Madrid la suerte de sus diplomáticos y de los varios miles de personas que configuraban la colonia española. A principios de febrero, Vidal, tras consultar con Lequerica, decidió enviar a la mayor parte del personal a Suiza; y limitó la representación a cinco funcionarios, incluido él. Opinaba que, por parte española, se había llegado «al límite de la condescendencia» con el Gobierno del Reich. Por su parte, Lequerica le dio plena potestad de actuación respecto a la colonia. Finalmente, Vidal partió hacia el sur de Alemania. Pero a mediados de mes sufrió un amago de ataque al corazón. Hospitalizado en Berna, una hemiplejía lo retuvo postrado en cama durante las semanas siguientes. A partir de entonces y hasta el final de la guerra, el primer secretario, Bailén, restó como responsable máximo de la diplomacia española.[272]

Bailén hizo cuanto estuvo en su mano para lograr la repatriación de sus compatriotas. Tras mil vicisitudes, el 2 de abril ordenó la clausura oficial del edificio de la Embajada. Seguidamente, partió hacia Constanza, con las claves y cuanto material diplomático pudo transportar. Unos días después, el Ministerio suizo de Asuntos Exteriores comunicó al embajador en Berna que pondría a su disposición un tren especial desde la frontera suizo-alemana a la hispano-francesa. Entre tanto, cientos de españoles habían penetrado por su cuenta en Dinamarca; pero las autoridades alemanas de ocupación habían rehusado permitirles el cambio de moneda, y pusieron todo tipo de trabas a su instalación.[273]

El 16 Zhukov y Koniev iniciaron su imparable avance hacia Berlín. Ya en Bregenz, cientos de kilómetros al sur, en la noche del 20 alguien manifestó a Bailén que, en pocos días, iba a estallar en Alemania una rebelión armada de los cientos de miles de prisioneros y trabajadores de todas clases y países, en una acción coordinada desde Moscú. De ser ello cierto, con toda probabilidad entrarían también en acción los trabajadores republicanos traídos a la fuerza desde Francia, pensó Bailén. En aquellas circunstancias, redactó una nota a Ribbentrop, en la que le previno de que, si las circunstancias obligaran a los miembros de la Embajada a cruzar la frontera, no lo interpretara como una ruptura de relaciones sino como una suspensión provisional de sus actividades.[274]

Tras no pocas dificultades, finalmente el 27 entró en Suiza el ferrocarril con el primer grupo de españoles procedentes de Alemania. Iba a entrar un segundo tren, y se esperaba la llegada de otro con residentes en Polonia y Praga. El embajador seguía hospitalizado en Berna: conservaba el conocimiento pero había perdido el habla y, a decir de quienes lo visitaron, sufría mucho. Seguramente estaba contento por cuanto directa o indirectamente había conseguido; en todo caso, la marcha de Berlín y la apertura de la frontera suiza a la colonia española constituían un buen logro. Uno más en la dilatada carrera de aquel diplomático, en cuyo haber se añadía la repatriación de la División, la Legión y la Escuadrilla Azul. Mucho trabajo, en medio de crecientes dificultades, había desgastado en exceso su corazón, que en la noche del 28 dejó de latir.[275]

La muerte de Vidal, injustamente enmascarada en el caos último de una guerra atroz, vino a sellar, de alguna manera, el final de las relaciones diplomáticas de España con el Tercer Reich. Tan sólo seis días después, a las 20.00 horas del viernes 4 de mayo, ya en Berna, Bailén expidió el último telegrama de la Embajada a Madrid, certificado de defunción de dichas relaciones. A partir de entonces, la historia compartida de España y Alemania se desarrollaría en un contexto muy diferente: el de la Europa surgida de las cenizas de la guerra.[276]

5

El precio de la División Azul

L A DIVISIÓN AZUL, ese accidente histórico del que hemos visto sus antecedentes, su génesis y su evolución, tanto en el frente como en la retaguardia, tuvo un precio, y fue ciertamente alto. Aún hoy resulta imposible de
cuantificar, pues se nos escapan mil matices y no pocos elementos significati-
vos, que difícilmente algún día podrán ser aprehendidos. Un precio fundamentalmente concretado en vidas y sufrimiento, físico y psíquico, que deno-
minaremos *humano*; y también en dinero, o *material*. Deuda de sangre y deuda
económica, en el fondo. En medio de ambos, la realidad asistencial, el *precio
asistencial* de la Unidad; que, con recurso al dinero y la tecnología, intentó
paliar el primero. Tres ámbitos que, en la medida de lo posible, intentaremos
aquilatar en las páginas que siguen, configuradoras del último capítulo de esta
obra y, en cierta manera, de la aventura divisionaria.

1. EL PRECIO *HUMANO* DE LA DIVISIÓN AZUL

Hacer una valoración del precio *humano* de la División Azul implica cuantificar. Pero todo intento numérico respecto a ella es, por regla general, trabajo de mera aproximación. Una unidad que englobó a unas 45.000 personas a lo largo de más de tres años de existencia, fundamentalmente en un
frente de combate, difícilmente puede devengar cómputos exactos. La fragmentación de fuentes y de información en ellas contenida, la disparidad de
datos que a veces surge de su contrastación, y los inevitables vacíos documentales que pesan sobre ciertos aspectos, impiden dar cifras exactas. El número de las bajas habidas es, en este caso, ejemplo paradigmático. Aún hoy,
a 60 años de distancia de los hechos aquí analizados, resulta imposible llegar

a determinar, con precisión, la cifra de muertos, heridos, mutilados, congelados, desertores y prisioneros. Dado que en su día muchos divisionarios fueron dados por desaparecidos, resulta muy difícil precisar su condición. Nos movemos en el ámbito de la aproximación, aunque, eso sí, cada vez menos inexacta.

En 1956 Esteban-Infantes cifró en 3.934 los muertos, en 8.466 los heridos y en 326 los *desaparecidos*. Once años después, con el recurso a registros de la Compañía de Sanidad, Díaz de Villegas estimó el precio humano pagado por la Unidad en unos 4.500 muertos, 8.000 heridos, 7.800 enfermos y 1.600 congelados. Un cómputo que Kleinfeld y Tambs dieron por válido, con el añadido de 300 prisioneros; y que, más recientemente, Francisco Torres ha concretado sobre la base de registros militares y datos de la Fundación División Azul, en 4.954 muertos, 8.700 heridos, 2.137 mutilados, 1.600 congelados, 372 prisioneros y 7.800 enfermos. Unos 25.500 divisionarios, pues, quedaron, temporal o definitivamente, apartados del combate. Si tenemos en cuenta el número de combatientes (45.500), resulta que el índice de bajas se sitúa en el 56 por ciento. Por lo tanto, *grosso modo*, podemos afirmar que uno de cada dos pagó con la vida, la salud o la libertad su incorporación a la División.[1]

Estas cifras hablan por sí solas y requieren de pocos comentarios. No en vano la División Azul combatió en uno de los contextos bélicos más atroces que jamás hayan existido. En todo caso, baste decir que pocas veces una unidad del Ejército español pagó un precio tan alto. Aunque, como contrapartida, raramente se atribuye un nivel de efectividad tan elevado, pues, según fuentes españolas, produjo 49.300 bajas al enemigo. De aproximarse este cómputo a la realidad, en términos estrictamente militares el balance de la acción destructiva de la División habría superado al del Ejército Rojo en una proporción de dos a uno. Pero conviene tomar estas cifras con cautela.[2]

Muertos y desaparecidos

Hacía tan sólo 17 días que la División Azul combatía en el frente ruso, cuando su Representación en Berlín envió ya una primera lista de fallecidos al Palacio de Santa Cruz. Era el reflejo de la cara más negra de la aventura anticomunista emprendida, y primer aviso, ante el triunfalismo oficial imperante, de los riesgos que entrañaba. La configuraban 63 nombres, entre ellos, los de algunos notorios miembros de la *Vieja Guardia* y el SEU (encabezaba la lista Javier García Noblejas).[3]

Se abrió, a partir de entonces, un goteo inagotable de relaciones de fallecidos que, del frente, llegaban a Berlín, y de allí, a Madrid. El camino seguido era, por lo general, el siguiente: la Sección de Información de la División transmitía por vía telegráfica las relaciones a la Representación en Berlín y al agregado militar en la Embajada, quien, por valija diplomática, las hacía llegar a la Delegación Nacional de la Sección Femenina. Ésta, a su vez, las transmitía al Gabinete Diplomático del Ministerio de Asuntos Exteriores, que las entregaba al ministro. Del Ministerio, finalmente, pasaban a la prensa, que las publicaba, a veces con una nota sobre los aspectos más notorios de la vida del finado.[4]

Dado que quedaron en poder soviético, los cadáveres no fueron repatriados; y aún hoy la inmensa mayoría reposan en suelo ruso, en más de cien enterramientos, desde grandes cementerios a tumbas individuales esparcidas por el campo. De hecho, sólo la mitad de los muertos habidos fueron formalmente enterrados, en tanto que los 2.500 restantes quedaron en fosas comunes o por enterrar. Y tuvieron que pasar más de 50 años para que se pusieran en marcha los mecanismos oficiales para su concentración en un cementerio único, gracias al interés de familiares, la labor de la Fundación División Azul y el apoyo del Ministerio del Ejército, que en agosto de 1995 firmó un convenio con la empresa *Volksbund Deustche Kriegsgräberfürsorge*, de Kassel. El Convenio se estableció sobre la base de un acuerdo germanoruso previo sobre la conservación recíproca de cementerios de guerra en Alemania y Rusia (diciembre de 1993), que incluía a los miembros de la 250 División de Infantería de la Wehrmacht; y estableció que sus restos recibieran definitiva sepultura en el cementerio alemán de Pankovska, en Novgorod. España quedó obligada al pago de determinadas cantidades a la empresa (37,3 millones de pesetas entre 1996 y 1998, y 616.000 pesetas anualmente a partir de 1999) y a facilitar cuanta información sobre enterramientos requiriera.[5]

Pero aquella solución no agradó a algunos familiares, deseosos de que los cuerpos descansaran en camposantos españoles. En este sentido, no les bastaba la repatriación simbólica de los restos de un soldado desconocido propiciada por el Ministerio de Defensa (abril de 1994) y las exequias oficiales que le siguieron. Fue así como nació, por iniciativa de los hermanos Fernando y Miguel Ángel Garrido Polonio, la *Asociación Desaparecidos en Rusia*, destinada a la recuperación de cadáveres españoles, tanto de divisionarios como de combatientes del Ejército Rojo. La Asociación, tras no pocas trabas, logró tomar el control de varias exhumaciones, con el apoyo de *DOLINA* y *Vermisst in Russland*, organizaciones de voluntarios rusa y alemana, respectivamente, para la localización, identificación y enterramiento de compatriotas muertos en combate (sólo *DOLINA*, ha enterrado a más de 25.000); y el soporte legal del Ministerio del Ejército. Ello, a la postre, permitió un tímido proceso de repatriación de restos (16 cadáveres de divisionarios entre agosto de 1998 y mayo de 2002), que quedaron en manos de los familiares.[6]

Al margen de las repatriaciones, el hecho es que la gran dispersión de los enterramientos de divisionarios (727 enterrados en Pavlovsk, 540 en Mestelevo, 404 en Grigorovo, 300 en Raikolovo...) y la transformación sufrida por algunos de ellos (sobre el de Grigorovo se levantan viviendas; en el de Raikolovo hay una explotación agrícola con tuberías subterráneas de riego) han hecho que la labor de exhumación haya sido muy limitada. Y ello, a pesar del acuerdo entre los presidentes Aznar y Putin de mayo de 2001 al respecto.[7]

En cuanto a los homenajes, fueron una constante a lo largo de toda la campaña militar. Los hubo a cientos en el frente, en Alemania y en España. Cada muerto era objeto de una ceremonia, desde el sencillo enterramiento bajo una cruz de madera a un acto rebosante de parafernalia en cualquier ciudad española, con asistencia de autoridades. Pomposidad que, con el paso del tiempo, languideció al son que marcaba la evolución de la guerra. Aún en octubre de 1942 en Alemania tenían lugar ceremonias de entidad; pero en España, un año después, los homenajes habían quedado totalmente silenciados. Al margen de ello, conviene apuntar aquí que, aún hoy, se celebran periódicamente misas en sufragio por sus almas en muchos puntos de la geografía española, organizadas por las Hermandades provinciales, con asistencia de familiares y antiguos camaradas de armas.[8]

Con respecto a los desaparecidos, durante algunos años se tuvo por tales a muchos de los que no regresaron. Pero desde mediados de la década de 1950, con la repatriación de los prisioneros, y, más recientemente, con la materialización de listas cada vez más exactas de fallecidos, prácticamente no cabe ya hablar de desaparecidos. En todo caso, plantear aquí que hasta el día en que se publicaron los nombres de quienes iban a ser repatriados en el buque *Semíramis* (30 de marzo de 1954), eran varios cientos los divisionarios de los que no se sabía a ciencia cierta su paradero. No llegaban cartas de Rusia, pues los captores habían prohibido todo contacto con el mundo exterior, ni noticias por canal alguno, en tanto que el régimen de Franco no mantenía relaciones con el soviético. Sólo hacia el final del cautiverio arribaron informaciones parciales e imprecisas de boca de repatriados extranjeros. De ahí que durante años planeara sobre su destino el desconocimiento más absoluto, y que se dieran por fallecidos hombres vivos y que se esperara el regreso de muertos, con las consiguientes implicaciones, sobre todo familiares, todas ellas dolorosas. En este sentido, fueron muchas las personas que sufrieron años de incertidumbre. Y hubo mujeres que, en la convicción del no regreso, rehicieron su vida al lado de otros hombres. En este sentido, la casuística es amplia. Así, por ejemplo, dos repatriados encontraron a sus respectivas esposas nuevamente casadas (ambas, en Argentina), y un tercero halló a la suya haciendo vida marital con un sargento retirado, que optó por *desaparecer*.[9]

En todo caso, con el regreso del *Semíramis* quedaron ya pocas incógnitas sobre el destino de los miembros de la División Azul: el volumen y las declaraciones de los regresados dejaron poco lugar a la catalogación de «desaparecido». Una catalogación que, a partir de entonces, quedó relegada a unos cuantos casos individuales, y que el paso de los años se ocuparía de borrar.

Enfermos, heridos y mutilados

Tal como ya se ha indicado, la División Azul tuvo a lo largo de su participación en la contienda aproximadamente un 50 por ciento de bajas, entre muertos, heridos, congelados, enfermos, desertores y prisioneros. Esa escalofriante proporción, resultado de la extrema dureza de la lucha y del crudo frío invernal imperante, desvela hasta qué punto la campaña resultó devastadora para la Unidad. En aquellas adversas condiciones, el correcto funcionamiento de la asistencia sanitaria se convirtió en una necesidad perentoria. En todo caso, referirse a la asistencia sanitaria recibida por los enfermos y heridos de la División requiere penetrar en la compleja estructura de sus servicios sanitarios, y en la conexión —y desconexión— existente entre ellos y la red sanitaria alemana de guerra.

La estructura sanitaria de la División, a grandes rasgos, respondía al siguiente esquema: un primer nivel de asistencia lo constituían los puestos de socorro del frente (Smeisko y Grigorovo, en el Voljov; Sablino y Krasnov, en Leningrado); un segundo nivel, el hospital de campaña (Porchov, en el Voljov; Mestelevo, en Leningrado); un tercer nivel, el hospital de evacuación (Gatschina, en Leningrado; 76 camas), y un cuarto y último nivel, una cadena de hospitales alemanes de retaguardia (Riga, Vilna, Koenisberg, Berlín y Hof; 1.938 camas en 1943), atribuidos, en parte, a la División Azul. Hospitales a los que, caso de ser necesario, eran evacuados los divisionarios, siguiendo, por lo general —y, al menos, sobre el papel—, un orden prefijado por la distancia del frente y también por la naturaleza de la dolencia. Dos de ellos, el de Koenisberg y el de Hof contaban con tribunales médicos encargados de dictaminar las exclusiones para el servicio de armas, de las que se derivaba la consiguiente repatriación (Koenisberg no siempre ejercía dicha función, y, en todos los casos, era el Hospital de Hof el que emitía los dictámenes definitivos y se encargaba de las repatriaciones).[10]

Todos los centros asistenciales disponían de personal sanitario español, pero estaban provistos de material e instrumental médico-quirúrgico alemán y eran sufragados por Alemania. Algunos, como el de Porchov, padecieron graves insuficiencias, finalmente subsanadas en Mestelevo (210 camas y 60 literas para enfermos leves; dos o tres equipos quirúrgicos, con el correspondiente instrumental e instalaciones; aparatos de rayos X, y servicios específicos de laboratorio, desinfección, oftalmología, otorrinolaringología, odontología y tratamiento de enfermedades venéreas). Según diversos testimonios, contaron también con el concurso de sanitarios rusos, fundamentalmente mujeres.[11]

No faltaron ofertas para ampliar la red asistencial divisionaria, como la que en noviembre de 1941 hizo el cónsul general de España en Francia, Bernardo Rolland, que, en su calidad de presidente del Patronato que lo regía, ofreció el Hospital de San Fernando. El hospital, situado en territorio francés, había sido fundado por Alfonso XIII durante la anterior contienda, y estaba en perfectas condiciones. Y, a pesar de que sólo funcionó hasta 1918, disponía de material quirúrgico utilizable. Sus instalaciones, a cargo de la congregación femenina de San Vicente de Paúl, podían dispensar cuidados a unos 40 hombres. Pero, llegado el ofrecimiento, Varela lo rechazó con el argumento de que la organización hospitalaria existente resolvía «rápida y perfectamente» todas las necesidades.[12]

En cuanto al funcionamiento de la Sanidad divisionaria, durante algunos compases de la campaña adoleció de una seria desorganización que, en ocasiones, rondó el caos. Desorden manifiesto, sobre todo, en las evacuaciones de heridos; hasta el punto de que, pasados 11 días, se desconocía todavía el paradero de una evacuación de Porchov a Riga. Celia Giménez, tras un viaje de inspección por los hospitales del frente, denunció «las evacuaciones interminables en masa, rodando de hospital en hospital, con grave peligro de [la] vida». En todo caso, tal circunstancia, sumada a una compleja red asistencial en exceso fragmentada, revertía en falta de eficacia. Ello, a la postre, se tradujo en hospitalizaciones innecesarias, con las consiguientes molestias y gastos añadidos, que debieron de encarecer considerablemente el coste asistencial. El caso de un soldado ejemplifica lo dicho: tras recibir las primeras curas de una herida de metralla en un brazo y la región escapular, fue necesario un mes y medio de internamiento, en cinco hospitales distintos, para ser declarado inútil para el servicio y repatriado. Y se dio la circunstancia de que algunos evacuados perdieron el tren que los había de transportar a sus puntos de destino.[13]

El caso del personal sanitario merece un análisis pormenorizado, en tanto que, dado el número y diversidad de quienes lo configuraban, presenta la cara y la cruz de lo que fue la asistencia a los divisionarios. A las lamentables condiciones hospitalarias que inicialmente se dieron en el Voljov, se unieron otras no menos lamentables protagonizadas por algunos médicos. En este sentido, las acusaciones apuntan al jefe y subjefe de la Sanidad, que, al parecer, hicieron reiterada dejación de sus funciones, y a otro mando, de ideología socialista (se libró milagrosamente de ser fusilado), que entorpeció cuanto pudo la acción sanitaria. Y a nivel de la Enfermería, el encono Falange-Ejército encontró su máxima expresión. Así, la jefa de las enfermeras falangistas, odiaba a la de sus homólogas militares, la catalana Mercedes Milá, hasta el punto de que la acusó de haberse atraído a algunas de sus subordinadas por medio de halagos y oscuras prebendas; y solicitó con desesperación la supresión de la dualidad de mandos.[14]

Todos estos problemas influyeron negativamente en la efectividad de la acción sanitaria divisionaria (la actitud del subjefe dejó muy mermado el servicio de Cirugía). Deficiencias de las que los responsables españoles culparon, con cierta ligereza, a sus colegas alemanes, lo que incrementó sensiblemente el recelo de la tropa hacia los alemanes en general. Pero cuando una enfermera falangista solicitó ropa para Porchov, vaciaron de inmediato un depósito entero. Y cuando Celia Giménez se ofreció a visitar los hospitales de Alemania donde se hallaban esparcidos los enfermos y heridos españoles, la Sanidad alemana puso a su disposición un coche, y su propio jefe se prestó a acompañarla. En sólo dos horas fueron tendidos hilos telefónicos a uno de los hospitales, para poder grabar mensajes de los divisionarios con destino a España, y se desplazó una cámara cinematográfica para filmar a los internados.[15]

La responsabilidad del marasmo existente, Celia Giménez lo atribuyó al director de la Sanidad española y al agregado militar en la Embajada. Se entrevistó con ambos y, al parecer, sólo recibió disculpas. Pero tanto el uno como el otro levantaron «una muralla» cuando propuso llevar a cabo su proyectado viaje, con el argumento de que los alemanes negarían la autorización. En todo caso, había pruebas suficientes para exigir responsabilidades penales a más de un mando (Giménez dijo disponer de «pruebas sangrantes»).[16]

Al margen de los aspectos hasta aquí apuntados, no cabe duda de que la Sanidad divisionaria hizo gala también de elementos positivos, algunos de ellos deudores de la organización alemana. Así, a nivel de efectividad en el tratamiento, proporcionó resultados excelentes la adjudicación al herido, tan pronto como llegaba al primer puesto sanitario, de la llamada «cédula de acompañamiento para heridos»; una pequeña cartulina de unos 14 centímetros de largo por seis de ancho, donde constaba su nombre y apellidos, la unidad en la que estaba integrado, la herida sufrida y la relación de medicinas recibidas de inmediato por vía oral o inyectadas, con referencia concreta al suero antitetánico.[17]

Pero los españoles no sólo fueron atendidos por sus compatriotas. En Alemania, los enfermos y heridos también lo fueron por la amplia red asistencial de la Sanidad militar del país. En los *lazaretos*, fueron asistidos por médicos y enfermeras alemanes, y también, en su mayor parte, por monjas alemanas de la Caridad. El número de atendidos fue, sin duda, elevado: sólo en el distrito de Colonia, a mediados de 1942 habían sido asistidos unos 500 heridos, en 20 localidades. Y el trato que les dispensó, al parecer, fue excelente. Además, se dio la circunstancia de que las atenciones dispensadas excedieron al estricto ámbito médico-militar. Así, la primera expedición que llegó a Renania fue objeto de un caluroso recibimiento, en Düsseldorf, por parte del Partido Nazi y la colonia española, que se volcó en atender sus necesidades (fue requisado un vagón de naranjas para obsequiarlos). Incluso la Administración italiana tuvo atenciones para con los españoles, hasta el punto de que en mayo de 1942 el Ministerio de la Guerra invitó a una comisión de convalecientes a visitar Italia.[18]

Quienes por sus heridas eran considerados inútiles potenciales eran trasladados a Koenisberg o Berlín, donde eran revistados por un tribunal médico, cuyo fallo aseguraba una revisión en Hof, que extendía certificado médico. Ya licenciados, el vestuario y equipo de guerra quedaban en el Campamento de Hof, que emitía un certificado provisional de licenciamiento bilingüe, donde constaba la fecha del licenciamiento y la circunstancia de haber entregado los pertrechos. Seguidamente permanecían a la espera, en el hospital o el campamento, hasta su incorporación a una de las expediciones de repatriación que periódicamente partían de la estación.[19]

Llegado a España, el herido era atendido a cargo del erario público español. Las expediciones de repatriación hacían su entrada por Irún, donde, como ya hemos visto, se produjeron serias irregularidades. Sin embargo, de no torcerse las cosas, los heridos generalmente eran revistados en el Hospital Militar de San Sebastián, donde podían quedar retenidos varios días. Ya en sus localidades de origen, quedaron bajo la jurisdicción de los respectivos hospitales militares provinciales; donde, caso de ser necesario, fueron ingresados y sometidos a intervenciones quirúrgicas. En ellos se hizo el seguimiento médico de algunos mutilados durante años, hasta el alta definitiva, caso de llegar. Y se dio el caso de heridos que fueron derivados de éstos a otros hospitales militares provinciales, e incluso, accidentalmente, a la Sanidad privada. Fue el caso de un cabo que ingresó en el Hospital Militar de Barcelona, procedente del de Valladolid, para ser operado de injerto de córnea; y, dada la falta de instrumental específico, fue finalmente intervenido en la Clínica del doctor Hermenegildo Arruga, también de Barcelona. Y ante la imposibilidad de asegurar la total recuperación de las enfermedades pulmonares, los hospitales ubicados en las ciudades intentaron derivar a algunos enfermos a sanatorios, pero eran escasos. De ahí que FET-JONS habilitara uno en la Sierra de Guadarrama (Exteriores lo dotó de libros, entre los que no faltaron los *Discursos* de Serrano Suñer ni el libro de Velasco, *Serrano Súñer en la Falange*).[20]

En el ámbito de lo burocrático, los heridos debían convertir su certificado de licenciamiento provisional en definitivo, que recibían de la *Representación de la División Española de Voluntarios*, en Madrid (los de condición civil recibían de las jefaturas provinciales de milicias otro certificado de licenciamiento, y uno de pertenencia a la División Azul para su inscripción en Excombatientes).[21]

Muchos de aquellos hombres, después de su hospitalización fueron asistidos en los *Hogares* que la División tenía en varios puntos de España, como

Madrid —el principal, ya comentado, en Atocha—, y Barcelona —inaugurado en septiembre de 1942, en Esplugas de Llobregat—. Y también en los *Hogares* del SEU, como el *Martín Fabiani*, de La Granja. En ellos disponían de cama, comida y asistencia sanitaria, e incluso económica, y su estancia se podía alargar durante semanas e incluso meses. Y cuando se recuperaban definitivamente, caso de que carecieran de colocación, el *Servicio de Reincorporación de los Combatientes al Trabajo* les extendía un carnet, numerado y con la inscripción, «División Azul. Título de voluntario», que acreditaba su condición de desempleados.[22]

Desertores y retornados por presunta desafección

En contra de lo que pudiera parecer, y como ya hemos apuntado, la División Azul contó entre sus filas con un número indeterminado —pero considerable— de personas más o menos vinculadas al extinto régimen republicano. Fueron hombres que se enrolaron guiados por dos motivaciones opuestas: congraciarse con los vencedores de la Guerra Civil, en cuyo caso generalmente actuaron como los demás, sin distingo; o proseguir la lucha iniciada en 1936. Éstos últimos, de ser detectados por el Servicio de Información de la División, eran rechazados por *desafectos* y devueltos a España; y, de no serlo, intentaron el pase a las líneas soviéticas, lo que costó la vida a más de uno (en el intento o tras él, en el paredón).

Quienes se enrolaron con la idea de «lavar» su pasado a ojos de los vencedores eran, en su mayor parte, hombres sobre quienes pesaba el haber combatido en las filas del Ejército republicano. En este sentido, la División podía ser una posibilidad única para soslayar la temida depuración, en base a la condición de excombatiente. Esperanza que pareció abonar el Decreto de Presidencia del Gobierno de 7 de mayo de 1942, que la concedió a los divisionarios con un mínimo de cuatro meses de frente o que hubieran resultado heridos, a efectos de oposiciones y concursos de la Administración del Estado. Todo parecía indicar que, como excombatientes, podrían preservar su carrera profesional. Fue el caso de hombres que durante los primeros compases de la Guerra habían servido a la República y que llegaron a tener mando en la Unidad, como el comandante Luque Molinello (separado finalmente del Ejército) y el comandante García Rebull (llegó a teniente general).[23]

En el extremo opuesto están quienes dejaron de lado el anhelo de inserción en la realidad de la posguerra. Algunos fueron ya detectados antes de partir de España. Así, de 640 voluntarios inscritos en 1941 en la Jefatura de Milicias de Barcelona, tres fueron retenidos: uno con la catalogación de «extremista peligroso» y dos con la de «dudoso». Otros fueron detectados por el espionaje divisionario, y devueltos a España en sucesivos transportes por ferrocarril, escoltados y con destino a presidio militar. El resto, pudo intentar la deserción.[24]

Poco ha referido la historiografía española y norteamericana sobre los desertores. Además, los nombres que ha sacado a la luz han sido los de quienes lograron materializar la evasión, y ha fijado su atención en su actuación durante el presidio, en el contacto con los cautivos, ante quienes generalmente los ha presentado como traidores, gentes *vendidas* al enemigo. Nada ha dicho de los apresados durante su intento de fuga (aún hoy hay familias que creen que, tal como en su día se les comunicó, su divisionario murió en combate, cuando en realidad fue ejecutado). Por el contrario, la escasa historiografía soviética, de la que tenemos constancia, que se ha detenido en el estudio de la División Azul —fundamentalmente dos artículos, uno de la historiadora S. P. Pozharskaia, publicado en 1969; y otro del coronel Yuri Basistov, que vio la luz 20 años después—, ha subrayado la importancia de las deserciones, pero no ha dado cifras.[25]

La División Azul tuvo pocos desertores en el frente. No sabemos cuántos en potencia, información reservada que, en toda su magnitud, no saldrá a la luz hasta la consulta de todos los expedientes de fallecidos, custodiados en el Archivo Militar de Ávila. Sí sabemos, en cambio, aproximadamente, cuántos divisionarios llegaron a las filas soviéticas: unos 80; cifra muy baja, en tanto que representa el 0,2 por ciento del total de efectivos de la Unidad. Y también sabemos que la mayoría de los intentos tuvieron lugar a partir del invierno de 1942-1943, cuando el peso del voluntariado falangista había remitido en favor de la tropa de reemplazo.[26]

Hubo, sin embargo, deserciones forzadas por las circunstancias; como resultado de desengaños o de recluta obligada; o impelidas por mil aspectos que escapan a todo posible análisis, fundamentalmente de carácter anímico. Fue el caso de Alberto Díaz Gálvez, Cruz de Hierro y Medalla Militar Colectiva, tras una carnicería en Podberesje («Los pocos soldados que aún quedábamos vivos estábamos inmóviles, acurrucados. Nos mirábamos pero nadie decía nada. Ninguno quería tomar la decisión que todos deseábamos. Abandonar el puesto significaba el fusilamiento. Pero no lo pensé dos veces. Me levanté y comencé a caminar lentamente...»), que salvó la vida gracias a la mediación de su jefe, el comandante Román. En todo caso, fueron deserciones no premeditadas, sin componente ideológico. Se dio la circunstancia de que comenzaron ya en territorio español: sólo con respecto al voluntariado civil barcelonés, hubo siete desertores (dos en Gerona, tres en Reus, uno en Pamplona y otro en Irún), el uno por ciento del contingente. En todos los casos faltaron a tres recuentos. Desconocemos los móviles que les guiaron, pero cabe descartar el ideológico, en tanto que eran falangistas. Ya en Rusia, pesó la dureza del frente (frío, alimentación precaria, combatividad del enemigo, actuaciones partisanas...), y la acción de propaganda que desplegó el Ejérci-

to Rojo, a través de la radio (programas específicos, preparados por exiliados), los altavoces que machaconamente emitían consignas, y octavillas que,
además, tenían la función de salvoconducto.[27]

De entrada, el Ejército Rojo respetó la vida de todos los desertores, tuvieran móviles ideológicos o no. El frente del Voljov fue muy parco en deserciones: un informe de exiliados comunistas que actuaban en el bando soviético, fechado en febrero de 1942, así lo atestigua. Ya ante Leningrado, en
septiembre, una orden del Alto Mando dictó acoger de inmediato, alimentar
bien y prestar auxilio sanitario a los desertores, previo pase al Estado Mayor
más cercano. La orden impresa en ruso y español en forma de octavilla y lan-
zada sobre las posiciones divisionarias, al parecer tuvo su efecto, y no resultó ser mera propaganda: aquellos hombres, efectivamente, recibieron comida
y asistencia. Pero fueron sometidos a interrogatorios extenuantes, que dura-
ban varios días, a cargo de la NKVD (policía política, dependiente del *Co-
misariado del Pueblo para Asuntos Interiores*). Y, tras prestar declaración,
algunos fueron invitados a integrarse en los servicios de propaganda dirigida
a la División, pero la mayoría pasaron a campos de concentración. Los mismos en los que fueron recluidos sus antiguos camaradas, y donde finalmente
acabaron también los propagandistas, tras la retirada de la División Azul del
frente. Allí, conjuntamente con algunos prisioneros que finalmente aceptaron colaborar con los captores, ocuparon puestos de cierta responsabilidad;
pero estaban privados de libertad y generalmente en conflicto con la mayor
parte de los internados. El testimonio de César Astor no deja lugar a dudas
en cuanto al sufrimiento de aquellos hombres.[28]

Stalin receló de los desertores de la División Azul, por ser ésta nominalmente una unidad de voluntarios, y la mayoría permanecieron en cautividad
hasta su muerte, sin que las desesperadas peticiones de mediación que envia-
ron a los dirigentes del PCE exiliados en Moscú llegaran a su destino. Una
vez liberados, algunos se quedaron en la Unión Soviética, donde intentaron
rehacer su vida; y otros, a pesar del potencial peligro que ello les suponía, regresaron a España.[29]

Prisioneros

En el precio humano de la División Azul el presidio ocupa un lugar destacado. Fueron varios cientos los divisionarios que penaron entre nueve y
15 años en la extinta Unión Soviética; hombres que acumularon un sinfín de
peripecias y penalidades, y cuyo número exacto es difícil determinar. En todo
caso, su historia es una de las muchas que durante el siglo XX jalonan la de
los campos de concentración, cloacas de ideologías excluyentes, donde la vida
—cuando se respetó— fue sufrimiento.[30]

Según los cómputos oficiales españoles, el número de prisioneros se elevó a 372; de los cuales, 115 (el 31 por ciento) fallecieron durante el cautiverio (la bibliografía eleva hasta 150 los óbitos). Por parte soviética, ya en la década de 1950 Andréi Gromiko (viceministro de Asuntos Exteriores) dio la cifra de 289 presos vivos. Cantidades similares pues, aunque inferiores a las vertidas recientemente desde los Archivos rusos (452, de los que 70 perdieron la vida), podrían incluir a los desertores, también recluidos. A tenor de estos datos, podemos afirmar que el cómputo total del presidio sobrepasó los 400 hombres, y, si no dejamos de lado a los registrados como *desaparecidos*, pudo llegar a 500 o más. En todo caso, la consulta de fuentes soviéticas podría arrojar luz sobre la cuestión, y se hace especialmente necesaria.[31]

En cuanto a su repatriación, sabemos que 227 divisionarios y 21 *clandestinos* (la mayoría, de la División) regresaron a España en abril de 1954, a bordo del *Semíramis* (incluidos desertores); que uno, inculpado como criminal de guerra, lo hizo en enero de 1956 por la frontera de Irún; y que varios —muy pocos— retornaron en diciembre de ese mismo año en el *Crimea* (uno, de las SS; y algún que otro desertor y convencido para la causa soviética). En todos estos casos intervino como mediadora la Cruz Roja francesa. Desconocemos si hubo más prisioneros repatriados, pero las cifras barajadas apuntan al hecho de que algunos (entre ellos, buena parte de los desertores —65 según la bibliografía—) optaron por rehacer su vida en la Unión Soviética o en países de su órbita. En este sentido, es significativo que, en 1954, 18 divisionarios renunciasen al retorno.

El cautiverio

De las vicisitudes pasadas durante el cautiverio se han escrito miles de páginas. Los libros de memorias de los militares Teodoro Palacios Cueto (1955) y Gerardo Oroquieta Arbiol (1958) son paradigma de esta literatura, no siempre estricta en sus afirmaciones. Dichas vivencias se han trasladado en parte al celuloide, aunque con desiguales resultados. De hecho, las tres únicas películas centradas en la División Azul existentes hasta hoy —*La Patrulla* (Pedro Lazaga, 1954), *La espera* (Vicente Lluch, 1956) y *Embajadores en el infierno* (José María Forqué, 1956)— vieron la luz tras el retorno de los prisioneros, y, hasta cierto punto, tuvieron a ellos o sus familiares como referente. Sobre la vertiente psicológica del cautiverio se ha escrito menos, pero fue magistralmente plasmada por Carmen Kurtz, en su novela *El desconocido* (1956).[32]

Resulta difícil llegar a determinar todos los campos de concentración —los *lager*— en los que hubo españoles, pues fueron dispersados por buena parte del territorio soviético y cada uno pasó por varios. Aquí también se requiere de la consulta de archivos rusos; aunque una primera aproximación, llevada a cabo en 1995 por la investigadora Josefina Iturrarán, estableció un mínimo de 20; todos ellos bajo control de la NKVD, salvo el de Norilsk —en zona polar, y tumba de divisionarios—, integrado en el GULAG (*Dirección Central de los Campos de Internamiento*). De ellos, cinco estaban ubicados en Ucrania (el 58, en Odesa; el 62, en Kiev; el 144, en Kadievka; el 159, también en Odesa; y el 280, en Donetsk), cuatro en Kazajstán (el 17, en Ajmolinsk; el 39, en Dzhezkazgan; y el 99 y el 476, en Karaganda), y el resto en Rusia (el 27, en Krasnogorsk; el 70, en Sverdlovsk; el 74, en Nizhni Novgorod; el 82, en Voronezh; el 150, en Griazovets; el 158, en Cherepovietz; el 182, en Rostov; el 270, en Borovichi; el 437, en Vologda; el 466, en Moscú; y el de Norilsk).[33]

De su propio testimonio, por ejemplo, sabemos que, entre campos de concentración y cárceles, el capitán Oroquieta estuvo en 18 centros, probablemente tantos como su homólogo Palacios. De hecho, ambos se encontraron, muy al principio del cautiverio, en Susdal, aunque después se separaron; y, dada su graduación, ejercieron funciones de mando entre sus hombres. Concretamente, Oroquieta penó en los siguientes establecimientos:

(1) Hospital y prisión de Leningrado (febrero a agosto de 1943).

(2) Campo de Makarino, número 158 (en Cherepovietz —Vologda—, agosto a septiembre de 1943).

(3) Campo de Susdal, número 160, para jefes y oficiales (en Vladimir-Susdal, septiembre de 1943 a agosto de 1946).

(4) Campo de Oranki, número 74 (cerca de Gorki, en el Volga alto; agosto a noviembre de 1946);

(5) Campo de Potma, número 58 (en el Volga medio, noviembre de 1946 a enero de 1947).

(6) Campo de Jarkov, número 7.149/2 (enero de 1947 a mayo de 1949).

(7) Campo de Kiev (mayo de 1949).

(8) Campo de Bovoroski, número 474 (en Cherepovietz —Vologda—, mayo a octubre de 1949).

(9, 10, 11 y 12) Campos y prisión de Borovichi (en Novgorod; octubre de 1949 a septiembre de 1951). En abril de 1951, huelga de hambre; en agosto, consejo de guerra.

(13) Prisión de Leningrado *perisilka Tiurmé* (septiembre de 1951).

(14) Prisión de Kirov (septiembre a octubre de 1951).

(15) Prisión de Sverdlovsk —antigua Yekaterinburgo— (Urales; octubre de 1951).

(16) Campo de Diektiarka (en Sverdlosk —Urales—; octubre de 1951 a julio de 1953). En marzo de 1953, muerte de Stalin.

(17) Campo de Chervakov (en el Volga medio; julio de 1953 a enero de 1954). En diciembre, ejecución de Beria.

(18) Campo de Krasno-Pole (en Vorochilogrado, cuenca del Donetz; finales de enero a 21 de marzo de 1954). Se agregaron españoles procedentes de Rostov y los Urales, para la repatriación.[34]

La historiografía prodivisionaria ha pretendido una periodificación del cautiverio en tres fases: *los años de hambre* (1941-1945); el período comprendido entre 1946 y 1948, momento de las primeras repatriaciones de extranjeros; y *los años de resistencia* (1949-1954/56). En la primera, la vida fue particularmente difícil, y al hambre se añadieron epidemias que causaron estragos, lo que generó altos índices de mortandad. A partir de 1946 las condiciones mejoraron sensiblemente, quizá al amparo de las negociaciones con Madrid, de las que nos ocuparemos más adelante. Finalmente, la partida de franceses, italianos y finlandeses, entre otros, abrió una fase marcada por las huelgas de hambre y los conatos de indisciplina, respondidos con condenas a muerte (permutadas por trabajos forzados) y el traslado masivo a la zona de Borovichi, para trabajar en minas de carbón.[35]

En el ámbito específico de la vivencia, resulta difícil conjuntar datos entre tantas experiencias habidas. En este sentido, y en el intento de ceñirnos a lo acaecido, nos valdremos de la historia inédita de uno de aquellos hombres y de testimonios ya divulgados, así como de algunas monografías.[36]

En primer lugar, se dio la particular circunstancia de que gran parte de los apresados (entre 200 y 300) lo fueron a tenor de una acción de guerra, la Batalla de Krasny Bor, y el mismo día. Llegados a territorio enemigo, fueron registrados, despojados de sus pertenencias, y sometidos a interrogatorio. Y en su traslado a Leningrado (25 kilómetros a pie), los heridos que desfallecieron fueron asesinados sobre la marcha. Algunos quedaron allí hospitalizados, en condiciones muy precarias, hasta el extremo de que, según narran testimonios directos, llegó a practicarse una extracción de esquirlas de metralla de un pulmón sin anestesia ni radiografías previas, y una amputación de dedos de las manos con tenazas (también sin anestesia). El resto, partieron hacia el campo de concentración de Makarino, donde posteriormente ingresaron algunos de los heridos.

Sobre todo durante los primeros años, aquellos hombres sufrieron lo indecible y tuvieron muchas bajas (94 muertos en total), la mayoría por epidemias que se cebaron en cuerpos debilitados por el trabajo y la escasa alimentación. La dieta al principio incluía dos comidas diarias, que posteriormente fueron tres, fundamentalmente a base de sopa, puré y pan negro, y algo de carne, pescado, grasas, féculas, hortalizas (coles agrias cocidas) y azúcar. Para mitigar el hambre, recurrieron a todos los medios a su alcance, y no hicieron ascos a los desperdicios. Y en cuanto al trabajo, fue particularmente duro, pues Moscú lo entendió como elemento de reparación del daño infligido por la invasión alemana (a veces, laboraron fuera de los campos). Era obligatorio para tropa y suboficiales, y a partir de 1945 también para oficiales. Los prisioneros quedaban encuadrados en compañías, fraccionadas en brigadas de unos 40 hombres, bajo las respectivas órdenes de un *komandier* y un *brigada*, desertores o cautivos *antifascistas*. La labor y la cantidad de tarea a realizar estaba tipificada en la *norma*, a la que, de entrada, todos quedaban sujetos: sólo la prescripción médica, aunque sujeta a limitaciones, podía atenuar sus efectos. Al principio su remuneración fue en especie (ración supletoria de pan), y, a partir de 1947, en metálico, con un máximo de 150 rublos mensuales, sobre la base de la *nariada*, anotación diaria del rendimiento, para liquidar a final de mes a partir de la tabla de devengos consignados en la *norma* (1,13 rublos por tres metros cúbicos de tierra, o por cuatro y medio si era arcillosa), tras verificar los consiguientes descuentos.

La experiencia de Makarino es reveladora. Después de colaborar en la construcción del puerto fluvial (extracción de tierra a fuerza de pico y pala, y transporte en carretillas), trabajaron para proveer a una central de energía térmica, llamada *Elektro Stanzia*. Así, durante el invierno arrancaron madera aprisionada por el hielo de un río, con ayuda de barras de hierro, pero sin guantes (durante el trayecto de regreso, cada uno debía cargar un tronco, con el que nutrir la calefacción del campo), y los domingos talaban leña. Llegada la primavera —y el deshielo—, acarrearon madera y carretillas de tierra. Ya en verano, varias brigadas fueron enviadas a una isla, dependiente del campo, donde cargaron barcas de madera con troncos, en su día cortados por prisioneros finlandeses. El trabajo era duro y no podían desfallecer, por lo que recurrieron a la ingestión de hierbas, raíces, setas que brotaban en las cortezas de los árboles y hojas.

Pero el maltrato que peor soportaron fue el infligido por sus compatriotas, ya fueran desertores, presos convertidos a la causa soviética o republicanos exiliados, los llamados *antifascistas*. Hasta tal punto, que algunos nombres, como el del comunista Felipe Pulgar y el del ex capitán de carabineros y desertor César Astor, han pasado al libro negro de la División. Eran hombres privados de libertad por voluntad de Moscú, que ostentaban ciertos cargos en los campos, como el de jefe de brigada de trabajo o de barracón (divisionarios) o el de comisario (republicanos), y que generalmente ejercieron su poder con pocos miramientos, lo que derivó en algún que otro enfrentamiento, reflejo enésimo del odio nacido de la Guerra Civil. Un maltrato que luego generó alguna que otra venganza, como la que prodigaron Palacios y Oroquieta a Astor:

> ... un individuo repugnante como un reptil, el que más daño hizo a sus compatriotas con sus delaciones, un verdadero traidor ... Era muy alto, delgadísimo, pálido y demacrado ... Era cruel, vengativo, cobarde y homosexual: un primor de hombre. (Palacios, *op. cit.*, p. 119.)

> ... un traidor, cuya biografía no puede ser más repelente ... Su semblanza física no era menos deleznable: escuálido, con el rostro entre amarillo y verdoso, desdentado... (Oroquieta, *op. cit.*, p. 326.) [37]

En los campos de concentración, los divisionarios no encontraron sólo a compatriotas hostiles. Había también *internados* (así los llamaron) pilotos, mecánicos y marinos mercantes republicanos que habían renunciado a adquirir la ciudadanía soviética, y que penaban por ello. Eran hombres de ideario no comunista, que habían quedado retenidos en Rusia al finalizar la Guerra Civil española. Los pilotos, unos 200, estaban allí en prácticas, acompañados de los mecánicos; en cuanto a los marinos, quizá 500, configuraban las tripulaciones de los nueve barcos fondeados en puerto soviético (Feodosia y Odesa), incautados. Al no querer servir en el Ejército Rojo, tanto unos como otros fueron enviados a fábricas y, a partir de 1940, deportados a campos de concentración. Los divisionarios coincidieron con 34 de ellos en el campo de Bovoroski, en mayo de 1949, y ya no se separaron. Mantuvieron una relación fluida («se trataba de españoles honrados, a quienes la adversidad les unió a los cautivos en el dolor y en el amor a España», escribió Oroquieta); y mayoritariamente compartieron la repatriación en 1954 (incluyó a 15 pilotos y 19 marinos), conjuntamente con cuatro *niños de la Guerra* (ya adultos), que, por avatares del destino, acabaron en presidio.

Centros de internamiento los hubo malos, menos malos y muy malos. En Makarino, un día cualquiera de invierno (de lunes a domingo) comportaba: toque de gongo, levantarse, vestirse rápidamente, lavarse y desayunar; pasar el primer recuento; desplazarse al lugar de trabajo en columna de a cinco, flanqueado por guardianes armados y perros policía; nuevo recuento; trabajar hasta las 17.00 horas, con controles cada media hora o 40 minutos y pausa para comer; recuento; regresar al campo (con un tronco recogido durante el trayecto); recuento; aseo; cenar en el barracón, sin luz eléctrica (cuando faltaba el queroseno, «nos iluminábamos con cortezas de abedul, y a la mañana siguiente escupíamos todo negro, del humo»); último recuento, y acostarse vestido y calzado, por el frío, en una litera sin colchón ni sábanas. Con el paso de los años las condiciones de vida mejoraron, pero fueron siempre duras para los españoles, sistemáticamente privados de correspondencia y paquetes postales (en ocasiones, se valieron de los alemanes y sus contactos exteriores). Aun así, mitigaron algunas necesidades perentorias por medio del trueque con la población civil, con la que mantuvieron un trato fluido y hasta cálido, fueran trabajadores industriales (jabón por tabaco) o campesinos (pan por leche y huevos, fundamentalmente); y, en algunas ocasiones, también practicaron la permuta (pan por tabaco) con guardianes.

Y vivieron episodios chocantes, como uno acaecido a finales de 1948. Con el argumento de que iban a ser repatriados por mediación del Gobierno francés, algunos cautivos fueron desplazados en tren hasta Moscú, donde deberían embarcar en otro que los conduciría a Odesa. Llegados a la capital, fueron metidos en el Metro, para asombro propio («un mundo de ensueño») y de los moscovitas («todo el mundo nos miraba»). Ya en Odesa, supieron que lo que les esperaba era más trabajo. Y, tras un año y un periplo por tres campos, fueron finalmente retornados a sus puntos de origen. Otro episodio digno de mención acaeció tiempo después, en Borovichi. La falta de entrega de unos paquetes que entendieron como suyos, generó protestas de palabra y por escrito, que entroncaron con la insatisfacción perenne por la desigualdad de trato respecto a los presos de otras nacionalidades (falta de correspondencia e información sobre posibilidades de repatriación). El ambiente se caldeó hasta el punto de que los divisionarios acordaron negarse a comer y trabajar: la huelga se inició el 5 de abril de 1951 y se sumaron a ella unos 150 hombres, incluidos *internados*, que fueron apartados a un barracón. Una acción que contó con la adhesión de prisioneros alemanes, que se negaron a comer las raciones inicialmente destinadas a aquellos españoles. Con el régimen alimenticio reducido a una taza de achicoria, recibieron la visita de altos mandos de la MVD (la antigua NKVD), que dijeron que la respuesta a sus reivindicaciones debería llegar de Moscú. Pero el conflicto derivó en amotinamiento cuando la policía internó a los cabecillas en el calabozo; lo que llevó al acordonamiento del campo. Al cabo de unos días, llegó un nuevo contingente de soldados, que obligó a los huelguistas a comer. Así acabó el conato de rebelión, que decidió a las autoridades soviéticas a dictar entre 30 y 40 condenas de 15 a 25 años de presidio, y a distribuir a los restantes implicados entre varios campos.

Llegados a este punto, cabría preguntarse a qué se debió el trato discriminatorio dispensado a los españoles. La historiografía prodivisionaria ha apuntado hacia la propia naturaleza de la División Azul (unidad de voluntarios para aniquilar el comunismo soviético, vinculada al bando que combatió, entre otras, a fuerzas soviéticas durante la Guerra Civil), y ha hecho de una supuesta *venganza* del Kremlin, con Stalin a la cabeza, factor explicativo. Pero en este esquema no acaban de engranar ciertas consideraciones dispensadas a los oficiales, que pudieron mantener sus distintivos de mando, hacer reclamaciones por escrito, presentar recursos de alzada contra sentencias, y hasta mostrarse un tanto pendencieros; y, tras ver condonadas penas de muerte (en dos ocasiones el capitán Palacios, el teniente Rosaleny y el alférez Castillo, a la par que un soldado), no cumplir las reclusiones impuestas. En este sentido, probablemente habría que mirar más hacia la propia realidad de las interacciones hispano-soviéticas, faltas de regulación diplomática.[38]

Gestiones para la liberación y repatriación

La guerra acababa de finalizar en Europa. A finales de mayo de 1945 el doctor Arect Enkell, hermano del ministro de Asuntos Exteriores de Finlandia, entró en contacto con autoridades soviéticas, y se dio el caso de que en las conversaciones surgió el tema de España. Sus interlocutores le comunicaron que esperaban que Franco se aviniera a pactar con Moscú, si no quería verse ahogado diplomática y económicamente. Al cabo de unos meses, entre agosto y septiembre de 1946, el embajador Sangróniz mantuvo en Roma contactos con representantes soviéticos con vistas a llegar a un acuerdo comercial, sin conocimiento de Martín Artajo. Poco después, en noviembre, un empresario catalán, que realizaba operaciones de importación y exportación a través de Suiza, supo que el embajador soviético había manifestado que Moscú estaría dispuesta a entablar relaciones comerciales con España, para proveer su mercado y el de los países satélites. Fue informado el Gobierno, pero Franco no aceptó la propuesta hasta febrero de 1947, previa lectura de un informe del Ministerio de Industria y Comercio. En aquella tesitura, Exteriores designó a un diplomático que prestaba sus servicios en la Embajada de París, apellidado Terrasa, como agente encargado de la negociación. Por parte soviética, actuó como agente un antiguo agregado militar en la Embajada en Rumanía, el capitán Schaerer, que actuó bajo los dictados de Dekassov, ministro adjunto de Molotov.[39]

Terrasa y Schaerer se entrevistaron en cuatro ocasiones, las tres primeras en Ginebra y la última en Zurich. En todas ellas, la negociación estrictamente comercial se vio acompañada del tema de los retenidos en la Unión Soviética, paralelamente al de los súbditos soviéticos residentes en España. Fue precisamente Schaerer quien, durante la primera conversación (día 10) manifestó el deseo soviético de acompañar el restablecimiento de relaciones comerciales con otro orden de interacciones, y dio a entender que una de ellas podría ser la repatriación de los retenidos en los respectivos países.[40]

Sobre las notas de la entrevista, funcionarios del Ministerio valoraron las propuestas soviéticas como serias y fiables, y consideraron que convenía aprovecharlas. Ya en manos del director general de Política Exterior, pasaron a Martín Artajo y de éste a Franco, quien acordó con Carrero reunirse en El Pardo, con vistas a fijar instrucciones para la segunda entrevista. Previamente a la reunión, Franco redactó unas notas favorables al pacto económico. Finalmente, él y Carrero decidieron solicitar de Moscú la repatriación de los retenidos contra su voluntad; y, como contrapartida, comprometerse a repatriar a los soviéticos que lo desearan. Para ello, consideraron «ineficaz» el envío respectivo de comisiones especiales: era suficiente, sobre la base «de una mutua buena fe», que cada Gobierno informase al otro de quienes desearan marchar. En todo caso, el canje debería hacerse sin correspondencia numérica, es decir, todos por todos, y sin distinción de categorías.[41]

Exteriores informó a Terrasa de lo acordado, con la advertencia de que debería «obrar con prudencia y cautela, no descubriendo ningún interés por parte nuestra en orden a relaciones diplomáticas ni comerciales, pero abriendo el camino a la confianza en la seriedad de España y en su lealtad a lo que acuerda». Bajo aquellas premisas tuvo lugar la segunda reunión el 8 de marzo, también en Ginebra. En ella Schaerer manifestó que las repatriaciones constituían una buena «fórmula inicial» para las relaciones entre ambos países, y que, para llevarlas a cabo, interesaría cuantos datos hubiera sobre los soviéticos repatriables, a la par que sería «altamente recomendable» no poner como condición la reciprocidad y evitar la palabra «canje».[42]

Tras la entrevista, a una petición de Exteriores, la Dirección General de Seguridad informó de que, al margen de los presos y los enrolados en el Tercio, el número de soviéticos residentes en España se elevaba a 195, de los cuales 146 eran naturales de Rusia y 49 del resto de la Unión. Con aquellos datos en la mano, el 16 de marzo Terrasa volvió a reunirse con Schaerer, que insistió en que las repatriaciones tenían «mucho interés» por cuanto tocaban al prestigio de la Unión Soviética. Entre tanto, el Ministerio había sondeado la opinión del Vaticano sobre la conveniencia de materializar cuanto se acordara en aquellos contactos, y preguntado si, a su vez, mantenía algún tipo de contacto con el Gobierno soviético. Como respuesta, el cardenal Tedeschini manifestó que Pío XII entendía que España era libre de hacer lo que estimara más conveniente a sus intereses, y que no había contacto alguno.[43]

A mediados de marzo de 1947, pues, todo parecía indicar que los contactos hispano-soviéticos podrían llevar a una pronta repatriación de los divisionarios y sus compatriotas cautivos. Pero un discurso de Truman, que anunció que Estados Unidos sostendrían «a los pueblos libres» que resistieran «a las tentativas de sumisión hechas por minorías armadas o por presiones exteriores», a la postre, malbarató aquellas expectativas. Acababa de nacer la *Doctrina Truman* y, con ella, la posibilidad de inserción de España en el naciente Bloque Occidental. Y aunque la condena en la ONU de diciembre pesaba como una losa sobre el Régimen, había ya signos que apuntaban a un cambio de actitud por parte de Washington (homilía del cardenal Spellmann en la catedral de Saint Patrick, el 19). El hecho es que, tras el discurso, el 21, el cardenal Montini sugirió al diplomático Aycinena que Madrid aprovechara aquella tesitura para tratar de obtener de Estados Unidos un cambio de actitud hacia España. Dos semanas después, el 5 de abril, Tass desmintió la noticia, aparecida en el periódico sueco *Svenski Morgenbladet*, de que Madrid y Moscú negociaban en secreto. Finalmente, el 18, tuvo lugar, en Zurich, la cuarta y última entrevista entre Terrasa y Schaerer, quien reconoció que aquél era un momento poco propicio para proseguir las reuniones. Así acabaron los contactos hispano-soviéticos de 1947, y, desde una perspectiva histórica, la posibilidad de ahorrar siete años de sufrimiento a los cautivos en la Unión Soviética.[44]

Pasaron los meses y, ya en 1948, familiares de presos lograron contactar con la *Sociedad Evangélica de Ayuda a Prisioneros e Internados de Guerra*, organismo de enlace con los prisioneros alemanes en la Unión Soviética; por medio de la cual, al cabo de unos meses pudieron enviar paquetes a Rusia, a nombre de cautivos alemanes, con la esperanza de que llegaran a los españoles (al parecer, llegó uno de cada 10). Hasta cierto punto organizados, escribieron a Eva Perón, a Togliatti y a Pío XII, y lograron audiencia de Franco (marzo), a quien pidieron el inicio de una campaña pública en favor de los cautivos. Por otra parte, en un contexto marcado por el silencio, en 1949 hubo dos intentos oficiales de aproximación a Moscú, uno por vía directa y el otro por medio de la Cruz Roja Internacional. Concretamente, el 27 de mayo el encargado de negocios en Londres entregó al Kremlin, a través del nuevo embajador en Moscú, el católico Kelly, una nota sobre los expatriados que el Gobierno reclamaba (prisioneros de la División Azul, *niños de la Guerra*, aviadores y marinos republicanos), pero, en su desconocimiento, no pudo dar cifras (días después Martín Artajo supo que había 200 divisionarios en Cherepovietz y 30 cerca de Jarkov, y una colonia de exiliados en Feodosia, a los que intentaban convencer para que aceptasen la nacionalidad soviética). El segundo intento de 1949 tuvo lugar el 31 de julio, tras el reingreso de España en la Cruz Roja Internacional. Por indicación de Martín Artajo, el representante español, marqués de Villalobar, entregó a la delegación soviética un memorándum en el que solicitaba informes sobre los divisionarios y las condiciones que exigiría su Gobierno para la liberación, así como noticias acerca de los exiliados republicanos que deseaban la repatriación: la respuesta fue negativa.[45]

Pero pronto se restablecieron los contactos directos con Moscú. En fecha imprecisa, entre agosto de 1949 y enero de 1950, una empresa o grupo de empresas españolas negoció un acuerdo comercial con Moscú, que adjuntaba una cláusula relativa a la liberación de súbditos de ambas nacionalidades. Al parecer, quedó estipulado que España enviaría unas 150.000 toneladas de trigo a la Unión Soviética a cambio de mercancías, tras lo que se procedería al canje, en Alejandría. Un año y medio después, en julio de 1951, el *New York Times* publicó, de la mano del prestigioso periodista Sulzberger, la noticia de que España iba a vender a Moscú 25.000 toneladas de cobre refinado a través de Egipto, el precio exigido por la liberación de los divisionarios (Martín Artajo escribió: «¡para nosotros quisiéramos este cobre!»). Hubo acuerdo y se pagó un precio, pero hoy por hoy no sabemos cuál. Y algo debió de fallar, pues hubo que esperar aún bastantes meses; y ello a pesar de que Franco, presionado, autorizó (abril de 1952) la salida de España de dos representantes de los familiares implicados en la liberación, el franciscano Miguel Oltra, antiguo *pater* de la División, y don José María Storch, con la misión de llevar a cabo cuantas gestiones fuesen necesarias. Oltra, con el apoyo moral de Franco (a quien informaba) pero sin su soporte material, se tomó muy en serio la misión e hizo cuanto pudo: en París, llegó a entrevistarse con el ex brigadista André Marty; y, en la República Federal de Alemania, con militares soviéticos de alta graduación.[46]

Habían pasado casi 10 años desde la repatriación de la División Azul. A las 21.50 horas del jueves 5 de marzo de 1953 Stalin falleció debido a una hemorragia cerebral, tras una larga agonía propiciada por la inacción de Beria y Malenkov. Unas horas antes, el Palacio de Santa Cruz había recibido un télex de EFE con el comunicado oficial sobre la salud del finado. Y a las 22.10 horas, llegó un nuevo cable, desde Bonn, que ya aventuraba su muerte. Pero Martín Artajo no estaba en Madrid. Tras entrevistarse con Chiang Kai-Check en Taipei, el 6 declaró en Manila que no cabía bajar la guardia, pues la organización comunista internacional, dirigida por Moscú, estaba preparada para resistir la prueba de la desaparición de Stalin. Entre tanto, en la sede de la ONU Vichinski declaró que aquel óbito constituía una lamentable pérdida para su pueblo «y para todos los pueblos amantes de la paz, para todos los seres humanos del mundo, para la humanidad progresista».[47]

Muerto Stalin, pronto hubo síntomas de cambio en Moscú, alguno con España como eje. Hasta entonces, los aniversarios de la proclamación de la República habían merecido la atención de la prensa y la radiodifusión, pero aquel 14 de abril sólo dos artículos, uno de Dolores Ibárruri y otro de Josefina López, en la cuarta página del *Komsomolskava Pravda*, recordaron el evento (el *París Presse* manifestó su sorpresa, en tanto que Radio Yugoslavia dio a entender que cosas como aquella sucedían tras la subida al poder de Malenkov). Y ya el 1 de mayo, desde la Plaza Roja, el mariscal Bulganin hizo un discurso menos amenazador para Occidente de lo que había sido la tónica general desde el final de la guerra. Para los observadores internacionales, estaba en consonancia con la propaganda escrita, en grandes carteles, que insistía en la necesaria distensión internacional. El desfile militar que le siguió tan sólo duró 13 minutos: fue el más corto de la historia de la Unión Soviética.[48]

En aquel contexto esperanzador, en una reunión de corresponsales de prensa en Edimburgo, el responsable de Tass en Londres se acercó al de *Arriba* y le manifestó que le enviaría una invitación para asistir a un acto en la Embajada soviética. El 26, ya allí, Makeev tributó un cálido recibimiento a Guy Bueno, y le dijo que las diferencias entre los regímenes políticos de sus países no tenían que ser obstáculo para una buena relación entre ellos, e insistió en el hecho de que Moscú deseaba mantener buenas relaciones con todas las naciones, y garantizar la paz mundial. Finalmente, llegó la caída de Beria: la prensa española recogió el texto íntegro del editorial de *Pravda* que lo acusó de «enemigo del pueblo» conspirador y lo calificó de «criminal enemigo del Partido y de los pueblos soviéticos» (10 de julio). Tres días después, Gómez Aparicio previó su ejecución.[49]

Pronto la repatriación de los divisionarios comenzó a ser tratada con Moscú, por medio de la diplomacia suiza. El embajador en Berna se puso en contacto con su homólogo suizo para que mediara ante el embajador soviético. Acorde con ello, Zehnder expuso a Molotchkov la conveniencia de trasmitir a sus superiores el deseo español de establecer negociaciones relativas a los prisioneros, a lo que éste no se negó, siempre y cuando no quedara constancia escrita. Las conversaciones continuaron durante las semanas siguientes. Y ello a pesar de las manifestaciones del ex jefe de Prensa de la Alemania Oriental en el sentido de que Franco siempre había querido la guerra con el Este, antes con Hitler y ahora como aliado de Estados Unidos (opinión que contrastaba con la de un sector de la prensa de la Alemania Occidental, muy flexible hacia la persona de Franco, y que entendía la División Azul más como un rasgo simbólico que como una ayuda eficaz).[50]

El 22 de octubre llegaron a Friedland, Alemania Occidental, los últimos prisioneros holandeses de guerra. A las preguntas de los periodistas, declararon que, en el campo de Chervakov, del que procedían, había 64 españoles (dieron algunos nombres) y que en otros campos habían contactado con otros dos. Según aquellos hombres, eran «enteros y verdaderos camaradas, en medio de las dificultades con que tropezaban», por lo que les habían hecho partícipes de sus paquetes de comida, de los que estaban privados. Afirmaron también (al igual que en su día hicieran los excautivos alemanes) que algunos de los republicanos privados de libertad por los soviéticos eran, en aquellos momentos, «más azules que los miembros de la División Azul».[51]

A finales de diciembre, el presidente de la Cruz Roja francesa, Georges Brouardel, recibió un telegrama de su homólogo soviético, el doctor Holodkov: comunicaba que, por decreto del presidente del Soviet Supremo y según acuerdo del Tribunal Supremo de su país, eran amnistiados 253 españoles presos, mayoritariamente miembros de la División Azul; y preguntaba si estaría dispuesto a cooperar en su repatriación, pues Moscú no reconocía a la Cruz Roja Internacional. Brouardel se encontró ante un tipo de gestión que nunca antes había llevado a cabo, pues la repatriación de presos de guerra era función reservada a ésta. A pesar de ello, telegrafió a Holodkov en sentido positivo y solicitó que le detallara lo que tendría que hacer. Unos días después recibió un nuevo telegrama: debería fletar un barco y repatriar a los liberados.[52]

Se abrió, a partir de aquel momento, una serie de contactos entre los dos organismos de la Cruz Roja, ya desde una perspectiva oficial. Contactos que se hicieron extensivos a la Cruz Roja española a partir del 15 de enero de 1954, cuando Brouardel remitió una carta a su presidente, el duque de Hernani, que reveló su existencia, transcribió los telegramas y solicitó autorización para iniciar los trámites (el único problema por resolver sería la obtención de un barco, pues la Cruz Roja francesa no tenía ninguno que reuniera las condiciones necesarias para un transporte de aquellas características). Por su parte, la Cruz Roja española recabó el apoyo de la Cruz Roja Internacional; lo que obtuvo el día 30 de su representante en Madrid. Entre tanto Martín Artajo había estado en permanente contacto con sus embajadores en Atenas (Fiscowich) y Ankara (Romero), pendiente de la resolución del tema del barco y de conocer si sería posible recoger a los prisioneros en el puerto de Odesa.[53]

El 3 de febrero Martín Artajo recibió de Atenas la relación de barcos disponibles para la misión; un total de tres: el *Semíramis*, el *Hero* y el *Colocotronis*. El primero pertenecía al armador griego Anastasio Potamianos, era de pabellón liberiano, estaba clasificado como de primera clase, con camarote para todos los pasajeros, y su coste ascendía a 110 dólares por pasaje. El *Hero* —o *Helo*— pertenecía al armador Sigala; de pabellón griego, era también de primera clase, pero sólo la mitad del pasaje dormiría en camarotes, en tanto que el resto quedaría en los comedores y en habitaciones con calefacción; el coste era también de 110 dólares por pasaje. Por su parte, el *Colocotronis* pertenecía a la Sociedad de Navegación Iperotiki, y navegaba bajo pabellón griego; muy confortable, el pasaje costaba 160 dólares.[54]

El 5 la Cruz Roja francesa telegrafió a su homóloga soviética al objeto de recibir la conformidad para el envío del *Semíramis*. Tres días después, en París, Brouardel sugirió al embajador Rojas que recabara información sobre si reunía las condiciones necesarias para hacer el viaje. En Italia, el 13 llegó el segundo grupo de prisioneros repatriados: en rueda de prensa manifestaron que los españoles habían partido del campo de concentración de Jublono para su repatriación, y que habían entregado a un comandante la lista con el nombre de *todos* los cautivos, 364 (Sangróniz la remitió a España por correo aéreo, con la petición de una condecoración para el comandante italiano). Ya en Madrid, el 17, el Ministerio supo que el *Semíramis* estaba a disposición de España y que la entrega se haría en Odesa.[55]

El 6 de marzo el agregado naval en Roma se desplazó a Atenas para inspeccionar el barco, y concluyó que resultaba inadecuado para más de 250 pasajeros. Y el 15 la Cruz Roja francesa pidió a Rojas garantías del Gobierno español en el sentido de permitir la libre salida del país a todos los repatriados que lo deseasen, y la conveniencia de que el contrato de flete figurase a su nombre, para evitar trabas soviéticas de última hora. Pero aquella misma tarde, en Atenas, el encargado de Negocios de la Embajada, Porrero, firmó el contrato con el armador, sobre la base de las pautas marcadas por el Ministerio. En este sentido, y en previsión de posibles retrasos en el embarque, consiguió de Potamianos el compromiso de asumir los gastos de permanencia en Odesa durante 48 horas.[56]

El lunes 22, a las 14.00 horas, el *Semíramis* partió de El Pireo, con los delegados de la Cruz Roja francesa a bordo. El Gobierno turco permitiría una escala en Estambul y acababa de ofrecer el concurso de la Media Luna Roja. La próxima liberación comenzaba a tener una amplia repercusión internacional, y la prensa británica de ese lunes se hizo eco. Pero las noticias se vieron empañadas por las manifestaciones antibritánicas y antifrancesas que, al día siguiente, tuvieron lugar en España. Las radios francesas se hicieron eco de ellas en la mañana del miércoles, y la prensa, por la tarde. Por aquel entonces, el embajador de Estados Unidos había manifestado ya por escrito al Gobierno español la inoportunidad de lo ocurrido, en un momento en que el apoyo occidental se hacía imprescindible para España. De hecho, la mediación de la Cruz Roja gala en la repatriación había generado algunas tensiones en el país, hasta el punto de que el Ministerio de Exteriores había exigido a Brouardel que el *Semíramis* hiciera escala en Marsella. Pero éste, de no haber ningún liberado renuente a desembarcar en Barcelona, estaba decidido a presionar para suprimirla, en tanto que mal vista por Madrid.[57]

La liberación y el regreso

El 24 de marzo Brouardel supo que los españoles serían liberados al cabo de unas horas. De inmediato, convocó una rueda de prensa, a la que asistieron unos 25 periodistas, en la que leyó un comunicado oficial. Por su parte, la Cruz Roja Internacional, se hizo también eco, desde Ginebra, de la liberación, y añadió que estaba prevista su llegada a Barcelona para el 2 de abril. Ese día, prácticamente a la par que Radio Moscú anunciaba que había rendido un homenaje a la memoria de Antonio Machado, el *Semíramis* penetró en el estrecho del Bósforo.[58]

Cuando, por boca de los presos alemanes, los españoles recibieron la noticia de su pronta liberación y repatriación, su alegría fue indescriptible. A los pocos días, una comisión soviética, llegada de Moscú, los llamó uno a uno, y les preguntó si tenían alguna queja del trato recibido: la mayoría optaron por callar. Poco después, llegaron a Krasno-Pole, donde encontraron de nuevo a los compañeros que habían perdido tras la huelga de hambre. Allí, los guardianes separaron del grupo a los desertores que habían manifestado no querer ir a España; y, para su desesperación, les manifestaron que quedarían retenidos, por no disponer de destino alternativo. El viaje a Odesa lo hicieron en tren, con los vagones descubiertos y sólo un capitán médico, dos oficiales y dos soldados de escolta. Estaban advertidos de que quien perdiera el tren en alguna estación sería retenido como espía y permanecería en Rusia para siempre. Se dio el caso de que, durante las paradas, pudieron conversar con población civil, que no creyó que fueran prisioneros de guerra. Y ya en la mañana del viernes 26 de marzo, el tren entró en Odesa y llegó hasta el mismo puerto. Los españoles bajaron y entraron en un vagón vacío, donde entregaron la documentación. Seguidamente, en formación de a cinco, fueron conducidos hasta las inmediaciones del *Semíramis*. Allí esperaba otra comisión, que llamó a cuatro desertores y les propuso que se quedasen, con la promesa de mil rublos, un mes de descanso y la ciudadanía soviética: uno aceptó.

Los representantes de la Cruz Roja francesa recibieron a los prisioneros con gran emoción. Ancorado, el *Semíramis* esperaba desde la tarde anterior, con su capitán, Ierasimos Fokasa, y Giorgios Potamianos, hijo del armador.

Un oficial soviético se situó en la pasarela y fue llamando a cada español por su nombre; éste contestaba con su año de nacimiento, y subía a bordo, donde un marino griego les daba la bienvenida. («Estaban asustados, como si no creyeran que iban a ser liberados».) Poco después, el barco zarpó. Llevaba a 286 liberados. («Cuando salimos del puerto todos se pusieron a mirar por los ojos de buey. No subieron a cubierta hasta que la tierra rusa quedó atrás. Se quitaron las ropas gruesas y bastas que llevaban, y las tiraron al mar. Inmediatamente después, se pusieron a llorar».)[59]

El Palacio de Santa Cruz recibió la noticia de la liberación al día siguiente, de un cable remitido desde Atenas. Pasó nota a El Pardo, donde Carrero Blanco escribió un interrogante al lado del «286»; e hizo debajo un doble subrayado en un comunicado posterior que confirmó la cifra. Radio Moscú difundió un comunicado, y Madrid hizo pública una nota oficial («El Gobierno español, durante todo el tiempo de su cautividad, ha realizado incesantes gestiones encaminadas a obtener su rescate...»).[60]

De nuevo en el Bósforo, a las 21.10 horas de aquel sábado el *Semíramis* fondeó en el puerto de Estambul, con unas horas de retraso. Fiscowich y varios funcionarios de la Embajada, y del Consulado en Estambul, así como el director de la sección *Europa* del Ministerio de Asuntos Exteriores, Quiroga, y representantes de la Cruz Roja española (con el duque de Hernani a la cabeza) y la Media Luna Roja turca subieron al barco. También ascendió una comisión procedente de Madrid, integrada por el coronel José García del Castillo (del Ministerio del Ejército), el teniente coronel Tomás García Rebull y Sergio Cifuentes (por FET-JONS), tres médicos, dos enfermeras, dos capellanes, cinco periodistas (entre ellos, Torcuato Luca de Tena) y dos miembros de la Dirección General de Seguridad. Allí, envueltos de una alegría indescriptible, departieron con los liberados y les entregaron paquetes con comida; a la par que plumas y papel, para que pudieran escribir a sus familias.[61]

A los periodistas turcos no les fue permitido subir a bordo. Pero varios de ellos, en barca, lograron burlar la vigilancia de las patrulleras y acercarse hasta el punto de poder conversar a gritos con algunos de ellos. Entre tanto (el *Semíramis* permaneció en Estambul ocho horas), los dos policías comprobaron identidades. Finalmente, en la madrugada del domingo 28 partió, con los miembros de la comisión y la duda de si debería hacer escala en Marsella. Pero al cabo de unas horas, la radio recibió, de parte española, la orden terminante de enfilar directamente a Barcelona. Paralelamente, dado el compromiso de Madrid de facilitar la inmediata salida hacia Francia de quienes lo desearan, Brouardel gestionó ante París soslayar dicha escala (lo que no evitó que el barco recibiera un cable del Gobierno Provisional de la República española conminándoles a desembarcar).[62]

El hecho es que el deseo de repatriación era mayoritario entre quienes habían servido a la República (28 de 38). El cónsul francés departió con ellos y quedó sorprendido por aquella actitud, que le fue confirmada por los delegados de la Cruz Roja. Finalmente, Madrid supo la composición de la expedición: de los liberados, 248 eran divisionarios o afines; 19, marinos mercantes; 15, pilotos, y cuatro, *niños de la Guerra*. Pronto el *Semíramis* entró en contacto con Radio Madrid. Y mientras los cinco periodistas radiotelegrafiaban información de primera mano, en forma de henchidas crónicas patrióticas y antisoviéticas, liberados y familiares se entrecruzaban palabras entrecortadas por el llanto.[63]

Barcelona[64]

Entrada la tarde del viernes 2 de abril de 1954 miles de personas esperaban la llegada del *Semíramis* en las cercanías del Puerto de Barcelona, muchas de ellas desde hacía horas. El Pasaje de la Aduana, la Puerta de la Paz y las Ramblas estaban llenas a rebosar de curiosos y de gentes llegadas de otros lugares de España, al igual que los miradores de Montjuïc. Tan sólo de Valencia habían arribado 60 autocares. Los familiares, anhelantes, con el corazón en un puño, provistos de un pase especial, se apiñaban en el muelle de la Estación Marítima; hombres y mujeres que, en definitiva, habían esperado durante muchos años aquel momento. Fotografías y metraje rodado son testimonio inequívoco de todo ello. La emoción era tal, que el corazón del prestigioso reportero gráfico y ex divisionario Carlos Pérez de Rozas paró fatalmente en plena labor profesional.[65]

Presidía el acto de bienvenida Muñoz Grandes, en calidad de ministro del Ejército y representante de Franco, secundado por Fernández-Cuesta, ministro del Partido, así como un amplio plantel de autoridades. Más grueso que antaño, definitivamente asentado en el Régimen que quiso modificar, había llegado al Aeropuerto de El Prat a las 11.10 horas, juntamente con Fernández-Cuesta, Aznar y Mora Figueroa. Acto seguido se había desplazado hasta el Palacio de la Capitanía General (los demás quedaron en el Hotel Ritz), donde manifestó a los periodistas: «no se han regateado esfuerzos para que la repatriación fuese una realidad» y «muy pronto regresarán a España los restantes internados en la URSS», «muy pocos».[66]

Fuera del Puerto, cientos de pequeñas embarcaciones empavesadas de rojo y gualda esperaban también la llegada del *Semíramis*. Cuando, por fin, a punto de atravesar la bocana, hizo sonar su sirena y lanzó cohetes al aire, activaron también las suyas, y desde Montjuïc y la costa comenzaron su ruidosa ascensión más cohetes, y tronaron morteros. La multitud aplaudía y gritaba enardecida, y una banda de la Cruz Roja interpretó un fogoso repertorio de himnos y marchas. Finalmente, a las 17.15 horas el *Semíramis* penetró en el Puerto, por la boca de la dársena de San Beltrán. Ante su visión, el clamor fue unánime. Las escenas de júbilo aumentaron de tono a medida que se acercaba, y llegaron a su punto álgido cuando pudieron ser distinguidos los tripulantes. Hubo desmayos y ataques de nervios. Fue entonces cuando el gentío rompió el cinturón de seguridad y se abocó peligrosamente a los bordes del muelle. A las 17.35 el barco atracó, de costado, y sus tripulantes se agolparon por la banda de babor, para dirigirse con gesticulaciones y gritos a sus familiares. Dado el peligro inherente, las maniobras para colocar la escalera de acceso se alargaron penosamente por espacio de 45 minutos (*La Vanguardia*). Los más intrépidos no pudieron esperar y abordaron el navío encaramándose a través de las cuerdas que lo amarraban al muelle. Algunos familiares, en un arrebato de emoción, levantaban a los niños al aire con la esperanza de que los vieran; otros, menos impetuosos, agitaban los brazos con fuerza. Casi todos gritaban.[67]

El primero en descender del barco fue el presidente de la Cruz Roja española, y, acto seguido, subió a él Muñoz Grandes, de inmediato rodeado y abrazado. Fernández-Cuesta apareció después, a la par que otras autoridades y varios ex divisionarios empleados en Correos, con las dos sacas de correspondencia llegada de todos los puntos de España. «Ultimados rápidamente los preparativos y trámites necesarios» (*La Vanguardia*), los repatriados descendieron por las escalinatas, uno a uno, algunos con ayuda de personal sanitario, en medio de ovaciones; operación que se alargó por espacio de una hora, hasta las 19.30. Y se fundieron con los suyos. Acto seguido, un pasadizo abierto entre el gentío, a duras penas, por la fuerza pública permitió a los liberados y sus familiares subir a los autocares que esperaban fuera de la Estación Marítima. Una vez llenos, emprendieron lentamente la marcha hacia la Basílica de Nuestra Señora de la Merced, patrona de la ciudad y libertadora de cautivos, donde iba a tener lugar una Salve en acción de gracias, presidida por el arzobispo Gregorio Modrego. Pancartas, banderas, estandartes y miles de personas jalonaban el trayecto hasta la Basílica. Pero sólo unos cuantos de los regresados —los primeros que descendieron del barco— llegaron, por su cuenta; en tanto que, «dadas las dificultades del tránsito y a la fatiga de los que regresaban» (*La Vanguardia*), los autocares desviaron su rumbo hacia el Hospital Militar.

Sobre las 19 horas se personó en el Hospital García Rebull, acompañado de ex divisionarios y falangistas, a la par que un nutrido grupo de jefes y oficiales de guarnición en la plaza. A las 19.45 llegó el primer repatriado, «en coche particular» (*La Vanguardia*), y entre las 20.15 y las 21 horas arribaron los autocares. En medio de las atenciones del personal y la mirada de los ingresados, se produjeron nuevas escenas emotivas, pues había familiares que no se habían desplazado al Puerto. Prácticamente los últimos en llegar fueron las autoridades, con Muñoz Grandes al frente, que repartieron donativos, fundamentalmente dos bolsas preparadas por la Hermandad de Madrid: una, con obsequios (una camisa, tabaco, chocolate, turrón...) y dinero, y otra con fruta. Horas antes, un hombre —que se negó a dar el nombre— entregó al administrador del Hospital 14.000 pesetas, a distribuir entre los repatriados, a partes iguales. Pero el objeto de la visita al Hospital era la toma de datos y el despacho de los pasaportes, con los que trasladarse a las localidades de residencia. Veintiún regresados quedaron momentáneamente ingresados (nueve, con tuberculosis; dos, con hernia inguinal; otros dos, con cardiopatía; y, los ocho restantes, con pleuritis, pulmonía, otitis, lumbago, hipertensión, problemas gastroduodenales, «gastropatía» y pérdida de visión de un ojo, respectivamente). Seis partieron al día siguiente, y el último en abandonar el Hospital, lo hizo el 20. Todos, menos tres, obtuvieron el alta médica a petición propia. Entre ellos estaba el desertor Fausto Gras Gelet, tuberculoso, quien tres meses después fue hallado ahogado en la presa de la central eléctrica de Alguaire, su pueblo, atado de pies y manos. (El informe de la Guardia Civil y el del forense encargado de la autopsia señalaron el *suicidio* como causa de su muerte.)[68]

Hasta aquí la crónica de lo acaecido en un día de júbilo para miles de personas. Pero hay aspectos colaterales que oscurecen un relato a todas luces emotivo y que, como mínimo, dan que pensar. En primer lugar, la actitud de Franco, el *gran ausente*, que ni asistió al acto ni se molestó en hacer llegar un mensaje a los repatriados. En segundo lugar, la no asistencia, inicialmente prevista, del general Eduardo González Gallarza, ministro del Aire (entre los regresados había tres miembros de la Escuadrilla Azul). En tercer lugar, las manifestaciones de Muñoz Grandes en el sentido de que había que evitar «toda ceremonia extensa»; y el hecho de que ni él ni Fernández-Cuesta asistieran a la ceremonia religiosa, lo que obligó al arzobispo Modrego (tras dos horas y cuarto de espera) a excusar su ausencia, sobre la marcha, en un templo abarrotado. Y, finalmente, un hecho que enlaza con la primera circunstancia mencionada (renuncia de Franco), y que tuvo lugar la misma noche de la llegada del *Semíramis*.

En la Estación de Francia había un tren preparado para transportar a parte de los regresados y sus familiares a Madrid, en el que deberían embarcar quienes residieran en puntos ubicados a lo largo del trayecto, en la capital o en el Sur. Acorde con ello, la Hermandad de Madrid había movido los resortes necesarios para que, durante la marcha y en la capital, se les rindiera una clamorosa bienvenida. Y, al parecer, estaba previsto que, con Muñoz Grandes a la cabeza, fueran recibidos por Franco. Pero nada hubo de aquello. Una vez obtenido el pasaporte, los repatriados, familiares, la delegación de la Hermandad y una comisión de ex divisionarios barceloneses —varios cientos de personas— se dirigieron a la Estación. De pronto, hizo su aparición la Policía Armada, que los rodeó y, sin mediar explicación, impidió que subieran al tren. Pasada la estupefacción inicial, los ánimos se encresparon y a punto estuvo de producirse un altercado. Finalmente, en su condición de anfitriones, los barceloneses tomaron las riendas de la situación y lograron alojar a todo el séquito en diversas pensiones de la ciudad, y que García Rebull (extrañamente no estaba con ellos) aceptara cargar la factura a la Delegación Nacional de Excombatientes, de la que era el jefe. Al día siguiente, algunos miembros de la Hermandad de Madrid intentaron entrevistarse con el gobernador civil, que no accedió a recibirlos ni dio explicaciones.[69]

Todo parece indicar que partió de Franco la orden de inmovilizar el tren (iniciativa propia o de Carrero), por lo que Acedo Colunga no hizo sino cumplir órdenes. Con ello abortó lo que podría haber sido una «nueva entrada triunfal» de la División Azul en Madrid (en la mente de muchos estaba aún la primera, en mayo de 1942, entre vítores y con tedéum incluido), algo poco adecuado a la realidad de 1954, y máxime cuando casi nada había hecho por aquellos hombres. Y de estar preparada una audiencia con Muñoz Grandes, es plausible pensar que Franco logró, además, satisfacer su orgullo ante quien, 12 años antes, cuestionó su preeminencia al frente del Gobierno de la Nación.

Algunas repercusiones de las repatriaciones del Semíramis

El *Semíramis* generó importantes secuelas informativas. El mismo día de su llegada a Barcelona, el *Salzburger Nachrichten* destacó, como hecho sorprendente, el masivo recibimiento tributado por la ciudad. Poco aficionada a manifestaciones públicas, Barcelona actuó «con un entusiasmo que ha excedido toda ponderación», de manera espontánea y sincera. Al otro lado del Atlántico, al día siguiente el *New York Times* resaltó el recibimiento «entusiasta» y «emocionante», y cifró en cientos de miles los presentes en el Puerto.[70]

Aquél fue el punto de inicio de un proceso propagandístico de envergadura, con la Guerra Fría como telón de fondo. Así, los repatriados se convirtieron en punta de lanza del anticomunismo occidental, y muy particularmente, del norteamericano. Según el *New York Times* del 3, afirmaron que el nivel de vida en la Unión Soviética era «increíblemente bajo» y que el país estaba «sembrado de campos de concentración y de trabajo». E inmediatamente los medios de comunicación comenzaron a difundir presuntas declaraciones suyas; como hizo la *International News Service* en base a tres testimonios divisionarios. Según el primero, el comunismo había sido virtualmente desplazado por una nueva clase de capitalistas, los burócratas, funcionarios cuyo lujo «horrorizaba» al pueblo; y en Siberia, donde las condenas a muchachos de 13 o 14 años igualaban en dureza a las de los adultos, había prisioneros olvidados desde los tiempos de Lenin. Para el segundo, la queja más frecuente del pueblo ruso era el alto precio del vodka, y el matrimonio tenía carácter fundamentalmente económico, pues el sueldo de soltero no daba para vivir. Por su parte, el tercer divisionario declaró que la tuberculosis era muy frecuente en los Urales, que había escasez de anestésicos, sólo aspirina para mitigar el dolor, y haber visto cirujanos operar con herramientas de carpintería. Por su parte, *La Voz de América* recogió, además, dos testimonios (la construcción de carreteras y la industria siderúrgica se fundamentaban en el despilfarro de energía humana; segundo: todavía quedaban muchos prisioneros alemanes en los Urales). En cuanto al *New York Times* recogió también dos declaraciones (primero, ellos y los habitantes de los pueblos cercanos comían pan hecho de peladuras de patata; segundo: en los campos de concentración había una cámara frigorífica donde se encerraba durante horas a quienes no cumplían con su trabajo). Y también fueron difundidas declaraciones de liberados republicanos, de igual tono crítico (según la *International News Service*, uno de los marinos declaró que compañeros suyos enviados en 1941 a trabajar a las fábricas finalmente pidieron regresar al campo de concentración).[71]

Pero no todas las declaraciones eran de tono tan radical, y hubo incluso matizaciones. Así, también según la *International News Service*, un divisionario declaró que, tras la muerte de Beria, los trabajadores de las fábricas eran menos autómatas, mostraban más iniciativa personal y tenían más libertad para cambiar de empleo, que las mejoras en los métodos de fabricación se aceptaban más libremente, y que la acción policial era menos brutal, a la par que se dejaba notar algún que otro «sentimiento» por los derechos.[72]

En aquella tesitura, el martes 6 tuvo lugar un hecho que fue valorado como «la mejor propaganda de los intereses patrios» por la Embajada en Washington: la televisión norteamericana retransmitió imágenes de la llegada de los cautivos a Barcelona, acompañadas de otras de Franco presidiendo el desfile de la Victoria en Madrid. Y el 14 *Der Spiegel* resaltó el hecho de que habían regresado también republicanos, así como las palabras de Muñoz Grandes al respecto; y destacó el valor de los divisionarios, reconocido —según dijo— por las autoridades soviéticas en el momento de su liberación.[73]

Pero aquellas buenas intenciones iniciales de la prensa internacional con respecto al Régimen no duraron mucho: el *New York Times* reveló el 21 que los repatriados eran sometidos a interrogatorio en las Capitanías Generales, para asegurar que no hubiera ningún agente soviético infiltrado. De momento, había sido descubierto uno con documentación falsa. También convenía llegar a determinar —prosiguió— en qué circunstancias se rindieron al enemigo, pues, según fuentes bien informadas, los desertores serían sometidos a Consejo de Guerra. Y, en cuanto a los republicanos, serían interrogados sobre sus opiniones políticas.[74]

Para mayor crítica contra el Régimen, el 4 de mayo el ex presidente del Gobierno republicano en el exilio y líder socialista, Rodolfo Llopis, se refirió a las repatriaciones en un artículo en *Le Populaire*, de París. A pesar de sus convicciones políticas, no atacó a los divisionarios, más bien víctimas de la propaganda franquista —según él—, interesada en utilizarlos. Irónicamente —dijo—, quienes los halagaban unos años antes los habían calificado de ladrones y portadores de enfermedades venéreas ante los Aliados. Era evidente que Franco acababa de obtener un gran éxito diplomático ante Malenkov; quien, en su afán por abrir vías comerciales, no forzó al desembarco de los republicanos en puerto francés, con lo que quedaban en manos de aquél: «Los soviets pueden sentirse satisfechos —sentenció—. Tienen, en su activo, un crimen más. Víctimas, los 37 [sic] republicanos españoles. No lo olvidaremos jamás».[75]

Al margen de halagos y ataques, los medios de comunicación sirvieron también de puente para obtener información relativa a prisioneros de otras nacionalidades. En este sentido, el 8 de mayo *Arriba* publicó un llamamiento de mujeres italianas a los repatriados para que les dieran cuanta información dispusieran sobre sus hijos. Unos días antes, el 13 de abril, el *New York Times* había publicado un artículo de Camille Cianfarra que recogía algunas declaraciones de éstos, en el sentido de que 80 científicos alemanes, que habían trabajado en proyectos atómicos, habían sido internados en Borovichi, adonde eran enviados quienes convenía tener particularmente aislados. Ese mismo día, el encargado de la Representación de la República de Estonia había pedido a Exteriores facilidades para conseguir testimonios sobre las condiciones de vida en los campos de concentración, en un intento de complementar las informaciones recogidas de los repatriados bálticos.[76]

En otro orden de cosas, la reintegración de los repatriados en la vida civil no fue tarea fácil. Como ya hemos visto, en el plano familiar hubo sorpresas desagradables, desgarradora constatación de rompimientos unilaterales. No en vano habían pasado más de 10 años y miles de horas de incertidumbre. En el plano económico, el Gobierno de Franco había destinado varios millones de pesetas a la repatriación; pero, una vez en España, hubo que invertir en ellos nuevas sumas de dinero, en tanto que los había enfermos y desempleados. Por ello, la plena reintegración a la vida civil pasaría por la necesaria hospitalización (en centros militares) y la obtención de empleo. Una labor, ésta, que nominalmente asumió la Delegación Nacional de Sindicatos, pero que fundamentalmente recayó en la de Excombatientes, y en particular en su jefe, Tomás García Rebull, que se puso manos a la obra.[77]

Al principio hubo profusión de actos de homenaje y ayuda, sobre todo para los divisionarios: sólo la Jefatura Provincial de Zaragoza en mayo gastó más de 30.000 pesetas en atender a los residentes en la capital y la provincia. De entrada, la Delegación Nacional elaboró un Proyecto de Decreto con vistas a la reincorporación al trabajo (incluía a los republicanos), que vinculaba a los organismos oficiales, y pretendía que el 18 de julio todos tuvieran ya ocupación.[78]

En aquella línea de actuación, García Rebull pidió a los repatriados que le comunicasen cuál era su estado de salud, su situación a nivel económico y las perspectivas de obtener una colocación. Tenía prisa por emplearlos, fueran divisionarios o republicanos (éstos habían «purgado» ya con creces sus «culpas»). Algunos estaban enfermos; la mayoría, en situación económica familiar precaria, y todos carecían de documentación.[79]

A principios de mayo la Delegación hizo un primer balance del trabajo hecho: habían sido hospitalizados 11 repatriados, y unos 150 habían conseguido trabajo o se encontraban en vías de conseguirlo. Pero predominaban las colocaciones de carácter temporal y las había de irregulares. De los 19 marinos, sólo dos deseaban ser acogidos por el Instituto Social de la Marina, el resto prefería la Marina Mercante. Entre los oficiales y suboficiales provisionales había incertidumbre ante su futuro en el Ejército, y parte de la tropa pedía su ingreso en las Fuerzas Armadas. En todos los casos, en la selección para cubrir plazas oficiales (muy deseadas) la Delegación daba prioridad al comportamiento mostrado durante el cautiverio (se les clasificó en cuatro grupos: a) divisionarios de conducta intachable; b) divisionarios de buena conducta, y republicanos de buena conducta y buenos antecedentes; c) desertores de buena conducta, y republicanos de buena conducta y malos antecedentes; y d) divisionarios y republicanos de mala conducta. Ya a mediados de septiembre, su situación había mejorado sensiblemente, sobre todo en el ámbito del empleo, con 218 colocaciones, en su mayor parte, gestionadas por el Instituto Nacional de Previsión. Sorprendentemente, el *Servicio de Reincorporación de Excombatientes al Trabajo* no había gestionado ninguna. Pero se perpetuó un agravio comparativo, que generó gran malestar: los repatriados civiles vieron negado el reconocimiento de los años de cautiverio a efectos laborales, en tanto que el Ejército lo computó como tiempo de servicio. Además, varios republicanos manifestaron abiertamente su deseo de marchar a Francia, donde los exiliados les habían prometido trabajo.[80]

Las repatriaciones posteriores

El *Semíramis* no había traído a todos los prisioneros de la Unión Soviética. En abril de 1954 todavía había allí españoles confinados, de los que nadie sabía, a ciencia cierta, su número exacto; y cuya ausencia pronto generó un goteo de noticias en los diversos medios de comunicación, expectantes ante una eventual liberación.

Pasados 18 meses, en octubre de 1955, había serios indicios de que Madrid y Moscú negociaban una cierta normalización de relaciones, y que aquélla se había comprometido «a enviar a España los últimos prisioneros de la

División Azul». Poco después, comenzó un goteo de liberaciones por parte soviética, con la mediación de la Cruz Roja.[81]

Fue en dicho contexto como el 9 de enero de 1956 cruzaron la frontera de Irún el sargento de la División Antonio Cavero y el capitán del Ejército Popular Rafael Pelayo. Cavero era un personaje emblemático, excluido de la repatriación de 1954 por estar sujeto a condena disciplinaria de 25 años, con la catalogación de criminal de guerra. Pelayo se había establecido en la Unión Soviética al final de la Guerra Civil; en febrero de 1944 formó parte del grupo guerrillero que debía acabar con la vida del comisario general alemán en los Países Bálticos (*Operación Guadalajara*), pero desertó; y, cuando acababa de ser expulsado del país sin motivos aparentes, ya en Irún, fue interrogado (paradójicamente, acabó siendo confidente de la policía). En la liberación había intermediado también la Cruz Roja francesa, tras varias actuaciones del Palacio de Santa Cruz en pro de Cavero, a instancias del Ministerio del Ejército.[82]

Durante los meses siguientes, el Ministerio hizo algunas gestiones a través de la Embajada en Bonn, que contactó con la ya mentada *Sociedad Evangélica*, y supo de varios españoles retenidos, entre ellos, un desertor de la División (al parecer, internado en un manicomio de Moscú). En aquella expectante tesitura, el 21 de marzo, durante la firma de un acuerdo comercial en Viena, la delegación austríaca entregó al embajador español una nota que indicaba que había sido visto un divisionario en la prisión de Novotscherkask. Y ya el 28 de julio, *ABC* publicó que quien tuviera algún familiar prisionero en la Unión Soviética se pusiera en contacto con la Cruz Roja española, que iba a tomar oficialmente en sus manos las gestiones dirigidas a la liberación y repatriación; lo que generó algunas reclamaciones de desaparecidos.[83]

Desconocemos cuándo y cómo llegaron aquellos hombres a España, e incluso si todos lo lograron. Pero, por aquel entonces —julio y agosto de 1956— un funcionario español y otro soviético mantuvieron cuatro entrevistas: Moscú estaba dispuesto a facilitar pasaporte a cuantos españoles quisieran repatriarse o salir del país. Al parecer, eran unos 4.500 los registrados en el país; y de ellos, unos 2.500 habían manifestado su deseo de regresar.[84]

Y regresaron casi todos. Entre las aproximadamente 2.500 personas que, según datos de la Cruz Roja, llegaron a puerto español entre septiembre de 1956 y mayo de 1959, había algunos miembros de la División Azul; pocos. Uno de ellos había sido apresado en Yugoslavia, en el seno de las Waffen SS; otros, eran prisioneros pasados a la causa soviética, y había algún que otro desertor. En su inmensa mayoría los nuevos repatriados eran exiliados —voluntarios o forzosos— y antiguos niños evacuados, con sus respectivas esposas e hijos. Según los Servicios de Seguridad e Información de la Casa Militar de Franco, eran en gran parte «indeseables en todos los órdenes y ex presidiarios de la *Lubianka*», con cuya liberación el Kremlin pretendía desprenderse de elementos inadaptables y alimentar su propaganda, en la seguridad de que acabarían por ser pasto de la policía española. Entre ellos figuraban el antiguo colaborador de Líster Juan Lorente Bueno, y José Laín Entralgo, con su esposa e hijos, nacidos en Moscú.[85]

Todos ellos llegaron en siete expediciones (septiembre, octubre, noviembre y diciembre de 1956; enero y mayo de 1957, y mayo de 1959), mayoritariamente a bordo del buque *Crimea* y al puerto de Castellón. Pero, a diferencia de lo ocurrido en 1954 con el *Semíramis*, la prensa casi nada dijo de aquellas repatriaciones; sólo breves referencias, de unas líneas, y no siempre coincidentes. Un manto de silencio cubrió la llegada de aquellas gentes que, de hecho, prácticamente se ha mantenido hasta hoy.[86]

2. EL PRECIO ASISTENCIAL DE LA DIVISIÓN AZUL

Las prestaciones asistenciales durante la guerra (1941-1945)

Alemania y España tuvieron que asumir los costes humanos de la División Azul, de la misma manera que, en su día, habían tenido que afrontar los de la Legión Cóndor. Tal como ya se ha dicho, Alemania se hizo cargo de la asistencia facultativa en el frente y en la retaguardia. Y a partir de julio de 1942 asumió también parte de la asistencia en España de los mutilados; y les pagó indemnizaciones, al igual que a los derechohabientes de los fallecidos (esposas, hijos y padres de solteros), sobre la base de un mecanismo compensatorio. España, por su parte, asumió los gastos de la asistencia facultativa a los regresados al país, ya fueran enfermos, heridos o mutilados, y habilitó sanatorios para su recuperación; y asumió asimismo el pago efectivo de la totalidad de las pensiones.

Para cubrir sus responsabilidades, España y Alemania arbitraron independientemente los pagos a satisfacer, en función de sus respectivas legislaciones; si bien, en última instancia, el pago recayó en España por la yuxtaposición de dos circunstancias: la legislación alemana que impedía la exportación de moneda y el resultado final de la guerra, con el consiguiente hundimiento del Tercer Reich. Concretamente, quedó en manos del Ministerio del Ejército, que habilitó para ello una sección específica dependiente de la Pagaduría Central Militar: el *Negociado de la División Española de Voluntarios*. A él correspondió, a todos los efectos, el pago de las indemnizaciones españolas y la provisión de fondos a la *Wehrmachtkasse* en Madrid para el pago de las alemanas.[87]

Pero no fue hasta el verano de 1943, pocos meses antes de la retirada de la División del frente, que Alemania y España intentaron estipular por escrito el grado de responsabilidad que asumían con respecto a los mutilados. Fue entonces cuando tuvieron lugar negociaciones entre el OKW y la Jefatura de Servicios de Sanidad del Ministerio del Ejército para llegar a determinar la forma de proceder a nivel bilateral ante su necesaria asistencia. Como resultado de ellas se llegó a un *Proyecto de Acuerdo*, que, de hecho, recogía a grandes rasgos lo estipulado en las *Disposiciones de la Wehrmacht* de 1941 y 1942 (las analizaremos más adelante), salvo un aspecto fundamental: el reintegro de los costes sanitarios de la mayor parte de los tratamientos por parte alemana. Un proyecto éste que, al igual que el establecido entre ambos países para la liquidación de la deuda de guerra, no llegó a materializarse por la deliberada inhibición del Ministerio de Asuntos Exteriores.[88]

El *Proyecto* establecía que todos tenían derecho a asistencia curativa durante el tiempo que persistiera la lesión. Que la asistencia a los residentes en España se regiría por las normas que el Gobierno español aplicaba a sus mutilados, y sería efectuada o gestionada por los servicios de Sanidad del Ejército español y costeada por el Gobierno español. Que los servicios curativos para los que España no dispusiera de instalaciones adecuadas se llevarían a cabo en Alemania, a la par que todos los instrumentos ortopédicos y elementos auxiliares de los que no se dispusiera en España, serían facilitados por Alemania; los costes de ambas partidas correrían a cuenta del Gobierno alemán. Y, finalmente, que los gastos ocasionados por la asistencia curativa proporcionada por España antes de la entrada en vigor del Acuerdo no serían abonados por Alemania.[89]

Fue posiblemente a principios de septiembre cuando el Gobierno del Reich delegó en su embajador en Madrid la conclusión del *Acuerdo*. Ya sólo faltaba el asentimiento del Gobierno español para proceder a la firma de los dos originales, uno en idioma alemán y otro en español, que lo configuraban. Para ello, el sábado 11 la Embajada envió al Ministerio de Asuntos Exteriores la notificación del Proyecto y una copia del mismo en cada idioma.[90]

Ya en el Ministerio, la Sección *Europa* de la Dirección General de Política Exterior analizó los términos en que estaba redactado. En su informe, de fecha 24, el funcionario encargado del estudio sugirió no dar el asentimiento para su conclusión en términos de pacto político entre estados, y traspasar a la jefatura de los Servicios de Sanidad su firma, en calidad de mero acuerdo administrativo. Dadas las circunstancias políticas del momento —concluyó—, era aconsejable no suscribir tratado alguno que pusiera en evidencia la beligerancia española en el frente del Este. Al día siguiente, el informe fue sancionado por el director del Departamento, quien también apostó por un acuerdo bilateral técnico-sanitario. Llegado finalmente a manos de Jordana, éste dio un paso más en el camino de la desvinculación de Alemania y decidió que el asunto quedara en suspenso. A partir de ese momento el Ministerio hizo caso omiso a las reiteradas peticiones de la Embajada alemana (8 de noviembre de 1943, 7 de enero, 7 de marzo y 2 de junio de 1944) para proceder a la firma del Acuerdo.[91]

Las prestaciones asistenciales españolas

Tal como se ha dicho, en un primer momento Alemania asumió los gastos de hospitalización de los enfermos y heridos, pero no los derivados de las inutilidades definitivas, por lo que las mutilaciones quedaron a cargo del Gobierno español. Sin embargo, el alargamiento de la campaña de Rusia convirtió su necesaria asistencia en un problema de primera magnitud; sobre todo para la Sanidad española, escasa de medios materiales para hacer frente, con un mínimo de garantías, a su creciente número por acciones de guerra y congelaciones.

Al objeto de recibir asistencia médica y económica, los mutilados pasaron a engrosar las filas de beneficiarios de la *Dirección General de Mutilados*, dependiente del Ministerio del Ejército, mediante su incorporación al *Benemérito Cuerpo de Mutilados de Guerra por la Patria*; un organismo que provenía del antiguo Cuerpo de Inválidos Militares creado en época de Felipe V, en 1715, que, tras ser modificado por Azaña, fue definitivamente articulado por Franco en 1938.[92]

La pertenencia al *Cuerpo de Mutilados* otorgó a los divisionarios derechos y privilegios, en una época de privaciones como aquélla. En primer lugar, la concesión del título de *caballero mutilado de guerra por la Patria*, acreditado mediante un carnet y entendido como elemento de prestigio (los más mermados añadirían el término «absoluto» y tendrían un tratamiento inmediatamente superior al de su graduación). Título del que solamente podrían ser privados a tenor de un acto grave y tras la instrucción de expediente disciplinario. Tendrían derecho a asistencia médica, farmacéutica y ortopédica gratuita; a detentar los puestos de preferencia en manifestaciones de carácter público, como desfiles y actos oficiales; a asiento en los vehículos públicos y, dado el caso, a no hacer cola para acceder a espectáculos; y a organizar casinos y centros «de carácter patriótico, cultural o cooperativo». A su vez, obtenían la reserva del 30 por ciento de las vacantes de todos los ámbitos de la Administración Civil del Estado (en cargos facultativos técnicos y de *servicios especiales* en Diputaciones y Ayuntamientos, el 20 por ciento). En cuanto a las compañías privadas vinculadas al Estado y entidades como bancos, instituciones públicas de beneficencia o cámaras de comercio y de la propiedad, la reserva oscilaría entre el 14 por ciento, para puestos administrativos, y el 20, para empleos subalternos. Y obtenían una reserva del 30 por ciento de las plazas en las oposiciones o concursos para el ingreso en los cuerpos de Correos, Telégrafos, oficiales de ministerio, radiotelegrafistas, vigilantes de policía, secretarios de ayuntamiento de segunda y tercera categoría, y auxiliares en las delegaciones e inspecciones de Trabajo.[93]

El incumplimiento de aquella normativa, así como el impago de haberes o cualquier tipo de vejación, sería sancionado por el Ministerio del Ejército, a propuesta de la *Dirección General de Mutilados*, con multas que podrían alcanzar las 10.000 pesetas (caso de reincidencia, hasta 40.000). En cuanto al derecho a colocación laboral, era patrimonio de los menos mermados, siempre que fueran suboficiales o tropa (caso de tener graduación superior o la condición de funcionario civil, conservaban el destino).[94]

Las instrucciones a seguir para el ingreso en el *Cuerpo de Mutilados* fueron dictadas en mayo de 1942 por la *Representación* en Madrid de la División Azul. En primer lugar deberían elevar una instancia al general jefe, que solicitara la apertura del expediente de ingreso (harían constar sus datos, el cuerpo o milicia del que procedían, el origen y circunstancias de la mutilación, y la trayectoria médica seguida). Sería remitida a la *Representación*, juntamente con una copia legalizada del pasaporte y un certificado con fotografía. Tras contrastar los datos, ésta se pondría en contacto con el interesado, para que solicitara del Gobierno Militar de la provincia de residencia un reconocimiento médico, de cuya acta debería remitir un duplicado. Una vez éste en su poder, lo uniría a la instancia y al resto de documentación, que trasladaría a la *Dirección General de Mutilados* para la tramitación del expediente de ingreso en el Cuerpo.[95]

La Subsecretaría del Ministerio del Ejército remitió las solicitudes de ingreso a las Capitanías Generales el 22 de junio. Éstas, a su vez, las distribuyeron entre sus Gobiernos y Comandancias Militares provinciales, que quedaron encargados de su depósito y de facilitar la información necesaria a los interesados o a las personas por ellos designadas. En cuanto al reconocimiento médico, llevado a cabo por el Tribunal militar provincial, se ceñía a lo dispuesto en el *Cuadro de Lesiones Orgánicas y Funcionales*, anejo al *Reglamento Provisional del Cuerpo de Mutilados* de 1938, el mismo que aplicó a sus combatientes el *Ejército nacional*. Sus 33 artículos catalogaban las mutilaciones con un número comprendido entre el 1 y el 100, e incluido en un certificado médico. El reconocimiento definitivo lo llevaba a cabo la Junta Facultativa Médica de la *Dirección General de Mutilados*, que clasificaba la lesión en base a los mismos parámetros, y el número que otorgaba, con el porcentaje a él atribuido, determinaba la catalogación definitiva. En función de ella, el mutilado era considerado *absoluto*, *permanente*, *potencial* o *útil*; o, simplemente, *herido de guerra*.[96]

Era mutilado *absoluto* quien reuniera alguna de las cinco circunstancias siguientes: ceguera completa de ambos ojos, mutilación de los dos brazos o piernas, mutilación de un brazo y su pierna homónima, parálisis definitiva y completa de los dos brazos o piernas por lesiones traumáticas del cerebro o la médula, y demencia crónica por lesiones traumáticas de las paredes craneales o del encéfalo. Las restantes clasificaciones dependían del grado de mutilación y la capacitación laboral resultante. Así, la catalogación de mutilado *permanente* llegaba cuando la lesión afectaba entre el 91 y el 100 por ciento del cuerpo (inútil para todo tipo de actividad laboral); la de mutilado *potencial*, con lesión entre el 11 y el 90 por ciento, y restaba pendiente de determinar la capacidad para el trabajo; y mutilado *útil*, con igual grado de lesión pero en condiciones de trabajar. Finalmente, una mutilación de hasta el 10 por ciento no otorgaba la catalogación específica de mutilado, sino la de *herido de guerra*. Todas las clasificaciones tenían el carácter de definitivas transcurrido un año, a excepción de la de mutilado *potencial*, transitoria (tras cuatro años y dos revisiones médicas conducía la de *permanente* o *útil*). En función de estas clasificaciones y de la graduación militar, quedaban finalmente fijados los haberes a percibir en concepto de *pensión por mutilación*.[97]

En el abastecimiento de prótesis, una Orden del Ministerio del Ejército de agosto de 1942 estableció un procedimiento de urgencia para atender a su creciente demanda: no sería necesario la resolución del expediente de mutilación (obligatorio desde 1938) para su obtención; bastaría con un reconocimiento médico en el hospital militar de la capital de la Región Militar de residencia, previa acreditación de la condición de divisionario y de que la mutilación había sido causada en el frente. En el plazo máximo de 48 horas el tribunal médico emitiría un dictamen sobre la lesión y la prótesis precisa, y lo remitiría a la Jefatura de Sanidad Militar del Ejército, que abriría la correspondiente libreta de prótesis a nombre del beneficiario y suministraría el aparato.[98]

Finalmente, en cuanto al mentado *Proyecto de Acuerdo Hispano-Alemán* del verano de 1943, cabe apuntar que transfería la responsabilidad de la atención de los mutilados casi exclusivamente a España. Así, la asistencia a los residentes en ella se regiría por las normas que el Gobierno español aplicaba a sus mutilados de guerra, y sería efectuada o gestionada por los servicios sanitarios del Ejército español y a cargo del erario español. La responsabilidad alemana quedaba limitada al suministro gratuito de los tratamientos y aparatos ortopédicos que España no pudiera suministrar por falta de tecnología, e, implícitamente, a la atención completa de los residentes en territorio del Reich. En última instancia, la no entrada en vigor del *Proyecto* privó a muchos de tecnología sanitaria y ortopédica alemana, más avanzada que la española.[99]

En el plano de las indemnizaciones, el Gobierno español concedió a los mutilados de la División Azul y a los derechohabientes de los fallecidos en acción de guerra una pensión vitalicia, en consideración a «los méritos» contraídos en el frente ruso; del mismo modo que había procedido con los combatientes *nacionales* y sus derechohabientes. De hecho, con aquella medida el Régimen reafirmó la consideración de excombatientes de los divisionarios, a todos los efectos. Tuvieron derecho a pensión, por lo tanto, además de los mutilados, las viudas de los fallecidos, así como sus hijos y, en su defecto, los padres. De ahí que se arbitraran pensiones por lesión permanente y por muerte (de viudedad, de orfandad y por fallecimiento del hijo), sobre la base de lo dispuesto en el Estatuto de Clases Pasivas.

En cuanto a las indemnizaciones por lesión permanente, los mutilados *absolutos* percibirían pensiones cuyo monto dependería del empleo, de las que quedaban obligados a destinar una parte al pago del asistente. En cuanto a los *permanentes*, recibirían el sueldo del empleo superior inmediato incrementado en un 20 por ciento, con derecho a quinquenios; además, caso de que no pudieran valerse por sí mismos, podrían obtener una ayuda suplementaria con la que sufragar los auxilios imprescindibles. Finalmente, los mutilados *potenciales* percibirían, durante el tiempo en que mantuvieran dicha condición, una pensión equivalente a su empleo militar.[100]

Por lo que respecta a las indemnizaciones por fallecimiento, una orden del Ministerio del Ejército de diciembre de 1941 hizo extensivo a las viudas, hijos y padres de los fallecidos en combate, o por heridas recibidas en el frente, los beneficios del *Estatuto de Clases Pasivas del Estado*. De ahí que les fuera asignada una pensión a cargo de los fondos de la *Dirección General de Clases Pasivas*. Su importe, que oscilaría a tenor de la graduación, fue incrementado en torno a un 4 por ciento por Ley de 6 de noviembre de 1942, y quedó así fijado, como mínimo, hasta el final de la Segunda Guerra Mundial. A título meramente orientativo de las cuantías concedidas, mentaremos que, después del aumento consignado, los padres de un soldado percibieron 2.609,75 pesetas anuales; los de un cabo, 3.500, y los de un comandante, 9.500.[101]

Las prestaciones asistenciales alemanas[102]

La base normativa sobre la que se edificó el entramado asistencial alemán a los divisionarios y sus derechohabientes, la constituyeron las Disposiciones 312 y 316 de la *Ley Orgánica de Asistencia y Previsión Social de la Wehrmacht* (la *Durchführungsbestimmung zu Wehrmachtfürsorge und Versorgungsgesetz*; en adelante, DWD) de 1941 (septiembre y diciembre respectivamente); y, sobre todo, la Disposición 145 de mayo de 1942 y el Anexo normativo que la acompañó. Todas ellas, aprobadas por el OKW, eran disposiciones específicas para los voluntarios extranjeros que luchaban en Rusia; y, en gran medida, equipararon sus derechos a los de los combatientes alemanes.[103]

Entre otros aspectos, aquel cuerpo legislativo reguló la concesión de indemnizaciones por actos de guerra, que, al igual que las españolas, se distribuyeron entre los mutilados y los derechohabientes de los fallecidos (en un primer momento viudas y huérfanos, y posteriormente también los padres de los solteros). Y también tuvieron el carácter de subsidios íntegros, independientes de los concedidos por España, por lo que su importe fue acumulable al de otros subsidios, aun en el caso de devengarse por el mismo concepto.[104]

A lo largo del segundo semestre de 1942 y de buena parte de 1943, sobre la base de lo dictaminado por la Disposición 312, la *Wehrmachtkasse* limitó el pago de pensiones alemanas, con efectos retroactivos, a los mutilados y a las viudas y huérfanos de los fallecidos. Pero se dio la circunstancia de que otros familiares reclamaban también una indemnización de Alemania. Y, de entre todos ellos, quizá eran los padres de edad avanzada y pobres quienes en mayor medida se acercaban a las legaciones esparcidas por la geografía española, con el argumento de que la muerte del hijo les había privado de ingresos con que sostenerse. Ante la gran cantidad de peticiones recibidas, el Consulado General elevó una consulta a la Embajada, que negó el derecho a subsidio, en base a la legislación vigente. Una respuesta que el Consulado General transmitió a todas las legaciones en noviembre de 1942, en previsión de futuras consultas. Sin embargo, a principios de 1943 tuvo lugar un hecho insólito: un ejemplar de la *Hoja Informativa de la Jefatura de Intervención de la División Azul*, a raíz de una lectura errónea del artículo 18 de la Disposición 312, afirmó que *los familiares* de fallecidos en situación precaria podrían ser socorridos por Alemania. Ello generó una avalancha de padres y otros familiares en demanda de solicitudes de pensión. Desbordadas las legaciones, la *Wehrmachtkasse* en Madrid y el Departamento Consular de la Embajada intentaron a finales de febrero aclarar lo sucedido por medio de notas y circulares a los diversos consulados.[105]

Finalmente, el 24 de abril Keitel hizo extensiva la concesión de subsidios por fallecimiento a los padres de los combatientes españoles, croatas, franceses y valones que lo solicitaran, siempre y cuando su situación económica fuera precaria y el difunto hubiera convivido con ellos antes de su alistamiento. Los subsidios tendrían un importe de 300 RM, y se pagarían por una sola vez. En España, los consulados se encargarían de obtener de los solicitantes los correspondientes certificados de pobreza y convivencia, y los harían llegar a la *Wehrmachtkasse* en Madrid. Ésta adjuntaría a ambos certificados el acreditativo de que el divisionario había muerto en las circunstancias previstas por la Ley (o durante su permanencia en la División o tras su licenciamiento, a consecuencia de heridas recibidas en combate). También se encargaría de confeccionar los formularios de solicitud, que deberían ser bilingües, y los remitiría a los consulados.[106]

Aquellos subsidios, sin embargo, tardaron varios meses en hacerse efectivos. De hecho, la Embajada no divulgó la disposición del OKW hasta cinco meses después de publicada. Por aquel entonces, septiembre de 1943, la *Wehrmachtkasse* había confeccionado ya los formularios de solicitud. Las normas para su tramitación fueron transmitidas, en forma de circular, por la Embajada a los consulados el día 1, junto con 30 ejemplares de los mismos, insuficientes para cubrir la demanda existente. Según dichas normas, una vez recogidos los certificados exigidos y verificados sus datos, el funcionario debería estampar su firma y el sello del consulado en la parte en alemán de la solicitud, y enviar toda la documentación a la Sección Consular de la Embajada. Ésta la haría llegar a la *Wehrmachtkasse* para su tramitación y posterior envío *a la Oficina de Asistencia y Previsión Social de la Wehrmacht Berlín-Brandemburgo.*[107]

Parecía definitivamente encarrilado el tema, cuando en noviembre Keitel amplió de la concesión del subsidio a todos los padres, sin exclusiones, siempre que el combatiente hubiera fallecido en las circunstancias establecidas por la Ley. Al cabo de un mes, la Embajada notificó a los consulados aquellas modificaciones y les ordenó que tachasen de la parte escrita en español de los formularios todo lo relativo a las exigencias eliminadas. A partir de entonces se agilizaron los pagos, de modo que, a 11 de febrero de 1944, la *Wehrmachtkasse* había procedido ya al pago de los importes de las solicitudes enviadas a Berlín hasta noviembre. Y siguió pagando hasta el final de la guerra.[108]

Las pensiones alemanas se adjudicaban siempre sobre la base de que las condiciones que las generaran pudieran ser debidamente acreditadas por los demandantes. En este punto, tal como queda manifiesto del análisis de un considerable número de peticiones a los consulados, la Administración del Reich se mostró inflexible. Y ello hasta el extremo de que hubo personas que no llegaron a percibir las indemnizaciones a que tenían derecho por la falta de tal o cual papel. Es éste un punto importante para la comprensión del tema que estamos tratando, pues muchos de los reclamantes eran analfabetos y la mayoría tenían un nivel de instrucción mínimo; personas, por lo tanto, poco acostumbradas a desenvolverse en el ámbito de lo escrito, para quienes lo burocrático era poco menos que imposible. Gentes, a la postre, en su mayoría pobres, por lo general carentes de relaciones que se hicieran cargo de los trámites exigidos. En estas condiciones, hubo quienes abandonaron en el empeño, a pesar de estar necesitados. Otros vieron con desesperación como los meses transcurrían sin que llegara la ansiada ayuda, tratando de cubrir, del modo que mejor podían, los requerimientos que les llegaban de los consulados, en la exigencia de determinado certificado o la aclaración o rectificación de ciertas aseveraciones documentales incorrectas. En todo caso, no siempre los demandantes reaccionaron positivamente ante las trabas burocráticas.[109]

Hubo quejas, y el sentir popular se inclinó por considerar que Alemania no quería pagar; lo que fue instrumentalizado por la propaganda aliada, que hizo de dicha circunstancia un buen caldo de cultivo para atizar sentimientos germanófobos. Pero la rigidez no estuvo reñida en ningún caso con el estricto cumplimiento de los compromisos adquiridos, y ello a pesar de las crecientes dificultades materiales a las que Alemania tuvo que hacer frente, sobre todo a partir de 1943, con la generalización de bombardeos aéreos sobre su territorio. De hecho, quienes acreditaron todo lo exigido, percibieron los emolumentos hasta el mismo momento en que el Tercer Reich se hundió, con la particularidad de que la primera paga cubrió los atrasos. Los continuos bombardeos sobre Berlín y la escasez acuciante de personal en los organismos encargados de la tramitación de las solicitudes, derivada del aumento de las levas para la guerra, supusieron a partir de 1944 una prolongación en el plazo de tramitación, pero, en ningún caso, la suspensión del pago. Y fue también la descoordinación entre las Administraciones alemana y española (rigor frente a negligencia) lo que generó retrasos en el pago de los haberes. En todo caso, los retrasos, unidos a la acción propagandística aliada en torno a los trabajadores en el Reich, provocaron un fuerte malestar social. Y para botón de muestra, sirva la exposición de una serie de hechos acaecidos en Córdoba.

El agente consular en Córdoba, Rafael G. Ruiz Ripoll, en octubre de 1942 se quejó al cónsul en Málaga —de quien dependía— de que la falta de pago de los haberes a los familiares de los divisionarios (y de los trabajadores en Alemania) causaba «un efecto desastroso», y era aprovechado por los Aliados para hacer campaña en contra de ella. Hasta tal punto había llegado el descontento entre los familiares de los trabajadores, que varios habían solicitado su intervención para que regresaran. Argumentaban que sus testimonios escritos, en el sentido de que estaban bien y que recibían un buen trato, habían sido forzados por los alemanes: ellos se habían «enterado» de que sufrían malos tratos, de que estaban mal alimentados, del uso del látigo para hacerles trabajar, y de la apropiación de sus haberes por parte del Gobierno. Esa supuesta retención gubernativa forzada —expuso Ruiz Ripoll— era la causa argumentada por las gentes sencillas para explicar el retraso en la llegada de los ahorros, la misma que explicaba que tardaran tanto en materializarse el pago de las pensiones debidas a los mutilados de la División Azul y a los familiares de los fallecidos.[110]

Al margen de la creencia popular, una causa explicativa del retraso en el pago de los subsidios, además del relleno incorrecto de las solicitudes, fue la falta de algún que otro documento. Ejemplos de ello proliferan entre la documentación consular. Así, en febrero de 1943 un mutilado presentó en Vigo el cuestionario para la concesión de subsidio. Se le advirtió que no podría ser tramitado por faltar cinco documentos. Casi un año después, en enero de 1944 el cónsul le remitió una nota recordatoria, y le indicó que esperaba los documentos. A punto de finalizar la guerra, en enero de 1945, la petición seguía bloqueada por dicho motivo. Veamos otro caso. En febrero de 1944 el cónsul en Vigo manifestó a la madre de un fallecido la falta de algunos documentos, y lamentó que se quejara de pérdida de tiempo en la tramitación, cuando era ella quien no había atendido las exigencias del cuestionario. Muestra palmaria de aquella forma de proceder es que, en septiembre de 1942, la *Oficina de Berlín-Brandemburgo* todavía no había podido emitir ningún dictamen sobre solicitudes de España. La Embajada tuvo que tomar cartas en el asunto y pidió a todas las legaciones que, en la medida de lo posible, se esforzaran en poner remedio a aquel estado de cosas.[111]

La resolución de las pensiones por mutilación era relativamente rápida: tardaba algo más de cuatro meses en materializarse, lo que denota una considerable diligencia en la Administración alemana. Ya en 1944 se alargó un poco, unas semanas, dadas las dificultades por las que atravesaba el país, y muy concretamente su capital, sede del *Negociado de Asistencia IV*, el nuevo organismo encargado de la tramitación de las pensiones.[112]

De todos los familiares de los divisionarios, fueron los padres los que peor trato recibieron de la Administración alemana. De entrada, no les reconoció el derecho a una indemnización por la muerte del hijo hasta finales de 1943; en segundo lugar, no les concedió una pensión, sino únicamente una indemnización de 300 RM (1.275,25 pesetas al cambio, mensualidad de un brigada casado en la División); y, por último, sólo la otorgó a aquéllos cuyos hijos eran solteros, previas dos certificaciones (más tarde eliminadas): de pobreza y convivencia con el finado en el período anterior a su inscripción en la División. Sin embargo, Alemania reconoció el derecho a percibir tantas indemnizaciones como hijos hubieran perdido.[113]

Las prestaciones asistenciales después de la guerra (1945-1995)

Prosiguen las prestaciones asistenciales españolas

Fue el Ministerio del Ejército, tal como ya se ha señalado, el organismo que, con cargo a la Hacienda pública, se hizo cargo de las prestaciones asistenciales y económicas derivadas de la pertenencia a la División Azul. El paso de los años extinguió de forma natural las prestaciones por orfandad y paternidad; en tanto que las generadas por viudedad y mutilación, si bien también a extinguir, se han mantenido hasta hoy.

En cuanto a la pensión por viudedad, decir aquí que no se vio afectada por el Real Decreto-Ley de 1978 (16 de noviembre), que reconoció el derecho a pensión a las viudas de combatientes del Ejército Popular republicano muertos por acción de guerra, pues excluyó de su articulado a quienes la tuviesen ya reconocida. Por su parte, en el transcurso de estos años, la pensión por mutilación ha propiciado una amplia legislación, y desde 1991 genera problemas entre parte de los mutilados, la Administración española y la alemana. Procedamos, seguidamente, a un somero análisis de su evolución, para lo cual nos detendremos en los principales eventos legislativos que la han regulado: las Leyes de 1958, 1976, 1980 y 1989, y el Real Decreto de 1992.[114]

La Ley de 1958 (26 de diciembre) recogió, por vez primera, los principios de *compatibilidad* y *concurrencia* —sin restricciones— para los devengos por mutilación. Casi 20 años después, la Ley de 1976 (11 de marzo) eliminó la categoría de mutilado *potencial*, y determinó las tres restantes sobre la base de la puntuación obtenida en el baremo médico de la lesión (entre 15 y 100). *Absolutos* y *permanentes* podrían ingresar en el *Cuerpo de Mutilados*, y mantendrían el sueldo del empleo militar que honoríficamente ostentasen —el propio incrementado en un grado— más una *pensión de mutilación* (porcentaje del sueldo correspondiente a la puntuación obtenida). Y en cuanto a la Ley de 1980 (26 junio), extendió las pensiones a los mutilados del Ejército Popular, clasificados en las mismas categorías que el resto. Tendrían igualmente la condición de compatibles y vitalicias; y, dado el caso de que el beneficiario hubiese fallecido antes de la publicación de la Ley, serían transferibles a sus derechohabientes.[115]

La Ley de 1989 (19 de julio), de Jefatura del Estado, declaró a extinguir el *Cuerpo de Mutilados de Guerra*: al año de su entrada en vigor, todos sus miembros pasarían a la condición de *retirados*, excepción hecha de los generales, que engrosarían la segunda reserva. Restaba pendiente de reglamentación la cuantía de las retribuciones, pero garantizaba el mínimo percibido hasta entonces y aseguraba el régimen de compatibilidad con otros ingresos. Acorde con ella, tras 55 años de existencia, el *Benemérito Cuerpo de Mutilados de Guerra por la Patria* quedó disuelto el 1 de enero de 1992. Y acorde también con su espíritu, el Real Decreto del Ministerio de Economía y Hacienda de 1992 (6 de marzo) calificó el nuevo devengo a percibir como *pensión extraordinaria de retiro*, sustitutivo de los anteriores. A la vez, atribuyó su gestión y abono a la *Dirección General de Costes de Personal y Pensiones Públicas* y, en su caso, a las delegaciones provinciales de Economía y Hacienda. Pero además introdujo, con efectos retroactivos a 1 de enero, un elemento fundamental: la obligatoria sujeción del importe de la pensión al «límite máximo de percepción» fijado anualmente por la Ley de Presupuestos Generales del Estado. Una limitación que contradecía los principios de compatibilidad y carácter vitalicio de las pensiones de mutilación, regulados por los artículos 10 y 18 de la Ley de 1976 (y reconocido por la de 1989), que fueron derogados. Tal medida mermó sensiblemente los ingresos de los mutilados de la División Azul que, por su condición (quebranto físico y graduación en el empleo), gozaban de rentas más altas. Sirva el siguiente ejemplo: un día antes de la extinción del *Cuerpo de Mutilados*, a 31 de diciembre de 1991, Ricardo percibía 110.519 pesetas por su mutilación; cifra resultante de añadir al sueldo de sargento el porcentaje que le correspondía como *pensión de mu-*

tilación. Ocho años después, en noviembre de 1999, su *complemento de pensión transitorio* era de 48.761 pesetas; la diferencia entre su «pensión ordinaria de jubilación» y el «límite máximo de percepción» fijado en los Presupuestos Generales del Estado para 1999.[116]

El restablecimiento de las prestaciones asistenciales alemanas

Cuando el Tercer Reich dejó de existir, se truncó el pago de los *haberes alemanes* derivados de la actuación de la División y la Legión Azul en el frente del Este. De ahí que quedaran sin pensión alemana un mínimo de 1.173 mutilados, 159 viudas y 4 huérfanos; y que resultaran sin efecto unos 500 expedientes pendientes de resolución relativos a pensiones —por mutilación, viudedad y orfandad— y a indemnizaciones a padres de fallecidos solteros.[117]

Tras 14 años de silencio, en febrero de 1959 una comisión de la Hermandad Nacional de la División Azul se entrevistó con el ministro —y ex divisionario— Fernando María Castiella (en el cargo desde 1957), y le entregó un memorándum que afirmaba su propósito de no dejar desamparados a los mutilados, viudas, huérfanos y padres de los fallecidos, ni a los repatriados que habían sufrido cautiverio en la Unión Soviética, y lamentó lo exiguo de las prestaciones españolas a dichas personas. Fue posiblemente entonces cuando la Hermandad solicitó del Ministerio permiso para adherirse a la *Federación de Antiguos Combatientes del Ejército Alemán*, con vistas a conseguir los beneficios que la Administración de la República Federal acababa de otorgar a belgas y franceses (las mismas pensiones por mutilación y fallecimiento que las otorgadas a los excombatientes alemanes).[118]

En aquellos días, el Gobierno alemán llegó a acuerdos con otros Gobiernos europeos para proceder a indemnizar a ciudadanos internados en campos de concentración del Reich durante la guerra. Obviamente, el tema divisionario era muy distinto al planteado en ellos, pero al haber pensiones de por medio Exteriores lo valoró como «semejante». Uno de aquellos Gobiernos era el francés, por lo que en abril la Sección *Europa* recabó información de la Embajada en París sobre las negociaciones mantenidas con Bonn. Por su parte, la Hermandad programó un viaje a Alemania para septiembre, en acto de reciprocidad por la visita efectuada en mayo por la Asociación de Excombatientes de la Legión Cóndor, y con la finalidad de restablecer contacto en el marco de la reunión anual que la Asociación celebraba en la localidad de Bingen. Pero se dio el caso de que su presidente manifestó al embajador en Bonn, marqués de Bolarque, su deseo de dar carácter oficial a la visita.[119]

Tras algunos contratiempos, el proyectado viaje tuvo lugar: el 26 de septiembre la Delegación llegó a Alemania, y dos días después visitó Bonn y fue recibida por miembros de la Confederación de Soldados alemanes, que la ob-

sequiaron con una comida de hermandad en la que participaron representantes de la Legión Cóndor, el Ejército Federal, el Auswärtiges Amt y la Embajada española.[120]

Pasaron unos meses hasta que el Gobierno de la República Federal aceptó abrir negociaciones para el posible pago de pensiones a miembros de la División Azul. En junio de 1960 el Auswärtiges Amt dio la noticia a la Embajada española y le requirió con urgencia el número de mutilados y el grado de
lesión de cada uno, y el de viudas y huérfanos. Advertido, Exteriores solicitó
los datos a la Hermandad, pero ésta no disponía de ellos y, a su vez, tuvo que
recabarlos del Ministerio del Ejército y su *Dirección General de Mutilados*.
Acto seguido, el Ministerio los remitió al embajador en Bonn y dejó en sus
manos la posibilidad de gestionar nuevas indemnizaciones para los padres de
fallecidos, con el argumento de que, de tener la condición legal de pobres, España les reconocía derecho a pensión. Pero los datos eran erróneos, y hasta
principios de agosto la Hermandad no facilitó al Palacio de Santa Cruz los
que finalmente sirvieron al Auswärtiges Amt, ya mentados (la Hermandad
estimaba las mutilaciones en 1.973, 800 más de las que constaban en la relación; «punto oscuro» a juicio del Ministerio, que convendría esclarecer). Entre tanto, a principios de julio, el director general de Política Exterior pidió al
agregado cultural en Bonn, Víctor Aranegui, que la Embajada presentara al
Auswärtiges Amt una propuesta oficial de negociación de indemnizaciones,
lo que hizo personalmente, por medio de una nota verbal.[121]

De aquella manera se abrieron los trámites burocráticos entre las administraciones española y alemana, 15 años después de cancelados. De momento, la petición iba a ser estudiada por el Ministerio alemán de Trabajo, y después por el de Hacienda. Era, a todas luces, un tema complejo, pues a pesar
de que la legislación alemana en materia de asistencia a víctimas de la guerra
contemplaba la posibilidad de concertar acuerdos con países extranjeros respecto a casos particulares —lo que ya había hecho—, en ningún caso se había aplicado a un colectivo tan amplio como aquél. Pero el Auswärtiges Amt
tenía el firme propósito de resolver el asunto. Y a 15 de julio el tema era ya objeto de estudio en el Ministerio de Trabajo. Para Aranegui, el interés mostrado
por el Auswärtiges Amt era una garantía para las aspiraciones españolas; pero,
aun así, las gestiones deberían llevarse a cabo «con la más exquisita discreción», sobre todo en España.[122]

Las negociaciones hispano-alemanas para el restablecimiento de pensiones se desarrollaron, en dos fases, durante la primavera de 1962. La primera
ronda negociadora tuvo lugar en Bonn, entre el 21 y el 26 de marzo, y la segunda, en Madrid, entre el 24 y el 29 de mayo. Pero en unas negociaciones
previas, la parte alemana aceptó el pago a los divisionarios de la *Grundrente* (pensión básica) y negó la *Ausgleichsrente* (pensión de compensación), suplemento de aquélla para los excombatientes que no llegaran a una renta mí-

nima, a fijar individualmente en cada caso. Como contrapartida, solicitó que España pensionara a los 40 mutilados de la Legión Cóndor; y que equiparara a quienes hubieran luchado en la Wehrmacht a título individual (los *clandestinos*) con los de la División, lo que comportaría concederles también pensión por ambas partes.[123]

Finalizada la primera fase negociadora y conforme a lo establecido en su acta final, la parte alemana redactó un Proyecto de Convenio, base para la segunda fase, que presentó a la Embajada española a finales de abril. Una vez examinado, tuvo la plena aquiescencia del embajador, que envió una copia traducida al Ministerio.[124]

A Madrid llegó el director general del Ministerio Federal de Trabajo y Ordenación Social, doctor Schönleitner, que presidió la Delegación negociadora. Le acompañaban dos miembros más de su Ministerio, otro del Auswärtiges Amt, uno del Ministerio de Finanzas y otro del Ministerio de Defensa. Seis hombres, a los que se añadió un consejero de la Embajada. Por parte española actuó de presidente Gabriel Martínez de Mata, de Exteriores; como vocales, Víctor Aranegui y Juan Torroba, de la Embajada en Bonn, así dos militares y cuatro miembros de la Hermandad; y de secretario, otro miembro del Ministerio. Las negociaciones ratificaron los términos del Proyecto de Acuerdo y establecieron que las solicitudes de prestación las tramitase, a través de la Embajada española en Bonn, el *Versorgungsamt* I de Stuttgart. Aneja al Acta Final, Martínez de Mata firmó una nota, que recogía el compromiso del Gobierno español de conceder a los miembros de la Legión Cóndor mutilados y a los derechohabientes de los fallecidos por acción de guerra «una indemnización por una sola vez equivalente al sueldo o haber correspondiente a tres años, en caso de muerte o inutilidad absoluta para trabajo, y el de dos años si la inutilidad no fuese absoluta». En cuanto a los compromisos adquiridos por Alemania, quedaron fijados por el Convenio.[125]

El martes 29 de mayo de 1962 Castiella y el embajador de la República Federal de Alemania en Madrid, Wolfgang Freiherr von Welck, firmaron en Madrid los cuatro ejemplares (dos en cada idioma) del *Convenio entre la República Federal de Alemania y el Estado español sobre Régimen de Prestaciones aplicables a Víctimas de la Guerra*, y estamparon sus respectivos sellos al pie del mismo. El documento (Apéndice número 12, página 426) regularía las relaciones entre ambos Estados en lo concerniente al régimen de pensiones aplicables a los mutilados de la División Azul y a los derechohabientes de los fallecidos. Lo configuraban cinco capítulos, con un total de 19 artículos. De entre ellos, el 7 recogía un aspecto fundamental: al especificar que los devengos serían los «legalmente establecidos», remitía implícitamente a la *Ley Federal sobre el Régimen de Prestaciones aplicables a Víctimas de Guerra*, la *Bundesversorgungsgesetz* (BVG), que establecía el principio de complementariedad en las dobles prestaciones. Por ello, al igual que para los españoles que residieran en territorio alemán (artículo 4 del Convenio), verían deducido el importe de la pensión el que por el mismo concepto reconociera la legislación española; punto importante, pues a todos los efectos convertía la pensión alemana en mero complemento de la española.[126]

Desconocemos el motivo por el que la ratificación alemana tardó casi tres años en llegar. Del ínterin sabemos que en mayo de 1963 el Auswärtiges Amt propuso a la Embajada española modificar un artículo (el 17). Finalmente, el 31 de marzo de 1965 el Bundestag aprobó el Convenio en forma de Ley, y lo hizo extensivo al land de Berlín. Al cabo de una semana (8 de abril) fue publicada en el Boletín Legislativo del Bundestag, la *Bundesgesetzblatt*, juntamente con el Convenio y las dos notas verbales a que dio lugar la petición de 1963.[127]

Los mutilados y los derechohabientes de los fallecidos comenzaron a recibir la notificación de las percepciones durante lo que restaba de 1965, con su detalle. El primer pago se materializó a los dos meses, por transferencia bancaria. Incluyó los atrasos, computados desde mayo de 1962, y dos mensualidades. Habían pasado seis años desde que la Hermandad Nacional de la División Azul iniciara las gestiones para el reconocimiento alemán a sus fallecidos y mutilados tras la guerra; y 20 desde la última asignación recibida desde Berlín.[128]

La aprobación del Convenio supuso para cientos de mutilados añadir un complemento de pensión a la que ya percibían desde su repatriación. Era el reconocimiento alemán a los daños, tanto físicos como psíquicos, derivado de su participación en la Segunda Guerra Mundial; que, a efectos prácticos sirvió para equiparar sus ingresos a los de los multilados alemanes.

El organismo encargado de la tramitación de los complementos de pensión a los ex divisionarios ha sido el *Versorgungsamt* de la ciudad de Karlsruhe, uno de los ocho del land de Baden-Württemberg, dependientes del Ministerio Federal de Trabajo y Asistencia Social (*Bundesminister für Arbeit und Sozialordnung*). Un organismo que en 1994 gestionaba las pensiones de 29.000 personas, en su mayor parte alemanas, dañadas por los efectos de la Segunda Guerra Mundial, y que contaba con un presupuesto anual de 250 millones de DM. Por parte española, el único organismo diplomático que de alguna manera ha intervenido en la gestión de los complementos de pensiones ha sido la Embajada (traducción y envío de las cartas del *Versorgungsamt*), sita hasta hace poco en Bonn; pues el Consulado en Düsseldorf se centró en las pensiones de los internados en campos de concentración, y el Consulado General, en Berlín, se ha mantenido al margen.[129]

Para evitar fraudes, los mutilados o sus familiares han tenido que remitir anualmente al *Versorgungsamt* un certificado de fe de vida del titular de la pensión. Si, por cualquier motivo, no ha llegado a Karlsruhe, el pago ha quedado en suspenso. El complemento de pensión se ha pagado siempre por adelantado, lo que, caso de fallecimiento del titular, ha generado alguna que otra situación equívoca.[130]

El importe de las pensiones a satisfacer por el Ministerio Federal de Trabajo y Asistencia Social a los mutilados alemanes de la Segunda Guerra Mundial, en 1994 oscilaba, en función del grado de disminución de su capacidad laboral derivada de las lesiones, entre 211 marcos alemanes (DM) (30 por ciento de disminución) y 1.107 DM (incapacidad laboral total). Cantidades que, para los españoles, se vieron reducidas, aproximadamente, entre un 25 y un 65 por ciento, en aplicación del ya referido artículo 31 de la BVG (deducción del importe de la pensión española). En todo caso, lo reducido de los importes convirtió la comisión bancaria para su transferencia a España y posterior abono en las respectivas cuentas en un considerable gravamen, a tener en cuenta; por ello, el *Versorgungsamt* finalmente desistió del pago mensual y optó por generalizar el trimestral. En cuanto al pago, se desarrolló sin especiales complicaciones hasta diciembre de 1991, momento en el que la República Federal había desembolsado ya, por tal concepto, aproximadamente 70 millones de DM. Sin embargo, los cambios introducidos a partir del 1 de enero de 1992 en España, con la implantación de las *pensiones extraordinarias de retiro*, generaron un grave problema para la Administración alemana encargada del pago de pensiones, que en 1995 todavía no había solucionado.[131]

El *Cuerpo de Mutilados*, en su calidad de organismo dependiente del Ministerio del Ejército encargado de la gestión y pago de los devengos de los mutilados —en mucho, los más cuantiosos de entre los generados por la actuación de la División Azul—, hasta 1991 había mantenido contacto permanente con el *Versorgungsamt*. En este sentido, le enviaba anualmente las tablas en las que quedaban consignados los baremos establecidos por la Secretaría de Estado de Administración Militar para calcular la cuantía de la pensión de cada mutilado durante el ejercicio, resultado de cruzar su empleo militar con el de la lesión sufrida. Conocida la pensión española asignada, el *Versorgungsamt* aplicaba a la pensión de los mutilados alemanes (*Grundrente*) el descuento pertinente por doble prestación (*ruhender Betrag*), y con ello obtenía el importe a satisfacer (*Zahlbetrag*).[132]

Pero a partir de enero de 1992, la desaparición de la pensión militar por mutilación, y del organismo que las gestionaba, impidió al *Versorgungsamt* proceder al cálculo del *ruhender Betrag* y con ello del importe líquido de los complementos de pensión. No sin cierta alarma, se puso en contacto con la Embajada española, para saber cómo debería proceder a partir de entonces en el cálculo. Ésta carecía de información al respecto, por lo que preguntó al Ministerio de Defensa las características de las nuevas pensiones, si equivalían a la antigua pensión o no, y solicitó las tablas para determinar su cuantía. La respuesta llegó en junio: al no ser ya específicamente de mutilación, no existían tablas para el cálculo de las pensiones.[133]

La falta de referentes con los que proceder al cálculo del *ruhender Betrag* ahondó el vacío normativo y, de no haber mediado la buena voluntad alemana, hubiera paralizado la acción asistencial a 773 españoles, cifrada en 1,8 millones de DM anuales. Por suerte para ellos, el *Versorgungsamt* optó —como medida transitoria— por continuar el pago de pensiones sobre la base de los baremos españoles correspondientes a 1991, los últimos de los que disponía. Y se comprometió a abonar las diferencias resultantes que pudieran generarse, tan pronto como Madrid se ocupase del asunto. Se alargó, de esta manera, una situación que, ya en 1995, los responsables del *Versorgungsamt* temieron que fuera definitiva y que, además de molestias, les generaba preocupación y disgusto. De hecho, a nadie escapaba que, con su inhibición, la Administración española rompió unilateralmente el Convenio de 1962. Pero, además, al no reconocer explícita y oficialmente la pérdida de poder adquisitivo de la mayor parte de los ex divisionarios por la implantación de la *pensión extraordinaria de retiro*, perjudicó el bolsillo de aquellas personas (las mismas que en 1992 habían visto ya menguados sus devengos españoles por mutilación).[134]

Al margen de las complicaciones que acabamos de exponer, el hecho es que desde 1965 Alemania ha cumplido escrupulosamente los compromisos adquiridos con España a raíz del Convenio. Fruto de ello ha sido el pago continuado de *complementos de pensiones* a los mutilados y los derechohabientes de los fallecidos; que, hasta cierto punto, han equiparado su poder adquisitivo al de los alemanes. Una síntesis fragmentaria de las cantidades totales satisfechas anualmente desde entonces y del número de personas que se han beneficiado de ellas, la tenemos en el Apéndice número 13 (página 431). De él se infiere que Alemania pagó en 30 años unos 80 millones de DM a una media de 1.580 españoles; por lo que cada uno de estos habría recibido una cifra estimada de 50.500 DM.[135]

3. El precio material de la División Azul

Para acabar este capítulo dedicado a evaluar los costes de la División Azul, nos centraremos ahora en su vertiente monetaria. Para ello, fragmentaremos el análisis en dos ámbitos: el personal, concretado en los haberes percibidos por sus miembros, y el global, que señalará los desembolsos llevados a cabo y las negociaciones bilaterales hispano-alemanas en torno a ellos.

Los haberes de los divisionarios[136]

Los haberes por la pertenencia a la División Azul se desglosaban entre la *soldada*, a percibir mensualmente, y tres complementos: la *gratificación de campaña* y el *plus de frente*, a cobrar cada 10 días (éste último sólo por día de permanencia en la zona de combate), y *la gratificación de vestuario*, únicamente para jefes y oficiales. De estas cuatro pagas, los divisionarios sólo percibían en mano los complementos, en tanto que la más sustanciosa, la *soldada*, iba a parar directamente a manos de sus familiares (de no existir, a una cuenta corriente, en España, a nombre del divisionario en cuestión).[137]

La *soldada* era la retribución base, el sueldo; y, a diferencia de sus camaradas alemanes, los divisionarios generalmente la percibían por partida doble: de España y de Alemania. Así, todos los divisionarios cobraban la *soldada alemana*; y los de procedencia militar, así como civiles desempleados, también la española (los civiles empleados, por ley, continuaban percibiendo su sueldo). En cuanto a la *soldada española*, los mandos militares y de milicias recibían la percibida en la Legión (la más alta del Ejército), y la tropa, 7,30 pesetas diarias; y corría a cargo del Ministerio del Ejército. Su pago lo efectuaba la Pagaduría Central, que mensualmente giraba las cantidades devengadas a las unidades en que estaban encuadrados (militares) o a la pagaduría militar de la provincia donde estuviera ubicada la Jefatura de Milicias de alistamiento (desempleados y mandos falangistas). Por su parte, unidades y pagadurías provinciales giraban el importe al familiar previamente autorizado por el divisionario, generalmente esposa o progenitor. En este sentido, el pago era totalmente independiente de la soldada alemana, y ello a pesar del proyecto inicial del Gobierno español de unificarlos.[138]

Por lo que respecta a la *soldada alemana*, los casados, independientemente de su graduación, la veían incrementada en 18 RM por cada hijo menor de 17 años. Ello, unido a la diferencia de base por el estado civil, podía llegar a alterar sensiblemente lo cobrado entre las graduaciones inferiores. Así, los 60 RM (254,4 pesetas) que percibía un soldado de segunda clase soltero —la mayor parte de los divisionarios— pasaban a ser 126 (534,24 pesetas) para los casados y padres de dos hijos menores de dicha edad. Difícilmente en la vida civil podría encontrarse una valoración semejante en términos económicos del matrimonio y la paternidad. En todo caso, en función del empleo, la *soldada alemana* oscilaba entre 60 y 900 RM para los solteros y entre 90 y 1.170 para los casados. Se abonaba el día 1 de cada mes (igual que la española) mediante giro efectuado por la Pagaduría Militar alemana con sede en Madrid, la ya referida *Wehrmachtkasse*. Como caso excepcional y previa autorización, se abonaba en Alemania, si los familiares residían allí.[139]

En cuanto a los complementos, eran cobrados en rublos o en marcos de ocupación, nunca en RM, dada la prohibición gubernamental de utilizarlos fuera de Alemania, aunque las equivalencias los referían. La *gratificación de campaña* (*Wehrsold*) la percibían por anticipado los días 1, 11 y 21 de cada mes, y variaba en función de la graduación; en tanto que el *plus de frente* (*Frontzulage*) se devengaba «como compensación de las condiciones de vida empeoradas a las que están expuestos los componentes del Ejército durante la guerra, a causa de las acciones de combate o contacto con el enemigo». Su monto ascendía al equivalente a un RM diario, al margen de la graduación, por lo que suponía un ingreso mensual medio de 30 RM, siempre y cuando se permaneciera en zona de combate. Se cobraba, por días vencidos, el 1, 11 y 21 de cada mes. En todo caso, la suma de la *gratificación de campaña* y el *plus de frente* generaba la mensualidad que el divisionario recibía en mano: entre 66 RM (279,8 pesetas) los soldados y 240 RM (1.017,6 pesetas) el general. Aquellas cantidades eran distribuidas por los oficiales pagadores de cada compañía o batería, después de que la Pagaduría de la División las recibiera de la Intendencia alemana. En principio debían ser gastadas en el frente o la retaguardia, y en ningún caso en España; una prohibición que, finalmente, fue levantada en marzo de 1942.[140]

Para proceder a las transferencias, la División estableció que el dinero fuera entregado a los suboficiales administrativos, quienes hacían la pertinente anotación en una pequeña hoja-formulario, propiedad del divisionario. Recogidas las cantidades, la Pagaduría de la División las entregaba a la Pagaduría de la Plana Mayor de Enlace Alemana, que las remitiría a Madrid, donde la *Wehrmachtkasse* las giraba a los familiares (como giraba la *soldada*). Y para el disfrute de aquel dinero en los permisos a España o tras el licenciamiento, quedó instalada en Irún una Oficina de Cambios, que permutaba marcos de ocupación por pesetas; si bien, a partir de agosto de 1943, el mando alemán estableció un límite máximo de cambio, en función de la graduación, comprendido entre 67,5 marcos de ocupación para los soldados y 255 para los coroneles.[141]

En cuanto al tercer complemento, la *gratificación de vestuario*, sólo para jefes y oficiales, ascendía al equivalente de 30 RM mensuales, y era pagada, por anticipado, el día 1 de cada mes, junto con el primer abono de *la gratificación de campaña*. Como su nombre indica, su función era cubrir los gastos que generara el vestuario; que, a diferencia de la suboficialidad y la tropa, corría a cargo del interesado. De ahí que, a efectos prácticos, no significara incremento alguno en los emolumentos globales.[142]

De la conjunción de las percepciones mentadas, resulta que, dada su condición de casado y padre de un hijo, el general Muñoz Grandes percibió, a cargo de Alemania, por cada año de permanencia al frente de la División 73.488 pesetas, el doble de lo que cobraba en España como general de brigada. En el extremo opuesto del escalafón divisionario, un soldado de segunda clase soltero ganó anualmente 6.140 pesetas y uno casado, 7.937. Pero no hay que olvidar que a las sumas reseñadas se añadió la *soldada española* o el salario que percibían los divisionarios de origen civil de sus empresas, obligadas a mantener su pago íntegro (hubo muchas irregularidades y hasta algún que otro contrasentido —empresas británicas—, por lo que, desde enero de 1943 el pago quedó íntegramente a cargo del Instituto Nacional de Previsión, con efectos retroactivos). En suma, si el soldado de segunda soltero anteriormente mencionado procedía del Ejército o estaba desempleado, percibió anualmente un total de 8.805 pesetas; y el casado, de estar en igual situación, 10.601. Si, tal como ha referido Ricardo Recio, entre 1941 y 1943 en España un trabajador agrícola ganaba, por término medio, 3.358 pesetas anuales; un obrero del textil, 3.641; un minero, 3.655, y un albañil, 3.670; la pertenencia a la División Azul supuso para miles de españoles de extracción social humilde un considerable respiro para sus maltrechas economías, en una época de pobreza generalizada y de draconianas restricciones al consumo.[143]

El coste de la División Azul

Cuando la División Azul nació, España adeudaba a Alemania 371,8 millones de RM, 1.576,5 millones de pesetas al cambio, en concepto de ayuda al bando vencedor durante la Guerra Civil. Una sustancial *deuda de guerra*, que iba a pesar considerablemente en la valoración económica de la División Azul.[144]

Los primeros acuerdos bilaterales de naturaleza económica en torno a la División se tomaron el 6 de julio de 1941 en Berlín, en el marco de las conversaciones que su *Comisión Aposentadora* mantuvo con miembros del *Reichsheerministerium* y jefes de Estado Mayor del Ejército alemán de Reserva, en presencia del agregado militar. En aquella primera toma de contacto, la parte alemana ofreció abonar a los divisionarios la *gratificación de campaña* y el *plus de frente*, y se mostró renuente a pagar la *soldada*, con el argumento de que eran las familias, y no los combatientes, quienes la percibían. Tras objetar los comisionados que España había abonado a la Legión Cóndor todos los haberes devengados, los alemanes se comprometieron a estudiar el asunto, para lo que requirieron del Ejército la escala de devengos por empleos. (Al día siguiente, el jefe de la *Comisión* informó de que Alemania correría con los gastos de franquicia postal hasta la frontera y de hospitalización de enfermos y heridos, pero que no asumiría los derivados de las inutilidades definitivas.)[145]

Bajo aquellas todavía inconcretas bases económicas, nacidas de un mero compromiso verbal, la División Azul fue enviada a Alemania para iniciar su período de instrucción. A partir de entonces, el tema de los haberes quedó en manos del agregado militar en Berlín. Así, el lunes 21 Roca de Togores recibió de Madrid las esperadas escalas de devengos militares por categorías, y las hizo llegar al *Reichsheerministerium*, que procedió a su inmediato estudio. Al día siguiente, el Ministerio le comunicó que finalmente había fijado la *soldada* sobre la base de una cantidad media correspondiente a cada una de las 16 categorías que marcaba la escala española, con lo que implícitamente aceptó proceder a su abono. Y para su percepción, propuso abrir una cuenta a nombre de cada divisionario en territorio del Reich (veto legal a utilizar RM en la zona de operaciones o de ocupación), con la particularidad de que las imposiciones en ella registradas no podrían ser giradas a España (prohibición de sacar moneda fuera del territorio del Reich). Así las cosas, Roca de Togores refirió que, dada la escasa cuantía de la *gratificación de campaña*, convendría arbitrar un sistema para que, al menos en el Campamento, los divisionarios dispusieran de efectivo suficiente; a lo que la parte alemana respondió que procuraría abonar en mano la primera *soldada*. Y tras las pertinentes gestiones, finalmente el 25 el agregado transmitió a Madrid (Estado Mayor Central) el proyecto para el pago de haberes, con el ruego de que resolviera urgentemente. (Al día siguiente puntualizó que los casados recibirían un suplemento por hijo menor de 17 años.)[146]

Desconocemos la respuesta inicial de Madrid a la propuesta, pero sabemos que aquel verano continuaron, en Berlín, las negociaciones a nivel de Embajada para fijar las aportaciones alemanas y españolas, por medio de los agregados del Ejército y del Aire. El principal escollo era la *soldada alemana*, en tanto las dos limitaciones legislativas que pesaban sobre ella. Había que arbitrar, por lo tanto, la forma de hacerla llegar puntualmente a los familiares sin que fuera transferida directamente por Alemania. De momento, el Consejo de Ministros del 2 de agosto aprobó un crédito de más de 41 millones de pesetas para cubrir temporalmente su pago. Tres semanas después, los respectivos Gobiernos llegaron al acuerdo de establecer un Oficina en España (la *Wehrmachtkasse*, o Caja de la Wehrmacht), que la abonaría en pesetas. El agregado militar apuntó la necesidad de arbitrar una excepción, que de entrada fue bien acogida: entregarla en mano y en RM a los divisionarios destinados en Alemania (miembros de la Representación en Berlín, oficiales de censura en Frankfurt, encargados del depósito de vestuario), y a cuantos tuvieran su familia allí.[147]

El proyecto de Acuerdo definitivo fue presentado por Varela al Consejo de Ministros el 25 de septiembre, y aprobado el 26. El Proyecto, similar al alcanzado para los trabajadores españoles, consignaba que Alemania se hacía cargo de cuatro partidas de gastos: la de *suministros, vestuarios y alojamiento*; la de *gratificaciones de campaña*; la de *pluses de frente*, y la de «pagos normales» (*soldadas*). La primera no comportaba problemas administrativos, pues realizaba el desembolso dentro de sus fronteras; y en cuanto a las *gratificaciones de campaña* y los *pluses*, tampoco, pues las pagaba en rublos o en marcos de ocupación. En cuanto a la *soldada*, el Gobierno del Reich propuso al español que se hiciera cargo del pago mensual de su equivalente en pesetas, en tanto que él abonaría en una cuenta (de compensación), en RM, las cantidades satisfechas. Su importe total había sido calculado en torno a 12,5 millones de pesetas; y sería abonada a los familiares conjuntamente con la *soldada española*, en un único giro postal. En principio, la solución no pareció desacertada al Ministerio del Ejército, pues aparte de que las familias recibirían el dinero, el saldo de la cuenta permitiría sufragar la importación de artículos. Y fue finalmente aprobada por el Consejo de Ministros.[148]

En base al acuerdo, en el otoño de 1941 llegó a Madrid una comisión de oficiales alemanes de Intendencia con la misión de organizar la instalación de la *Wehrmachtkasse*, que se proveería con los periódicos ingresos que el Ministerio del Ejército haría a una cuenta abierta a su nombre en el Instituto Español de Moneda Extranjera. Pero, de unas manifestaciones de aquellos comisionados, Madrid supo que Alemania quería destinar el saldo de la cuenta compensatoria (en la *Deutsche Verrechnungskasse* de Berlín) a la amortización de la deuda de guerra, lo que daba al traste con el previsto *clearing*. Ante ello, Camilo Alonso Vega manifestó la disconformidad del Ejército, en tanto que tal decisión anulaba la capacidad de España de fijar el momento de comenzar a amortizar la deuda, y solicitó exigir el cumplimiento de «lo acordado». Jordana estuvo de acuerdo con aquella interpretación —a nuestro entender, errónea—, y se comprometió a iniciar conversaciones con el Gobierno alemán.[149]

A finales de mes aún no había comenzado el pago de la *soldada alemana*. El 29, un consejero de la Embajada apremió al director de Política Exterior a que activara urgentemente el ingreso convenido en la *Wehrmachtkasse*, con el argumento de que la División se había configurado en julio y de que ya había sido aprobado el necesario crédito. Informado de la visita, Serrano Suñer ordenó trasladar la petición al Ministerio de Hacienda: el 3 de noviembre la Sección *Europa* de Exteriores contactó con Benjumea para que activara el asunto, significando su importancia y lo perentorio del mismo. (Éste se excusó con el argumento de que la Intendencia General del Ejército todavía desconocía el detalle de la cantidad a abonar.) Subsanadas las dificultades, en enero de 1942 la Pagaduría Central del Ejército materializó finalmente el primer ingreso en la *Wehrmachtkasse*. Una vez el dinero en su poder, ésta procedía al pago, por medio de giro postal, a los familiares (no sólo de la *soldada alemana*, también de *pensiones* e *indemnizaciones alemanas* derivadas de la División); a la par que Berlín contabilizaba, también mensualmente, las transferencias en la cuenta española de la *Deutsche Verrechnungskasse* como «anticipos a cuenta». Tal como ha indicado Rafael García Pérez, aquél era un arreglo contable práctico, pues aunque constituía un pago indirecto de la deuda de guerra, el saldo no fue asignado a partida alguna en concreto. Para Ricardo Recio, demostró ser uno de los pocos mecanismos efectivos que tuvo Alemania para cobrar la deuda, a la par que resolvió el problema del pago a las familias.[150]

En aquellas circunstancias, la Pagaduría Central del Ejército estructuró los pagos a realizar en tres grandes epígrafes contables: el de *haberes alemanes*, el de *haberes españoles* y el de *gastos varios*. El primero reflejaría las cantidades entregadas a la *Wehrmachtkasse*; el segundo, los pagos de las *soldadas* y pensiones que asumía el Ministerio; y el último —no contemplado en el Acuerdo de septiembre—, los gastos de la Representación de la División y de la Pagaduría Militar alemana en Madrid, los de material librado al capitán pagador español, los de representación de Muñoz Grandes, las dietas y viáticos, el importe de los víveres enviados, y el del vestuario.[151]

A finales de mayo de 1942 la contribución económica española a la causa alemana en el Este pasaba de 68 millones de pesetas; y como toda garantía de lo pagado hasta entonces, Ejército sólo disponía de la firma que los oficiales pagadores alemanes habían estampado mensualmente en el comprobante de ingreso. Era mucho dinero y el peso de dichas firmas no pareció suficiente a Varela, que pidió a Jordana que gestionara la implicación de la Embajada en los cobros, por medio de la firma de su agregado militar y el visto bueno del embajador. Por aquel entonces, la duración de la campaña había ultrapasado en mucho las previsiones iniciales, y de ello se resentían las arcas alemanas y muy específicamente las de la Wehrmacht. De ahí que, en junio, a propuesta del *Allgemeine Wehrmachtsamt* y con el beneplácito de Hitler, el OKW tratara de modificar unilateralmente el epígrafe del Acuerdo relativo a los suministros que corrían a cargo de Alemania. Su propósito era rebajar de inmediato la cuenta de compensación a favor del Gobierno español (sólo el valor del armamento entregado ascendía a 10 millones de RM), por lo que propuso abastecer a la División de armas y equipamientos previo pago de los mismos. Pero Stohrer se opuso, en el temor de que cualquier cambio en el sistema de liquidación pudiera dar al traste con el mismo. Sus argumentos convencieron al Auswärtiges Amt, y finalmente la propuesta no prosperó.[152]

Al margen de los problemas financieros del Reich, a partir de junio de 1942 la Pagaduría Central del Ejército satisfizo a la *Wehrmachtkasse* 14 millones de pesetas mensuales. Antes, dicha partida había experimentado ya una sensible evolución al alza: hasta enero, 6 millones; en febrero y marzo, 8; en abril, 10, y en mayo, 13. En conjunto, durante su primer año de existencia, hasta el 30 de junio, la División Azul supuso para España un desembolso de 185,3 millones de pesetas; 95 destinados al pago de los *haberes alemanes*, 70,6 al de *haberes españoles*, y 19,6 a *gastos varios*. Por lo tanto, los *haberes alemanes* habían supuesto el 51 por ciento del gasto, sensiblemente por encima de las otras dos partidas (38 y 11 por ciento del total).[153]

En otro orden de cosas, todo parece indicar que el nivel de coordinación entre las contabilidades alemana y española fue escaso. Prueba de ello la tenemos en el hecho de que, cuando en noviembre de 1943 el consejero comercial Enge se quejó a Exteriores de que la cifra referida a pagos hasta septiembre no cuadraba con la que acababa de recibir del *Reichsheerministerium*, se comprobó que no había errores. Sucedía que la cantidad que Berlín computaba como total de gastos, la Pagaduría la entendía como *haberes alemanes*.[154]

Una vez repatriada la División, en enero de 1944 el Ministerio del Ejército dejó de pagar temporalmente los *haberes alemanes*. Con ello la *Wehrmachtkasse* vio cortada la fuente de financiación para abonar la *soldada*, las pensiones y las indemnizaciones. Aquélla, con diferencia la más gravosa, por suerte se había visto drásticamente reducida a una octava parte de su cuantía desde finales de 1943, dada la diferencia de efectivos entre la División y la Legión Azul. Para proceder al cierre de cuentas de la División había llegado a Madrid el director ministerial del *Reichsfinanzministerium*, doctor Koenning. Por aquel entonces la *Wehrmachtkasse* tenía un saldo de 23,7 millones de pesetas, y Koenning consideró que, para seguir haciendo frente a sus compromisos, le bastarían unos cuatro millones, que podría guardar en metálico la Embajada. En cuanto al dinero restante, debería ser puesto a disposición de ésta en calidad de reserva especial. Dieckhoff, preocupado por la insuficiencia de medios financieros, acogió muy positivamente la propuesta: aquella reserva (casi 20 millones) podría utilizarse para sufragar compras en negro, fundamentalmente de wolframio, vitales para el curso de la guerra.[155]

Tras cerrar las cuentas de la División, Koenning recibió —al parecer de Carceller— la propuesta de reemprender las hasta entonces bloqueadas conversaciones sobre la deuda de guerra, para regular, de una vez por todas, su liquidación final. El ministro estaba dispuesto a obtener, con el beneplácito de su homólogo Benjumea, pingües beneficios de las perentorias necesidades alemanas de wolframio; aunque para ello tuviera que proceder clandestinamente a través de la sociedad de cartera Sofindus, y transgredir así la prohibición de exportación que, ante las exigencias de los Aliados, acababa de decretar Jordana. De la venta obtendría, además de grandes ingresos y suministros suplementarios de cereales o armamento, la ansiada liquidación de la deuda en términos de una sustancial rebaja. Para negociar sobre este punto, Carceller pensó en su principal colaborador, el subsecretario de Comercio, José María Lapuerta; hombre experimentado en este ámbito, pues había intervenido en las negociaciones de febrero de 1941.[156]

Desconocemos la fecha exacta del inicio de las conversaciones entre Lapuerta y Koenning, pero como mínimo habían mantenido ya una cuando se reunieron el 28 de febrero. Aquel día Lapuerta planteó la posibilidad de llegar en plazo breve a un acuerdo global si Alemania aceptaba cuatro condiciones: una rebaja sobre el importe calculado en 1941 y los intereses acumulados hasta la fecha, contabilizar todos los pagos a cuenta efectuados por Madrid, indemnizar a los súbditos españoles residentes en Alemania por daños derivados de la guerra, y compensar automáticamente los costes de personal de la Legión Cóndor con los de la Legión Azul.[157]

Las conversaciones se alargaron durante más de un mes, y rebajaron la deuda a 170 millones de RM, 720,8 millones de pesetas al cambio (en abril quedó definitivamente fijada en 100 millones de RM; esto es, 424 millones de pesetas). En cuanto a la División Azul, Koenning de entrada aceptó la compensación de costes con la Legión Cóndor, siempre y cuando cada Gobierno se hiciera cargo de los pagos fijados en su territorio. (A efectos prácticos, ello significaba que Berlín ya no debería compensar las transferencias a la *Wehrmachtkasse*.) El 3 de marzo, Dieckhoff informó al Auswärtiges Amt de que el principal obstáculo para materializar la propuesta radicaba en que sólo había fijadas de manera definitiva la mitad de las rentas (pensiones e indemnizaciones) a pagar a divisionarios mutilados y familiares de fallecidos; las solicitudes en estudio deberían fallarse tan rápidamente como fuera posible, para proceder a su pago inmediato.[158]

Alemania aceptó, pues, con condiciones, la propuesta de compensación automática de los débitos: España dejaría de pagar lo que debía por la actuación de la Legión Cóndor, y Alemania quedaría liberada de compensar pagos por la División y la Legión Azul. Y si bien el acuerdo entre Lapuerta y Koenning finalmente no llegó a firmarse (veto de Jordana al descubrir los manejos de Carceller), todo parece indicar que el apartado relativo a la División Azul y la Legión Cóndor entró en vigor. A partir de entonces, pues, los pagos de la *Wehrmachtkasse* no fueron ya compensados. Así, los tres millones de pesetas que en abril de 1944 Ejército ingresó en sus arcas, y los 5,5 millones más que le entregó de mayo a marzo de 1945, a razón de 500.000 mensuales, no tuvieron contraprestación alguna.[159]

Para concluir, refiramos los pagos totales. A 31 de marzo de 1945, con el Tercer Reich agónico, la División Azul había costado a las arcas españolas 613,5 millones de pesetas, un 39 por ciento de lo adeudado al término de la Guerra Civil a Alemania, pero 1,45 veces el débito finalmente reconocido. Y tras la guerra, tal como hemos visto, en 30 años Alemania pagó unos 80 millones de DM en concepto de pensiones a mutilados. Pero eso fue todo; no hubo más. Antes, España no recibió ni un solo RM para hacer frente a los gastos de la División Azul; y, dadas las obligadas transferencias a la *Wehrmachtkasse*, el abono alemán de pensiones y subsidios quedó circunscrito a periódicos ingresos en una cuenta de compensación en Berlín, cuyo saldo nunca fue transferido y cuya finalidad última no llegó a ser determinada. Y si bien el Tercer Reich proveyó a la Unidad de armamento moderno, víveres y ropaje, pagó los complementos de frente, hospitalizó a los divisionarios y los mantuvo en casas de reposo, difícilmente los gastos derivados de todo ello pueden considerarse como un pago a España.[160]

Por el contrario, los 613,5 millones de pesetas gastados al finalizar el primer trimestre de 1945, no eran más que el inicio de un sinfín de pagos. Así, el puntual abono de pensiones por mutilación, viudedad, orfandad y paternidad han configurado un constante goteo para el erario público español hasta hoy mismo (al menos, por los dos primeros conceptos), que hay que sumar a los gastos generados por la atención sanitaria a los mutilados. Desconocemos el volumen total del desembolso realizado durante los muchos años que separan 1941 de 2004, en tanto que las cifras se diluyen y pierden entre los legajos de archivos y los ordenadores de algún que otro Ministerio, pero no cabe la menor duda de que asciende a varios miles de millones de pesetas.[161]

Sin temor a faltar a la verdad y en contra de la creencia generalizada, podemos afirmar que los gastos generados y derivados de la División Azul han sido sufragados fundamentalmente por España; y que, comparativamente, la aportación alemana ha sido poco menos que residual. A todas luces, pues, desde una perspectiva estrictamente económica, la Unidad ha sido y es mucho más División Azul que *Blaue Division*.

Conclusiones
(significación histórica
de la División Azul)

L A *DIVISIÓN ESPAÑOLA DE VOLUNTARIOS*, la unidad combatiente de gradiente civil más conocida de cuantas ha dado a la luz la España contemporánea, y que ha pasado a la Historia con el epíteto de *Azul*, fue muchas cosas a la vez. Y conjugó en su seno y contexto aspectos políticos, diplomáticos, sociales y económicos, así como los propiamente militares, ya de por sí complejos.

Las páginas que preceden hasta cierto punto han diseccionado tales factores sobre la base de la génesis, la estructura, la actuación, y parte de los elementos que la División generó y que le fueron inherentes o le estuvieron asociados. Y ello, de la mano del falangismo, ese movimiento pseudofascista que quiso ser definitorio de una época pero que quedó en mero esbozo, en elemento permanentemente subsidiario.

Con la División, hemos penetrado en la realidad sociopolítica de la España de la primera posguerra; en las estrategias diplomáticas que confluyeron en Madrid, en Berlín y Londres, fundamentalmente, en un contexto bélico sin precedentes; en la lucha atroz desarrollada en el frente del Este; en el día a día de aquella particular unidad, gota de agua en un océano convulso. Hemos presentado también aspectos de una pléyade de protagonistas de la Historia: de mariscales de campo a soldados de segunda clase, de jefes de Estado a ciudadanos o súbditos de a pie, de embajadores a mecanógrafas de Legación... Y hemos analizado proyectos, materializaciones, esperanzas y desengaños; a la par que alguna que otra alegría y mucho sufrimiento.

El dolor, ese dolor que genera la vida cuando es abocada a la muerte joven, ha impregnado bastantes de las páginas hasta aquí escritas. Y no podía ser de otra forma dado el tema. Con él como trasfondo, han revivido aspectos que yacían en el olvido y reaparecido elementos que pueden dar un poco más de luz a una época de por sí oscura, definida por la escasez y los antagonismos, y que ha marcado a millones de personas que todavía están entre nosotros, a nuestros viejos.

Llegados a este punto surge la pregunta obligada de qué significa la División desde una perspectiva histórica. ¿En qué consistió, en definitiva, la vasta amalgama de circunstancias que configuraron ese accidente histórico, venerado por unos, denostado por otros y olvidado por los más? A su respuesta nos atendremos acto seguido, como colofón de este libro.

SIGNIFICACIÓN POLÍTICA

Política interior

Desde una perspectiva política interna, la División Azul fue hija del falangismo de posguerra, uno de sus productos más recordados. Visceralmente anticomunista, estuvo indefectiblemente enlazada con nuestra Guerra Civil, hasta el punto de que la reabrió en muchos espíritus. Y fue, a la par, elemento de estabilización y desestabilización para el Régimen de Franco, pues descomprimió la rabia falangista, pero forjó proyectos de poder y en torno a ella toparon Falange y Ejército.

Al igual que las milicias en la Guerra Civil, la División fue, en el contexto de la Segunda Guerra Mundial, la proyección bélica del falangismo. Él la creó. Nadie duda que, sin FET-JONS, jamás habría existido. De la mano de los Serrano Suñer, Ridruejo, Mora Figueroa, Tovar, Guitarte, Castiella... se fraguó el proyecto de una unidad voluntaria al servicio del Tercer Reich, en su lucha contra la Unión Soviética. La División fue, por lo tanto, iniciativa falangista, aunque muy pronto tamizada por Franco y controlada por el Ejército.

Y todo parecía indicar que se trataba de una apuesta sólida, con la que había mucho que ganar. A ciencia cierta, el triunfo del Eje hubiera elevado a la Falange, convertida en *alternativa* real de Poder, sobre la base de la anhelada configuración de un Estado nacionalsindicalista. El sueño de muchos *camisas viejas* estaba, por primera y única vez, al alcance de la mano. Pero había que ganar la guerra, una nueva guerra: la definitiva.

La apuesta llegó en un momento crucial. El desánimo estaba muy extendido desde finales de 1940 entre el falangismo militante. A nadie escapaba que el Partido era un inmenso aparato burocrático aprisionado por los anhelos de Serrano y el conservadurismo de Franco. Sólo los Sindicatos parecían tener brillo propio. Finalmente, en mayo de 1941 las tensiones estallaron, y lo que pudo devenir sublevación falangista acabó en fiasco. FET-JONS, en definitiva, con Serrano disminuido en sus atribuciones, quedó más atada a la voluntad del *Generalísimo* que nunca, de la mano de José Luis de Arrese. El proceso a Salvador Merino, verdadero epígono de la crisis de Estado, abrió los ojos a quienes todavía creían en la posibilidad de una actuación independiente en el seno del Régimen. En todo caso, en el momento en que las tropas alemanas violaron las fronteras soviéticas, Serrano Suñer vivía un momento particularmente amargo. Hasta cierto punto arrinconado en el Palacio de Santa Cruz, él y su círculo vieron en aquella acción exterior una inmejorable oportunidad de resarcimiento político. Y actuaron en consecuencia, con la gestación de la División Azul.

Y antes de que el Ejército pudiera reaccionar, la Falange se echó a la calle en un acto de apariencia espontánea. La gran manifestación progermánica del 24 de junio de 1941 en Madrid, amenizada por la arenga de Serrano condenatoria de la Unión Soviética y los posteriores disturbios ante la Embajada británica, fue punto de partida. La recluta que siguió constituyó un gran éxito: ocultación de enfermedades, falsificación de la edad, autorizaciones paternas para contrarrestar minoridades, familias con varios miembros alistados... configuraron el día a día de un alistamiento que abarcó a todo el espectro social, y que vio en las clases medias urbanas y los estudiantes su sustento sociológico. Sólo Cataluña y el País Vasco desentonaron en 1941 y dieron un bajo nivel de voluntariado.

Iniciada la campaña, FET-JONS contó en el frente con la mayor parte de la tropa —al menos hasta 1942—, un segmento de la suboficialidad y enfermeras. Y, en España, retuvo (temporalmente) el monopolio de la recluta civil, la prensa y todas las iniciativas no militares dirigidas a la División, ámbito en el que la Sección Femenina, con Pilar Primo de Rivera al frente, desplegó una labor ingente; que, por medio del Servicio Social, implicó a las jóvenes españolas. En todo caso, perdida la oportunidad de control absoluto, el falangismo terció, una vez más, con una parcela de la realidad; en este caso, la extramilitar. Pero ello le proporcionó múltiples posibilidades, hasta el punto de que, a ojos de la opinión pública, se erigió como único vertebrador de una realización importante, que incluso penetraba en el ámbito internacional.

La División era *azul* porque era hija del falangismo; y por mucho que el Ejército quisiera imponer la denominación oficial de *División Española de Voluntarios*, entre el común siempre sería la División Azul (para los alemanes, *Blaue Division*; para los rusos, *Galubaya Divisia*, y para los anglosajones, *Blue Division*). En este sentido, su valor propagandístico fue en potencia inmenso. Y la Falange intentó exprimirlo al máximo con un sinfín de actuaciones, canalizadas siempre por la prensa. La inserción de jerarcas en sus filas (pronto reclamados), el envío de un cuerpo de enfermeras (según algunos, con deficiente preparación), el monopolio de las cuestaciones, las realizaciones en el ámbito asistencial, el enfoque de las noticias, la redacción de las esquelas..., todo, prácticamente todo, revitalizó a FET-JONS en el interior del país. Pero hay más, pues en el ámbito internacional, con la División como emblema, se alzó en abanderada del europeísmo vinculado al *Nuevo Orden*;

y en los congresos celebrados durante 1942 y 1943 bajo la égida de Alemania dispuso siempre de un puesto y del derecho a expresarse.

En contraposición con el falangismo, fue el Ejército el gran catalizador de la División, pues le proporcionó la instrucción inicial, los mandos superiores y parte de la tropa, en aumento a medida que transcurría la campaña. Además, a pesar de luchar en el seno del Heer y con armamento alemán, la División dependía a todos los efectos del Ministerio español del Ejército, con su titular al frente. Y gozaba de plena autonomía jurídica, por lo que la regía el Código español de Justicia Militar. En este sentido, la actuación de los generales Enrique Varela y Carlos Asensio fue dispar. El primero, vinculado al tradicionalismo por matrimonio, logró de Franco la sujeción de la Unidad y no dudó en reclamar la cabeza del ex divisionario implicado en el trágico incidente del Santuario de Begoña (agosto de 1942), lo que, a la postre, condujo a su destitución y a la de Serrano. Por su parte, Asensio hizo cuanto en su mano estuvo por soslayar los dictados tendentes a disolverla (se enfrentó a su homólogo Gómez Jordana, sucesor de Serrano Suñer al frente de Exteriores) y fue el padre de su sucedáneo, la Legión Azul.

En sintonía con la Falange y el Ejército, la División Azul fue, ante todo, un producto anticomunista, acorde con el espíritu del *Pacto Antikomintern*. Una unidad de voluntarios (y forzados) mayoritariamente prestos a colaborar en la aniquilación del régimen comunista soviético, tan denostado por amplios sectores sociales del Continente e incluso por los países anglosajones, que entendieron la alianza militar con Moscú como mero instrumento para combatir al hitlerismo. Y, en contraposición con la cúpula dirigente del Reich, que hizo del anticomunismo una coartada justificadora de la invasión, la División se entendió a sí misma como *libertadora* del pueblo ruso, una especie de unidad de cruzados del siglo XX, que acabaría con el yugo que lo oprimía. Y, acorde con ello, generalmente mantuvo un trato amable con el elemento civil, con niveles de confraternización impensables en los alemanes, con quienes hubo más de un enfrentamiento.

El hecho es que, al margen de otras motivaciones, una parte considerable del voluntariado fue a luchar contra *el comunismo*, o, lo que por aquel entonces era lo mismo, a proseguir la Guerra Civil en territorio soviético. Eran, en su mayoría, jóvenes fuertemente marcados por la contienda fratricida (a uno de ellos, Juan, le mató a dos hermanos; y Rusia, a otros dos). Muchos no habían intervenido en ella por razón de la edad (Juan tenía 17 años; un hermano muerto, 16). De ahí que la proclama de Serrano Suñer, fundamentada en la *culpabilidad* de Moscú, sintonizara tan rápidamente con un segmento de la sociedad española. Proclama obviamente tergiversadora de los hechos, pero de algún modo constatadora de la importancia que tuvo la Unión Soviética en su desarrollo y en la represión habida en la retaguardia republicana. La victoria permitiría al franquismo *devolver la visita* y vengar a sus muertos en la propia *guarida* (terminología al uso) comunista. Aunque, en previsión de contingencias, convenía no declarar la guerra a Moscú; y en tal sentido obró el Consejo de Ministros que decidió el envío de la División, pero no sin reticencias.

No sólo el Régimen entendió a la División Azul como elemento de guerra civil: hubo en ella quienes anhelaban la deserción y posterior enfrentamiento, a la par que el exilio republicano la hizo objetivo a batir. En este sentido, al poco de su configuración se habló, referido a México y Estados Unidos, del proyecto de constituir unidades voluntarias a modo de réplica; y en la Unión Soviética no faltaron españoles deseosos de combatir a los divisionarios. De hecho, llegó a haber un cierto enfrentamiento en el frente, de la mano de la propaganda, pues fueron exiliados y desertores quienes prestaron su voz a los altavoces que conminaban a la rendición; y también en la retaguardia, donde actuaron como intérpretes en algunas de las tomas de declaración a prisioneros. Y también hubo enfrentamiento en el largo confinamiento, que *azules* y *rojos* compartieron por orden del Kremlin.

Siguiendo en el ámbito de lo político, la División Azul fue indirectamente factor de estabilización para el Régimen de Franco porque permitió el desfogue de muchos elementos críticos, hasta cierto punto peligrosos; y porque, dada su peculiar configuración, conjugó equilibradamente gentes de los diversos territorios de España. Como descompresor, el falangismo radical pudo airear parte de sus frustraciones en un campo de batalla y aspirar a reforzar sus vínculos con Alemania. Pero, con la derrota, se dio de bruces con la nueva situación internacional, hasta tal punto desfavorable, que mayoritariamente bajó la cabeza y se insertó definitivamente en el Régimen. Y por lo que a la vertebración interior respecta, la División fue un elemento más en el proyecto franquista de anulación de los sentimientos nacionalistas periféricos. Fue *unidad de destino*, aunque no en lo universal. Toda España quedó de alguna manera integrada en un proyecto que, aunque bélico, lo era de ámbito europeo. Hubo inclusive rivalidades provinciales, perfectamente trasladables al ámbito regional, por responder con voluntariado civil a la recluta y con aportaciones materiales a las demandas para configurar los Aguinaldos.

Pero ya hemos dicho que la División fue también elemento desestabilizador, hasta el punto de que durante un tiempo se la consideró como arma arrojadiza contra la cúpula del Régimen. Concretamente, durante la primavera y el verano de 1942, el nombre de Muñoz Grandes sonó reiteradamente como alternativa alemana a Franco, alentada por la diplomacia paralela en Madrid, que actuaba al margen de los dictados del embajador. Y qué duda cabe de que, en su ideal regeneracionista y el deseo de expulsar a los británicos de Gibraltar, el general acarició la idea de tomar las riendas del Gobierno y relegar al *Caudillo* a una jefatura de Estado honorífica. Para ello disponía del mando de una unidad fuertemente curtida e ideologizada, con equipo y armamento moderno, y que entendía como propia. Y sabía que eran muchos los que en España deseaban un giro político en sentido germanófilo. Y, para lograr su objetivo, tomó en consideración el apoyo de Hitler, a quien creía amigo y sabía receloso de un Régimen al que responsabilizaba del fracaso frente a Gran Bretaña. Pero no valoró que, para él, era sólo un peón en su cada vez más difícil partida de ajedrez; ni que, caso de triunfar, difícilmente dispondría de libertad de acción frente a los dictados de Berlín.

Informado hasta cierto punto de tales manejos, Franco intentó la inmediata sustitución de Muñoz Grandes por un general de segunda fila. Pero aún lo suficientemente fuerte, Hitler logró retrasar el relevo; por lo que Esteban-Infantes se vio en la humillante tesitura de tener que esperar varios meses, algunos a las órdenes del todavía titular. Finalmente, una hábil maniobra del nuevo embajador en Berlín logró arrancar el sí a la sustitución, en el mismo acto de presentación de credenciales. Ése fue el primer gran éxito de Ginés Vidal y Saura, que unos meses después colmaría con la repatriación de la práctica totalidad de la División. Y fue un baño de realidad para Muñoz Grandes, que pronto entendió que toda su proyección personal pasaba, necesariamente, por Franco.

También desde una perspectiva desestabilizadora, en torno a la División Azul se dieron, desde el primer momento, fricciones entre el elemento militar y el falangista, de manifiesto ya en el Consejo de Ministros que le dio luz verde (enfrentamiento Serrano-Varela). Y se arbitró una solución de compromiso que a pocos satisfizo: sería un contingente falangista controlado por los militares. De hecho, la historia inicial de la División es un continuo roce entre falangismo y milicia. (Sus dos denominaciones —jamás yuxtaponibles— son prueba de ello.) Las concentraciones en los diversos puntos de la geografía española, con trifulcas por detalles nimios, manifestaciones de indisciplina falangista, y los exabruptos y violencias militares para hacer cumplir órdenes; la marcha hacia Alemania, con alguna que otra entonación del *Cara al Sol* destinada a acallar los acordes del himno nacional...: todo, en los primeros compases de la División, apuntó hacia el choque entre dos concepciones de la vida, reflejo latino de la pugna que en Alemania mantuvieron el Partido y el Ejército. Aun así, las fricciones quedaron aminoradas en el frente, pues las penalidades unieron. Pero descollaron con fuerza en la Sanidad, fundamentalmente en el ámbito de la enfermería: los lacerantes informes de Aurelia Segovia denotan resentimiento, no sólo hacia los jefes médicos sino también hacia sus colegas militares, con Mercedes Milá al frente. Y también fueron sangrantes en España, concretamente en el puesto militar de Irún, donde, por dejación de sus responsables, cientos de heridos quedaron hacinados; además, hubo hospitales militares que no aceptaron a divisionarios de origen civil.

Política exterior

La División Azul fue pieza fundamental en el desarrollo de la política exterior española hasta 1944, factor importante durante el período de aislamiento internacional y en el contexto de la Guerra Fría, y elemento subsidiario, pero existente, hasta el final del régimen de Franco.

Fuera de toda duda, durante la guerra la División fue un importante instrumento de política exterior. De entrada, supuso un fuerte compromiso de España con Alemania y con el régimen que la regía. En este sentido, a pocos días de su inicio, Serrano Suñer manifestó que el ataque a Rusia había abierto una nueva etapa en política exterior definida por la «guerra moral» al lado de Alemania, que contribuiría a profundizar «nuevamente» la amistad entre ambos pueblos y ambos movimientos (falangismo y nazismo). Pero la División también permitió establecer un cierto distanciamiento con respecto a Berlín; en tanto que, con ella de la mano, Madrid definió y limitó su participación en la Segunda Guerra Mundial. Tesis defendida con denuedo por Serrano y recogida por un sector interesado de la historiografía, pero a todas luces plausible. De hecho, Franco y quienes compartían sus criterios, frustrados sus deseos imperiales en el *hinterland* norteafricano de Vichy, fueron renuentes a involucrarse plenamente en el conflicto. Y aunque Ribbentrop hizo un nuevo amago de presión para la entrada en la guerra cuando Madrid ofreció la División, obtuvo un no por respuesta. Y fue en parte gracias a la configuración y envío de la División Azul a Rusia, que el Régimen pudo conjugar su particular *no-beligerancia* con una mejora en las tensas relaciones con Alemania derivadas de su falta de compromiso.

En otro orden de cosas, resulta curioso constatar el casi soslayo, por parte de las potencias aliadas, de la División Azul, durante dos años; hasta el verano de 1943. Sólo el puntual embargo de gasolina por Washington en el momento de su configuración, puede considerarse una represalia de cierta entidad. El mismo día en que oficialmente acabó la recluta de voluntariado civil (2 de julio de 1941), sobre la base de los análisis de sus asesores (uno sugirió aceptarla con comprensión y hasta con simpatía), Eden la valoró únicamente como «complicación añadida» en las relaciones con España. Al día siguiente, optó por hacer caso omiso de las declaraciones de Serrano a la prensa alemana. Y, finalmente, por la total inacción, en la espera de que la División resultara un fiasco. Acorde con tal actitud, se impuso la opinión del *Premier*, defendida por el embajador Hoare, de mantener buenas relaciones con España, al margen de la existencia de la División Azul. Sólo cuando el Eje perdió el norte de África y el fascismo se hundió, el Gobierno norteamericano impuso su criterio y, no sin cierta renuncia, arrastró consigo al británico. Para entonces era improbable ya un intento alemán de control de Gibraltar e imposible el cierre del Canal de Suez. El Mediterráneo era un mar anglosajón y, con ello, el peso de España en el conflicto era menor.

Sin embargo, en claro contraste con la actitud diplomática de alto nivel, en el plano interior, la acción de la Embajada británica en contra de la División Azul fue más contundente que la de la estadounidense; y se centró, fundamentalmente, en la propaganda. Fue la suya una labor estudiada y altamente eficaz, hasta el punto de que caló entre el común de los españoles, a pesar de lo exagerado de algunas de sus manifestaciones y de alguna que otra mentira. (Poco pudo hacer la Embajada alemana, constreñido su ámbito de actuación fundamentalmente a la radio, la prensa y el sector oficial.) Ciertamente que la evolución de la guerra ayudó a la diplomacia británica, y los bulos se convirtieron en medias verdades y finalmente en realidades plenas. El éxito fulminante de la penetración anglosajona en el Magreb (noviembre de 1942) fue motivo de algarabía entre los sectores populares barceloneses, que sólo la violencia falangista y carlista, y la actuación de la policía, silenció. Pero la evolución de la guerra era irreversible, y el entusiasmo popular retornó con el hundimiento del fascismo (julio de 1943). Y dado el paulatino distanciamiento de los medios oficiales, ya entrado 1944 a la Embajada alemana prácticamente no le quedó más válvula de influencia social que los repatriados de la División Azul, a quienes mimó. A pesar de todo ello, Londres mantuvo una cierta actitud benevolente frente a la División, en la que debieron de pesar los años de antagonismo hacia la Unión Soviética y las reticencias hacia el régimen de Stalin. El hecho es que, durante toda la campaña, hizo la vista gorda al pago de salarios a divisionarios por parte de sus empresas con sede en España. Y, sobre la base de que no eran obligatorias, tampoco se opuso abiertamente a que sufragasen determinadas tasas al Instituto Nacional de Previsión destinadas a pensionar a exdivisionarios o a familiares de ellos. Finalmente, a instancias del duque de Alba, el Foreign Office estudió una posible mediación para que los nombres de Muñoz Grandes y Esteban-Infantes fueran retirados de un listado de criminales de guerra elaborado por Moscú.

La División Azul es hija de un contexto histórico muy particular, a todas luces anómalo: el generado por la agresión hitleriana a la Rusia soviética, en el contexto de una guerra europea inacabada. Una agresión que generó múltiples adhesiones entre las clases medias y altas de la Europa Occidental y entre los medios dirigentes de la Oriental, que, desde octubre de 1917, miraban hacia el Este con recelo, y hasta con miedo. Y que, tras la reciente ocupación de las Repúblicas Bálticas y de un pedazo de Finlandia y de Rumanía por parte de Moscú, entendían el bolchevismo como una ideología agresiva que hacía bandera del expansionismo. El hecho es que, con la División Azul, España se enganchó al carro de guerra de una parte de la Europa continental; que, tal como en su día ya refirió David Littlejohn, envió a Rusia a miles de sus hijos.

De hecho, una parte de las clases medias y pudientes europeas con su *cruzada anticomunista* de alguna manera apostaba por una cierta vertebración continental bajo la égida de la *Gran Alemania*, de espaldas al mundo anglosajón; en la que quedaría definitivamente integrado el extremo oriental de Europa, desde los Países Bálticos hasta Rusia. Y de ahí que, durante toda la campaña, el régimen de Franco hiciera interesada y reiterada incidencia al carácter europeísta de la aventura divisionaria.

Aquél fue un enganche, sin embargo, singular; pues en tanto que el resto del voluntariado europeo se integró en unidades de las SS, los españoles, excepcionalmente, lucharon en el seno del Ejército (División 250) y bajo mando propio. Ello otorgó a la División Azul un nivel de autonomía sólo equiparable al de las fuerzas finlandesas, rumanas e italianas, cuyos ejércitos combatían como aliados de Alemania. Pero hay otro aspecto a tener en cuenta: luchar bajo la bandera del Ejército era no hacerlo bajo la del Partido, y hasta cierto punto «en su contra», dada la oposición existente entre ambas instituciones. En este sentido, el juramento de fidelidad a Hitler por parte de los divisionarios respondió a su cargo de jefe supremo de las Fuerzas Armadas, no al de jefe del Partido Nazi. Por otra parte, luchar en el Ejército era integrarse en una parcela de combate donde lo militar prevalecería sobre lo político. En todo caso, la conjunción de los combatientes españoles con el nazismo no llegó hasta la repatriación del sucedáneo de la División, la Legión Azul, en abril de 1944. Fue entonces cuando unos cientos se integraron, por su cuenta y riesgo, en unidades de las Waffen SS —donde escribieron una de las páginas más confusas de su historia—; al tiempo que otros reingresaron en las filas del Ejército.

Y si en el contexto europeo la División Azul quedó inserta en una *cruzada* homogeneizadora, en el contexto iberoamericano actuó, hasta cierto punto, a modo de detonante de pasiones. En este sentido fracasó el velado intento de Serrano Súñer de hacer de ella un elemento de convergencia hispanoamericana, al menos respecto a los países que mantenían relaciones con la España de Franco. Y el hecho es que sus directrices a las respectivas embajadas, justificativas de la configuración de la División (cruzada anticomunista, salvaguarda de la civilización occidental, que respondía a un sentimiento popular), no hallaron el eco deseado. Así, rechazaron de plano el proyecto las cancillerías de El Salvador, Costa Rica y Panamá; y si bien en la América del Sur las fuentes señalan una mayor aprobación a nivel gubernamental, una parte de la opinión pública también se manifestó agriamente en contra de la División, a la que entendió más como un elemento al servicio del expansionismo hitleriano que como la materialización de una postura ideológica en contra del comunismo.

Desde su vertiente exterior, la División Azul sirvió para cancelar la deuda de sangre contraída con Alemania a tenor de su intervención en nuestra

Guerra Civil. Así lo presentó la propaganda de la época, en el intento de paliar el efecto que la retahíla de nombres de *caídos*, a diario radiada y publicada, producía en la opinión pública; y, de algún modo, así fue. Pero en términos estrictamente numéricos, y al margen de toda valoración moral, tal cancelación quedó muy lejos de ser equitativa, pues sobrepasó 16 veces la cifra de la deuda, en tanto que *compensó* con 5.000 vidas los 300 muertos de la Legión Cóndor.

También con respecto a Alemania, la División Azul generó algunos conflictos de intereses a nivel gubernamental, y ello a pesar de los reiterados intentos de definir nítidamente competencias. Ya en un primer momento, Ribbentrop se molestó por la filtración a la prensa española de su configuración antes de haber avanzado en el proceso negociador; y llegó al enfado cuando supo que Madrid se había inhibido frente a su propuesta de declarar la guerra a la Unión Soviética. Pero las decisiones importantes quedaron al margen de los respectivos ministerios de Exteriores, y recayeron en los militares. Así, en julio de 1941 hubo una tanda de negociaciones en Berlín entre una comisión española y el Alto Mando alemán. Ella determinó, fundamentalmente, que la División debería eliminar uno de sus cuatro regimientos de Infantería; y que Alemania pagaría la soldada y el plus de frente, facilitaría los uniformes y la ropa interior, así como los accesorios necesarios, y correría a cargo de las hospitalizaciones y las curas de heridos; y que España, por su parte, asumiría las inutilidades definitivas y, salvo para delitos de orden civil, retendría la administración de justicia. Acabada aquella tanda negociadora, en el Campamento se arbitró que Alemania asumiría el coste de la alimentación y suministraría el armamento. En todo caso, la supresión de un regimiento, supuso grandes quebraderos de cabeza para los mandos españoles, necesariamente obligados a distribuir razonablemente sus efectivos entre las restantes unidades. Y generó susceptibilidades la peculiar organización del servicio eclesiástico, necesariamente constreñido a las directrices de Hitler, que prohibían ejercer el ministerio entre la población civil y la celebración de oficios en el interior de templos.

Pero lo que mayor conflicto generó a nivel hispano-germano fue la injerencia de lo político en la actividad de la División. Así, tras la estancia en el campamento de Grafenwöhr, la inexplicable falta de noticias sobre la División provocó un gran nerviosismo en el Ministerio de Asuntos Exteriores, abrumado por las cartas que a diario recibía de familiares deseosos de saber. De ahí que, a finales de septiembre, Serrano Suñer iniciara la pertinente ofensiva diplomática, con la petición añadida de que fuera permitida la visita al frente del nuevo embajador en Berlín. Una acción que levantó un cierto revuelo en el Auswärtiges Amt, pues los agregados militares de los países aliados de Alemania recibían a diario información de sus respectivas unidades; y también en el Alto Mando alemán, renuente a la visita de un elemento civil. Finalmente, ambas circunstancias tuvieron solución; así, la información comenzó a fluir al Palacio de Santa Cruz a mediados de octubre, entrada la División en combate, y Finat pudo finalmente trasladarse a Rusia y permanecer cuatro horas en el frente.

También en el plano de lo político, las presiones españolas para conseguir el pase a retaguardia y un relevo parcial de efectivos de la División dieron lugar a un duro tira y afloja que se alargó por espacio de dos meses (enero y febrero de 1942), y en el que quedaron implicados los dos Ministerios de Exteriores, el Ministerio español del Ejército y el OKW. Para desagrado de El Pardo, finalmente éste impuso su negativa al primer punto, en tanto que no cambiase la situación en el frente; si bien accedió al relevo parcial.

Pero lo que, desde una perspectiva política, mayor tirantez generó entre los Gobiernos alemán y español fue la petición de repatriación de la División, hasta el punto de que tardó tres meses en concretarse. Todo comenzó cuando el embajador estadounidense planteó a Franco «la conveniencia de retirar cuanto antes la División Azul del frente del Este», con vistas a «quitarle a Rusia motivo alguno en que pudiera justificar su rencor hacia España» (28 de julio). Bastaron cinco días para que Jordana comunicara a Vidal que el Gobierno estudiaba «la manera de plantear en general todo el problema de la División frente al Gobierno alemán». Franco había reunido al *Consejo Supremo de Guerra*, y Vidal comenzó, en Berlín, la pertinente actuación diplomática. El proceso culminó el 24 de septiembre, cuando Franco informó al Consejo de Ministros de su intención de repatriación. Pero Asensio, secundado por el falangismo, logró retener a un remanente de hombres, la Legión Azul, «especie de parche» (Vidal) que dio muchos quebraderos de cabeza al Palacio de Santa Cruz, ocupado ya en satisfacer otras demandas aliadas (fundamentalmente, entrega de barcos mercantes italianos anclados en las Baleares, cese de la venta de wolframio a Alemania y final de la actuación del espionaje alemán en territorio español).

Enterado del deseo español de repliegue, Hitler ordenó repatriar a la Legión y la Escuadrilla Azul, en un intento de adelantarse a la petición oficial. Con la llegada de aquellos hombres concluyó oficialmente la aventura española en el frente del Este. Quienes decidieron continuar la lucha lo hicieron por su propia cuenta y riesgo, al margen de los dictados de Madrid y en contra de sus deseos. De ahí que el último capítulo de la vida de la División Azul, el de la lucha clandestina en el seno de la Wehrmacht y de las Waffen SS, fuera prácticamente ignorado por los Aliados. El Régimen de Franco pudo, con ello, respirar. Aunque se trataba de un respiro momentáneo, condicionado a la continuación de la guerra. Cuando ésta acabó, tuvo que afrontar la condena de la comunidad internacional, de la mano de la ONU; que, entre otros aspectos, le espetó el haber engendrado la División Azul. Y tuvieron que pasar varios años, para que, en el contexto de la Guerra Fría, ésta quedara rehabilitada a ojos de Occidente. El apoyo que encontró España entre algunos medios políticos europeos y la Cruz Roja francesa en las gestiones encaminadas a la liberación y repatriación de los prisioneros, y el interés que su regreso despertó en los medios de comunicación occidentales, cabe enmarcarlos en aquel contexto.

SIGNIFICACIÓN ECONÓMICA

En su vertiente económica, la División Azul fue, sobre todo, instrumento cancelador de una deuda, iniciativa muy cara, y gravosa obligación pecuniaria para España; así como elemento generador de ingresos para cuantos se integraron en ella.

En junio de 1941, cuando se configuró la División, España adeudaba a Alemania más de 1.500 millones de pesetas al cambio, en concepto de ayuda recibida durante la Guerra Civil por el bando vencedor; aunque, en abril de 1944, con la situación bélica ya decididamente en su contra, Berlín aceptó una sustancial rebaja, y la deuda quedó fijada en 424 millones. Pero Jordana decidió —y Franco avaló— aprovechar la coyuntura para dar por zanjado el débito, de manera unilateral. Por aquel entonces la División había consumido ya muchos millones del erario público español. Y a finales de marzo de 1945, su coste ultrapasaba los 600 millones de pesetas, un 39 por ciento del monto del débito inicial pero 1,5 veces lo finalmente acordado.

La División Azul fue una iniciativa muy gravosa en términos económicos. Tanto, que en el momento de su configuración difícilmente alguien tuvo en cuenta dicho factor. El hecho es que, desde un primer momento y al margen de las obligadas retribuciones de campaña, España y Alemania se vieron abocadas a hacer frente a un creciente volumen de pagos derivados del factor asistencial. Pagos que, a tenor de los criterios fijados en materia de compensación de la deuda de guerra y del principio de no exportación de moneda, así como del desenlace del conflicto, Alemania finalmente no satisfizo.

El Gobierno español concedió, desde un primer momento, a los mutilados de la División y los derechohabientes de los fallecidos por combate, una pensión vitalicia, al igual que en su día hiciera con los del *Ejército nacional*. Tuvieron derecho a pensión, por lo tanto, además de los mutilados, las viudas y los hijos de los fallecidos, y, en su defecto, los padres. De ahí que se arbitraran cuatro tipos de pensiones, todas ellas sobre la base de lo dispuesto en el Estatuto de las Clases Pasivas. Y para su pago se creó un ente específico, llamado *Negociado de la División Española de Voluntarios*, dependiente de la Pagaduría Central Militar.

Las pensiones alemanas se arbitraron igual que las españolas, aunque sin contar con los padres de los fallecidos, a quienes finalmente, y tras no pocos avatares, se reconoció una indemnización. En cuanto a las pensiones por mutilación, viudedad y orfandad tuvieron el carácter de subsidios íntegros, esto es, independientes de los concedidos por España, y, por tanto, acumulables a ellos. El pago quedó centralizado en la *Wehrmachtkasse*, organismo dependiente de la Embajada, periódicamente provisto de fondos por el Negociado español anteriormente citado. Pero los requisitos formales para la concesión de las pensiones eran en tal medida complejos y la Administración alemana tan estricta en sus dictados, que hubo beneficiarios en potencia que no llegaron a percibir sus emolumentos. Y ello porque, dado su escaso nivel de instrucción, fueron incapaces de satisfacer por escrito cuanto se les demandaba, y porque no siempre pudieron conjuntar cuantas certificaciones se requerían. Ello generó crispación social y la idea de que Alemania no quería cumplir sus compromisos (hábilmente instrumentalizada por la propaganda británica). Aun así, quienes acreditaron lo exigido y formalizaron la solicitud percibieron puntualmente los emolumentos, y ello hasta que el Tercer Reich se hundió.

Alemania dejó de pagar, pero no España, que ha asumido los gastos asistenciales derivados de lesiones permanentes y ha satisfecho puntualmente pensiones. Todavía hoy paga por mutilación y viudedad; aunque en 1992, la *pensión por mutilación* fue sensiblemente disminuida, al devenir *pensión extraordinaria de retiro*. Por su parte, en virtud de un Convenio bilateral firmado en 1962, Alemania ha pagado desde 1965 a los mutilados un *complemento de pensión* de la española, para equipararla a la de sus excombatientes (con serios problemas desde 1992, tras la reordenación española de prestaciones). Pero tal obligación ha supuesto un gravamen inferior al asumido por España, cuyo importe es muy elevado.

En términos económicos, la División Azul no fue sólo un debe, pues también actuó como haber, en tanto que fuente de ingresos para quienes pasaron por sus filas. Al margen de las inmensurables penurias que generó, podemos afirmar que pagó aceptablemente a sus hombres, hasta el punto de que supuso para miles de españoles de extracción social humilde un respiro económico, en época tan cruel como aquélla. Avala tal afirmación el hecho de que prácticamente nadie recibió menos de 8.800 pesetas anuales (ni menos de 10.600 si contaba con el certificado de matrimonio), entre el doble y el triple de lo que por aquel entonces ingresaba un obrero del campo o de la ciudad. Cifras elevadas, pues conjuntaban los haberes percibidos a nombre de España y Alemania por la pertenencia a la Unidad y, hasta cierto punto, los ingresos derivados de la actividad profesional previa. De ahí que, a partir de mediados de 1942, el factor económico comenzara a pesar en la recluta, tanto como antes el ideológico. Al menos, así lo entendió el Ministerio del Ejército, que hizo de los ingresos el puntal de la propaganda para la obtención de los necesarios relevos de tropa.

SIGNIFICACIÓN MILITAR

Analizados sus aspectos políticos y económicos, centremos brevemente esta reflexión final en la vertiente militar de la División; si no la más importante, sí, al menos, la que mejor define su naturaleza.

La División Azul combatió en el sector Norte del frente ruso, uno de los tres en que se estructuró a lo largo de toda la campaña, iniciada en junio de 1941 y no concluida, de hecho, hasta la caída del Tercer Reich, en mayo de 1945. Y lo hizo en el seno del 16º (hasta febrero de 1942) y del 18º Ejércitos alemanes, en calidad de 250 División de Infantería, entre octubre de 1941 y octubre de 1943, con una cifra aproximada, total, de 45.500 hombres. Y un remanente exiguo de divisionarios —unos 2.200, la llamada Legión Azul— continuó la lucha hasta enero de 1944, encuadrado también en el 18º Ejército, en el seno de la 121 División de Infantería. Finalmente, varios cientos se mantuvieron en combate al lado de Alemania, por su cuenta y riesgo, hasta el final de la guerra, ya fuera en unidades del Ejército o de las Waffen SS.

Fueron tres momentos de una lucha, que podrían ser analizados en clave de *decrescendo*, pero que también cabría tratar por separado, dada la distinta naturaleza del contexto bélico en el que se desarrollaron y de cuanto aconteció. Además, conviene no perder de vista que, hasta la retirada de la Legión, entre marzo y abril de 1944, los cielos del centro de Rusia vieron surcar aviones pilotados por españoles, mayoritariamente veteranos de la Guerra Civil. Combatientes encuadrados en la que se conoce como Escuadrilla Azul; unidad por la que pasaron entre 300 y 400 hombres, entre pilotos y personal subalterno, y que, por su especificidad, no ha sido aquí objeto de análisis. Tres momentos, en todo caso, de los que, a nivel militar, interesa reseñar fundamentalmente el primero. Y ello por razones obvias, pues, por su escasa entidad, la Legión y la *lucha clandestina* no fueron más que epígono patético de la División Azul. Una unidad ésta que, por su actuación y significación, ha merecido la atención puntual de la historiografía militar alemana, soviética, británica y norteamericana, además de la española, a todas luces la más interesada en llegar a aquilatar su dimensión histórica.

En primer lugar, conviene no perder de vista que la División Azul fue una gota de agua en un océano convulso: un microcosmos en el Frente Oriental, como en su día la definieron los profesores norteamericanos Gerald Kleinfeld y Lewis Tambs. Un frente que se abría entre el Océano Ártico y el Mar Negro, y que se adentró cientos de kilómetros en el interior de Rusia, hasta una línea imaginaria que unía Leningrado y Stalingrado pasando cerca de Moscú. De él, defendió primeramente 40 kilómetros (siguiendo el curso del río Voljov, al norte del lago Ilmen y en torno a la ciudad de Novgorod), y luego, hasta 34 (frente a Kolpino, barrio industrial de Leningrado). Cifras insignificantes si las contraponemos a los 2.400 kilómetros que abarcaba la totalidad del frente. Pero la División era sólo una entre las 361 divisiones que inicialmente entraron en combate: 18.000 hombres en línea entre cinco millones. Y fue gota de agua —microcosmos— también en cuanto a pérdidas, en el frente que mayores sacrificios humanos exigió, pues sus bajas fueron, en términos relativos (que no absolutos) ofrenda leve: 5.000 muertos entre 11 millones y 20.000 lesionados entre 25 millones.

La División Azul sin duda se distinguió en el frente. Lo avalan las menciones alemanas al respecto y las condecoraciones recibidas (2 *Cruces de Caballero* —una, con *Hojas de Roble*—, 2 *Cruces de Oro*, 2.497 *Cruces de Hierro* —138, de Primera Clase—, 2.216 *Cruces del Mérito Militar con Espadas* —16 de Primera Clase—, innumerables distintivos, pasadores y *Ostmedaillen* de 1942), y la creación por Hitler de una medalla específica para la División (algo que no repitió con ninguna otra unidad). Como también lo certifican, por parte española, ocho *Laureadas de San Fernando* y 44 *Medallas Militares*, en su mayor parte individuales. Y de la consideración inicial de unidad desastrada, inhábil para participar en el asalto a Moscú, pasó a ser referida por la dureza de sus hombres y lo arriesgado de sus actuaciones; y, combatir al lado de la *Blaue Division*, se convirtió en motivo de satisfacción para los alemanes. En este sentido, Muñoz Grandes supo aprovechar propagandísticamente la gesta suicida de sus hombres en el lago Ilmen (enero de 1942), e hizo llegar a Hitler un informe completo de aquella actuación, de saldo escalofriante: un 94 por ciento de bajas, tras dos semanas de penalidades sin fin, con temperaturas que llegaron hasta los 50 grados bajo cero.

Barbaridades al margen, no cabe la menor duda de que el espíritu combativo de la División estuvo a una considerable altura. Espíritu que se manifestó particularmente en dos momentos: en la lucha por retener las posiciones al este del río Voljov, fundamentalmente las localidades de Possad y Otenski, entre noviembre y diciembre de 1941; y, ya en el frente de Kolpino, en la defensa del sector de Krasny Bor, el 10 de febrero de 1943. Y, aunque a escala más reducida, también se manifestó en los bosques de Posselok, unas semanas antes, en enero, donde un batallón español quedó reducido al 24 por ciento de sus efectivos.

Combatividad a ultranza, que unida a su exasperante falta de medios técnicos, explica el 56 por ciento de bajas sufrido a lo largo de dos años de lucha. Sus 5.000 muertos y sus más de 2.000 mutilados configuran, por sí solos, la vertiente más trágica de la participación española en la Segunda Guerra Mundial. Cifras a las que hay que añadir, aproximadamente, 9.000 heridos, 8.000 enfermos, 1.500 congelados y 400 prisioneros. En todo caso, uno de cada dos divisionarios pagó con la vida, la salud o la libertad su incorporación a la Unidad. Aunque, de ser ciertos los cómputos españoles, por cada baja propia, la División generó, a su vez, dos al adversario; que, en total, sumó casi 50.000.

Su combatividad, la capacidad de resistencia frente a los rigores del frente y del clima, los resortes de improvisación ante las adversidades y sus cuantiosas bajas dieron a la *Blaue* prestigio. Y ello tanto entre el elemento militar como entre los medios políticos y la población civil del Reich, que, de alguna manera, perdonó los excesos sanguíneos habidos en el campamento de Grafenwöhr, que hizo de los españoles una especie de sátiros venidos del Sur.

Pero la División Azul estuvo muy mal pertrechada, y no sólo por parte española. Al margen del aspecto desastrado de los voluntarios cuando partieron de España (en alpargatas y con una manta a modo de bandolera), la marcha hacia el frente la tuvo que hacer en buena medida a pie, con el único recurso de caballos y bicicletas; éstas, más un estorbo que otra cosa. Ya en Rusia, siguió prácticamente carente de parque móvil propio, hasta el punto de que, muy al inicio de la campaña, Muñoz Grandes requirió al embajador Finat camiones de España. Además, su capacidad artillera fue limitada en extremo, y no quedó incrementada frente a Kolpino, aunque las baterías que disparaban contra ella eran de potencia muy superior a las del frente del Voljov. Tampoco dispuso de aviación, y ello a pesar de que España hizo entrega de un puñado de pilotos, curtidos durante la Guerra Civil, que bien hubieran podido servir para cubrir la trayectoria divisionaria.

Y hubo más: la División fue también objeto de falta de consideración por parte alemana; explicable, quizá, por el hecho de que respondiera a una iniciativa española y a la particular idiosincrasia de algunos de sus anfitriones. Así, ya durante la etapa del Campamento, los dirigentes del Partido Nazi prohibieron a sus afiliadas mantener relaciones con los españoles. Más tarde, influido por prejuiciosos informes, Hitler la obligó a combatir en un frente pantanoso y particularmente frío, sin contemplar la condición meridional de sus hombres. Por otra parte, a diferencia de otras unidades y desoyendo las reiteradas peticiones de Madrid, el mando alemán nunca la retiró del frente para descansar, y todo el peso del relevo recayó en el batallón creado a tal efecto. Y en el momento de máximo peligro, en Krasny Bor, fue dejada a su suerte por la unidad alemana que la flanqueaba. Un conjunto de factores, éstos, que nos llevan a valorar la posibilidad de que, de alguna manera, para el Tercer Reich los divisionarios no fueran más que carne de cañón.

Hablar de la División Azul es hacerlo de sufrimiento, y también, cómo no, de muerte. Hubo ya alguna defunción en España, durante las concentraciones que precedieron a la marcha del país, y también en el desplazamiento hacia Alemania. Trayecto éste, en ferrocarril, que generó no poca violencia con civiles franceses e incluso con españoles exiliados, algunos de los cuales fueron a parar a manos de la Gestapo. Hubo también muertos y heridos en Grafenwöhr, dada, en parte, la intensidad y celeridad con la que los hombres fueron adiestrados en el manejo de las armas, pues Muñoz Grandes quería llegar a Moscú antes de que cayera en manos alemanas. Tras el Campamento, llegadas las expediciones ferroviarias a los respectivos acantonamientos en el extremo oriental de Polonia, comenzó el padecimiento físico inherente a una marcha de 900 kilómetros a pie. Fueron kilómetros de extenuante avance, pues, por orden de Muñoz Grandes (se desplazaba en coche), se cubrieron, por término medio, de 30 a 40 diarios, muchas veces por caminos anegados de fango. Pies llagados, ensangrentados, y cuerpos transidos de cansancio se multiplicaron a lo largo de la marcha, hasta el punto de que fueron atendidos más de 3.000 hombres, y algunos, hospitalizados. Y para mayor inri, las unidades adelantadas debieron desandar parte de lo andado, dado el obligado giro hacia el norte, en dirección a Leningrado.

Ésos fueron los primeros episodios de sufrimiento y de muerte, al que siguieron otros muchos, imposibles de reseñar aquí. En todo caso, el frente del Voljov era frío en extremo, y las temperaturas en el invierno de 1941-1942 con frecuencia descendieron por debajo de los 30 grados centígrados. Sólo la previsión de la Sección Femenina atenuó un tanto un situación desesperada, pues faltaba equipo de invierno. Por otra parte, la comida fue calóricamente insuficiente desde el primer momento, y ello a pesar de ser complementada con provisiones de España, que a veces quedaban retenidas en algún punto del trayecto, para engrosar estómagos y peculios de desaprensivos con mando. El tabaco negro, al igual que los permisos, también escaseó, para desesperación de muchos. Y algo mucho peor: la Sanidad divisionaria fue —al menos al principio— un desastre; en parte por la criminal conducta de algunos mandos médicos, más interesados en hacer turismo que en atender al creciente número de heridos y congelados, y también por la falta de medios técnicos.

Por su parte, el soldado soviético, cada vez mejor pertrechado y con el apoyo de buena parte del elemento civil y de los partisanos, no dio tregua ni en el Voljov ni ante Kolpino. El odio con el que se desarrolló la lucha queda bien patente en el episodio de la llamada *Posición Intermedia* (diciembre de 1941), al este del Voljov; donde, una vez rematados, los cuerpos españoles fueron clavados al hielo con picas. La respuesta no quedó corta, y los hombres que persiguieron a los autores de la masacre actuaron con la eficacia asesina que respondía al imperativo de no hacer prisioneros. Por otra parte, la aviación y, más específicamente, la artillería soviéticas machacaron sin cesar las posiciones divisionarias, y prácticamente no hubo día, a lo largo de dos años, en que no se cobraran alguna vida.

Hablar de la vertiente militar de la División Azul es, necesariamente, referirse al mundo vivencial. Cada hombre fue, en sí mismo, un microcosmos vital, en el que se entrecruzaron alegrías y penas, sufrimiento y placer, amor y odio; en definitiva, todo cuanto configura la existencia. En todo caso, resulta imposible perfilar las vivencias acumuladas por miles de hombres, ni las más significativas, si bien en las páginas precedentes hemos apuntado algunas. Así, durante la organización en España, se dieron ya las primeras deserciones y exclusiones por motivos diversos, fundamentalmente *desafección* y homosexualidad. Como ya hemos dicho, en el viaje a Alemania hubo conatos de indisciplina falangista y choques con civiles franceses y exiliados españoles. Durante la estancia en el Campamento, cabe apuntar el barullo derivado de la necesaria reorganización de la Unidad, los problemas de adaptación a la rigidez germánica, la inadaptación culinaria, la angustia sentida ante la falta de tabaco negro, la rapidísima asimilación de la instrucción, y el inicio de la acción disolvente de los *desafectos* (contra quienes actuó el *Servicio de Información Interna*). Además, la actitud de algunos españoles hacia las alemanas sobrepasó lo tolerable, por descarada, y generó un sinfín de problemas con el elemento masculino; y hubo desacato ante la prohibición de relacionarse con las prisioneras polacas. Ya durante el viaje hacia el frente, destacó la masiva muerte de caballos, así como el descubrimiento de las vejaciones a los judíos y la actitud mayoritaria de conmiseración para con ellos. Llegados al frente, los divisionarios tuvieron que terciar con un frío extremo, a lo que ayudó el amparo de las míseras *isbas*, caldeadas por peligrosas estufas. Y se abrieron a los civiles rusos, e incluso confraternizaron, hasta el punto que abundaron el trueque y los idilios, y se dieron adopciones camufladas, oficializadas tras el regreso a España. Finalmente, en la retirada, dejaron de lado viejos resquemores y mostraron su respeto al pueblo alemán, en un momento en que la guerra ya le era manifiestamente adversa.

Pero la retirada no fue total, y hasta enero de 1944 quedó retenido en Rusia un contingente de unos 2.200 hombres, la Legión Azul. Dos meses de arduas gestiones —y tensiones— fueron necesarios para configurar la Unidad, a los que siguieron tres semanas de instrucción en Jamburg, muy cerca de Estonia. Largo período de retaguardia que dio paso a un mes de permanencia en el frente de combate, una desdibujada línea que se extendía a lo largo de 12 kilómetros en la región de Kostovo, zona pantanosa especialmente insalubre, al oeste del río Voljov. Los primeros días fueron de relativa calma, y las bajas respondieron mayoritariamente a la acción del tifus. Pero el 14 de enero el Ejército Rojo desencadenó su gran ofensiva de invierno en el Norte, con más de un millón de hombres apoyados por una cantidad ingente de material, que a punto estuvo de arrollar a la Legión. Y que, finalmente, forzó la evacuación de las posiciones y la consiguiente retirada, a todas luces penosa: 140 kilómetros a pie, en medio de un hostigamiento atroz, que forzó a duros combates defensivos con partisanos y soldados.

Remanente a todas luces exiguo, la Legión Azul se significó, entre otras cosas, por su elevado índice de deserciones (pagadas, en caso de fracaso, con la pena capital), explicable por la irregular recluta que la configuró, basada más en la arbitrariedad de los mandos que en el deseo personal. Mantuvo, eso sí, la tónica combativa de la División, pero en condiciones tan adversas, que la historiografía prácticamente no ha reparado en ello. Y, al igual que acaeciera a la División en Krasny Bor, en una de las escasas acciones ofensivas proyectadas, la del pantano de Gladkij, quedó sin apoyo alemán. En todo caso, la Legión cumplió la misión para la que vio la luz: servir de tapadera humana a la retirada del frente y repatriación de la División Azul, de la que fue epígono.

El final de la Legión abrió el último y más sombrío capítulo de la División Azul en el frente del Este, el de la *lucha clandestina* final. Mutilada la División en la Legión, ésta quedó definitivamente orillada, por parte española, en las filas del Ejército alemán y de las milicias armadas del Partido Nazi. Así, antes de partir hacia España, los legionarios fueron sondeados por parte alemana para proseguir la lucha; lo que caló en el ánimo de algunos, hasta el punto de que contravinieron órdenes y se quedaron. Ya en territorio español, parte de los regresados, a la par que falangistas radicales, se las arreglaron para atravesar la frontera con Francia e integrarse en la Wehrmacht y las Waffen SS. Acto individual, no exento de riesgo, que llevó a Madrid a amenazar con la retirada de la nacionalidad y que sumió a la Embajada alemana en un serio trance. Y que, paradójicamente, fue secundado por algunos trabajadores españoles antifranquistas, inicialmente residentes en Francia, reclutados (voluntaria o forzosamente) para la industria alemana, y deseosos de perder de vista el suelo alemán.

Resultado de tan variopinta recluta, varios cientos de españoles quedaron al servicio de las armas alemanas a partir de la primavera y verano de 1944. Un hecho que contó con el beneplácito de Hitler, deseoso de configurar una legión extranjera en el seno del Heer. En todo caso, los miembros de la nueva *Legión Española de Voluntarios*, lucharon primero en Yugoslavia y en Hungría, de donde ampliaron su campo de acción a Eslovaquia y Austria. Y, en medio de tensiones crecientes con los mandos y camaradas alemanes (provocaron deserciones y fuertes conatos de indisciplina) y un absoluto desconcierto, les llegó el final de la guerra.

En cuanto a quienes fueron a parar a las Waffen SS, es también poco lo que sabemos. Por una parte, que configuraron algunas unidades españolas entre el verano y el otoño de 1944, en Viena, con el concurso de trabajadores, y que engrosaron la fuerza de choque alemana en Yugoslavia y el norte de Italia contra los partisanos. Allí, cercano ya el final del conflicto, algunos se entregaron al saqueo y la violación. Pero como que previamente no se habían dejado tatuar el grupo sanguíneo en el brazo, pudieron negar su pertenencia a las SS ante los tribunales; lo que, a la postre, les salvó del presidio e incluso de la horca. Finalmente, también sabemos que algunos españoles se integraron en la Legión Belga de las SS —la *Wallonie*, de Léon Degrelle—, y que hubo quien luchó en suelo alemán hasta el final, en la defensa de Berlín inclusive. De entre ellos, quienes conservaron la vida penaron mayoritariamente en la Unión Soviética. En todo caso, su lucha queda, en el día de hoy, semienterrada en el pozo del olvido. El documento escrito es exiguo y el testimonio humano difícilmente verificable. Es, como ya hemos dicho, una página de nuestra historia en la que los datos se cruzan y entremezclan, y la memoria suele fallar.

Finalmente, hubo también presidio para unos cientos de españoles. Fueron años de campos de concentración y trabajos forzados, en los más diversos puntos de la geografía soviética. Frío, alimentación precaria, trato duro y ni el menor atisbo de contacto con el mundo exterior —tuvieron siempre prohibida la correspondencia— definieron un cautiverio que se prolongó, por término medio, 11 años. Y ello por deseo expreso del Kremlin y ante la práctica indiferencia del Gobierno de Franco. Un Gobierno que no dudó en sacar provecho propagandístico del regreso de los supervivientes al Puerto de Barcelona, a bordo del barco de pabellón liberiano (contratado en Atenas a un armador griego) *Semíramis*, en abril de 1954; oportunismo, por fortuna contrarrestado por el proceder de millares de personas anónimas que, en acto de buena voluntad, se agolparon para recibirlos.

Significación social

La sociedad española respondió de diversas maneras a la configuración y actuación de la División Azul. De entrada, miles de hombres se integraron en su seno, con lo que, indirectamente, vincularon a sus familias en el proyecto. Incluso materialmente, pues les fue girada la soldada.

A nivel institucional, la Administración y el sector financiero contribuyeron, hasta cierto punto generosamente, en las cuestaciones que se llevaron a cabo en pro del Aguinaldo. El empresariado, inicialmente forzado a retribuir a sus empleados en el frente, respondió de mala gana o se hizo el desentendido, hasta el punto de que logró boicotear aquella medida. Pero los representantes del textil catalán tuvieron que desprenderse de medio millón de pesetas de 1941 en género, para proveer de materia prima a la Sección Femenina con la que elaborar ropa de abrigo para la Unidad. En cuanto a la Iglesia, colaboró indirectamente con la División en tanto que fuente primigenia de sus capellanes (68 en total), y cobró protagonismo a raíz de las rogativas que, durante meses, empaparon la geografía española, y en el creciente oficio de funerales por los muertos en combate.

A nivel social, las clases altas y medias dieron miles de sus hijos a la División Azul en 1941. Y, con el recuerdo de la Guerra Civil a cuestas, mayoritariamente mostraron simpatías hacia su causa, participaron en decenas de actos benéficos, y se desprendieron de miles de pesetas en las cuestaciones. El campesinado también entregó a muchos de sus hijos, pero fundamentalmente a partir del segundo semestre de 1942, en las reclutas llevadas a cabo en el seno del Ejército, y al margen de motivos ideológicos. El obrerismo, excepción hecha de quienes fueron o se vieron forzados a enrolarse, se vinculó poco a la División; y, al menos en Barcelona, le fue mayoritariamente hostil. Aunque no faltaron tampoco personas de extracción social humilde que hicieron su aportación económica en las cuestaciones habidas para los aguinaldos destinados a ella. En cuanto a la oposición interior y a la España exiliada, vieron en la División un flagrante exponente de la agresividad franquista y de vínculo con el nazismo, y a sus componentes como cómplices de ello. De ahí que proyectaran un enfrentamiento directo, que algún que otro pasquín apelara al asesinato de oficiales regresados y que, en el caso del exilio, fuera utilizada como elemento de propaganda antifranquista.

Acabada la contienda, la División Azul fue sólo hasta cierto punto un elemento de integración en el sistema. Hubo divisionarios que, fundamentalmente de la mano de las Hermandades de Excombatientes, lograron empleos, pero otros los perdieron o sufrieron el boicot de sus compañeros (el caso de la minería vasca fue paradigmático). Sólo en los niveles elevados del falangismo y entre la oficialidad hubo promociones a tener en cuenta (272 oficiales de la División llegaron a general). Para los más, el Régimen fue parco en gratitudes. Cierto es que pudieron acogerse a los beneficios derivados de la condición de excombatiente, y que gozaron de privilegios legislados durante la campaña, pero fueron limitados. En este sentido, es significativo el abandono que sufrieron cientos de heridos, hacinados en las estaciones ferroviarias vascas, por dejación de algunos militares, y la situación de práctica indigencia en la que quedaron algunos, cuya única salida fue el retorno a Alemania, como obreros. Y también es paradigmática la actitud de Franco, parco en audiencias a ex divisionarios, que no dudó en emplear a la fuerza pública para abortar la previsible recepción multitudinaria que Madrid iba a conceder a los regresados en el *Semíramis*, con Muñoz Grandes al frente.

En otro orden de cosas, la configuración de las diferentes levas influyó notoriamente en el carácter de la División Azul, de manera que dicho color, marcadamente desteñido a partir de 1942, a punto estuvo de desaparecer. Así, la primera leva generó una División ciertamente *azul*, ideologizada, con alto gradiente estudiantil y profesional, que hizo de ella una de las unidades más instruidas de cuantas haya tenido España. La segunda gran leva, entre la primavera y el verano de 1942, conjugó el voluntario ideologizado —eminentemente falangista— con el pragmático, enrolado bajo el efecto de una intensa campaña propagandística cuartelera, para obtener un beneficio económico a la par que la condonación o reducción de un largo servicio militar. La tercera y última leva, ya en el verano de 1943, se resintió aún más de la evolución de la guerra, por lo que el fracaso de la propaganda en los cuarteles generalizó el tantas veces mentado «¡un paso al frente!». Hecho que, tal como en su día apuntó el embajador Vidal al secretario alemán de Estado, a punto estuvo de convertir a la División en una unidad de contingente forzado, muy alejada del proyecto inicial. Aun así, hubo recluta obligada ya en 1941 (en Cataluña), y se llegó al extremo de enrolar a presidiarios.

La heterogeneidad en las levas hizo de la División Azul, a su vez y hasta cierto punto, un factor de integración social a ojos de un Régimen obsesionado en postular la desaparición de los antagonismos de clase. En este sentido, vio en su seno a ricos y a pobres, a intelectuales y a analfabetos, a ocupados y a parados, a empleados del sector terciario y a campesinos. Fue, por ello, una especie de crisol de la realidad sociológica de España, no exento de tensiones, pero solidario en los momentos difíciles. Y cabe señalar que, además, la División supuso también, una fisura en la impermeabilidad del sistema. En un ámbito donde la cuantificación resulta difícil, sabemos que parte de los excombatientes del Ejército Popular que se integraron en ella actuaron con la pretensión de soslayar a ojos de los demás un pasado que les perjudicaba. Otros se enrolaron impelidos por el deseo de desertar al campo soviético; y los hubo que buscaron el beneficio material. Pero, en todo caso, todos sabían que luchar en la División Azul comportaba la condición de *excombatiente* de la zona *nacional*, la vencedora de la Guerra Civil; lo que, en la España de Franco, era el mejor de los avales posibles. Y, dicho sea de paso, también con relación al Ejército Popular, la División se pertrechó —al menos en Barcelona— con parte de su material, concretamente, con remanentes de la Intendencia, en un momento de general escasez, también en el Ejército.

La División Azul fue, además, a nivel simbólico, factor de integración peninsular, pues incorporó a algunos portugueses, mayoritariamente partícipes en nuestra Guerra Civil. Hombres que, dada la vacilante actuación de su Gobierno, vieron frustrado el intento de intervenir en la lucha antisoviética por cuenta propia. Y fue, hasta cierto punto, un crisol étnico; y ello en contra de los iniciales criterios de recluta emanados del Auswärtiges Amt, muy restrictivos en este sentido. En ella se integraron marroquíes del Protectorado, fundamentalmente suboficiales, que sufrieron algunas vejaciones en el ejercicio del cargo. También lo hicieron rusos, bielorrusos y ucranianos emigrados, residentes en España, ávidos de hacer la guerra al régimen comunista, símbolo anticipador de lo que, años más tarde, significarían las unidades del general Andrei Vlasov, patrocinadas desde Berlín.

Ejemplo o estigma, factor de integración o de exclusión, desde una perspectiva social la División Azul devino en elemento necrológico de primera magnitud. De ahí que el factor religioso quedara definitivamente entroncado con el hecho divisionario. Muy pronto, pues, a las misas y peregrinaciones por el triunfo, se sumaron los funerales por quienes ya no volverían.

La muerte del teniente Luis Alcocer, hijo del alcalde de Madrid y piloto de la Escuadrilla Azul, fue la primera, de una larga lista. A partir de entonces, la angustia comenzó a atenazar a esposas, padres y hermanos de los divisionarios, al margen de ideologías, y no los abandonó hasta el final. Fueron muertes españolas que el discurso propagandístico oficial intentó contrarrestar por medio de la inserción en la prensa de breves notas hagiográficas de los fallecidos, y también con la mención a las muertes alemanas e italianas habidas durante la Guerra Civil. Pero fueron tantas y a lo largo de tanto tiempo, que las esquelas se convirtieron en elemento cotidiano de la prensa diaria y, entre el común, la muerte quedó fatal y definitivamente asociada a la División. Un hecho que explica en parte las dificultades detectadas en el alistamiento voluntario a partir de mediados de 1942, que obligaron a la recluta forzada. Además, abortado el intento de repatriación del cadáver de Javier García Noblejas, tan afanosamente perseguido por el falangismo, desapareció la esperanza del enterramiento en España. Y, al margen de la muerte en sentido pleno, hubo también entre los divisionarios la muerte física parcial, en forma de mutilación, que afectó a muchos. Y de la mano de ella, nació un complejo aparato legislativo-asistencial que obligó a España y Alemania, y que las seguirá obligando mientras quede con vida un solo mutilado de la División Azul.

La División Azul fue, durante un cierto tiempo, también un poderoso instrumento de propaganda para el Régimen. De ahí que quedara indisolublemente imbricada en los medios audiovisuales de la época. El cine, la radio y la prensa españoles y alemanes se ocuparon profusamente de ella y nos han legado multitud de registros de su configuración y actuación.

Ya el 24 de junio de 1941 el cinematógrafo captó las imágenes de la masa falangista deseosa de lucha, en su vociferante periplo por las principales arterias de Madrid. A instancias de Sáenz de Heredia, a principios de 1942 Franco escribió una segunda —y decepcionante— parte de *Raza* con la División de por medio. Y a finales de año vio la luz un documental sobre la configuración y actuación de la División en el frente, que ya en 1943 se proyectó en la práctica totalidad de los cines de España. Ese año, además, el recién creado NO-DO insertó imágenes de la Unidad en siete de sus noticiarios. Finalmente, en 1954, el cinematógrafo captó las imágenes de la llegada del cautiverio soviético; y, poco después, tres películas de fabricación nacional se exhibieron en nuestras carteleras. En cuanto a la radio, el medio de comunicación de mayor penetración social de la época, hizo también suya la actividad de la División Azul. Y ello fundamentalmente de la mano de la Radiodifusión alemana, que, a mediados de 1942, emitía diariamente siete programas en español; y que, de los radiados en 1943, le dedicó cuatro. Y usó la voz de Celia Giménez, falangista destacada, que supo imprimir a sus comentarios un toque de calidez que los radioyentes apreciaban. No faltó tampoco, de la mano de Radio Nacional, la emisión de galas benéficas en pro de la División, en las que tomaron parte presentadores de talla y estrellas del espectáculo. Y por lo que a la prensa respecta, durante dos años prácticamente no hubo día que no hiciera referencia a la División Azul. Al margen de la que la Unidad generó para consumo propio, y que fundamentalmente se articuló en torno a la *Hoja de Campaña*, en España se desarrolló una importante labor periodística con ella como referente, que abarcó tanto la prensa diaria como la prensa gráfica. Grandes titulares al principio, reducidas notas al final, y un sinfín de informaciones en el transcurso de la campaña, tanto del frente como de la *retaguardia* en España, configuran un legado hemerográfico de primera magnitud, imposible de reseñar aquí.

Significación humana

Para concluir, nos centraremos en la vertiente humana de la División Azul; de la que destacaremos sólo tres aspectos, pero a nuestro entender esenciales: el perfil de sus máximos responsables, el del voluntariado, y el papel que, con respecto a ella, desempeñó la mujer española.

Tres son los nombres fundamentales asociados a la División Azul: el de Francisco Franco, el de Ramón Serrano Suñer y el de Agustín Muñoz Grandes (el primero, por responsable último; el segundo, en tanto que promotor, y el de Muñoz Grandes por máximo director). En cuanto a Franco, no creó la División pero le dio su visto bueno, lo que supuso su materialización. Y se benefició de ella, en tanto que fue factor de estabilidad para su régimen; ante Alemania, durante la guerra, y frente a Estados Unidos, después. Pero también le causó algún que otro problema, sobre todo a partir de 1943, de la mano del necesario giro diplomático que las circunstancias bélicas exigían, y no dudó en sacrificarla. Personalmente, vivió la División Azul como algo que le era ajeno, y se inmiscuyó poco en sus asuntos. Aun así, autorizó su formación y envío, decidió su composición mixta falangista-militar, nombró y destituyó a Muñoz Grandes, arrancó de Alemania el paulatino relevo de tropas, decidió la repatriación del grueso de la fuerza y el mantenimiento de un reducido contingente, negó la nacionalidad y puso fuera de la ley a quienes en 1944 optaron por la lucha clandestina, y olvidó primero y sacó partido después de los prisioneros. Ámbitos todos ellos en los que actuó con cierta frialdad, distanciamiento y recelo. Por lo que respecta a Serrano Suñer, fue la persona más implicada en la gestación de la División Azul y una de las que mayor responsabilidad acumuló durante los primeros compases de su existencia. De los tres nombres mentados, es el único que ha dejado testimonio, parco e interesado, pero que refleja una evolución en el tiempo en sentido explicativo. En todo caso, de la mano de la División logró reafirmar su posición política en FET-JONS y el Gobierno frente a sus antagonistas, mermada a raíz de la crisis de mayo de 1941. Y adquirió renovado protagonismo ante la opinión pública del país y la diplomacia extranjera, con vibrantes arengas de por medio. Y, en un plano no personal, obtuvo la ansiada mejora de relaciones con Alemania, suficiente para aspirar a un puesto de privilegio en el *Nuevo Orden* europeo. Pero pagó un alto precio por todo ello, medido en desasosiego, tanto ante la falta de noticias (otoño de 1941), como por la adversa evolución de la guerra en el frente ruso y el creciente número de bajas habidas. Y en cuanto al general Agustín Muñoz Grandes, mentar que, en términos generales, ha sido bien conceptualizado por la historiografía, que ha destacado su competencia y austeridad (Stanley Payne), su valentía (Raymond Proctor) y el innegable ascendiente sobre sus subordinados (Kleinfeld y Tambs). Pero también ha dejado entrever su ambición política (Klaus-Jörg Ruhl), sobre la base del *plan* para orientar al Régimen en sentido netamente germanófilo. Le faltó determinación, y fue neutralizado por Franco, en el empleo de teniente general y el cargo de jefe de su Casa Militar. La propia evolución de la guerra le hizo innecesario cualquier planteamiento posterior.

En cuanto al perfil sociológico de los miembros de la División Azul, la bibliografía ha reiterado la convivencia en su seno de los extremos. Cierto es que en ella, como ya hemos apuntado, se encontraron pobres y ricos, analfabetos y universitarios, parados y profesionales, trabajadores del campo y del sector servicios, por citar sólo algunas categorías. Sin embargo, su composición humana presentó también elementos de homogeneidad, al menos en la tropa reclutada entre el elemento civil, según demuestra el análisis de una muestra significativa (4.500 voluntarios) de Madrid y Barcelona. Factores igualadores fueron la edad (generalmente menos de 30 años), el estado civil (85 por ciento de solteros) y la condición de falangista, mayoritaria hasta 1942. Por otra parte, el nivel inicial de instrucción fue elevado, muy superior a la media del país: una cuarta parte tenía formación universitaria y los estudiantes configuraban el grupo *profesional* de más peso (17 por ciento). A su vez, las clases medias urbanas tuvieron también fuerza, hasta el punto de que los *empleados* emergieron como la segunda profesión en importancia, con un 14 por ciento de los inscritos, y el mundo del comercio contribuyó con cuatro de cada 100 voluntarios. Aun así, hubo pocos funcionarios. Y en cuanto a las profesiones manuales, las de mayor representación fueron las vinculadas al mundo del motor (10 por ciento de mecánicos, *conductores* o choferes). Por el contrario, la fábrica estuvo escasamente representada, y todavía menos la construcción, cuyo peso específico fue insignificante. Y por lo que respecta al campesinado, fue prácticamente nulo en las levas nacidas de los banderines de enganche falangista, las propias del elemento civil.

El análisis fragmentario de la recluta por años descubre que la composición sociológica de los alistados varió con el paso del tiempo, por lo que cabe matizar el cuadro descrito. Convendría profundizar en este punto, pero valga decir que en la provincia de Barcelona el estudiantado perdió tres puntos entre 1941 y 1943, en tanto que la proporción de *peones*, *obreros* y *jornaleros* casi se triplicó y llegó a superar a la de estudiantes. En este sentido, la División Azul cambió, a la par que descendía el nivel de la recluta civil, harto residual en 1943. Así, de 737 voluntarios registrados en Barcelona, el 42 por ciento se alistó entre junio y diciembre de 1941, y tan sólo un 16 por ciento lo hizo entre enero y septiembre de 1943. (De ahí que, en términos generales, podamos afirmar que, proporcionalmente, los resultados de la recluta de 1941 casi duplicaron en volumen a los de 1942 y más que triplicaron a los de 1943.)

Por sexos, la División Azul fue un mundo de hombres. Pero la mujer tuvo en ella gran protagonismo, sobre todo desde una perspectiva indirecta, de la mano de la Sección Femenina. Hubo ciertamente mujeres en el frente, las enfermeras, tanto falangistas como militares; pero fueron muy pocas en comparación con los miles que dieron gratuitamente su trabajo (no siempre con complacencia) en pro del avituallamiento. En este sentido, complementaron el equipo de los combatientes con prendas de abrigo y prepararon los lotes con la parte del Aguinaldo que a cada uno correspondía, durante tres años. Además, en clara mimesis con lo acaecido durante la Guerra Civil, muchas asumieron el papel de *madrinas de guerra*, prestas a mantener fiel correspondencia, con la que paliar los rigores del frente. Es significativo, en este sentido, la labor de las muchachas de la colonia española en Italia vinculadas al falangismo, y de no pocas italianas.

En fin, la División Azul, ese microcosmos español en el Frente Oriental tan denostado por unos y alabado por otros, fue, por su propia naturaleza, una realidad ciertamente compleja. Y ello en grado superlativo. Tanto, que hoy, a 60 años de su muerte física, genera todavía polémica y no poca letra impresa. Hecho significativo, del que este libro, pálido reflejo de su ser y devenir, es botón de muestra.

Apéndices

Apéndice 1

Relación de voluntarios rusos, bielorrusos y ucranianos inscritos en la División Azul, con apuntes biográficos*

1. **Nikolai Artujov**, alférez honorario de la Legión, agregado al Gobierno Militar de Madrid. Teniente en el Ejército zarista y sargento durante la Guerra Civil española, fue propuesto como tropa.
2. **Nikolai Bark**, naturalizado español, era funcionario del Servicio Agronómico destinado en la localidad guineana de Santa Isabel. Voluntario en el Ejército zarista y sargento durante la Guerra Civil española, fue propuesto para desempeñar la función de intérprete.
3. **Vladimir Bayarunas**, teniente honorario y mecánico en la empresa *Electrodo*. Teniente en el Ejército zarista y sargento durante la Guerra Civil española, fue propuesto como tropa.
4. **Pedro Belin**, naturalizado español, era capitán honorario de Artillería e ingeniero de la Dirección General de Regiones Devastadas. Capitán del Ejército zarista y brigada durante la Guerra Civil española, fue propuesto como tropa.
5. **Alexander Bibikov**, sargento de la Jefatura de Milicias de San Sebastián. Voluntario en el Ejército zarista y sargento durante la Guerra Civil española, fue propuesto como tropa.
6. **Nikolai Boltin**, director de una sociedad comercial y decano de los excombatientes *rusos*. Coronel del Ejército zarista y alférez del Requeté durante la Guerra Civil, fue propuesto para intérprete y finalmente no aceptado.
7. **Konstantin Goguijonachvili**, alférez honorario de la Legión agregado a la Comisión Histórica Militar. Capitán de Caballería en el Ejército zarista y teniente del Requeté durante la Guerra Civil, fue propuesto como tropa, pero actuó de teniente en la Legión Azul.

* FUENTE: Elaboración propia a partir de la relación remitida por la Representación en Berlín de la División Azul al Ministerio de Asuntos Exteriores, con fecha 29 de octubre de 1941.

8. **Dimitri Golban**, naturalizado español, era alférez honorario de la Legión agregado a la Escuela Superior del Ejército. Capitán de Artillería en el Ejército zarista y sargento durante la Guerra Civil española, fue propuesto como tropa.

9. **Konstantin Goncharenko**, alférez honorario de la Legión adscrito a la Plana Mayor del Tercer. Teniente de Infantería del Ejército zarista y sargento durante la Guerra Civil española, fue asignado a la Plana Mayor Regimiento Vierna como tropa.

10. **Vencheslau Gurko**, sargento de la Jefatura de Milicias de Madrid, era chofer. Voluntario en el Ejército zarista y sargento durante la Guerra Civil española, fue propuesto como tropa.

11. **Ali Gursky Mahometov**, naturalizado español, era alférez honorario de la Legión agregado a la Escuela Superior del Ejército, donde ejercía como jefe del Gabinete de Cartografía. Coronel de Caballería del Ejército zarista y sargento durante la Guerra Civil española, fue propuesto para cartografía.

12. **Pantelemon Ivanov Panfilov**, alférez honorario de la Legión con mando sobre la Sección de Transmisiones del Segundo Tercio. Teniente de Infantería del Ejército zarista y sargento durante la Guerra Civil española, fue propuesto como tropa.

13. **Vladim Klimenko**, naturalizado español, era sargento honorario de Caballería agregado a la Escuela Militar de Equitación. Teniente de Caballería del Ejército zarista y sargento durante la Guerra Civil española, fue propuesto como tropa.

14. **Vladimir Kovalevsky**, naturalizado español, era sargento de la Jefatura de Milicias de San Sebastián. Teniente de Infantería del Ejército zarista y sargento durante la Guerra Civil española, se le consideró excesivamente viejo, pero fue propuesto para intérprete.

15. **Vasili Krivocheya**, naturalizado español, era sargento honorario de la Legión destinado en la Plana Mayor del Primer Tercio. Teniente de Infantería del Ejército zarista y sargento durante la Guerra Civil española, fue propuesto como tropa, pero finalmente fue destinado como intérprete en la Segunda Sección de Estado Mayor.

16. **Nikolai Kruvocheya**, naturalizado español, era teniente honorario de la Legión destinado en la Cuarta Bandera. Capitán de Artillería del Ejército zarista y capitán del Requeté durante la Guerra Civil, fue propuesto como tropa.

17. **Igor Perchin**, naturalizado español, era traductor de la Agencia *Havas*. Prestó servicios en la censura militar, y fue propuesto para intérprete.

18. **Leon Pilaev**, naturalizado español, era teniente honorario. Teniente de Artillería del Ejército zarista y sargento durante la Guerra Civil española, fue propuesto para intérprete.

19. **Georguei Porjovitch**, naturalizado español, era alférez honorario y propietario de una fábrica de cepillos en Barcelona. Voluntario en la Guerra Civil española, fue propuesto para intérprete.

20. **Mijail Salnikov**, naturalizado español, era alférez honorario de la Legión, agregado al Gobierno Militar de Madrid. Teniente de cosacos del Ejército zarista y sargento durante la Guerra Civil española, fue propuesto como tropa.

21. **Georguei Selim Bek Alibekov**, naturalizado español, era alférez honorario de la Legión agregado como traductor en la Escuela Superior del Ejército. Capitán de Caballería del Ejército zarista y sargento durante la Guerra Civil española, fue propuesto para intérprete.

22. **Nikolai Selivanov**, naturalizado español, era sargento de la Jefatura de Milicias de Madrid. Capitán de Infantería del Ejército zarista y sargento durante la Guerra Civil española, fue propuesto como tropa.

23. **Nikolai Sladkov**, naturalizado español, trabajaba de delineante en los Altos Hornos de Vizcaya. Teniente de Infantería del Ejército zarista y sargento durante la Guerra Civil española, fue propuesto para labores cartográficas.

24. **Leon Totzky,** chofer. Voluntario en el Ejército zarista y sargento durante la Guerra Civil española, fue propuesto como tropa.

25. **Alexei Tringan**, naturalizado español, era contable de la empresa *Electrodo*. Capitán de Caballería del Ejército zarista y sargento durante la Guerra Civil española, fue propuesto como tropa.

26. **Antonio Yaremchuk**, sargento de la Jefatura de Milicias de Madrid. Capitán de Infantería del Ejército zarista y sargento durante la Guerra Civil española, fue propuesto para intérprete.

27. **Mijail Yureninsky**, sargento de la Jefatura de Milicias de Madrid. Capitán de Infantería del Ejército zarista y sargento durante la Guerra Civil española, fue propuesto para intérprete.

28. **Pablo Zotov**, naturalizado español, era alférez honorario de la Legión destinado en la Quinta Bandera. Teniente de Infantería del Ejército zarista y sargento durante la Guerra Civil española, fue propuesto como tropa.

29. **Nikolai Zotov**, naturalizado español, era ordenanza del Gobierno Civil de Barcelona. Voluntario en el Ejército zarista y sargento durante la Guerra Civil española, fue propuesto para intérprete.

Apéndice 2

Estructura provisional de la División Azul
(Madrid, julio de 1941)*

— *Cuartel General:* Mando, Estado Mayor, tropas del Cuartel General (sección de Cuartel General, sección Motorizada, sección de Gendarmería) y tren de víveres.

— *Infantería:* Mando (1 jefe de la Infantería y, a la vez, segundo jefe de la División), 3 regimientos (plana mayor, 3 batallones —cada uno con 3 compañías de Fusiles, 1 compañía de Ametralladoras y 1 sección Lanzaminas—, 1 compañía de Armas de Acompañamiento a caballo, 1 compañía de Anticarros, 1 columna ligera, 1 tren de equipajes, y 1 tren de víveres), y 1 grupo divisionario de Antitanques (3 compañías).

— *Artillería:* Mando (1 comandante de la Artillería y, a la vez, jefe del Regimiento de Artillería); 1 regimiento de Artillería divisionario (compuesto de plana mayor, 1 batería de Enlaces, 3 grupos —cada uno con 1 sección de Enlaces y 3 baterías de 105 mm—, 1 columna ligera y 1 tren de víveres); y 1 grupo de Artillería pesada (plana mayor, 3 baterías de 150 mm, 1 columna ligera y 1 tren de víveres).

— *Ingenieros:* Mando (1 comandante de Ingenieros), 1 grupo de Transmisiones (plana mayor, 2 compañías y 1 columna ligera), y 1 batallón de Zapadores (plana mayor, 3 compañías, 1 columna ligera, 1 tren de puentes y 1 tren de víveres).

— *Intendencia:* Mando (1 jefe de Intendencia) y 1 grupo divisionario.

— *Sanidad:* Mando (1 jefe de Sanidad), plana mayor y 2 compañías mixtas.

— *Auditoría y Fiscalía.*

— *Veterinaria:* 1 Compañía.

— *Farmacia:* 1 Farmacia divisionaria.

— *Depósitos afectos a la División:* Depósitos móviles (1 batallón de Infantería, 1 batería de Artillería, 1 compañía de Zapadores, 1 compañía de Transmisiones, 1 compañía de Antitanques, y 1 sección de Sanidad) y depósitos fijos (1 regimiento de Infantería, 1 grupo de Artillería, 1 compañía de Zapadores, 1 compañía de Transmisiones, 1 compañía de Antitanques y 1 sección de Sanidad).

*   FUENTE: Elaboración propia a partir de documentación de archivo.

Apéndice 3

Expediciones del primer transporte de efectivos de la División Azul a Alemania (julio de 1941)*

EXPEDICIONES	CIUDAD DE EMBARQUE	EFECTIVOS	(MANDOS + TROPA)
Número 1	Madrid	932	(112 + 820)
Número 2	Madrid	897	(132 + 765)
Número 3	Madrid	921	(127 + 794)
Número 4	Sevilla	1.030	(155 + 875)
Número 5	Sevilla	1.173	(189 + 984)
Número 6	Valencia	1.204	(173 + 1.031)
Número 7	Valencia	660	(86 + 574)
Número 8	Zaragoza	1.037	(146 + 891)
Número 9	Lérida	884	(134 + 750)
Número 10	Barcelona	1.010	(147 + 863)
Número 11	Burgos	1.009	(163 + 846)
Número 12	Burgos	898	(129 + 769)
Número 13	Valladolid	1.103	(162 + 941)
Número 14	La Coruña	1.205	(179 + 1.026)
Número 15	Madrid	796	(121 + 675)
Número 16	Sevilla	954	(117 + 837)
Número 17	Sevilla	854	(114 + 740)
Número 18	Vitoria	1.013	(158 + 855)
Número 19	Vitoria	524	(68 + 456)
Total de efectivos:		18.104	(2.612 + 15.492)

* FUENTE: Elaboración propia a partir de documentación de archivo.

Apéndice 4

Relación de mandos de la División Azul en Alemania (Campamento de Grafenwöhr, julio de 1941)*

MANDO

General jefe:
General Agustín Muñoz Grandes.
Ayudantes del general jefe:
Teniente coronel Fernando Cárcer Disdier.
Comandante Gonzalo de la Lombana García.
Capitán de corbeta Manuel Mora Figueroa.
Coronel subjefe:
Coronel Miguel Rodrigo Martínez.
Oficiales a las órdenes:
Teniente coronel del Aire Manuel Martínez Merino
Teniente provisional de Caballería Javier Azcona Landa.
Oficial intérprete:
Capitán de Caballería José Egea González.
Oficina de mando:
Alférez de Infantería Justo Pastor.

ESTADO MAYOR

Jefe:
Coronel de Estado Mayor José María Troncoso Sagredo.
Oficial a las órdenes:
Teniente provisional de Caballería Antonio Escobar Heredia.

* FUENTE: Elaboración propia a partir de documentación de archivo.

Segundo jefe de Estado Mayor:
Teniente coronel de Estado Mayor Luis Zanón Aldalur.

Primera Sección (Personal)
Comandante de Infantería Juan Ollero Morente.
Capitán de Infantería Fernando Santiago Hodson.
Teniente de Infantería Rafael Solís Sánchez.

Segunda Sección (Información):
Teniente coronel de Estado Mayor Manuel Ruiz de la Serna.
Capitán de Infantería Alejandro Villamayor Álvarez.
Capitán de la Guardia Civil Pedro Martínez García.
Teniente provisional de Artillería Juan Jiménez Carcaño.
Teniente Provisional de Caballería Álvaro Ramiro López.

Tercera Sección (Operaciones):
Teniente coronel de Estado Mayor Joaquín Romero Mazariegos.
Comandante alumno de Estado Mayor Jaime Homar Cervera.
Capitán de Estado Mayor José Jorreto Múgica.
Capitán de Artillería Manuel Gutiérrez Mellado.
Teniente de Infantería Carlos Montojo Jiménez.

Cuarta Sección (Servicios):
Comandante de Estado Mayor José López Barrón (jefe).
Comandante alumno de Estado Mayor Argimiro Imaz Echevarría.
Teniente provisional de Infantería Rogelio Domínguez Borbolla.

REGIMIENTOS DE INFANTERÍA

Regimiento 262
Jefe: Coronel Pedro Pimentel Zallas.
Subjefe: Teniente coronel Mariano Gómez Zamalloa.
Jefe del I Batallón: Comandante Ángel Enríquez Larrondo.
Jefe del II Batallón: Comandante Matías Sagardoy Allo.
Jefe del III Batallón: Comandante Ángel Ramírez de Cartagena.

Regimiento 263
Jefe: Coronel José Vierna Trápaga.
Subjefe: Teniente coronel José Canillas Hernández Helena.
Jefe del I Batallón: Comandante Joaquín de los Santos Vivanco.
Jefe del II Batallón: Comandante Vicente Gimeno Arenas.
Jefe del III Batallón: Comandante Ricardo Suárez Roselló.

Regimiento 269

Jefe: Coronel José Martínez Esparza.
Subjefe: Teniente coronel Andrés Fernández Cuevas.
Jefe del I Batallón: Comandante José González Esteban.
Jefe del II Batallón: Comandante Miguel Román García.
Jefe del III Batallón: Comandante José Pérez Pérez.

REGIMIENTO DE ARTILLERÍA

Jefe: Coronel Jesús Badillo Pérez.
Subjefe: Teniente coronel Manuel Fernández Landa y Fernández.
Jefe del I Grupo (Ligero): Comandante Ramón Rodríguez Vita.
Jefe del II Grupo (Ligero): Comandante Mariano del Prado O'Neil.
Jefe del III Grupo (Ligero): Comandante Ramón Díez Ulzurrun.
Jefe del IV Grupo (Pesado): Comandante Fernando Castro Escudero.
Enlace con la División: Comandante Francisco Casaldúe Ortiz.

Apéndice 5

Resumen de fuerzas de la División Azul en el frente (Rusia, febrero de 1942)*

HOMBRES	
Oficiales:	603
Suboficiales:	2.601
Tropa:	13.733
Total:	16.937
CABALLOS	
De silla:	1.451
Ligeros de tiro:	3.271
De tiro:	979
Total:	5.701
VEHÍCULOS A MOTOR	
Coches:	360
Camiones:	104
Motocicletas:	288
Total:	752

* FUENTE: Elaboración propia a partir de documentación de archivo.

Apéndice 6

Relación de mandos de la Legión Azul*

MANDO

Jefatura: Coronel de Infantería Antonio García Navarro.
  Ayudante: Capitán de Infantería Urbano Gómez García.

Subjefatura: Teniente coronel de Infantería Modesto Sáez de Cabezón.
  Ayudante: Capitán de Infantería Víctor Lago Román.

ESTADO MAYOR

Jefatura: Comandante de Ingenieros Ramón Abonia Arenas.
Oficial de órdenes: Capitán de Infantería Enrique Herrera Marín.

BATALLONES

Primera Bandera: Comandante de Infantería Antonio Ibarra Montis.
Segunda Bandera: Comandante de Infantería José María García Mendoza.
Bandera Mixta: Comandante de Artillería José Virgili Quintanilla.

SERVICIOS

En el frente:
  Auditoría de Guerra y Justicia: Capitán auditor Santiago Pardo Canalís.

* FUENTE: Elaboración propia a partir de Fernando Vadillo y documentación de archivo.

Cuerpo Eclesiástico: Teniente capellán Antonio Costa López.
Enlaces (Sección de): Teniente de Infantería Ángel Eustaquio Gil Martín.
Gendarmería: Capitán de la Guardia Civil Ángel Ramos Patiño.
Intervención: Capitán interventor Luis Rosón Pérez.
Pagaduría: Capitán de Intendencia Eduardo de No Palacios.
Sanidad: Comandante médico Antonio Grau Pujol (jefe del Hospital de Campaña) y capitán médico José María González (jefe del equipo quirúrgico).
Transportes: Capitán de Artillería Ricardo Sosa Tolosa.
Veterinaria: Teniente veterinario Eugenio Mercado Sierra.

En Riga:
Hospital: Capitán médico José María Serrano Vicens.
Pagaduría: Capitán de Intendencia Álvaro García Fidalgo.

Apéndice 7

Relación alfabética de voluntarios para luchar
clandestinamente en la Wehrmacht o en las Waffen SS,
registrados por la Embajada alemana en Madrid;
con indicación de su empleo militar*

NÚMERO DE ORDEN	APELLIDOS Y NOMBRE	EMPLEO MILITAR
1.	Abejón González, Santiago	soldado
2.	Abril, José Luis	soldado
3.	Añó Vilar, Juan	soldado
4.	Arranz Abril, Pablo	cabo
5.	Arroyo, José Antonio	soldado
6.	Baquera Coronado, Félix	soldado
7.	Barrera Navarro, Enrique	soldado
8.	Bartolomé Vega, Manuel	soldado
9.	Boasa Álamo, Francisco	soldado
10.	Cabeza Alonso, Rafael	alférez
11.	Cabezas Calvo, Bernardo	soldado
12.	Campo González, José	soldado
13.	Campos Roquet, Dimas	soldado
14.	Candón Muñoz, Jesús	alférez
15.	Carranza Navarro, Faustino	soldado
16.	Conejo de la Cal, Jesús	cabo
17.	Cordón Jiménez, Vicente	soldado
18.	Cremado Gil, Juan	soldado
19.	Crespo García, Castro	soldado
20.	Chacón Laguna, Juan	soldado

(continúa)

* FUENTE: Elaboración propia a partir del anexo de un informe secreto del agregado militar en Madrid, de 18 de enero de 1944.

Número de orden	Apellidos y nombre	Empleo militar
21.	Chacón Peña, Sebastián	soldado
22.	Delgado Moreno, Gervasio	cabo
23.	Díez Iglesias, Jacinto	soldado
24.	Domínguez González, Marcelino	soldado
25.	Echevarría Ugarte, José	sargento
26.	Escalante Atienza, Antonio	soldado
27.	Fernández de Quirós, Claudio	soldado
28.	Fernández López, Rafael	soldado
29.	Fernández Rego, Enrique	teniente
30.	Ferra Pérez, Domingo	soldado
31.	Ferreras Aceiro, Joaquín	soldado
32.	Follana Borrena, Julio	soldado
33.	Fonseca, Alberto	soldado
34.	Foruria Pérez, Vicente	soldado
35.	Fraga Rodríguez, Luis	soldado
36.	Franco, Antonio	soldado
37.	Franco Pomarel, Óscar	alférez
38.	Gálvez Burgos, Cristóbal	sargento
39.	García Fustegueras, Mariano	sargento
40.	García Orellana, Antonio	soldado
41.	García Rodríguez, Rogelio	soldado
42.	García Volpini, Eugenio	soldado
43.	Garrido Arias, José	soldado
44.	Gil, Gaspar	soldado
45.	Gil Sánchez, Antonio	soldado
46.	Giralda Gutiérrez, Antonio	soldado
47.	Godoy Martínez, Julián	cabo
48.	Gómez del Río, Maximiliano	soldado
49.	Gómez Gómez, Juan	soldado
50.	Gómez Suárez, Gonzalo	capitán
51.	González, Fernando	cabo
52.	González Álvarez, Ramón	cabo
53.	González Bueno, Raimundo	soldado
54.	González Hernández, Alberto	soldado
55.	González Vega, Marcelino	soldado
56.	Gutiérrez González, Joaquín	sargento
57.	Hidalgo, Marcelino	soldado
58.	Ibarrola Antón, César	soldado
59.	Idígoras Revenga, Carlos	soldado
60.	Iglesias Martín, Félix	soldado

(continúa)

Número de orden	Apellidos y nombre	Empleo militar
61.	Invernón Tarradilla, Fernando	soldado
62.	Jiménez Pérez, Víctor	soldado
63.	Lecel Carretero, Ángel	soldado
64.	Lista Herranz, Antonio	cabo
65.	Lizcano Pellón, José Antonio	soldado
66.	López Blanco, Emilio	soldado
67.	López Jiménez, Miguel	soldado
68.	López Martínez, Francisco	soldado
69.	López Valencia, Álvaro	soldado
70.	López Varela, José	soldado
71.	Llorente Rodríguez, Enrique	alférez
72.	Maldonado Gallo, Mauricio	cabo
73.	Mañán Portós, Ramón	soldado
74.	Maño Dávila, Daniel	cabo
75.	Mármol, José María	soldado
76.	Martí Vall, Jaime	soldado
77.	Martínez Ezcurra, José	soldado
78.	Martínez López, Blas	soldado
79.	Martínez Pesquera, Carlos	soldado
80.	Meolín Viñas, José	soldado
81.	Molinero Soto, Salvador	soldado
82.	Montes Delgado, Luis	soldado
83.	Montilla Molina, José María	soldado
84.	Moreno Martínez, Cirilo	cabo
85.	Navarro Cruz, Vicente	soldado
86.	Nieto Cabestrero, Casto	soldado
87.	Nogueira García, Celestino	soldado
88.	Parao Bertusán, Valeriano	sargento
89.	Pardillo, José Ramón	soldado
90.	Paredes Campos, Clemencio	soldado
91.	Pareja Díaz, Jesús	soldado
92.	Pasero Pastor, Perfecto	soldado
93.	Pedro Nicolás, Luis de	soldado
94.	Pérez Gonzalo, Manuel	soldado
95.	Pintos Rey, Ricardo	soldado
96.	Plaza Rechtsanwalt, Francisco	cabo
97.	Portela Quintana, José Luis	soldado
98.	Puches Soto, José Luis	soldado
99.	Puente Bromario, Joaquín	capitán
100.	Ramamar Ceutí, Rodolfo	cabo

(continúa)

Número de orden	Apellidos y nombre	Empleo militar
101.	Rivero Salicio, Ángel	soldado
102.	Rodríguez, Alejandro	sargento
103.	Rodríguez Cabrida, Antonio	soldado
104.	Rodríguez Gante, Gonzalo	cabo
105.	Rodríguez García, Vicente	cabo
106.	Rodríguez Vigal, Julián	soldado
107.	Romero Jiménez, Miguel	sargento
108.	Rosales Cerceda, Vicente	soldado
109.	Rubio Maderruelo, Manuel	soldado
110.	Rueda Valdivi, Manuel	soldado
111.	Ruiz Caterineu, Emilio	soldado
112.	Sáez Martín, Ramiro	soldado
113.	Salmerón Martínez, Pedro	soldado
114.	Sánchez Navarro, Pedro	cabo
115.	Sánchez Sánchez, Joaquín	alférez
116.	Santana Peña, Antonio	soldado
117.	Santana Villalobos, Antonio	soldado
118.	Santiago Fernández, Ramón	cabo
119.	Sierra Cama, Manuel	soldado
120.	Silván, Claudio	cabo
121.	Simón Sánchez, Tomás	soldado
122.	Solís García, Alfredo	cabo
123.	Talaván Conejero, Francisco	soldado
124.	Trápaga Romero, José	alférez
125.	Urreña Jambrino, Máximo	soldado
126.	Utrilla Serrano, José Liborio	soldado
127.	Viera Parera, Santiago	cabo
128.	Villarrubia Rodríguez, Eustaquio	soldado
129.	Vimeo Albero, Jorge	cabo
130.	Zudaire, Fernando	soldado

Apéndice 8

Relación alfabética de prisioneros en la Unión Soviética
repatriados en abril de 1954 en el buque *Semíramis*,
con indicación de su localidad y provincia de residencia*

APELLIDOS Y NOMBRE	LOCALIDAD DE RESIDENCIA	PROVINCIA
Acebal Pérez, Avelino	Gijón	(Asturias)
Aixalá Costa, Victoriano	Alcarrás	(Lérida)
Alarcón Mateo, Gonzalo	Barcelona	(Barcelona)
Alcover Sansaloni, Andrés	Mallorca	(Baleares)
Algaba Molero, Antonio	Brunete	(Madrid)
Aliaga Díaz, Francisco	Membrilla	(Ciudad Real)
Alonso Figueras, Pascual	Bilbao	(Vizcaya)
Alonso Gallardo, Félix	Lagunilla	(Salamanca)
Alonso Pascual, Alberto	Bilbao	(Vizcaya)
Almendrós Sánchez, Antonio	Villacañas	(Toledo)
Altura Martínez, Miguel	Larache	
Álvarez Pérez, Ricardo	Ribadesella	(Asturias)
Amorós Herrero, Adrián	Elda	(Alicante)
Anduiza Tellechea, José	Bermeo	(Vizcaya)
Antolino Esquina, Francisco	Sabiote	(Jaén)
Antonio Villalba, Mario	Bilbao	(Vizcaya)
Arias Pérez, Jerónimo	Oviedo	(Asturias)
Armesto Saco, Pedro	Saucejo*	(Sevilla)

(continúa)

*   FUENTE: Elaboración propia a partir de los datos oficiales aparecidos en la prensa española el 30 de marzo de 1954, y de fuentes complementarias.

NOTAS:

1. Los repatriados fueron 286, pero aquí sólo constan 285, los que aparecieron consignados en la prensa (30 de marzo de 1954).

2. Los nombres de las poblaciones destacadas con el símbolo * indican que aparecían en la fuente ligeramente distorsionados.

Apellidos y nombre	Localidad de residencia	Provincia
Arroyo Carbonero, Sisinio	Fuentecén	(Burgos)
Asensi Álvarez Arenas, Andrés	Murcia	(Murcia)
Ayala Arenas, Andrés	Murcia	(Murcia)
Báez Gil, Manuel	Jerez de la Frontera	(Cádiz)
Bailón Prado, Diego	Granada	(Granada)
Balza Sáinz, Jesús	Bilbao	(Vizcaya)
Barona Asensio, José	Sevilla	(Sevilla)
Barrios González, Juan	Calañas★	(Huelva)
Bautista Montoya, Ignacio	Carriches (?)	(Toledo)
Bautrulle del Río, Benito	León	(León)
Becerra Otrillo, José	Villaviciosa	(Asturias)
Bello Veces, Eladio	León	(León)
Benete Carballo, Joaquín	Almería	(Almería)
Bernal García, José	Tuéjar	(Valencia)
Bouzas Pérez, Carlos	Lugo	(Lugo)
Budia Pinto, Nicasio	Vicálvaro	(Madrid)
Buendía Villar, Francisco	Valdepeñas	(Ciudad Real)
Bueno Jimeno, Salvador	Barcelona	(Barcelona)
Cabré Cabré, Juan	Tarragona	(Tarragona)
Calavia Bellosillo, Eusebio	Vozmediano	(Soria)
Calvache Ferrer, Alfredo	Almería	(Almería)
Calvo González, Vicente	Betanzos	(La Coruña)
Calvo Muedra, José	Valencia	(Valencia)
Camba Fragio, José	Abegondo	(La Coruña)
Canito Torres, José	Beade★	(Orense)
Cano Morales, Juan	Barcelona	(Barcelona)
Cantarino Calabuig, Isidro	Valencia	(Valencia)
Carreo Sánchez, Alfredo	Siero★	(Asturias)
Carrillo Pavón, José	Cáceres	(Cáceres)
Casado Moral, José Luis	Pardilla	(Burgos)
Castañeda Ochoa, Ángel	Carril	(La Coruña)
Castañeda Ochoa, José	Catadoira★	(La Coruña)
Castillo Montoto, José	Sevilla	(Sevilla)
Castro López, Juan	Regueira★	(La Coruña)
Catalán Barranco, Jesús	Zuera	(Zaragoza)
Ceballos Mesa, Juan	Utrera	(Sevilla)
Cecilia Rey, Ramón	Córdoba	(Córdoba)
Ciudad Murcia, Antonio	Stgo. de Compostela	(La Coruña)
Climent Sebastián, Miguel	Villajoyosa	(Alicante)
Conesa Castillo, Juan	Cartagena	(Murcia)

(*continúa*)

Apellidos y nombre	Localidad de residencia	Provincia
Córdoba de la Fuente, Gerardo	Huesca	(Huesca)
Corral Martín, Jesús	Santander	(Cantabria)
Corzano Luna, Justo	Puente Genil	(Córdoba)
Cubero Luque, Germán	Hoyo de Pinares	(Ávila)
Dávila Eiras, Manuel	Pos Marcos	(La Coruña)
De la Fuente Andrés, Rufo	Fresneda de Cuéllar	(Segovia)
De la Torre Majolero, Mariano	Arganda del Rey	(Madrid)
Díaz Conde, Germán	Velilla de Cinca	(Huesca)
Díaz Pizarro, Juan	Hinojosa del Valle★	(Badajoz)
Domínguez Quintana, Timoteo	Madrid	(Madrid)
Echevarría Aurrogoechea, Antonio	Valencia	(Valencia)
Esparza Urgáiz, Moisés	Pamplona	(Navarra)
Espiga Álvarez, Valentín	Logroño	(La Rioja)
Estévez Ondategui, Blas	San Sebastián	(Guipúzcoa)
Évora Martín, Tomás	San Miguel	(Sta. C. Tfe.)
Fabrés Aragués, Alejandro	Zaragoza	(Zaragoza)
Fajardo Torres, Elviro	Lezuza★	(Albacete)
Febrero Lozano, Martín	Barcelona	(Barcelona)
Fernández Armesto, José	Lugo	(Lugo)
Fernández Doménech, José Antonio Serón	(Almería)	
Fernández Durán, Agustín	La Rinconada★	(Sevilla)
Fernández Herrera, Edelio	Marcial de la Loma (?)	(?)
Fernández Pérez, José	San Millán	(?)
Fernández Riesgo, Modesto	León	(León)
Ferreiro Quinta, Manuel	Vistueic (?)	(?)
Florejachs Costa, Mario	Barcelona	(Barcelona)
Franco Jesús, Juan	Ayamonte	(Huelva)
Gabipe Salsamendi, Martín	Azpeitia	(Guipúzcoa)
Gallardo Portero, José	Montilla	(Córdoba)
García Buendía, Fulgencio	Albacete	(Albacete)
García Fernández, Juan	Ampudia	(Palencia)
García Fernández, Victoriano	Toledo	(Toledo)
García García, José	Barcelona	(Barcelona)
García Gómez, José	La Coruña	(La Coruña)
García Hernández, Sotero	Soria	(Soria)
García López, Eugenio	Ferrol	(La Coruña)
García Martínez, Vicente	La Coruña	(La Coruña)
García Pablo, Hipólito	Cáceres	(Cáceres)
García Sánchez, Enrique	Málaga	(Málaga)

(continúa)

Apellidos y nombre	Localidad de residencia	Provincia
García Santamaría, José	Palmeira (?)	(?)
Garrote Fernández, José	Corrales	(Zamora)
Gil Alpañés, José	Sax	(Alicante)
Gil Calzado, Zacarías	Béjar	(Salamanca)
Gimbert Luque, Miguel	La Carlota	(Córdoba)
Ginés Sanahuja, Enrique	Elda	(Alicante)
Gómez Jiménez, Antonio	Alatoz	(Albacete)
Gómez Marino, Juan	Santa Eugenia★	(La Coruña)
González Canga, Santos	Oviedo	(Asturias)
González García, Gerardo	Madrid	(Madrid)
González Jiménez, José María	Santander	(Cantabria)
González Moreno, Francisco	Cárdenas	(La Rioja)
González Ortiz, José	Badajoz	(Badajoz)
González Rodríguez, Enrique	Riotinto	(Huelva)
Grana Carballo, Redosindo	Orense	(Orense)
Granado Fernández, Juan	Puente Genil	(Córdoba)
Grande Moreno, Gregorio	Belmonte	(Cuenca)
Gras Gelet, Fausto	Alguaire	(Lérida)
Gullón Fernández, Antonio	Mondáriz	(Pontevedra)
Gutiérrez Fernández, Nicanor	Pola de Lena	(Asturias)
Gutiérrez Salguero, Antolín	Hornacho	(Badajoz)
Hernández Benito, Regino	Madrid	(Madrid)
Hernández Fernández, Manuel	Almería	(Almería)
Iglesias Fernández, Antonio	Riotorto (?)	(?)
Insa Hernández, Ricardo	Valencia	(Valencia)
Izquierdo Aparicio, Cesáreo	Baracaldo	(Vizcaya)
Izquierdo Rodríguez, Antonio	Purchena★	(Almería)
Jalao Lozano, José	Puente Genil	(Córdoba)
Janariz Rances, Hilario	San Sebastián	(Guipúzcoa)
Jiménez Díaz, José	Sama de Langreo	(Asturias)
Jiménez Garrido, Francisco	La Cañada de S. Urbano	(Almería)
Jiménez Gómez, Julio	Trubia	(Asturias)
Jiménez Quevedo, Antonio	Almería	(Almería)
Juncos Díaz, Carlos	Madrid	(Madrid)
Laborda Peso, Cecilio	Granada	(Granada)
Lahoz Lázaro, Isidoro	Letus (?)	(?)
Lara Lara, Laureano	Tomelloso	(Ciudad Real)
Larumbe Irigoyen, Joaquín	Pamplona	(Navarra)
Lazo Marín, Bartolomé	Santa Bárbara de Casa	(Huelva)

(continúa)

Apellidos y nombre	Localidad de residencia	Provincia
Leira Carpente, Antonio	Puentedeume	(La Coruña)
Llompart Bennasar, Pedro	Barcelona	(Barcelona)
López Bueno, Cayetano	León	(León)
López Carretero, Luis	Albacete	(Albacete)
López Castrillón, Ramón	Ribadeo	(Lugo)
López García, Gregorio	Lanzarote	(Las Palmas)
López García, José	Granada	(Granada)
López González, Rafael	Alajar	(Huelva)
López Ocaña, Juan	Ciudad [Real]	(Ciudad Real)
Luis Pinilla, Emilio	Estella	(Navarra)
Maciá Catalán, Juan	Medina-Sidonia	(Cádiz)
Mackle Aguirre, Társilo	Durango	(Vizcaya)
Magro Picago, Rafael	Valencia de Alcántara	(Cáceres)
Mallada Díaz, Joaquín	Moreda	(Granada)
Manzano Montero, Fermín	La Adrada	(Ávila)
Maqueda Reina, Miguel	Marchena	(Sevilla)
Marchena Cañete, Ángel	Luque	(Córdoba)
Marcé Sánchez, Lorenzo	Pescueza★	(Cáceres)
Maroto Fernández, Enrique	Pamplona★	(Navarra)
Márquez Montero, Manuel	Higuera de la Sierra★	(Huelva)
Mateos Berenguer, Francisco	Almería	(Almería)
Martín Batuecas, Honorio	Pozuelo de Zarzón	(Cáceres)
Martín Ventaja, José	Almería	(Almería)
Martínez Carrasco, José	Córdoba	(Córdoba)
Martínez Castillo, José	Santander	(Cantabria)
Martínez Estaregui, Manuel	Zaragoza	(Zaragoza)
Martínez García, José	Albacete	(Albacete)
Martínez García, Juan	Murcia	(Murcia)
Martínez García, Rafael	Almería★	(Almería)
Martínez Larroyoz, Julián	San Sebastián	(Guipúzcoa)
Massip Márquez, Daniel	Barcelona	(Barcelona)
Mayoral Mora, Jorge	Don Benito	(Badajoz)
Mejías Rodríguez, Antonio	Zahínos★	(Badajoz)
Mena Leo, José	Morón de la Frontera	(Sevilla)
Méndez Salas, Emilio	Badajoz	(Badajoz)
Mercader Saavedra, Francisco	Alcantarilla	(Murcia)
Montaca González, Joaquín	Villafranca del Bierzo	(León)
Montejano Moreno, Vicente	Madrid	(Madrid)
Moral Cabeza, Manuel	Carmona	(Sevilla)
Moreno Díaz, Serafín	Reinosa	(Cantabria)
Moreno Fernández, Ángel	Falces	(Navarra)

(*continúa*)

Apellidos y nombre	Localidad de residencia	Provincia
Moreno Gómez, Francisco	Villanueva del Fresno	(Badajoz)
Moreno Moreno, Miguel Antonio	Campos del Río	(Murcia)
Moreno Quijada, Alberto	Cartagena	(Murcia)
Moreno Rodríguez, José	San Fernando	(Cádiz)
Moreno Rodríguez, Telesforo	Albacete	(Albacete)
Moreno Serrano, Antonio	Moclín★	(Granada)
Morlán Novillo, Desiderio	Madrid	(Madrid)
Moyano Casamayor, Guillermo	Vélez Málaga	(Málaga)
Muñiz Casas, Juan	Algeciras	(Cádiz)
Muñoz Nieto, Joaquín	Alzira	(Valencia)
Muñoz Nieto, José	Badajoz	(Badajoz)
Navarro Durán, Francisco	Cáceres	(Cáceres)
Negro Castro, Juan	Alhama de Murcia	(Murcia)
Nodar López, Manuel	La Habana	
Ocañas Serrano, Lorenzo	Córdoba	(Córdoba)
Olaya Pomares, Julio	Elda	(Alicante)
Oliva Jiménez, Matías	Telde	(Las Palmas)
Oliver Sevillano, José	Tomares	(Sevilla)
Olmos Hernández, José	Murcia	(Murcia)
Oroquieta Arbiol, Gerardo	Zaragoza	(Zaragoza)
Ortiz de Zárate, Faustino	Vitoria	(Álava)
Palacios Cueto, Teodoro	Santander	(Cantabria)
Pastor Justón, Pascual	Alcañiz	(Teruel)
Peláez Giménez, Antonio	Almonte	(Huelva)
Pelayo García, Isidro	Santa Cruz de Tfe.	(Sta. C. Tfe.)
Peña Braza, José	Vejer de la Frontera	(Cádiz)
Peña Hernández, Leonardo de la	Madrid	(Madrid)
Peral Alfaro, Jesús	Bilbao	(Vizcaya)
Pereda Abad, José	Burgos	(Burgos)
Pereda Zorrilla, Miguel	Medina de Pomar	(Burgos)
Pereira Cruces, Jaime	Pariño (?)	(?)
Pérez Díaz, José	Arjonilla	(Jaén)
Pérez Eizaguirre, Ramón	Santander	(Cantabria)
Pérez de Gallegón, Pedro	Madrid	(Madrid)
Pérez Martín, Julián	Ment (?)	(?)
Pérez Pérez, José	Puebla de Caramiñal★	(La Coruña)
Pérez Pérez, Juan	Cabezamesada★	(Toledo)
Pérez Sánchez, Jesús	La Coruña	(La Coruña)
Pérez Rueda, Antonio	Tabernas★	(Almería)

(continúa)

Apellidos y nombre	Localidad de residencia	Provincia
Pestaña Fernández, Gumersindo	León	(León)
Piñeiro Díaz, Enrique	Buenos Aires	
Plaza Delgado, Tomás	La Carolina	(Jaén)
Poquet Guardiola, Joaquín	Valencia	(Valencia)
Puig Arnosi, José María	Puente la Reina★	(Navarra)
Quintela Méndez, José María	Villalba	(Lugo)
Quinteiro, Manuel	Pontevedra	(Pontevedra)
Raedo Hidalgo, José	Bilbao	(Vizcaya)
Rammell Colomer, Claudio	Lopera★	(Jaén)
Ramón López, Mariano	Tetuán	
Ramos Arribas, Máximo	Bernardos★	(Segovia)
Ramos Pérez, José Antonio	Murcia	(Murcia)
Rodríguez Estévez, José Alberto	Lisboa	
Rodríguez Fernández, Eusebio	Zamora	(Zamora)
Rodríguez Martín, Manuel	Las Palmas de G. Canaria	(Las Palmas)
Rodríguez Reigosa, José	Vigo	(Pontevedra)
Rodríguez Rodríguez, Hermógenes	Salamanca	(Salamanca)
Rodríguez Rodríguez, Victoriano	Barcelona	(Barcelona)
Roja Rojo, José	Sevares (?)	(?)
Román Durán, Antonio	Oliva de Mérida	(Badajoz)
Romero Carreira, José	Solveira (?)	(?)
Rosaleny Jiménez, Francisco	Granada	(Granada)
Ruano Ferrer, José	Almansa	(Albacete)
Ruiz Jiménez, Salvador	Málaga	(Málaga)
Ruiz Martínez, Jesús	Nalda	(La Rioja)
Ruiz Mesa, Cándido	Montilla	(Córdoba)
Sáez Garrido, Francisco	Alicante	(Alicante)
Sagredo Vilumbrales, Félix	Burgos	(Burgos)
Sáinz de Baranda, Emilio	Santander	(Santander)
Sáinz del Peral, Miguel	Santander	(Santander)
Salamanca Salamanca, Ángel	Escalonilla	(Toledo)
Saldañas Puras, Lucio	Valladolid	(Valladolid)
Salvador Alcaraz, Felipe	Instinción (?)	(?)
Salvador Tebar, Juan	Guehecija (?)	(?)
Sánchez Escribano, Filiberto	Villalba	(Lugo)
Sánchez Gómez, Ramón	Alicante	(Alicante)
Sánchez Lozano, Manuel	San Fernando	(Cádiz)
Sánchez Medina, Francisco	Tuineje	(Las Palmas)
Santacruz Pellín, Francisco	Novelda	(Alicante)

(continúa)

Apellidos y nombre	Localidad de residencia	Provincia
Santamaría García, Ramón	Puebla de Caramiñal	(La Coruña)
Santiago Cruz, Andrés	Linares	(Jaén)
Serra Schlaefle, Ricardo	Pforzheim Baden	
Serrano Serrano, Manuel	Torrejoncillo	(Cáceres)
Sierra Paz, Guillermo	Boiro	(La Coruña)
Sos Pascual, Vicente	Castellón de la Plana	(Castellón)
Sova del Campo, Manuel	Cabarcano (?)	(?)
Suárez Egido, José	Puenteseguro	(?)
Suárez Segura, Antonio	Almería	(Almería)
Suero Núñez, Hermenegildo	Jenelva (?)	(?)
Tamayo Álvarez, Antonio	Bilbao	(Vizcaya)
Teruel López, Pedro	Huércal-Overa	(Almería)
Torregrosa Ortola, Francisco	San Juan (?)	(?)
Torres Abad, Antonio	Valencia	(Valencia)
Torres Pérez, José	Porcuna	(Jaén)
Urial Lozano, José	Buenos Aires	
Valenzuela Gómez, Juan	Porcuna	(Jaén)
Vargas Carrasquilla, Julián	Carilines de Villa (?)	(?)
Vázquez García, Benjamín	Pontevedra	(Pontevedra)
Vázquez Bonifacio, Isidoro	Sale (?)	(?)
Vázquez Rodríguez, José	Aracena	(Huelva)
Velasco García, Francisco	Medina del Campo	(Valladolid)
Velasco Pérez, Miguel	Casarrubios del Monte	(Toledo)
Velázquez Felipe, Manuel	San Fernando	(Cádiz)
Vergara Galán, Elías	Madrid	(Madrid)
Vicente Giráldez, Constante	La Guardia(?)	(?)
Villanueva Flórez, Julio	Valladolid	(Valladolid)
Zamora Pardo, Cándido	Cabezarados*	(Ciudad Real)
Zarra Sánchez, Francisco	Almonáster la Real*	(Huelva)
Zas Abilleira, Manuel	Lugo	(Lugo)

Apéndice 9

Importe mensual de los ingresos percibidos por
los divisionarios a cargo de las arcas alemanas, en
el supuesto de que no tuvieran hijos y hubieran permanecido
en el frente, con indicación de la escala retributiva*

EMPLEO (ESCALA RETRIBUTIVA)	SOLTEROS		CASADOS	
	RM	Equivalente en pesetas	RM	Equivalente en pesetas
Soldado de 2ª (escala 16)	126	534,2	156	661,4
Soldado de 1ª (escala 15)	141	597,8	171	725,0
Cabo de 2º (escala 14)	177	750,5	207	877,7
Cabo de 1ª (escala 13)	205	869,2	260	1.102,4
Sargento (escala 12)	215	911,6	275	1.166,0
Brigada (escala 11)	235	996,4	300	1.272,0
Alférez (escala 10)	342	1.450,1	402	1.704,5
Teniente (escala 9)	371	1.573,0	431	1.827,4
Capitán (escala 8)	496	2.103,0	586	2.484,6
Comandante (escala 7)	568	2.408,3	688	2.917,1
Teniente coronel (escala 6)	670	2.840,8	810	3.434,4
Coronel (escala 5)	830	3.519,2	1.010	4.282,4
General div. (escala 3)	1.170	4.960,8	1.440	6.105,6

* FUENTE: Elaboración propia a partir de documentación de archivo.
NOTA: La equivalencia en pesetas de los RM ha sido calculada a partir del cambio vigente de 4,24 pesetas por cada RM.

Apéndice 10

Importes mensuales de las pensiones vitalicias por lesión permanente a miembros de la División Azul a pagar por el Tercer Reich, según el grado de mutilación y su estado civil*

EMPLEO (ESCALA RETRIBUTIVA)	PENSIÓN SEGÚN GRADO DE MUTILACIÓN							
	Grado I		Grado II		Grado III		Grado IV	
	RM	Ptas.	RM	Ptas.	RM	Ptas.	RM	Ptas.
A) SOLTEROS								
Soldado (16)	20	84,8	40	169,6	60	254,4	80	339,2
Cabo (15)	23	97,5	46	195,0	69	292,6	92	390,1
Sargento (13)	34	144,2	68	288,3	102	432,5	136	576,6
Brigada (12)	36	152,6	72	305,3	108	457,9	144	610,6
Brigada (11)	37	156,9	74	313,8	111	470,6	148	627,5
Alférez (10)	50	212,0	100	424,0	150	636,0	200	848,0
Teniente (9)	54	229,0	108	457,9	162	686,9	216	915,8
Capitán (8)	76	322,2	152	644,5	228	966,7	304	1.289,0
Comandante (7)	88	373,1	176	746,2	264	1.119,4	352	1.492,5
Tte. coronel (6)	106	449,4	212	898,9	318	1.348,3	424	1.797,8
Coronel (5)	132	559,7	264	1.119,4	396	1.679,0	528	2.238,7
General div. (3)	188	797,1	376	1.594,2	564	2.391,4	752	3.188,5

* FUENTE: Elaboración propia a partir de los datos contenidos en la Disposición 312 sobre la Previsión y Pensiones en las Fuerzas Armadas Alemanas, de 30-9-1941; publicada en la Hoja 22 de las Disposiciones de Asistencia y Previsión Social de la Wehrmacht, por el OKW, el 30-12-1941.
NOTAS:
1. Brigada (12): brigadas con 10 años de servicio, así como armeros y ajustadores. Brigada (11): brigadas con menos de 10 años de servicio, así como herradores y guarnicioneros.
2. La equivalencia en pesetas de los RM ha sido calculada a partir del cambio vigente, de 4,24 pesetas por cada RM.

Empleo (escala retributiva)	Pensión según grado de mutilación							
	Grado I		Grado II		Grado III		Grado IV	
	RM	Ptas.	RM	Ptas.	RM	Ptas.	RM	Ptas.
B) Casados								
Soldado (16)	26	110,2	52	220,5	78	330,7	104	441,0
Cabo (15)	29	123,0	58	245,9	87	368,9	116	491,8
Sargento (13)	45	190,8	90	381,6	135	572,4	180	763,2
Brigada (12)	49	207,8	98	415,5	147	623,3	196	831,0
Brigada (11)	50	212,0	100	424,0	150	636,0	200	848,0
Alférez (10)	62	262,9	124	525,8	186	788,6	248	1.051,5
Teniente (9)	66	279,8	132	559,7	198	839,5	264	1.119,4
Capitán (8)	94	398,6	188	797,1	282	1.195,7	376	1.594,2
Comandante (7)	112	474,9	224	949,8	336	1.424,6	448	1.899,5
Tte. coronel (6)	134	568,2	268	1.136,3	402	1.704,5	536	2.272,6
Coronel (5)	168	712,3	336	1.424,6	504	2.137,0	672	2.849,3
General div. (3)	242	1.026,1	484	2.052,2	726	3.078,2	968	4.104,3

Apéndice 11

Importe mensual de las pensiones por defunción
de miembros de la División Azul a pagar por el Tercer Reich
a sus derechohabientes*

EMPLEO (ESCALA RETRIBUTIVA)	PENSIÓN DE VIUDEDAD		MEDIA PENSIÓN DE ORFANDAD		PENSIÓN COMPLETA DE ORFANDAD	
	RM	PTAS.	RM	PTAS.	RM	PTAS.
Soldado (16)	65	275,6	13	55,1	21	89,0
Cabo (15)	70	296,8	14	59,4	23	97,5
Sargento (13)	108	457,9	21	89,0	36	152,6
Brigada (12)	118	500,3	23	97,5	39	165,4
Brigada (11)	120	508,8	24	101,8	40	169,6
Alférez (10)	148	627,5	29	123,0	49	207,8
Teniente (9)	158	669,9	31	131,4	52	220,5
Capitán (8)	225	954,0	45	190,8	75	318,0
Comandante (7)	268	1.136,3	53	224,7	89	377.4
Teniente coronel (6)	321	1.361,0	64	271,4	107	453,7
Coronel (5)	403	1.708,7	80	339,2	134	568,2
General división (3)	580	2.459,2	116	491,8	193	818,3

* FUENTE: Elaboración propia a partir de los datos contenidos en la Disposición 312 sobre la Previsión y Pensiones en las Fuerzas Armadas Alemanas, de 30-9-1941; publicada en la Hoja 22 de las *Disposiciones de Asistencia y Previsión Social de la Wehrmacht*, por el OKW, el 30-12-1941.

NOTAS:

1. Brigada (12): brigadas con 10 años de servicio, así como armeros y ajustadores. Brigada (11): brigada con menos de 10 años de servicio, así como herradores y guarnicioneros.

2. La equivalencia en pesetas de los RM ha sido calculada a partir del cambio vigente de 4,24 pesetas por cada RM.

Apéndice 12

Texto del articulado del Convenio Germano-Español sobre prestaciones derivadas de la actuación de la División Azul, de mayo de 1962*

Capítulo I
Beneficiarios y derecho a reclamación de prestaciones

Artículo 1

(1) La República Federal de Alemania reconoce, en la medida y condiciones fijadas en este Convenio, a los súbditos españoles que habiendo pertenecido al antiguo Ejército alemán o habiendo estado encuadrados en el mismo, hubieran padecido daños corporales conforme se determina en el artículo 1º de la Ley Federal sobre régimen de prestaciones aplicables a víctimas de la guerra (*Bundesversorgungsgesetz*), los derechos que correspondan a los daños corporales sufridos y a las consecuencias económicas de la incapacidad producida por los mismos. Los derechohabientes (viudas, huérfanos y padres) de los fallecidos a consecuencia de las heridas recibidas tendrán derecho a prestaciones en igual forma.

Artículo 2

El Estado español continuará aplicando a las personas a las que se refiere el artículo 1 que antecede los beneficios que la legislación española vigente les reconozca.

Artículo 3

El Estado español concederá igualmente los beneficios y derechos reconocidos por la legislación aplicable en esta materia a quienes pertenecieron a la División de Infantería 250 y a sus derechohabientes, a los súbditos españoles que, sin haber estado encuadrados en la misma, lo hubiesen estado, sin embargo, en el antiguo Ejército alemán, y a los derechohabientes de estos últimos.

* Fuente: Elaboración propia a partir de una copia, en español, del Convenio entre la República Federal de Alemania y el Estado Español sobre régimen de Prestaciones aplicables a Víctimas de la Guerra, firmado en Madrid el 29 de mayo de 1962.

Artículo 4

Si algún beneficiario comprendido en el artículo 1 hubiere adquirido la nacionalidad alemana después de haber sufrido el daño corporal, o del fallecimiento del causante a consecuencia de dicho daño, o la adquiriese después de la entrada en vigor del presente Convenio, las prestaciones que correspondan se regularán conforme a la Ley Federal sobre régimen de prestaciones aplicables a las víctimas de guerra; teniendo en cuenta, sin embargo, que de los importes que le correspondan con arreglo a dicha Ley se deducirán, mientras los siga disfrutando, los que por el mismo concepto les reconozca la legislación española.

Si el beneficiario adquiriese otra nacionalidad, continuará percibiendo las prestaciones previstas en este Convenio, en la medida que la legislación de cada Parte contratante lo establece.

Artículo 5

Las disposiciones de este Convenio no serán aplicables a quienes estando comprendidos en el artículo 1 del mismo y sin tener derecho a los beneficios de la legislación española sobre la materia, disfruten ya en 1º de mayo de 1962 de los derechos que reconoce la Ley Federal sobre Régimen de Prestaciones aplicables a Víctimas de Guerra (*Bundesversorgungsgesetz*).

Artículo 6

Se consideran mutilados a los efectos previstos en el artículo 1 párrafo (1) aquellas personas cuya incapacidad de trabajo, conforme a las disposiciones de la Ley Federal alemana sobre Régimen de Pensiones, sea por lo menos de un 25 %.

CAPÍTULO II
Prestaciones y comienzo de las mismas

Artículo 7

Los mutilados, viudas y huérfanos, tal como se definen en el artículo 1, se beneficiarán de las pensiones básicas por los importes legalmente establecidos.

Artículo 8

Los padres, tal como se definen en el artículo 1, percibirán una ayuda por el importe del 50 % de la pensión que la ley alemana establece.

Artículo 9

Los aumentos de las pensiones básicas o en las reconocidas a los padres que, conforme a los preceptos de la Ley Federal sobre Régimen de Prestaciones aplicables a Víctimas de Guerra, requieran el cumplimiento de determinadas condiciones, quedan excluidas del presente Convenio. Sin embargo, en casos que se consideren como de muy especial necesidad, podría aplicarse la disposición de la mencionada Ley, relativa a la concesión de la correspondiente prestación compensatoria.

Artículo 10

(1) Las prestaciones a las personas indicadas en los artículos 1 y 3 se concederán únicamente a solicitud de los interesados. Si la solicitud se presenta dentro de los tres meses siguientes a la fecha de la entrada en vigor del Convenio, las prestaciones empezarán a devengarse a partir del 1° de mayo de 1962. Si la solicitud se presenta después de dicho plazo, las prestaciones se percibirán a partir del día primero del mes en que se presentó la petición. En ningún caso, sin embargo, se reconoce derecho a reclamación de prestaciones de acuerdo con el presente Convenio, mientras no se den las condiciones legales exigidas por los artículos 1 y 3.

(2) Si después de presentada la solicitud falleciese el interesado sin que aquélla hubiese sido resuelta, su derecho se transmitirá a los herederos legales.

Artículo 11

Las prestaciones que con carácter regular quedan previstas en este Convenio se abonarán, de acuerdo con las disposiciones legales de cada una de las Partes contratantes, sea cualquiera el domicilio o residencia habitual del beneficiario. Ello no será, sin embargo, aplicable durante el tiempo en que el beneficiario se encuentre, a menos que sea solamente de paso, en territorios en los que la República Federal de Alemania no concede prestación alguna.

CAPÍTULO III
Tratamiento médico y de recuperación

Artículo 12

(1) El tratamiento médico y de recuperación a personas comprendidas en el artículo 1 queda a cargo del Estado español. Si el beneficiario tiene su domicilio o residencia habitual en la República Federal de Alemania, o en el *Land* Berlín, el tratamiento médico y de recuperación se aplicará conforme a las disposiciones legales de la República Federal de Alemania y a su cargo.

(2) En algunos casos especialmente justificados de mutilados de guerra, comprendidos en el artículo 1, que no tengan su domicilio o residencia habitual en la República Federal, o en el *Land* Berlín, la República Federal de Alemania podrá tomar a su cargo dentro de su territorio la estancia en hospitales, tratamiento médico y prestaciones ortopédicas consiguientes al daño corporal, incluida la reeducación para el uso de aparatos ortopédicos que les hubiesen sido proporcionados. Los gastos de viaje del mutilado serán a cargo del Estado español. El Ministerio español del Ejército deberá obtener previamente en estos casos la conformidad del Ministerio Federal alemán de Trabajo y Ordenación Social.

Artículo 13

En algunos casos especialmente justificados, el Estado español podrá tomar a su cargo la estancia y tratamiento adecuado de mutilados de guerra comprendidos en la Ley Federal sobre Régimen de Prestaciones aplicables a Víctimas de Guerra, en algún balneario español. Los gastos de viaje del mutilado serán abonados por la República Federal de Alemania. El Ministerio Federal alemán de Trabajo y Ordenación Social deberá en estos casos obtener previamente la conformidad del Ministerio español del Ejército.

Capítulo iv
Ejecución del Convenio

Artículo 14

La solicitud y tramitación de las prestaciones previstas en este Convenio se regularán con arreglo al derecho alemán, si las prestaciones están a cargo de la República Federal de Alemania, y con arreglo al derecho español si lo están a cargo del Estado español.

Artículo 15

(1) Si la resolución de una solicitud de prestaciones por parte de alguna de las personas comprendidas en el artículo 1 requiriese previo reconocimiento médico, el Estado español dispondrá que este último, y el correspondiente dictamen en que se recoja su resultado, se practiquen gratuitamente en algún hospital militar. Se acompañará al dictamen toda la documentación clínica que lo acredite, así como radiografías y electrocardiogramas.

(2) El Ministerio Federal alemán de Trabajo y Ordenación Social y el Ministerio del Ejército se pondrán directamente de acuerdo respecto a las medidas de orden administrativo necesarias para la ejecución del presente Convenio.

Capítulo v
Disposiciones finales

Artículo 16

(1) Las diferencias que puedan surgir entre ambas partes contratantes con respecto a la interpretación o aplicación del presente Convenio se resolverán, en la medida de lo posible, por los Ministerios competentes en ambos Estados.

(2) De no poderse resolver por este procedimiento alguna diferencia, ésta se someterá a un Tribunal arbitral a petición de cualquiera de las dos Partes contratantes.

(3) El Tribunal arbitral se constituirá en cada caso nombrando cada Parte contratante a un representante y eligiendo éstos, de común acuerdo, a un súbdito de un tercer Estado como Presidente, cuyo nombramiento será solicitado por los dos Gobiernos interesados. En caso de que los miembros del Tribunal no hubiesen sido nombrados en el plazo de dos meses, y el Presidente de tres, a partir de la notificación por una de las Partes contratantes de su intención de recurrir a un Tribunal arbitral, podrá cualquiera de ellas, a falta de otro acuerdo, pedir al Presidente del Tribunal Internacional de Justicia de la Haya que efectúe los necesarios nombramientos. En caso de que el Presidente fuera súbdito de uno de los Estados contratantes o tuviera algún otro impedimento, deberá efectuarlos el Vicepresidente; o si éste fuera también súbdito de alguno de los Estados contratantes o tuviera algún impedimento, los nom-

bramientos serán hechos por el miembro del Tribunal de más categoría, que no fuese nacional de alguna de las Partes contratantes.

(4) El Tribunal arbitral decidirá por mayoría de votos. Sus laudos serán obligatorios. Cada una de las Partes contratantes sufragará los gastos de su representación. Los del Presidente y todos los demás gastos serán satisfechos por ambos Estados contratantes por partes iguales. El Tribunal arbitral podrá establecer otra distribución de los gastos y por lo demás determinará su propio procedimiento.

Artículo 17

(1) En el caso de que el derecho interno de una de las Partes contratantes, en el que se basa el presente Convenio, se modificase de tal forma que la proporción existente en lo que se refiere a prestaciones en ambos Estados en el momento de su firma, o la que igualmente existiese entre las pensiones básicas y compensatorias reconocidas en la Ley Federal sobre Régimen de Prestaciones aplicables a Víctimas de Guerra, quedase sustancialmente alterada, ambas Partes se concertarán para efectuar sin demora la necesaria negociación, a fin de ajustar las disposiciones del presente Convenio a la nueva situación jurídica creada. Si una de las Partes contratantes reclamase por escrito la mencionada negociación, en tanto no haya recaído acuerdo entre las mismas, continuarán aplicándose las prestaciones reguladas en este Convenio en la forma y cuantía anteriores a la modificación legislativa que ha motivado la negociación solicitada.

(2) Los Estados contratantes se obligan a comunicarse recíprocamente y sin demora, todas las modificaciones que en las disposiciones legales interiores en que este Convenio se basa pudiese producirse en lo sucesivo.

Artículo 18

El presente Convenio tendrá también validez en el *Land* de Berlín siempre que en el plazo de tres semanas a partir de la entrada en vigor del mismo el Gobierno de la República Federal de Alemania no dirija al Gobierno español declaración alguna en contrario.

Artículo 19

(1) El presente Convenio será ratificado. Los instrumentos de su ratificación se canjearán lo antes posible en Bonn.

(2) El presente Convenio entrará en vigor el primer día del mes siguiente a aquél en que se hayan canjeado los instrumentos de su ratificación.

Apéndice 13

Relación anual del número de beneficiarios
de los complementos de pensión pagados por Alemania
entre 1965 y 1994 a los mutilados de la División Azul,
y cantidades totales percibidas*

AÑO	NÚMERO DE BENEFICIARIOS	CANTIDADES PERCIBIDAS (MILLONES DE DM)
1965	364	Sin determinar
1966	1.098	Sin determinar
1967	1.956	Sin determinar
1968	2.539	Sin determinar
1969	2.748	Sin determinar
1970	2.742	Sin determinar
1971	2.704	2,76
1972	2.635	2,91
1973	2.549	3,03
1974	2.440	3,22
1975	Sin determinar	3,12
1976	Sin determinar	3,33
1977	Sin determinar	3,94
1978	Sin determinar	3,58
1979	Sin determinar	3,27
1980	Sin determinar	2,79
1981	Sin determinar	2,48
1982	Sin determinar	2,16

(continúa)

* FUENTE: Elaboración propia a partir de los datos facilitados por el Versorgungsamt de Karlsruhe.

Año	Número de beneficiarios	Cantidades percibidas (millones de DM)
1983	Sin determinar	2,14
1984	1.090	2,34
1985	1.032	2,24
1986	993	2,00
1987	964	2,23
1988	927	2,23
1989	885	2,23
1990	849	1,90
1991	816	2,00
1992	772	1,80
1993	724	2,05
1994	681	Sin determinar

Notas*

Introducción

1. Concretamente, hasta 1995, fecha de mi estancia en Alemania.

Capítulo I

1. José María Fontana, *Los catalanes en la guerra de España*, Barcelona, 1977, p. 176.
2. Mercedes Vilanova, *Les majories invisibles*, Barcelona, 1995, p. 442.
3. Gaston Bouthoul, *La guerra*, Barcelona, 1971, pp. 73-78. También John Keegan (*El rostro de la batalla*, Madrid, 1990) refiere aspectos psicológicos, fundamentalmente entre los combatientes.
4. La cifra de asesinados, en Gabriel Cardona, *El gigante descalzo*, Madrid, 2003, p. 67. Para el volumen de la represión en la retaguardia, véase el libro de Santos Juliá (coord.), *Víctimas de la Guerra Civil*, Madrid, 1999, fundamentalmente, pp. 411-413.
5. Para Madrid, véase Javier Cervera Gil, *Madrid en guerra. La ciudad clandestina, 1936-1939*, Madrid, 1998; y para Barcelona, Josep M. Solé y Joan Villarroya, *La repressió a la reraguarda de Catalunya (1936-1939)*, Barcelona, 1989.
6. Josep M. Solé y Joan Villarroya, *op. cit.*, pp. 347 y 434. Javier Cervera Gil, *op. cit.*, pp. 69 y 89. Paul Preston, *La Guerra Civil española*, Barcelona, 2000, pp. 163-167. Josep Termes, «De la Revolució de setembre a la fi de la Guerra

---

* Cada nota acumula la información referida a todo el párrafo que le precede. Las barras incluidas en esta sección discriminan las fuentes sobre las que se basa cada uno de los eventos recogidos.

Civil, 1869-1939», vol. VI, Barcelona, 1987, de la *Història de Catalunya* dirigida por Pierre Vilar, p. 405.

7. Josep Termes, *op. cit.*, pp. 404-405. José Mª Fontana, *op. cit.*, pp. 90-98. Josep M. Solé y Joan Villarroya, *op. cit.*, pp. 282-284. / La crónica de la Revolución en Barcelona, en T. Caballé y Clos, *Barcelona Roja. Dietario de la Revolución (julio 1936 — enero 1939)*, Barcelona, 1939. Para la sublevación y los acontecimientos que le siguieron, véase Luis Romero, *Tres días de julio*, Barcelona, 1994 —una síntesis, en «La sublevación en Barcelona (19 y 20 de julio de 1936)»; *Tiempo de Historia*, núms. 80-81 (1981)—. Y para un análisis detallado, aunque ideológicamente lastrado, de la actuación de los sublevados, véase Felío Vilarrubias Solanes, *El Ejército del 19 de julio en Cataluña. Tres generales frente a frente: Goded, Llano de la Encomienda, Aranguren*, Barcelona, 1990.

8. Avance de la *Causa General*, Madrid, 1944, p. 156.

9. La cifra de Barcelona la he deducido de los registros de Solé y Villarroya, *op. cit.*, II, pp. 28-130. / Para la represión de la Iglesia catalana, véase Albert Manent y Josep Raventós, *L'Església clandestina a Catalunya durant la Guerra Civil (1936-1939)*, Barcelona, 1984. Hilari Raguer, en *La pólvora y el incienso. La Iglesia y la Guerra Civil española (1936-1939)*, Barcelona, 2001, afirma: «durante varios meses bastaba que alguien fuera identificado como sacerdote, religioso o simplemente cristiano militante, miembro de alguna organización apostólica o piadosa, para que fuera ejecutado sin proceso». Y tal como indica, para la represión en el conjunto del país, todavía resulta imprescindible la obra de Antonio Montero Moreno, *Historia de la persecución religiosa en España, 1936-1939*, Madrid, 1961; y, desde una perspectiva actual, véase Julián Casanova, *La Iglesia de Franco*, Madrid, 2001.

10. Felío Vilarrubias Solanes, *op. cit.*, p. 247. José Mª Fontana, *op. cit.*, pp. 169-170. Josep M. Solé y Joan Villarroya, *op. cit.*, pp. 282-286.

11. R. L. Chacón, *Por qué hice las «chekas» de Barcelona. Laurencic ante el consejo de guerra*, Barcelona, 1939. Josep M. Solé; Joan Villarroya, *op. cit.*, pp. 286-292. José Mª Fontana, *op. cit.*, pp. 162 a 168.

12. Josep M. Solé y Joan Villarroya, *op. cit.*, pp. 185-186. Josep Termes, *op. cit.*, p. 406. José Mª Fontana, *op. cit.*, pp. 148-149.

13. Josep M. Solé y Joan Villarroya, *op. cit.*, pp. 183-184. José Mª Fontana, *op. cit.*, pp. 122-134 y 219-244. / Para la participación catalana en el *Ejército nacional*, véase Joan Maria Thomàs, *Falange, Guerra Civil, franquisme. F.E.T. y de las J.O.N.S. de Barcelona en els primers anys del règim franquista*, Barcelona, 1992; y para el caso concreto del Requeté, véase, además, Salvador Nonell Brú, *Los Requetés catalanes de Tercio de Nuestra Señora de Montserrat en la Cruzada Española (1936-1939)*, Barcelona, 1956 y *El Laureado Tercio de Requetés de Nuestra Señora de Montserrat*, Barcelona, 1992. Las nuevas centurias permitieron configurar la *Primera Bandera de Falange de Cataluña*.

14. La anécdota del propietario, en Mercedes Vilanova, *op. cit.*, p. 463. / Sánchez Mazas fue condenado a muerte en noviembre de 1938 y a punto estuvo de perder la vida al final de la guerra, en los trágicos sucesos del Santuario de Nuestra Señora del Collell (50 ametrallados). En cuanto a Carranceja, fue asesinado por el SIM en abril de 1939. / Para la actuación de la *Quinta Columna* en Bar-

celona, véase Domènec Pastor Petit, *La cinquena columna a Catalunya (1936-1939)*, Barcelona, 1978; y para Madrid, Javier Cervera Gil, «La Quinta Columna en la retaguardia republicana en Madrid», en *Historia, Antropología y Fuentes Orales*, n° 17 (1997).

15. Véanse, entre otros, Mercedes Vilanova, *Atlas electoral de Catalunya durant la Segona República*, Barcelona, 1986 y *Les majories...*; Anna Monjo y Carme Vega, *Els treballadors i la Guerra Civil. Història d'una indústria catalana col·lectivitzada*, Barcelona, 1986; y Mercedes Vilanova y Xavier Moreno, *Atlas de la evolución del analfabetismo en España de 1887 a 1981*, Madrid, 1992. Las citas, en Mercedes Vilanova, *Les majories...*, pp. 461 y 242.

16. Rafael Abella, *Finales de enero, 1939. Barcelona cambia de piel*, Barcelona, 1992, p. 126.

17. Gabriel Cardona, *El problema militar en España*, Madrid, 1990, pp. 173-174; y «Un ejército para un caudillo», en *Revista de Extremadura*, n° 19 (1996).

18. Sobre las motivaciones personales que impelieron a inscribirse en la División, véase Carme Agustí Roca, *Rússia és culpable! Memòria i record de la División Azul*, Lérida, 2003.

19. Carles Viver Pi-Sunyer, *El personal político de Franco (1936-1945)*, Barcelona, 1978, pp. 70-71.

20. Véase Ricardo Chueca, *El Fascismo en los comienzos del régimen de Franco. Un estudio sobre FET-JONS*, Madrid, 1983, p. 203. / Un clarividente análisis de lo que significó FET-JONS, así como de sus aspiraciones y frustraciones, en Joan Maria Thomàs, *La Falange de Franco. Fascismo y fascistización en el régimen franquista (1937-1945)*, Barcelona, 2001.

21. Una comparación entre los estatutos de Falange de 1934, 1937 y 1939, en Ricardo Chueca, *op. cit.*, pp. 409-451. / Los datos relativos al Gabinete, en Klaus-Jörg Ruhl, *Franco, Falange y III Reich*, Madrid, 1986, pp. 266-267.

22. Stanley Payne, *Falange. Historia del fascismo español*, París, 1977, p. 184. / Informe de la Dirección General de Seguridad, 16-1-1941; *Documentos Inéditos para la Historia del Generalísimo Franco*, II-2, pp. 20-22.

23. Para Barcelona, véase el extenso informe remitido por la Jefatura Provincial a la Delegación Nacional de Información e Investigación, en los primeros días de enero de 1941; AGA, SGM, caja 51. Véase también el de la Dirección General de Seguridad de 7-4-1941; *Documentos Inéditos...*, II-2, pp. 137-139. / En cuanto al Consulado General, el informe del Estado Mayor del Ejército de 31-1-1941; *ibidem*, p. 69. / La referencia a la Oficina de la Propaganda Alemana en Madrid, en un informe de la Dirección General de Seguridad, de 9-6-1941; *ibidem*, p. 160.

24. Stanley Payne, *op. cit.*, pp. 173-175.

25. Las presiones alemanas habían llegado a tal grado de intensidad, que había la creencia generalizada de que, de un momento a otro, la Wehrmacht invadiría territorio español (11-2-1941: Hoare al Foreign Office; PRO, F0 371/26945). / Para Hendaya, es paradigmático el artículo de Paul Preston «Franco y Hitler: El mito de Hendaya», *Historia 16* (1991); y la obra de Norman Goda *Y mañana el mundo.... Hitler, África Noroccidental y el camino hacia América*, Madrid, 2002. Sobre el progermanismo de Serrano, véase Xavier Moreno Juliá, «Hitler, la apuesta de Serrano Suñer», *La Aventura de la Historia*, n° 61 (2003).

26. Para la evolución del Ejército durante el régimen de Franco, son fundamentales dos obras recientes de Gabriel Cardona: *El gigante*... y *Franco y sus generales. La manicura del tigre*, Madrid, 2001; y, dentro de un contexto más global, la ya clásica de Stanley Payne, *Los militares y la política en la España contemporánea*, París, 1968, y del propio Cardona, *El problema*..., Madrid, 1990. / Stanley Payne: *Los militares*..., p. 370. / Klaus-Jörg Ruhl: *op. cit.*, p. 19.

27. Stanley Payne, *Los militares*..., pp. 369 y 372-373. / La sustitución del Ministerio de Defensa Nacional por tres Ministerios comportó la aparición del Alto Estado Mayor de las Fuerzas Armadas, con funciones de coordinación y bajo la dependencia directa de Franco (Gabriel Cardona, *El problema*..., p. 172; *Franco y*..., p. 42; *El gigante*..., p. 51).

28. Gabriel Cardona, *El problema*..., pp. 172-174 y Stanley Payne, *Los militares*..., p. 374. La Ley de 29 de marzo de 1941 reforzaría la militarización de la Policía y la milicia falangista, con lo que los tres pilares de la seguridad del Estado quedaron férreamente controlados.

29. 21-4-1941: Nota de la War Office; PRO, F0 371/26969.

30. 31-1-1941: Informe del Estado Mayor del Ejército; en *Documentos Inéditos*..., II-2, pp. 59-77.

31. Para el análisis ideológico de las publicaciones militares durante los 20 primeros años del franquismo, véase Juan Carlos Losada, *Ideología del Ejército Franquista (1939-1959)*, Madrid, 1990. El informe llegado a la Embajada, en PAAA, BM 6/1). / El deseo de Yagüe, Muñoz Grandes y Asensio de implicar a España en la guerra, en Gerald Kleinfeld y Lewis Tambs, *La División Española de Hitler. La División Azul en Rusia*, Madrid, 1983, pp. 331-332. / La catalogación alemana de los generales españoles, en Informe del OKH de 20-2-1943; BAMA, RHD 18/174.

32. Juan Carlos Losada, *op. cit.*, p. 170.

33. Stanley Payne, *Los militares*..., p. 374. / Una aproximación al tema de los sobornos, en Javier Tusell, *Franco, España y la II Guerra Mundial. Entre el Eje y la neutralidad*, Madrid, 1995, pp. 178-179; y el estado de la cuestión, en Manuel Ros Agudo, *La guerra secreta de Franco (1939-1945)*, Barcelona, 2002, pp. 146-152 y 358. Añadir aquí que, antes de su artículo de 1991, Denis Smyth ya había hecho una vaga referencia a la cuestión (*Diplomacy and Strategy of Survival. British Policy and Franco's Spain, 1940-41*, Cambridge, 1986, pp. 35-36); y que, años más tarde, la prensa española lo refirió ampliamente (véanse, entre otros: *ABC*, de 4-8-1997; *Levante*, de 11-8-1997, y *El País*, de 14-9-1997).

34. Para Aranda, 20-4-1941: Notas al telegrama de Hoare al Foreign Office de 18-4-1941 (PRO, F0 371/26945); 18 y 28-4-1941: Informe del *brigadier* Torr (PRO, F0 371/26945). / Para Kindelán, 13-2-1941: Informe de Torr (PRO, F0 371/26939). De algunos escritos de Kindelán, recogidos por su hijo en *La verdad de mis relaciones con Franco* (Barcelona, 1981), se desprenden contactos con Hoare. Además, el general entendía que los Aliados se inclinaban por la restauración monárquica —«cosa a primera vista extraña, ya que les sería más fácil que a una monarquía dirigir a un régimen republicano»—, lo que a todas luces le era grato (manuscrito sin fecha; fondo inédito de escritos de Kindelán, ApSG). / Y para Martínez Campos, 28-2-1941: Hoare al Foreign Office; 10-3-1941: Informe del *brigadier* Torr; 8-4-1941: Yencken al Foreign Office;

2-3-1941: Hoare al Foreign Office. (Todos los documentos, en PRO, F0 371/26945.)

35. Hoare opinaba que Franco posiblemente se decantaría por la segunda opción (2-3-1941: Hoare al Foreign Office; PRO, F0 371/26945).

36. Stanley Payne (*Los militares...*, pp. 374-376) afirma que el único punto político que unía a los generales era la animadversión hacia Serrano Suñer. / Para Joan Maria Thomàs (*La Falange...*, pp. 225-230, la destitución de Muñoz Grandes respondió en última instancia al choque de dos visiones contrapuestas sobre cómo gestionar FET-JONS y, a nivel más genérico, lo que debía ser el falangismo: la militar (Muñoz Grandes), «de dedicación patriótica y cuasi sacerdotal», y la política, posibilista (tándem Serrano-Gamero). En este sentido, la orden de octubre de 1939, que cesó a los cargos políticos que no reunían la condición de excombatiente, puso a Muñoz Grandes en el disparadero (Serrano no lo era).

37. Stanley Payne, *El régimen de Franco*, Madrid, 1987, p. 301.

38. Este apartado se fundamenta en la obra, ya citada, del profesor Klaus-Jörg Ruhl (en conjunto, no superada). Y también en documentación consular alemana en España (inédita en su totalidad y relativa al Consulado General, en Barcelona, y a los Consulados de Málaga, Sevilla y Vigo), y de la Embajada en Madrid, con información consular suelta (San Sebastián).

39. Dichos departamentos eran: el del Ministro, la Secretaría de Estado, la Jefatura de la Organización Exterior, la Secretaría de Estado para Mediaciones Especiales, el del Embajador para Mediaciones Especiales, la Oficina del Director Ministerial; y los de Protocolo, Alemania, Personal y Mediaciones Especiales, Político, Política Económica, Justicia, Cultura Política, Noticias y Prensa, e Información. Véanse las *Akten zur Deutschen Auswärtigen Politik, 1918-1945* (en adelante, ADAP), D-XII, pp. 911-916.

40. Gerhard Weinberg, *The Foreign Policy of Hitler's Germany*, Chicago, 1970, pp. 175-176.

41. ADAP, pp. 911-916.

42. A la luz de la documentación de la Embajada (BM, 7 a —*Diplomatenliste*—), se aprecian algunas inexactitudes en la obra de Ruhl respecto a su personal, como la asignación al coronel Krappe del grado de general. / Según el doctor Ángel Viñas (*Franco, Hitler y el estallido de la Guerra Civil. Antecedentes y consecuencias*, Madrid, 2001, p. 457), Faupel fue cesado por Hitler a raíz de unas veladas declaraciones de Franco al primer comandante de la Legión Cóndor, general Sperrle. Fue el precio que pagó por su intromisión en asuntos bélicos e internos españoles.

43. Su situación llegó a hacerse insostenible a medida que avanzaba el año 1942, siendo, de esta manera, la causa principal de su destitución en diciembre. Antes, tuvo que soportar la febril actividad de una diplomacia paralela en la propia Embajada, que no sólo actuaba al margen de él sino inclusive en su contra.

44. La conceptuación de Lazar se mantendría a lo largo de los mandatos de los siguientes embajadores. Hoare escribió de él (*Embajador ante Franco en misión especial*, Madrid, 1977) que empleaba minuciosamente su tiempo en generar y difundir mentiras, al objeto de mantener a la opinión pública española en «un estado de pánico permanente». Véanse interesantes apuntes biográficos sobre

su persona en José María Irujo, *La lista negra. Los espias nazis protegidos por Franco y la Iglesia*, Madrid 2003.

45. Acabada la guerra, Serrano Suñer (*Entre Hendaya y Gibraltar*, Madrid, 1947, p. 183) acusó a Gardemann de haber conspirado abiertamente contra él en el seno de la Falange.

46. Para el espionaje militar y la Gestapo en España, véase Manuel Ros Agudo, *op. cit.*, pp. 206-260 y 177-205 respectivamente. Leissner dependía directamente del almirante Wilhelm Canaris (jefe del Abwehr, el servicio de información del Ejército); Winzer, de Walter Schellenberg (jefe del Departamento VI del Servicio de Seguridad del Reich —SD—, de Extranjero) y, en última instancia, de Himmler. Según Ruhl, en enero de 1941 Winzer disponía de más de 19 colaboradores registrados y su *Büro* tenía delegaciones en todos los consulados.

47. Véanse los fondos documentales de la *Sociedad*, en el Archivo Federal de Coblenza. Resulta muy interesante la interacción de Edith con los becarios españoles, marcadamente maternal. / Los hasta aquí citados Bernhardt, Dieckhoff, Faupel, von Koos, Leissner, Thomsen, Winzer y Weizsäcker aparecen fotografiados (y en parte biografiados) en el libro de Viñas, *Franco, Hitler...*; revisión ampliada hasta los años de la Segunda Guerra Mundial de su clásico *La Alemania nazi y el 18 de julio. Antecedentes de la intervención alemana en la Guerra Civil española*, Madrid, 1974. En cuanto a las imágenes fotográficas de Stohrer y Moltke (además de las de Dieckhoff, Faupel y Leissner), se pueden ver en la obra de Ros Agudo, ya mentada.

48. Por el contrario, entre el personal no diplomático la militancia era escasa: de seis personas, sólo dos eran nazis (un empleado y una secretaria).

49. 21-7-1942: Jaeger a Stohrer; PAAA, GKB 12/4. / Amistad, la de Stohrer y Jaeger, que quedó de manifiesto por escrito a raíz de la destitución de aquél (Stohrer a Jaeger, 5-1-1943; y respuesta, 9-1-43. PAAA, GKB 11/1).

50. Nota de Waldheim (6-11-1940) y nota de Jaeger a Stohrer (7-11-1940); PAAA, GKB 11/3.

51. Según Ruhl (*op. cit.*, p. 47), Alemania tenía en el Protectorado cuatro consulados. Gustau Nerín y Alfred Bosch (*El imperio que nunca existió. La aventura colonial discutida en Hendaya*, Barcelona, 2001, p. 165) cifran en más de 50 los empleados del Consulado de Tánger; y destacan su función de espionaje, así como su autonomía respecto a la Embajada (potestad del cónsul de contactar directamente con Berlín, y agregado militar propio).

52. Las muestras de confraternización, en *Solidaridad Nacional*, 8, 11 y 18-6-1941, portada; y Nota de la Embajada alemana en Madrid, de 10-5-1941; AMAE, 1912/10. / Donativos como las 2.000 pesetas que en mayo entregó la Embajada al Frente de Juventudes, fruto del concierto de gala habido en la inauguración del Instituto Alemán de Cultura (10-5-1941: Serrano Suñer a Stohrer; AMAE, R 1912/10).

53. 10-5-1941: Serrano Suñer a Stohrer. / 5-6-1941: Nota del Gabinete Diplomático del Ministerio de Asuntos Exteriores. / Embajada alemana al Ministerio de Asuntos Exteriores (23-5-1941) y respuesta (28-5-1941). / Para las compensaciones, 10-5-1941: *ibidem*; y 14-5-1941: Stohrer a Serrano Suñer. (Todos los documentos, en AMAE, R 1912/10.)

54. 29-5-1941: Embajada en Madrid al Foreign Office; PRO, FO 371/26900.
55. 29-5-1941: Embajada en Madrid al Foreign Office; PRO, FO 371/26900.
56. 29-5-1941: Embajada en Madrid al Foreign Office; PRO, FO 371/26900. / Por ejemplo, la Embajada alemana informó de que el jefe de Abastos de la zona, un español de ascendencia judía, mantenía contactos directos con el Servicio Secreto británico en Tánger, y que se dedicaba al abastecimiento de Gibraltar con víveres que transportaba en barcos de su propiedad (10-5-1941: Nota de la Embajada alemana en Madrid; AMAE, R 1912/10). / La creencia alamena de aceptación por parte de la población del Protectorado, en la nota de 5-7-1941 del cónsul en Tetuán a Stohrer (PAAA, BM 6/9).
57. Para la penetración en la prensa y la actividad propagandística alemana en España en general, véase Manuel Ros Agudo, *op. cit.*, pp. 271-301. / A finales de 1942 los colegios alemanes tenían matriculados en España a unos 3.200 alumnos (16-11-1942: Nota del Auswärtiges Amt; PAAA, R 29745).
58. Ayuda que se concretó en un hospital de campaña, una compañía de ambulancias, una de técnicos, una de zapadores, una columna motorizada con cocinas de campo, 30.000 raciones alimenticias y cinco camiones con provisiones (22-2-1941: Hoare al Foreign Office; PRO, FO 371/26900). / Para el contrabando, nota de 14-3-1941 de Hoare al Foreign Office (PRO, FO 371/26900).
59. 22-6-1941: Auswärtiges Amt a Stohrer; PAAA, BM 8/1.
60. Este apartado sólo referirá en las notas fuentes documentales. / A nivel bibliográfico, se nutre, fundamentalmente, de las siguientes aportaciones: Willard Beaulac, *Franco: silent ally in World War II*, Illinois, 1986; André Brissaud, *Canaris. La Guerra Española y la II Guerra Mundial*, Barcelona, 1972; Charles Burdick, *Germany's military strategy and Spain in World War II*, Nueva York, 1968; Gabriel Cardona, «El belicismo de Franco en 1940», *Histeria y Fuente Oral*, nº 7, Barcelona, 1992; Galeazzo Ciano, *Diario*, Barcelona, 1946, y *Europa hacia la catástrofre*, Barcelona, 1949, Otfried Dankelmann, *Franco zwischen Hitler und den Westmächten*, Berlín, 1970; Donald Detwiler, *Hitler, Franco und Gibraltar. Die Frage des spanischen Eintritts in den Zweiten Weltkrieg*, Wiesbaden, 1962; Herbert Feis, *The Spanish Story. Franco and the Nations at War*, Nueva York, 1966; Norman Goda, *op. cit.*; Heinz Huber y Artur Müller, *El Tercer Reich; su historia en textos, fotografías y documentos*, II, Barcelona, 1967; Hans-Adolf Jacobsen y Hans Dollinger, *La Segunda Guerra Mundial en fotografías y documentos*, I, Barcelona, 1973; Christian Leitz, «La Alemania nazi y la España franquista, 1936-1945», Barcelona, 2002; Víctor Morales Lezcano, *Historia de la no-beligerancia española durante la segunda guerra mundial*, Valencia, 1980; Gustau Nerín y Alfred Bosch, *op. cit.*, Barcelona, 2001; Stanley Payne, *El régimen...*, Madrid, 1987; François Piétri, *Mes années d'Espagne, 1940-1948*, París, 1954; Raymond Proctor, *Agonía de un neutral (Las relaciones hispanoalemanas durante la II guerra mundial y la División Azul)*, Madrid, 1972; Matthieu Séguéla, *Franco-Pétain. Los secretos de una alianza*, Barcelona, 1994; Ramón Serrano Suñer, *Memorias*, Barcelona, 1977; Denis Smyth, *op. cit.* y «Franco y los aliados en la Segunda Guerra Mundial», Barcelona, 2002; Hugh Trevor-Roper, *Hitler's War Directives, 1939-1945*, Londres, ed. de 1966, y Walter Warlimont, *Inside Hitler's Headquarters, 1939-45*, Novato, 1964.

61. Para el concepto de *no-beligerancia* y su significación, véase Manuel Ros Agudo, *op. cit.*, pp. 17-23. / 3-6-1940: Franco a Hitler; DOGFP, D-IX, pp. 509-510. / 16-6-1940: Acta de la entrevista Hitler-Vigón; *ibidem*, pp. 585-588. / 25-6-1940: Memorándum de Weizsäcker; en DOGFP, D-X, pp. 15-16.

62. 8-7-1940: Acta de la entrevista Hitler-Ciano, en DOGFP, D-X, pp. 147-155. / 16-7-1940: Directriz número 16 de Hitler; *ibidem*, pp. 226-229.

63. Winston Churchill (1874-1965) sustituyó a Neville Chamberlain el 10 de mayo, a raíz de su dimisión tras conocer la invasión alemana de Bélgica y los Países Bajos. / El Berghof era el refugio que Hitler tenía en los Alpes austríacos, en Berchtesgaden, cerca de Salzburgo. Amplias referencias sobre el mismo, en *Die Tödliche Utopie*, Munich, 2000². / 31-7-1940: Extracto de la conferencia Hitler-Raeder; DOGFP, D-X, pp. 370-374. / 1-8-1940: *Directriz número 17* de Hitler; *ibidem*, pp. 390-391.

64. 2-8-1940: Ribbentrop a Stohrer; DOGFP, D-X, p. 396.

65. 12-11-1940: *Directriz número 18* de Hitler; DOGFP, D-XI, pp. 527-531. / 1. FRANCO-HITLER.— 23-10-1941: Acta de la entrevista, *ibidem*, pp. 371-376. No se conserva la versión original del *Protocolo*, pero sí una copia con el texto del artículo 5º retocado por Ciano (*ibidem*, pp. 466-467). / 2. SERRANO SUÑER-HITLER.— 17-9-1940: Acta de la entrevista; *ibidem*, pp. 93-98. Nota sobre la entrevista de 25-9-1940; *ibidem*, p. 184. 19-11-1940: Acta de la entrevista del 18; *ibidem*, 598-606. / 3. SERRANO SUÑER-RIBBENTROP.— 16-9-1940: Acta de la entrevista; *ibidem*, 83-91. 17-9-1940: Acta de la entrevista; *ibidem*, pp. 98-102. 26-9-1940: Acta de la entrevista del 24; *ibidem*, pp. 166-174. 23-10-1940: Acta de la entrevista; *ibidem*, pp. 376-379. S/f: Acta de la entrevista de 19-11-1940; *ibidem*, pp. 619-623. / 4. SERRANO SUÑER-STOHRER,— 25-9-1940: Nota de Stohrer; *ibidem*, p. 182. / 5. CANARIS-FRANCO.— 8-12-1940: Entrada en el Diario del Mando de Operaciones de la Wehrmacht; *ibidem*, 816-817.

66. 4 y 24-10-1940: Actas de las entrevistas Hitler-Mussolini; DOGFP, D-XI, pp. 245-259 y 411-422, respectivamente. / 24-10-1940: Acta de la entrevista Hitler-Pétain; *ibidem*, pp. 385-392. / 20-11-1940: Hitler a Mussolini; *ibidem*, pp. 639-643. / 22-11-1940: Mussolini a Hitler; *ibidem*, pp. 671-672.

67. 10-12-1940: Entrada en el Diario del Mando de Operaciones de la Wehrmacht; DOGFP, DXI, 817. / 31-12-1940: Hitler a Mussolini; *ibidem*, pp. 991-994. El párrafo incluido es traducción del autor.

68. 21-1-1941: Acta de la entrevista Hitler-Mussolini del 19, y acta de la del 20; DOGFP, D-X, pp. 1.127-1.133 y 1.145-1.151, respectivamente. La versión italiana de la entrevista del 19, en Ciano, *Europa...*, pp. 330-331. / La carta de Ciano, en *ibidem*, pp. 331-332.

69. 20, 23, 27 y 29-1-1941: Stohrer a Ribbentrop; DOGFP, D-XI, pp. 1.140-1.143, 1.173-1.175, 1.208-1.210 y 1.222-1.223, respectivamente. / 21, 24 y 28 y 29-1-1941: Ribbentrop a Stohrer; *ibidem*, pp. 1.157-1.158, 1.183-1.184 y 1.217-1.218, respectivamente. / Hitler a Franco; DOGFP, D-XII, pp. 37-42.

70. El comentario de Piétri, traducido por el autor. / 8-2-1941: Hoare al Foreign Office. / 14-2-1941: Nota del agregado naval británico en Madrid. (Ambos documentos, en PRO, FO 371/26939.)

71. El relato de las conversaciones mantenidas en Bordighera, en Galeazzo Ciano, *Europa...*, pp. 333-342. / 12-2-1941: Nota de la Embajada británica; PRO, FO 371/26939.

72. Piétri: «En realite, on ne débattit pas grand-chose a Montpellier», aunque «marquait un point sérieux dans la hausse des rapports franco-espagnols».

73. 17-2-1941: Informe del agregado militar en Berlín; *Documentos Inéditos...*, II-2, pp. 92-95. / 12-2-1941: Hoare al Foreign Office. / 18-2-1941: Hoare a Churchill. / 20-2-1941: Hoare al Foreign Office. (Los tres últimos documentos, en PRO, FO 371/26939.)

74. 22-2-1941: Mussolini a Hitler; DOGFP, D-XII, pp. 135-138. / 26-2-1941: Franco a Hitler; *ibidem*, pp. 176-178. La carta no llegó a su destinatario hasta el 6 de marzo. / 28-2-1941: Hitler a Mussolini; *ibidem*, pp. 197-199. / 2 y 25-3-1941: Acta de la entrevista Hitler-Ciano del 1, y acta de la del 25; *ibidem*, pp. 206-210 y 357-361, respectivamente.

75. 10-3-1941: Informe del agregado militar en Londres; en *Documentos Inéditos...*, II-2, pp. 98-115.

76. 19-4-1941: Weddell a Cordell Hull; FRUS 1941, II: Europa, pp. 890-891. (Véase una semblanza biográfica de Weddell y cierto detalle de su actividad diplomática en la obra de Willard Beaulac, consejero de la Embajada estadounidense entre 1941 y 1944.)

77. 28-4-1941: Acta de la entrevista Hitler-Espinosa de los Monteros; DOFP, D-XII, pp. 664-666.

78. José María de Areilza; Fernando María Castiella, *Reivindicaciones de España*, Madrid, 1941, p. 637. En el prólogo, tras aventurar la caída de Gran Bretaña, García Valdecasas afirmaba: «se avecina una vasta reorganización mundial en que España ha de afrontar situaciones de gravedad decisiva. Prevalecerá en definitiva, el tipo humano que lo merezca. La disyuntiva es ser superiores o perecer».

79. La carta, en Galeazzo Ciano, *Europa...*, pp. 353-354.

80. No se conserva acta alemana de la reunión. La síntesis italiana sobre lo tratado, en Galeazzo Ciano, *Europa...*, pp. 355-356. / 11-6-1941: Stohrer a Ribbentrop; DOGFP, D-XII, pp. 1.007-1.008.

81. Xavier Tusell y Genoveva García Queipo de Llano, *Franco y Mussolini. La política española durante la segunda guerra mundial*, Barcelona, 1985, p. 130. / Stanley Payne, *El régimen...*, p. 300.

82. La carta de Miguel estaba fechada el 1 (para Luis Suárez Fernández —*Francisco Franco y su tiempo*, III, Madrid, 1984, p. 259—, probablemente se trata de una antedatación), y constituía un ataque implícito a la labor de Serrano Suñer y de Salvador Merino (*Documentos Inéditos...*, II-2, pp. 141-144). / Pilar dirigía la carta a Franco, pero la remitió a Serrano (*ibidem*, pp. 139-141). / Paul Preston, *Franco «Caudillo de España»*, Barcelona, 1994, p. 539. / 5-5-1941: Serrano Suñer a Franco; *Documentos Inéditos...*, II-2, pp. 144-145.

83. En base a la documentación alemana, carece de fundamento la afirmación de Serrano Suñer (Paul Preston, *op. cit.*, p. 540) de que no supo del nombramiento de Galarza hasta que lo vio sentado en la mesa del Consejo de Ministros. / 8-5-1941: Stohrer al Auswärtiges Amt; PAAA, BM 6/1.

84. El deseo de Serrano de concentración ministerial se desprende de sus manifestaciones a Stohrer (nota al Auswärtiges Amt, de 8-5-1941; PAAA, BM 6/1). / 9-5-1941: Stohrer al Auswärtiges Amt; PAAA, R 29741.
85. 7 y 8-5-1941: Stohrer al Auswärtiges Amt; PAAA, BM 6/1. / El relevo de Mayalde recayó en la persona del teniente coronel Gerardo Caballero Olébazar.
86. 7 y 21-5-1941: Stohrer al Auswärtiges Amt; PAAA, BM 6/1. / La valoración de Lequio, en Xavier Tusell y Genoveva García Queipo de Llano, *op. cit.*, p. 131.
87. 6-5-1941: Stohrer al Auswärtiges Amt; PAAA, R 29741. / 6-5-1941: Informe del *brigadier* Torr; PRO, FO 371/26969.
88. Futuro ministro del Ejército. 7-5-1941: Stohrer al Auswärtiges Amt; PAAA, R 29741.
89. 7-5-1941: Stohrer al Auswärtiges Amt; PAAA, R 29741. / Paul Preston (*op. cit.*, p. 540) valora el nombramiento de Carrero como el resultado más importante de la crisis de mayo de 1941.
90. Luis Suárez Fernández, *Francisco Franco...*, III, p. 261.
91. Stanley Payne, *Falange...*, p. 185, y *El régimen...*, p. 301. / Los delegados nacionales miembros de la Junta Política vieron en el trasfondo de la crisis la mano de Serrano Suñer (José Antonio Girón, *Si la memoria no me falla*, —Barcelona, 1994—, p. 76).
92. 8-5-1941: Stohrer al Auswärtiges Amt; PAAA, BM 6/1. / 9-5-1941: Stohrer al Auswärtiges Amt; PAAA, R 29741.
93. Xavier Tusell y Genoveva García Queipo de Llano, *op. cit.*, p. 132. / 9-5-1941: Stohrer al Auswärtiges Amt. / 10-5-1941: Stahmer a Stohrer. (Ambos documentos, en PAAA, BM 6/1).
94. 9-5-1941: Stohrer al Auswärtiges Amt; PAAA, R 29741.
95. Mora Figueroa para Madrid, Ximénez de Sandoval para Salamanca, Sanz Orrio para Cádiz, Rodríguez Miguel para Baleares, de la Plaza Monte para Segovia, Divar para Cuenca, Vignote Coca para Córdoba y Labadíe Otermín para Zamora. / Véase la carta de dimisión de Pilar Primo de Rivera a Franco, en *Documentos Inéditos*, II-2, p. 147. / 10-5-1941: Serrano Suñer a Franco; *ibidem*, p. 148.
96. 10-5-1941: Serrano Suñer a Franco; *Documentos Inéditos*, II-2, p. 148.
97. 9-5-1941: Stohrer al Auswärtiges Amt; PAAA, BM 6/1:
98. 10-5-1941: Gamero del Castillo a Galarza y Serrano Suñer a Franco. (Ambos escritos, en *Documentos Inéditos*, II-2, pp. 147 y 148, respectivamente.)
99. En aquella carta, Serrano Suñer arremetió contra el cariz que momentáneamente había tomado la prensa, a la que calificó de ramplona y acusó de faltar a la verdad (*Documentos Inéditos*, II-2, pp. 144-145). / 10-5-1941: Stahmer a Stohrer; PAAA, BM 6/1.
100. 10-5-1941: Carta de dimisión de José Larraz; en *Documentos Inéditos*, II-2, p. 151.
101. 12-5-1941: Stahmer a Stohrer; PAAA, BM 6/1.
102. Serrano Suñer hace referencia al artículo de Pujol en sus memorias. / 12-5-1941: Stahmer a Stohrer; PAAA, BM 6/1.
103. 12-5-1941: Stahmer a Stohrer; PAAA, BM 6/1.
104. 12-5-1941: Stohrer al Auswärtiges Amt; PAAA, R 29741.
105. Serrano Suñer (*Memorias*, p. 200) reproduce el texto de la carta.

106. 13-5-1941: Stohrer al Auswärtiges Amt; PAAA, R 29741.

107. 13-5-1941: Franco a Serrano Suñer (en Serrano Suñer, *Memorias*, p. 200). / 21-5-1941: Stohrer al Auswärtiges Amt; PAAA, BM 6/1. / Dicha promesa parece deducirse del contenido del telegrama de Lequio a Roma, transcrito en parte por Tusell y García Queipo de Llano en *op. cit.*, p. 134.

108. 15-5-1941: Stohrer al Auswärtiges Amt; PAAA, R 29741. / Xavier Tusell y Genoveva García Queipo de Llano, *op. cit.*, p. 132. / La destitución, en una nota Hoare al Foreign Office, de 19-5-1941 (PRO, FO 371/26897).

109. Una decisión explicable, a juicio de Payne (*Falange...*, p. 187), por el temor de Franco a una revuelta falangista.

110. Arrese imprimió a la FET-JONS la impronta de la moderación: pronto su discurso oficial cambió la retórica revolucionaria por la reformista (única que Franco, militar, podía asumir realmente). Tal como indica Álvarez Puga (*Historia de la Falange*, Barcelona, 1969, p. 199), desterró desde un primer momento la palabra revolución. Hasta tal punto suavizó el discurso, que Payne (*Falange...*, pp. 188-189) considera su ascenso a la Secretaría General, juntamente con la Unificación, los dos grandes triunfos de Franco sobre el falangismo. Tal como ha señalado (*ibidem*, pp. 186-187), el enfrentamiento con Serrano fue inevitable desde el momento en que exigió la definición de atribuciones de sus respectivos cargos (presidente de la Junta Política y secretario general). Y como especifica Joan Maria Thomàs (*La Falange...*, p. 282), su estrategia pivotó sobre una reestructuración del Partido en beneficio propio y detrimento de Serrano, el acercamiento máximo a Franco y la potenciación de su figura política. / Girón recuerda (*op. cit.*, p. 78) que el 16 le llamó Serrano para comunicarle que había crisis de Gobierno, y anunciarle que la cartera de Trabajo correspondería a Jesús Rivero Meneses o a él; y que el 17 Franco le comunicó el nombramiento.

111. Stanley Payne, *Falange...*, p. 189. / Raúl Martín (*La contrarrevolución falangista*, París, 1971, p. 135) valora la aceptación del cargo por parte de Miguel Primo de Rivera como una manifestación más de la incongruencia falangista, pues era uno de los jefes provinciales dimitidos. A su vez, Stanley Payne (*ibidem*, p. 186) califica su designación para Agricultura de ridícula. / La supuesta maniobra de Franco, en Luis Suárez Fernández, *Francisco Franco...*, II-2, p. 265.

112. 21-5-1941: Stohrer al Auswärtiges Amt; PAAA, BM 6/1.

113. 23-5-1941: Yencken al Foreign Office; PRO, FO 371/26897.

114. Klaus-Jörg Ruhl, *op. cit.*, p. 267.

115. 21-5-1941: Stohrer al Auswärtiges Amt; PAAA, BM 6/1.

116. 21 y 19-5-1941: Stohrer al Auswärtiges Amt (PAAA, BM 6/1 y R 29741, respectivamente).

117. 21-7-1941: Informe anónimo; PAAA, BM 6/1. / El comentario de Carceller, en nota Stohrer al Auswärtiges Amt, de 21-5-1941 (PAAA, BM 6/1).

118. Serrano valoraba los acuerdos entre Berlín y Vichy como contrarios a los intereses territoriales españoles, y sobre su alcance pensaba solicitar explicaciones a Stohrer (19-5-1941: Stohrer al Auswärtiges Amt; PAAA, R 29741). / Las afirmaciones de *Arriba*, en Xavier Tusell y Genoveva García Queipo de Llano, *op. cit.*, p. 134.

119. 21-5-1941: Stohrer al Auswärtiges Amt; PAAA, BM 6/1.
120. El presidente sería nombrado a propuesta del secretario general. / 23-5-1941: Stohrer al Auswärtiges Amt; PAAA, BM 499/2.
121. *Solidaridad Nacional*, 22-6-1941, dorso.
122. 21-5-1941: Stohrer al Auswärtiges Amt; PAAA, BM 6/1.
123. 12-5-1941: Nota informativa de Woermann; PAAA, R 29741.
124. 20-5-1941: Hoare a Churchill; PRO, PREM 4-21/1.
125. 26 y 28-5-1941: Stohrer al Auswärtiges Amt; PAAA, R 29741.
126. Serrano Suñer (*Memorias*, p. 201) ha afirmado —quizá por despecho— que después de la crisis de mayo de 1941 FET-JONS fue «ante todo» el partido de Franco. Para Ricardo Chueca (*op. cit.*, pp. 209-210), al igual que para Stanley Payne (*Falange...*, p. 187), la resolución de la crisis significó el punto y final del largo proceso de control del Partido que se abrió en 1937 con el *Decreto de Unificación*.
127. Declaraciones de la viuda de Salvador Merino al autor; 3-12-1996.
128. Heleno Saña, *El franquismo sin mitos. Conversaciones con Serrano Suñer*, Barcelona, 1981, p. 154, y Stanley Payne, *El régimen...*, p. 277. / La experiencia del internado le dejó un mal recuerdo; declaraciones de la viuda de Salvador Merino al autor; 3-12-1996. / 18-3-1936: Notificación de nombramiento como *jefe comarcal* de las JONS de La Coruña. 15-6-1937: Notificación de nombramiento como jefe provincial. (Ambos documentos, en ApGSM.) / La semblanza de Álvarez de Sotomayor, en Joan Maria Thomàs, *La Falange...*
129. Recortes del periódico *La Voz*, de 26-4-1938. / 30-4-1938: Notificación de la destitución como jefe provincial de FET-JONS de La Coruña. / 6-5-1938: Salvador Merino a Raimundo Fernández-Cuesta. / 11-5-1938: Salvador Merino a Pedro Gamero. / 27-6-1939: Salvador Merino a Serrano Suñer. (Todos los documentos, en ApGSM.)
130. Correspondencia de mayo y junio de 1938. / Sobre el encuentro con la que iba a ser su esposa, declaraciones de la viuda de Salvador Merino al autor; 3-12-1996. / Sobre su actuación en el *Castillo de Olite*, véase el pliego de descargos presentado al *Tribunal Especial para la Represión de la Masonería y del Comunismo*. (Todos los documentos, en ApGSM.)
131. 15-6-1939: Certificado de licenciamiento. 27-6-1939: Salvador Merino a Serrano Suñer. (Ambos documentos, en ApGSM.) / Fue nombrado por el entonces secretario general del Partido, general Muñoz Grandes (Klaus Jörg-Ruhl, *op. cit.*, p. 63). / Declaraciones de la viuda de Salvador Merino al autor; 3-12-1996.
132. La colaboración de Gamero del Castillo en la Ley es recogida por Sheelag Ellwood (*Prietas las filas. Historia de Falange Española, 1933-1983*, Barcelona, 1984, p. 124) en base a sus declaraciones. / Para un análisis de las realizaciones sindicales de Salvador Merino y sus colaboradores, véase Miguel Ángel Aparicio, *El sindicalismo vertical y la formación del Estado franquista*, Barcelona, 1980. / Stanley Payne, *Falange...*, p. 177.
133. Sheelag Ellwood, *op. cit.*, p. 124. / La reacción militar, en Stanley Payne, *Falange...*, p. 177. / Las aspiraciones de Salvador Merino y la reacción de Serrano, en Stanley Payne, *ibidem*, p. 178.

134. Klaus-Jörg Ruhl, *op. cit.*, p. 63. / 15-8-1941: Informe del Puesto alemán de Información III, en Madrid; PAAA, R 29742.

135. 15-8-1941: Informe del Puesto alemán de Información III, en Madrid; PAAA, R 29742. / 26-5-1941: Ribbentrop a Stohrer; PAAA, R 29741. / Kleinfeld y Tambs dan un paso más en la teoría conspiratoria y afirman que, en el transcurso de 1941, Ribbentrop, en confabulación con Schellenberg y el propio Himmler, intentó derrocar a Franco mediante varias conjuras de *camisas viejas*, entre ellas la de Salvador Merino. Dicha teoría la fundamentan en un artículo aparecido en *Der Spiegel* el 1-5-1963.

136. 26-5-1941: Ribbentrop a Stohrer; PAAA, R 29741. En el telegrama, Ribbentrop recriminó a su embajador no haber sido informado de las actividades de Thomsen. Stohrer respondió (28-5-1941) que había querido evitar que se le asociara con los planes de éste; que sólo conocía en parte.

137. *Diario de Barcelona*, 30-4-1941 (p. 3) y 1-5-1941 (p. 3). / 30-4-1941: Embajada española en Berlín al Ministerio de Asuntos Exteriores; AMAE. / 23-6-1941: Stohrer al Auswärtiges Amt; PAAA, R 29741. / El Acuerdo, de escaso valor vinculante, establecía que la CNS intentaría facilitar la marcha de unos 100.000 trabajadores a Alemania, en tanto que el DAF se comprometía a acogerlos en calidad de «miembros invitados» (Rafael García Pérez, «El envío de trabajadores españoles a Alemania durante la Segunda Guerra Mundial», en *Hispania, Revista Española de Historia*, nº 170). / La oferta de Ley, en declaraciones de la viuda de Salvador Merino al autor; 3-12-1996.

138. *Diario de Barcelona*, 4, 6, 7 y 8-5-1941 (pp. 4, 7, 5 y 4, respectivamente). / El objeto de la visita a Goebbels, en declaraciones de Thomsen a Klaus-Jörg Ruhl, agosto de 1972 (*op. cit.*, pp. 68 y 321); en este sentido, resulta significativo que Álvarez de Sotomayor no manifestara al profesor Thomàs nada sobre la misma, y que incluso dudase de que hubiera tenido lugar. / El contenido de las entrevistas con Ribbentrop y Ley, en Joan Maria Thomàs (*La Falange...*, pp. 291), a partir de declaraciones de Álvarez de Sotomayor. / La mala impresión que provocó Goebbels a Salvador Merino, en declaraciones de su viuda al autor; 3-12-1996. / La visita a Hess, en *ibidem* (12-12-1996); si bien Ruhl (*op. cit.*, p. 68) sostiene que fue suspendida porque éste había partido ya.

139. 26-5-1941: Ribbentrop a Stohrer; PAAA, R 29741. / Klaus-Jörg Ruhl, *op. cit.*, p. 68. / La queja de Stohrer, en Joan Maria Thomàs, *La Falange...*, p. 292. / Sobre los rumores, nota de Antonio Rodríguez Gimeno a Miguel Primo de Rivera, de 19-9-1941 (ApGSM).

140. *Diario de Barcelona*, 10-5-1941, p. 6.

141. *Diario de Barcelona*, 10 y 11-5-1941, p. 6. / José Antonio Girón, *op. cit.*, p. 76. / Declaraciones de la viuda de Salvador Merino al autor; 3-12-1996. /

142. Klaus-Jörg Ruhl, *op. cit.*, p. 69. / Sobre la dimisión, declaraciones de la viuda de Salvador Merino al autor; 3-12-1996.

143. *Solidaridad Nacional*, 15 y 21-6-1941. / Boletín Oficial del Estado, nº 192, 11-7-1941. / Declaraciones de la viuda de Salvador Merino al autor, 14-12-1996.

144. *Solidaridad Nacional*, 2 y 8-7-1941, p. 3. / Declaraciones de la viuda de Salvador Merino al autor, 3 y 14-12-1996. / 5-7-1941, Hans Thomsen a Salvador Merino; ApGSM.

145. Sobre los rumores, declaraciones de Serrano Suñer a Heleno Saña (*op. cit.*, p. 156). / La información a Correa y Serrano, en declaraciones escritas de Salvador Merino a la Presidencia de la Junta Política (6-8-1941) y al *Tribunal Especial para la Represión de la Masonería y del Comunismo* (8-10-1941). / 11-1-1941: Delegado provincial de Madrid de la *Vieja Guardia* a delegado provincial de Palencia. / (Todos los documentos, en ApGSM.)

146. Declaraciones de Serrano Suñer a Heleno Saña, en *op. cit.*, pp. 156-157. / 8-10-1941: Salvador Merino al Tribunal Especial; ApGSM. / 15-8-1941: Informe del Puesto alemán de Información III, en Madrid, PAAA, R 29742. / Sheelagh Ellwood (*op. cit.*, p. 125), a partir de los testimonios de Narciso Perales (1976) y Ceferino Maestu (1977), afirma que la denuncia partió de un compañero de Partido. Por su parte, Payne (*Falange...*, p. 179) apunta la posibilidad de que Girón contribuyera a la caída de Salvador Merino; lo que no descarta su viuda, quien (3-12-1996) distribuye la culpabilidad entre ambos, Serrano y Girón. / Serrano declaró a Heleno Saña (*op. cit.*, p. 157): «Mire usted, yo creo que Merino tenía sangre de pez. Era la frialdad personificada. Luego se fue a Barcelona, se casó con una mujer rica y entró en varios Consejos de Administración»; y «[Franco] me dijo: Oye, mira, que Merino es un tipo de cuidado; se le ve el mandil».

147. Declaraciones de la viuda de Salvador Merino al autor, 3-12-1996.

148. 15-8-1941: Informe del Puesto alemán de Información III, en Madrid, PAAA, R 29742. / La pertenencia a la Junta Política y al Consejo Nacional le correspondía por ser delegado nacional de Sindicatos, a tenor de lo decretado en los Estatutos de FET-JONS de julio de 1939, en el artículo 31 de su capítulo VIII (véase el cuadro estatutario reproducido por Ricardo Chueca, en *op. cit.*, pp. 409-450). / El espionaje alemán dio por hecho que iba a ser sustituido por el jefe de Abastos, Jesús Rivero Meneses (2-8-1941: Informe del Puesto alemán de Información III, en Madrid, PAAA, R 29742).

149. S/f [6-8-1941]: Salvador Merino a la Junta Política de FET-JONS, ApGSM. / Sobre la decisión de la Junta Política, Informe del Puesto alemán de Información III, en Madrid, de 15-8-1941 (PAAA, R 29742).

150. 8-8-1941: Salvador Merino a Álvarez de Sotomayor, ApGSM. / 8-8-1941: Stohrer al Auswärtiges Amt, PAAA, R 29742. / 8-8-1941: Hoare al Foreign Office, PRO, FO 371/26900.

151. 8-8-1941: Hoare al Foreign Office, PRO, FO 371/26900. / *Pueblo*, 7-8-1941; ApGSM.

152. 18-8-1941: Informe del Puesto alemán de Información III, en Madrid, PAAA, R 29742. / 5-9-1941: Salvador Merino a Serrano Suñer, ApGSM.

153. Las declaraciones de Luna, en el Boletín Sindical de Madrid, n° 14, de 10-9-1941, ApGSM. / 19-9-1941: Jesús Rivero Meneses a Salvador Merino, ApGSM.

154. Los percances de la Delegación, en nota de Rodríguez Gimeno a Miguel Primo de Rivera, de 19-9-1941 (ApGSM).

155. 19-9-1941: Rodríguez Gimeno a Miguel Primo de Rivera, ApGSM. / Arrese envió una nota de apoyo al Boletín Sindical, órgano en el que habían aparecido las declaraciones de Luna. Miguel Ángel Aparicio (*op. cit.*, p. 215) pone en tela de juicio la afirmación de Payne (*Falange...*, p. 178) de que Arrese había apoyado a Salvador Merino en su desgracia.

156. 20-9-1941: Jefe de Ordenación Económica de la Delegación Nacional de Sindicatos a Manuel Valdés, ApGSM. / Boletín del Movimiento de FET-JONS, 123, 1-10-1941, pp. 1.278 y 1.277.

157. 8-10-1941: Salvador Merino al Fiscal del Tribunal Supremo, ApGSM.

158. 11-10-1941: Cédula de citación a juicio. / 13-10-1941: Certificado médico oficial, firmado por el colegiado número 4.856 del Colegio Oficial de Médicos de Madrid. / 23-10-1941: Copia de la Sentencia. / *ABC*, 19-10-1941, portada. / 1-11-1941: Salvador Merino al Consejo de Ministros. (Todos los documentos, en ApGSM.)

159. 23-10-1941: Copia de la Sentencia, ApGSM. / Boletín del Movimiento de FET-JONS, 129, 1-12-1941, pp. 1.338, 1.342 y 1.349-1.350. Los cargos fueron ocupados, respectivamente, por Jaime Rotger, Luis Moreno, Manuel Montes y Jesús Corral.

160. 1-11-1941: Salvador Merino al Consejo de Ministros, ApGSM.

161. Iba a ser confinado en Ibiza. Pero de inmediato se movieron los resortes al alcance con el objeto de suavizar la pena. Fue gracias a los contactos de su suegra (Sentmenat) en Madrid, que le fue permutada Ibiza por Calella de Palafrugell, en la Costa Brava. Allí permaneció dos años, en la casa de un familiar, con la obligación de presentarse periódicamente al puesto de la Guardia Civil (Declaraciones de la viuda de Salvador Merino al autor; 3-12-1996). / S/f: Nota manuscrita de Salvador Merino sobre la base de lo manifestado por Miguel Primo de Rivera al día siguiente del Consejo (ApGSM). Serrano Suñer refirió a Heleno Saña (*op. cit.*, p. 156) la intervención de Girón, quien no lo ha desmentido en sus memorias.

162. Boletín del Movimiento de FET-JONS, 129, 1-12-1941. / Mientras tanto, consciente de que su obra en Sindicatos se hundía y de que ninguno de sus proyectos iba a ver la luz, Salvador Merino veía pasar los días en Calella de Palafrugell. Dada la inhabilitación impuesta, no podía ejercer de notario. Además, le habían sido embargados los saldos de las cuentas bancarias. De ahí que, durante los primeros tiempos, aceptara ayudas económicas de sus amigos de la Delegación; que incluso proyectaron una colecta a nivel nacional. Pasados unos meses, encauzó su actividad profesional hacia el ámbito de la administración de empresas, concretamente, de una tienda de tejidos ubicada en Barcelona. Y ello gracias a la complicidad del gobernador Correa, que hacía la vista gorda a sus frecuentes desplazamientos a la ciudad, con la condición de que se moviera discretamente y evitara, en lo posible, las zonas más concurridas (Declaraciones de la viuda de Salvador Merino al autor, diciembre de 1996).

163. La valoración de la caída de Salvador Merino, en Stanley Payne, *Falange...*, pp. 178-179.

CAPÍTULO 2

1. *Diario de Barcelona*, 17-6-1941, p. 6.
2. *Diario de Barcelona*, 18-6-1941, p. 5.
3. 19-6-1941: Nota del Ministerio de Asuntos Exteriores; AMAE, R 1912/10. / 18-6-1941: Memorándum de Weizsäcker; DOGFP, D-XII, p. 1.050. La prensa

española señaló como protagonistas de la entrevista a Dekanozov y Ribbentrop (*Diario de Barcelona*, 19-6-1941, p. 3).

4. *Diario de Barcelona*, 19-6-1941, p. 3, y 20-6-1941, portada.
5. *Diario de Barcelona*, 20-6-1941, p. 3.
6. *Diario de Barcelona*, 20-6-1941, pp. 3 y 5.
7. *Diario de Barcelona*, 21-6-1941, pp. 5-7.
8. *Diario de Barcelona*, 22-6-1941, p. 5.
9. *Diario de Barcelona*, 22-6-1941, p. 7.
10. *Diario de Barcelona*, 22-6-1941, p. 7.
11. *Diario de Barcelona*, 22-6-1941, p. 7; *Solidaridad Nacional*, portada.
12. Hans-Adolf Jacobsen y Hans Dollinger, *op. cit.*, I, p. 372.
13. Datos extraídos de una crónica de Penella de Silva emitida desde Berlín el 24-6-1941; véase *Diario de Barcelona*, 25-6-1941, p. 3.
14. Paul Schmidt, *Europa entre bastidores*, Barcelona, 1952, p. 502.
15. Paul Schmidt, *op. cit.*, p. 503. / En sus memorias (*Entre Londres y Moscú*; Barcelona, 1955), Ribbentrop no hace referencia a este episodio.
16. 22-6-1941: Informe de Schmidt; ADAP, D XII-2, pp. 897-898. / Dino Alfieri, *Dos dictadores frente a frente*, Barcelona, 1950, pp. 191-192. / 22-6-1941: Bismarck a Ribbentrop; ADAP, D XII-2, pp. 897-898.
17. *Diario de Barcelona*, 24-6-1941, p. 5.
18. *Solidaridad Nacional*, 24-6-1941, dorso.
19. Ramón Garriga, *La España de Franco. Las relaciones con Hitler*, Puebla —México—, ed. de 1970, p. 279. / Una foto del acontecimiento, en Hans-Adolf Jacobsen y Hans Dollinger, *op. cit.*, I, p. 372. / La crónica de Penella, en *Diario de Barcelona* de 24-6-1941, p. 7.
20. *Diario de Barcelona*, 24-6-1941, pp. 7-8.
21. *Diario de Barcelona*, 24-6-1941, p. 8.
22. 21-6-1941: Hitler a Mussolini; DOGFP, D-XI, p. 1.066. / Las actas de las dos conversaciones mantenidas entre Hitler y Molotov, y entre Ribbentrop y Molotov, durante los días 12 y 13, en DOGFP, D-XI. / David Irving, *La guerra de Hitler*, Barcelona, ed. de 1988, p. 168. / John Lukacs, *El Hitler de la Historia. Juicio a los biógrafos de Hitler*, Madrid, 2003, pp. 129-132. / Ya el 4 de agosto de 1941, Hitler declaró al general Guderian que, de haber sabido que los rusos tenían tantos tanques, lo hubiera pensado dos veces antes de atacar (David Irving, *ibidem*, p. 245).
23. *Diario de Barcelona*, 24-6-1941, pp. 7-8.
24. *Diario de Barcelona*, 22-6-1941, p. 8. / Los equilibrios de Turquía durante la Segunda Guerra Mundial, fundamentalmente tras la invasión alemana de Rusia, en Selim Deringil, *Turkish foreign policy during the Second World War: an «active» neutrality*, Cambridge, 1989.
25. *Diario de Barcelona*, 22-6-1941, p. 8.
26. No queda constancia documental de la paternidad de la División, al menos, por lo que al ámbito de los Archivos públicos respecta.
27. Dionisio Ridruejo, *Los cuadernos de Rusia*, Barcelona, 1978, p. 10. / 28-6-1941: Stohrer al Auswärtiges Amt; ADAP, D XIII-1, p. 32. / Garriga, Ramón: *op. cit.*, p. 280. / Declaraciones de Serrano Suñer al autor, 7-5-1994.

28. Ramón Serrano Suñer, *Entre Hendaya...*, ed. de 1973, p. 208; y declaraciones al autor, 7-5-1994.

29. 22-6-1941: Stohrer al Auswärtiges Amt; PAAA, BM 6/9. Declaraciones de Ximénez de Sandoval (*Solidaridad Nacional*, 24-6-1941, portada). Ramón Garriga, por aquel entonces corresponsal de prensa en Berlín, afirma (*op. cit.*, p. 279) que la Embajada no fue oficialmente informada de la invasión hasta el día siguiente. / 22-6-1941: Stohrer al Auswärtiges Amt; PAAA, BM 6/9.

30. 22-6-1941: Auswärtiges Amt a la Embajada en Madrid; PAAA, BM 6/9.

31. 22-6-1941: Stohrer al Auswärtiges Amt; PAAA, BM 6/9. Serrano Suñer ha insistido reiteradamente en que la División Azul fue creada precisamente para evitar la entrada de España en la guerra.

32. 22-6-1941: Stohrer al Auswärtiges Amt; PAAA, BM 6/9.

33. 22-6-1941: Hoare al Foreign Office; PRO, FO 371/26939.

34. 23-6-1941: Burbach a Stohrer; PAAA, BM 6/9.

35. 23-6-1941: Notas del Foreign Office al telegrama 947 de Hoare; PRO, FO 371/26939.

36. 23-6-1941: Hoare al Foreign Office; PRO, FO 371/26939.

37. Declaraciones de Ximénez de Sandoval (*Solidaridad Nacional*, 24-6-1941, portada.

38. 23-6-1941: Puesto alemán de Información III, en Madrid, a la Secretaría de Estado del Auswärtiges Amt; PAAA, R 29741.

39. 23-6-1941: Hoare al Foreign Office; PRO, FO 371/26939.

40. Declaraciones de Serrano Suñer al autor, 7-5-1994.

41. *Diario de Barcelona*, 24-6-1941, p. 3.

42. *Solidaridad Nacional*, 24-6-1941, portada.

43. 24-6-1941: Nota del Puesto alemán de Información III, en Madrid, a la Secretaría de Estado del Auswärtiges Amt; PAAA, R 29741.

44. Solidaridad Nacional, 24-6-1941, p. 2. / 23-6-1941: Kindelán a Stohrer; PAAA, BM 6/9.

45. 23-6-1941: Stohrer al Auswärtiges Amt; PAAA, BM 6/9. / 23-6-1941: Lazar al Ministerio Asuntos Exteriores; AMAE, R 1912/10. / 23-6-1941: Hoare al Foreign Office; PRO, FO 371/26939.

46. Kleinfeld y Tambs (*op. cit.*, p. 18) atribuyen a Ribbentrop la frase «De acuerdo. Pero dígales que se den prisa», que no aparece en el telegrama, y que puede distorsionar la interpretación de los hechos. / 24-6-1941: Ribbentrop a Stohrer; PAAA, BM 6/9.

47. *Solidaridad Nacional*, 24-6-1941, p. 3.

48. Francisco Torres, *La División Azul 50 años después*, Madrid, 1991, p. 46. / *Solidaridad Nacional*, 24-6-1941, portada.

49. *Solidaridad Nacional*, 25-6-1941, portada. 24-6-1941: Stohrer al Auswärtiges Amt; PAAA, BM 6/9.

50. Declaraciones de Serrano Suñer al autor, 7-5-1994.

51. 24-6-1941: Stohrer al Auswärtiges Amt; PAAA, BM 6/9.

52. 24-6-1941: Stohrer al Auswärtiges Amt; PAAA, BM 6/9.

53. *Solidaridad Nacional*, 25-6-1941. / A la pregunta de si la manifestación fue espontánea, Serrano Suñer manifestó al autor, con rotundidad, que sí. Según Garriga (*op. cit.*, p. 280), era «secreto público» que la Falange la había organizado,

y prueba de ello es que la policía cerró cafés, teatros y cines. Stohrer sugirió a Ribbentrop la posibilidad de que hubiera sido orquestada por Serrano (24-6-1941: Stohrer al Auswärtiges Amt; PAAA, BM 6/9). Todo ello, sin duda, dificulta el mantenimiento de la hipótesis, tan apreciada por la historiografía del Régimen, de que aquél fue un acto espontáneo.

54. El tramo que separaba el Ministerio de la Secretaría General, Serrano lo cubrió en coche, con escolta (declaraciones de Serrano Suñer al autor, 7-5-1994). / Curiosamente, los presentes en la Secretaría General no eran ni pocos ni, a tenor de su rango, poco importantes; lo que dificulta, aún más si cabe, el mantenimiento de la hipótesis de la espontaneidad. / Facilitan la reconstrucción histórica de lo acaecido las fotografías que se conservan del acto, tomadas desde los extremos del balcón, y aparecidas en la prensa al día siguiente.

55. Muchos años después, Serrano puntualizó (Heleno Saña, *op. cit.*, p. 250) que el «exterminio de Rusia» se refería a la aniquilación del poder soviético, y no del pueblo ruso.

56. *Solidaridad Nacional*, 24-6-1941, portada. / Serrano Suñer ha escrito (*Entre Hendaya...*, ed. de 1947, p. 296) que esos jóvenes actuaron instigados por agentes de la Embajada alemana, sin que Stohrer tuviera conocimiento de ello. A su vez, ve en los altercados la mano oculta de Arrese, deseoso de crearle dificultades (declaraciones al autor, Madrid, 7-5-1994). Véase el telegrama 2.177 de Stohrer al Auswärtiges Amt, de 24-6-1941, que cifró los manifestantes en varios centenares. Una comunicación posterior informó de que fueron destrozados cuatro automóviles británicos (telegrama de Stohrer al Auswärtiges Amt, de 27-6-1941). (Los documentos, en BM, 6/9.)

57. 24-6-1941: Stohrer al Auswärtiges Amt; PAAA, BM 6/9.

58. Declaraciones de Serrano Suñer al autor, 7-5-1994.

59. Declaraciones de Serrano Suñer al autor, 7-5-1994.

60. Según testimonio de Hoare (*op. cit.*, p. 127), a su petición de entrevistarse inmediatamente con Serrano Suñer, el barón de las Torres le respondió que éste se encontraba en El Pardo, en una reunión del Consejo de Ministros. / Declaraciones de Serrano Suñer al autor, 7-5-1994.

61. Declaraciones de Serrano Suñer al autor, 7-5-1994.

62. Declaraciones de Serrano Suñer al autor, 7-5-1994. Según Hoare (*op. cit.*, p. 127), él y su séquito entraron en el «despacho privado» de Serrano Suñer, quien les ofreció asiento, lo que ellos rechazaron. El embajador leyó el comunicado de protesta, y se lo entregó al ministro. Éste intentó interpelarlo, pero Hoare le interrumpió con el argumento de que no había ido allí a discutir; tras lo cual, los británicos hicieron una reverencia y se marcharon.

63. La gran similitud de desarrollo de las manifestaciones reafirma la impresión de haber sido cuidadosamente preparadas por las jefaturas provinciales, a tenor de consignas recibidas desde Madrid.

64. 26-6-1941: Stohrer al Auswärtiges Amt; PAAA, BM 6/9.

65. 25-6-1941: Nota de la Secretaría de Estado del Auswärtiges Amt; PAAA, R 29741.

66. 26-6-1941: Nota de la Secretaría de Estado del Auswärtiges Amt (reproduce un telegrama del Puesto alemán de Información III, en Madrid, de 25-6-1941); PAAA, R 29741.

67. 26 y 27-6-1941: Stohrer al Auswärtiges Amt; PAAA, BM 6/9.
68. *Solidaridad Nacional*, 25-6-1941, portada.
69. *Solidaridad Nacional*, 25-6-1941, portada. *Diario de Barcelona*, 25-6-1941, p. 4.
70. 26-6-1941: Nota de la Secretaría de Estado del Auswärtiges Amt; PAAA, R 29741.
71. 25 y 26-6-1941: Stohrer al Auswärtiges Amt; PAAA, BM 6/9. / 25-6-1941: Krahmer al Alto Mando de la Luftwaffe; PAAA, BM 6/9.
72. *Solidaridad Nacional*, 26-6-1941, portada y p. 2.
73. *Solidaridad Nacional*, 26-6-1941, p. 2.
74. *Solidaridad Nacional*, 26-6-1941, p. 2.
75. Los telegramas fueron contestados por Serrano al día siguiente con palabras de gratitud; AMAE.
76. *Solidaridad Nacional*, 26-6-1941, portada. *Diario de Barcelona*, 26-6-1941, p. 4.
77. *Diario de Barcelona*, 26-6-1941, p. 7.
78. 26-6-1941: Stohrer al Auswärtiges Amt; PAAA, BM 6/9. / 26-6-1941: Schmidt a Stohrer; PAAA, BM 6/9. / 26-6-1941: Stohrer al Auswärtiges Amt; PAAA, BM 6/9.
79. 26-6-1941: Stohrer al Auswärtiges Amt; PAAA, BM 6/9.
80. *Solidaridad Nacional*, 27-6-1941, portada.
81. Según se desprende de un telegrama de Stohrer, en la noche del 25 hubo ya una primera circular con la orden de iniciar la recluta, al parecer, para los jefes de distrito de Madrid (telegrama 2.217 de la Embajada alemana en Madrid al Auswärtiges Amt, de 26-6-1941; PAAA, BM 6/9). / La actividad literaria de Ridruejo respecto a la División Azul fue muy prolífica durante aquellos días finales de junio; así, además de la circular, escribió un manifiesto y varios artículos (véase Dionisio Ridruejo, *op, cit.*, p. 11). / Texto de la circular de Arrese a los jefes provinciales del Partido (*Solidaridad Nacional*, 27-6-1941, portada).
82. 26-6-1941: Orden del jefe provincial de FET-JONS de San Sebastián; AFDA, relación mecanografiada de Órdenes y Disposiciones varias de la DEV.
83. 26-6-1941: Nota del Servicio de Información e Investigación de FET-JONS, Delegación comarcal de Reus; ApRLLJ.
84. *Diario de Barcelona*, 28-6-1941, pp. 4, 5 y 8.
85. *Diario de Barcelona*, 28-6-1941, pp. 4, 5 y 8.
86. *Diario de Barcelona*, 28-6-1941, p. 5.
87. 27-6-1941: Stohrer al Auswärtiges Amt. (PAAA, BM 6/9 y R 29741.). / El texto del telegrama de Varela, en el telegrama del general gobernador militar de Barcelona al jefe representante del Regimiento de Infantería n° 13, de 28-6-1941; FDCB.
88. 27-6-1941: Nota interior del Auswärtiges Amt; PAAA, R 29741.
89. *Diario de Barcelona*, 28-6-1941, p. 5. / 27-6-1941: Burbach a la Embajada alemana en Madrid; PAAA, BM 6/9.
90. *Diario de Barcelona*, 29-6-1941, p. 5.
91. *Diario de Barcelona*, 29-6-1941, p. 5.
92. *Diario de Barcelona*, 29-6-1941, pp. 5 y 7.
93. 28-6-1941: «Unidades que se organizan para luchar contra el comunismo»; ASHM, 28.1.1.2.

94. *Diario de Barcelona*, 29-6-1941, p. 8.
95. 28-6-1941: Weizsäcker a Stohrer; PAAA, R 29741. / 28-6-1941: Stohrer al Aus-wärtiges Amt; PAAA, BM 6/9. / 28-6-1941: Burbach a la Embajada alemana en Madrid; BM, 6/9.
96. 28-6-1941: Hoare al Foreign Office; PRO, FO 371/26940.
97. *Diario de Barcelona*, 1-7-1941, pp. 3-4.
98. *Diario de Barcelona*, 1-7-1941, pp. 4, 5 y 9.
99. *Solidaridad Nacional*, 1-7-1941, p. 3. *Arriba*, 18-7-1941, p. 8.
100. *Diario de Barcelona*, 1-7-1941, pp. 3, 4 y 10.
101. *Diario de Barcelona*, 1-7-1941, pp. 5 y 10. / 30-6-1941: Stohrer al Auswärtiges Amt; PAAA, BM 6/9.
102. *Diario de Barcelona*, 1-7-1941, p. 6.
103. La deseada integración en las tres Armas es un aspecto sobre el que la bibliografía no ha incidido. / 4-7-1941: Eisenlohr a varias legaciones alemanas en Europa; PAAA, BM 6/9. Esta importante instrucción no fue en su día incluida en las *Akten zur deutschen Auswärtigen Politik* (ADAP), al contrario de la complementaria del 10 de julio (sin referencias a la actitud a adoptar frente a las nacionalidades prestas a intervenir en la lucha).
104. *Diario de Barcelona*, 1-7-1941, pp. 5 y 9.
105. 30-6-1941: Nota interior del Auswärtiges Amt; PAAA, R 29741. / 30-6-1941: Stohrer al Auswärtiges Amt; PAAA, R 29741.
106. 30-6-1941: Burbach a la Embajada alemana en Madrid; PAAA, BM 6/9.
107. 30-6-1941: Hoare al Foreign Office; PRO, FO 371/26940.
108. *Diario de Barcelona*, 1-7-1941, p. 3.
109. *Diario de Barcelona*, 1-7-1941, pp. 4 y 6. Alexander Werth (*op. cit.*, p. 172) da a entender que el anuncio de la formación del Consejo al pueblo llegó por boca de Stalin en su discurso del 3 de julio. En todo caso, iba a encargarse no sólo de la dirección militar de la guerra, sino también de la rápida movilización de todos los recursos de la Unión Soviética.
110. *Diario de Barcelona*, 2-7-1941, pp. 6-7.
111. *Diario de Barcelona*, 2-7-1941, p. 5, 7 y 8.
112. *Diario de Barcelona*, 2-7-1941, p. 6. / 1-7-1941: Capitán general de la III Región Militar a general gobernador de Valencia; AFDA, Relación mecanografiada de Órdenes y Disposiciones varias de la DEV. / 1-7-1941: Stahmer a Stohrer; PAAA, BM 6/9. / 1-7-1941: Burbach a la Embajada alemana en Madrid; PAAA, BM 6/9.
113. *Diario de Barcelona*, 3-7-1941, pp. 2 y 7.
114. *Diario de Barcelona*, 3-7-1941, pp. 4, 5 y 7.
115. *Diario de Barcelona*, 3-7-1941, p. 6.
116. 2-7-1941: Heberlein al Dr. Schmidt; PAAA, R 29742. / Para los niños evacuados a Rusia, véase Daniel Kowalsky, *La Unión Soviética y la Guerra Civil española*, Barcelona, 2003, pp. 96-121. / En cuanto al concepto de *Nuevo Orden*, es fundamental la obra de Wayne Bowen, *Spaniards and Nazi Germany. Collaboration in the New Order*, Missouri, 2000. Según Bowen, el *Nuevo Orden* era nuevo en el sentido de «revolucionario», pero «ordenado» (las comillas, del autor). A ojos de miles de europeos —sigo a Bowen—, la *Época del*

Progreso, destruida por la Primera Guerra Mundial, dio paso a la *Época del Caos* (años veinte y treinta); superada la cual, había llegado, vinculada a Alemania, la *Época del Nuevo Orden*.

117. 2-7-1941: Heberlein al Dr. Schmidt; PAAA, R 29742.

118. 2-7-1941: Nota manuscrita del Foreign Office; PRO, FO 371/26940.

119. Así, Burbach, el 10 de julio telegrafió a la Embajada que hasta entonces se habían alistado en la provincia de Vizcaya 600 voluntarios. Véase el telegrama en el PAAA, BM 6/9.

120. Aunque idéntica magnitud —el cuádruple de lo exigido— fue anunciada por Heberlein a Berlín seis días después (PAAA, BM 6/9). / *Solidaridad Nacional*, 6-7-1941, portada.

121. En cuanto a la profusión de inscripciones, véase el editorial de *Solidaridad Nacional* del 3-7-1941, p. 3. / En Cataluña sólo fueron aceptados falangistas, con lo que el carlismo (mayoritario) quedó excluido del alistamiento (10-7-1941: Jaeger a la Embajada alemana en Madrid; PAAA, BM 6/9).

122. Véanse varias notas de militares en AMAE, R 1079/59. / 28-6-1941: Conde de Rodezno a Serrano Suñer. 25-6-1941: Rafael Sánchez Mazas a Serrano Suñer. / 26-6-1941: Serrano Suñer a Rafael Sánchez Mazas. (Todos los documentos, en AMAE, R 1079/56.)

123. 1-7-1941: Arrese a Serrano Suñer. / 1-7-1941: Arrese a los consejeros nacionales. / 8-7-1941: Lista de consejeros nacionales voluntarios. (Todos los documentos, en AMAE, R 1079/56.)

124. 25-6-1941: París Eguilaz a Serrano Suñer. / 28-6-1941: Fernández-Cuesta a Serrano Suñer (Serrano le contestó dos días después). / 4-7-1941: Giménez Caballero a Serrano Suñer. / 28-6-1941: Aurelio Joaniquet a Serrano Suñer. 29-6-1941: Jesús Muro a Serrano Suñer. / 1-7-1941: Gamero del Castillo a Serrano Suñer. / 3-7-1941: Manuel Valdés a Serrano Suñer. / 3-7-1941: José Miguel Guitarte a Serrano Suñer. / 3-7-1941: Mariano Romero a Serrano Suñer. / 3-7-1941: Manuel Torres López a Serrano Suñer. / 7-7-1941: Leopoldo Panizo a Serrano Suñer. / 20-7-1941: Juan Manuel Fanjul a Arrese (por razones que desconocemos, el escrito quedó retenido en la Embajada hasta el 9 de agosto). (Todos los documentos, en AMAE, R 1079/56.)

125. 11-7-1941: Autorización para inscribirse en la División Azul a París, Guitarte, Ridruejo y Rojas. 11-7-1941: Serrano Suñer a Asensio. / *Solidaridad Nacional*, 11-7-1941, portada. / París, que supo de su exclusión por boca del coronel jefe del Regimiento, telegrafió a Serrano: «con esa orden me produces el peor rato de mi vida». / 12-7-1941: Autorización para inscribirse en la División Azul a Gamero del Castillo, y notas informativas a Varela y Muñoz Grandes. (Todos los documentos, en AMAE, R 1079/56.)

126. La orden de Arrese, referida en una nota de Luis Julve Ceperuelo a Serrano Suñer, de 28-6-1941; AMAE, R 1079/57. / S/f: Antonio Abad a Serrano Suñer; AMAE, R 1079/56. / S/f: Delegado de la CNS en Alcalá de Henares a Serrano Suñer; AMAE, R 1079/56. (Serrano respondió el 30 de junio, con una escueta nota; AMAE, R 1079/56).

127. 28-7-1941: Nota de encuadramiento; AGA, SGM 5. *Arriba*, 18-7-1941, pp. 8-9. / Ya en Alemania, Martín Gamero, Ceperuelo y Navarro serían reclama-

dos por Arrese, argumentando «necesidades del servicio» (S/f: Arrese a Muñoz Grandes; AGA, SGM 4).

128. Ya en julio, la prensa destacó en primera plana el hecho de que Martín Gamero hubiera dejado aparcadas las oposiciones a Notaría, a pesar de tener aprobado el primer examen (*Solidaridad Nacional*, 26-7-1941).

129. 2-7-1941: Jaeger a la Embajada alemana en Madrid; PAAA, BM 6/9. / Lo acaecido en Marruecos, en Nota Informativa de la 2ª Sección del EMC del Ejército, de 12-7-1941 (ASHM, 28.28.1.1, p. 10). / Para la oficialidad, cable de Heberlein al Auswärtiges Amt, de 5-7-1941 (PAAA, BM 6/9). / Para Aire, Hoare al Foreign Office, 30-6-1941; PRO, FO 371/26940. / La Marina, en telegrama de Stohrer al Auswärtiges Amt, de 26-6-1941; PAA, BM 6/9. Como ha señalado Alfonso Escuadra Sánchez *(Bajo las banderas de la Kriegsmarine. Marinos españoles en la Armada alemana (1942-1943)*, Madrid, 1998, hubo 134 marinos españoles voluntarios (entre ellos, 18 jefes y oficiales, 18 suboficiales, 14 mecánicos y 4 torpedistas) en la Kriegsmarine para su formación, en tres comisiones. Tomaron parte en misiones de guerra en aguas rusas y algunos fueron condecorados.

130. 4-7-1941: Eisenlohr a legaciones alemanas; PAAA, BM 6/9.

131. Véanse las dos listas en el ASHM, 28.28.3.2. / En cuanto a los admitidos, véase la nota de la 1ª Sección del EMC del Ejército, de 23-9-1941, relativa a la solicitud de Nikolai Smov (AMAE, R 1079/58.

132. Véase la instancia de Gurski, fechada a 23 de junio, en ASHM, 28.28.3.2, p. 39. Refrendó la petición, dos días después, la firma del general Aranda, quien lo calificó de «pundonoroso oficial» que había vertido varias veces su sangre durante la Guerra Civil por la causa *nacional*. / 10-7-1941: Nota del EMC del Ejército; ASHM, 28.28.3.2, pp. 35-36. / Queda constancia documental de que algunos ejercieron de intérpretes en la División, al menos durante su permanencia en el campamento Grafenwöhr.

133. Documentos relativos a ambos rusos, fechados entre junio y septiembre de 1941. / 23-9-1941: Jefe del EMC del Ejército al Gabinete Diplomático del Ministerio de Asuntos Exteriores. / La solicitud de Ponomarev, en AMAE. / (Todos los documentos, en AMAE, R 1079/58.) Las gestiones y marcha de Ponomarev, en *Solidaridad Nacional* (26-6-1941, p. 2., y 27-6-1941, p. 2).

134. S/f: «Cálculo de intérpretes alemanes»; ASHM, 28.28.3.2, p. 9. / Hay documentado el caso de un voluntario alemán, casado con una española y padre de tres hijos nacidos en España (falangistas), que, al parecer, no fue admitido. Véase su instancia, así como la del voluntario portugués, los telegramas del corresponsal italiano, y el telegrama del embajador Sangróniz relativo al voluntario venezolano, en AMAE, R 1079/58.

135. Cifras deducidas a partir de varios listados de voluntarios depositados en la AFDA, y entre el material no clasificado del ASHM, ambos en Madrid. Aunque la recluta civil fue de carácter eminentemente urbano, hubo excepciones, como la de Gerona, donde sólo 21 de los 43 inscritos inicialmente residían en la capital. / 9-7-1941: Hoare al Foreign Office; PRO, FO 371/26940. / «Los rojos y separatistas sabotean», manifestó el cónsul alemán Burbach a la Embajada el 30 de junio (PAAA, BM 6/9). / 4-8-1941: Nota interna del Auswärtiges Amt; PAA, R 29742.

136. 2-7-1941: Jaeger a la Embajada alemana en Madrid; PAAA, BM 6/9. / 8-7-1941: Hoare a Eden; PRO, FO 371/26940. / Entre otras, declaraciones al autor de don Ramón Juliá Sans —por aquel entonces soldado de Infantería—; Tarragona, agosto de 1997.
137. 2-7-1941: Jaeger a la Embajada alemana en Madrid; PAAA, BM 6/9. / 8-7-1941: Hoare a Eden; PRO, FO 371/26940.
138. 5-7-1941: Ximénez de Sandoval a Arrese; AGA, SGM 5. / La destitución, en nota de Francisco Moret a Ximénez de Sandoval, de 8-7-1941 (AGA, SGM 5). / Respecto al mando sindical, véase una nota fechada en Madrid el 28-8-1941 en AGA, SGM 7.
139. 27-7-1941: Nota de régimen interior del Auswärtiges Amt; PAAA, R 29741. / 28-7-1941: Secretario provincial de FET en Italia a jefe comarcal de FET del Norte de Italia; AGA, SGM 7.
140. S/f: Artículo «Ruta», en *Haz* (recorte, en AGA, SGM 5). / 11-7-1941: Julián P. Dodero a Arrese. / 11-7-1941: Julián P. Dodero a Arrese. (Todos los documentos, en AGA, SGM 5.)
141. 15-7-1941: Arrese a Julián P. Dodero. / 16-7-1941: Luis Izaga a Arrese. / 17-7-1941: Arrese a Luis Izaga. (Todos los documentos, en AGA, SGM 5.)
142. DOPS de la DEV, de julio de 1941; ASHM, 28.33.1.2, pp. 5-8. / *Solidaridad Nacional*, 6, 9, 10, 11, 12 y 13-7-1941, portada.
143. 3-7-1941: Nota en español para Heberlein; PAAA, BM 6/9. / Cifra errónea, que Heberlein redujo al 400 por ciento al día siguiente, en telegrama enviado a Berlín (4-7-1941: Heberlein al Auswärtiges Amt; PAAA, BM 6/9). / Según consta en un listado de la Jefatura Provincial de Madrid, que se conserva en el AFDA. / *Solidaridad Nacional*, 3-7-1941, p. 3
144. *Solidaridad Nacional*, 4 y 5-7-1941 (dorso y portada respectivamente). / Dionisio Ridruejo, *op. cit.*, p. 11. / 7-7-1941: Nota anónima; AGA, SGM 5. / *Arriba*, 18-7-1941, p. 8.
145. Dionisio Ridruejo, *op. cit.*, p. 11. / *Solidaridad Nacional*, 9-7-1941, portada; *Arriba*, 18-7-1941, p. 8.
146. 7-7-1941: Nota anónima; AGA, SGM 5. / *Solidaridad Nacional*, 10 y 11-7-1941, portada. / *Arriba*, 18-7-1941, p. 9.
147. *Arriba*, 18-7-1941, p. 8. / *Solidaridad Nacional*, 13 y 15-7-1941, portada.
148. Declaraciones de don Abelardo Azorín (10-4, 3 y 10-6, y 24-7-1994) y don José Viladot (18-11-1993) al autor. / *Solidaridad Nacional*, 4-7-1941, portada y dorso. / Al parecer, no se conservan listados de los voluntarios finalmente admitidos. / DOPS del Segundo Grupo de Artillería de la DEV, de julio de 1941; ASHM, 28.33.2.1, p. 11.
149. *Solidaridad Nacional*, 5 y 6-7-1941, portada. / Declaraciones de don Abelardo Azorín al autor, 10-6-1994. / *La Vanguardia Española*, 6-7-1941, p. 5.
150. Alfredo Bosque Coma, *La División Azul, un modelo para el estudio de la naturaleza del franquismo*, Tesis de Licenciatura, Universidad de Barcelona, 1989, p. 89. / Declaraciones de don Abelardo Azorín (10-6-1994) y de don José Viladot (18-11-1993) al autor.
151. Según Kleinfeld y Tambs (*op. cit.*, p. 35) el comandante Gimeno fue impuesto por FET-JONS al inicialmente designado por Capitanía. En todo caso, cons-

tatar aquí que en la primera Relación de Mandos de la IV Región Militar, de 10 de julio, ya aparece su nombre como jefe del Batallón. / La vivencia en la Dehesa, en Alfredo Bosque Coma (*op. cit.*, p. 88), José Viladot Fargas (*El espíritu de la División Azul: Possad*, Madrid, 2000, p. 36) y declaraciones varias al autor. / Los festejos, en *Solidaridad Nacional*, 15-7-1941, dorso. / «En nuestra indisciplina, nos escapábamos e íbamos a la piscina. Algunos iban a Gerona y a algún prostíbulo de por allí». (Don Abelardo Azorín al autor, 10-6-1994.) / La actuación disuasoria de Correa, en José Viladot Fargas (*ibidem*, pp. 36-37) y declaraciones de don Abelardo Azorín al autor, 7-4-1994. Según Alfredo Bosque (*op. cit.*, p. 89), Jorge de Oriente obedeció. Arrepentido, hizo cuanto pudo para reincorporarse, lo que no logró hasta abril de 1942.

152. Probablemente, el comandante Luque aspiraba a *limpiar* de su expediente los cinco meses servidos en el Ejército de la República durante la Guerra; compensados, ya en parte, con posterior presidio en zona republicana. Tras ser repatriado de Rusia, fue retirado del Ejército por orden del Ministerio de 6 de abril de 1942, al serle aplicada la *Ley Varela*. Sin embargo, por sus heridas recibió la Medalla de Sufrimientos por la Patria, conjuntamente con una indemnización y una pensión (ACG, expediente personal). / *Solidaridad Nacional*, 15-7-1941, dorso. *La Vanguardia Española*, 17-7-1941, p. 3. DOPS del Segundo Grupo de Artillería de la DEV, de julio de 1941 (ASHM, 28.33.2.1, pp. 11-12).

153. 4 a 8-7-1941: Boletines de Información de la 2ª Sección de EM de la DEV; ASHM, 28.28.1.1, pp. 2-9.

154. DOPS de la DEV, de julio de 1941; ASHM, 28.33.1.2, p. 4.

155. Ricardo Recio Cardona y Antonio González Sánchez, *Das Heer. Uniformes y distintivos*, Madrid, 1996, p. 120. / 5-7-1941: «Orden General nº 1» (1ª Sección de EM de la DEV); ASHM, 28.1.2.1, pp. 13-22.

156. 5-7-1941: «Orden de Organización» (1ª Sección de EM de la DEV); ASHM, 28.1.4.1, p. 52. En la orden de 4 de julio, el mando de las partidas había recaído en el capitán José Permuy; pero el 8 llegó a Vitoria el comandante Juan Olleros, con el mando efectivo sobre éstas (DOPS de la DEV, de julio de 1941; ASHM, 28.33.1.2, p. 6). / DOPS de la DEV, de julio de 1941; ASHM, 28.33.1.2, pp. 5 y 7. Configuraban la *Comisión*, los comandantes de Artillería Jaime Homar e Ignacio Moyano, el comandante de Ingenieros Antonio Barrera, el comandante de Intendencia Ángel Baldrich, el capitán de Ingenieros José Clavería, y el capitán de Infantería Fernando Santiago. / Fromm sería ajusticiado por su implicación en el atentado contra Hitler de 20 de julio de 1944.

157. DOPS de la DEV, de julio de 1941; ASHM, 28.33.1.2 (pp. 6-7) y 28.28.2.1 (p. 1).

158. DOPS de la DEV, de julio de 1941; ASHM, 28.33.1.2, pp. 7-8. / Para la intendencia, véase Ricardo Recio Cardona, *El Servicio de Intendencia de la División Azul: la vida cotidiana de los expedicionarios (1941-1943)*, Madrid, 1998.

159. DOPS de la DEV, de julio de 1941; ASHM, 28.33.1.2, p. 8. 17-7-1941: Heberlein al Auswärtiges Amt (PAAA, BM 6/9), y 29-8-1941: Auswärtiges Amt a la Embajada en Madrid (PAAA, BM 6/9). / El incidente del Aeropuerto dio lugar a una nota de apercibimiento del Auswärtiges Amt a la Embajada (PAAA, BM 6/9).

160. DOPS de la DEV, de julio de 1941; ASHM, 28.33.1.2, pp. 9-12.
161. *Solidaridad Nacional*, 3-7-1941, portada. / 15 y 16-7-1941: Nota del Gabinete Diplomático del Ministerio de Asuntos Exteriores; AMAE, R 1912/10. / 18-7-1941: Nota del Gabinete Diplomático del Ministerio de Asuntos Exteriores; AMAE, R 1912/10. / 16-7-1941: Nota del subsecretario del Foreign Office; PRO, FO 371/26940.
162. 10, 11, 12 y 17-7-1941: Nota de la Secretaría Política de FET-JONS; AGA, SGM 5.
163. 12-7-1941: Nota Informativa de la 2ª Sección del EMC del Ejército; ASHM, 28.28.1.1, p. 10. / 7-7-1941: Nota Informativa de la 2ª Sección del EMC del Ejército; ASHM, 28.28.2.3, p. 44. / 9-7-1941: «Mandos y localización de Unidades» de la DEV; ASHM, 28.1.1.7, pp. 21-22.
164. Para la realidad cotidiana de la década de 1940 y el primer lustro de la de 1950, véase Rafael Abella, *Por el Imperio hacia Dios*, Barcelona, 1978. / 10-7-1941: Jaeger a la Embajada alemana en Madrid; PAAA, BM 6/9. / Sobre el gradiente católico urbano, declaraciones de varios divisionarios al autor. / El primer donativo barcelonés data del 5 de julio, 5.000 pesetas entregadas por un particular (*Solidaridad Nacional*, 6-7-1941).
165. 3-7-1941: Weizsäcker a la Embajada alemana en Madrid. / 4-7-1941: Auswärtiges Amt a la Embajada alemana en Madrid. (Ambos documentos, en PAAA, BM 6/9.)
166. 4-7-1941: Heberlein al Auswärtiges Amt; PAAA, BM 6/9. / 5-7-1941: Stille al Consulado General alemán en Barcelona; PAAA, GKB 12/3. / 5-7-1941: Heberlein al Auswärtiges Amt; PAAA, BM 6/9. / 5-7-1941: Richter al Auswärtiges Amt; PAAA, BM 6/9.
167. 7-7-1941: Embajada alemana en Madrid a Consulado General; PAAA, GKB 12/3. / 8-7-1941: Heberlein al Auswärtiges Amt; PAAA, BM 6/9. / 9-7-1941: Agregado aéreo alemán en Madrid a Heberlein (nota manuscrita); PAAA, BM 6/9. / 9-7-1941: Heberlein al Auswärtiges Amt; PAAA, BM 6/9.
168. 10-7-1941: Jaeger, Burbach y Richter a la Embajada alemana en Madrid. / 11-7-1941: Eisenlohr a la Embajada alemana en Madrid. / 11 y 13-7-1941: Heberlein al Auswärtiges Amt. / (Todos los documentos, en PAAA, BM 6/9.)
169. 3-7-1941: Hoare al Foreign Office; PRO, FO 371/26940. / 3-7-1941: Nota interior del Foreign Office; PRO, FO 371/26940.
170. 4-7-1941: Hoare al Foreign Office. / 6-7-1941: Nota interior del Foreign Office. (Ambos documentos, en PRO, FO 371/26940.)
171. 8-7-1941: Hoare a Eden. / 9-7-1941: Hoare al Foreign Office. / 13 y 14-7-1941: Nota interior del Foreign Office. (Todos los documentos, en PRO, FO 371/26940.)
172. 19-7-1941: Relación de incidencias habidas durante el viaje en ferrocarril (2ª Sección de EM de la DEV); ASHM, 28.28.2.2, pp. 22 y 27.
173. 19-7-1941: Relación de incidencias habidas durante el viaje en ferrocarril (2ª Sección de EM de la DEV); ASHM, 28.28.2.2, pp. 16, 27 y 31.
174. 19-7-1941: Relación de incidencias habidas durante el viaje en ferrocarril (2ª Sección de EM de la DEV); ASHM, 28.28.2.2, pp. 19 y 38. Nos consta que un divisionario de la expedición 7 (Valencia) quedó hospitalizado en San Se-

458 LA DIVISIÓN AZUL

bastián; y que tres de la expedición 9 (Lérida) fueron, respectivamente, ingresados en Caspe, Zaragoza y Pamplona.

175. 19-7-1941: Relación de incidencias habidas durante el viaje en ferrocarril (2ª Sección de EM de la DEV); ASHM, 28.28.2.2, pp. 19, 22, 32 y 34.
176. 19-7-1941: Relación de incidencias habidas durante el viaje en ferrocarril (2ª Sección de EM de la DEV); ASHM, 28.28.2.2, pp. 16, 32 y 35. Fueron, quizá, los mismos «chiquillos» que refirió el jefe de la expedición 1 (Madrid) en su informe: «A la salida de Saint Pierre du Corps (Tours), yo, como todos, vi, ya fuera de agujas, un grupo de chiquillos que levantaba el puño y gritaba. Por el aspecto de ellos y la vivacidad de sus gestos, creo que se trataba de muchachos hijos de españoles, rojos, naturalmente». (*Ibidem*, p. 39.)
177. 19-7-1941: Relación de incidencias habidas durante el viaje en ferrocarril (2ª Sección de EM de la DEV); ASHM, 28.28.2.2, pp. 17, 18, 25 y 42.
178. 19-7-1941: Relación de incidencias habidas durante el viaje en ferrocarril (2ª Sección de EM de la DEV); ASHM, 28.28.2.2, pp. 25 y 32.
179. 19-7-1941: Relación de incidencias habidas durante el viaje en ferrocarril (2ª Sección de EM de la DEV); ASHM, 28.28.2.2, pp. 16, 23, 27, 33 y 40. Véanse, entre otros, los testimonios de Dionisio Ridruejo (*op. cit.*, p. 16), Enrique Errando Vilar (*Campaña de Invierno*, Madrid, 1943, pp. 14-15) y José Viladot Fargas (*op. cit.*, pp. 42-43).
180. 19-7-1941: Relación de incidencias habidas durante el viaje en ferrocarril (2ª Sección de EM de la DEV); ASHM, 28.28.2.2, pp. 23 y 33. Según da a entender el coronel Martínez Esparza (*Con la División Azul en Rusia*, Madrid, 1943, pp. 54-55), los polizones que cumplían los mínimos requeridos fueron finalmente admitidos en la División, y el resto, repatriados.

CAPÍTULO 3

1. Este apartado sólo referirá en las notas fuentes documentales. / Se nutre, fundamentalmente, de: 1) Fuentes documentales de guerra publicadas. 2) Los testimonios publicados de Churchill (*Memorias*, Barcelona, 1949-1955, III-2), Guderian (*Recuerdos de un soldado*, Barcelona, 1953), Ribbentrop (*op. cit.*) y Paul Schmidt (*op. cit.*). 3) Atlas históricos y repertorios cronológicos varios. Y 4) Los datos aportados por: Ricardo Artola (*La Segunda Guerra Mundial*, Madrid, 1995); Galeazzo Ciano (*Europa...*), Walter Goerlitz (*El Estado Mayor alemán*, Barcelona, 1954), Andreas Hillgruber (*La Segunda Guerra Mundial, 1939-1945. Objetivos de guerra y estrategia de las grandes potencias*, Madrid, 1995), Heinz Huber y Artur Müller (*op. cit.*, II), David Irving (*op. cit.*), Hans-Adolf Jacobsen y Hans Dollinger (*op. cit.*, II), Ian Kershaw (*Hitler, 1936-1945*, Barcelona, 2000), Gerald Kleinfeld y Lewis Tambs (*op. cit*), Basil Liddell Hart (*Historia de la Segunda Guerra Mundial*, I; Barcelona, ed. de 1991), Henri Michel (*La Segunda Guerra Mundial*, I; Madrid, 1990), Felipe Quero Rodiles (*Segunda Guerra Mundial. Consideraciones militares*, Madrid, 1993), Albert Seaton (*The Russo-German War 1941-45*, Londres, 1971), Arnold Toynbee (*La Europa de Hitler*; Barcelona, ed. de 1985), Hugh Trevor-Roper (*op. cit.*), Alexander Werth

(*Rusia en la Guerra. 1941-1945*, I, Barcelona, 1967) y Kurt Zentner (*Historia Ilustrada de la Segunda Guerra Mundial*, Barcelona, 1968).

2. 17-7-1941: Decreto de Hitler; DOGFP, D-XIII, pp. 163-165.
3. 17-7-1941: *Directriz número 33* de Hitler; DOGFP, D-XIII, pp. 181-183.
4. 6-9-1941: *Directriz número 35* de Hitler; en Hugh Trevor-Roper, *op. cit.*, pp. 152-155.
5. 26-8-1941: Telegrama-circular de Ribbentrop; DOGFP, D-XIII, pp. 389-391. / 26-8-1941: Circular del Auswärtiges Amt; DOGFP, D-XIII, p. 395.
6. Según Francisco Torres (*op. cit.*, p. 94), en Grafenwöhr se adiestraron, además de la División Azul, unidades del *Afrika Korps*, el *Leibstandarte Adolf Hitler* y la División italiana San Marco. / *Solidaridad Nacional*, 2-8-1941, dorso.
7. Enrique Errando Vilar, *op. cit.*, pp. 17-18; José Martínez Esparza, *op. cit.*, pp. 49-50; Dionisio Ridruejo, *op. cit.*, p. 20; Tomás Salvador, *op. cit.*, p. 42.
8. Dionisio Ridruejo, *op. cit.*, pp. 16-17; Tomás Salvador, *op. cit.*, pp. 41-42.
9. Dionisio Ridruejo, *op. cit.*, pp. 20-21; Enrique Errando Vilar, *op. cit.* p. 18.
10. S/f: «Extracto del reglamento especial [alemán] para el campo de instrucción militar de Grafenwöhr»; ASHM, 28.26.8.1, pp. 23-24.
11. DOPS de la DEV, de julio de 1941; ASHM, 28.33.1.2. / La recepción, en José Martínez Esparza, *op. cit.*, pp. 53-54.
12. José Martínez Esparza, *op. cit.*, p. 46. 25-7-1941: «Orden General de Operaciones número 1» (3ª Sección de EM de la DEV); ASHM, 28.1.4.1, p. 36. / La anécdota de la funda, en Enrique Errando Vilar, *op. cit.*, p. 15.
13. DOPS de la DEV, de julio de 1941; ASHM, 28.33.1.2, p. 9. / Todos los elementos de la dotación entregada, en Francisco Torres, *op. cit.*, p. 104. / Tomás Salvador, *op. cit.*, p. 45.
14. DOPS de la DEV, de julio de 1941; ASHM, 28.33.1.2, p. 13. / 8-8-1941: Orden del Día, de la DEV (EM); ASHM, 28.1.10.1, p. 38.
15. Dionisio Ridruejo, *op. cit.*, p. 17. / 7-8-1941: Orden del Día, de la DEV (EM; ASHM, 28.1.10.1, p. 35. / 23-7-1941: «Horario por el que se han de regir las fuerzas de esta División durante el período de instrucción» (3ª Sección de EM de la DEV); ASHM, 28.1.1.5, p. 12.
16. 25-7-1941: «Orden General de Operaciones número 1» (3ª Sección de EM de la DEV); ASHM, 28.1.4.1, pp. 8-16. / José Martínez Esparza, *op. cit.*, p. 61.
17. José Díaz de Villegas, *La División Azul en línea*, Barcelona, 1967, pp. 158-219.
18. 7-7-1941: Instrucción General número 1 (1ª y 3ª Secciones de EM de la DEV); ASHM, 28.33.2.1, pp. 3-4. Ricardo Recio Cardona, *op. cit.*, p. 57.
19. Saint-Loup —seudónimo del francés Marc Augier— (*La División Azul*, Madrid, 1980, p. 267) menta el número de efectivos.
20. 28-7-1941: Instrucción General 4002 (4ª Sección de EM de la DEV); ASHM, 29.44.2.2, p. 11.
21. 5-7-1941: Orden de Organización (1ª Sección de EM de la DEV); ASHM, 28.1.4.1, p. 5.
22. 3-8-1941: Instrucción General 4006 (4ª Sección de EM de la DEV); ASHM, 29.44.3.1, p. 24.
23. 1-8-1941: Instrucción General 3003 (3ª y 4ª Secciones de EM de la DEV); ASHM, 29.44.3.1, pp. 2-3. / 4-8-1941: Instrucción General 3006 (3ª y 4ª Secciones de EM de la DEV); ASHM, 29.44.3.1, p. 36.

24. Véase Ricardo Recio, *op. cit.*, pp. 75-114. / 30-7-1941: «Orden General de Operaciones n° 1» (4ª Sección de EM de la DEV); ASHM, 29.44.2.1, pp. 1-4.
25. DOPS de la DEV, de julio de 1941; ASHM, 28.33.1.2, p. 14. Ricardo Recio, *op. cit.*, p. 59. / 1-8-1941: Instrucción General 3003 (3ª y 4ª Secciones de EM de la DEV); ASHM, 29.44.3.1, pp. 3-4.
26. 30-7-1941: Instrucción General 4004 (4ª Sección de EM de la DEV); ASHM, 29.44.1.4, pp. 58-59.
27. 8-7-1941: Disposición de la Sección de Ordenación General de Pagos del Ministerio del Ejército; ASHM, 29.44.1.4, pp. 31-32. / 19-7-1941: Instrucción General 4001 (4ª Sección de EM de la DEV); ASHM, 29.44.1.1, pp. 37-38.
28. 22-7-1941: Instrucción 2001 (2ª Sección de EM de la DEV); ASHM, 28.28.3.1, pp. 5-6.
29. 7-7-1941: Instrucciones para la organización de los Servicios de Correos de la DEV; ASHM, 29.44.1.1. / 8-8-1941: Instrucción General 4009 (4ª Sección de EM de la DEV); ASHM, 29.44.3.1, pp. 50-51. / Para la censura, Instrucción General 2002, de 24-7-1941, e Instrucción General 2003, de 25-7-1941 (ambos documentos, de la 2ª Sección de EM de la DEV, en ASHM, 28.28.1.3, pp. 13 y 15, respectivamente). / Para este Servicio, véase Manuel Vázquez Enciso, *Historia postal de la División Azul. Españoles en Rusia*, Madrid, 1995.
30. 25-7-1941: «Orden General de Operaciones número 1» (3ª Sección de EM de la DEV); ASHM, 28.1.4.1, p. 13. / Para este Servicio, véase José García Hispán, *La Guardia Civil en la División Azul*, Alicante, 1991.
31. 28-8-1941: Nota sin firma, de la DEV; ASHM, 28.1.8.2, pp. 1-3. / La potestad de Muñoz Grandes, en «Orden General de Operaciones número 1» (3ª Sección de EM de la DEV), de 25-7-1941; ASHM, 28.1.4.1, p. 9. / El Consejo de Guerra, en Orden del Día, de la DEV (EM), de 21-8-1941; ASHM, 28.1.10.1, p. 87. Aún hoy hay familias que desconocen la verdadera causa de la muerte de quienes fueron ejecutados por sentencia derivada de Consejo de Guerra.
32. S/f: Instrucción 3001 (3ª Sección de EM de la DEV); ASHM, 28.33.3.1, pp. 27-29.
33. Copia del teletipo del Mando Supremo del Ejército [alemán] de 28-8-1941 (2ª Sección de EM de la DEV); ASHM, 28.28.4.1, p. 1. / 5-7-1941: «Orden de Organización» (1ª Sección de EM de la DEV); ASHM, 28.1.4.1, p. 6. / 16-8-1941: Orden del Día, de la DEV (EM); ASHM, 28.1.10.1, p. 70. / El testimonio de un capellán, en Ildefonso Jiménez Andrades, *Recuerdos de mi campaña de Rusia*, Badajoz, 1957.
34. 26-7-1941: Nota del agregado militar en Berlín; ASHM, 29.44.1.5, p. 60.
35. 22-7-1941: Orden del Día, del Grupo de Sanidad Militar de la DEV; ASHM, 28.1.3.2, p. 16.
36. 22-7-1941: Orden del Día, del Grupo de Sanidad Militar de la DEV; ASHM, 28.1.3.2, p. 13.
37. S/f: Copia de un teletipo del Mando Supremo del Ejército [alemán], de 28-1-1941 (2ª Sección de EM de la DEV); ASHM, 28.28.4.1, p. 1. / 4-8-1941: Instrucción General 3003 (2ª y 3ª Secciones de EM de la DEV); ASHM, 28.28.4.2, pp. 2-4bis.
38. 25-7-1941: «Orden General de Operaciones número 1» (3ª Sección de EM de la DEV); ASHM, 28.1.4.1, p. 13.

39. 20-7-1941: «Nota informativa», p. 45. / 28-7-1941: «Nota informativa» p. 48 («En cuantas ocasiones coinciden con alguna [mujer], la asedian haciéndole gestos obscenos y diciéndole palabras groseras, sin que la presencia de sus familias les haga cesar en tal actitud»). / 30-8-1941: «Nota informativa», p. 29. / 28-7-1941: «Nota informativa», p. 48. / 8-8-1941: «Nota informativa», p. 20. (Todos los documentos, 2ª Sección de EM de la DEV. Los de julio, en ASHM, 28.28.2.3, y los de agosto, en 28.28.4.3.)

40. «Notas Informativas» varias, pp. 24 y 26. / Los disparos, en «Nota Informativa», de 26-8-1941, p. 26. (Todos los documentos, 2ª Sección de EM de la DEV, en ASHM, 28.28.4.3.)

41. La pugna falangismo/Ejército, en «Nota Informativa», de 20-7-1941, pp. 45 y 47. / Los rumores, en «Notas Informativas», de 12 y 20-7-1941, pp. 19 y 21, y 45, respectivamente. / Las sospechas, en «Nota Informativa», de 8-8-1941, p. 21. (Todos los documentos, 2ª Sección de EM de la DEV. Los de julio, en ASHM, 28.28.2.3, y los de agosto, en 28.28.4.3.)

42. 29-8-1941: Telegrama postal nº 90 de la DEV; ASHM, 28.28.4.3, p. 28. 23-7-1941: «Nota Informativa» (2ª Sección de EM de la DEV); ASHM, 28.28.2.3, p. 46. / 30-7-1941: *ibidem*, p. 46.

43. El acto de jura, en DOPS de julio de 1941, de la DEV (ASHM, 28.33.1.2, p. 15) y del Segundo Grupo de Artillería de la DEV (ASHM, 28.33.2.1, p. 14). La fórmula inicialmente pactada por la Comisión militar española en Berlín no recogía el nombre de Hitler; textualmente era: «[Juro] lealtad al jefe supremo de las Fuerzas Armadas contra el comunismo, sin perder la condición de españoles» (6-7-1941: Informe del teniente coronel Romero Mazariegos; ASHM, 28.1.4.1, p. 48). En todo caso, los capellanes expresaron sus reservas al respecto (Francisco Torres, *op. cit.*, p. 96). / Para una parte del país, aquél fue un acto de europeísmo: «Todos nos percatábamos de la trascendencia que tenía para nuestra Patria el hecho de que estuviéramos en el centro de Europa recibiendo el espaldarazo del Ejército alemán, que acababa de admitirnos en su seno. España comenzaba de nuevo a tener categoría europea...» (José Martínez Esparza, *op. cit.* —1943—, p. 74). / Las restantes ceremonias, en Orden del Día, de la DEV, de 2-8-1941 (ASHM, 28.1.10.1, p. 4); y DOPS de la DEV, de agosto de 1941 (ASHM, 28.33.4.1, p. 2).

44. 26-7-1941: Anexo 2 a la Orden General de Operaciones número 1 (3ª Sección de EM de la DEV); ASHM, 28.1.4.1, p. 38.

45. Sobre las comisiones, DOPS de la DEV, de agosto de 1941; ASHM, 28.33.4.1, p. 3. / El desarrollo de la visita, en José Martínez Esparza, *op. cit.*, pp. 125-126. / El almuerzo, en Dionisio Ridruejo, *op. cit.*, p. 29. Induce a confusión el hecho de que Martínez Esparza (*ibidem*, p. 126) afirme que Ley, con el argumento de que tenía ocupaciones urgentes, se despidió sin aceptar la comida que le ofrecía Muñoz Grandes.

46. DOPS de la DEV, de agosto de 1941; ASHM, 28.33.4.1, pp. 3-7.

47. José Martínez Esparza, *op. cit.*, pp. 137-138.

48. El relato, en José Martínez Esparza, *op. cit.*, pp. 139-143.

49. DOPS de la DEV, de agosto de 1941; ASHM, 28.33.4.1, pp. 3, 4 y 7.

50. 26-8-1941: Muñoz Grandes a Stohrer; PAAA, BM 6/9. / 27-8-1941: «Orden del General» (EM de la DEV); ASHM, 28.1.10.1.

51. Tomás Salvador, *op. cit.*, pp. 76-77.
52. Estos aspectos de la marcha se hallan diseminados en las memorias de los divisionarios, como las de Martínez Esparza (*op. cit.*, pp. 137-199), Dionisio Ridruejo (*op. cit.*, pp. 31-137) y Tomás Salvador (*op. cit.*, pp. 75-90).
53. Tomás Salvador, *op. cit.*, pp. 80-81. / Sobre los pormenores de la Intendencia divisionaria, véase Ricardo Recio Cardona, *op. cit.*
54. José Martínez Esparza, *op. cit.*, p. 176. Tomás Salvador, *op. cit.*, pp. 85-90.
55. *Aspeado*, término que se utilizó para referir a los divisionarios temporalmente incapacitados para seguir andando. / DOPS de la DEV, de septiembre de 1941; ASHM, 28.33.7.2, p. 10. / El informe alemán, en Raymond Proctor, *op. cit.*, pp. 159-161. / Las muertes, en DOPS de la DEV, de los meses de agosto (ASHM, 28.33.4.1), septiembre (ASHM, 28.33.7.2) y octubre (ASHM, 28.33.11.3). / El accidente de la camioneta, en DOPS de la DEV, de octubre de 1941; ASHM, 28.33.11.3, pp. 17-18.
56. Tras ser evacuados 11 soldados el 18 de septiembre, el 19 se incorporaron 88 hombres, y 188 más el día 20. (DOPS de la DEV, de septiembre de 1941; ASHM, 28.33.7.2, p. 12.)
57. Dionisio Ridruejo, *op. cit.*, p. 50. / Raymond Proctor, *op. cit.*, p. 158.
58. DOPS de la DEV, de agosto de 1941; ASHM, 28.33.4.1, p. 6. / El calificativo, en José Martínez Esparza, *op. cit.*, p. 146. / Los incidentes con la policía, en declaraciones de don Abelardo Azorín al autor, 21-6-1994. / La queja alemana, en Normas de la *Komandatur* de Grodno, de 26-8-1941; ASHM, 28.1.7.3, p. 19.
59. Gerald Kleinfeld y Lewis Tambs, *op. cit.*, p. 84. / Dionisio Ridruejo, *op. cit.*, p. 58.
60. José Martínez Esparza, *op. cit.*, pp. 159-161.
61. José Martínez Esparza, *op. cit.*, pp. 161-166.
62. José Martínez Esparza, *op. cit.*, pp. 167-168.
63. No disponemos de información documental sobre la entrevista. Por extraño que parezca, no hay rastro ni de las actas ni de documentación colateral. Hoy por hoy únicamente poseemos las escasas líneas que le dedicó la prensa alemana y española al día siguiente, y la versión que Ridruejo obtuvo del relato que Muñoz Grandes hizo a Sotomayor. Raymond Proctor ni tan sólo la menta. / El ansia combativa de Muñoz Grandes, en *Solidaridad Nacional*, 2-9-1941. / El desarrollo de la entrevista, en Dionisio Ridruejo, *op. cit.*, p. 54.
64. Gerald Kleinfeld y Lewis Tambs, *op. cit.*, pp. 81, 87, 92 y 97-102. / El informe, en Raymond Proctor, *op. cit.*, pp. 159-161.
65. Basil Liddell Hart, *op. cit.*, p. 186. / Tomás Salvador, *op. cit.*, p. 82. / José Martínez Esparza, *op. cit.*, p. 172.
66. DOPS de la DEV, de septiembre de 1941; ASHM, 28.33.7.2, p. 15. Gerald Kleinfeld y Lewis Tambs, *op. cit.*, p. 102. / El régimen disciplinario, en Bando del general Muñoz Grandes, de 3-9-1941; AFDA. / DOPS de la DEV, de septiembre de 1941; ASHM, 28.33.7.2., p. 16. Gerald Kleinfeld y Lewis Tambs, *ibidem*, pp. 96 y 103. Francisco Torres, *op. cit.*, p. 117.
67. DOPS de la DEV, de septiembre de 1941; ASHM, 28.33.7.2., pp. 16-17.
68. Gerald Kleinfeld y Lewis Tambs, *op. cit.*, pp. 105-106.
69. 1-10-1941: Instrucción general 4017 (4ª Sección de EM de la DEV); AFDA, fondo documental del general Esteban-Infantes.

70. Gerald Kleinfeld y Lewis Tambs, *op. cit.*, pp. 106-110. Raymond Proctor, *op. cit.*, p. 162. / DOPS de la DEV, de octubre de 1941; ASHM, 28.33.11.3, pp. 19 y 20.

71. DOPS de la DEV, de octubre de 1941; ASHM, 28.33.11.3, p. 21. / Orden de 8-10-1941; AFDA. La parada, en José Martínez Esparza, *op. cit.*, pp. 187-190.

72. Dichos acontecimientos quedaron plasmados en varios informes de la policía militar alemana; véase Gerald Kleinfeld y Lewis Tambs, *op. cit.*, pp. 114-115.

73. DOPS de la DEV, de octubre de 1941; ASHM, 28.33.11.3, pp. 23-24. Gerald Kleinfeld y Lewis Tambs, *op. cit.*, p. 120.

74. DOPS de la DEV, de octubre de 1941; ASHM, 28.33.11.3, pp. 24-25. / En el Diario de Operaciones [DOPS] de octubre de 1941 (ASHM, doc. 28.33.11.3) se recogen movimientos de unidades de marcha hasta el día 19.

75. Para agilizar la lectura sin alterar el grado de información, algunas fechas (días) se señalan entre paréntesis. Advierto al lector que la bibliografía ofrece sensibles disparidades a nivel de cronologías; en este sentido, he procurado facilitar las que ofrecen mayor consenso. / Este apartado se desarrolla sobre las bases siguientes: 1) Fuentes documentales de guerra publicadas. 2) Los testimonios publicados de Churchill (*op. cit.*, IV-1 a VI-2), Goebbels (*Diario*; Barcelona, 1949; y *Diario. Del 28 de febrero al 10 de abril de 1945. Las últimas anotaciones*, Barcelona, 1979), Traudl Junge (*Hasta el último momento*; Barcelona, 2003), Paulus (*Stalingrado y yo*; Barcelona, 1960), Ribbentrop (*op. cit.*) y Paul Schmidt (*op. cit.*). 3) Fragmentos de correspondencia del 6° Ejército alemán de Infantería (en *Las últimas cartas de Stalingrado*, Barcelona, 1963). 4) Fondos hemerográficos españoles. 5) Atlas históricos y repertorios cronológicos varios. Y 6) Los datos aportados por Ricardo Artola *(op. cit.)*, Antony Beevor (*Stalingrado* —ed. de 2003— y *Berlín. La caída: 1945* —2002—, Barcelona), Lothar Brüne y Jakob Weiler (*Remagen in March 1945*, Meckenheim, 1995), Jörg Friedrich (*El incendio. Alemania en la guerra de los bombardeos, 1940-1945*, Madrid, 2003), Walter Goerlitz (*op. cit.*), Werner Haupt (*Army Group North. The Wehrmacht in Russia. 1941-1945*, Atglen, 1997), Heinz Huber y Artur Müller (*op. cit.*, II), David Irving (*op. cit.*), Hans-Adolf Jacobsen y Hans Dollinger (*op. cit.*, II y III), Ian Kershaw (*op. cit.)*, Gerald Kleinfeld y Lewis Tambs (*op. cit.*), Andreas Hillgruber (*op. cit.*), Joachim Kramarz (*op. cit.*), Jacques de Launay (*La caída del fascismo*, Barcelona, 1973), Basil Liddell Hart (*op. cit.*, *Los generales alemanes hablan*, Buenos Aires, 1974), Henri Michel (*op. cit.*), Steven Newton (*Retreat from Leningrad. Army Grouph North. 1944/1945*, Atglen, 1995, Felipe Quero Rodiles (*op. cit.)*, Albert Seaton (*op. cit.*), Anna Maria Sigmund (*Las mujeres de los nazis*, Barcelona, 2001), Hugh Trevor-Roper (*op. cit.*, y *Los últimos días de Hitler*, Barcelona, 1947), Alexander Werth (*op. cit.*) y Kurt Zentner *(op. cit.)*.

76. 8-12-1941: *Directriz número 39* de Hitler; DGFP, D-XIII, pp. 984-987. Traducción del autor. (También en Hugh Trevor Ropper, *Hitler's War...*, pp. 166-170).

77. 11-12-1941: Memorándum de Paul Schmidt; DGFP, D-XIII, pp. 1.004-1.005. / La orden de resistencia fanática, en Telegrama del OKW a los Grupos de Ejércitos Centro y Norte, de 21-12-1941; documento reproducido fotográficamente y traducido en Hans-Adolf Jacobsen y Hans Dollinger, *op. cit.*, I, p. 426 y p. 495.

78. 5-4-1942: *Directriz número 41* de Hitler; en Hugh Trevor Ropper, *Hitler's War...*, pp. 178-183.

79. 30-10-1941: Informe del agregado militar en Berlín; ASHM, 29.52.3.1, pp. 4-5.
80. 30-10-1941: Informe del agregado militar en Berlín; ASHM, 29.52.3.1, p. 5.
81. 30-10-1941: Informe del agregado militar en Berlín; ASHM, 29.52.3.1, pp. 7-9.
82. 30-10-1941: Informe del agregado militar en Berlín; ASHM, 29.52.3.1, pp. 7 y 11-12.
83. Gerald Kleinfeld y Lewis Tambs, *op. cit.*, pp. 123-125. / DOPS de la DEV, de octubre de 1941, ASHM, 28.33.11.3, pp. 25-26. / Raymond Proctor, *op. cit.*, p. 169.
84. Instrucción General 3022, de 14-10-1941; AFDA. / Orden del Día, de 14-10-1941; AFDA. / DOPS de la DEV, de octubre de 1941; ASHM, 28.33.11.3, p. 28.
85. 17-10-1941: Instrucciones generales 4020 y 4022; AFDA. / 30-10-1941: Informe del agregado militar en Berlín; ASHM, 29.52.3.1, pp. 12-13.
86. 30-10-1941: Informe del agregado militar en Berlín; ASHM, 29.52.3.1, pp. 13-16.
87. DOPS de la DEV, de octubre de 1941; ASHM, 28.33.11.3, p. 29. Raymond Proctor, *op. cit.*, p. 169.
88. Gerald Kleinfeld y Lewis Tambs, *op. cit.*, pp. 124 y 136-138, 141-143. / DOPS de la DEV, de octubre de 1941; ASHM, 28.33.11.3, pp. 29, 30, 31, 32, 33. / 30-10-1941: Informe del agregado militar en Berlín; ASHM, 29.52.3.1, p. 14.
89. 30-10-1941: Informe del agregado militar en Berlín; ASHM, 29.52.3.1, p. 14. / DOPS de la DEV, de octubre de 1941; ASHM, 28.33.11.3, p. 32. / Gerald Kleinfeld y Lewis Tambs, *op. cit.*, pp. 146-147.
90. 30-10-1941: Informe del agregado militar en Berlín; ASHM, 29.52.3.1, pp. 10-14 y 19.
91. 30-10-1941: Informe del agregado militar en Berlín; ASHM, 29.52.3.1, pp. 14-16.
92. DOPS de la DEV, de octubre de 1941; ASHM, 28.33.11.3, pp. 33-35.
93. DOPS de la DEV, de noviembre de 1941; ASHM, 28.34.1.1, pp. 2-3. / Gerald Kleinfeld y Lewis Tambs, *op. cit.*, p. 166.
94. DOPS de la DEV, de noviembre de 1941; ASHM, 28.34.1.1, pp. 4-5. / DOPS de la DEV, de noviembre de 1941; ASHM, 28.34.1.1, p. 5. / Según Kleinfeld y Tambs (*op. cit.*, p. 175), von Chappuis «llegó lleno de prejuicios contra los españoles». Acusado de pusilanimidad, el 29 de marzo de 1942 fue destituido por von Küchler; lo que, a la postre, lo condujo al suicidio (*ibídem*, p. 266). Le sucedió en el mando del Cuerpo de Ejército el jefe de la 61 División, general Friedrich Haenicke (*ibidem*).
95. DOPS de la DEV, de noviembre de 1941; ASHM, 28.34.1.1, pp. 6-10. / Gerald Kleinfeld y Lewis Tambs, *op. cit.*, p. 195. / DOPS de la DEV, de diciembre de 1941; ASHM, 28.34.3.3, p. 40.
96. Un escalofriante testimonio de lo acaecido en el río Vishera, Posselok y Possad, en Carlos María Ydígoras, *Algunos no hemos muerto*, Barcelona, 1946, reedición de 2002. / Informes 72 y 73 del agregado militar en Berlín, de 3 y 8-12-1941 respectivamente; ASHM, 29.52.5.2.
97. DOPS de la DEV, de diciembre de 1941; ASHM, 28.34.3.3, pp. 38-39. / Gerald Kleinfeld y Lewis Tambs, *op. cit.*, p. 197.
98. DOPS de la DEV, de diciembre de 1941; ASHM, 28.34.3.3, p. 40. José Martínez Esparza, *op. cit.*, pp. 200 y 340.

99. Gerald Kleinfeld y Lewis Tambs, *op. cit.*, pp. 203-205.
100. DOPS de la DEV, de diciembre de 1941; ASHM, 28.34.3.3, p. 42. / Gerald Kleinfeld y Lewis Tambs, *op. cit.*, pp. 208-209.
101. DOPS de la DEV, de diciembre de 1941; ASHM, 28.34.3.3, pp. 42-46.
102. DOPS de la DEV, de diciembre de 1941; ASHM, 28.34.3.3, pp. 38-47.
103. DOPS de la DEV, de diciembre de 1941; ASHM, 28.34.3.3, pp. 48-49. / Véase parte de la proclama que les dedicó Muñoz Grandes en Gerald Kleinfeld y Lewis Tambs, *op. cit.*, p. 227.
104. Adolf Hitler, *Conversaciones sobre la guerra y la paz*, Barcelona, 1953, pp. 156-157. / DOPS de la DEV, de enero de 1942; ASHM, 28.34.5.1, p. 1. Gerald Kleinfeld y Lewis Tambs, *op. cit.*, p. 230. / 6-1-1942: Muñoz Grandes a Varela; ASHM, 29.52.6.1, p. 18.
105. Gerald Kleinfeld y Lewis Tambs: *op. cit.*, pp. 231 y 239-242. Alexander Werth: *op. cit.*, I, p. 252. Albert Seaton, *op. cit*, p. 243. Werner Haupt: *op. cit.*, pp. 115-116 y 131.
106. Gerald Kleinfeld y Lewis Tambs, *op. cit.*, pp. 231-232 y 242-243. Para un desarrollo más detallado de la ofensiva, véase Werner Haupt, *op. cit.*, pp. 118-139.
107. Para el desarrollo de la «batalla», véase el DOPS de la DEV de enero de 1942 (ASHM, 28.34.5.1) y el informe del agregado militar en Berlín de 1-2-1942 (ASHM, 29.52.6.4); así como Eduardo Barrachina Juan, *La batalla del lago Ilmen*, Barcelona, 1994. / La anécdota del boletín, en Informe del agregado militar en Berlín, de 1-2-1942; ASHM, 29.52.6.4, p. 95. / Las felicitaciones, en DOPS de la DEV, de enero de 1942 (ASHM, 28.34.5.1, pp. 8-9) e Informe del agregado militar en Berlín, de 1-2-1942 (ASHM, 29.52.6.4, p. 90). La confirmación de Varela, en Nota del agregado militar Berlín a Muñoz Grandes, de 10-2-1942; ASHM, 29.52.7.2, p. 10.
108. Para la batalla por Teremets, véase Gerald Kleinfeld y Lewis Tambs, *op. cit.*, pp. 243-244; y Fernando Carrera Buil y Augusto Ferrer-Dalmau Nieto, *Batallón Román. Historia fotográfica del 2º Batallón del Regimiento 269 de la División Azul*, Zaragoza, 2003, p. 192. / Para la *Batalla de Bol y Mal Samoschje* y sus consecuentes, véase el DOPS de la DEV de febrero de 1942 (ASHM, 28.34.8.1, pp. 1-5); el telegrama del agregado militar en Berlín al jefe del EMC del Ejército (ASHM, 29.52.7.2, p. 21); Gerald Kleinfeld y Lewis Tambs, *op. cit.*, pp. 255-257) y Fernando Carrera Buil y Augusto Ferrer-Dalmau Nieto, *op. cit.*, pp. 193 y 196.
109. DOPS de la DEV, de febrero de 1942; ASHM, 28.34.8.1, pp. 1-4 y 7-8. / Gerald Kleinfeld y Lewis Tambs, *op. cit.*, p. 255.
110. Gerald Kleinfeld y Lewis Tambs, *op. cit.*, pp. 259-260. Basil Liddell Hart, *op. cit.*, pp. 271-275. / La participación de la División Azul en *Predada*, en Juan Negreira, *La Bolsa del Voljov*, Alicante, 1991.
111. La actuación del Batallón de Reserva, en DOPS de la DEV, de febrero de 1942 (ASHM, 28.34.10.2, p. 4) e Informe del agregado militar en Berlín, de 7-3-1942 (ASHM, 29.52.8.3, p. 72). / Para el *Batallón Román*, su conjunción con el de Reserva y los *golpes de mano*, véase también el DOPS de la DEV, de febrero de 1942 (ASHM, 28.34.10.2, pp. 4-6) y la Nota del agregado militar en Berlín a jefe del EMC del Ejército, de 3-3-1942 (ASHM, 29.52.8.4, p. 81).

112. 13-3-1942: Comunicado del Cuartel General de Hitler llegado a la Embajada en Madrid; PAAA, BM 6/9.

113. Gerald Kleinfeld y Lewis Tambs, *op. cit.*, pp. 264-265. / DOPS de la DEV, de marzo de 1942; ASHM, 28.34.10.2, pp. 9-10. / 23-3-1942: Agregado militar en Berlín a jefe del EMC del Ejército; ASHM 29.52.8.4, p. 116.

114. Gerald Kleinfeld y Lewis Tambs, *op. cit.*, pp. 266-268. / Fernando Carrera Buil y Augusto Ferrer-Dalmau Nieto, *op. cit.*, pp. 213-214. (La fotografía de un divisionario ante uno de los tanques alemanes que salvó a los españoles, en p. 129.)

115. Gerald Kleinfeld y Lewis Tambs, *op. cit.*, pp. 268-269. / DOPS de la DEV, de abril de 1942; ASHM, 28.34.13.1, pp. 3 y 6.

116. DOPS de la DEV, de abril de 1942; ASHM, 28.34.13.1, pp. 3-4, 7-8 y 11-14. / Gerald Kleinfeld y Lewis Tambs, *op. cit.*, p. 274.

117. Gerald Kleinfeld y Lewis Tambs, *op. cit.*, p. 278. / DOPS de la DEV, de mayo de 1942; ASHM, 28.35.1.1, pp. 3-4, 7-8 y 10. / 6-5-1942: Agregado militar en Berlín al Centro de Asistencia (*Betreungstelle*) de la DEV en Hof y al jefe del EMC del Ejército; ASM, 29.52.10.1, pp. 28 y 32. / 12, 13 y 14-5-1942: Agregado militar en Berlín a jefe del EMC del Ejército; ASHM, 29.52.10, pp. 197 y 199. / Francisco Torres, *op. cit.*, p. 237.

118. 3 y 10-6-1942: Agregado militar en Berlín a jefe del EMC del Ejército; ASHM, 29.53.6.2, pp. 30 y 52. / Francisco Torres, *op. cit.*, pp. 244-245. / Gerald Kleinfeld y Lewis Tambs, *op. cit.*, pp. 284 y 291. / El divisionario que le hizo las funciones de chofer manifestó al autor (Castellón, agosto de 1998) que, por temperamento, Vierna era un hombre serio, estricto y distante, y de costumbres fijas.

119. DOPS de la DEV, de junio de 1942; ASHM, 28.35.7.2, pp. 5, 8 y 9. / Gerald Kleinfeld y Lewis Tambs, *op. cit.*, p. 281. / 29-6-1942: Agregado militar en Berlín a jefe del EMC del Ejército; ASHM; 29.53.6.2, p. 101.

120. Gerald Kleinfeld y Lewis Tambs, *op. cit.*, pp. 277-278 y 281-282. / Extracto de la proclama de Lindemann, en la Orden General de la DEV de 3-7-1942 (AFDA, fondo de Órdenes Generales).

121. Hans-Adolf Jacobsen, Hans Dollinger: *op. cit.*, II, p. 79. Gerald Kleinfeld y Lewis Tambs, *op. cit.*, pp. 292-293. DOPS de la DEV, de julio de 1942; ASHM, 28.35.10.1, pp. 1-3 y 7-8.

122. La presión soviética, en Werner Haupt, *op. cit.*, pp. 147-148. / DOPS de la DEV, de julio de 1942; ASHM, 28.35.10.1, pp. 3-9. / DOPS de la DEV, de agosto de 1942; ASHM, 28.35.12.1, p. 5. / Gerald Kleinfeld y Lewis Tambs, *op. cit.*, pp. 294-295.

123. DOPS de la DEV, de julio de 1942; ASHM, 28.35.10.1, p. 3. / Sobre la entrevista, fundamentalmente tres fuentes: el informe de Rudolf Likus del 13 de julio, el telegrama de Woermann a Stohrer del 25, y las declaraciones de 26 de agosto de Monteys a Willhelmi.

124. DOPS de la DEV, de julio de 1942; ASHM, 28.35.10.1, p. 5. / 15-7-1942: Agregado militar en Berlín a jefe del EMC del Ejército; ASHM, 29.52.12.2, pp. 52-53. / 5-8-1942: Agregado militar en Berlín a jefe del EMC del Ejército; ASHM, 29.52.13.3, p. 45. / Gerald Kleinfeld y Lewis Tambs, *op. cit.*, p. 300. / Gabriel Cardona (*El problema* ..., p. 175) apunta que el intento de sustitución de Muñoz Grandes por Esteban-Infantes había partido de Varela, deseoso de incor-

porar al frente de la División a un amigo personal y retirar a un profalangista. / 7-8-1942: Agregado militar en Berlín a jefe del EMC del Ejército; ASHM, 29.52.13.1, p. 5.

125. Las deserciones, en DOPS de la DEV, de agosto de 1942; ASHM, 28.35.12.1, p. 2. / En términos relativos, el 56 por ciento de esos sargentos eran de Infantería; el 23, de Artillería; el 12, de Ingenieros; el 2, de Caballería, Intendencia, Sanidad y Música; el 0,4, de Defensa Química; y el 0,2, de Veterinaria y mutilados. (9-8-1942: Agregado militar en Berlín a jefe del EMC del Ejército; ASHM, 28.52.13.1, p. 8.)

126. Las zonas eran Krutik, Kopzy, Sapolje, Tschetschulino, lago Ilmen y Novgorod. / DOPS de la DEV, de septiembre de 1942; ASHM, 28.36.1.2, pp. 10-11.

127. Gerald Kleinfeld y Lewis Tambs, *op. cit.*, pp. 309, 313 y 316. / Hans-Adolf Jacobsen y Hans Dollinger: *op. cit.*, II, p. 79. / Adolf Hitler, *Hitler's Secret Conversations, 1941-1944*, Nueva York, ed. de 1961, pp. 644-645. Hay traducción española reciente, Barcelona, 2004, p. 556.

128. DOPS de la DEV, de septiembre de 1942; ASHM, 28.36.1.2, pp. 11-12. Hans-Adolf Jacobsen y Hans Dollinger: *op. cit.*, II, p. 79.

129. 9-9-1942: Orden SP2 de la DEV; AFDA. / Emilio Esteban-Infantes, *La División Azul (donde Asia empieza)*, Barcelona, 1956, pp. 127-130.

130. 9-9-1942: Orden SP2 de la DEV; AFDA. Emilio Esteban-Infantes, *op. cit.*, p. 132.

131. Informe de la 2ª Sección de la DEV, de 25 de agosto (Gerald Kleinfeld y Lewis Tambs, *op. cit.*, pp. 323-324). / Emilio Esteban-Infantes, *op. cit.*, p. 131. / DOPS de la DEV, de septiembre de 1942; ASHM, 28.36.1.2, pp. 13-21. DOPS de la DEV, de octubre de 1942; ASHM, 29.36.6.2, pp. 21-35. / DOPS de la DEV, de diciembre de 1942; ASHM, 29.37.6.2, pp. 8-24.

132. DOPS de la DEV de septiembre, octubre, noviembre y diciembre de 1942; ASHM. / DOPS de la DEV, de septiembre de 1942; ASHM, 28.36.1.2, p. 15. / DOPS de la DEV, de octubre de 1942; ASHM, 28.36.6.2, p. 26. / 10-10-1942: Agregado militar en Berlín a Muñoz Grandes; ASHM, 29.52.15.1, p. 14. Gerald Kleinfeld y Lewis Tambs, *op. cit.*, pp. 326-329. / Emilio Esteban-Infantes, *op. cit.*, p. 136.

133. Alexander Werth, *op. cit.*, p. 950. / Gerald Kleinfeld y Lewis Tambs, *op. cit.*, p. 330. / Emilio Esteban-Infantes, *op. cit.*, p. 137. / DOPS de la DEV, de octubre de 1942; ASHM, 28.36.6.2, pp. 30-31. / 31-10-1942: Agregado militar en Berlín a jefe del EMC del Ejército; ASHM; 29.52.15.1, p. 42. / DOPS de la DEV, de diciembre de 1942; ASHM, 29.37.6.2, p. 22. / 31-12-1942: Agregado militar en Berlín a jefe del EMC del Ejército; ASHM, 29.53.2.3, p. 74. / DOPS de la DEV, de noviembre de 1942; ASHM, 28.36.11.3, pp. 9 y 12.

134. 2-11-1942: Agregado militar en Berlín a jefe del EMC del Ejército; ASHM, 29.53.1.1, pp. 13-14. / 25-11-1942: Agregado militar en Berlín a jefe del EMC del Ejército; ASHM, 29.53.1.3, p. 57. / 27-11-1942: Hansen a Lindemann; PAAA, R 29747.

135. Gerald Kleinfeld y Lewis Tambs, *op. cit.*, pp. 330-332.

136. Emilio Esteban-Infantes, *op. cit.*, p. 138. / Gerald Kleinfeld y Lewis Tambs, *op. cit.*, pp. 337 y 339. / Anotaciones del Diario de Campaña (en adelante, DC)

del teniente Juan Ackermann Hanisch, p. 50. / Transcripción de la Hoja de Servicios del general Muñoz Grandes; AFDA. / 12-2-1942: Agregado militar en Berlín a jefe del EMC del Ejército; ASHM, 29.53.2.1, p. 5.

137. Emilio Esteban-Infantes, *op. cit.*, p. 153. / El estudio de la actividad de la División a lo largo de 1943 queda sensiblemente limitado por la escasez de fuentes conservadas, por lo que resulta imprescindible recurrir a las memorias de Esteban-Infantes (con reservas, dadas las imprecisiones y el afán de protagonismo del autor), contrastadas con el Diario de Campaña de su intérprete, más escueto y objetivo.

138. Gerald Kleinfeld y Lewis Tambs, *op. cit.*, pp. 355-358. Emilio Esteban-Infantes, *op. cit.*, p. 143.

139. Informe de la Batalla del lago Ladoga; ASHM, 29.38.2.1, pp. 5-7 y 9-10. / Gerald Kleinfeld y Lewis Tambs, *op. cit.*, pp. 359-360 y 365. / Anotaciones del DC del teniente Juan Ackermann. Emilio Esteban-Infantes, *op. cit.*, p. 146. / *Ibidem*, p. 151.

140. Emilio Esteban-Infantes, *op. cit.*, pp. 157-168. Informe de la Batalla de Krasny Bor; ASHM, 29.38.15.3, pp. 192-196. / Gerald Kleinfeld y Lewis Tambs, *op. cit.*, pp. 366-440.

141. Emilio Esteban-Infantes, *op. cit.*, pp. 174-177. Informe de la Batalla de Krasny Bor; ASHM, 29.38.15.3, pp. 197-200. / Gerald Kleinfeld y Lewis Tambs, *op. cit.*, pp. 441 y 458. / *Deuda de sangre* invertida en la proporción de cuatro a uno, pues, según Heinz Huber y Artur Müller (op. cit., I, pp. 342-343), la participación de la Legión Cóndor en la Guerra Civil costó a Alemania 300 vidas. (Hay fuentes que elevan el número a 315.)

142. Emilio Esteban-Infantes, *op. cit.*, p. 176.

143. Emilio Esteban-Infantes, *op. cit.*, pp. 174-191. / DOPS de la DEV, de junio de 1943; ASHM, 29.41.1.3, pp. 14-15. Una foto del entierro de Alemany, en Juan Negreira, *Voluntarios baleares en la División Azul y en la Legión Azul*, Palma de Mallorca, 1991, p. 197.

144. 20-7-1943: Orden General de la DEV; AFDA. / Emilio Esteban-Infantes, *op. cit.*, pp. 174-191. / DOPS de la DEV, de junio de 1943; ASHM, 29.41.1.3, pp. 14-15. / DOPS de la Jefatura de Intendencia de la DEV, de agosto y septiembre 1943; ASHM, 29.38.3.3.

145. Hoja de Servicio del tte. coronel Francisco Pellicer Taboada; AFDA. / Emilio Esteban-Infantes, *op. cit.*, pp. 194-195. / 21-8-1943: Orden General de la DEV; AFDA. / DOPS del Regimiento 269 de la DEV, de julio a octubre 1943; ASHM, armario 29, legajos varios. / 5 y 22-8-1943: Orden General de DEV; AFDA.

146. Los bombardeos de la Luftwaffe, en Emilio Esteban-Infantes, *op. cit.*, p. 196. / Las reacciones por los hechos de Italia, en Gerald Kleinfeld y Lewis Tambs, *op. cit.*, p. 479. / La actividad artillera y los *golpes de mano*, en DOPS del Regimiento 269 de la DEV, de julio a octubre 1943 (ASHM, armario 29, legajos varios); Orden General de la DEV, de 27-8-1943 (AFDA); Fernando Vadillo, *División Azul, la gesta militar española del siglo XX*, Madrid, 1991, p. 52; y anotaciones del DC del teniente Juan Ackermann, de 25-8-1943. / Las patrullas de reconocimiento, en DOPS de julio a octubre de 1943 de los Regimien-

tos 262 y 269 y de las Compañías 3ª y 15ª del Regimiento 263, de la DEV (ASHM, armario 29, legajos varios). / Las fortificaciones, en Emilio Esteban-Infantes, *op. cit.*, pp. 195-196.

147. La condecoración a von Küchler, en las anotaciones del DC del teniente Juan Ackermann, de 31-7-1943. Véase una fotografía del acto en Juan Negreira, *Voluntarios baleares ....*, p. 193. / Para el caso Bandín, véanse las anotaciones del DC de Ackermann, su Hoja de Servicios, y la nota del agregado militar en Berlín al jefe del EMC del Ejército (ASHM, 29.53.8.1, p. 2). / El viaje a Reval, en anotaciones del DC de Ackermann, de 31-8 a 4-9-1943.

148. La falta de personal, en comunicaciones varias del agregado militar en Berlín al jefe del EMC del Ejército, de agosto de 1943; ASHM, 29.53.8.1 y 29.53.8.3. / El nombre de fallecidos en Krasny Bor, en varios telegramas del Estado Mayor de la DEV a la agregaduría militar en Berlín, con destino al Estado Mayor Central del Ejército; ASHM, armario 29, legajo 53. / La falta de suministros, en Órdenes Generales de la DEV, de 21 y 26-8-1943 (AFDA); Notas del agregado militar en Berlín a jefe del EMC del Ejército, de 31-7 y 14-8-1943 (ASHM, 29.53.7.1, p. 36 y 29.53.8.1, p. 13, respectivamente), y DOPS de la Jefatura Intendencia de la DEV, de agosto a octubre 1943 (ASHM, 29.38.3.3). / El trueque, en Orden General de la DEV, de 29-8-1943; AFDA.

149. La visita de Kleffel, en anotaciones del DC del teniente Juan Ackermann, de 20-9-1943. / La llegada de Wegener, en Orden General de la DEV, de 27-9-1943; AFDA. / 20-9-1943: Informe del secretario alemán de Estado; PAAA, R 29750.

150. Gerald Kleinfeld y Lewis Tambs, *op. cit.*, pp. 479-481. Del 5 de julio al 4 de octubre el número de bajas ascendió, como mínimo, a 886 (cómputo propio a partir de las cifras consignadas en los partes diarios telegrafiados de Berlín a Madrid; ASHM, legajo 53, carpetas 7-10). / El comunicado de Lindemann, en Nota del jefe del Departamento de Agregados de la Wehrmacht, de 15-10-1943; BAMA, OKW/1007.

151. 5-10-1943: Orden General de la DEV (ASHM, 28.9.18.1, p. 6), y anotaciones del DC del teniente Juan Ackermann. Emilio Esteban-Infantes, *op. cit.*, pp. 229-230. / El ascenso de Amado Lóriga, en las anotaciones del DC de Ackermann, de 6-10-1943; y Orden General de la DEV, de 8-10-1943 (ASHM, 28.9.18.1, p. 10). / La marcha, en Gerald Kleinfeld y Lewis Tambs (*op. cit.*, p. 482), y Emilio Esteban-Infantes (*op. cit.*, p. 230). / El último parte, en Nota del agregado militar en Berlín a jefe del EMC del Ejército, de 11-10-1943; ASHM, 29.53.10.2, pp. 36 y 43.

152. Gerald Kleinfeld y Lewis Tambs, *op. cit.*, p. 482. Emilio Esteban-Infantes, *op. cit.*, pp. 230-232. / Cifra de bajas, computada por el autor a partir de las consignadas en los partes diarios de Berlín a Madrid; ASHM, legajo 53, carpetas 7-10. / 12-10-1943: Nota del Departamento de Agregados de la Wehrmacht; BAMA, OKW/1007.

153. Emilio Esteban-Infantes, *op. cit.*, pp. 232-233, 237-238 y 240-241; Gerald Kleinfeld y Lewis Tambs, *op. cit.*, pp. 479-483. / 9-3-1944: Informe del agregado militar en Berlín; AMAE, R 1372/41, pp. 3-4. / 11-10-1943: Agregado militar en Berlín a jefe del EMC del Ejército; ASHM, 29.53.10.2, p. 36. / 21-10-1943: Instrucción General LV1; 28.18.9.4, p. 94.

154. 20-10-1943: Orden general de la DEV; ASHM, 28.18.9.1, p. 12. / 21-10-1943: Jefe del EM de la DEV a jefe del Batallón de Zapadores; ASHM 28.18.15.2, p. 25. / 22-10-1943: Jefe del Regimiento 262 de la DEV a capitán de la 14ª Compañía; ASHM, 28.18.15.2, p. 20.

155. 9-3-1944: Informe del agregado militar en Berlín; AMAE, R 1372/41, p. 2. / La bibliografía difiere a la hora de valorar la recluta. Así, mientras que Kleinfeld y Tambs (*op. cit.*, p. 484) la califican de fracaso, Proctor (*op. cit.*, p. 257) la cree exitosa, aunque no exenta de irregularidades. / 28-10-1943: Capitanes de la 1ª, 2ª y 3ª Compañías del Batallón de Zapadores de la DEV al comandante jefe; ASHM, 28.18.15.2, pp. 25-27. / 10-1-1944: Informe del jefe del EM de la DEV; ASHM, 28.21.4.2, pp. 20 y 22. / 9-3-1944: Informe del agregado militar en Berlín; AMAE, R 1372/41. / Raymond Proctor, *op. cit.*, p. 257.

156. 20-10-1943: Anotaciones del DC del teniente Juan Ackermann. / 21-10-1943: Instrucción General LV1; ASHM, 28.18.9.4, pp. 96-104.

157. 22-10-1943: Vidal a Jordana; AMAE, R 2304/1. Emilio Esteban-Infantes, *op. cit.*, p. 239. / 22 y 25-10-1943: Anotaciones del DC del teniente Juan Ackermann. / El relato de la entrevista con Hitler y Keitel, en Emilio Esteban-Infantes (*op. cit.*, pp. 248-251), Raymond Proctor (*op. cit.*, p. 257), y ciertos detalles, en el DC de Ackermann. Véase también la nota del Departamento de Exterior II A 2 (BAMA, OKW/1007), de 27-10-1943.

158. 27, 28, 29, 30 y 31-10-1943: Anotaciones del DC del teniente Juan Ackermann. / 25-10-1943: Nota informativa del doctor Six; PAAA, R 29750. / 29-10-1943: Vidal a Jordana; AMAE, R 2304/1. / 5-11-1943: «Nota para las actas» del Departamento Exterior II A 2 del OKW; BAMA, OKW/1007. / Emilio Esteban-Infantes, *op. cit.*, p. 242. / 5-11-1943: Vidal a Jordana; AMAE, R 2304/1. / José Díaz de Villegas, *op. cit.*, p. 106.

159. José Díaz de Villegas, *op. cit.*, p. 107. / 10-1-1944: Informe del jefe del EM de la DEV; ASHM, 28.21.4.2, p. 20. / 8, 12, 13 y 15-11-1943: Anotaciones del DC del teniente Juan Ackermann. / 17-11-1943: Orden General número 69 de la DEV; AFDA.

160. Noviembre de 1943: Anotaciones varias del DC del teniente Juan Ackermann. / Hoja de Servicios del teniente coronel Francisco Pellicer Taboada; AFDA. / 19-11-1943: Agregado militar en Berlín a jefe del EMC del Ejército; ASHM, 29.53.11.2, p. 16. / 23-11-1943: Jordana a Vidal; AMAE, R 1372/41. / 27-11-1943: Agregado militar en Berlín a Esteban-Infantes; ASHM, 28.19.6.1.

161. 10-1-1944: Informe del coronel-jefe de la LEV; ASHM, 28.21.4.2, pp. 21-23. Por unidades, la Primera Bandera tenía hombres de los Regimientos 262 y 269 de la División; la Segunda, de los tres Regimientos; y cada una de las que configuraban la Tercera, de sus análogas en la División. A su vez, la Plana Mayor estaba formada por miembros del Cuartel General y de los Regimientos 262 y 269. / Emilio Esteban-Infantes, *op. cit.*, p. 243. / 27-12-1943: Segundo agregado militar en Berlín a EMC del Ejército; AMAE, R 1372/41.

162. El periplo turístico y el viaje de regreso, en anotaciones varias del DC del teniente Juan Ackermann, de diciembre de 1943. / La llegada de Esteban-Infantes a España, en *La Vanguardia Española*, 18-12-1943, portada. El recibi-

miento en Madrid, en nota de Dieckhoff al Auswärtiges Amt, de 30-12-1943 (BAMA, OKW/1007), y anotaciones del DC de Ackermann, de 18-12-1943. / La supresión de las Milicias, en el telegrama del agregado del Aire en Madrid, de 21-12-1943 (BAMA, OKW/1007); y en Bulnes a Jordana (20-12-1943), y Jordana a todas las legaciones (21-12-1943). (Los dos últimos documentos, en APG, JE 2.9.1.) *La Vanguardia Española*, 21-12-1943.

163. 19-11-1943: Agregado militar en Berlín a jefe del EMC del Ejército; ASHM, 29.53.11.2, p. 16. / Instrucciones para los *Batallones de Repatriación* 17º a 31º (ASHM, 28.19.4.1, 28.19.13.1 y 28.20.7.1).

164. José Díaz de Villegas, *op. cit.*, pp. 232-233.

165. 6-12-1942: Orden del Estado Mayor de la DEV; ASHM, 29.43.5.4, pp. 50-51. / José Díaz de Villegas, *op. cit.*, p. 233. Knüppel se incorporó al *29º Batallón de Repatriación*: gracias a las gestiones del mando divisionario, podría integrarse a la Escuela de Estado Mayor y a la Escuela Superior del Ejército (*ibidem*, pp. 155 y 233).

166. 6-12-1942: Orden del Estado Mayor de la DEV; ASHM, 29.43.5.4, pp. 50-51. Listado de prensa del ApMPB. / Hay confusión en la prensa española en cuanto a las expediciones de repatriados: algunas aparecen sólo en determinados periódicos, los recorridos y las cifras de sus contingentes no coinciden, y la información no siempre es veraz (el *30º Batallón de Repatriación*, llegado el 21 de diciembre al mando del comandante Díez Alegría, fue anunciado como «última expedición»).

167. 10-1-1944: Informe del coronel-jefe de la LEV; ASHM, 28.21.4.2, pp. 23-24. Fernando Vadillo, *op. cit.*, p. 58. / DOPS de la Segunda Bandera de la LEV; ASHM, 29.43.6.4, p. 24. / La deserción y sus repercusiones, en *ibidem* y comunicado Cárdenas a Jordana de 6-1-1944 (APG, JE 1.1.3). / DOPS de la 1ª Compañía; ASHM, 29.43.6.3., p. 16. / Para todo lo relativo a la instrucción, véase el informe de García Navarro, ya mentado.

168. Fernando Vadillo, *Balada final de la División Azul. Los legionarios*, Madrid, 1984, p. 36. / 15-12-1943: *Hoja de Campaña*, número 97, portada.

169. 9-3-1944: Informe del agregado militar en Berlín; AMAE, R 1372/41, p. 6. / Cuando Marín de Bernardo preguntó en Reval a un oficial de la Legión si habían desertado muchos hombres, éste contestó: «muchos no, no han tenido tiempo» (*ibidem*). / La pena a aplicar por automutilación era la misma que por deserción: el fusilamiento.

170. 10-1-1944: Informe del coronel-jefe de la LEV; ASHM, 28.21.4.2, pp. 29-30. Ya en el frente, García Navarro se quejó de no poder «juzgar y castigar dichos actos con la rapidez y energía necesarias para una saludable ejemplaridad, absoluta y urgentemente necesaria» (*ibidem*, p. 30). Según Kleinfeld y Tambs (*op. cit.*, p. 494), hizo ahorcar al frustrado desertor, de lo que no tenemos constancia documental. Pero, con el paso del tiempo la tendencia a desertar disminuyó sensiblemente, y, ya en la retirada, fue nula (9-3-1944: Informe del agregado militar en Berlín; AMAE, R 1372/4, p. 6). / 21-11-1943: Orden de la Primera Bandera; ASHM, 28.19.5.2, p. 42. / Las insuficiencias, en Informe del agregado militar en Berlín, 9-3-1944; AMAE, R 1372/41. / La acción antipartisana, en DOPS de la 1ª Compañía (ASHM, 29.43.6.3, p. 17), DOPS de

la 2ª Compañía (ASHM, 29.43.6.2, p. 11), e Informe del coronel-jefe de la LEV, de 10-1-1944 (ASHM, 28.21.4.2, p. 24).

171. 10-1-1944: Informe del coronel-jefe de la LEV; ASHM, 28.21.4.2, p. 25. / Orden del Día de la LEV, ASHM, 28.20.3.2, p. 18. / 14-12-1943: Complemento a la orden del día de la Segunda Bandera; ASHM, 28.20.3.2., p. 89.

172. DOPS de la Segunda Bandera (ASHM, 29.43.6.4, p. 25) y de las Compañías 1ª (ASHM, 29.43.6.3, pp. 17-18) y 2ª de la LEV (ASHM, 29.43.6.2, p. 11). / 10-1-1944: Informe del coronel-jefe de la LEV; SHM, 28.21.4.2, p. 29. / DOPS de la 1ª Compañía de la LEV; ASHM, 29.43.6.3, p. 18. / 10-1-1944: Informe del coronel-jefe de la LEV; ASHM, 28.21.4.2, p. 29.

173. 10-1-1944: Informe del coronel-jefe de la LEV; ASHM, 28.21.4.2, p. 29. Fernando Vadillo, *División Azul...*, p. 58. / Emilio Esteban-Infantes, *op. cit.*, p. 257.

174. Enero de 1944: Ordenes del día de la LEV varias; ASHM, 28.21.4.1. / 31-12-1943: Orden del Día de la LEV; ASHM, 28.20.3.2, p. 23. / Fernando Vadillo, *op. cit.*, p. 59. / 5-1-1944: Orden del Día de la LEV; ASHM, 28.21.4.1, p. 6. / 4-3-1944: *Hoja de Campaña*, número 104, portada.

175. 29-12-1943: Orden del Día de la LEV; ASHM, 28.20.3.2, p. 22. / 10-1-1944: Informe del coronel-jefe de la LEV; ASHM, 28.21.4.2, p. 30. / DOPS de la Segunda Bandera de la LEV; ASHM, 29.43.6.4, p. 26. / DOPS de la 2ª Compañía de la LEV; ASHM, 29.43.6.2, p. 12.

176. DOPS de la Segunda Bandera (ASHM, 29.43.6.4, pp. 26-27) y la 2ª Compañía (ASHM, 29.43.6.2) de la LEV. / Gerald Kleinfeld y Lewis Tambs, *op. cit.*, p. 495. Fernando Vadillo, *División Azul...*, p. 59. / 14-2-1944: Informe del coronel-jefe de la LEV; ASHM, 29.43.6.1, p. 3.

177. Hans-Adolf Jacobsen y Hans Dollinger, *op. cit.*, III, pp. 15 y 31. Gerald Kleinfeld y Lewis Tambs, *op. cit.*, pp. 495-496. / 14-2-1944: Informe del coronel-jefe de la LEV; ASHM, 29.43.6.1, p. 3.

178. La marcha, en Informe del coronel-jefe de la LEV, de 14-2-1944 (ASHM, 29.43.6.1, pp. 4-5); DOPS de la 2ª Compañía de la LEV (ASHM, 29.43.6.2, p. 12); DOPS de la 1ª Compañía de la LEV (ASHM, 29.43.6.3, pp. 19-20); DOPS de la Segunda Bandera de la LEV (ASHM, 29.43.6.4, p. 27). / Las vicisitudes de la lucha, en el informe del coronel jefe de la LEV, de 14-2-1944, y los DOPS de la 1ª y 2ª Compañías y la 2ª Bandera de la LEV; ya referidos. Véase también Gerald Kleinfeld y Lewis Tambs (*op. cit.*, p. 496) y Fernando Vadillo (*Balada final..*, pp. 129 y 145-146).

179. 14-2-1944: Informe del coronel-jefe de la LEV; ASHM, 29.43.6.1, pp. 6-7.

180. El levantamiento del sitio, en Alexander Werth, *op. cit.*, p. 334. / Las dos versiones de la retirada: Informe del coronel-jefe de la LEV, de 14-2-1944 (ASHM, 29.43.6.1, pp. 7-8) e Informe del agregado militar en Berlín, de 9-3-1944 (AMAE, R 1372/41, pp. 10-12). / Las pérdidas, en Informe del agregado militar en Berlín, de 9-3-1944 (*ibidem*, p. 12) y DOPS de la Segunda Bandera de la LEV (ASHM, 29.43.6.4, p. 30).

181. La llegada a Luga, en Informe del coronel-jefe de la LEV, de 14-2-1944 (ASHM, 29.43.6.1, p. 8); DOPS de la 2ª Compañía de la LEV (ASHM, 29.43.6.2, p. 13), y DOPS de la 1ª Compañía de la LEV (ASHM, 29.43.6.3, p. 21). / 14-2-1944: Informe del coronel-jefe de la LEV; ASHM, 29.43.6.1, p. 7.

182. Gerald Kleinfeld y Lewis Tambs, *op. cit.*, pp. 497-498. / 14-2-1944: Informe del coronel-jefe de la LEV; ASHM, 29.43.6.1, pp. 8-9. / 9-3-1944: Informe del agregado militar en Berlín; AMAE, R 1372/41, p. 12. / DOPS de la Segunda Bandera de la LEV, p. 30.

183. 11 y 19-3-1944: Órdenes del Día de la LEV; ASHM, 28.21.8.1, pp. 17 y 35.

184. DOPS de la 1ª Compañía de la Primera Bandera (ASHM, 29.43.6.3), de la 2ª Compañía de la Primera Bandera (ASHM, 29.43.6.2), y de la Segunda Bandera (ASHM, 29.43.6.4).

185. 9-3-1944: Informe del agregado militar en Berlín; AMAE, R 1372/41, p. 13. / Gerald Kleinfeld y Lewis Tambs (*op. cit.*, p. 498), en base a declaraciones de Haxel. Model ocupó el cargo poco tiempo, del 9 de enero al 30 de marzo de 1944 (Werner Haupt, *op. cit.*, p. 365).

186. Las disgresiones alemanas en torno a la utilización de la Legión, en Nota firmada por Sonnleithner, de 20-2-1944 (PAAA, R 29751); Nota de Steengracht a Ribbentrop, de 22-2-1944 (PAAA, R 29751); Gerald Kleinfeld y Lewis Tambs, *op. cit.*, p. 499; y Fernando Vadillo, *División Azul...*, p. 63. / La visita a Model, en Gerald Kleinfeld y Lewis Tambs, *op. cit.*, p. 499; Emilio Esteban-Infantes, *op. cit.*, p. 264; y Fernando Vadillo, *División Azul...*, p. 63.

187. 5-3-1944: Nota firmada por Keitel; BAMA, W 01-7/239.

188. 5-3-1944: Nota firmada por Keitel; BAMA, W 01-7/239. / Referencias a la concentración, en Gerald Kleinfeld y Lewis Tambs, *op. cit.*, pp. 498-499. La bibliografía sostiene que se llevó a cabo en Lechtse, pero no es esto lo que indican fuentes de la Legión (DOPS de la 1ª y 2ª Compañías de la Primera Bandera; ASHM, 29.43.6.3, p. 13; y 29.43.6.2, p. 14). El texto del discurso, en *Hoja de Campaña* de la LEV, de 4-3-1944 (existe copia enviada a España en AMAE, R 1372/41). / El retorno al acuartelamiento y las vicisitudes vividas, en DOPS de la Segunda Bandera de la LEV (ASHM, 29.43.6.4, pp. 12 y 32), y Orden del Día de la LEV, de 11-3-1944 (ASHM, 28.21.8.1, p. 17).

189. Al cabo de dos semanas, Lindemann se hizo cargo del Grupo de Ejércitos, en sustitución de Model. Posteriormente fue gobernador militar de Dinamarca. Según Vadillo (*Balada final...*, p. 219), los daneses lo detuvieron en 1945 y lo mantuvieron encarcelado hasta 1948. Posteriormente, fue director de una sucursal bancaria en Alemania, donde murió en 1963. / DOPS de la Segunda Bandera de la LEV; ASHM, 29.43.6.4, p. 32. El texto de los discursos, en *Hoja de Campaña*, número 106 [último], de 18-3-1944, p. 3.

190. La entrega de armamento y el traslado, en Nota firmada por Rudolf, de 20-3-1944 (BAMA, W 01-7/239); DOPS de la 1ª Compañía (ASHM, 29.43.6.3, p. 23) y la 2ª Compañía (ASHM, 29.43.6.2, p. 14) de la LEV; DOPS de la Segunda Bandera de la LEV (ASHM, 29.43.6.4, p. 32); y Nota del jefe del *Ersazt Komando* de la LEV, de 27-3-1944 (BAMA, W 01-7/239). / *Hoja de Campaña*, número 106 [último], de 18-3-1944, p. 4. Según Vadillo (*Balada final...*, p. 195), la publicación continuaba componiéndose en las linotipias del *Revaler Zeitung* y su tirada se había reducido a 700 ejemplares (frente a los 18.000 del verano de 1942). Para la evolución del periódico, véase Rafael Ibáñez Hernández, «Prensa española de trinchera en el Frente del Este»; en *Aportes*, nº 37, 1998.

191. 27-12-1943: Relación de Servicios de Retaguardia de la LEV; AMAE, R 1372/41. / 27-3-1944: Nota del jefe del *Ersazt Komando* de la LEV; BAMA, W 01-7/239. 24-3-1944: Jordana a duque de Alba y Cárdenas; AMAE, R 1372/41.

192. 27-3-1944: Nota del jefe del *Ersazt Komando* de la LEV; BAMA, W 01-7/239. / 24-3-1944: Jordana a duque de Alba y Cárdenas; AMAE, R 1372/41. / 27-3-1944: Nota del OKW; BAMA, W 01-7/239. / Hay constancia fotográfica de la presencia de Wodrig en los actos tributados a la Primera Bandera.

193. 27-3-1944: Nota del jefe del *Ersazt Komando* de la LEV; BAMA, W 01-7/239.

194. *La Vanguardia Española*, 12-4-1944, p. 7. / Emilio Esteban-Infantes, *op. cit.*, p. 267. / S/f: Vidal a Jordana; APG, JE 3/4.1/562. Vadillo (*Balada final...*, p. 229) data la llegada el 17. / 5-4-1943: Informe del agregado militar británico en Madrid; PRO, FO 371/39673.

195. Fernando Vadillo, *División Azul...*, p. 64. / 12-5-1944: Dieckhoff al Auswärtiges Amt; PAAA, R 29752. Finalmente fueron incluidos en dicha lista los nombres de Muñoz Grandes y Esteban-Infantes (30-11-1944: Nota del Foreign Office; PRO, FO 371/39673). / Tal decisión era consecuencia lógica de la declaración oficial de enero de 1944, en el sentido de que todo aquel que prestase servicio militar a gobiernos beligerantes perdería la nacionalidad (Gerald Kleinfeld y Lewis Tambs, *op. cit.*, p. 501, sobre la base de un telegrama de Hayes a Cordel Hull de 27-1-1944).

196. En este ámbito destaca la obra de Carlos Caballero Jurado, especialmente el opúsculo *El batallón fantasma. Españoles en la Wehrmacht y Waffen SS, 1944-1945*, Valencia, 1987. Aunque por ideología lastrada, recurre a fuentes primarias y huye de la exageración. Cabe mentar también el libro de Fernando Vadillo, *Los irreductibles*, Alicante, 1993, penúltimo de la serie iniciada con *Orillas del Voljov*, Barcelona, 1967, y en la misma línea de recreación literaria. En cuanto a los testimonios de Miguel Ezquerra Sánchez (*Berlín a vida o muerte*, Barcelona, 1975), Lorenzo Ocaña Serrano (Moisés Puente: *Yo, muerto en Rusia. Memorias del Alférez Ocaña*, Madrid, 1954) y Ramón Pérez Eizaguirre (*En el abismo rojo. Memorias de un español once años prisionero en la U.R.S.S.*, Madrid, 1955), deben ser valorados con las debidas precauciones. / De la historiografía académica, solamente Proctor se ha ocupado del tema.

197. Quizá la mejor síntesis sobre la Escuadrilla Azul sea la escrita por el general Jesús Salas Larrazábal, «Actuación en Rusia de las escuadrillas expedicionarias españolas», en *Aeroplano. Revista de Historia Aeronáutica*, n° 2 (1984). Sabemos el total de pilotos (90), pero sólo disponemos de cifras fragmentarias para el conjunto de la Unidad; concretamente, Francisco Torres nos informa de que la Primera Escuadrilla contaba con 107 hombres, y Caballero de que la Tercera disponía de 127. De ahí se infiere que, en total, debieron de pasar por la Escuadrilla en torno a 500 hombres, dada la circunstancia de que la última no vio el despliegue total de su fuerza. / Daniel Arasa (*Los españoles de Stalin*, Barcelona, 1993, p. 357) recoge la cifra, dada en su día por Enrique Líster, de 749 españoles encuadrados en unidades soviéticas. De ellos, sólo una parte entró en combate y unos 200 perdieron la vida.

198. 24-3-1944: Vicente Rosales a Jordana; AMAE, R 2192/31. / Véase, por ejemplo, cuántas fotos hay publicadas hoy en día, a 60 años de distancia en el tiempo, de aquellos hombres, y cuántos de sus nombres se conocen.

199. 30-8-1945: Informe del agregado policial en Roma; AMAE, R 2192/32, p. 1.

200. 21-3-1945: Lequerica a Cárdenas; APG, JE 5/3. / Un indulto que en modo alguno fue aceptado por Madrid (7-8-1942: Nota verbal del Ministerio de Asuntos Exteriores a la Embajada alemana en Madrid; AMAE, R 2224-9). / 6-8-1942: Cónsul en Pau a embajador en Vichy; AMAE, R 2224-9. / 25-1-1943: Nota del Auswärtiges Amt a la Embajada en Madrid; AMAE, R 2224-9. / 21-3-1945: Lequerica a Cárdenas; APG, JE 5/3.1. / 12-5-1944: Boletín Semanal Informativo de Alemania, nº 16, pp. 5-6; AMAE R 2192/31.

201. 25-2 y 1-3-1944: Fiscowich a Lequerica; APG, JE 3/2.1.

202. 12-5-1944: Boletín Semanal Informativo de Alemania, nº 16, p. 1; AMAE R 2192/31. / 30-8-1945: Informe del agregado policial en Roma; AMAE, R 2192/32, p. 1.

203. La acción de los clandestinos y de las autoridades alemanas en pro del pase, en Nota del Departamento de Agregados II del OKH, y Nota del agregado militar de la Embajada en Madrid al Departamento Agregados del OKH, de 18-1-1944. (Ambos documentos, en BAMA, OKW/1007.) / El cruce clandestino de frontera, en Miguel Ezquerra, *op. cit.*, pp. 17-18, y Moisés Puente, *op. cit.*, p. 19. / La orden de Ribbentrop, en Nota de Sonnleithner a Dieckhoff, de 18-11-1944; PAAA, R 2975. / Las manifestaciones de Hitler, en Nota del Departamento de Exterior a Departamento de Agregados del OKH, de 19-1-1944; BAMA, OKW/1007. / 26-2-1944: Instrucción del comandante militar alemán de Francia; BAMA, OKW/1007.

204. Las gestiones, en Informe de Feyjóo a Jordana, de 11-5-1944; AMAE, R 2192/31; y Miguel Ezquerra, *op. cit.*, pp. 19-20. / Las dudas y reservas alemanas, en Nota del Departamento de Agregados II al Departamento de Agregados del Cuartel General, de 22-3-1944; y Nota del jefe del Servicio de Seguridad del Reich, 2-6-1944. (Estos dos documentos, en BAMA, OKW/1007.)

205. Referencias a Stablack, en Nota del Departamento de Extranjero II del OKH, de 10-5-1944; BAMA, OKW/1007; Informe del agregado policial en Roma, de 30-8-1945; AMAE, R 2192/32, p. 1; y Telegrama dirigido al Departamento de Extranjero del OKW, de 25-5-1944; BAMA, OKW/1007. / La información sobre la Unidad, en Informe del agregado policial en Roma, de 30-8-1945; AMAE, R 2192/32, pp. 2-3.

206. La realidad de la Legión, en Nota del Departamento de Extranjero del OKW, 7-8-1944; BAMA, OKW/1007; e Informe del agregado policial en Roma, de 30-8-1945; AMAE, R 2192/32, p. 3. / Proctor (*op. cit.*, p. 274) y Caballero (*op. cit.*, pp. 8-11) sostienen la lucha en Rumanía, fundamentalmente en base a Ramón Pérez Eizaguirre (*op. cit.*, pp. 43-48), pero la documentación que he manejado no refiere tal circunstancia.

207. Carlos Caballero ha escrito en buena medida en base a testimonios orales, no siempre coincidentes; y, dada la escasa documentación escrita, se ha visto forzado a recurrir a suposiciones. Por su parte, Vadillo ha seguido en su línea de primacía de lo oral. En todo caso, el libro de Ezquerra (mucha fantasía) —co-

lateralmente el de Moisés Puente— ha suministrado tradicionalmente la base de conocimiento sobre el tema.

208. Las unidades de Viena, en Informe del agregado policial en Roma, de 30-8-1945; AMAE, R 2192/32, p. 4. / La incorporación a la *Wallonie*, en Encargado de negocios en Eslovaquia a Lequerica, de 21-4-1945; AMAE, R 2192/32. Proctor (*op. cit.*, pp. 273-274) menta la lucha y algunos aspectos derivados de ella. Además, disponemos del testimonio de Lorenzo Ocaña (Moisés Puente, *op. cit.*). Por su parte, Caballero (*op. cit.*) refiere una pequeña monografía del belga De Bruyne, varios testimonios de combatientes valones de la Unidad (fundamentalmente el de un alférez, autor de un opúsculo), y el de un combatiente español con el empleo de teniente.

209. 30-8-1945: Informe del agregado policial en Roma; AMAE, R 2192/32, p. 6. 21-4-1945: Encargado de negocios en Eslovaquia a Lequerica; AMAE, R 2192/32. / Carlos Caballero Jurado, *op. cit.*, pp. 16-18 y 24. Raymond Proctor, *op. cit.*, p. 274. / Degrelle anhelaba convertir su brigada en una división, lo que logró poco después. / Véase una reseña sobre cada una de las unidades no alemanas en las Waffen SS, en Gordon Williamson, *Las SS: instrumento de terror de Hitler*, Madrid, 1995; y valiosas referencias, en David Littlejohn, *Los patriotas traidores*, Barcelona, 1975.

210. Jacques Truelle a Pan de Soraluce (5-8-1944) y Notas verbales de las Embajadas británica (7-8-1944) y estadounidense (11-8-1944); AMAE, R 2192/31. 18-8-1944: Cable cifrado de la Agencia Reuter; BAMA, OKW/1007. / Pierre Koenig fue gobernador militar de París tras la liberación de la ciudad, y comandante en jefe de la región parisina. / Carlos Caballero, *op. cit.*, p. 13.

211. La formación de la *Unidad Ezquerra*, en Miguel Ezquerra Sánchez: Declaración jurada (Madrid, 12-8-1965; ApAGP) y *op. cit.*, pp. 89-105. / La participación española en la Batalla de Berlín es recogida por Proctor en base a Andrés Tully (*Berlin, story of the Battle*, Nueva York, 1963) y el testimonio de algunos militares españoles. / La actuación de la *Unidad Ezquerra*, en Miguel Ezquerra, *op. cit.*, pp. 107-137. / De los españoles regresados en 1954 del cautiverio a bordo del buque *Semíramis*, 21 (Caballero) o 22 (Proctor) habían luchado en las Waffen SS; esto es, casi el 10 por ciento. / Uno de los testimonios de Caballero (*op. cit.*, p. 31) le refirió que, llegado a España en diciembre de 1945, fue sometido a Consejo de Guerra «por abandono de destino» y no absuelto hasta marzo de 1947. Incluso los repatriados en 1954 fueron interrogados por el Ejército (Proctor, *op. cit.*, p. 276).

CAPÍTULO 4

1. *Solidaridad Nacional*, 5, 15 y 17-8-1941, portada. / 14-8-1941: Memorándum de Mr. Perry George, de la División de Asuntos Europeos, de la Secretaría británica de Estado; FRUS, II, pp. 911-913.

2. 17-7-1941: Heberlein al Auswärtiges Amt; PAAA, R 29742.

3. *Arriba*, 18-7-1941, portada y pp. 2 y 5.

4. *Arriba*, 18-7-1941. / Samuel Hoare, *op. cit.*, p. 124. / 18 y 19-7-1941: Weddell a Cordell Hull; FRUS 1941, II, pp. 908-910 y 910-911, respectivamente.
5. Andreas Hillgruber, *op. cit.*, p. 112.
6. 18-7-1941: Heberlein al Auswärtiges Amt. 27-7-1941: Stohrer al Auswärtiges Amt. (Ambos documentos, en PAAA, R 29742.)
7. 8-8-1941: Stohrer al Auswärtiges Amt; PAAA, R 29742. / Las valoraciones del espionaje, en Nota del Auswärtiges Amt, de 9-8-1941; PAAA, R 29742. / 18, 24 y 26-7-1941: Nota del Gabinete Diplomático del Ministerio de Asuntos Exteriores; AMAE, R 1912/10.
8. 2 y 6-8-1941: Nota del Gabinete Diplomático del Ministerio de Asuntos Exteriores; AMAE, R 1912/10. / *Solidaridad Nacional*, 17-8-1941, portada.
9. 4-8-1941: Secretario general del C.I.A.S. al agregado de Prensa del Consulado General alemán, en Barcelona; PAAA, GKB 12/3. / *Solidaridad Nacional*, 30-7-1942, pp. 3, y 6-8-1942, portada.
10. 27-7-1941: Nota del Auswärtiges Amt; PAAA, R 29742. / 20-8-1941: Heyden-Rynsch a organismos y diplomáticos alemanes varios; PAAA, BM 6/9.
11. Francisco Torres, *op. cit.*, pp. 321-328. / *Solidaridad Nacional*, 17-8-1941, portada.
12. 9-8-1941: Stohrer al Auswärtiges Amt; PAAA, R 29742. / 16-8-1941: Luther a la Embajada alemana en Madrid; PAAA, BM 6/9. / 20-8-1941: Nota alemana con firma ilegible; PAAA, BM 6/9. / 18-8-1941: Stohrer al Auswärtiges Amt; PAAA, BM 6/9. / 18-8-1941: Nota de Weizsäcker; PAAA, R 29742.
13. 2-8-1941: Nota del Auswärtiges Amt; PAAA, R 29742. / *Solidaridad Nacional*, 31-7-1941, p. 3.
14. *Solidaridad Nacional*, 3-8-1941, portada. / 10-8-1941: Varela a Kindelán; ACB.
15. 1 a 19-8-1941: Informaciones aparecidas en el diario *Solidaridad Nacional*.
16. 24-7 a 2-8-1941: Informaciones aparecidas en el diario *Solidaridad Nacional*.
17. 24-7 a 2-8-1941: Informaciones aparecidas en el diario *Solidaridad Nacional*.
18. *Solidaridad Nacional*, 24-7 y 3-8-1941, portada. / Revistas, *Medina*, *Y* y *Consigna*, ejemplares de 1941.
19. Klaus-Jörg Ruhl, *op. cit.*, p. 73. / 29-8-1941: Hoare al Foreign Office. / 1-9-1941: Nota interior del Foreign Office. (Ambos documentos, en PRO, FO 371/26898.)
20. Xavier Tusell y Genoveva García Queipo de Llano, *op. cit.*, p. 146. / 28-9-1941: Stohrer al Auswärtiges Amt; PAAA, R 29742. / 10-10-1941: Stohrer al Auswärtiges Amt; DOGFP, D-XIII, pp. 630-632.
21. 16-9-1941: Stohrer al Auswärtiges Amt; PAAA, BM 499/2. / Notas varias del Gabinete Diplomático del Ministerio de Asuntos Exteriores; AMAE, R 1912/10. / 10-10-1941: Stohrer al Auswärtiges Amt; DOGFP, D-XIII, pp. 633-634.
22. *Solidaridad Nacional*, 20 y 21-8 y 2-9-1941, portada. / Galeazzo Ciano, *Europa...*, p. 359.
23. *Solidaridad Nacional*, 22 y 23-8-1941, portada.
24. *Solidaridad Nacional*, 22 y 28-8 y 9-10-1941, portada. Según Ramón Garriga (*La España...*, p. 295), el plácet fue dado el 14 de julio.
25. *Solidaridad Nacional*, 4-9-1941, portada y p. 3; y 11-9-1941, portada.
26. 25-8-1941: Informe de Carrero Blanco; *Documentos Inéditos...*, II-2, pp. 316-331. / 2-9-1941: Jefe del EMC del Ejército a capitán general de la IV Región Militar; ACB.

27. 14-8-1941: Weddell a Cordell Hull; FRUS 1941, II, pp. 911-913. / Luis Suárez Fernández, *España, Franco y la Segunda Guerra Mundial*, Madrid, 1997, pp. 333-334. / *Solidaridad Nacional*, 31-8 y 2 y 3-9-1941, portada. / 3 y 6-9-1941: Memorándums de Emil Wiehl; DOFP, D-XIII, pp. 444-446 y 459-460, respectivamente.

28. 21-8 a 3-10-1941: Informaciones varias aparecidas en el diario *Solidaridad Nacional*. Según se desprende de las tablas elaboradas por el INE, 500.000 pesetas de 1940 equivaldrían a 57.910 millones de pesetas de 1994.

29. *Solidaridad Nacional*, 24-8-1941, portada, y 27-8-1941, dorso.

30. Información extraída del diario *Solidaridad Nacional*.

31. 21-9 a 8-10-1941: Noticias varias aparecidas en el diario *Solidaridad Nacional*.

32. *Solidaridad Nacional*, 28-8-1941, portada. / 26-9-1941: Cónsul en Orán a Serrano Suñer; AMAE, R 1080/26.

33. Noticias extraídas del diario *Solidaridad Nacional*. / Las gestiones para el envío de trabajadores, en Nota de Heyden-Rynsch al Auswärtiges Amt, de 23-8-1941; DOGFP, D-XIII, p. 360, y Rafael García Pérez, «El envío...», pp. 1038-1044. Véase también José Luis Rodríguez Jiménez, *Los esclavos españoles de Hitler*, Barcelona, 2002.

34. Agosto a octubre de 1941: Notas varias del agregado militar en Berlín a coronel jefe del EM de la DEV; AMAE, 29.52. 1, 2, y 3, respectivamente.

35. La cancelación del envío de *Arriba*, en Nota del coronel jefe de la Representación de la DEV en Madrid a agregado militar en Berlín, de 16-9-1941; AMAE, 29.52.2.1, p. 4. / La retención del cargamento de tabaco, en *ibidem*, pp. 7-9. / La consulta al agregado militar, en *ibidem*, p. 5.

36. S/f: Copia del texto, en castellano, del cuarto programa radiofónico *Azulejo*, de la BBC. 16-9-1941: Hoare al Foreign Office. Sin fecha: Copia de la carta remitida por Simón Núñez Maturana a Hoare. / 14 y 15-9-1941: Hoare al Foreign Office. / 15 y 20-9-1941: Notas interiores del Foreign Office, firmadas por el funcionario Roberts. 15-9-1941: Foreign Office a la Embajada en Madrid. / 16-9-1941: Hoare al Foreign Office. Sin fecha: Embajada británica en Madrid a Simón Núñez Maturana. / 16-9-1941: Hoare al Foreign Office. S/f: Copia del texto, en castellano, del cuarto programa radiofónico *Azulejo*, de la BBC. (Los documentos británicos, en PRO, FO 371/26940; y los españoles, en AMAE, R 1080/26.)

37. 18-8-1941: Stohrer al Auswärtiges Amt; PAAA, R 29742. / 20-8-1941: Sonnleithner a Stohrer; PAAA, BM 6/9. 21-8-1941: Stohrer al Auswärtiges Amt; PAAA, R 29742. / 1-9-1941: Haidlen a la Embajada alemana en Madrid; PAAA, BM 6/9. / 6-9-1941: Jaeger a la Embajada alemana en Madrid; PAAA, BM 6/9.

38. 10-9-1941: Agregado militar en Madrid a Heberlein. / 10-9-1941: Heberlein al Consulado General alemán en Barcelona. (Ambos documentos, en PAAA, BM 6/9.)

39. 30-9-1941: Embajada alemana en Madrid a Ximénez de Sandoval. / 29-9-1941: Nota de Stahmer a Stohrer. / 30-9-1941: Embajada alemana en Madrid a Ximénez de Sandoval. (Todos los documentos, en PAAA, BM 6/9.)

40. 17-9-1941: Eden a Hoare; PRO, FO 371/26940. / 30 y 31-8-1941: Nota del Auswärtiges Amt; PAAA, R 29742.

41. 24-9-1941: Hoare al Foreign Office; PRO, FO 371/26940.

42. 30-9-1941: Weddell a Cordell Hull; y 6-10-1941: Cordell Hull a Weddell. (FRUS 1941, II, pp. 924-926 y 929-930, respectivamente.)
43. Véanse algunas de estas cartas en AMAE, R 1080/26.
44. 23-9-1941: Nota de Weizsäcker. 26-9-1941: Nota del Auswärtiges Amt. / 2-10-1941: Stohrer a Weizsäcker (según nota aclaratoria a la carta de respuesta, de 6 de octubre); DOGFP, D-XIII, p. 617. / 4-10-1941 (informe alemán): Weizsäcker a Ribbentrop. Y 5-10-1941 (informe español): Finat a Serrano Suñer; AMAE, R 7459/4. / 5-10-1941: Nota de Sonnleithner. / 10-10-1941: Nota de von Grotte. / 8-10-1941: Finat a Serrano Suñer; *Documentos Inéditos...*, II-2, p. 343. (Los documentos alemanes, en PAAA, R 29742.)
45. *Solidaridad Nacional*, 11-10-1941, portada y dorso.
46. Noticias extraídas del diario *Solidaridad Nacional*.
47. 17-10-1941: Ritter a Weizsäcker; PAAA, R 29742. / 15-11-1941: Heberlein al Auswärtiges Amt; PAAA, BM 6/9. / En los fondos documentales relativos a la Agregaduría Militar en Berlín no queda constancia de tales comunicados.
48. 17-10-1941: Ritter a Weizsäcker. / 22-10-1941: Haidlen a Weizsäcker. / 30-10-1941: Weizsäcker a Ribbentrop. (Los documentos, en PAAA, R 29742.)
49. 4-11-1941: Nota de Stahmer; PAAA, BM 6/9. / 7-11-1941: Stohrer a Ribbentrop; PAAA, BM 6/2. / 11-11-1941: Serrano Suñer a Stohrer; PAAA, BM Antikominternpakt. / 13-11-1941: Stohrer al Auswärtiges Amt; PAAA, BM 6/2.
50. 13-11-1941: Woermann a Stohrer; PAAA, BM 6/2. / 3 y 7-11-1941: Finat a Serrano Suñer; AMAE, R 7459/4.
51. 23-11-1941: Subsecretario interino del Ministerio de Asuntos Exteriores a director general de Seguridad; AMAE, R 1080/20. 17-12-1941: *Aspa*, pp. 2-4. / Un pacto al que, además de España, Italia y Japón, se habían suscrito Dinamarca, Finlandia, Eslovaquia, Croacia, Hungría, Rumanía, Bulgaria y Manchukuo. / 25-11-1941: Nota de la Agencia EFE; AMAE, R 1080/20.
52. 17-12-1941: *Aspa*, pp. 3-20.
53. 30-11-1941: Acta de la entrevista Hitler-Serrano Suñer; DGFP, D-XIII, pp. 904-906. Un mes antes, un grupo de falangistas partidarios de Serrano habían solicitado por escrito a Stohrer el envío a España de un amplio contingente de policía alemana que actuara en coordinación con la española, como contrapartida al envío de la División Azul a Rusia (31-10-1941: Nota anónima recibida en la Embajada alemana en Madrid; PAAA, BM 6/2). / 10-11-1941: Stohrer a Weizsäcker; PAAA, R 29742. / 1-12-1941: *Hoja del Lunes*; AMAE, R 1080/20. / 23-11-1941: Serrano Suñer a Finat; AMAE, R 1080/20.
54. 9-12-1941: Acta de la entrevista Hitler-Moscardó; PAAA, BM 6/2. / Declaraciones de Moscardó; Antonio Torres, *op. cit.*, p. 203.
55. 10-12-1941: Stohrer a Weizsäcker. / S/f: Weizsäcker a Stohrer. / 18-12-1941: Nota de Weizsäcker. / 23-12-1941: Nota firmada por Sigfried. / Dionisio Ridruejo, *op. cit.*, pp. 242-253 y 256-264. (Los documentos, en PAAA, R 29742.)
56. Octubre y noviembre de 1941: Noticias extraídas del diario *Solidaridad Nacional*. Por aquel entonces, cayó mortalmente herido uno de aquellos muchachos del Guinardó, Tiburcio Borrás Batista, el primer falangista barcelonés muerto en el frente ruso.
57. Noviembre de 1941: Noticias extraídas de *Solidaridad Nacional*.

58. 25-11-1941: Fidel Bolinga a Serrano Suñer; AMAE, R 1080/27.
59. Sirva de ejemplo la consigna siguiente: «La División Azul simboliza hoy lo más puro del alma nacional. Acude a depositar tu aportación para los que prosiguen en tierras extrañas la lucha iniciada en España»; *Solidaridad Nacional*, 13-11-1941, portada.
60. Revistas *Consigna*, de 1941, y *Medina*, de 16-11-1941; ApMDC.
61. Noviembre de 1941: Noticias extraídas de *Solidaridad Nacional*.
62. 23-10-1941: *Solidaridad Nacional*, p. 3. Nota de la Comisión Municipal Permanente del Ayuntamiento de Barcelona, s/f; AAB, 92-1941. Cada caja costó 80,67 pesetas. Y la de Muñoz Grandes, que incluía un jamón serrano *añejo*, seis latas de foie-gras trufado y una caja de puros habanos, costó 971. (Relación de gastos del Ayuntamiento de Barcelona para el Aguinaldo de la División Azul, s/f; AAB, 92-1941.) / Noviembre de 1941: Noticias extraídas de *Solidaridad Nacional*.
63. Noviembre de 1941: Noticias extraídas de *Solidaridad Nacional*.
64. Noviembre de 1941: Noticias extraídas de *Solidaridad Nacional*.
65. Declaraciones de la regidora central de Administración de la Sección Femenina a un reportero; Revista *Medina*, de 6-12-1942 (en Luis Otero, *La Sección Femenina*, Madrid 1999, pp. 70-71).
66. Revista *Medina*, de 16-11-1941, p. s/n; ApMDC. / Documentos varios generados o recibidos por la Agregaduría militar en Berlín; ASHM, 29.52.1 y 29.52.2. / 20-8-1941: Agregado militar en Berlín a jefe de la Representación de la DEV; ASHM, 29.52.1, p. 3. 26-9-1941: Jefe de la Representación de la DEV a capitán jefe del Servicio Fronteras; ASHM, 29.52.2, p. 6.
67. DOPS de la Agrupación de Intendencia de la DEV, de enero de 1942; ASHM, 9.36.13, pp. 6 y 28. / 5-2-1942: «Resumen de la Organización de la División 250»; ASHM, 28.3.17.1, p. 4. / Antonio Torres, *op. cit.*, p. 189. / Declaraciones de la regidora central de Administración de la Sección Femenina a un reportero; Revista *Medina*, de 6-12-1942 (en Luis Otero, *op. cit.*, pp. 70-71). / La falta de paquetes individuales, en declaraciones del ex divisionario Leopoldo Espósito a Ricardo Recio (Ricardo Recio Cardona, *op. cit.*, pp. 92 y 163).
68. Discurso reproducido en *Arriba* al día siguiente, y en el resto de la prensa española dos días después. (*La Vanguardia Española*, 3-1-1942, p. 4.)
69. *La Vanguardia Española*, 2-1-1942, p. 6, y 3-1-1942, pp. 2 y 4.
70. La película había sido proyectada por vez primera el 3, en sesión privada, ante Franco, el Gobierno y parte del Cuerpo Diplomático acreditado en la capital (*La Vanguardia Española*, 6-1-1942, p. 3). / *La Vanguardia Española*, 8-1-1942, p. 5.
71. 14-1-1942: Serrano Suñer a Stohrer; PAAA, BM 6/9. / 16, 26 y 29-1-1942: Stohrer al Auswärtiges Amt; PAAA, BM 6/9. / 29-1 y 13-2-1942: Woermann a Stohrer; PAAA, BM 6/9. En un sondeo llevado a cabo por el OKW tiempo después (8-4-1942: OKW al Auswärtiges Amt; PAAA, BM 6/9), Muñoz Grandes manifestó su temor a que se dirigieran a él más peticiones políticas en el mismo sentido.
72. 10-1-1942: Weizsäcker a Stohrer; PAAA, R 29742.
73. 2-1-1942: Gardemann a Stohrer; PAAA, BM 6/9. / 10-1-1942: Weizsäcker a Stohrer; PAAA, R 29742. / 10-1-1942: Nota de Weizsäcker; ADAP, E-I, p. 199. / 16-1-1942: Nota de Weizsäcker; PAAA, R 29742.

74. 20-1-1942: Kramarz a Stohrer; PAAA, BM 6/9. / 20-1-1942: Stohrer a Auswärtiges Amt; PAAA, BM 6/9. / 5-2-1942: Weizsäcker a Ribbentrop; PAAA, R 29742.

75. 13-2-1942: Weizsäcker a Ribbentrop; PAAA, R 29742.

76. 18-2-1942: Eisenlohr a Weizsäcker. / 19 y 21-2-1942: Weizsäcker a Ribbentrop. / 20-2-1942: Sonnleithner a Weizsäcker. (Todos los documentos, en PAAA, R 29742.)

77. 21-2-1942: Weizsäcker a Ribbentrop. / 23-2-1942: Sonnleithner a Weizsäcker. / 23-2-1942: Weizsäcker a Ribbentrop. / 24-2-1942: Ritter a Jodl. (Todos los documentos, en PAAA, R 29742.)

78. 26-2-1942: Weizsäcker a Ribbentrop. / 27-2-1942: Stohrer al Auswärtiges Amt. (Los dos documentos, en PAAA, R 29742.)

79. 4-3-1942: Keitel al Auswärtiges Amt; PAAA, R 29742.

80. 2-3-1942: Nota de la Secretaría de Estado del Auswärtiges Amt. / 4-3-1942: Ritter a Weizsäcker. / 5-3-1942: Nota de Weizsäcker. (Todos los documentos, en PAAA, R 29742.)

81. 22-3-1942: Ritter a Stohrer; PAAA, BM 6/9. La fecha de la entrevista, en PRO, FO 371/31235. / Gerald Kleinfeld y Lewis Tambs, *op. cit.*, pp. 251-252. / 25-3-1942: Agregado militar en Berlín a Comandancia de Irún; ASHM, 29.52.8.1, pp. 42 y 44.

82. Adolf Hitler, *Conversaciones sobre...*, pp. 156-157.

83. *ABC*, 14-3-1942, p. 7. / 13-3-1942: Nota del Cuartel General de Hitler; PAAA, BM 6/9.

84. *ABC*, 14-3-1942, portada.

85. S/F: Recorte de prensa adjunto al telegrama de Stohrer a Muñoz Grandes de 14-3-1942; PAAA, BM 6/9.

86. 14-3-1942: Stohrer a Muñoz Grandes; PAAA, BM 6/9. / 17-3-1942: Agregado militar en Berlín a jefe del EMC del Ejército; ASHM, 29.52.8.1, p. 31. / 15, y 16-3-1942: Agregado militar en Berlín a Muñoz Grandes; ASHM, 29.52.8.1, pp. 27 y 30.

87. 19-3-1942: Agregado militar en Berlín a Muñoz Grandes; ASHM, 29.52.8.1, p. 35.

88. 23-3-1942: Informe de Willhelmi; PAAA, BM 6/9.

89. Documentación varia de los Regimientos de Infantería nº 13 y 50; ACB. / 28-1 y 28-2-1942: Capitán general de la IV Región Militar a coronel-jefe del Regimiento de Infantería nº 50; ACB.

90. Emilio Esteban-Infantes, *op. cit.*, p. 105. / Gabriel Cardona, *Franco y...*, pp. 81-82. / 19-5-1942: Jaeger a Stohrer; PAAA, GKB 12/4.

91. Emilio Esteban-Infantes, *op. cit.*, p. 105. / 11 y 18-3-1942: Esteban-Infantes a coronel-jefe del Regimiento de Infantería nº 50; ACB.

92. 1-4-1942: Agregado militar en Berlín a Muñoz Grandes; ASHM, 29.52.9.4, p. 79. / 8-4-1942: Agregado militar en Berlín a Muñoz Grandes; ASHM, 29.52.9.3, p. 88. / 31 y 25-3-1942: Agregado militar en Berlín a jefe del EMC del Ejército; ASHM, 29.52.8.4, pp. 131 y 118, respectivamente.

93. 23-3-1942: Informe de Willhelmi; PAAA, BM 6/9. / 7-4-1942: Agregado militar en Berlín a jefe del EMC del Ejército; ASHM, 29.52.9.3, p. 86. / 15-4-1942: Agregado militar en Berlín a jefe del EMC del Ejército; ASHM, 29.52.9.3, p. 105.

94.　13-4-1942: Agregado militar en Berlín a Muñoz Grandes; ASHM, 29.52.9.3, p. 101. / 16-5-1942: General-jefe de la 42 División (IV Región Militar) a coronel-jefe del Regimiento de Infantería n° 50; ACB. / 29-8-1942: Stohrer al Auswärtiges Amt; PAAA, R 29744. / 23-4-1942: General gobernador de la IV Región Militar a coronel-jefe del Regimiento de Infantería n° 50; ACB. / 30-4-1942: General-jefe de la 42 División (de la IV Región Militar) a coronel-jefe del Regimiento de Infantería n° 50; ACB.

95.　27-5-1942: Capitán general de la IV Región Militar a coronel-jefe del Regimiento de Infantería n° 50. / 23-5-1942: Jefe del EMC del Ejército a capitán general de la IV Región Militar. / S/f: Relación nominal de voluntarios para la DEV del Regimiento de Infantería n° 50. / 6-6-1942: Capitán general de la IV Región Militar a coronel-jefe del Regimiento de Infantería n° 50. / 25-6-1942: General subinspector de la IV Región Militar a coronel-jefe del Regimiento de Infantería n° 50. / 28-7-1942: General-jefe de la 42 División (IV Región Militar) a coronel-jefe del Regimiento de Infantería n° 50. (Todos los documentos, en ACB.)

96.　Uno de los más bellos relatos lo escribió Enrique Errando Vilar (*op. cit.*, y apareció en el mercado a principios de 1943, cuando aún la División combatía en Rusia. / Las manifestaciones de Ridruejo, en Nota de la Embajada alemana en Madrid, de 5-5-1942; PAAA, BM 6/9.

97.　5, 15 y 16-1-1942: Delegado nacional accidental de Sanidad de FET-JONS a Arrese. / 27-1-1942: Delegado nacional accidental de Sanidad a los jefes provinciales de la Obra Sindical «18 de Julio» de Sevilla y Huelva. / 14-1-1942: Administrador nacional de Sanidad a delegado nacional de Tesorería y Administración de FET-JONS. (Todos los documentos, en AGA, SGM 228.)

98.　14-5-1942: Auswärtiges Amt a Embajada en Madrid; PAAA, BM 6/9.

99.　14-5-1942: Auswärtiges Amt a la Embajada en Madrid. / 21-5-1942: Burbach a la Embajada alemana en Madrid. (Ambos documentos, en PAAA, BM 6/9.)

100.　21-5-1942: Burbach a la Embajada alemana en Madrid. / 21-5-1942: Consulado alemán en San Sebastián a la Embajada. (Ambos documentos, en PAAA, BM 6/9.)

101.　Mayo de 1942: Noticias extraídas de *La Vanguardia Española* («Y causa un poquito de pena ver como ese entusiasmo se congela, en muy pocos sitios por fortuna; por ejemplo, en el finado bar Bafque»; artículo publicado el 23-5-1942, *ibidem*, p. 3).

102.　*La Vanguardia Española*, 26-5-1942, portada y p. 2.

103.　*La Vanguardia Española*, 26-5-1942, p. 2.

104.　*La Vanguardia Española*, 26-5-1942, p. 2.

105.　*La Vanguardia Española*, 27-5-1942, portada y p. 2.

106.　*La Vanguardia Española*, 29 y 30-5-1942.

107.　*La Vanguardia Española*, mayo (30) y junio (7, 9, 10 y 12) de 1942.

108.　Hoja de Servicios del general Emilio Esteban-Infantes; AFDA. / 15-6-1942: Informe de Rudolf Likus, resumido, para Hitler; ADAP, E-II, pp. 511-512. / 22-6-1942: Nota de Weizsäcker; ADAP, E-III, p. 43. / 25-6-1942: Stohrer al Auswärtiges Amt; PAAA, R 29743. / 13-7-1942: Informe de Rudolf Likus; ADAP, E-III, pp. 140-141. / 16 y 22-7-1942: Stohrer al Auswärtiges Amt; PAAA, R 29744. / 25-7-1942: Woermann a Stohrer; PAAA, BM 6/9.

109. Diciembre 1941: Nota confidencial de la Embajada alemana en Madrid, que reproduce, en términos aproximados, el texto leído por Kindelán; PAAA, BM 6/2. / 8-1 y 25-3-1942: Stohrer al Auswärtiges Amt; PAAA, R 29742.
110. 25-3-1942: Stohrer al Auswärtiges Amt; PAAA, R 29742.
111. Años después Serrano manifestó que aquella frase fue «una de las botaratadas y desfiguraciones de cosas y personas que hacía Ciano a la medida de su conveniencia y de sus cambios de humor atrabiliario» (Heleno Saña, *op. cit.*, p. 262). / Heleno Saña: *op. cit.*, pp. 257-260 y 262. Galeazzo Ciano, *Diario*, pp. 545-548 y 567.
112. 23-7-1942: Consulado alemán en San Sebastián a Embajada; PAAA, BM 6/9.
113. 23-7-1942: Consulado alemán en San Sebastián a Embajada; PAAA, BM 6/9.
114. 15-9-1942: Nota del Consulado General alemán en Barcelona; PAAA, DGKB 12/5. / Finales de abril de 1942: Informe falangista al Consulado General alemán en Barcelona; PAAA, BM 23/9. / 19-5-1942: Jaeger a Stohrer; PAAA, DGKB 12/4.
115. 15-9-1942: Nota del Consulado General alemán en Barcelona; PAAA, DGKB 12/5. / 1-7-1942: Hoja clandestina del PSUC; PAAA, DGKB 11/2. / 2-10-1942: Jaeger a Stohrer; PAAA, DGKB 12/5.
116. 15-10-1942: Informe del Consulado General alemán en Barcelona. / 30-11-1942: Jaeger a Stohrer. (Ambos documentos, en PAAA, DGKB 11/2.)
117. 23-7-1942: Burbach a Stohrer. / 25-7-1942: Stohrer al Auswärtiges Amt. (Ambos documentos, en PAAA, BM 6/9.)
118. 27-7-1942: Embajada alemana en Madrid al Ministerio de Asuntos Exteriores. / 7-8-1942: Ministerio de Asuntos Exteriores a Embajada alemana en Madrid. / 1-9-1942: Embajada alemana en Madrid a Ministerio de Asuntos Exteriores. (Todos los documentos, en PAAA, BM 6/9.)
119. 2-3-1942: Ritter a Stohrer; PAAA, BM 6/9. / 6-6-1942: Capitán general de la IV Región Militar a coronel-jefe del Regimiento de Infantería nº 50; ACB. / 30-7-1942: General-jefe de la 42 División (IV Región Militar) a coronel-jefe del Regimiento de Infantería nº 50; ACB. / 2, 5 y 21-9-1942: Capitán general de la IV Región Militar a coronel-jefe del Regimiento de Infantería nº 50; ACB.
120. 21-9-1942: «Normas sobre propaganda en los cuarteles y dependencias militares para intensificar la recluta de voluntarios para la División Española»; ACB.
121. 27-7-1942: Nota Confidencial de la Embajada alemana en Madrid. / 30-7-1942: Stohrer al Auswärtiges Amt. (Ambos documentos, en PAAA, R 29744.)
122. 6-8-1942: Scheliha a Embajada alemana en Madrid. / 27-8-1942: Heyden-Rynsch a Consulado alemán en Zaragoza. (Ambos documentos, en PAAA, BM 6/9.)
123. 18-8-1942: Cónsul alemán de Zaragoza a Embajada; PAAA, BM 6/9.
124. 24-8-1942: Heberlein al Auswärtiges Amt; PAAA, BM 6/9. / 25-8-1942: Timmler al Auswärtiges Amt; PAAA, R 29744.
125. 13-8-1942: Nota de Rudolf Likus; ADAP, E-III, pp. 313-314.
126. 13-8-1942: Nota de Rudolf Likus; ADAP, E-III, pp. 313-314.
127. *La Vanguardia Española*, 16-8-1942, p. 5.

128. Luis Suárez Fernández, *España, Franco...*, p. 409.
129. Luis Suárez Fernández, *España, Franco...*, p. 410. / Los seis divisionarios eran Juan José Domínguez, Hernando Calleja, Jorge Hernández Bravo, Virgilio Hernández Rivadulla, Luis Lorenzo y Mariano Sánchez Covisa (Heleno Saña, *op. cit.*, p. 264). Domínguez, de 26 años de edad, natural de Sevilla, casado y padre de una hija de pocos meses, era desde enero de 1941 inspector nacional de Deportes del SEU (20 y 28-8-1942: Informes de la Delegación Nacional de Información de FET-JONS; *Documentos Inéditos...*, III, pp. 585-586). / El informe carlista, en GKB 11/2 (original) y FO 371/31236 (traducción al inglés). / La exigencia de Varela, en Luis Suárez Fernández, España, Franco..., p. 411.
130. *La Vanguardia Española*, 21, 23, 25 y 28-8-1942. / 3-9-1942: Nota de Rudolf Likus; ADAP, E-III, pp. 449-451.
131. Heleno Saña, *op. cit.*, p. 265.
132. *La Vanguardia Española*, 30-8-1942, p. 5. / Heleno Saña, *op. cit.*, pp. 265-266.
133. 28-8-1942: Informe de la Delegación Nacional de Información de FET-JONS; *Documentos Inéditos...*, III, p. 586. / 12-9-1941: Stohrer a Jaeger; PAAA, GKB 12-4. Posteriormente, el embajador manifestó a Jaeger haber hecho todo lo posible por contrarrestar aquella «calumnia», y se lamentó de no haber podido intervenir en la causa, en tanto que no quedaba en el ámbito de las competencias alemanas. En todo caso, había sido ejecutado «por los conocidos motivos de política interior española». / Heleno Saña, *op. cit.*, p. 266.
134. Heleno Saña, *op. cit.*, pp. 261-262, 266-267 y 270-271. / Luis Suárez, *España, Franco...*, p. 412. / Laureano López Rodó, *La larga marcha hacia la Monarquía*, Barcelona, 1977, pp. 29-30. / Para la germanofilia de Serrano Suñer, puede ser de interés mi artículo «Hitler, la apuesta...», ya citado.
135. Heleno Saña, *op. cit.*, pp. 272-273.
136. 3-9-1942: Heberlein al Auswärtiges Amt. / 3-9-1942: Hoeller al Auswärtiges Amt. / 3-9-1942: Heberlein al Auswärtiges Amt. (Los documentos, en PAAA, R 29744.)
137. 5-9-1942: Stohrer al Auswärtiges Amt; PAAA, R 29744. / 16-9-1942: Nota de Weizsäcker; PAAA, R 29744. / 9-10-1942: Stohrer al Auswärtiges Amt; PAAA, R 29745. / 15-10-1942: Stohrer al Auswärtiges Amt; PAAA, R 29745.
138. 16-11-1942: Nota del Auswärtiges Amt; PAAA, R 29745.
139. 16-10-1942: Oficina de Ribbentrop a Sonnleithner; PAAA, R 29745. / 17-11-1942: Vidal a Jordana; AMAE, R 2304/1. / Para la crisis política en España, véase Carlton Hayes: *Misión de guerra en España*, Madrid, 1946, pp. 116 y 119-121, Samuel Hoare, *op. cit.*, pp, 198-199; y Klaus-Jörg Ruhl, *op. cit.*, pp. 146-147 y 156. Y en cuanto a fuentes primarias, 8-11-1942: Stohrer al Auswärtiges Amt (PAAA, R 29745), y 13-11-1942: Acta de la entrevista Jordana-Stohrer (AMAE, R 2300/1). Para la crisis social, véase 13-11-1942: Acta de la entrevista Jordana-Stohrer (AMAE, R 2300/1), 13-11-1942: Farquhar a Bowker (PRO, FO 371/31239), 30-11-1942: Jaeger a Stohrer (PAAA, GKB 11/2), y s/f: Informe falangista sin firma llegado al Consulado General alemán en Barcelona (PAAA, GKB 11/2).
140. 19-11-1942: Vidal a Muñoz Grandes; ASHM, 29.53.1.1, p. 17.

141. 23-11-1942: Weizsäcker a Ribbentrop (PAAA, R 29745); y Vidal a Jordana (AMAE, R 2304/1).
142. 25-11-1942: Vidal a Jordana; AMAE, R 2304/1.
143. 2-12-1942: Woermann a Weizsäcker; PAAA, R 29746.
144. 3-12-1942: Vidal a Jordana; AMAE, R 2304/1. 5-12-1942: Nota de Brandau; ADAP, E-IV, pp. 453-454.
145. 3-12-1942: Vidal a Jordana; AMAE, R 2304/1. 5-12-1942: Nota de Brandau; ADAP, E-IV, pp. 453-454.
146. 5 y 7-12-1942: Vidal a Jordana; AMAE, R 2304/1. / 7-12-1942: Stohrer a Arrese (PAAA, BM 6/5), y Jordana a Arrese (PAAA, BM 6/5).
147. Klaus-Jörg Ruhl, *op. cit.*, pp. 175-177. Para el enfoque alemán del viaje y sus preparativos, resulta imprescindible la consulta del libro del profesor Ruhl (pp. 174-211).
148. Klaus-Jörg Ruhl, *op. cit.*, pp. 184-190 y 194. 26-10-1942: Stohrer a Ribbentrop; PAAA, R 29745.
149. Klaus-Jörg Ruhl, *op. cit.*, pp. 195-196. 26-10-1942: Stohrer a Ribbentrop; PAAA, R 29745.
150. 18-12-1942: Ribbentrop a Stohrer; PAAA, R 29746. / De Stohrer y su esposa, dijo Hoare: «eran una pareja extraordinaria. Seducían con su gran apariencia exterior, su magnífico conocimiento del idioma y su experiencia diplomática. Dominaban no sólo la sociedad de Madrid, sino que incluso tenían, como caso único dentro del Cuerpo Diplomático, unas relaciones más estrechas con el general Franco y su señora» (Klaus-Jörg Ruhl, *op. cit.*, p. 48).
151. *Informaciones*, 5-1-1943, portada. / 5-1-1943: Stohrer a Jaeger; PAAA, GKB 11/1. / 9-1-1943: Jaeger a Stohrer; PAAA, GKB 11/1.
152. 23-3-1942: Informe de Willhelmi; PAAA, BM 6/9. Extracto de la Hoja de Servicios del general Emilio Esteban-Infantes, Año 1942. / 28-10-1942: Stohrer a Ribbentrop. / 14-11-1942: Stohrer al Auswärtiges Amt. (Los dos últimos documentos, en PAAA, R 29745.)
153. 13-12-1942: Acta de la entrevista Hitler-Muñoz Grandes; ADAP, E-IV, pp. 497-503.
154. 13-12-1942: Acta de la entrevista Hitler-Muñoz Grandes; ADAP, E-IV, pp. 497-503.
155. Gerald Kleinfeld y Lewis Tambs, *op. cit.*, pp. 340-341. / Nota adjunta al acta de la entrevista Hitler-Muñoz Grandes; ADAP, E-IV, p. 503. / Klaus-Jörg Ruhl, *op. cit.*, pp. 199-200.
156. Nota adjunta al acta de la entrevista Hitler-Muñoz Grandes; ADAP, E-IV, p. 503. / 15-12-1942: Vidal a Jordana; AMAE, R 2304/1. / Gerald Kleinfeld y Lewis Tambs, *op. cit.*, p. 341.
157. Gerald Kleinfeld y Lewis Tambs, *op. cit.*, p. 341. Klaus-Jörg Ruhl, *op. cit.*, p. 200. / *ABC*, 18-10-1942, p. 5. / 15-12-1942: Vidal a Jordana; AMAE, R 2304/1. / Relación de artículos de prensa sobre la DEV; ApMPB. / *ABC*, 18-12-1942, p. 5; *ibidem*.
158. *ABC*, 19-10-1942, portada. / 18-12-1942: Stohrer al Auswärtiges Amt; PAAA, R 29746. / 20-12-1942: Informe del agregado militar alemán en Madrid; BAMA, OKW/1007. / Klaus-Jörg Ruhl, *op. cit.*, p. 200. / En un telegrama

del 18 (BAMA, OKW/1007), Stohrer refirió manifestaciones ante la Embajada británica y también ante la norteamericana.

159. *ABC*, 19-10-1942, portada. / 22-12-1942: Hoare al Foreign Office; PRO, FO 371/34750. / Klaus-Jörg Ruhl, *op. cit.*, p. 200. / Gerald Kleinfeld y Lewis Tambs, *op. cit.*, p. 343.

160. 19-12-1942: Turgay al Ministerio turco de Asuntos Exteriores; BAMA, OKW/1007. / 29-12-1942: Freize al Departamento VI del RSHA; PAAA, R 29746. / 17-12-1942: Hoare al Foreign Office; PRO, FO 371/31239. / Los contactos con Hoffmann, en Informe alemán anónimo, de 30-12-1942; ADAP, IV, pp. 600-601.

161. Véanse las afirmaciones de los profesores Kleinfeld y Tambs al respecto (*op. cit.*, pp. 332 y 346). / Klaus-Jörg Ruhl, *op. cit.*, p. 200.

162. Klaus-Jörg Ruhl, *op. cit.*, p. 201. / 8-1-1943: Weizsäcker a Ritter; PAAA, R 29747. / Canaris hizo averiguaciones y el 30 telegrafió los términos en los que se había desarrollado la conversación de Muñoz Grandes con Franco (1-1-1943: Nota del secretario de Legación Geyer; PAAA, R 29747). Al parecer, fue informado por Vigón (Ruhl, *op. cit.*, pp. 366-367). / La conversación con Otzen, en el Informe del agregado militar alemán en Madrid, de 29-12-1942; BAMA, OKW/1007.

163. 1-1-1943: Nota del secretario de Legación Geyer; PAAA, R 29747. / 30-12-1942: Heberlein al Auswärtiges Amt; PAAA, R 29746.

164. 30-12-1942: Informe alemán anónimo; ADAP, IV, pp. 600-601.

165. Gerald Kleinfeld y Lewis Tambs, *op. cit.*, p. 345. / Ruhl Klaus-Jörg, *op. cit.*, p. 203. / En virtud de un decreto de Jefatura del Estado de 12 de diciembre, el 4 de enero de 1943 Muñoz Grandes quedó en situación de disponible forzoso, y, por lo tanto, relevado de todo mando (3-1-1943: Heyden-Rynsch al Auswärtiges Amt; y 5-1-1943: Agregado militar alemán al Departamento de Agregados. Ambos documentos, en BAMA, OKW/1007).

166. 3-3-1943: Heyden-Rynsch al Auswärtiges Amt; BAMA, OKW/1007. / 5-1-1943: Willhelmi al Departamento de Agregados Militares; BAMA, OKW/1007. / 6-1-1943: Nota de Bürkner; PAAA, R 29747.

167. 8-1-1943: Likus a Ribbentrop; ADAP, E-5, pp. 41-42. / 11-1-1943: Anotación de Steengracht en el informe de Likus a Ribbentrop; ADAP, E-5, p. 41. / 11-1-1943: Nota del jefe de Agregados militares del Exterior; BAMA, OKW/1007.

168. *Informaciones*, 11-1-1943, portada. / Klaus-Jörg Ruhl, *op. cit.*, p. 196. / 23-12-1942: Vidal a Jordana; AMAE, R 2304/1.

169. 23-12-1942: Vidal a Jordana; AMAE, R 2304/1.

170. Klaus-Jörg Ruhl, *op. cit.*, p. 206. 16-1-1943: Moltke al Auswärtiges Amt; PAAA, R 29747. / 13-1-1943: Acta de la entrevista Jordana-Moltke; AMAE, R 2300/1.

171. 16-1-1943: Moltke al Auswärtiges Amt; PAAA, R 29747.

172. Klaus-Jörg Ruhl, *op. cit.*, pp. 206-207. / 22-1-1943: Vidal a Jordana; AMAE, R 2304/1.

173. 23-1-1943: Moltke al Auswärtiges Amt; PAAA, R 29747.

174. 24-1-1943: Moltke al Auswärtiges Amt; *Documentos secretos sobre España*, Madrid, 1978, pp. 123-124.

175. Klaus-Jörg Ruhl, *op. cit.*, pp. 207-209. / 25-1 y 1-2-1943: Acta de la entrevista Jordana-Moltke; AMAE, R 2300/1. / 9-2-1943: Moltke al Auswärtiges Amt; *Documentos secretos...*, p. 131.
176. Klaus-Jörg Ruhl, *op. cit.*, p. 211. / Una traducción de parte del discurso, en Heinz Huber y Artur Müller, *op. cit.*, II, pp. 667-669. / La petición española, presentada el 15 de marzo por Martínez Campos, incluía 250 aviones de caza, 2.421 cañones antiaéreos, 4 hidroaviones, 6 barcos ligeros, 8 motores Diesel, 120 torpedos y 2.000 bombas de agua (Klaus-Jörg Ruhl, *op. cit.*, p. 227). El 5 de abril la parte alemana presentó su oferta: 15 cazas, 10 bombarderos, 110 cañones antiaéreos, 150 antitanques, 30 tanques, 56 torpedos, 3.000 ametralladoras, 3.000 metralletas y 10.000 balas (*ibidem*, p. 228).
177. 24-1-1943: Moltke al Auswärtiges Amt; *Documentos secretos...*, pp. 123-125. / 3-2-1943: Wiehl a Ribbentrop; ADAP, V, pp. 167-169.
178. 12 y 13-2-1943: Moltke a Ribbentrop; PAAA, R 29747. / 12-2-1943: Acta de la entrevista Jordana-Moltke; AMAE, R 2300/1. / 11-2-1943: Ribbentrop a Moltke; PAAA, R 29747.
179. 11-2-1943: Ribbentrop a Moltke. / 12-2-1943: Moltke a Ribbentrop. Jordana dijo textualmente a Moltke: «La censura la he realizado yo, porque es evidente que todo lo que se relaciona con política exterior es de incumbencia mía y de nadie más» (12-2-1943: Acta de la entrevista; AMAE, R 2300/1). (Los documentos alemanes, en PAAA, R 29747.)
180. 24-3-1943: Capitán general de la III Región Militar a gobernador militar de Valencia; AFDA, Fondo del Gobierno Militar de Valencia.
181. 9-4-1943: Relación nominal del personal voluntario del Regimiento de Infantería nº 50; ACB. / 3-3-1943: Moltke al Auswärtiges Amt; PAAA, R 29747. / 26-3-1943: Agregado militar alemán en Madrid al Departamento de Agregados; BAMA, OKW/1007.
182. 21-3-1943: Nota de Hans Hoffmann; PAAA, R 29747.
183. Klaus-Jörg Ruhl, *op. cit.*, p. 218. / Von Welczeck había sido embajador en Madrid entre diciembre de 1925 y abril de 1936 (un análisis de parte de su actuación, en Ángel Viñas, *La Alemania nazi... y Franco, Hitler...*). / 23-3-1943: Nota alemana sobre Muñoz Grandes; PAAA, R 29747. / 23-3-1943: Hencke al Auswärtiges Amt; PAAA, R 29747. / 25-3-1943: Informe de Krahmer; BAMA, OKW/1007.
184. 22-3-1943: Weizsäcker a Ribbentrop. / 23 y 27-3-1943: Hencke al Auswärtiges Amt. (Los documentos, en PAAA, R 29747).
185. Klaus-Jörg Ruhl, *op. cit.*, p. 50.
186. 16-4-1943: Vidal a Jordana; AMAE, R 2304/1. Klaus-Jörg Ruhl, *op. cit.*, pp. 50-51. / 1 y 2-5-1943: Dieckhoff a Ribbentrop; PAAA, R 29748. / 21-7-1943: Ribbentrop a Dieckhoff; PAAA, R 29748.
187. 5-5-1943: Ribbentrop a Dieckhoff. / 27-4 y 6-5-1943: Dieckhoff a Ribbentrop. (Los documentos, en PAAA, R 29748).
188. 30-4-1943: Rintelen a Dieckhoff. / 2, 6 y 21-5-1943: Dieckhoff a Ribbentrop. / 5 y 7-5-1943: Ribbentrop a Dieckhoff. (Todos los documentos, en PAAA, R 29748.)
189. 4-8-1943: Nota para Steengracht; PAAA, R 29749.
190. 13, 14, 17 y 19-7-1943: Vidal a Jordana; AMAE, R 2304/1.

191. 26, 27, 28 y 30-7-1943: Vidal a Jordana; AMAE, R 2304/1.
192. 31-7-1943: Vidal a Jordana; AMAE, R 2304/1.
193. 26-11-1942: Jordana al duque de Alba; AMAE, 2192/31.
194. S/f: Vidal a Jordana; AMAE, 2304/1.
195. 1-7-1943: Informe del Ministerio de Asuntos Exteriores; AMAE, 2192/32.
196. 19-7-1943: Informe de la entrevista Jordana-Hayes (AMAE, R 2300-2), y Jordana-Hoare (AMAE, R 2300-5). El párrafo del memorándum, en Samuel Hoare, *op. cit.*, p. 229.
197. 23-7-1943: Informe de la entrevista Jordana-Hayes; AMAE, R 2300/2. / El duque de Alba valoró la invitación de Churchill como una gran deferencia hacia su persona, por ser «el único de los embajadores neutrales que ha[bía] invitado a su casa» (27-7-1943: Duque de Alba a Jordana; *Documentos Inéditos...*, IV, pp. 354-355). / Las declaraciones de Lequio, en nota de Jordana a Franco, de 26-7-1943 (*ibidem*, p. 353). / Para el desarrollo de la entrevista entre Jordana y Hayes disponemos de tres fuentes importantes: el informe del Ministerio de Asuntos Exteriores (APG, JE 2/4.3), el que remitió Hayes al secretario de Estado al día siguiente (FRUS, 1943, II, pp. 611-617), y la versión dada en sus memorias (pp. 201-208).
198. 28-7-1943: Informe de la entrevista Franco-Hayes; APG, JE 2/4.2. / 29-7-1943: Hayes a Hull; FRUS, 1943, II, p. 617.
199. 4-10-1943: Hayes a Roosevelt; FRUS 1943, II, p. 621. / Carlton Hayes, *op. cit.*, p. 208.
200. 2-8-1943: Jordana a Vidal; AMAE, R 2303/22.
201. 4-8-1943: Duque de Alba a Jordana, y nota manuscrita al margen (APG, JE 2/5.1).
202. 6-8-1943: Jordana a Asensio; AMAE, 2303/22.
203. 9-8-1943: Asensio a Jordana; AMAE, R 2303/22.
204. S/f: Jordana a Asensio; AMAE, R 2303/22. / S/f: Nota de Vidal; AMAE, R 2304/1.
205. Samuel Hoare, *op. cit.*, pp. 246-250; Carlton Hayes, *op. cit.*, p. 212; y documentos alemanes varios (PAAA, R 29749 y R 29750). / 24-8-1943: Jordana al duque de Alba; AGA, JE 2/5.1.
206. Carlton Hayes, *op. cit.*, p. 212. / 21-8-1943: Cárdenas a Jordana; APG, JE 2/5.1. / 28-8-1943: Hayes a Hull; FRUS 1943, II, pp. 618-619. / Samuel Hoare, *op. cit.*, p. 250. / 5-9-1943: Nota del funcionario Roberts del Foreign Office; PRO, FO 371/34813. / 19-8-1943: Cárdenas a Jordana, y 23-8-1943: Sangróniz a Jordana (ambos documentos, en APG, JE 2/5.1).
207. S/f: Jordana a Asensio; AMAE, R 2303/22. / S/f: Nota de Vidal; AMAE, R 2304/1.
208. S/f: Nota de Vidal; AMAE, 2304/1. / Carlton Hayes, *op. cit.*, p. 213.
209. 10 y 20-9-1943: Vidal a Jordana; AMAE, 2304/1. / 20-9-1943: Steengracht a Ribbentrop; PAAA, R 29750.
210. 20-9-1943: Steengracht a Ribbentrop; PAAA, R 29750. / 20-9-1943: Vidal a Jordana; AMAE, 2304/1.
211. 1-9-1943: Yencken al Foreign Office; PRO, FO 371/34813. / 4-9-1943: Nota de prensa anexa al telegrama de Yencken al Foreign Office; PRO, FO 371/34813. / 18-9-1943: Duque de Alba a Jordana; *Documentos Inéditos...*, IV, pp. 409-

411. / 20-9-1943: Informe de la reunión Jordana-Hayes; AMAE, R 2300/2. / 1-10-1943: Yencken al Foreign Office; PRO, FO 371/34814.

212. 21-9-1943: Sonnleithner a Dieckhoff; PAAA, R 29750. / 6-8-1943: Vidal a Jordana; APG, JE 2/5.3. / 11-8-1943: Duque de Alba a Jordana; APG, JE 2/5.3. En la cabecera del informe, Franco anotó: «Es interesantísima esta información de nuestro embajador en Londres».

213. S/f: Texto mecanografiado a partir de un manuscrito de Franco; y cuartillas manuscritas de Franco. (Ambos documentos, en AMAE, R 1372/41.). / 25-9-1943: Jordana al duque de Alba; AMAE, R 1372/41.

214. 25-9-1943: Dieckhoff al Auswärtiges Amt; PAAA, R 29750. / 27-9-1943: Transcripción de un telegrama de la Embajada alemana en Madrid, de 25 de septiembre; BAMA, OKW/1007.

215. 25-9-1943: Jordana al duque de Alba; AMAE, R 1372/41. / Yencken al Foreign Office, 29-9-1943 (PRO, FO 371/34813) y 2-10-1943 (PRO, FO 371/34814). / 30-9-1943: Yencken al Foreign Office; PRO, FO 371/34813. / 30-9-1943: Informe del *brigadier* Torr; PRO, FO 371/34814. / 2-10-1943: *Brigadier* Torr al coronel «M.I.3»; PRO, FO 371/34814.

216. 1-10-943: Steengracht a Ribbentrop; PAAA, R 29750. / S/f: Nota del Departamento Ausland II-A2 del OKW; BAMA, OKW/1007. / 1-10-1943: Steengracht a Ribbentrop; PAAA, R 29750. / 1-10-1943: Vidal a Jordana; AMAE, R 2304/1.

217. 1-10-1943: Vidal a Jordana; AMAE, R 2304/1. / 3-10-1943: Sonnleithner a Ritter; ADAP, VII, p. 16. / Gerald Kleinfeld y Lewis Tambs, *op. cit.*, p. 479.

218. 2-10-1943: Yencken a Eden; PRO, FO 371/34814. / 4-10-1943: Hayes a Roosevelt; FRUS, 1943, II, pp. 620-621; y Carlton Hayes: *op. cit.*, pp. 223-224.

219. 2-10-1943: Yencken a Eden; PRO, FO 371/34814. / 1-10-1943: Nota de Cadogan; PRO, FO 371/34813. / 1-10-1943: Foreign Office a la Embajada en Madrid; PRO, FO 371/34813.

220. 2, 4 y 8-10-1943: Yencken al Foreign Office; PRO, FO 371/34814.

221. 2-10-1943: Dieckhoff a Steengracht; PAAA, R 29750. / El discurso de Goebbels, en Nota de Vidal a Jordana, de 8-10-1943 (*Documentos Inéditos...*, IV, pp. 479-482).

222. 5-11-1943: Informe del Departamento de Extranjero del Auswärtiges Amt; BAMA, OKW/1007. / 9-10-1943: Ribbentrop a Steengracht; PAAA, R 29750.

223. 9-10-1943: Steengracht a la *Dienstelle Ribbentrop* (PAAA, R 29750) y Vidal a Jordana (AMAE, R 2303/22). / 9-10-1943: Steengracht a Dieckhoff; PAAA, R 29750. / 11-10-1943: Nota de Ribbentrop; AMAE, R 2303/22. / 11-10-1943: Steengracht a Dieckhoff (PAAA, R 29750), y 12-10-1943: Jordana a Vidal (AMAE, R 2303/22). / 11-10-1943: Dieckhoff a Steengracht; PAAA, R 29750.

224. 11-10-1943: Lazar al jefe en servicio P-XII; PAAA, R 29750. / 5-11-1943: Informe del Departamento de Extranjero del Auswärtiges Amt; BAMA, OKW/-1007.

225. 11-10-1943: Hoare al Foreign Office; PRO, FO 371/34814. / 12-10-1943: Nota del funcionario Williams; PRO, FO 371/34814.

226. 12-10-1943: Jordana a Vidal; AMAE, R 2303/22. / 12-10-1943: Vidal a Jordana (AMAE, R 2303/22), y *Documentos Inéditos...*, IV, p. 491.

227. 25-9-1943: Jordana a duque de Alba; AMAE, R 1372/41. / 13-10-1943: Jordana a jefe del EMC del Ejército; AMAE, R 1372/41. / 22-10-1943: Ministerio del Ejército: Secretaría de la Dirección General de Reclutamiento y Personal a la Sección de Intervención; AFDA.
228. 19-10-1943: Jordana a Asensio; AMAE, R 1372/41. / 21-10-1943: Instrucción General L.V.1; ASHM, 28.18.9.4. / 22-10-1943: Acuse de recibo del Ministerio de Asuntos Exteriores; ASHM, 28.18.9.4, p. 82. / 29-10-1943: Jordana a Vidal; AMAE, R 1372/41. / 28-10-1943: Jordana a Arrese; AMAE, R 1372/41. / 29-10-1943: Dieckhoff al Auswärtiges Amt, PAAA, R 29750. / 30-10-1943: Jordana a Asensio; AMAE, R 1372/41.
229. 30-10-1943: Jordana a Asensio; AMAE, R 1372/41. / 22 y 29-10-1943: Vidal a Jordana; AMAE, R 2304/1.
230. 25-9-1943: Dieckhoff al Auswärtiges Amt; PAAA, R 29750. / El detalle de las muchas gestiones que se tuvieron que hacer queda plasmado, en parte, en una nota del Departamento del Exterior II A 2 del OKW, fechada el 5-11-1943; BAMA, OKW/1007. / 11-10-1943: Lazar a doctor Bastian; PAAA, R 29750. / 5-11-1943: Nota para las actas, sin firma; BAMA, OKW/1007.
231. 25-10-1943: Doctor Six a Bielfed; PAAA, R 29750.
232. 5-11-1943: Nota para las actas, sin firma; BAMA, OKW/1007. / 29-10-1943: Dieckhoff al Auswärtiges Amt; PAAA, R 29750. / 25-10-1943: Nota informativa del doctor Six; PAAA, R 29750. / 5-11-1943: Nota para las actas, sin firma; BAMA, OKW/1007. / La reunión bilateral, en Nota del jefe del Departamento de Exterior del Abwehr, de 6-11-1943 (BAMA, OKW/1007), y Emilio Esteban-Infantes, *op. cit.*, p. 243.
233. 14-10-1943: Hoare al Foreign Office; PRO, FO 371/34814. / Carlton Hayes, *op. cit.*, p. 227. / 15-10-1943: Foreign Office a la Embajada en El Cairo; PRO, FO 371/34814.
234. 15-10-1943: Informe de la entrevista Jordana-Hoare; AMAE, R 2300/5. 16-10-1943: Embajada británica en Madrid al Foreign Office; PRO, FO 371/34814.
235. 22-10-1943: Informe de la entrevista Jordana-Hayes; AMAE, R 2300/2.
236. 4-11-1943: Hoare al Foreign Office. / 4-11-1943: Acta de la entrevista Jordana-Hoare; APG, JE, 3/143. 8-11-1943: Telegrama del Foreign Office sin firma. / 16-11-1943: Hoare al Foreign Office. (Todos los documentos británicos, en PRO, FO 371/34814).
237. 17-11-1943: Jordana a Cárdenas y duque de Alba. / 24 y 25-11-1943: Vidal a Jordana; AMAE, R 2304/1.
238. Hans-Adolf Jacobsen y Hans Dollinger: *op. cit.*, II, p. 459. / 19-10-1943: Jordana a Vidal; AMAE, R 1372/41. / 1-12-1943: Acta de la entrevista Jordana-Hayes; AMAE, R 2300/2. / Luis Suárez, *España, Franco...*, p. 557.
239. Hoare (31-12-1943) y Hayes (14-1-1944) a Jordana. / 25-9-1943: Jordana al duque de Alba. / 28-12-1943: Circular del delegado nacional de FET-JONS. (Todos los documentos, en AMAE, R 1372/41.)
240. 31-12-1943: Hoare a Jordana. / 10-1-1944: Doussinague a Baríbar. / 11-1-1944: Jordana a Hoare. (Todos los documentos, en AMAE, R 1372/41.)
241. 14-1-1944: Hayes a Jordana; AMAE, R 1372/41. / 31-12-1943: Hoare a Jordana; AMAE, R 1372/41. / 6-1-1944: Cárdenas a Jordana; APG, JE, 3/1.1.

NOTAS. CAPÍTULO 4 491

/ 7-1-1944: Duque de Alba a Jordana; APG, JE 3/1.1. / 6-1-1944: Vidal a Jordana; APG, JE 3/1.1. / Para los mecanismos españoles de información en Berlín, véase Penella de Silva, *El número 7*, Barcelona, 1945, pp. 238-240.

242. 2-2-1944: Calderón a Jordana; APG, JE 3/1.2. / 11-1-1944: Jordana a duque de Alba; APG, JE 3/1.1. / 10 y 13-1-1944: Vidal a Jordana; AMAE, R 2304/1. / Diario del conde de Jordana, p. 237.

243. Luis Suárez, *España, Franco...*, pp. 562-565. / 17-1-1944: Cárdenas a Jordana; APG, JE 3/1.1.

244. 14-1-1944: Vidal a Jordana; APG, JE 3/175.2

245. 17-1-1944: Cárdenas a Jordana; APG, JE 3/1.1. / 20-1-1944: Duque de Alba a Jordana; APG, JE 3/1.1. / S/f: Bárcenas a Jordana; APG, JE 3/1.1. / 21-1-1944: Jordana a Asensio; AMAE, R 1372/41.

246. 21-1-1944: Cárdenas a Jordana; APG, JE 3/1.1. / 26-1-1944: Duque de Alba a Jordana; APG, JE 3/1.1. / 31-1-1944: Jordana a Vidal; APG, JE 3/1.1.

247. En sus memorias (*op. cit.* p. 283), Hoare data erróneamente la entrevista el 27. / 28-1-1944: Acta de la entrevista Franco-Hoare; APG, JE 3/1.4.

248. 29-1-1944: Acta de la entrevista Jordana-Hayes; APG, JE 3/1.4-180 bis. / 31-1-1944: Jordana a duque de Alba; APG, JE 3/1.1. / Memorias del conde de Jordana, p. 238. / 31-1-1944: Jordana a Hayes; APG, JE 3/1.1-168.

249. 29-1-1944: Lequerica a Jordana; APG, JE 3/1.1. / 29-1-1944: Duque de Alba a Jordana; APG, JE 3/1.1. / 31-1-1944: Jordana a Vidal; AMAE, R 1372/41.

250. 2-2-1944: Calderón a Jordana; APG, JE 3/1.2. / 15-2-1944: Acta de la entrevista Jordana-Hayes; APG, JE 3/2.3; y AMAE, R 2300/2. / 9-2-1944: Carcer a Jordana; AMAE, R 2304/1. 11-2-1944: Dieckhoff al Auswärtiges Amt; PAAA, R 29751.

251. 14-2-1944: Informe número 136 del agregado militar en Berlín. / 15-2-1944: Acta de la entrevista Jordana-Hayes. (Ambos documentos en APG, JE 3/2.3.)

252. 16-2-1944: Dieckhoff al Auswärtiges Amt; PAAA, R 29751. / 27-1 y 22-2-1944: Vidal a Jordana; AMAE, R 2304/1. / 18-2-1944: Nota sin firma; PAAA, R 29751. / 19 y 22-2-1944: Dieckhoff al Auswärtiges Amt; PAAA, R 29751.

253. Gerald Kleinfeld y Lewis Tambs, *op. cit.*, p. 499. / 20-2-1944: Sonnleithner a Steengracht; PAAA, R 29751. / 21-2-1944: Vidal a Jordana; AMAE, R 2304/1. / 21-2-1944: Steengracht a Dieckhoff; PAAA, R 29751. / 21-2-1944: Keitel al Auswärtiges Amt; PAAA, R 29751.

254. 22-2-1944: Vidal a Jordana; AMAE, R 2304/1. / 22-2-1944: Steengracht a Ribbentrop; PAAA, R 29751. / 28-2-1944: Acta de la reunión Jordana-Hayes y Acta de la reunión Jordana-Dieckhoff; AMAE, R 2304/1. / 29-2-1944: Prat a Jordana; APG, JE 3/2.1.

255. 7-3-1944: Dieckhoff al Auswärtiges Amt; ADAP, VII, pp. 479-480.

256. 9-3-1944: Informe del agregado militar en Berlín; AMAE, R 1372/41. / Vidal a Jordana, sin fecha, y 11-3-1944; AMAE, R 2304/1. / 16-3-1944: Asensio a Jordana; AMAE, R 2192/31. / 17-3-1944: Acta de la entrevista Franco-Dieckhoff; AMAE, R 2304/1.

257. 31-3-1944: Carta de Jordana a Hoare; AMAE, R 2304/1. / 23 y 30-3-1944: Vidal a Jordana; AMAE, R 1372/41. / 24-3-1944: Jordana a Hayes; AMAE, R 1372/41.

/ 24-3-1944: Hayes a Jordana; AMAE, R 1372/41. / 25-3-1944: Hoare a Jordana; AMAE, R 2192/31. / 31-3-1944: Jordana a Hoare; AMAE, R 2304/1.

258. 3-4-1944: Mamblas a Jordana; APG, JE 3/4.1. / 3-4-1944: Vidal a Jordana; APG, JE, 3/4.1. / 4-4-1944: Cárdenas a Jordana; APG, JE 3/4.1.

259. S/f: Vidal a Jordana; APG, JE 3/4.1.

260. 11-5-1944: Informe de Feyjóo a Jordana; AMAE, R 2192/31. / 19-5-1944: Vidal a Jordana; AMAE, R 2192/31. / 20-5-1944: Subsecretario del Ministerio del Ejército al subsecretario del Ministerio de Asuntos Exteriores; AMAE, R 2192/31. / 5-6-1944: Feyjóo a Jordana; AMAE, R 2192/31. / 19-6-1944: Dirección General Seguridad a subsecretario del Ministerio de Asuntos Exteriores; AMAE, R 2192/31. / 2-8-1944: Jordana a Cárdenas y al cónsul en Argel; AMAE, R 2304/1.

261. 2-6-1944: Nota del jefe del Servicio de Seguridad del Reich; BAMA, OKW/1007. / 22-7-1944: Nota del Departamento Político I del Auswärtiges Amt; BAMA, OKW/1007. / 6-57-1944: Vidal a Jordana; AMAE, R 2192/31.

262. 7-8-1944: Nota del Departamento de Extranjero del OKW. / 2-6-1944: Nota del jefe del Servicio de Seguridad del Reich. / 7-7-1944: Resumen de un informe del *Sonderstab Fritz*. / 17-7-1944: OKH al Departamento de Extranjero del OKW. (Todos los documentos, en BAMA, OKW/1007.)

263. 27-7-1944: Dieckhoff al Auswärtiges Amt. / Para el secuestro de Heberlein, véanse, entre otros, Ruhl (*op. cit.*, p. 312), el informe de la Dirección General de Seguridad de 27-7-1944, la nota de Lequerica de 22-8-1944 y la respuesta de Vidal de 8-9-1944 (todos, en AMAE, R 2304/1). / 28-7-1944: Agregado militar en Madrid a jefe del Departamento de Agregados. / 31-7-1944: Nota del Auswärtiges Amt. / 12-8-1944: Nota del Departamento de Extranjero del OKW. / 14-8-1944: Ritter a la Embajada en Madrid. (Todos los documentos alemanes, en BAMA, OKW/1007.)

264. 2-8-1944: Jordana a Cárdenas; AMAE, R 2304/1.

265. 3-8-1944: Subsecretario del Ministerio de Asuntos Exteriores a Vidal; AMAE, R 2304/1. / *La Vanguardia Española*, 4 y 12-8-1944. / 4-8-1944: Vidal a subsecretario del Ministerio de Asuntos Exteriores; AMAE, R 2304/1. / Para la reacción anglosajona, véase Samuel Hoare (*op. cit.*, pp. 311-312) y Carlton Hayes (*op. cit.*, pp. 316 y 320).

266. 5-8-1944: Jacques Truelle a Pan de Soraluce. / 8-8-1944: Pan de Soraluce a Arrese. / 7-8-1944: Nota de la Embajada británica en Madrid. / 11-8-1944: Nota verbal de la Embajada estadounidense en Madrid. / 31-8-1944: Nota verbal del Ministerio de Asuntos Exteriores. / Klaus-Jörg Ruhl, *op. cit.*, p. 380. (Todos los documentos, en AMAE, R 2192/31.)

267. Klaus-Jörg Ruhl, *op. cit.*, p. 246. / Carlton Hayes, *op. cit.*, p. 319. / Samuel Hoare, *op. cit.*, p. 313. / Bibra en su día había influido decisivamente en la destitución de Gardemann (Klaus-Jörg Ruhl, *op. cit.*, p. 208).

268. 3-9-1944: Director general de Asuntos Generales del Ministerio de Asuntos Exteriores a Vidal. / 4-7-1944: Vidal a Jordana. / 31-8, 4 y 9-9-1944: Vidal a Lequerica. / 26-6 y 22-7-1944: Jordana a Vidal. (Todos los documentos, en AMAE, R 2304/1.)

269. 27-10, 2, 8 y 10-11-1944: Vidal a Lequerica; AMAE, R 2304/1.

270.   5-1-1945: Vidal a Lequerica; AMAE, R 2304/1.
271.   Vidal a Lequerica (19-1-1945) y Lequerica a Vidal (25-1-1945); APG, JE 5/1.1).
272.   23-1, 2 y 3-2-1945: Vidal a Lequerica; AMAE, R 2304/1. / 6-2-1945: Lequerica a Vidal; AMAE, R 2304/1. / Ramón Garriga, *La España de Franco. De la División Azul al pacto con los Estados Unidos (1943 a 1951)*, Puebla, 1971, p. 276.
273.   2-4-1945: Bailén a Lequerica. / 9-4-1945: Calderón a Lequerica. / 12-4-1945: Embajador en Berna a Lequerica. / 18-4-1945: Embajador en Copenhague a Lequerica. (Todos los documentos, en APG, JE 5/4.1.)
274.   21-4-1945: Bailén a Lequerica; APG, JE 5/4.1.
275.   28-4-1945: Bailén a Lequerica. / Ramón Garriga, *La España de Franco. De la División Azul...*, p. 276. / 29-4-1945: Calderón a Lequerica. (Los dos documentos, en APG, JE 5/4.1.)
276.   4-5-1945: Bailén a Lequerica; APG, JE 5/4.1.

CAPÍTULO 5

1.   Emilio Esteban-Infantes, *op. cit.*, pp. 300-301. / José Díaz de Villegas, *op. cit.*, p. 193. / Gerald Kleinfeld y Lewis Tambs, *op. cit.*, p. 502. / Francisco Torres, *op. cit.*, pp. 356-359. Según Torres, sobre la base del único dato oficial sobre el volumen total de efectivos —45.242 hombres— y el necesario ajuste «a la luz de partes, datos parciales, memorias y datos indirectos», la cifra de divisionarios podría llegar a 45.482.
2.   Cifra facilitada por Esteban-Infantes en *op. cit.*, p. 301, y reproducida por Kleinfeld y Tambs en *op. cit.*, p. 503; cuestionable en tanto que no sea contrastada con documentación soviética.
3.   29-10-1941: Nota de la Representación en Berlín de la DEV; AMAE, R 1080/26.
4.   Notas varias de la Delegación Nacional de la Sección Femenina; AMAE, R 1080/26.
5.   Para este aspecto, véase Fernando y Miguel Ángel Garrido Polonio, *Nieve roja. Los españoles desaparecidos en el frente Ruso*, Madrid, 2002, y el artículo, de Miguel González, «Muertos de guerras olvidadas» (*El País*, 1-11-1994, p. 16). Como complemento, véase Carlos María Esquíroz Gaumé, «Después de la batalla: cincuenta y siete años en Possad», en *Españoles en la Segunda Guerra Mundial (el Frente del Este)*, pp. 173-183, y el documental *El último soldado*, emitido por TVE-2 el 21-9-1999.
6.   El 28 de abril de 1994 llegó al aeropuerto de Getafe una urna con las cenizas, en un avión del Ejército del Aire. Tras una misa solemne en la capilla del arzobispado castrense y el correspondiente velatorio, fue sepultada en la tumba al pie del monumento de la División Azul, en el cementerio de la Almudena, hasta entonces vacía (*El País*, 1-11-1994, p. 16).
7.   *El País*, 1-11-1994, p. 16. / Fernando y Miguel Ángel Garrido Polonio, *op. cit.*, p. 236.

8. 30-10-1942: Cónsul en Colonia a Jordana; AMAE, R 2494/136. / 18 y 26-11-1943: Notas del agregado militar alemán en Madrid; PAAA, DKS 39/2. / 15-12-1943: Jordana a Arrese; AMAE, R 1372/41. / 19-5-1944: Nota del Consulado alemán en Sevilla; PAAA, DKS 39/2.

9. 4-5-1954: Tercer informe del delegado nacional de Excombatientes a Raimundo Fernández-Cuesta, p. 8; AGA, SGM, Delegación Nacional de Excombatientes 5.

10. 6-12-1943: Ficha de herido a nombre del divisionario Santos R. de P.-M.; ApAGP. / 30-10-1941: Informe del agregado militar en Berlín; ASHM, 29.52.3.1, pp. 17-18. / José Díaz de Villegas, op. cit., pp. 191-193.

11. 30-10-1941: Informe del agregado militar en Berlín; ASHM, 29.52.3.1, pp. 17-18. / José Díaz de Villegas, op. cit., p. 191.

12. 25-11-1941: Nota del Consulado General en París; AMAE, R 2193/4. / 17-12-1941: Nota de la Subsecretaría de Europa del Ministerio de Asuntos Exteriores; AMAE, R 2193/4.

13. 30-11-1941: Informe-denuncia de Aurelia Segovia; AGA, SGM 5. / 30-11-1941: Informe-denuncia de Celia Giménez; AMAE, R 1080/28. / Historial médico del divisionario Cándido R. S.; ApAGP.

14. 30-11-1941: Informe-denuncia de Aurelia Segovia; AGA, SGM 5.

15. 30-11-1941: Informe-denuncia de Aurelia Segovia; AGA, SGM 5. / 30-11-1941: Informe-denuncia de Celia Giménez; AMAE, R 1080/28.

16. 30-11-1941: Informe-denuncia de Celia Giménez; AMAE, R 1080/28.

17. Cédula de acompañamiento para heridos del divisionario Alfonso J. L.; ApAGP.

18. 11-3-1942: Ximénez de Sandoval a Rodolfo Reyes; AMAE, R 1080/27. / 7-5-1942: Informe del Consulado en Colonia; AMAE, R 1080/26. / S/f: Nota del Ministerio de Asuntos Exteriores, con adenda de 1-5-1942; AMAE, R 1318/89. / 4-5-1942: Minuta del Ministerio de Asuntos Exteriores; AMAE, R 1318/89.

19. Historial médico del divisionario Cándido R. S., y certificados provisionales de licenciamiento de los divisionarios Diego R. C. (5-6-1942) y Miguel B. C. (17-11-1943). (Los documentos, en ApAGP.)

20. 7-7-1941: Transcripción del informe telefónico del teniente coronel Romero Mazariegos al coronel Rodrigo; ASHM, 28.28.2.1, p. 3. / 16-9-1942: Certificado de licenciamiento del divisionario José C. L., firmado por el coronel jefe del Regimiento de Pontoneros de Zaragoza; ApRRC. / Libreta de Sanidad Militar del divisionario mutilado José S. R.; AHMB. / Expedientes personales varios del Hospital Militar del Generalísimo, en Barcelona; ApMPB. / Notas de la Jefatura Nacional del SEU, de 12 y 27-3-1942, y listas de libros adjuntas; AMAE, R 2172/64.

21. Certificados de herido de Isidro S. B. (3-9-1942), José Manuel C. R. (2-3-1943), Antonio V. S. (22-3-1943), Francisco A. O. (25-8-1943) y Fernando V. V. (6-6-1944). / 17-3-1944: Certificado de licenciamiento de Juan T. S. / 21-10-1942: Certificado de pertenencia a la DEV de Carlos E. P. (Todos los documentos, en ApAGP.)

22. *ABC*, 21-4-1942. *Solidaridad Nacional*, 2-9-1942. / 29-11-1942: Certificado de estancia en el Hogar *Martín Fabiani* de José C. L.; ApRRC. / Carnet del Ser-

vicio de Reincorporación de los Combatientes al Trabajo, a nombre de José C. L.; ApRRC.

23. Repertorio Cronológico de Legislación Aranzadi, de 1942, p. 529. / Expedientes personales del comandante Agustín Luque Molinello y el capitán Tomás García Rebull; ACG.

24. 12-11-1941: Relación de bajas de la División Azul, Jefatura de Milicias de FET-JONS de Barcelona; AAB, 92(1941). / Las distintas relaciones numéricas de retornados aparecen en los partes que transmitía el agregado militar en Berlín al jefe del EMC del Ejército; ASHM.

25. El de Pozharskaia, citado por Carlos Caballero Jurado en *Defensa*, n° 114, 1987. / Yuri Basistov, «El fracaso de la campaña del Este de Franco». Traducido en *Defensa*, n° 114, 1987.

26. Declaraciones de César Astor a Daniel Arasa (*op. cit.*, p. 288). / Según Francisco Torres (*op. cit.*, p. 70, en 1954 quedaron en la Unión Soviética 65 desertores, y según Carme Agustí («L'aventura anticomunista del règim franquista. Memòria i record de la División Azul», *L'Avenç*, 2002), regresaron 19.

27. Testimonio de Alberto Díaz Gálvez a Fernando y Miguel Ángel Garrido Polonio, *op. cit.*, p. 151. / 12-11-1941: Relación de bajas de la División Azul; Jefatura de Milicias de FET-JONS de Barcelona; AAB, 92 (1941).

28. El informe de febrero de 1942 aparece citado en las notas de Carlos Caballero Jurado al artículo del coronel Yuri Basistov, *op. cit.*, p. 59. Concluía que «los soldados [de la División] no se rinden fácilmente y son contados los que se pasan a las filas del Ejército Rojo». / Orden número 127, de 20 de septiembre de 1942. / Yuri Basistov, *op. cit.*, p. 59. / Véanse las diferentes monografías de excautivos en Rusia, y el testimonio de Astor recogido por Daniel Arasa en *op. cit.*, pp. 282-292.

29. «Años más tarde —dice Astor— planteé el tema [de las peticiones de mediación] a Dolores Ibárruri y me respondió que nunca recibió ninguna de estas cartas» (Daniel Arasa, *op. cit.*, p. 287).

30. Fueron apresados entre 1941 y 1945, y recobraron la libertad entre 1954 y 1956. Hasta la fecha, la mejor síntesis sobre el tema la tenemos en Francisco Torres, «La Historia», primera parte del libro *Esclavos de Stalin: el combate final de la División Azul*, Madrid, 2002, escrito en colaboración con Ángel Salamanca Salamanca, ex divisionario y excautivo en Rusia. Y, aunque en el ámbito de la narración histórico-literaria, véase también Fernando Vadillo, *Los prisioneros*, Madrid, 1996.

31. Francisco Torres, *La División Azul...*, p. 330. / Artículo de Pilar Bonet en *El País*, 12-3-1995. / Datos facilitados por el director del Centro de Conservación de Colecciones Histórico-Documentales de Rusia (antiguo Archivo Especial de la Unión Soviética) a la investigadora Josefina Iturrarán; *ibidem*.

32. Las memorias de cautiverio del capitán Palacios fueron publicadas en Madrid con el título de *Embajador en el infierno: Memorias del Capitán Palacios. Once años de cautiverio en Rusia* y la firma de Torcuato Luca de Tena. Éxito de ventas, obtuvo los premios Nacional y Ejército de Literatura, y su versión cinematográfica tuvo como guionista al propio Luca de Tena. Se ha acusado a su autor de conceder excesivo protagonismo a Palacios y de soslayar el gradiente falangista de la

División (un interesante apunte, en José Luis de Arrese, *Una etapa constituyente* —Barcelona, 1982—, p. 137). Más austeras y ordenadas, las memorias del capitán Oroquieta vieron la luz en Barcelona, con el título de *De Leningrado a Odesa* y la firma del comandante César García Sánchez. / Véase un tratamiento amplio de las tres películas en Sergio Alegre, *El cine cambia la Historia. Las imágenes de la División Azul* (Barcelona, 1994, pp. 139-282). / La escritora barcelonesa Carmen Kurtz (1911-1999), galardonada en 1954 con el Premio Ciudad de Barcelona por *Duermen bajo las aguas*, obtuvo con esta novela el Premio Planeta.

33. Artículo de Pilar Bonet en *El País*, 12-3-1995.

34. Todos los datos proceden del libro de Gerardo Oroquieta y César García. La obra de Palacios, dada su particular estructura, resulta insuficiente para detallar los centros por los que pasó. Podrían ser los siguientes: Leningrado (1), Makarino (2), Moscú (3), Susdal (4), Oranki (5), Potma (6), Jarkov (7), Ohrms (8), Leningrado (9), Borovichi (10), Svarlov (11), Revda (12), Chervakov (13) y Krasno-Pole (14).

35. Francisco Torres, *op. cit.*, pp. 333-336, y, con Ángel Salamanca Salamanca, *Esclavos...*, pp. 81-84.

36. Para la vivencia, véase Gerardo Oroquieta Arbiol, «Aspectos de la vida en los Campos rusos de prisioneros», publicado en la revista *Ejército* a mediados de los años cincuenta. Los datos inéditos proceden de un cuaderno de memorias, cedidas por la viuda de su autor con el mandato de silenciar el nombre. En cuanto a las memorias, además de las de Palacios y Oroquieta, destacan las de Lorenzo Ocaña Serrano (1954), Ramón Pérez Eizaguirre (1955), Eusebio Calavia Bellosillo (1956), y, más recientemente, las de Joaquín Poquet Guardiola (*4045 días cautivo en Rusia, 1943-1954. Memorias*, Valencia, 1987), y Ángel Salamanca Salamanca (2002).

37. César Astor regresó a España en noviembre de 1977, y ha dejado su testimonio en las obras de Daniel Arasa y los hermanos Garrido Polonio, a quienes declaró: «En España mi familia lo pasó muy mal... La información que de mí llegaba era brutal... ¡Incluso dijeron que era homosexual!» (*op. cit.*, p. 117). De su biografía destaca que combatió en el frente de Aragón como miliciano y posteriormente pasó al cuerpo de Carabineros. Encarcelado al acabar la guerra, quedó en libertad vigilada y se enroló en la Legión, de donde, a principios de 1942, pasó a la División Azul.

38. Ángel Salamanca Salamanca y Francisco Torres García, *Esclavos...*, p. 43. / Para las actitudes provocadoras, véanse los referidos textos de Palacios y Oroquieta. / Se dio la circunstancia de que las condenas les fueron impuestas durante el breve período en que quedó abolida la pena de muerte en la Unión Soviética.

39. 30-5-1945: Lequerica a Sangróniz; AMAE, R 1.466/23. / Suárez Fernández, Luis: *Franco y la URSS. La diplomacia secreta (1946-1970)*, Madrid, 1987, pp. 46-50.

40. 12-2-1947: Informe de la primera entrevista Terrasa-Schaerer; en Luis Suárez Fernández: *Franco y la URSS...*, pp. 61-66.

41. Luis Suárez Fernández, *Franco y la URSS...*, p. 51. / S/f: Notas manuscritas de Franco, *ibidem*, pp. 66-68. / 18-2-1946: Nota de Carrero a Franco; *ibidem*, pp. 68-71.

42. 20-2-1946: Nota del Ministerio de Asuntos Exteriores a Terrasa; en Luis Suá-
     rez Fernández: *Franco y la URSS...*, pp. 68-71. / Inicialmente, la entrevista de-
     bía celebrarse en París (*ibidem*, p. 54). / S/f: Informe de la segunda entrevista Te-
     rrasa-Schaerer; *ibidem*, pp. 74-78.
43. 14-3-1947: Nota dirigida a Martín Artajo; en Luis Suárez Fernández: *Franco y
     la URSS...*, pp. 78-79. / 19-3-1947: Informe de la tercera entrevista Terrasa-
     Schaerer; *ibidem*, pp. 80-83. / 18-3-1947: Tedeschini a Martín Artajo; *ibidem*,
     p. 84.
44. Ángel Salamanca Salamanca y Francisco Torres García, *op. cit.*, pp. 61-62.
     / Luis Suárez Fernández, *Franco y la URSS...*, pp. 55 y 96. / 21-3-1947: Ayci-
     nena a Martín Artajo; *ibidem*, p. 84. / 19-4-1947: Informe de la cuarta entre-
     vista Terrasa-Schaerer; *ibidem*, pp. 84-87.
45. Luis Suárez Fernández, *Franco y la URSS...*, pp. 118-119.
46. Luis Suárez Fernández, *Franco y la URSS...*, pp. 126-127. / Ángel Salamanca
     Salamanca y Francisco Torres García, *op. cit.*, pp. 63 y 114.
47. Epílogo de *Stalin. La vida privada*, de Lilly Marcou; reproducido en *El País* el
     5-10-1997. / 4-3-1953: Comunicado de la Agencia EFE desde Londres. / 5-3-
     1953: Aguirre a Martín Artajo. / 6-3-1953: Comunicado de la Agencia EFE
     desde Manila, y desde Nueva York. (Todos los documentos, en APG, JE 16/3.)
48. 5-6-1953: Nota de la Oficina de Información Diplomática del Ministerio de
     Asuntos Exteriores; APG, JE 17/1. / 29-4-1953: Nota de la Oficina de Infor-
     mación Diplomática del Ministerio de Asuntos Exteriores; APG, JE 16/4. / 1-5-
     1953: Comunicado de la Agencia EFE desde Londres; APG, JE 16/5.
49. 29-5-1953: Informe «muy reservado» del embajador en Londres; APG, JE
     16/5. / Noticia de la Agencia EFE, desde Londres, aparecida en *Arriba*, el 11-7-
     1953. / «Caída de Beria, acontecimiento de política exterior», en *Hoja del Lu-
     nes* de 13-7-1953. (Ambos recortes, en APG, JE 17/2.)
50. S/f: Fragmento de una carta del embajador en Berna a Martín Artajo, fechada
     el 29-8-1953; APG, JE 17/3. / 6-10-1953: Comunicado de la Agencia EFE des-
     de Berlín; APG, JE 18/1. / 2-11-1953: Traducción de un artículo del *Diese Wo-
     che* de Düsseldorf, de fecha 3-10-1953; APG, JE 18/2.
51. 22-10-1953: Comunicado de la Agencia EFE desde Friedland (Alemania Occi-
     dental); APG, JE 18/1.
52. S/f: Textos traducidos de los telegramas intercambiados entre el presidente de la
     Cruz Roja soviética y el de la Cruz Roja francesa, reproducidos en una nota del
     Ministerio de Asuntos Exteriores sin membrete; APG, JE 19/1.
53. De la expedición del *Semíramis* se hizo cargo, por delegación, el hijo del arma-
     dor, Giorgios Potamianos; véase el artículo de Gregorio Morán «La canción de
     Potamianos (y II)», aparecido en *La Vanguardia* el 10 de abril de 2004. / S/f:
     Texto traducido de una carta del presidente de la Cruz Roja francesa al de la
     Cruz Roja española, de fecha 15-1-1954, reproducido en una nota, sin mem-
     brete, del Ministerio de Asuntos Exteriores. / 30-1-1954: Comunicado de la
     Agencia EFE desde Ginebra. / 27-1-1954: Embajador en Ankara a Martín Ar-
     tajo, y 31-1-1954: Embajador en Atenas a Martín Artajo. (Todos los documen-
     tos, en AGA, JE 19/1)
54. 3-2-1954: Embajador en Atenas a Martín Artajo; APG, JE 19/2.

55. 5 y 8-2-1954: Embajador en París a Martín Artajo. / 14 y 15-2-1954: Embajador en Roma a Martín Artajo. / 17-2-1954: Encargado de Negocios en Atenas a Martín Artajo, y comunicado de la Agencia EFE desde París. (Todos los documentos, en AGA, 19/2.)

56. 6-3-1954: Embajador en Roma a Martín Artajo. / 15-3-1954: Embajador en París a Martín Artajo. / 17-3-1954: Embajador en París a Martín Artajo, y encargado de Negocios en Atenas a Martín Artajo. (Todos los documentos, en AGA, 19/3.)

57. 22-3-1954: Encargado de Negocios en Atenas a Martín Artajo. / 22-3-1954: Embajador en Ankara a Martín Artajo. 22-3-1954: Comunicado de la Agencia EFE desde Londres. / 24-3-1954: Embajador en París a Martín Artajo. (Todos los documentos, en APG, JE 19.3.)

58. 24-3-1954: Comunicados de la Agencia EFE desde París, Ginebra, Londres y Estambul; APG, JE 19/3.

59. 24-3-1954: Comunicado de la Agencia EFE desde París. / 27-3-1954: Encargado de negocios en Atenas a Martín Artajo, y cónsul en Estambul a Martín Artajo. (Todos los documentos, en APG, JE 19/3.) / Declaraciones de Giorgios Potamianos a Gregorio Morán; *La Vanguardia*, 10-4-2004.

60. 27-3-1954: Encargado de negocios en Atenas a Martín Artajo, y cónsul en Estambul a Martín Artajo. / 27-3-1954: Nota de la Oficina de Información Diplomática del Ministerio de Asuntos Exteriores. (Todos los documentos, en APG, JE 19/3.)

61. *Diario de Barcelona*, 30-3-1954, p. 5. / 27-3-1954: Cónsul en Estambul a Martín Artajo. / 28-3-1954: Comunicado de la Agencia France Presse desde Estambul. / Fernando Vadillo, *Los prisioneros*, pp. 323-324. (Los documentos, en APG, JE 19/3.)

62. 28-3-1954: Comunicado de la Agencia France Presse desde Estambul; APG, JE 19/3. / 28 y 29-3-1954: Cónsul general en Estambul a Martín Artajo. / 29-3-1954: Embajador en París a Martín Artajo. *Solidaridad Nacional*, 3-4-1954, p. 3. (Los documentos, en APG, JE 19/3.)

63. 28-3-1954: Cónsul general en Estambul a Martín Artajo; APG, JE 19/3. / 20-4-1954: Crónica publicada en el diario *Ya*; AMAE, R 5207/16.

64. Este apartado ha sido elaborado a partir de los datos contenidos en las páginas *La Vanguardia Española, El Noticiero Universal y Solidaridad Nacional*, del 2 y 3 de abril de 1954; que, curiosamente, no coinciden ni en los horarios ni en algunas afirmaciones, sobre todo *La Vanguardia*, que deja entrever aspectos velados por el resto. Agradecemos a don Manuel Pichardo Bolaños las fotocopias de dichos periódicos. / Una excelente recreación literaria del evento, en Carmen Kurtz, *op. cit.*

65. Véase Rafael Abella, «El último reportaje de Pérez de Rozas», en *La Vanguardia*, 18-1-1987.

66. Las fotografías delatan su emoción en el momento de la llegada del *Semíramis* y, ya en el interior del barco, en el abrazo a cuantos se le acercaron. La propia prensa no tuvo reparo en manifestar que había llorado.

67. Entre ellos, un muchacho con un banderín de la Falange en la espalda. Su imagen apareció en una secuencia del NO-DO, pero debidamente desvirtuada al obje-

to de que no se pudiera observar el banderín, y con el añadido oral de que era un familiar que no podía controlar su impaciencia (Sergio Alegre, *op. cit.*, p. 136).

68. Apuntes del Libro-Registro del Hospital Militar de Barcelona. / Notas varias de la 2ª Sección de EM de la Capitanía General de la IV Región Militar, de 17, 18, 19, 22 y 23 de julio de 1954 (ApMPB). / Gras Gelet tenía 39 años, era soltero y labrador de oficio. Su familia lo creyó muerto hasta 1950, y le guardó luto, hasta que recibió una escueta nota enviada por un alemán. Su caso ha sido referido por Carme Agustí Roca, en su libro *Rússia...* (pp. 153-155), su comunicación al *Segon Congrés Recerques* (Lérida, abril de 2002), y su artículo «L'aventura anticomunista...». Según Agustí, el día en que desapareció —y murió— (12 de julio) debía acudir al cuartel de la Guardia Civil.

69. Testimonio de don José Viladot Fargas en declaraciones al autor, Barcelona, 26-1-1996.

70. 23 y 9-4-1954: Nota informativa de la Oficina de Información Diplomática del Ministerio de Asuntos Exteriores; AMAE, R 5207/16.

71. Notas varias de la Oficina de Información Diplomática del Ministerio de Asuntos Exteriores; AMAE, R 5207/16.

72. S/f: Nota de la Oficina de Información Diplomática del Ministerio de Asuntos Exteriores; AMAE, R 5207/16.

73. Notas informativas de la Oficina de Información Diplomática del Ministerio de Asuntos Exteriores; APG, JE 19/4.3 y AMAE, R 5207/16.

74. Hecho éste confirmado por testimonios orales. / 30-4-1954: Nota informativa de la Oficina de Información Diplomática del Ministerio de Asuntos Exteriores; AMAE, R 5207/16.

75. 10-5-1954: Nota informativa de la Oficina de Información Diplomática del Ministerio de Asuntos Exteriores; AMAE, R 5207/16.

76. S/f: Recorte de periódico, de la Oficina de Información Diplomática del Ministerio de Asuntos Exteriores. / 22-4-1954: Nota informativa de la Oficina de Información Diplomática del Ministerio de Asuntos Exteriores. / 13-4-1954: Jefe de la Representación en España de la República de Estonia a director de Asuntos Políticos de la Europa Oriental del Ministerio de Asuntos Exteriores. (Todos los documentos, en AMAE, R 5207/16.)

77. Al día siguiente de su llegada, la prensa barcelonesa insertó un anuncio que invitaba a los desempleados a acudir a la Delegación Provincial, para «ser informados y atendidos con relación a las plazas que se les reservan» (*La Vanguardia Española*, 3-4-1954, p. 6).

78. 21-6-1954: Liquidación de gastos de la Jefatura Provincial de Zaragoza. / Abril de 1954: Proyecto de Decreto para la Reincorporación al Trabajo de los Repatriados de Rusia. (Ambos documentos, en AGA, SGM, Delegación Nacional de Excombatientes 5.)

79. 20-4-1954: Circular del delegado nacional de Excombatientes a los repatriados del *Semíramis*. / 22-4-1954: Segundo informe del delegado nacional de Excombatientes a Raimundo Fernández-Cuesta, p. 2. (Ambos documentos, en AGA, SGM, Delegación Nacional de Excombatientes 5.)

80. 4-5 y 17-9-1954: Tercer y cuarto informes del delegado nacional de Excombatientes a Raimundo Fernández-Cuesta (pp. 4-5 y pp. 1-3, respectivamente); y

notas varias expedidas y recibidas por la Delegación entre noviembre de 1954 y marzo de 1955. AGA, SGM, Delegación Nacional de Excombatientes 5.

81. 24-10-1955: Nota informativa de la Oficina de Información Diplomática del Ministerio de Asuntos Exteriores. / Luis Suárez Fernández, *Franco y la URSS...*, p. 157.

82. 11-1-1956: Nota para el director general de Política Exterior del Ministerio de Asuntos Exteriores. / La primera gestión pro Cavero data del 8-10-1955, un telegrama de Martín Artajo al embajador en Bonn. (Ambos documentos, en AMAE, R 4484/6.). / Para la *Operación Guadalajara* y la actuación de Pelayo, véase Daniel Arasa, *op. cit.*, pp. 267-278. Se da la circunstancia de que uno de los integrantes del grupo guerrillero, Sebastià Piera, no hizo referencia a Pelayo en el artículo que Josep Maria Soria le dedicó en *La Vanguardia* el 29-2-2004.

83. 16-2-1956: Director general de Política Exterior del Ministerio de Asuntos Exteriores al embajador en Bonn. / 14-2-1956: Coronel Joaquín García del Castillo a director general de Política Exterior del Ministerio de Asuntos Exteriores. / 21-3-1956: Embajador en Viena a Martín Artajo. / 29-7-1956: Fermín Hermoso (agente de negocios colegiado) a Martín Artajo. / Julio a octubre de 1956: Notas varias del Ministerio de Asuntos Exteriores. (Todos los documentos, en AMAE, R 4484/6.)

84. Luis Suárez Fernández, *Franco y la URSS...*, pp. 157 y 167-168.

85. Luis Suárez Fernández, *Franco y la URSS...*, pp. 165-169.

86. La primera arribó al puerto de Valencia, y tanto ésta como las cinco que le siguieron lo hicieron a bordo del *Crimea*. De la séptima desconocemos el buque utilizado y el puerto de destino. (Datos facilitados por don Manuel Pichardo Bolaños.) Véase, al respecto, Josep Carles Clemente, *Historia de la Cruz Roja española*, Madrid, 1986, pp. 184-185.

87. 11-11-1942: Nota del Consulado alemán en Málaga; PAAA, DKM 22/1.

88. Proyecto adjunto a la nota verbal de la Embajada alemana en Madrid, de 11-9-1943; AMAE, R 2197/43. / *Proyecto de Acuerdo Hispano-Alemán* sobre la asistencia a los heridos de la División Azul, de 1943; AMAE, R 2197/43.

89. Arts. 1 a 5 del *Proyecto de Acuerdo Hispano-Alemán* sobre la asistencia a los heridos de la División Azul, de 1943.

90. 11-9-1943: Nota verbal de la Embajada alemana en Madrid; AMAE, R 2197/43.

91. 24-9-1943: Informe de la Sección *Europa* del Ministerio de Asuntos Exteriores. / Notas verbales 2594/43, 66/44, 474/44 y 1019/44 de la Embajada alemana en Madrid. (Todos los documentos, en AMAE, R 2197/43.)

92. Declaraciones de don A. G. P. al autor; Madrid, 4-1-1995.

93. Arts. 79, 74, 84, 81, 77, 79, 82, 30, 32, 33 y 31 del Reglamento Provisional del Cuerpo de Mutilados de Guerra

94. Arts. 67, 68 y 27 del Reglamento Provisional del Cuerpo de Mutilados de Guerra.

95. 12-5-1942: Nota de la Representación de la DEV; ACB.

96. La fecha (22 de junio) se desprende del telegrama 21/49 del general jefe de la 42 División al coronel jefe del Regimiento de Infantería 50, de 10-7-1942. La distribución, a partir del telegrama 202, de 9-7-1942. (Ambos documentos, en

ACB.). / El *Reglamento Provisional* (y el resto de disposiciones sobre mutilados promulgadas hasta 1970), se encuentra en la obra de Rafael García Laforga, *Mutilados de Guerra por la Patria: Historia*, Zaragoza, 1971. / Cuadro de Lesiones Orgánicas y Funcionales, anejo al *Reglamento Provisional del Benemérito Cuerpo de Mutilados de Guerra por la Patria* de 5 de abril de 1938, publicado en el *Repertorio Cronológico de Legislación Aranzadi* de dicho año, pp. 313-339; y resoluciones varias de la Junta Facultativa Médica de la *Dirección General de Mutilados de Guerra por la Patria*; ApAGP. / Art. 3 del *Reglamento Provisional del Cuerpo de Mutilados de Guerra*.

97. Arts. 4, 5, 6, 7, 8, 14 y 16 del Reglamento Provisional del Cuerpo de Mutilados de Guerra.

98. Orden del Ministerio del Ejército de 9-8-1942; Repertorio Cronológico de Legislación Aranzadi del año 1942, aptdo. 1361.

99. Arts 2, 3 y 4 del Proyecto de Acuerdo Hispano-Alemán sobre la asistencia a los heridos de la División Azul, de 1943; AMAE, R 2197/43.

100. Arts. 16, 17, 18 y 19 del Reglamento Provisional del Cuerpo de Mutilados de Guerra.

101. Datos obtenidos del *Diario Oficial del Ministerio del Ejército* —en adelante, DOME— número 88, 19-4-1945. Para los requisitos exigidos, véase las *Normas para solicitar Pensiones por fallecimiento los familiares de los componentes de la División Española de Voluntarios*, de la Jefatura de Intervención de la DEV (s/f; PAAA, DKS 40/2) y el DOME número 88, de 19-4-1945. / Las cuantías consignadas, en el referido DOME.

102. La realización de este apartado es deudor del fondo documental consular relativo a España depositado en el Archivo Político del Auswärtiges Amt (PAAA), con sede en Bonn, consultado en 1995. Un fondo hasta entonces inédito, que permite una aproximación a los problemas cotidianos de la diplomacia alemana en España, con documentación del Consulado General, sito en Barcelona, y de los Consulados en Alicante (una revista), Bilbao (8 legajos), Cádiz (65 legajos), Málaga (32 legajos), Sevilla (97 legajos), Valencia (no consta en catálogo el número de legajos) y Vigo (120 legajos).

103. La Disposición 312, de 30-9-1941, fue publicada en la Hoja 22 de las *Disposiciones de Asistencia y Previsión Social de la Wehrmacht*, por el OKW, el 30-12-1941 (PAAA, DKV 28).

104. Ello las diferencia de las indemnizaciones que Alemania reconoció tras la guerra, complementarias a las españolas.

105. 6-11-1942: Circular del Consulado General alemán en Barcelona. / Documentación consular alemana varia; PAAA, Fondo consular de España. / 6-11-1942: Circular del Consulado General alemán en Barcelona. Disposición 312 de la *Ley Orgánica de Asistencia y Previsión Social de la Wehrmacht* del año 1941, de 30-9-1941. / Circular de la Embajada alemana en Madrid, de 24-2-1943. / Nota de la *Wehrmachtkasse* al Consulado en Vigo (22-2-1943) y circular de la Embajada en Madrid (24-2-1943). (Todos los documentos, en PAAA, DKV 28.)

106. 24-4-1943: Circular del OKW; PAAA, DKV 28.

107. 1-9-1943: Circular de la Embajada alemana en Madrid; PAAA, DKV 28.

108. 9-11-1943: Circular del OKW. / 14-12-1943 y 11-2-1944: Nota de la Embajada alemana en Madrid al Consulado en Vigo. (Todos los documentos, en PAAA, DKV 28.)

109. Para un análisis de la incidencia cuantitativa del analfabetismo entre la población española en la década de 1940, y de las limitaciones sociales y frustraciones personales que la condición de analfabeto comporta, véase Mercedes Vilanova y Xavier Moreno, *op. cit.*

110. 28-10-1942: Agente consular de Alemania en Córdoba a cónsul en Málaga; PAAA, DKM 22/1.

111. 8-1-1944: Consulado alemán en Vigo al divisionario Benito C.I.; PAAA, DKV 81/2. / 12-1-1945: Comisión Liquidadora de la DEV a Benito C. I.; PAAA, DKV 81/2. / 26-2-1944: Consulado alemán en Vigo a Eloísa R. P.; PAAA, DKV 81/1. / 12-9-1942: Embajada alemana en Madrid a todos sus consulados; PAAA, DKV 28.

112. 22-7-1943: Resolución de la solicitud de pensión del divisionario Paulino G. M.; 3-6-1944: Complemento de resolución de dicha solicitud, y 2-8-1944: Orden de pago. ApAGP.

113. Cuestionario para la concesión de indemnización a los padres de fallecidos de la DEV, remitido por el Consulado en Vigo el 29-11-1943; PAAA, DKV 81/1. / Resoluciones consulares alemanas varias; PAAA, Fondo consular de España.

114. BOE número 276 de 18-11-1978. Sin hacer mención específica a ellos, el Decreto-Ley iba dirigido a los familiares de los miembros del Ejército de la República.

115. La Ley de 1958 fue publicada en el BOE número 311 y el DOE número 296, de 1958. / Art. 12 de la Ley de 1958. / BOE número 63, de 13-3-1976. / Preámbulo de la Ley de 1976, y arts. 7, 8, 18 y 20. / Ley de 26-6-1980, de Mutilados de Guerra; BOE número 165, de 10-7-1980. / Arts. 3, 11 y 12, y disposición adicional 1ª, de la Ley de 1980.

116. Disposición Derogatoria y Final 6ª de la Ley de 19-7-1989, de Régimen del Personal Militar. / Disposición Final 6ª de la Ley de 1989. / Esta Disposición establecía la supresión del *Cuerpo de Mutilados* para el 1-1-1991, pero posteriormente la Ley 31/1990 prorrogó dicho plazo. / Real Decreto publicado en el BOE número 59, de 9-3-1992. / Arts. 4 y 2 del Decreto de 1992. / El Art. 6 del Decreto de 1992 exceptuaba del límite máximo de percepción a las pensiones generadas por actos de terrorismo. / Disposición Derogatoria del Real Decreto de 1976. / 13-7-1998: Certificado de la Unidad de Gestión de Mutilados de la Subdirección General de Costes de Personal y Pensiones Militares a nombre del exdivisionario Ricardo O. S.; y 2-3-1999: Certificado del Servicio de Clases Pasivas de la Delegación Provincial de Barcelona del Ministerio de Economía y Hacienda a nombre del mismo ex divisionario. (ApROS.)

117. 11-8-1960: Sección de Europa del Ministerio de Asuntos Exteriores a Embajada en Bonn. / 4-7-1960: Nota de la Hermandad Nacional de la División Azul. (Ambos documentos, en AMAE, R 6153/7.)

118. 11-3-1959: Nota de la Sección Política Exterior del Ministerio de Asuntos Exteriores; AMAE, R 6153/7. / La biografía y la acción de Castiella en el Minis-

terio, en Rosa María Pardo Sanz, «Fernando María Castiella: pasión política y vocación diplomática», *Historia Contemporánea*, nº 15 (1996).

119. 10-4-1959: Nota interior de la Sección Europa del Ministerio de Asuntos Exteriores. / 28-9-1959: Embajador en Bonn a Castiella. / 15-9-1959: Nota interior del Ministerio de Asuntos Exteriores. (Todos los documentos, en AMAE, R 6153/7.)

120. 28-9-1959: Embajador en Bonn a Castiella; AMAE, R 6153/7.

121. 1-7-1960: Nota de régimen interior del Ministerio de Asuntos Exteriores; AMAE, R 6153/7. / 4-7-1960: Nota de la Hermandad Nacional de la División Azul para el Ministerio de Asuntos Exteriores; AMAE, R 6153/7. / 7-7-1960: Ministerio de Asuntos Exteriores a embajador en Bonn; AMAE, R 6153/7. / 11-8-1960: Ministerio de Asuntos Exteriores a embajador en Bonn; AMAE, R 6153/7. / 12-8-1960: Nota de régimen interior del Ministerio de Asuntos Exteriores; AMAE, R 6153/9. / 15-7-1960: Agregado cultural en Bonn a director general de Política Exterior del Ministerio de Asuntos Exteriores; AMAE, R 6153/9.

122. 15-7-1960: Agregado cultural en Bonn a director general de Política Exterior del Ministerio de Asuntos Exteriores; AMAE, R 6153/9.

123. 16-2, 4-5 y 7-5-1962: Embajador de España en Bonn a Castiella; AMAE, R 6828/14.

124. 26-4 y 4-5-1962: Embajador de España en Bonn a Castiella; AMAE, R 6828/14.

125. S/f: Lista de los miembros de la Delegación española y lista de los de la Delegación alemana. / 29-9-1962: Acta Final de las negociaciones hispano-alemanas para la conclusión de un Acuerdo recíproco de indemnizaciones a mutilados de guerra. / 29-5-1962: Presidente de la Delegación española a presidente de la Delegación alemana. (Todos los documentos, en AMAE, R 6828/14.)

126. Convenio germano-español de 9-5-1962; AMAE, R 6828/14.

127. *Bundesgestzblatt* número 11 de 1965, parte II, pp. 273-280; Bonn, 8-4-1965.

128. Lo que se deduce de la notificación del *Versorgungsamt* de Karlsruhe al ex divisionario Ricardo O. S., y de la nota bancaria de abono a su nombre, de fecha 4-3-1966 (ApROS); así como de la información remitida al autor por el mentado *Versorgungsamt*.

129. La traducción del término *Versorgungsamt* podría ser «Negociado de Asistencia», aunque lo seguiremos utilizando en alemán. / Los siete *versorgungsamt* restantes están ubicados en Friburgo, Heidelberg, Heilbronn, Ravensburg, Rottweil, Stuttgart y Ulm; *Jahresbericht 1993 des Landesversorgungsamt Baden-Württemberg*, introducción (Stuttgart, 1994). / Nota informativa ciclostilada del *Versorgungsamt* de Karlsruhe. / El Consulado General estaba ubicado hasta hace poco en el edificio de la antigua Embajada de España, construido en un solar regalado a Franco por Hitler. / La labor de la Embajada se ha llevado a cabo más por la iniciativa de algunos funcionarios que por obligación tácita.

130. Información facilitada en la Embajada española y corroborada por los responsables del *Versorgungsamt*.

131. *Bundesversorgungsgesetz 1994*, p. 79. / La renuncia al pago mensual, en información facilitada al autor por el *Versorgungsamt* de Karlsruhe. / Según datos facilitados por dicho *Versorgungsamt*, sólo entre 1971 y 1991 Alemania pagó 55,9 millones de DM.

132. Información facilitada al autor por el *Versorgungsamt* de Karlsruhe y la Embajada española en Bonn; julio de 1995. / El mecanismo de cómputo, en expedientes alemanes de pensiones de mutilación varios.

133. Téngase en cuenta que en 1992 el volumen de los complementos de pensión rondaba la cifra de dos millones de DM. / 4-6-1992: Informe de la Secretaría de Estado de Administración Militar a la Embajada en Bonn.

134. El compromiso de abono de la diferencia entre lo pagado y lo devengado, en *Versorgungsamt* de Karlsruhe a un ex divisionario, s/f.

135. Cálculos efectuados a partir de los datos facilitados al autor por el *Versorgungsamt* de Karlsruhe. Como cifra meramente indicativa, señalaré que 80 millones de DM equivalían, antes de la implantación del euro, a unos 6.500 millones de pesetas, y 50.500 DM suponían algo más de cuatro millones.

136. El equivalente en pesetas de todas las cantidades que se detallan en este apartado, al cambio establecido de 4,24 pesetas/RM, ha sido calculado por el autor. / Para este tema, véase Ricardo Recio Cardona, *op.. cit.*, pp. 143-157.

137. S/f: «Hoja de Instrucción sobre Asuntos de caja, Liquidaciones y Haberes»; ASHM, 29.44.5.4, p. 21.

138. 4-7-1941: Instrucción nº 1 (1ª Sección del EMC del Ejército) de la DEV; ASHM, 29.44.1.4, p. 29. / Documentación relativa a varias unidades militares de Barcelona y expedientes personales varios; ACG y ACB. / 10-10-1941: Copia de las «Normas para la regularización de Haberes de la División Española de Voluntarios, aprobadas en Consejo de Ministros»; AFDA, carpeta de Instrucciones.

139. 2-8-1941: Nota de «Devengos a los oficiales, clases y tropa de la División Española de Voluntarios», dada en el campamento de Grafenwöhr. / S/f: Nota de «Sueldos de guerra». (Ambos documentos, en AFDA, carpeta de Instrucciones.)

140. 2-8-1941: Nota de «Devengos a los oficiales, clases y tropa de la División Española de Voluntarios», dada en el campamento de Grafenwöhr. / S/f: «Hoja de Instrucción sobre Asuntos de caja, Liquidaciones y Haberes»; ASHM, 29.44.5.4, p. 21. / 30-7-1941: Instrucción 4004 de la DEV; ASHM, 29.44.1.4, p. 56. / 5-3-1942: Instrucción 4088 de la DEV; AFDA, carpeta de Instrucciones.

141. 5-3-1942: Instrucción 4088 de la DEV; AFDA, carpeta de Instrucciones. / 22-8-1943: Orden general de la DEV; AFDA, carpeta de Órdenes Generales y del Día.

142. S/f: «Hoja de Instrucción sobre Asuntos de caja, Liquidaciones y Haberes»; ASHM, 29.44.5.4, p. 21.

143. «Normas para el pago por el Instituto de Previsión de haberes y demás percepciones a los voluntarios de la División Azul»; nota de prensa, diciembre de 1942. / Ricardo Recio Cardona, *op. cit.*, p. 161.

144. 28-2-1941: Duplicado en español del Protocolo Confidencial hispano-alemán, relativo a la deuda contraída por España con Alemania durante la Gue-

rra Civil; AMAE, R 2304/1. / Las repercusiones de la deuda para España durante la Segunda Guerra Mundial, en Rafael García Pérez, *Franquismo y Tercer Reich. Las relaciones económicas hispano-alemanas durante la Segunda Guerra Mundial*, Madrid, 1994.

145. 20-7-1941: Agregado militar en Berlín al EMC del Ejército; ASHM, 29.44.1.4, pp. 40-41. / 7-7-1941: Transcripción del informe telefónico del teniente coronel Romero Mazariegos al coronel Rodrigo; ASHM, 28.28.2.1, pp. 2-3.

146. 26-7-1941: Agregado militar en Berlín a EMC del Ejército; ASHM, 29.44.1.4, pp. 42-55.

147. Rafael García Pérez, *Franquismo...*, p. 265. / La segunda limitación legislativa no siempre fue cumplida por parte española: se dio el caso frecuente de que los divisionarios regresaban a España de permiso con moneda alemana en sus bolsillos; y una vez aquí, intentaban convertirlos en pesetas, en centros oficiales (17-2-1942: Nota de la Subsecretaría de Asuntos Económicos del Ministerio de Asuntos Exteriores; AMAE, R 2187/88). / 10-11-1941: Benjumea a Serrano Suñer; AMAE, R 2193/3. / 23-8-1941: Agregado militar en Berlín a EM de la DEV; ASHM, 29.44.2.5, p. 24.

148. 29-12-1941: Subsecretario del Ministerio del Ejército a subsecretario del Ministerio de Asuntos Exteriores. / 25-9-1941: Copia del Proyecto de Acuerdo hispano-alemán para el pago de los haberes alemanes devengados por la División Azul. (Ambos documentos, en AMAE, R 2303/22.)

149. 29-12-1941: Subsecretario del Ministerio del Ejército a subsecretario del Ministerio de Asuntos Exteriores; AMAE, R 2303/22. / Rafael García Pérez, *Franquismo...*, p. 266. / 8-11-1943: Varela a Jordana; AMAE, R 2303/22. / 18-12-1942: Subsecretario de Asuntos Económicos del Ministerio de Asuntos Exteriores a subsecretario del Ejército; AMAE, R 2303/22. / En diciembre de 1941, Camilo Alonso Vega dio por sentado que en las negociaciones desarrolladas en Berlín el Gobierno alemán se había comprometido a la fórmula del *clearing*. Pero tal circunstancia no parece desprenderse de la nota que, dos meses antes, pasó a Varela para su aprobación y posterior pase al Consejo de Ministros, donde aludía al *clearing* más como una posibilidad para España que como un compromiso de Alemania (29-12-1941: Subsecretario del Ministerio del Ejército a subsecretario del Ministerio de Asuntos Exteriores; AMAE, R 2303/22).

150. 29-10-1941: Nota de la Dirección General de Política Exterior del Ministerio de Asuntos Exteriores; AMAE, R 2193/3. / 3-11-1941: Nota de la Sección de Europa de la Dirección General de Política Exterior del Ministerio de Asuntos Exteriores; AMAE, R 2193/3. / 10-11-1941: Benjumea a Serrano Suñer; AMAE, R 2193/3. / 23-5-1942: Varela a Jordana; AMAE, 2303/22. Véase también Rafael García Pérez, *Franquismo...*, p. 266. / Rafael García Pérez, *ibidem*. / Ricardo Recio Cardona, *op. cit.*, p. 147.

151. 8-11-1943: Nota relativa a los adelantos hechos por el Gobierno español al alemán con relación a la DEV, firmada por Jordana; AMAE, 2303/22.

152. 23-5-1942: Varela a Jordana; AMAE, 2303/22. / 19-6-1942: Sabath a la Embajada alemana en Madrid; PAAA, BM 6/9. / 6-7-1942: Stohrer al Auswärtiges Amt; PAAA, BM 6/9. / Rafael García Pérez, *Franquismo...*, p. 266.

153. Rafael García Pérez, *Franquismo...*, p. 266. / 8-11-1943: Nota relativa a los adelantos hechos por el Gobierno español al alemán con relación a la DEV, firmada por Jordana; AMAE, 2303/22. / 185,3 millones ascendían a 21.461 millones de pesetas de 1994 (en pesetas constantes de 1940); Tabla de Valor Adquisitivo de la Peseta, 1936-1994. / Relación de Gastos de la Pagaduría Central Militar del Ministerio del Ejército, de 25-9-1942, y nota relativa a los adelantos hechos por el Gobierno español al alemán para la DEV, firmada por Jordana el 8-11-1943; AMAE, R 2303/22. Véase también Rafael García Pérez, *ibidem*, p. 266.

154. 8-11-1943: Nota relativa a los adelantos hechos por el Gobierno español al alemán con relación a la DEV, firmada por Jordana; AMAE, R 2303/22.

155. Rafael García Pérez, *Franquismo...*, pp. 466-467. / 19-2-1944: Koenning y Dieckhoff al Auswärtiges Amt; PAAA, R 29751.

156. Véase el desarrollo de las conversaciones en Rafael García Pérez, *Franquismo...*, pp. 267-268, 463-473, y 503-523; y el apartado que, en dicho contexto, dedica a la política clandestina de Carceller con respecto a Alemania. / 29-2-1944: Dieckhoff al Auswärtiges Amt; PAAA, R 29751.

157. 29-2-1944: Dieckhoff al Auswärtiges Amt; PAAA, R 29751. / Para compensar la indemnización a los residentes en Alemania, el Gobierno español se declaraba dispuesto a indemnizar los daños sufridos por los alemanes residentes en España durante la Guerra Civil.

158. 3-3-1944: Dieckhoff al Auswärtiges Amt; PAAA, R 29751.

159. Rafael García Pérez, *Franquismo...*, pp. 268, 269 y 271. / S/f: Relaciones de pagos llevado a cabo por la Pagaduría Central del Ministerio del Ejército; AMAE, R 2303/22.

160. La cantidad pagada en 1945 representa 44.594,7 millones de pesetas de 1994 (en pesetas constantes de 1945); Tabla de Valor Adquisitivo de la Peseta, 1936-1994. / S/f: Relación de pagos llevados a cabo por la Pagaduría Central del Ministerio del Ejército hasta el 31-3-1945; AMAE, R 2303/22.

161. A título meramente orientativo, sólo los mutilados y derechohabientes reconocidos por Alemania, a tenor de pensiones de una cuantía media aleatoria de 50.000 pesetas, habrían generado en 1994 un gasto para la Hacienda española de 350 millones de pesetas.

Fuentes primarias

1. MATERIAL PUBLICADO

Fuentes documentales

— *Akten zur Deutschen Auswärtigen Politik, 1918-1945*; serie D (1937-1941), los 3 últimos tomos (el XII.2, XIII.1 y XIII.2), y serie E (1941-1945), Vandenhoeck & Ruprecht, Göttingen, 1969-1979.
— *Boletín de Información* de la Embajada alemana en Madrid, números sueltos (1941 y 1942).
— *Boletín del Movimiento de Falange Española Tradicionalista y de las J.O.N.S.*, Secretaría General del Movimiento, Madrid (junio de 1941 a diciembre de 1945).
— *Boletín Informativo* del Centro de Estudios Capitán Masip (44 números publicados), Barcelona, 1987-1991.
— *Bundesversorgungsgesetz 1994*, Ministerio Federal de Trabajo y Asistencia Social, Bonn, 1994.
— *Colección Legislativa del Ejército*, Ministerio del Ejército, Madrid, 1941.
— *Diario Oficial del Ministerio del Ejército*, Ministerio del Ejército, Madrid, 1941 y 1942.
— *Documentos*, nº 1. Hermandad Nacional de la División Azul, Madrid, junio de 1961.
— *Documentos Inéditos para la Historia del Generalísimo Franco* (4 tomos), Fundación Nacional Francisco Franco, Madrid,1992-1994. Y tomo V, inédito.
— *Documents on German Foreign Policy, 1918-1945* (traducción al inglés de las *Akten...*; termina en diciembre de 1941); Departamento de Estado, Washington D.C., 1946-1964.
— *Documentos secretos sobre España*, Ediciones Júcar, Madrid, 1978.
— *Jahrbuch der Weltpolitik*, 1943 y 1944.
— *Jahrbuch für Auswärtige Politik*, 1942 y 1943.
— *Jahresbericht 1993 des Landesversorgungsamt Baden-Württemberg*, Stuttgart, 1994.

— *Les archives secrètes de la Wilhemstrasse. Documents traduits de l'allemand par Michel Tournier*, Plonc, París, 1950 (tomos I, II y III).
— *Ley de bases para la redacción de un nuevo Reglamento del Benemérito Cuerpo de Caballeros Mutilados*, Dirección General de Mutilados de Guerra por la Patria, Madrid, 1942.
— Nota informativa ciclostilada del *Versorgungsamt* de Karlsruhe.
— *Reglamento del Benemérito Cuerpo de Mutilados de Guerra por la Patria y cuadro de lesiones y enfermedades*, Madrid, 1977.
— Repertorio Cronológico de Legislación Aranzadi, 1942.
— *Tabla de valor adquisitivo de la Peseta, 1936-1994*, I.N.E.

Fuentes hemerográficas

— Diario *ABC* (Madrid), 1941-1943.
— Diario *Arriba* (Madrid), información suelta (1941).
— Diario *Informaciones* (Madrid), información suelta (1941-1943).
— Diario *Solidaridad Nacional* (Barcelona), 1941.
— *Diario de Barcelona*, 1941-1944 y 1954.
— *Diario de Burgos*, información suelta (1942).
— *Diario Español* (Tarragona), 1941.
— Diario *La Prensa* (Barcelona), 1941.
— Diario *La Vanguardia Española* (Barcelona), 1941-1944 y 1954.
— *Hoja de Campaña de la División Española de Voluntarios* (edición ciclostilada), completa (de 1941 a 1944).
— Revista *Aspa*, 1941, 1942 y 1943.
— Revista *Signal*, 1941 y 1942.
— *Sí* (suplemento semanal de *Arriba*), número 18, 3 de mayo de 1942

2. MATERIAL NO PUBLICADO

Alcalá de Henares (Madrid)
— Archivo General de la Administración Civil del Estado.

Altafulla (Tarragona)
— Archivo particular de don Carlos Engel.

Ávila
— Documentación del Archivo General Militar.

Barcelona
— Archivo Administrativo del Ayuntamiento.
— Archivo de la Capitanía General de la Región Militar Pirenaica Oriental.
— Archivo de la Diputación.
— Archivo de la Hermandad Provincial de Combatientes de la División Azul.
— Archivo del Gobierno Civil.

— Archivo del Hospital Militar.
— Archivo del Museo Militar de Montjuïc.
— Archivo Diocesano.
— Archivo Nacional de Catalunya.
— Archivo particular de don Ricardo Oliva Segovia.
— Archivo particular de don Manuel Pichardo Bolaños.
— Archivo particular de don Gerardo Salvador Merino.
— Archivo particular de don José Viladot Fargas.
— Fondo documental del *Centre d'Estudis d'Història Internacional*.
— Fondo documental del Cuartel del Bruc.
— Fondo documental del Instituto Municipal de Historia.

Bonn
— Archivo Político del Ministerio alemán de Asuntos Exteriores.
— Embajada de España.

Coblenza
— Archivo Federal alemán (*Bundesarchiv*).

El Prat de Llobregat (Barcelona)
— Archivo Histórico Municipal.

Friburgo
— Archivo Militar Federal alemán (*Bundesarchiv-Militaarchiv*).

Gerona
— Documentación del archivo particular de don Salvador Plantalech.

Karlsruhe
— Departamento de Asistencia del Ministerio Federal alemán de Asuntos Sociales (*Versorgungsamt Karlsruhe*).

Kew
— Public Record Office.

Madrid
— Archivo de la Fundación División Azul.
— Archivo del Ministerio de Asuntos Exteriores.
— Archivo del Ministerio de la Presidencia (del Gobierno).
— Archivo del Servicio Histórico Militar.
— Archivo Nacional.
— Archivo particular de don César Ibáñez Cagna.
— Archivo particular de don Ricardo Recio Cardona.
— Biblioteca Nacional.
— Documentación de un archivo particular anónimo.
— Documentación del archivo particular de don Santiago Guillén.
— Fundación Nacional Francisco Franco.

Reus (Tarragona)
— Documentación del archivo particular de doña Montserrat Duch Cartañá.
— Documentación del archivo particular de don Ramón Llop Juncor.

Tarragona
— Archivo Histórico.

3. TESTIMONIOS

Testimonios escritos

— Diario de Campaña del teniente, intérprete de la División Azul, Juan Ackerman. (Transcripción cedida por don Juan Negreira.)
— Memorias de cautiverio en Rusia de un ex divisionario; ya fallecido.

Testimonios orales

— Anónimo, ex divisionario chofer del coronel José Vierna (pueblo de Castellón).
— Anónimo, sacerdote del Opus Dei (Barcelona).
— Don Abelardo Azorín Ortiz, ex divisionario, ex diputado provincial y vocal de la Hermandad Provincial de Barcelona (Barcelona).
— Doña María Fermina Coderch de Sentmenat, viuda de Gerardo Salvador Merino, ex jefe nacional de Sindicatos, ya fallecida (Barcelona).
— Doña Montserrat Creus Guiu-Bonshoms, esposa de ex divisionario, ya fallecida (Barcelona).
— Don Juan Manuel Espejo Lara, ex divisionario y tesorero de la Hermandad Provincial de Barcelona (Barcelona).
— Don Francisco Fernández Esteban, ex divisionario y vicepresidente de la Hermandad de Barcelona (Barcelona).
— Don Antonio Franco Chocano de Zela, ex divisionario de Barcelona no integrado en la Hermandad Provincial (Barcelona).
— Don Ramón Juliá Sans, ex soldado de infantería de reemplazo en el período de recluta para la División Azul, ya fallecido (Tarragona).
— Don Ricardo Marzo Mediano, general jefe de la Región Militar Pirenaica Oriental, hermano del capitán de la División Azul José Marzo, ya fallecido (Barcelona).
— Don Agustín Muñoz-Grandes Galilea, general jefe de la Región Militar Sur, hijo del primer general en jefe de la División Azul (Sevilla).
— Don Luis Nieto García, ex divisionario y presidente de la Hermandad Nacional y la Fundación División Azul, ya fallecido (Madrid).
— Don Ricardo Oliva Segovia, ex divisionario mutilado y presidente de la Hermandad Provincial de Barcelona, Medalla Militar Individual, ya fallecido (Barcelona).
— Don Ramón Serrano Suñer, ex ministro, ya fallecido (Madrid).
— Don José Viladot Fargas, ex divisionario y presidente de honor de la Hermandad Provincial de Barcelona, ya fallecido (Barcelona).

Bibliografía

1. ÁMBITO ESPECÍFICO (DIVISIÓN AZUL)

Abella, Rafael, «El último reportaje de Pérez de Rozas», en *La Vanguardia*, 18 de enero de 1987.

Ackermann Hanisch, Juan, *A las órdenes de vuecencia. Autobiografía del intérprete de los generales Muñoz Grandes y Esteban-Infantes*, Ediciones Barbarroja, Madrid, 1993.

Agustí Roca, Carme, «L'aventura anticomunista del règim franquista. Memòria y record de la División Azul», en *L'Avenç*, Barcelona (mayo de 2002).

— *¡Rusia es culpable! Memoria y recuerdo de la División Azul*, comunicación al *Segon Congrés Recerques*, Lérida, abril de 2002.

— *Rússia és culpable! Memòria i record de la División Azul*, Pagès Editors, Lérida, 2003.

Alegre, Sergio, *El cine cambia la Historia. Las imágenes de la División Azul*, PPU, Barcelona, 1994.

Álvarez Sotomayor Gil de Montes, Manuel, *Generación puente*, García Hispán Editor, Alicante, 1991.

Balance de Heroísmo. La División Española de Voluntarios en el Frente del Este (Un resumen de hechos), División Española de Voluntarios, Reval, 1943.

Barrachina Juan, Eduardo, *La batalla del lago Ilmen*, Promociones y Publicaciones Universitarias, Barcelona, 1994.

Basistov, Yuri, «El fracaso de la campaña del Este de Franco», en *Defensa*, n° 114; Madrid, 1987.

Blanco, Juan Eugenio, *Rusia no es cuestión de un día... Estampas de la División Azul*, Publicaciones Españolas, Madrid, 1954.

Bosque Coma, Alfredo, «Artilleros en Krasny Bor. Los soviéticos arrollan a la División Azul en el frente de Leningrado», en *Historia 16*, n° 183, Madrid (1991).

— *La División Azul, un modelo para el estudio de la naturaleza del franquismo.* tesis de licenciatura, Universidad de Barcelona, 1989.

— «Una medalla militar en Nikltkino», en *Historia y Vida*, nº 350, Barcelona (1997).

— «Voluntarios en el infierno», en *Historia 16*, nº 222, Madrid.

Bueno Carrera, José María, *La División y la Escuadrilla Azul. Su organización y uniformes*, Aldaba Ediciones, Madrid, 1991.

Caballero Jurado, Carlos, *El batallón fantasma. Españoles en la Wehrmacht y Waffen-SS. 1944-45*, Centro de Estudios Históricos Revisionistas Español (Alicante) y Asociación Cultural Tercera Posición (Valencia), 1987.

— «Extraño homenaje a los soldados españoles que combatieron en la SGM», en *Defensa*, nº 210, Madrid (1995).

— «La recuperación de una memoria, las Escuadrillas Azules», en *Aportes*, nº 37, Madrid (1998).

— «Las Escuadrillas Azules», en *Españoles en la Segunda Guerra Mundial: el Frente del Este*, Ricardo Recio Cardona ed., Ediciones Vandalia, Madrid, 1999.

— «Los últimos de la División Azul: el batallón fantasma», en *Defensa*, nº 142, Madrid (1990).

Caballero Jurado, Carlos e Ibáñez Hernández, Rafael, *Escritores en las trincheras. La División Azul en sus libros, publicaciones periódicas y filmografía (1941-1988)*, Ediciones Barbarroja, Madrid, 1989.

Calavia Bellosillo, Eusebio y Álvarez Cosmen, Francisco, *Enterrados en Rusia*, Saso, Madrid, 1956.

Carrera Buil, Fernando y Ferrer-Dalmau Nieto, Augusto, *Batallón Román. Historia fotográfica del 2º Batallón del Regimiento 269 de la División Azul*, Gráficas León, Zaragoza, 2003.

Castaño Doña, Rafael, *Legionario en Rusia*, García Hispán Editor, Alicante, 1990.

Castañón, José Manuel, *Diario de una aventura (con la División Azul 1941-1942)*, Fundación Dolores Medio, Gijón, 1991.

Castelo Villaoz, Pablo, *Aguas frías del Voljov*, Dyrsa, Madrid, 1984.

Chicharro Lamamié de Clairac, Juan, *Diario de un antitanquista en la División Azul*, Fundación Don Rodrigo, Madrid, 2001.

Los cincuenta años de la División Azul, Extra nº 16 de *Defensa*, Madrid (1991).

Díaz Cano, Asensio, *Feldpost nummer 20796. Memorias de un guripa de Exploradores en la campaña de Rusia*, García Hispán Editor, Alicante, 1989.

Díaz de Villegas, José, *La División Azul en línea*, Barcelona, Ediciones Acervo, 1967.

— *Lo que vi en Rusia*, conferencia pronunciada en el Hogar del Camarada, de Santander, Madrid, 1950.

Errando Vilar, Enrique, *Campaña de Invierno*, José García Perona editor, Madrid, 1943.

España y Alemania. Fraternidad en el campo de batalla, Academia de Infantería, Zaragoza, 1942.

Espinosa Poveda, Arturo, *Artillero 2.º en la gloriosa División Azul (4 julio 1941 - 18 abril 1943) ¡Cincuenta años después!*, Fundación División Azul, Madrid, 1992.

— *¡¡Teníamos razón!! Cuantos luchamos contra el comunismo soviético*, Fundación División Azul, Madrid, 1993.

Esquíroz Gaumé, Carlos María, «Después de la batalla: cincuenta y siete años en Possad», en *Españoles en la Segunda Guerra Mundial: el Frente del Este*, Ricardo Recio Cardona, ed., Ediciones Vandalia, Madrid, 1999.

Esteban-Infantes, Emilio, *La División Azul (donde Asia empieza)*, Editorial AHR, Barcelona, 1956.

Ezquerra, Miguel, *Berlín, a vida o muerte*, Ediciones Acervo, Barcelona, 1975.

Farré Albiñana, Jaime, *4 infantes, 3 luceros*, Tipografía Librería Escolar, Tetuán, 1949.

Farré Palaus, Ramón, *Impresiones. Centinela junto al Ilmen*, García Hispán Editor, Alicante, 1991.

Fernández Vargas, Valentina, «Una intervención internacional. La División Española de Voluntarios. Informe sobre una investigación en curso», en *El Régimen de Franco (1936-1975). Política y Relaciones Exteriores*, Tusell, Sueiro, Marín y Casanova eds., Departamento de Historia Contemporánea de la UNED, Madrid, 1993 (2 tomos).

García Hispán, José, *La Guardia Civil en la División Azul*, García Hispán Editor, Alicante, 1991.

Garrido Polonio, Fernado y Miguel Ángel, *Nieve roja. Los españoles desaparecidos en el frente ruso*, Oberon, Madrid, 2002.

González Pinilla, Ángel, «Españoles en la Wehrmacht y las Waffen SS (1944-45)», en *Españoles en la Segunda Guerra Mundial: el Frente del Este*, Ricardo Recio Cardona ed., Ediciones Vandalia, Madrid, 1999.

Hernández Navarro, Antonio José, *Ida y vuelta*, Luis de Caralt Editor, Barcelona, 1946.

Héroes de España. Laureados de la División Azul. Centro de Estudios Capitán Masip (Ibars Impressors), Barcelona, 1989.

Ibáñez Cagna, César, *Banderas españolas contra el comunismo. Las enseñas de los voluntarios en el Frente del Este*, Fundación Don Rodrigo, Madrid, 2000.

Ibáñez Hernández, Rafael, «Españoles en las trincheras: la División Azul», en *España y la Segunda Guerra Mundial*, Cursos de verano de El Escorial, Editorial Complutense, Madrid, 1996.

— «Prensa española de trinchera en el frente del Este», en *Aportes*, nº 37, Madrid (1998).

Jiménez Andrades, Ildefonso, *Recuerdos de mi campaña en Rusia*, Imprenta de la Diputación Provincial, Badajoz, 1957.

Kleinfeld, Gerald y Lewis Tambs, *La División Española de Hitler. La División Azul en Rusia*, Editorial San Martín, Madrid, 1983.

Kurtz, Carmen, *El desconocido*, Editorial Planeta, Barcelona, 1987 (reedición).

Libro de Bolsillo para la Campaña de Invierno, Estado Mayor de la DEV (2ª Sección), 5 de agosto de 1942.

Martínez-Mena, Miguel, *Legionario en Rusia Las «batallitas» de mi abuelo*, García Hispán Editor, Alicante, 1991.

Martínez Esparza, José, *Con la División Azul en Rusia*, Ediciones Ejército, Madrid, 1943.

Miralles Güill, Joaquín, *Tres días de guerra y otros relatos de la División Azul*, García Hispán Editor, Alicante, 1991².

— *Zapadores en Krasnybor*, García Hispán Editor, Alicante, s/f.

Moreno Juliá, Xavier, *Falangismo y División Azul*, tesis doctoral, Universidad de Barcelona, 2003.

— «Falangismo y División Azul en Cataluña», en *Historia y Fuente Oral*, n° 11, Barcelona (1994).

— «La Legión Azul», en *Españoles en la Segunda Guerra Mundial: el Frente del Este*, Ricardo Recio Cardona ed., Madrid, Ediciones Vandalia, 1999.

Negreira, Juan, *La bolsa del Voljov*, García Hispán Editor, Alicante, 1991.

— *Voluntarios baleares en la División Azul y en la Legión Azul*, Edicions Miramar, Palma de Mallorca, 1991.

Oroquieta Arbiol, Gerardo, «Aspectos de la vida en los Campos rusos de prisioneros, en *Ejército*, Madrid.

Oroquieta Arbiol, Gerardo, García Sánchez, César, *De Leningrado a Odesa*, Ediciones Marte, Barcelona, 1973[3].

Palacios Cueto, Teodoro y Luca de Tena, Torcuato, *Embajador en el infierno: Memorias del Capitán Palacios. Once años de cautiverio en Rusia*, Sucesores de Rivadeneyra, Madrid, 1955.

Pérez Caballero, Ramón, *Vivencias y recuerdos. Rusia, 1941-1943*, Novograph SA, 1986.

Pérez Eizaguirre, Ramón, *En el abismo rojo. Memorias de un español once años prisionero en la U.R.S.S.*, Madrid, 1955.

Pinilla Turiño, Carlos, *Como el vuelo de un pájaro*, Publisalud, Madrid, 1987.

Poquet Guardiola, Joaquín, *4.045 días cautivo en Rusia, 1943-1954. Memorias*, Hermandad Provincial de Combatientes de la División Azul de Valencia, Valencia, 1987.

Proctor, Raymond, *Agonía de un neutral (Las relaciones hispanoalemanas durante la Segunda Guerra Mundial y la División Azul)*, Editora Nacional, Madrid, 1972.

Puente, Moisés, *Yo, muerto en Rusia (Memorias del Alférez Ocaña)*, Ediciones del Movimiento, Madrid, 1954.

Ramón, Manuel de y Ortiz, Carmen, *Madrina de guerra. Cartas desde el frente*, La Esfera de los Libros, Madrid, 2003.

Ramos, Fernando, *División Azul*, Publicaciones Españolas, Madrid, 1953.

Recio Cardona, Ricardo, «El servicio de Intendencia de la División Azul», en *Aportes*, n° 37, Madrid (1998).

— *El Servicio de Intendencia de la División Azul: la vida cotidiana de los expedicionarios (1941-1943)*, tesis de licenciatura, Universidad Autónoma de Madrid, 1998 (publicada con el mismo título, Fundación Don Rodrigo, Madrid, 1998).

— «La División Azul», en *Españoles en la Segunda Guerra Mundial: el Frente del Este*, Ediciones Vandalia, Madrid, 1999.

Ridruejo, Dionisio, *Los cuadernos de Rusia*, Editorial Planeta, Barcelona, 1978.

Roig, Pedro, *Spanish soldiers in Russia*, Ediciones Universal, Miami (Florida), 1976.

Romero, Luis, «Recuerdos de un divisionario azul: la Historia se hace recuerdo», en *Tiempo de Historia*, números 92-93, Madrid (1982).

— «¡Rusia es culpable!», capítulo 2 del coleccionable *Cataluña durante el franquismo*, del suplemento «La Vanguardia domingo», *La Vanguardia*, 13 de enero de 1985.

— *Tudá (Allá)*, Ediciones Acervo, Barcelona, 957.

Royo, Rodrigo, *El sol y la nieve*, Madrid, 1956.

Ruiz Ayúcar, Ángel, *La Rusia que conocí*, Ediciones del Movimiento, Madrid, 1954.

Saint-Loup, *La División Azul, Cruzada española de Leningrado al Gulag*, Fuerza Nueva Editorial, Madrid,1980.

Salamanca Salamanca, Ángel y Torres García, Francisco, *Esclavos de Stalin: el combate final de la División Azul,* FN Editorial, Madrid, 2002.

Salas Íñigo, Juan, *Aquella Rusia...*, Mira Editorial, 1988.

Salas Larrazábal, Jesús, «Actuación en Rusia de las Escuadrillas Expedicionarias españolas», en *Aeroplano. Revista de Historia Aeronáutica*, n° 2, Madrid (1984).

Salvador, Tomás, *Camaradas 74*, Barcelona, Plaza & Janés, 1975.

— *División 250*, Barcelona, Ediciones Destino, 1962[3].

Sampedro Moreno, Carlos, *La División Azul a través de sus uniformes y emblemas*, García Hispán Editor, Alicante, 1992.

Sánchez Carrilero, Javier, *Crónicas de la División Azul*, Albacete, 1992.

Sánchez Diana, José María, *Cabeza de puente. Diario de un soldado de Hitler*, García Hispán Editor, Alicante, 1990.

Smyth, Denis, «The Dispatch of the Spanish Blue Division to the Russian Front: Reasons and Repercussions», en *European History Quarterly*, vol. 24, n° 4 (1994).

Torres García, Francisco, «El largo camino hacia la neutralidad: las difíciles negociaciones para la retirada de la División Azul (1942-1943)», en *El Régimen de Franco (1936-1975). Política y Relaciones Exteriores*, Tusell, Sueiro, Marín y Casanova eds., Departamento de Historia Contemporánea de la UNED, Madrid, 1993, 2 tomos.

— *La División Azul 50 años después*, Fuerza Nueva, Madrid, 1991.

Urquijo, Alfonso de, *Cuando empuñamos las armas. La pequeña historia de una familia numerosa entre 1936 y 1942*, Editorial Moneda y Crédito, Madrid, 1973.

Vadillo, Fernando, *Arrabales de Leningrado*, Ediciones Marte, Barcelona, 1971.

— *Balada final de la División Azul. Los legiona*rios, Ediciones Dyrsa, Madrid, 1984

— *División Azul, la gesta militar española del siglo XX*, Este Oeste editorial, Madrid, 1991.

— *Los irreductibles*, García Hispán Editor, [Alicante], 1993.

— *Los prisioneros*, Ediciones Barbarroja, Madrid, 1996.

— *Muñoz Grandes, el general de la División Azul*, Fundación Don Rodrigo, Madrid, 1999.

— *Orillas del Voljov*, Ediciones Marte, Barcelona, 1967.

— *... y lucharon en Krasny Bor*, Ediciones Marte, Barcelona, 1975.

Vázquez Enciso, Manuel, *Historia postal de la División Azul. Españoles en Rusia*, Lindner Filatélica Ibérica, Madrid, 1995.

Vidal y Gadea, José Antonio, *Breves notas sobre la División Azul*, García Hispán Editor, Alicante, 1991.

Vidosa Sánchez, Héctor, «La División Azul en Krasni Bor: propuesta de una intervención arqueológica», en *Aportes*, n° 37, Madrid (1998).

Viladot Fargas, José, *El espíritu de la División Azul: Possad*, Ediciones Barbarroja, Madrid, 2000.

Ydígoras, Carlos María, *Algunos no hemos muerto*, Noguer y Caralt, Barcelona, 2002 (reedición corregida).

2. ÁMBITO GENERAL

Abella, Rafael, *Finales de enero, 1939. Barcelona cambia de piel*, Editorial Planeta, Barcelona, 1992.
— *La vida cotidiana bajo el régimen de Franco*, Ediciones Temas de Hoy, Madrid, 1996.
— *Por el Imperio hacia Dios. Crónica de una Posguerra (1939-1955)*, Editorial Planeta, Barcelona, 1978.
Alfieri, Dino, *Dos dictadores frente a frente*, Luis de Caralt editor, Barcelona, 1950.
Álvarez Puga, Eduardo, *Historia de la Falange*, Dopesa, Barcelona, 1969.
Ansuátegui, Antonio, *Los cien últimos días de Berlín*, Mateu-Editor, Barcelona, 1945.
Aparicio, Miguel Ángel, *El sindicalismo vertical y la formación del Estado franquista*, Ediciones de la Universidad de Barcelona, Barcelona, 1980.
Arasa, Daniel, *Los españoles de Stalin*, Editorial Vorágine, Barcelona, 1993.
Arce, Carlos de, *Los Generales de Franco*, ATE, Barcelona, 1984.
Areilza, José Mª de, *Embajadores sobre España*, Instituto de Estudios Políticos, Madrid, 1947.
Areilza, José Mª de, Castiella, Fernando Mª, *Reivindicaciones de España*, Instituto de Estudios Políticos, Madrid, 1941.
Arenzaga, Roberto de, *¡El Este en llamas!...*, Escelicer, 1942.
Arrese, José Luis, *Una etapa constituyente*, Editorial Planeta, Barcelona, 1982.
Artola, Ricardo, *La Segunda Guerra Mundial*, Alianza Editorial, Madrid, 1995.
Avilés, Gabriel, *Tribunales rojos (vistos por un abogado defensor)*, Ediciones Destino, Barcelona, 1939.
Avilés Farré, Juan, «Un Alba en Londres: la misión diplomática del XVII duque (1937-1945)», en *Historia Contemporánea*, nº 15, Universidad del País Vasco (1996).
La barbarie roja. Documento gráfico de la Guerra, Imprenta Francisco G. Vicente, Valladolid, 1938.
Beaulac, Willard, *Franco: silent ally in World War II*, Southern Illinois University Press, 1986.
Beevor, Antony, *Berlín. La caída: 1945*, Editorial Crítica, Barcelona, 2002.
— *Stalingrado*, Barcelona, Editorial Crítica, 2003[7].
Berdah, Jean François, «La *propaganda* cultural británica en España durante la Segunda Guerra Mundial a través de la acción del *British Council*. Un aspecto de las relaciones hispano-británicas (1939-1946)», en *El Régimen de Franco (1936-1975). Política y Relaciones Exteriores*, Tusell, Sueiro, Marín y Casanova eds., Departamento de Historia Contemporánea de la UNED, Madrid, 1993, 2 tomos.
Bouthoul, Gaston, *La guerra*, Oikos-Tau Ediciones, Barcelona, 1971.
Bowen, Wayne, *Spaniards and Nazi Germany. Collaboration in the New Order*, University of Missouri Press, Columbia (Missouri), 2000.
Bracher, Karl Dietrich, *La dictadura alemana. Génesis, estructura y consecuencias del nacionalsocialismo*, 2 tomos, Alianza Editorial, Madrid, 1973.
Brissaud, André, *Canaris. La Guerra Española y la II Guerra Mundial*, Editorial Noguer, Barcelona, 1972.

Brüne, Lothar, Weiler, Jakob, *Remagen in march 1945. Key factors of events leading up to the end of World War II*, Warlich Druck und Werlagsgesellschaft, Meckenheim near Bonn, 1995.

Burdick, Charles, *Germany's military strategy and Spain in World War II*, Syracuse University Press, Syracuse (Nueva York), 1968.

Caballé y Clos, T., *Barcelona Roja. Dietario de la Revolución (julio 1936 - enero 1939)*, Librería Argentina, Barcelona, 1939.

Cardona, Gabriel, «El belicismo de Franco en 1940», en *Historia y Fuente Oral*, nº 7, Barcelona (1992).

— *El gigante descalzo. El Ejército de Franco*, Aguilar, Madrid, 2003.

— *El problema militar en España*, Historia 16, Madrid, 1990.

— *Franco y sus generales. La manicura del tigre*, Ediciones Temas de Hoy, Madrid, 2001.

— «La fallida aventura de la División Azul», en *Clío*, nº 30, Madrid (2004).

— «Los equilibrios del Régimen», en *Historia 16*, nº 183, Madrid (1991).

— «Un ejército para un caudillo», en *Revista de Extremadura*, nº 19 (1996).

Carell, Paul, *Operación Barbarroja. La invasión de Rusia*, Barcelona, Argos, 1964.

Casanova, Julián, *La Iglesia de Franco*, Ediciones Temas de Hoy, Madrid, 2001.

Catalán, Jordi, *La economía española y la Segunda Guerra Mundial*, Editorial Ariel, Barcelona, 1995.

Causa General. La dominación roja en España. Avance de la información instruida por el Ministerio Público, Ministerio de Justicia, Madrid, 1944.

Cervera Gil, Javier, *Madrid en guerra. La ciudad clandestina, 1936-1939*, Alianza Editorial, Madrid, 1998.

— «La Quinta Columna en la retaguardia republicana en Madrid», *en Historia, Antropología y Fuentes Orales*, nº 17, Barcelona (1997).

Chacón, R. L., *Por qué hice las «chekas» de Barcelona. Laurencic ante el consejo de guerra*, Editorial Solidaridad Nacional, Barcelona, 1939.

Chueca, Ricardo, *El Fascismo en los comienzos del régimen de Franco. Un estudio sobre FET-JONS*, Centro de Investigaciones Sociológicas, Madrid, 1983.

— «FET y de las JONS, la paradójica victoria de un fascismo fracasado», en *España bajo el franquismo*, Josep Fontana ed., Editorial Crítica, Barcelona, 1986.

Churchill, Winston, *Memorias*, José Janés editor, Barcelona, 1949-1955. 12 tomos.

Ciano, Galeazzo, *Diario*, Barcelona, José Janés editor, 1946.

— *Europa hacia la catástrofe*, José Janés editor, Barcelona, 1949.

Cierva, Ricardo de la, *Historia del franquismo. Orígenes y configuración (1939-1945)*, Editorial Planeta, Barcelona, 1975.

Clemente, Josep Carles, *Historia de la Cruz Roja Española*, Cruz Roja Española, Madrid, 1986.

Cortada, James, *Relaciones España-USA, 1941-45*, Dopesa, Barcelona, 1973.

Dankelmann, Otfried, *Franco zwischen Hitler und den Westmächten*, VEB Deutscher Verlag der Wissenschaften, Berlín, 1970.

Deringil, Selim, *Turkish foreign policy during the Second World War: an 'active' neutrality*, Cambridge University Press, Cambridge, 1989.

Detwiler, Donald, *Hitler, Franco und Gibraltar. Die Frage des spanischen Eintritts in den Zweiten Weltkrieg*, Franz Steiner Verlag GMBH, Wiesbaden, 1962.

LA DIVISIÓN AZUL

Doussinague, José María, *España tenía razón (1939-1945)*, Espasa-Calpe, Madrid, 1949.

Ellwood, Sheelag, «Falange y franquismo», en *España bajo el franquismo*, Josep Fontana ed., Editorial Crítica, Barcelona, 1986.

— *Prietas las filas. Historia de Falange Española, 1933-1983*, Editorial Crítica, Barcelona, 1984.

Equipo mundo, *Los 90 ministros de Franco*, Dopesa, Barcelona, 1971³.

Escuadra, Alfonso, *Bajo las banderas de la Kriegsmarine. Marinos españoles en la Armada alemana (1942-1943)*, Fundación Don Rodrigo, Madrid, 1998.

Espadas Burgos, Manuel, *Franquismo y política exterior*, Ediciones Rialp, Madrid, 1987.

Espanya y la Segona Guerra Mundial a «The Times» (1939-1945) (Josep M. Torres y Pladellorens rec.), Publicacions de l'Abadia de Montserrat, Barcelona, 1997.

Farreras, Francesc, *Gosar no mentir. Memòries*, Edicions 62, Barcelona, 1994.

Feis, Herbert, *The Spanish Story. Franco and the Nations at War*, The Norton Library, Nueva York, 1966.

Fernández-Cuesta, Raimundo, *Testimonio, recuerdos y reflexiones*, Ediciones Dyrsa, Madrid, 1985.

Fontana, José María, *Los catalanes en la guerra de España*, Ediciones Acervo, Barcelona, 1977 (ed. revisada y ampliada).

Fontana, Josep, «Reflexiones sobre la naturaleza y las consecuencias del franquismo», en *España bajo el franquismo*, Josep Fontana, ed., Editorial Crítica, Barcelona, 1986.

Franco Salgado-Araujo, Francisco, *Mis conversaciones privadas con Franco*, Editorial Planeta, Barcelona, 1976.

Frankl, Viktor, *El hombre en busca de sentido*, Editorial Herder, Barcelona, 1998¹⁹.

Friedrich, Jörg, *El incendio. Alemania en la guerra de los bombardeos, 1940-1945*, Taurus, Madrid, 2003.

Gafencu, Grigore, *Guerra en el Este. Sus preliminares: del acuerdo de Moscú (21 agosto, 1939) a las hostilidades con Rusia (22 junio, 1941)*, Morata, Madrid, 1945.

Gallego Méndez, María Teresa, *Mujer, Falange y franquismo*, Taurus, Madrid, 1983.

García Laforga, Agustín, *Mutilados de Guerra por la Patria: Historia (soldados viejos y estropeados), siglos XVI al XX*, Imprenta Heraldo de Aragón, Zaragoza, 1971.

García Pérez, Rafael, «El envío de trabajadores españoles a Alemania durante la Segunda Guerra Mundial», en *Hispania, Revista Española de Historia*, nº 170, Consejo Superior de Investigaciones Científicas, Madrid (1988).

— «El legado económico de la beligerancia», en *España y la Segunda Guerra Mundial*, Cursos de verano de El Escorial, Editorial Complutense, Madrid, 1996.

— «El sueño irrealizable, la ambición imperialista del franquismo», en *El Régimen de Franco (1936-1975). Política y Relaciones Exteriores*, Tusell, Sueiro, Marín y Casanova eds., Departamento de Historia Contemporánea de la UNED, Madrid, 1993, 2 tomos.

— «España en el Eje, la beligerancia y la opinión de los historiadores», en *España y la Segunda Guerra Mundial*, Cursos de verano de El Escorial, Editorial Complutense, Madrid, 1996.

— *Franquismo y Tercer Reich. Las relaciones económicas hispano-alemanas durante la Segunda Guerra Mundial*, Centro de Estudios Constitucionales, Madrid, 1994.

García Queipo de Llano, Genoveva, «Franco y Mussolini entrevistados. La política exterior hispanoitaliana durante la guerra mundial», en *España y la Segunda Guerra Mundial*, Cursos de verano de El Escorial, Editorial Complutense, Madrid, 1996.

Garriga, Ramón, *La España de Franco. De la División Azul al pacto con Estados Unidos (1943 a 1951)*, Editorial Cajica, Puebla (México), 1971.

— *La España de Franco. Las relaciones con Hitler*, Editorial Cajica, Puebla (México), 1970².

Giménez Caballero, Ernesto, *Amor a Cataluña*, Ediciones Ruta, Madrid, 1942.

— *Memorias de un dictador*, Editorial Planeta, Barcelona, 1981.

Girón de Velasco, José Antonio, *Si la memoria no me falla*, Editorial Planeta, Barcelona, 1994.

Goda, Norman, *Y mañana... el mundo. Hitler, África Noroccidental y el camino hacia América*, Alianza Editorial, Madrid, 2002.

Goebbels, Joseph, *Diario*, José Janés editor, Barcelona, 1949.

— *Diario. Del 28 de febrero al 10 de abril de 1945. Las últimas anotaciones*, Plaza & Janés Editores, Barcelona, 1979.

Goerlitz, Walter, *El Estado Mayor alemán*, Editorial AHR, Barcelona, 1954.

Gómez-Jordana Prats, Rafael, *Milicia y diplomacia. Los diarios del Conde de Jordana, 1936-1944*, Editorial Dossoles, Burgos, 2002.

Gómez Molina, Adriano, Thomàs, Joan Maria, *Ramón Serrano Suñer*, Ediciones B, Barcelona, 2003.

Gubern, Román, «Raza: un film modelo para un género frustrado», en *Revista de Occidente*, nº 53, Madrid, 1985.

Guderian, Heinz, *Recuerdos de un soldado*, Luis de Caralt Editor, Barcelona, 1953.

Guderzo, Massimiliano, *Madrid e l'arte della diplomazia. L'incognita spagnola nella seconda guerra mondiale*, Il Maestrale, Florencia, 1995.

Haupt, Werner, *Army Grouph North. The Wehrmacht in Russia, 1941-1945*, Atglen (EE.UU), Schiffer Publishing Ltd., 1997 (traducción del alemán).

Hayes, Carlton, *Misión de guerra en España*, EPESA, Madrid, 1946.

Hillgruber, Andreas, *La Segunda Guerra Mundial, 1939-1945: objetivos de guerra y estrategia de las grandes potencias*, Alianza Editorial, Madrid, 1995.

Hitler, Adolf, *Conversaciones sobre la guerra y la paz, 1941-1942*, Luis de Caralt editor, Barcelona,1953.

— *Hitler's Secret Conversations, 1941-1944*, Nueva York, The New American Library of World Literature, ed. de 1961.

— *Las conversaciones privadas de Hitler*, Editorial Crítica, Barcelona, 2004.

Hitler's War Directives 1939-1945 (Hugh Trevor-Roper ed.), Pan Books, Londres, 1966.

Hoare, Samuel, *Embajador ante Franco en misión especial*, Sedmay Ediciones, Madrid, 1977.

Hodgson, Robert, *Franco frente a Hitler*, Editorial AHR, Barcelona, 1954.

Huber, Heinz, Müller, Artur, *El Tercer Reich, su historia en textos, fotografías y documentos* (2 tomos), Plaza y Janés editores, Barcelona, 1967.

Irujo, José María, *La lista negra. Los espías nazis protegidos por Franco y la Iglesia*, Aguilar, Madrid, 2003².

Irving, David, *La guerra de Hitler*, Editorial Planeta, Barcelona, 1988².

Jacobsen, Hans-Adolf, Dollinger, Hans, *La Segunda Guerra Mundial en fotografías y documentos*, Plaza y Janés editores, Barcelona, 1973-1974, 3 tomos.

Juliá, Santos (coord.), *Víctimas de la Guerra Civil*, Ediciones Temas de Hoy, Madrid, 1999.

Junge, Traudl, *Hasta el último momento. La secretaria de Hitler cuenta su vida*, Ediciones Península, Barcelona, 2003.

Keegan, John, *Barbarroja: invasión de Rusia, 1941*, Editorial San Martín, Madrid, 1974.

— *El rostro de la batalla*, Servicio de Publicaciones el EME, Madrid, 1990.

Keene, Judith, *Luchando por Franco. Voluntarios europeos al servicio de la España fascista, 1936-1939*, Salvat Editores, Barcelona, 2002.

Kershaw, Ian, *Hitler: 1889-1936*, Ediciones Península, Barcelona, 1999.

— *Hitler: 1936-1945*, Ediciones Península, Barcelona, 2000.

Kertész, Imre, *Sin destino*, Acantilado, Barcelona, 2002 (reimpresión).

Kindelán, Alfredo, *La verdad de mis relaciones con Franco*, Editorial Planeta, Barcelona, 1981.

Kislitsyn, Nikolái, Zubakov, Vasili, *La hazaña de Leningrado*, Editorial de Ciencias Sociales, La Habana, 1985.

Kowalsky, Daniel, *La Unión Soviética y la guerra civil española. Una revisión crítica*, Editorial Crítica, Barcelona, 2003.

Kramarz, Joachim, *Stauffenberg*, Ediciones Grijalbo, Barcelona, 1974².

Launay, Jacques de, *La caída del fascismo*, Daimon, Barcelona, 1973.

Leitz, Christian, *Economic relations between Nazi Germany and Franco's Spain, 1936-1945*, Clarendon Press, Oxford, 1996.

— «La Alemania nazi y la España franquista, 1936-1945», en *España y las grandes potencias en el siglo XX* (Sebastian Balfour y Paul Preston eds.), Editorial Crítica, Barcelona, 2002.

Levi, Primo, *Los hundidos y los salvados*, Muchnik Editores, Barcelona, 1989.

Liddell Hart, Basil, *Historia de la Segunda Guerra Mundial*, Barcelona, Caralt, 1991², 2 tomos.

— *Los generales alemanes hablan*, Buenos Aires, Editorial Rioplatense, 1974.

Littlejohn, David, *Los patriotas traidores*, Luis de Caralt editor, Barcelona, 1975.

López Rodó, Laureano, *La larga marcha hacia la Monarquía*, Editorial Noguer, Barcelona, 1977.

Losada Málvarez, Juan Carlos, *Ideología del Ejército Franquista (1939-1959)*, Ediciones Istmo, Madrid, 1990.

— «Tres elements ideològico-polítics de la revista *Ejército*, 1940-1958», en *Franquisme. Sobre resistencia y consens a Catalunya (1938-1959)*, Editorial Crítica, Barcelona, 1990.

Lukacs, John, *El Hitler de la Historia. Juicio a los biógrafos de Hitler*, Turner Publicaciones, Madrid, 2003.

Mabire, Jean, *La Brigade Frankreich. La tragique aventure des SS français*, Fayard, París, 1973.

Mainer, José Carlos, «La Segunda Guerra Mundial y la literatura española, algunos libros de 1940-1955», en *El primer franquismo. España durante la Segunda Guerra Mundial*, Siglo XXI de España Editores, Madrid, 1989.

Manent i Segimon, Albert, Raventós i Giralt, Josep, *L'Església clandestina a Catalunya durant la Guerra Civil (1936-1939). El intents de restablir el culte públic*, Publicaciones de l'Abadia de Montserrat, Barcelona, 1984.

Marcet Coll, José María, *Mi ciudad y yo. Veinte años en una Alcaldía, 1940-1960*, Barcelona, 1963.

Martín, Raúl, *La contrarrevolución falangista*, Ruedo Ibérico, París, 1971.

Martínez, Josefina, «La guerra en el cine y la propaganda: NO-DO, 1943-1945», en *España y la Segunda Guerra Mundial*, Cursos de verano de El Escorial, Editorial Complutense, Madrid, 1996.

Michel, Henri, *La Segunda Guerra Mundial*, Ediciones Akal, Madrid, 1990-1991, 2 tomos.

Monjo, Anna, Vega, Carme, *Els treballadors y la Guerra Civil. Història d'una indústria catalana col·lectivitzada*, Editorial Empúries, Barcelona, 1986.

Morales Lezcano, Víctor, *Historia de la no-beligerancia española durante la Segunda Guerra Mundial (VI, 1940-X, 1943)*, Excma. Mancomunidad de Cabildos de Las Palmas, Valencia, 1980.

Moreno Juliá, Xavier, «Hitler, la apuesta de Serrano Súñer», en *La Aventura de la Historia*, n° 61, Madrid, 2003.

Nerín, Gustau y Bosch, Alfred, *El imperio que nunca existió. La aventura colonial discutida en Hendaya*, Plaza & Janés Editores, Barcelona, 2001.

Newton, Steven, *Retreat from Leningrad. Army Grouph North, 1944/1945*, Atglen (EE.UU), Schiffer Publishing Ltd., 1995.

Nonell Brú, Salvador, *El Laureado Tercio de Requetés de Nuestra Señora de Montserrat*, Hermandad del Tercio de Requetés de Nuestra Señora de Montserrat, Barcelona, 1992.

— *Los Requetés Catalanes del Tercio de Nuestra Señora de Montserrat en la Cruzada Española, 1936-1939*, Editorial Casulleras, Barcelona, 1956.

Otero, Luis, *La Sección Femenina*, EDAF, Madrid, 1999.

Papeleux, Léon, *El almirante Canaris, entre Franco e Hitler*, Editorial Juventud, Barcelona, 1980.

Pardo Sanz, Rosa Mª, «Fernando María Castiella: pasión política y vocación diplomática», en *Historia Contemporánea*, n° 15, Universidad del País Vasco, 1996.

— «Las relaciones de España y América Latina durante la Segunda Guerra Mundial», en *España y la Segunda Guerra Mundial*, Cursos de verano de El Escorial, Editorial Complutense, Madrid, 1996.

Pastor Petit, Domènec, *Espionaje: la Segunda Guerra Mundial y España*, Plaza & Janés Editores, Barcelona, 1990.

— *La cinquena columna a Catalunya (1936-1939)*, Galba Edicions, Barcelona, 1978.

Paulus, Friedrich, *Stalingrado y yo*, Mateu Editor, Barcelona, 1960.

Payne, Stanley, *El fascismo*, Alianza Editorial, Madrid, 2001 (reedición).

— *El régimen de Franco*, Alianza Editorial, Madrid, 1987.

— «España y la Segunda Guerra Mundial: un balance», en *España y la Segunda Guerra Mundial*, Cursos de verano de El Escorial, Editorial Complutense, Madrid, 1996.

— *Falange. Historia del fascismo español*, Ruedo Ibérico, París, 1977.

— *Franco. El perfil de la Historia*, Espasa Calpe, Madrid, 1993.

— *Los militares y la política en la España contemporánea*, París, Ruedo Ibérico, 1968.

— *Unión Soviética, comunismo y revolución en España (1931-1939)*, Plaza & Janés, Barcelona, 2003.

Penella de Silva, Manuel, *El número 7*, Ediciones Generales, Barcelona, 1945[4].

Piétri, François, *Mes années d'Espagne, 1940-1948*, Librairie Plon, París, 1954.

Preston, Paul, «Franco y Hitler: El mito de Hendaya», en *Historia 16*, n° 184, Madrid (1991).

— *Franco «Caudillo de España»*, Ediciones Grijalbo, Barcelona, 1994[3].

— *La Guerra Civil española*, Plaza & Janés, Barcelona, 2000.

— *La política de la venganza. El fascismo y el militarismo en la España del siglo XX*, Ediciones Península, Barcelona, 2004.

Primo de Rivera, Pilar, *Recuerdos de una vida*, Ediciones Dyrsa, Madrid, 1983.

Proclamación del Führer al Pueblo Alemán. La nota del Ministerio de Relaciones Exteriores del Reich al Gobierno Soviético. Con anexos, Imprenta Buchdruckerei Frickert & Co., Berlín, 1941.

Puig Mora, E., *La tragedia roja en Barcelona. Memorias de un evadido*, Librería General, Zaragoza, 1937.

Quero Rodiles, Felipe, *Segunda Guerra Mundial. Consideraciones militares*, Ediciones Ejército, Madrid, 1993.

Raguer, Hilari, *La pólvora y el incienso. La Iglesia y la Guerra Civil española (1936-1939)*, Ediciones Península, Barcelona, 2001[2].

Ramírez Copeiro del Villar, Jesús, *Huelva en la II Guerra Mundial*, Jesús Ramírez Copeiro del Villar ed., Huelva, 1996.

Recio Cardona, Ricardo, González Sánchez, Antonio, *Das Heer. Uniformes y Distintivos*, Arena Editores, Madrid, 1996.

Ribbentrop, Joachim von, *Entre Londres y Moscú*, Ediciones Destino, Barcelona, 1955.

Ridruejo, Dionisio, *Con fuego y con raíces. Casi unas memorias*, Editorial Planeta, Barcelona, 1976.

— *En once años. Poesías completas de juventud*, Editora Nacional, Madrid, 1950.

Rodao, Florentino, *Franco y el imperio japonés. Imágenes y propaganda en tiempos de guerra*, Plaza & Janés Editores, Barcelona, 2002.

Rodríguez Jiménez, José Luis, *Los esclavos españoles de Hitler*, Editorial Planeta, Barcelona, 2002.

Rodríguez Martínez, Saturnino, *El NO-DO, catecismo social de una época*, Editorial Complutense, Madrid, 1999.

Romero, Luis, «La sublevación en Barcelona (19 y 20 de julio de 1936)», en *Tiempo de Historia*, núms. 80-81, Madrid, 1981.

— *Tres días de julio*, Editorial Ariel, Barcelona, 1994 (ed. definitiva).

Ros Agudo, Manuel, *La guerra secreta de Franco (1939-1945)*, Editorial Crítica, 2002.

Rudel, Hans, *Piloto de Stukas*, Ediciones Acervo, Barcelona, 1965.

Ruhl, Klaus-Jörg, *Franco, Falange y III Reich. España en la Segunda Guerra Mundial*, Ediciones Akal, Madrid, 1986.

Sáez Marín, Juan, *El Frente de Juventudes. Política de juventud en la España de la postguerra (1937-1960)*, Siglo XXI de España Editores, Madrid, 1988.

Sánchez-Terán, Salvador, *De Franco a la Generalitat*, Editorial Planeta, Barcelona, 1988.

Saña, Heleno, *El franquismo sin mitos. Conversaciones con Serrano Suñer*, Ediciones Grijalbo, Barcelona, 1981.

Schmidt, Paul, *Europa entre bastidores. De Versalles a Nuremberg*, Ediciones Destino, Barcelona, 1952.

Seaton, Albert, *The Russo-German War 1941-45*, Arther Barker Limited, Londres, 1971.

Sebastián, Jordi, «Raza: la historia escrita por Franco», en *Film Historia*, vol. V, núms. 2-3, Barcelona (1995).

Séguéla, Matthieu, *Franco-Pétain. Los secretos de una alianza*, Editorial Prensa Ibérica, Barcelona, 1994.

Serrano Suñer, Ramón, *De anteayer y de hoy*, Plaza y Janés, Barcelona, 1981.

— *Entre el silencio y la propaganda, la Historia como fue. Memorias*, Editorial Planeta, Barcelona, 1977.

— *Entre Hendaya y Gibraltar*, Editorial Epesa, Madrid, 1947, y Editorial Nauta, Barcelona, 1973 (ed. revisada y ampliada).

— *Política de España en la II Guerra Mundial*, conferencia pronunciada en el Colegio Mayor Universitario Juan Luis Vives, de Madrid, Madrid, 1987.

— «Política de España. Amistad y Resistencia con Alemania durante la Segunda Guerra Mundial», en *España y la Segunda Guerra Mundial*, Cursos de verano de El Escorial, Editorial Complutense, Madrid, 1996.

— «1940, Berchtesgaden. Serrano Súñer con Hitler», en *Historia y Vida*, n° 63, Barcelona (1973).

Sigmund, Anna Maria, *Las mujeres de los nazis*, Plaza & Janés Editores, Barcelona, 2001.

Smyth, Denis, «Anglo-Spanish during the Second World War: the "Missing-Dimension"», en *España y la Segunda Guerra Mundial*, Cursos de verano de El Escorial, Editorial Complutense, Madrid, 1996.

— *Diplomacy and Strategy of Survival. British Policy and Franco's Spain, 1940-41*, Cambridge University Press, Cambridge, 1986.

— «Franco y los aliados en la Segunda Guerra Mundial, en *España y las grandes potencias en el siglo XX* (Sebastian Balfour y Paul Preston eds.), Editorial Crítica, Barcelona, 2002.

Solar, David, «La capitulación de Alemania», en *Historia 16*, n° 112 (Especial 40° aniversario del final de la Segunda Guerra Mundial), 1985.

Solé, Josep Mª y Villarroya, Joan, *La repressió a la reraguarda de Catalunya (1936-1939)*, Publicacions de l'Abadia de Montserrat, Barcelona, 1989, 2 tomos.

Suárez Fernández, Luis, *Crónica de la Sección Femenina y su tiempo*, Asociación Nueva Andadura, Madrid, 1992.

— *España, Franco y la Segunda Guerra Mundial. Desde 1939 hasta 1945*, Actas Editorial, Madrid, 1997.

— *Francisco Franco y su tiempo* (8 tomos), Fundación Nacional Francisco Franco, Madrid, 1984.

— *Franco y la URSS. La diplomacia secreta (1946-1970)*, Ediciones Rialp, Madrid, 1987.

Telo, Antonio José, «La estrategia de Portugal y sus relaciones con España», en *España y la Segunda Guerra Mundial*, Cursos de verano de El Escorial, Editorial Complutense, Madrid,1996.

Termes, Josep, «De la Revolució de setembre a la fi de la Guerra Civil», tomo VI de la *Història de Catalunya* dirigida por Pierre Vilar, Edicions 62, Barcelona, 1987.

Thomàs, Joan Maria, *Falange, Guerra Civil, franquisme. F.E.T. y de las J.O.N.S. de Barcelona en els primers anys del règim franquista*, Publicacions de l'Abadia de Montserrat, Barcelona, 1992.

— *L'organització de Falange Española Tradicionalista y de las J.O.N.S. a Barcelona durant el primer franquisme*, tesis doctoral, Universidad Autónoma de Barcelona, 1991, 3 tomos.

— *La Falange de Franco. Fascismo y fascistización en el régimen franquista (1937-1945)*, Plaza & Janés Editores, Barcelona, 2001.

Die tödliche Utopie. Bilder, Texte, Dokumente, Daten zum Dritten Reich, Instituts für Zeitgeschichte, Munich, 2000².

Toynbee, Arnold, *La Europa de Hitler*, Sarpe, Madrid, 1985.

— *La guerra y los neutrales*, Editoral Vergara, Barcelona, 1964 (reimpresión).

Trevor-Roper, Hugh, *Los últimos días de Hitler*, José Janés editor, Barcelona, 1947.

Tusell, Javier, *Franco, España y la II Guerra Mundial. Entre el Eje y la neutralidad*, Ediciones Temas de Hoy, Madrid, 1995.

— *La dictadura de Franco*, Alianza Editorial, Madrid, 1988.

— «La trayectoria española ante la Segunda Guerra Mundial», en *España y la Segunda Guerra Mundial*, Cursos de verano de El Escorial, Editorial Complutense, Madrid, 1996.

— «Un giro fundamental en la política española durante la Segunda Guerra Mundial: la llegada de Jordana al Ministerio de Asuntos Exteriores», en *El primer franquismo. España durante la Segunda Guerra Mundial*, Siglo XXI de España Editores, Madrid, 1989.

Tusell, Xavier, García Queipo de Llano, Genoveva, *Franco y Mussolini. La política española durante la Segunda Guerra Mundial*, Editorial Planeta, Barcelona, 1985.

Ucelay-da cal, Enric, «Problemas en la comparación de las dictaduras española e italiana en los años treinta y cuarenta», en *El Estado moderno en Italia y España*, Elio d'Auria y Jordi Casassas, coord., Publicacions de la Universitat de Barcelona, Barcelona, 1992.

Las últimas cartas de Stalingrado, Ediciones Destino, Barcelona, 1963.

Vilanova, Mercedes, *Atlas electoral de Catalunya durant la Segona República. Orientació del vot, participació i abstenció*, Publicacions de la Fundació Jaume Bofill y Edicions de la Magrana, Barcelona, 1986.

— *Les majories invisibles. Explotació fabril, revolució i repressió*, Icaria Editorial, Barcelona, 1995.

Vilanova Ribas, Mercedes, Moreno Juliá, Xavier, *Atlas de la evolución del analfabetismo en España de 1887 a 1981*, Ministerio de Educación y Ciencia, Madrid, 1992.

Vilarrubias Solanes, Felío, *El Ejército del 19 de julio en Cataluña. Tres generales frente a frente: Goded, Llano de la Encomienda, Aranguren*, Editorial Mare Nostrum, Barcelona, 1990.

Vinyes, Ricard, Armengou, Montse, Belis, Ricard, *Los niños perdidos del franquismo*, Plaza & Janés, Barcelona, 2002.

Viñas, Ángel, *La Alemania nazi y el 18 de julio*, Madrid, Alianza Editorial, 1974.

— *Franco, Hitler y el estallido de la Guerra Civil. Antecedentes y consecuencias*, Alianza Editorial, Madrid, 2002.

Viver Pi-Sunyer, Carles, *El personal político de Franco (1936-1945). Contribución empírica a una teoría del régimen franquista*, Editorial Vicens-Vives, Barcelona, 1978.

VV.AA., *El Libro Negro del Comunismo*, Espasa-Planeta, Madrid-Barcelona, 1998.

VV.AA. (general Manuel Villegas Gardoqui y jefes de Estado Mayor), *La Segunda Guerra Mundial*, Editora Nacional, Madrid, 1954.

Warlimont, Walter, *Inside Hitler's Headquarters, 1939-45*, Presidio Press, Novato, 1964.

Weinberg, Gerhard, *The Foreign Policy of Hitler's Germany. Diplomatic Revolution in Europe, 1933-36*, The University Chicago Press, Chicago, 1970.

— *Un mundo en armas. La Segunda Guerra Mundial: una visión de conjunto* Grijalbo, Barcelona, 1995, 2 tomos.

Werth, Alexander, *Rusia en la Guerra, 1941-1945*, Ediciones Grijalbo, Barcelona, 1967, 2 tomos.

Whealey, Robert, *Hitler and Spain. The Nazi Role in the Spanish Civil War*, University Press of Kentucky, 1989.

Williamson, Gordon, *Las SS: instrumento de terror de Hitler*, Editorial Ágata, Madrid, 1995.

Zentner, Kurt, *Historia Ilustrada de la Segunda Guerra Mundial*, Editorial Bruguera, Barcelona, 1968.

Índice alfabético

ÍNDICE ALFABÉTICO

539

Morato, teniente coronel de la DA, 194
Moreno Calderón, Fernando, general, 10
Moreno Fernández, Salvador, vicealmirante y ministro, 10, 41
Morgenthau, plan, 157
Moriones, Julio, corresponsal de prensa, 84
Morris, embajador estadounidense, 146
Moscardó, José, general, 10, 11, 17, 43, 73, 74, 90, 167, 214, 227, 235-236
Motons Colomer, Augusto, mando sindical falangista, 52
Múgica, Enrique, general, 72, 99, 214, 229
Mundo, revista, 278
Muñoz Calero, Armando, cirujano y divisionairo falangista, 233
Muñoz Grandes, Agustín, general jefe de la DA, 10-12, 33-34, 38, 39, 44, 47, 49, 83-84, 87, 89, 101, 103, 105, 107, 108, 111, 125, 128, 130-133, 135, 139-140, 142, 161, 164, 166-169, 171, 173-175, 178, 180, 182, 183, 195, 204, 211, 215, 218, 221, 226, 234-243, 249-250, 255, 259, 261-270, 273, 274-275, 276-278, 281, 288, 302, 336-339, 340, 362, 366, 375-376, 378, 385-387, 391, 394-395
Muro, Jesús, consejero nacional de FET-JONS, 95
Mussolini, Benito, 27, 28, 29, 30, 31-32, 38, 63-64, 119-120, 152, 159, 188, 218, 220, 250, 279, 280, 281, 287
MVD (antigua NKVD), policía política soviética del Interior, 327

Nagler, Paul, diplomático, 19
Navarro Fraile, Isidoro, capitán de la DA, 162, 230
Navarro Vergara, Vicente, jefe provincial de FET-JONS, 96
Negociado de la División Española de Voluntarios, 344, 382-383
Neurath, Constantin von, barón y ex ministro, 14
News Cronicle, diario, 59
New York Times, diario, 284, 330, 339-341
NKVD, policía política soviética del Interior, 327

NO-DO, noticiario cinematográfico, 393
Norilsk, campo de concentración de, 323
Novotscherkask, prisión de, 343

Oficina de Servicio Ribbentrop (Dienstelle Ribbentrop), 14, 16, 17, 267
OKH, véase Alto Estado Mayor del Heer
OKW, véase Wehrmacht
Oliveira Salazar, Antonio de, primer ministro y ministro portugués, 98, 250
Oltra, Francisco Miguel, sacerdote franciscano de la DA, 330
Omells de Na-Gaia, Els, campo de trabajo, 3
Ontañón, teniente coronel de la DA, 143
ONU, 329, 331, 380
Ordás, José, capitán de la DA, 171
Organización para el Extranjero del Partido Nazi, 15, 18, 22
Orgaz Yoldi, Luis, general, 10, 12, 35, 43, 217, 247, 274
Oroquieta Arbiol, Gerardo, capitán de la DA, 322-323, 325-326
Oshima, Hiroshi, general y embajador japonés, 227
Otzen, coronel y agregado de embajada, 262, 268, 277-278
L'Ouvre, diario, 90

Pacto Antikomintern, 26, 227, 374
Pacto de Washington, 147
Pacto Tripartito, 31-32, 63, 74
Palacio de la Prensa de Madrid, 229
Palacio de Justicia de Barcelona, 3
Palacio de Santa Cruz (Madrid), XIII, 23, 29, 51, 68, 71, 73, 74, 76, 79, 208, 213, 224-225, 272, 273, 279, 281, 292, 300, 304, 306, 312, 331, 335, 343, 356, 373, 381
Palacios Cueto, Teodoro, capitán de la DA, 322-323, 325, 327
Palma, Antonio de, alférez de la DA, 188
Panizo, Leopoldo, consejero nacional de FET-JONS, 95
Pappen, Franz von, ex canciller y embajador, 58, 213

Índice de mapas y cuadros

* Los mapas han sido elaborados a partir de las obras de Ricardo Artola, Basil Liddell Hart, Juan Negreira, Raymond Proctor y Saint-Loup.

Índice